中国珠宝玉石首饰行业协会 编

地质出版社
·北 京·

《2009中国珠宝玉石首饰年鉴》编委会

CONTENT

光辉的足迹 美好的前景 …… 1

第一篇 产业现状趋势 …… 12

第一章 贵金属及首饰 …… 13

一、解析黄金市场的快速发展 …… 13

二、概述黄金及黄金首饰市场 …… 23

三、从上海黄金交易所看中国黄金市场 …… 26

四、综述铂金及铂金首饰市场 …… 29

五、直视钯金及钯金首饰市场 …… 35

六、评点白银及白银首饰市场 …… 40

七、华通铂银看白银的未来发展 …… 44

第二章 宝石及首饰 …… 50

一、金融危机中的钻石市场 …… 50

二、从上海钻石交易所看中国钻石市场 …… 56

三、有色宝石市场危机中的机遇 …… 60

四、彩色宝石首饰市场面面观 …… 63

五、红蓝宝石首饰市场大趋势 …… 70

六、珍珠产业现状与对策 …… 72

第三章 玉石及产品 …… 80

一、从天工奖看玉石产业的发展 …… 80

二、玉石饰品产业之特点 …… 85

三、探讨四大印石文化产业的发展 …… 89

第四章 人工宝石及饰品 …… 94

一、人工宝石产业现状与前景 …… 94

二、逆势而上的流行饰品产业 …… 101

目录
CONTENT

第二篇 珠宝产业基地 …… 106

第一章 产业基地建设 …… 107

珠宝玉石首饰特色产业基地建设之路 …… 107

第二章 首饰镶嵌与贸易 …… 112

● 深圳罗湖 广州番禺 广州花都 福建莆田 青岛城阳

第三章 宝石生产与贸易 …… 122

● 浙江诸暨 苏州相城 山东昌乐 江苏东海 广西梧州

第四章 玉石加工与贸易 …… 132

● 内蒙古赤峰 辽宁阜新 福州晋安 浙江青田 辽宁岫岩 河南镇平

第五章 翡翠加工与贸易 …… 144

● 广东平洲 云南瑞丽 广东四会 云南腾冲

第三篇 首饰生产加工 …… 152

第一章 珠宝中国制造 …… 153

珠宝玉石首饰加工业概况 …… 153

第二章 贵金属首饰 …… 159

● 粤豪 百泰 翠绿 爱得康 吉盟 福麒
金龙 金叶 金凰 金兰 宝亨达 意大隆 同心

第三章 镶嵌首饰 …… 173

● 宝怡 星光达 行行行 亿恒 缘与美 钻之韵

第四章 珍珠及首饰 …… 179

● 阮仕 千足 佳丽 芳华 欧诗漫 天使之泪
海润 天地润 澳之宝

第五章 流行饰品 …… 188

● 新光 威妮华 伊泰莲娜 金得利 美联 怡美

第六章 钻石供应 …… 194

● 金伯利 戴美尔森 蓝玫瑰 凯吉凯 欧陆之星 长宁

第七章 彩色宝石 …… 200

新中泰 仙路 安得 泰尼星 景星

第四篇 市场营销模式 ……………… 206

第一章 连锁经营 ……………… 207

连锁经营提速行业发展 ……………… 207

● 周大生 老凤祥 潮宏基 石头记 萃华
千禧之星 瑞恩 周大福 真牌

第二章 专卖店 ……………… 228

珠宝专卖店坐拥天时地利 ……………… 228

● 菜百 明牌 七彩云南 城隍 老庙 亚一
昆百大 东方金钰 宝庆 东华 荟华楼 金鹭
越王 恒信玺利 健兴利 新金 国玉

第三章 专业市场 ……………… 266

一、全国专业珠宝市场概述 ……………… 266

● 北京红桥市场 水贝国际珠宝交易中心 金丽国际珠宝交易中心

● 其他重要专业珠宝市场

二、浅析北京专业珠宝市场 ……………… 282

第四章 珠宝电子商务 ……………… 291

蓬勃发展的珠宝电子商务行业 ……………… 291

● 钻石小鸟 九钻

第五篇 珠宝品牌之光 ……………… 302

第一章 品牌终端博弈 ……………… 303

抢占先机 终端为王 ……………… 303

第二章 南部沿海经济区 ……………… 306

● 爱迪尔 百爵 豪雅 金大生 金尔曼 金嘉利 晶永恒
君力 卡蒂尼 流行石语 梦雅恒 欧特尔 千禧福
瑞麒 斯兰亭 兆亮 周大金 周新新 皇室太古
美时钻 卓尔 金雅艺 雅福 TTF 金至尊

● 宝兴金庄 朝阳 峰记 华昌 金福徕 梦美迪 泰立

目录 CONTENT

第三章 东部沿海经济区 …… 322

● 地质人 华友 九洲 龙凤缘 千年 瑞峰 善源
天宝坊 天孚 旭日 伊莲 悦灵 浙地 美晶

第四章 北部沿海经济区 …… 329

● 大雄 戴梦得 帝恩 东方晓鸣 瑰宝 国华商场
恒昌 金玉翠福 南洋恒信 欧罗普 千叶 玉石林
● 爱亿生 福人楼 翰林艺雕 金辉 蓝天 赛菲尔
梦金园 齐鲁 鑫玉泰 鑫源 招金银楼 圣迪尔

第五章 东北经济区 …… 341

● 东祥 鑫奉 六桂福

第六章 中部经济区 …… 343

● 宝瑞源 亨得利 金豪 金星 晶元 三星地质
尚韵 世纪情 银星 英特纳 玉顺行 星光
天世源 天鑫洋

第七章 西部经济区 …… 350

● 爱恋 恒吉祥 六喜 云地矿 玉玲珑 怡泰祥

第六篇 行业规范自律 …… 354

第一章 行业标准 …… 355

一、珠宝行业标准化建设稳步推进 …… 355
二、珠宝玉石及其饰品标准 …… 359
三、贵金属及其饰品标准 …… 361
四、国家有关部门规定及标准 …… 363

第二章 行业自律 …… 364

一、行业自律助推行业发展 …… 364
二、中国珠宝玉石首饰行业自律公约 …… 368
三、中国珠宝（钻石）电子商务行业自律公约 …… 371
四、放心示范店工程 …… 373
五、信用评价体系工程 …… 386
六、天然翡翠证明商标 …… 389
七、中国珍珠真品标志 …… 390

第三章 市场检测 …… 392

一、珠宝质检规范行业发展 …… 392

二、珠宝首饰商品质检抽查 …… 398

三、国家珠宝玉石质量监督检验中心 …… 401

四、实验室能力验证 …… 403

第四章 珠宝评估 …… 408

一、珠宝首饰评估的现状 …… 408

二、珠宝评估与行业发展俱进 …… 413

第七篇 科教宣传展览 …… 418

第一章 科研教育 …… 419

一、珠宝教育任重道远 …… 419

二、珠宝专业教育现状 …… 425

三、珠宝首饰设计现状分析 …… 429

四、玉石雕刻人才的培育 …… 437

五、珠宝行业学术交流活动 …… 441

六、珠宝行业科研工作进展 …… 444

第二章 行业宣传 …… 451

一、珠宝文化推广十年随笔 …… 451

二、行业媒体推动产业发展 …… 458

三、珠宝行业平面媒体 …… 462

四、珠宝行业网络媒体 …… 467

第三章 珠宝展览 …… 470

一、备受关注的专业珠宝展 …… 470

二、珠宝企业如何利用好珠宝展 …… 476

三、上海国际珠宝首饰展览会 …… 481

四、深圳国际珠宝展 …… 486

五、中国国际珠宝展 …… 489

后 记 …… 496

中国珠宝玉石首饰行业协会会长 孙文盛

光辉的足迹 美好的前景

孙文盛

对美的追求是人类进步的动力，对情感的表达是人类永恒的主题，对财富的拥有是人类繁衍生息的基础。珠宝则是综合了这三种要素的重要产品之一。珠宝是悠久历史文明和重要文化艺术的独特载体。自古以来，珠宝就深受人们的喜爱，人们赋予珠宝各种美好的象征意义，出于良好的祝愿和祈盼而乐于佩戴和馈赠珠宝。

我国珠宝文化源远流长，丰富多彩。随着社会经济的发展，越来越多的人喜欢并且有条件拥有珠宝，点缀生活，享受快乐。我国珠宝业不断跃上新台阶，为促进国民经济平稳较快发展、建设社会主义和谐社会和丰富人民群众精神文化生活，做出了自己的贡献。

所谓珠宝，泛指宝石、玉石、贵金属经过雕琢、加工而成的首饰或工艺品。具体说，宝石包括天然宝石、有机宝石、人工宝石。自然界中发现的矿物有3800多种，可做天然宝石原料的仅有230多种，而常见的也只有20多种，其中，尤以钻石、红蓝宝石、祖母绿和金绿宝石等最为珍贵。有机宝石主要包括珍珠、珊瑚、琥珀等。人们通常所说的“珠光宝气”，“珠”就是指珍珠，“宝”则是指“宝石”。人工宝石是由人工制造的用作首饰及装饰的材料，如合成红蓝宝石、合成水晶、合成立方氧化锆等。玉石中，和田白玉、翡翠、岫岩玉、独山玉和寿山石、巴林石、青田石、昌化石等最受钟爱。经冶炼而成的黄金、铂金、钯金、白银等贵金属以及铜、锡、锌等贱金属，不仅直接加工就可成为首饰或工艺品，而且大量用于珠宝玉石镶嵌，从而成为镶嵌首饰或工艺品。随着社会多元文化的发展和珠宝文化的创新，珠宝玉石及贵金属首饰、饰品的范围也在不断扩大。

从行业的角度说，我们把从事珠宝玉石、金属首饰及饰品材料生产、设计、加工、销售及配套服务的职业统称为珠宝玉石首饰行业，简称为珠宝行业。把珠宝玉石、金属首饰和饰品材料生产、设计、加工、销售及配套服务等环节总称为珠宝玉石首饰产业，简称为珠宝产业。

下面，就让我们稍微系统地梳理一下珠宝产业的过去、现在和将来。

一、历史

珠宝从一个侧面记录着历史的变迁、社会的发展和文明的进步。从古至今，我国珠宝产业大体上主要经历三大发展历程。

（一）古老灿烂的珠宝业

中国的珠宝业源远流长，古老而灿烂。中国是世界上最早使用玉石并将其用于装饰目的的国度，中华玉文化的历史几乎和华夏文明的历史一样久远。我国还是世界上最早发现并采集珍珠的国家。贵金属首饰的历史最早也可以追溯到3000年以前。在长达几千年的历史中，玉石黄金珠宝作为身份地位财富的象征，一直受到人们的推崇和追逐。

远古时期，我们的祖先为了战胜天敌，获取食物，就已经懂得使用石头制造出石斧、石刀等简单的工具，并利用兽牙、贝壳、骨管、鸵鸟蛋壳、石珠等制作串饰。随着他们对石头的观察和了解，逐渐把一些认为是美的石头与一般的石头加以区别，并多用于非生产性的活动，这就是最早的玉了。《说文解字》云："玉石之美，有五质……"。玉是一种天然矿产。玉材有两种，即角闪石类和辉石类，前者亦称软玉，包括透闪石玉、蛇纹石玉等；后者亦称硬玉，如翡翠。

在距今约8000年的兴隆洼文化遗址中，出土了一件软玉耳环，说明那个时候的人们就开始用玉加工成装饰物了。玉器作为财富和地位的标志，在原始社会的良渚文化、红山文化中表现突出。江西新干县出土了一件商代的"玉羽人"挂件，上面的三联套环是由一块玉材掏雕而成的，足见当时玉雕技艺的高超。

玉文化也随之兴盛起来。我国古代盛行"君子比德以玉"的传统，春秋时期孔子提出"玉有十一德"，汉朝许慎所说"玉有五德"。玉便成了人们宠爱并可传家的宝。而且古时人们还将玉用作崇拜的图腾、祭祀的贡品。历经数千年，我国玉石文化底蕴深厚。

陕西李静训墓出土的隋代镶金边白玉杯，造型、制作均很精美，表明隋代已经有了很精湛的玉器制作工艺和技术。

唐代社会经济的发展和文化艺术的兴盛，开启了玉器和玉饰的繁荣时代。玉料精美，更具玩赏性，重视美学鉴赏意义，是唐代玉器和饰物的特点。

到了宋代，城市经济的繁荣，促进了玉器业的进一步兴盛及民间琢玉业的发展。这个时期，玉的消费对象已不完全是皇室成员、达官贵族和文人雅士，普通百姓也开始拥有，并因此出现了平民化的世俗题材的玉器。专琢花鸟型玉器的玉作在宋代特别盛行，艺术成就非常高。

明代玉器形成了追求精雕细琢和装饰美的艺术风格。到明代晚期，玉器的商品化也得到空前发展。

清代由于相继打通缅甸翡翠进入中原的路线及和田玉内运的通道，玉器工艺得以迅速发展，出现了我国古代玉器史上最为昌盛的时代。明清两代，和田玉牌的制作和佩戴蔚然成风，达到鼎盛。

我国素有“玉石之国”的美誉，作为文化载体的玉器真实地记录了中华文明诞生、延续和发展的整个历史进程。我国著名地质学家章鸿钊在《石雅》一书中写道：“夫玉之为物虽微，使能即而说焉，则凡民族之往返与文化之所传嬗，皆得于是征之。”玉石雕琢技艺精湛，国宝级作品层出不穷。北京故宫博物院、台湾故宫博物院、中国珍宝馆等珍藏了大量国宝。玉石雕刻出来的作品，材质珍贵，设计巧妙，加工精良，内涵丰富，是玉石自然天成之美与大师雕琢技艺之精的巧妙结合。

在春秋战国时代，我国有了开采、使用珍珠的记载。广西合浦珍珠在秦代就开始进贡皇帝，到了汉代，以采集珍珠为生的就有数千人，采珠的鼎盛时期是明代，仅弘治12年就采珠大约800千克。

在北京、河南、河北、山西等地发掘的商代墓葬中，除了玉器，还开始有了金器，同时还发现了黄金首饰。唐代，我国金银器很繁荣，已从装饰品发展到各式各样的生活用品。据《唐六典》记载，唐时金加工方法就有十几种之多，即销金、披金、镀金、研金、拍金、泥金、缕金、捻金、戗金、圈金和贴金等，用这些技艺生产了大量巧夺天工的首饰用品，显示了唐朝时期金匠的超凡工艺。尤其值得一提的是，丝绸之路在开启我国对外贸易的同时，也使我国的文化艺术汲取了异域的营养。唐代的金银器就已经借鉴了当时西方特别是波斯的工艺。

清朝后期，外国侵略军两次攻进北京，圆明园和清宫的玉器珍宝被疯狂掠夺。随着我国封建王朝的灭亡，一些珠宝、玉器流落民间，主要为皇家所属的珠宝、玉器制造工匠也完全转向了民间。清末及民国时期，一些“银楼”和首饰作坊开始在社会上出现，珠宝首饰成为当时贤达贵人追捧的一种时尚。

（二）快速增长的珠宝业

新中国成立以后，玉器、牙雕、花丝镶嵌等传统手工业，经公私合营由小作坊变成了工厂，不仅促进了民族传统技艺的传承，还培育了一批工艺美术大师。在高度集中的计划经济时代，珠宝首饰作为国家专控产品，由各级政府组织专供出口产品（或创汇或作礼品）的生产与销售，黄金、珠宝、玉器、古玩等在国内市场上几乎看不到消费者和收藏者。

党的十一届三中全会开启了我国改革开放的历史新时期。经过30多年的努力，我国成功地实现了从高度集中的计划经济体制到充满活力的社会主义市场经济体制，从封闭、半封闭到全方位开放的伟大转折。在这个过程中，我国珠宝玉石首饰零售市场悄然启动，生产加工企业也逐渐出现并增多。这期间，黄金率先进入市场并一度独占绝对优势。统计表明，1982年底，当时全国有金银珠宝和玉雕产品生产企业95家，拥有职工20,800人，年产值9509万元，半数以上产品用于出口。其中，金银珠宝首饰企业38个，年产值为7911万元，出口额4539万元。

20世纪80年代末，我国珠宝产业进入了一个快速增长的时期。人们对珠宝首饰需求量骤然增加。除了传统的金银首饰以外，红蓝宝石、钻石及铂金等镶嵌首饰大量涌入国内市场。此时，众多珠宝首饰镶嵌企业应时而起，大大小小的零售企业应运而生，一些大型综合商场纷纷开设了珠宝柜台，新成立的各类珠宝企业犹如雨后春笋。

国人对玉石的喜爱之情在这个时期得到了极大的释放。玉石市场非常火爆，形成了和黄金市场分庭抗礼的局面。玉石制作工艺在这个时期也得到了极大的发展。

红蓝宝石也在此间进入我国市场，并深受我国消费者的欢迎。20世纪80年代末90年代初，红蓝宝石市场出现了令业界至今羡慕的繁荣景象。

1985年，央行批准黄金首饰上市流通，开启了我国黄金珠宝首饰市场的新时代。1990年，我国黄金首饰定点加工厂由1980年的10个，增加到96个，职工由1980年的1万多人增加到2.4万多人。1990年我国珠宝销售总额20多亿元，其中黄金首饰销售额14亿多元。2000年，我国白银取消“统购、统销”制度，白银市场放开。2002年，上海黄金交易所正式运行，黄金原料市场放开。2003年，我国央行取消了黄金饰品企业审批制度，黄金饰品市场放开。2005年，我国居民黄金投资市场放开。至此，我国珠宝首饰流通体制改革取得了重要成果。

我国钻饰市场快速发展是从1993年开始的，1995年钻石饰品销售额为20亿元，2000年达到50亿元。2000年，国家正式批准成立上海钻石交易所，一般贸易项下的钻石进口集中到了这个唯一的渠道。2006年7月1日起，国家对钻石税收政策又进行了重大调整：自上海钻石交易所销往国内市场的毛坯钻免征增值税，成品钻石进口环节增值税征17%退13%，即征即退。至此，我国一般贸易项下的钻石进口进入了一个良性的发展阶段。

铂金首饰从1994年亮相我国市场，当年我国的铂金消费量仅占世界的1%。随着铂金饰品的推广，到1998年，我国铂金首饰销售量为62万盎司，是世界第二大消费国，占世界铂金首饰市场的23%。2001年，我国铂金首饰销售量达到了130万盎司，占世界铂金首饰市场需求总量的52.8%，居世界第一。

总的来说，这个时期我国的珠宝业呈现出快速增长百花齐放的局面。不仅品种多元且市场繁荣，而且产业体系趋于完备，产业链条日渐延展、完善，产业队伍规模也相应地急剧扩大。截至2000年底，全国拥有各类珠宝企业近30,000家，从业人员200万人，年产值近千亿元。作为对时尚变化最为灵敏的风向标，我国珠宝业30多年来的发展历程，见证了我国改革开放的伟大成就。

但是由于行业自律意识不强，监管也不到位，这个时期的珠宝业出现了一些不规范的现象，以次充好、以假乱真的情况经常出现，侵害了消费者的权益，也损害了珠宝业的健康发展。因此，加强自律和他律，促进行业规范的可持续的发展，成为中国珠宝业的当务之急。

（三）规范发展的珠宝业

随着我国社会主义市场经济体制的建立与完善，珠宝行业作为现代工商业中的一个类别逐渐形成，珠宝原料及其制品从流通体制上也逐渐步入了市场经济的轨道，传统的手工业也借助现代的机械化得以升级。玉石资源开发，珍珠养殖，人工宝石合成，首饰镶嵌加工，玉石雕刻，市场营销，教育培训，珠宝鉴定，宣传推广，珠宝产业已经成为按照规模经济和范围经济要求集成起来的行业群体，系统的产业链已经形成并在延伸。

有了这样的基础，在原地质矿产部的领导下，中国宝玉石协会于1991年正式成立，珠宝企业有了自己的行业组织。协会历尽艰辛，做了大量工作，为此后的发展打下了相当好的基础。

从1999年起，中国宝玉石协会遵循“贵在参与、重在推动”的方针，开展了系列的国石候选石推荐活动，并于2003年，将“两玉四石”（岫岩玉、和田玉和寿山石、青田石、巴林石、昌化石）方案作为推荐“中国国石”的阶段性成果。“候选国石”的推荐工作，不仅推动当地玉石产业的发展，促进了玉石业界的规范化，也弘扬了玉石文化。

2000年，中国宝玉石协会在国土资源部的支持下，坚持“服务企业、规范行业、发展产业”的宗旨，积极疏导产业政策，开展行业自律，加强品牌建设，开启了中国珠宝首饰业驰名品牌和放心示范店工程，进行中国驰名商标和中国名牌的评选，有力地推动了珠宝行业的规范化。

质量检测、人才培训等配套工程得到长足的发展，也越来越规范，标准建设这个时期加速进行，促进了市场的进一步规范化。

2005年，中国宝玉石协会更名为中国珠宝玉石首饰行业协会，服务领域进一步扩大，服务质量进一步提高，引导作用进一步加强，为珠宝产业升级奠定了基础。目前，尽管珠宝玉石首饰尚未被列入国家产业的目录，但是珠宝已经成为具有一定规模、旨在提高人们生活品质的重要行业，一个产业链条比较完善并蓬勃发展的朝阳产业。

二、现 实

近年来，我国珠宝产业销售总额以年均增长率高于10%的速度发展，2009年内地市场销售总额达2200亿元。除2009年外，以往年份出口年增长率也超过20%，2009年出口总额近80亿美元。截至2009年底，全国工商注册的各类珠宝企业5万多家，从业人员300多万人。其中，珠宝零售企业大约4万家，从业人员150多万人。一批珠宝驰名品牌和名牌企业涌现出来，珠宝企业参与国际竞争的意识和能力不断提高。总体来看，我国珠宝玉石首饰产业稳定发展，各方面建设齐头并进，呈现出很多可喜的现象。

（一）国内消费市场繁荣

我国已经成为世界上少数几个珠宝首饰年消费额超过300亿美元的国家之一，成为全球最重要的珠宝消费市场，一些重要珠宝产品的消费均居世界前列。珠宝首饰成为继房产、汽车之后我国百姓第三大消费对象。我国是世界上最大的玉石加工及消费国，年消费量超过200亿元；珍珠年产量约1400吨，占世界珍珠年总产量的95%以上；铂金消费多年居世界第一，2009年首饰用铂金约54.5吨，占全球首饰铂金用量的71.5%；2009年黄金消费近500吨，取代印度列世界第一；钻石消费首次超过日本，位居世界第二，年消费钻石首饰总额超过250亿元。此外，白银首饰的年消费量在800吨左右，红蓝宝石、水晶、仿真首饰等产品在中国市场也大受欢迎。

管中窥豹，可见一斑。从我国珠宝零售业一些龙头企业的销售数据就可以看出2009年中国珠宝市场的火爆。上海老凤祥2009年销售额突破100亿元，黄金珠宝部分占其中80%以上，北京菜百2009年全年销售超过50亿元，再创历史新高，上海老庙2009年共销售黄金产品18吨。这些企业2009的销售额同比均出现大幅增长。

（二）出口市场转暖回升

受国际金融危机的影响，欧美日等传统的主要珠宝市场严重萎缩，给我国珠宝产品的出口也带来了严重的冲击。2009年前三季度，我国珠宝产品出口同比下降16.2%，为近10年来首次下降。

面对不利的国际经济环境，各级政府、协会及珠宝业界上下齐心，共同应对这场严峻的考验。中宝协建言政府提高部分产品的出口退税率，为珠宝产品出口创造有利的制度和政策环境，如将流行饰品的出口退税率从5%提高到9%。地方政府为企业提供包括融资在内的各种支持，各级行业协会帮助企业搭建通往海外市场的桥梁。企业自身则通过加强创新，提高设计和工艺水平，开辟新的市场渠道，以尽力获取新的订单。

在各方面的共同努力下，我国2009年珠宝产品的出口跌幅依季度呈现逐季缩小的态势。其中，第一季度出口跌幅最深，同比下降32.2%。第二季度，出口跌幅为下降15.0%，有所收窄。第三季度已经接近与2008年同期持平，仅仅下降0.9%。也就是说，从第二季度开始，我国的珠宝产品出口已经见底回升，且速度较快。这表明，我国珠宝产品的出口市场已经在逐渐回暖，我国外向型珠宝业面临的国际环境已经有所改善。

（三）品牌建设成绩显著

品牌建设是一个行业走向成熟的必经之路。中国政府一直支持、鼓励我国珠宝行业的品牌建设，并为之创造了必要的制度环境和土壤。中国珠宝玉石首饰行业协会更是以打造行业品牌为己任，将其作为协会工作的重中之重，积极引导并推进珠宝行业的品牌建设。适应竞争的需要，企业自身的品牌意识也日益增强，重视程度不断提高，在创新文化内涵、提高工艺和设计水平方面，在营销人员培训、客户服务方面的投入越来越大。很多企业摒弃了数量扩张、粗放经营的模式，完成了向注重质量、塑造品牌的蜕变。

在业界及相关方面的共同耕耘下，我国珠宝业的品牌建设取得了可喜的成果，一大批优秀的珠宝品牌脱颖而出。截至2009年底，珠宝行业先后有50家企业的52个产品获得了中国产品质量的最高荣誉——“中国名牌产品”称号，有20多个企业商标获“中国驰名商标”荣誉，150多家企业的产品成为中国珠宝首饰业驰名品牌，还有300多家零售企业获得“放心示范店”称号。自2008年开始，中国珠宝玉石首饰行业协会获商务部授权，在珠宝行业推进信用体系评价工程，截至目前，已有30多家企业获得“3A”信用评价等级。

这些优质品牌历经市场的考验，不仅受到业界和相关管理部门的充分肯定，也得到了消费者的高度认可，在区域或全国市场所占的份额越来越大。

品牌建设有力地推动了珠宝产业健康、规范化的发展，也导致了行业集中度的不断提高。这都是一个行业走向成熟的表现。

（四）产业集群发展格局基本形成

产业集群化是世界范围内产业发展到一定阶段的必然产物。产业集群化使许多相关企业在地域上同处一地，原材料和半成品、配件、设备制造与维修、技术创新、人才培养等方面可以资源共享，相互配合，从而降低成本，提高效率。

在我国珠宝产业集聚区当地政府的大力支持下，珠宝产业逐步显现的集群化发展，已为珠宝产业提高综合竞争力，促进区域珠宝特色产业链的延伸与升级发挥了重要的作用。珠宝开发、经营逐渐跨越行业界限，建立合作联盟，实现强强联合、品牌合作。

目前，我国20个珠宝玉石首饰特色产业基地，特色鲜明，优势突出，无论是珍珠养殖、玉石雕刻还是首饰加工等，都为所在的城市或地区增添了经济和社会效益，也为珠宝产业的繁荣带来了生机。

一是以深圳罗湖、广州番禺等为代表的镶嵌加工类珠宝特色产业基地，聚集了大量的贵金属首饰镶嵌加工、钻石切磨以及配套产品生产企业，催生了一批龙头骨干企业，同时在当地政府的大力支持下，物流服务、信息服务、技术服务等配套支撑体系不断得以完善。

二是以内蒙古赤峰、辽宁阜新、辽宁岫岩、浙江青田、福州晋安、山东昌乐、江苏东海等为代表的资源依托型特色产业基地，充分依托当地的特色资源优势，发展玉石雕刻加工产业，成为当地居民就业、致富的重要渠道。

三是以河南镇平和广东四会、平洲为代表的资源整合型特色产业基地。这些基地虽然没有玉石资源，但在当地政府的支持下，依靠人才、技术、基础设施、经营渠道的整合和资产重组，也形成了规模较大、享誉国内外的玉石雕刻加工和贸易基地。

四是以云南瑞丽、云南腾冲、福建莆田为代表的珠宝旅游型特色产业基地。这些地区依托良好的珠宝文化氛围，充分结合当地的旅游资源优势，形成了特色鲜明的珠宝旅游特色产业基地。

五是以浙江诸暨、苏州相城为代表的淡水珍珠特色产业基地。这些地区是我国淡水珍珠产业崛起和发展的直接推动者，珍珠文化底蕴深厚，珍珠养殖技术成熟，珍珠贸易活跃。

六是广西梧州的人工宝石特色产业基地。在政府的大力扶持下，广西梧州拥有了一支庞大的人工宝石切磨加工队伍，10万人的就业大军走上不断富裕的道路。

七是青岛城阳的流行饰品加工贸易特色产业基地。该地利用毗邻韩国的地理优势，大力发展以韩资为主的流行饰品加工贸易，也取得了良好的集群效应。

（五）标准化建设日趋完善

为了培育和规范珠宝玉石首饰市场，我国相继出台了一系列国家或行业标准，如《珠宝玉石　名称》、《珠宝玉石　鉴定》、《钻石分级国家标准》、《珍珠分级国家标准》、《钻石加工贸易单耗标准》及《金银饰品标识管理规定》、《首饰贵金属纯度的规定及命名方法》、《中国淡水珍珠标准样品》、《翡翠分级国家标准》等。

目前，有关方面正在进行红蓝宝石、白玉等分级标准和标样的制定工作。

这些标准的制定对于规范市场、促进和谐购销有着很重要的意义，有利于推动我国珠宝产业更加健康有序的发展。

2008年3月，全国珠宝玉石标准化技术委员正式成立，珠宝产业标准化建设将会加强，参与国际标准化交流、接轨将会加快。

在分享上述这些成就的同时，我们也要清醒地看到，我国的珠宝业仍然存在着尚需完善的地方。一是人才培养亟待加强。我国珠宝业从业人员有300多万人，其中受过正规培训的仅为1%，包括管理、设计、营销在内的各个环节的高端人才尤其十分匮乏，成为制约产业发展的瓶颈。人才培养的速度落后于市场吸纳的速度，人才培养的适用性方面，则有更多的工作要做。二是市场竞争还有不规范的地方，如低层次的价格战时常出现，由此导致了虚假打折、质价不符等现象的发生。三是我国珠宝行业标准的建设相对于珠宝产业发展来说相对滞后。

三、未来

珠宝产业的发展，依赖于经济实力的增长、社会消费水平和信心的提高。随着科学发展观的全面落实，全面建设小康社会目标的逐步实现，我国国内珠宝市场需求将逐步增大。而随着全球贸易一体化的发展，国际与国内市场接轨步伐的加快，国内珠宝企业到国外拓展市场的空间也越来越大。应该说，我国珠宝产业正在面临着一个十分有利的发展机遇。

我国GDP连续多年高速增长，即使在应对国际金融危机的困难之年仍然实现了8%的增长率。2008年，我国居民存款余额21.79万亿元。2009年上半年，我国居民存款同比增幅29.66%。持续、快速增长的经济，惠及了广大的城乡居民，使得居民消费欲望和能力显著增强，这也为我国珠宝市场的繁荣和产业发展奠定了坚实的基础。我国政府为鼓励和发展珠宝玉石首饰行业，先后出台了不少有利的政策措施。关税总水平不断降低，已从2001年12月的15.3%下调到2007年的10%左右。上海钻石交易所、上海黄金交易所先后运行，黄金、白银等贵金属及其制品市场全面开放，钻石进口环节增值税大幅降低。珠宝特色产业基地政府加大对当地珠宝产业发展的扶持力度，因地制宜给了许多优惠政策。中国珠宝玉石首饰行业协会作为行业组织，积极开展调研工作，反映企业诉求，以促进珠宝产业持续、健康、快速的发展。在我国这样一个又好又快的经济发展的大环境下，在我国政府不断调整和完善产业政策的保障下，我国的珠宝产业必将保持着持续、快速增长的态势。

（一）珠宝产业国际化

随着经济全球化的不断发展，面对两种资源、两个市场，我国珠宝产业也全面走向了竞争与合作的国际化。从珠宝玉石首饰资源到珠宝首饰生产加工，从珠宝产品市场的拓展到人才、信息的交流，国际间的竞争与合作已经延伸到珠宝产业链条中各个环节。

我国钻石、祖母绿、高档红蓝宝石等宝石资源，铂金、钯金等贵金属资源都十分稀缺，市场需求基本上依赖进口。巴西的水晶、波罗的海沿岸国家的琥珀、俄罗斯的白玉、泰国的有色宝石、意大利的金饰、法属波利尼西亚的珍珠等也纷纷进入中国市场。中国珍珠产量大、质量好，人工宝石合成与切磨技术好、成本低，在国际市场极具竞争优势，出口量逐年增加。

我国珠宝业以其精湛的加工工艺和丰富的劳动力资源，成为世界珠宝的加工厂。每年仅钻石的加工贸易产值就超过10亿美元。

我国巨大的市场潜力和不断完善的市场运行机制，吸引了众多的国外珠宝企业。一些国际知名的珠宝品牌，纷纷落户我国终端市场。我国的消费者在国内就可以买到他们需要的世界顶级珠宝品牌的产品。我国一些品牌企业也不再满足于长期为国外品牌做贴牌产品，而是凭借精湛的工艺、中国元素的设计，进入了国际终端市场。

人才、信息在当今企业发展中的地位和作用极为重要，可谓是生死攸关。在我国一些大型珠宝企业中，外籍管理人员、技术骨干、设计大师等人才的引进，已经凸显了企业竞争与发展优势。信息采集、整理、传播，在商贸洽谈、企业决策中无处不在、无时不在。网络发展，信息时代，没有人再漠视信息交流的国际化。珠宝企业对黄金、白银、铂金等贵金属价格全球性、实时性调整的关注，就是很好的证明。

国外珠宝企业积极参加北京、深圳、上海等重要的珠宝展会，我国内地珠宝企业也踊跃参加瑞士、泰国、美国等国际珠宝展会。世界黄金协会、国际铂金协会、国际钯金协会、国际有色宝石协会等纷纷协助其会员拓展我国市场。国土资源部珠宝玉石首饰管理中心、中国珠宝玉石首饰行业协会和国外一些商协会、科研、教育及培训机构的交流日益频繁。国际上的一些投资机构和珠宝企业正在积极寻求与我国珠宝企业更加广泛的合作。同时，我国珠宝企业也正在积极主动与国外珠宝企业合作，成为国外著名品牌的合作伙伴，在发展与效益上、在竞争与合作中努力实现双赢。

（二）企业资本社会化

我国珠宝企业基本上都是非公有制企业，资本积累是个艰辛的过程。目前，我国珠宝加工企业半数以上存在着资金短缺的问题。珠宝企业要做大做强，实现可持续发展，必须要有一定的融资能力，资本首先要社会化。1999年，中国第一铅笔股份有限公司控股上海老凤祥有限公司，为老凤祥产品结构调整和营销网络的扩张奠定了良好基础。2007年，浙江山下湖珍珠集团股份有限公司成功上市。2009年，广东潮宏基实业股份有限公司的首发申请获中国证券监督管理委员会发行审核委员会通过。在国内和境外上市的公司还有中金黄金、东方金钰、深圳福祺、戴梦得等。此外，深圳市千禧之星、沈阳萃华、阮仕珍珠等近十家企业正在积极筹备上市。珠宝企业的上市，不仅为企业自身的发展带来了动力，也将为我国整个珠宝产业的发展带来新的活力。

除了上市融资，风险投资或私募基金也是企业资金的重要来源和企业资本社会化的重要方式。如2008年和2009年，钻石小鸟、九钻、珂兰、戴维尼等珠宝电子商务企业先后获得风险投资，从而加速了资源的整合，促进了企业的发展。

（三）消费结构差异化

由于生活地域、文化背景、经济状况、购买目的以及个人体态、时令衣着和心情等不同，消费者对珠宝选购有着各自的偏好，这就导致消费结构的差异化。尊重消费者体验、满足个性需求的精细化服务成为珠宝市场发展的方向。或许，每个人都希望拥有一件或几件适合自己并与众不同的珠宝首饰，珍藏一件或更多的设计精巧、工艺精湛、材质优良的珠宝玉石摆件。个性需求创造市场，消费者不同的需求，为珠宝企业的发展带来了广阔的空间和众多商机。仅就高档珠宝的消费而言，购买者有的将其视为奢侈品，以满足自己一种心理上的需求，有的将其作为投资产品，以期待未来能够带来更好的经济回报。我国经济又好又快的发展，进一步促进了高档珠宝消费市场的繁荣。这一点与世界上很多国家的发展是类似的，奢侈品的消费程度与经济发达程度成正比。我国珠宝业应更好地传播珠宝文化，倡导理性消费。

（四）珠宝文化多元化

珠宝产品不是一般的商品，它在材质上体现的是珍贵，在形构上体现的是美感，在内涵上体现的是文化，在消费上体现的是人们的精神需求，在价值上体现着一种保值、增值的期待。

不断成熟和理性的消费者在仍然重视珠宝保值增值功能的同时，将更加看重珠宝的文化内涵，拥有、佩戴珠宝更多地被视作一种文化、一种时尚，一种生活态度。与此同时，我国的珠宝文化也越来越呈现多元化的局面。

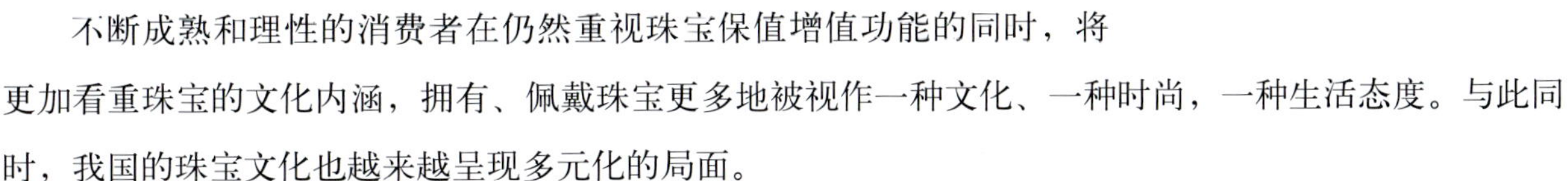

以喜庆、祝福、品质象征为代表的传统珠宝文化继续绽放光芒，培养和巩固着一代又一代的忠实消费者，它们还与时俱进，不断地增添新的情感诉求和寄托，在传承中发扬光大，使得内涵更加丰富，更有时代特点。与此同时，充满着西方文化元素或异域风情、代表最新流行时尚和工艺的珠宝首饰在中国市场也拥有大量的拥趸。中西合璧、融汇中国传统文化和西方时尚经典的产品在中国市场上更是大受追捧。少数民族的珠宝首饰也正逐渐突破民族的界限，被越来越多的消费者所喜爱。

珠宝文化的多元化正好契合了消费者对珠宝玉石首饰个性化、差异化的需求，两者相得益彰，共同促进了市场的繁荣。文化创造财富的观念正在而且还将继续不断地被实践，这一理念也必将越来越深入人心，越来越得到业界的认同。文化是珠宝不可或缺的元素，珠宝文化是珠宝市场的最终需求。未来，文化在珠宝产品研发、生产和销售中的地位将会越发重要，珠宝产品将会更加强调文化内涵的传承和兼容。

珠宝文化的多元化是我国珠宝业发展的必然趋势，而且还将不断强化。它有利于我国珠宝业汲取多方面的营养原料，更有利于我国珠宝产业的进一步繁荣。我国珠宝业应更加重视对中国传统文化的弘扬和挖掘，继续鼓励珠宝文化创新、设计创新和营销创新，创造性地把中华民族古老而精湛的技艺同现代首饰工艺有机结合，进一步将中国文化融入世界。

总之，我国珠宝产业的今天来之不易，发展现状喜人，发展前景十分广阔。对其未来，我们充满信心。预计，2020年，我国珠宝产业年销售总额有望达到4000亿元，出口超过150亿美元。到那时，我国将成为全球最具竞争力的珠宝首饰制造和贸易中心之一，也将成为世界最大的珠宝消费市场。

第一篇 产业现状趋势

天枢

一、解析黄金市场的快速发展

郑良豪

在所有贵金属中，只有黄金具有广泛、多样的全球需求基础。这种独特性确保了国际黄金市场比以往任何时候都活跃。黄金在我们生活中扮演的角色是任何其他金属所无法相比的。我们可能不知道或从未想过，但我们几乎每天都要接触不同形式的黄金。了解黄金的广泛用途有助于解释黄金始终具有的适用性，并帮助我们看清自2000年以来的黄金供求趋势。

本文将清晰阐述黄金供求的驱动力，帮助说明为什么黄金业有信心使2010年成为新的黄金纪元的开始。

黄金对不同的人代表不同的意义。对希望购买贵重或价格可以承受的首饰的消费者，黄金是一种合适的饰品；它是体现财富或成功的方式；它是投资者保护或储藏财富的特殊工具；它是电子导体，是人类探索太空的重要材料；它也应用于领先的纳米技术，应用在医疗部门攻克癌症和疾病的设施中。所有这些都表明，黄金是很多利益相关者某些决策过程的主角，这些因素帮助塑造了过去十年的黄金需求，并保证了黄金业的健康发展。

2008和2009年黄金需求的上升得到媒体前所未有的关注，有必要将最近的数字放到更长远的时间段来看，并承认有限的供应所起的作用。这样，我们就可以看到黄金价格的上涨不是短期的，因为需求长期增加而供应有限。回顾2000年以来的形势，就有可能提供一个很好的案例来支持2010年黄金的乐观前景。

自2000年以来，世界黄金协会与贵金属和矿业咨询公司——GFMS公司一直在记录每个季度的黄金需求和供应数据，并作为世界黄金协会《黄金需求趋势》季度报告的重要组成部分发表。这些数据包含金饰、投资、工业和官方部门的供求数据以及采矿和回收行业的供应情况，为黄金业提供了空前的参考信息。这些报告的数据和分析有独特的深度和广度，覆盖了各国家、地区和部门的供求情况。

对供求趋势的全面而权威的洞察支持了我们的观点，即黄金需求将长期保持强劲。本文将展示，不管总体的经济形势如何，黄金需求已表现出独特的弹性，无论需求来自消费者、投资者、工业领域还是政府。

1．总需求水平

2008年以吨位计黄金总需求是3753吨，比2000年的3821吨略低。在其间的年份，需求量一直保持在3200吨以上，但在此上下浮动，反映了很多影响供求的因素，本文将在稍后详述。

以吨位计，黄金总需求在过去十年间不时波动，但以美元计的需求自2000年以来保持了稳步增长。2000年，以美元计可确认的总需求为340亿美元，到2008年增加到1050亿美元。这主要是由于金价上涨，反过来也体现了黄金的长期储值特性，以及其对冲通胀压力和货币波动的能力。黄金需求已受到相当高的媒体关注，但我们也不应忽视黄金供应对价格驱动的重要作用。

就供应方面，诸如中国等国家的新兴市场进一步提升了市场供给量，相对于世界其他地区，尤其是南非的矿产量在不断下降，这个动态非常重要。供需平衡是决定和稳定金价的重要因素，并有助于进一步缓解2010年及未来任何可能的经济和金融冲击。

2008年下半年，由于全球金融市场的崩溃和随之而来的世界性经济衰退和萧条，可确认的黄金总需求激增。随着金融市场的崩溃，政府采取前所未有的措施来拯救银行，为市场注入流动性，增加货币供应，在投资领域，大家都在寻求一个安全的高质量避风港。投资者的财富急剧减少，他们害怕政府刺激计划导致通胀，也受到风险和市场波动性的吓阻，因而转向唯一经过经济动荡时代检验的资产——黄金。黄金没有交易对手风险，不是任何人的负债，有流动性，这些优点不仅是央行所追求的，也是零售和机构投资者所梦想拥有的。

过去两年中，面对那些毁掉其他资产价格的因素，金价大体上保持平稳。从信贷危机的那段时间即2007年6月到2009年6月，当不确定的恢复迹象第一次出现的时候，全球股票证券价值缩水了约40%。但在同一时间内，黄金是少数几个价格上涨的资产之一（其他主要例外资产是政府债券），上涨了42%。

这段时期个人和国家财富的减少让投资者寻找新的保值方式，因而导致黄金需求增加。这个表现让人们更深地认识到黄金独特的财富保障特性，并有力地证明了黄金为投资者和金饰购买者长期保值的能力。

当然，经济衰退和较高的美元金价和各地金价也影响了消费者的消费信心和对金饰的需求。

2．黄金供需分析

过去十年出现了新的黄金需求和供应的市场以及贵金属用途。特别是过去几年，中国市场需求增加，以及中国矿产量持续增加也带来了中国黄金供应的增加。

全球供求变化的发展，因应中国黄金市场结构性变化，出现总需求在不同需求方面之间的分配因时间推移发生重要变化。此外，最近以美元计和以当地货币计的高水平金价，导致许多市场评论员和分析师担心金饰的总体需求可能会降低，从而使原本保护黄金持有者免于经济周期损失的基本性质发生改变。

过去十年的数据表明，尽管2008年末、2009年初需求分配有了显著变化，即从首饰转向投资，但正是这种多层面需求的变化让黄金对经济周期有独特的弹性。从历史上看，金饰需求是可确认总需求的最大组成部分，自2000年以来，可确认总需求中的首饰需求平均占到73%，而投资为15%，工业占12%。2000年这些比例分别是首饰84%，投资4%，工业12%，而2008年则为首饰58%，投资31%，工业11%。

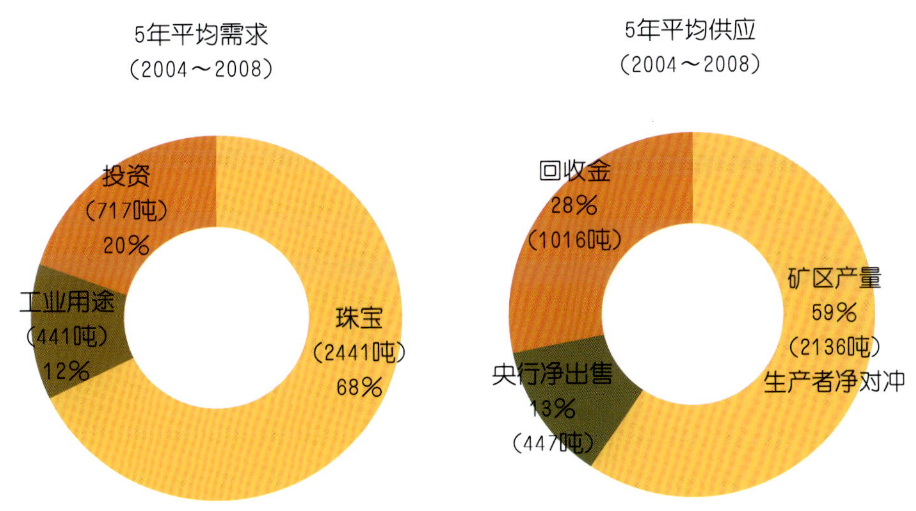

图1－1－1　黄金市场供需结构
（资料来源：GFMS，WGC）

供应方面翻天覆地的变化也发生在官方部门。过去20多年来，央行一直是私人黄金市场的净供给方。那样的时代现已过去，欧洲的黄金大量持有者（指央行）抛售黄金的意愿已减弱，而新兴国家也越来越多地成为买方。与一个多世纪前（1845年到1968年之间）一样，央行很有可能再次成为黄金需求的重要部门。

《央行售金协议》签约方，传统上都是黄金卖家，大多完成了其销售计划。同时，新的需求来源在世界其他国家出现，尤其是中国、俄罗斯和印度。

回顾过去十年首饰、投资、工业和官方部门对黄金需求的变化，我们或许可以看出，随着对黄金满足多种需求的特性和品质的了解日益增强，市场将如何发展来满足这些需求。

2.1 金饰需求

金饰品非常独特，它不仅可以储值，还可以用来传载特别的情感和表达久远的祝愿。这意味着人们可以购买它作为一生珍藏并世代相传的礼物，留给自己或送与他人。

2000年黄金首饰总需求是3205吨，价值287.5亿美元，主要市场分别是印度（620.0吨）、美国（387.3吨）和中国（215.3吨）。到2008年，金饰总需求量下降到2159吨，但以美元计价值上升为602.5亿美元。几个主要金饰市场格局变化不大，分别为印度（474.6吨）、中国（326.7吨）和美国（179.1吨）。

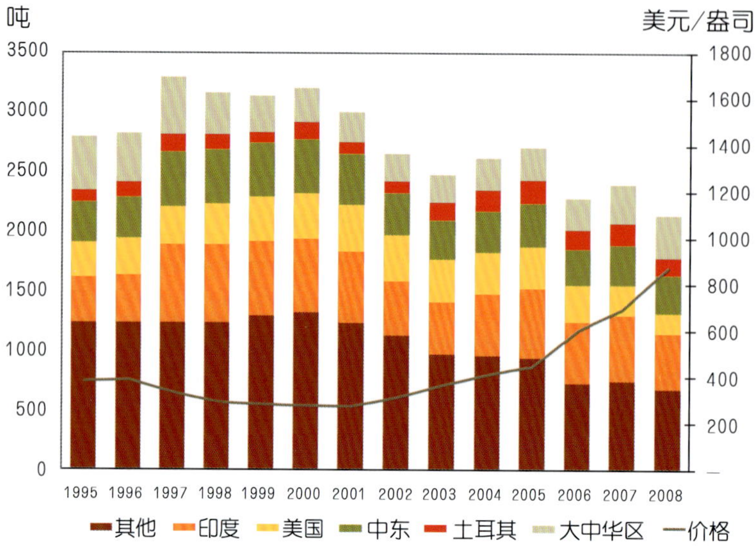

图1－1－2　金饰需求趋势图

（资料来源：GFMS，WGC）

俄罗斯作为一个强大经济体崛起，2008年的黄金需求是94.1吨，而2000年只有30.6吨，这说明新兴市场对黄金的需求可以在较短时间内有巨大的发展。最近的中国市场首饰需求数据说明了其市场发展的速度之快。经历了很长一段时间的市场监管，中国人终于可以将黄金与其悠久的文化结合起来。

很明显，金饰市场在过去十年有了显著发展，高端金饰需求已在中国出现，年轻一代热切地追捧黄金。这群新兴的中产阶级接受过良好的教育，工作出色，能力出众，而黄金给他们带来了拥抱时尚的可能。随着他们热切地表现个人成就和成功，一种新的金饰消费需求已悄然形成，不仅呈现了需求趋势，还推动了流行时尚款式和产品的开发。

金饰的高端和大众市场在新兴市场如中国的发展，培养了新的需求潮流，包括新产品和商业合作伙伴，如K-gold 18K金饰成为了年轻一代喜欢的黄金饰品；由盎格鲁黄金公司（AngloGold Ashanti）、世界黄金协会和各国（如中国、印度和南非）顶级设计师共同打造的“黄金畅想”金饰设计大赛，为培养年轻一代对黄金的喜爱也发挥了作用。

将中国与印度相比较，我们可以看出金饰市场的多样性。两个国家都有日益增多的中产阶级，他们有能力经常购买金饰。但印度人更喜爱黄金，无论是将其作为饰品，还是用来储值，已有若干代的文化传统。印度是目前世界最大的金饰市场，婚礼和节日的需求占据其总需求的很大一部分，这也影响首饰交易和分析师对全球金饰市场发展的预测。

2009年，市场人士已多次说过高价格对消费者金饰需求的影响。大多数人都承认，非西方黄金市场如印度的消费者对价格非常敏感，会躲开价格急剧上升或剧烈波动的时候，而更倾向于在价格下降时购买。

随着价格上升，金饰将越来越被看作是高端产品，这可能意味着出售的首饰类别将发生改变。金价的上涨已导致某些地区消费者的明显变化，包括印度和中东，他们倾向于购买更小更轻的首饰，以满足吃紧的预算。尽管如此，黄金的情感传载和储值特性意味着，即使在经济条件困难的时期，消费者也将继续购买。

最近的金饰需求趋势不应孤立地看，而应从过去十年总需求的变化进行分析。金价自2000年以来稳步上涨（以美元计），明显体现了消费者和投资者对日益高涨的金价的反应。

2.2 投资需求

投资需求近几年显著增加，超出了传统的金条和金币投资范围。交易所交易型黄金基金（ETFs）的推出，将可确认黄金投资总需求提高到2008年可确认黄金总需求的31%，即可确认投资总需求达到1158吨，或324.6亿美元。在2000年，这个数字仅占总需求的4%，可确认投资总需求是166吨，或14.9亿美元。

人们往往会承认黄金保值和购买力恒定的能力，但我们必须承认，除了央行和“超国家”机构（如国际货币基金组织等）这些大量黄金的持有者，其他投资者对于黄金特性及其作为金融资产属性的认识，只是近几年的事情。有时人们认为黄金是前人用来留给后人的遗产。现在这些观点发生了变化，美元的不稳定迫使央行和机构重新审查他们的资产分配给黄金的比例，毕竟黄金是保护货币坚挺、抵抗通胀、违约风险和流动性风险的关键资产。

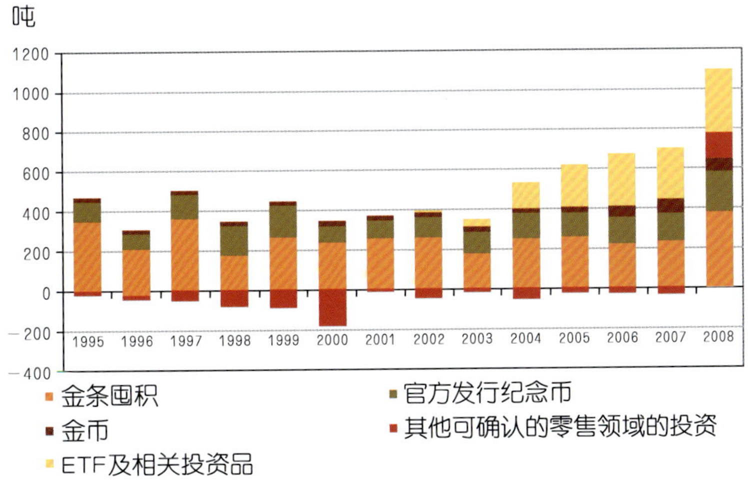

图1－1－3 黄金投资需求趋势图

（资料来源：GFMS，WGC）

在全球经济危机以前，宏观经济条件很好的时候，投资者从传统投资例如股票和债券，以及新奇衍生工具投资中获得丰厚回报，而很少注意到减少风险和保障财富的需要。这场危机暴露了个人和机构投资者很多投资策略的不足。现在看来，虽然很多人在危机前可能尝试多样化投资，但实际上大多数的投资组合要么其资产分配太过狭窄，要么增加的新资产类别没能提供期待的多样化，往往带来较高的额外风险。

过去十年间对黄金的投资需求翻了16倍，这反映了投资者希望重新平衡投资组合的风险以更好保障财富的愿望。

2.3 工业需求

工业需求在这十年中保持大体稳定，其占黄金总需求比例从2000年的11.8%略降为2008年的11.6%。2007年工业黄金需求占到总需求的13%。尽管占总需求的比例保持稳定，但2008年工业总需求为436吨，比十年前同期的平均需求371吨高出17.5%。

最近几年黄金总需求上升，其用途也在增加。黄金不能简单地被认为是个人用品，它也有着重要的社会作用。得益于黄金的物理和化学属性，它成为很多创新性工业应用，如电子、医疗、能源和纳米科技领域的绝佳材料。

尽管黄金还有许多新用途尚待开发，但工业需求不可能成为金价的主要驱动力。尽管如此，黄金在半导体、手机芯片、计算机处理器等方面的应用非常广泛，并且市场对其抗腐蚀性、高导电性和键合能力的认识也在不断增加。在电子行业，尽管有比黄金便宜的其他替代选择，但综合考虑材料的可靠性、表现能力和持久性，黄金仍然是首选。

2.4 央行储备

自布雷顿森林体系瓦解，金本位结束之后，金融形势发生了很多变化。《央行售金协议》的缔约方一直以来都是重要的黄金持有人，近几十年里他们在不断减持黄金。同时，那些协议之外的央行很少有增加黄金持有量的想法。但是金融和经济危机对货币市场尤其是对美元产生的影响以及增加货币供应产生的负面后果开始出现以后，大家对黄金在国家储备中应该扮演的角色和所

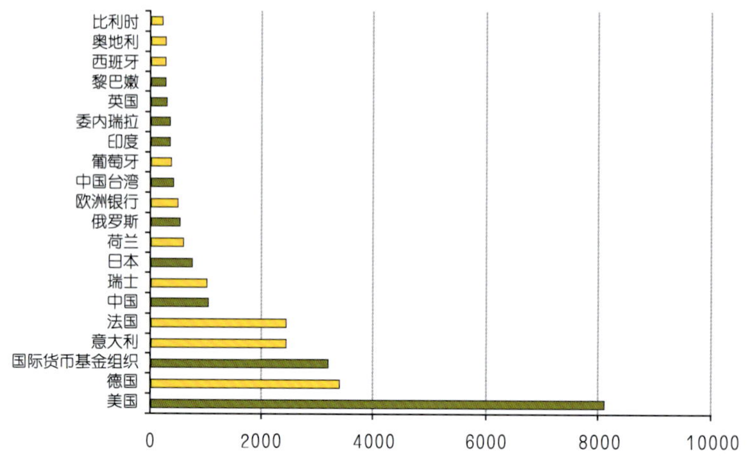

图1－1－4　全球前20个国家和地区之黄金储备

（资料来源：WGC）

占权重有了重新的认识。

1999年以来，西欧的央行通过《央行售金协议》来出售黄金。从1999年9月到2007年9月间，缔约方每年出售420吨黄金。从第一次协议到2004年间，销售上限为400吨，而在第二次协议即2004年到2009年间上限则提高到500吨。第三次《央行售金协议》于2009年8月签署，将销售上限从第二次协议的500吨降低到了400吨。2009年至今缔约方只出售了157吨黄金。

欧洲中央银行黄金协议

- 《华盛顿协议》：在1999年9月27日至2004年9月26日期间，黄金出售量限制在2000吨内
- 《央行黄金协议》：在2004年9月27日至2009年9月26日期间，黄金出售量限制在2500吨内
- 《央行黄金协议》：在2009年9月27日至2014年9月26日期间，黄金出售量限制在2000吨内，有19个签署国，共11,960吨黄金储备，占全球官方黄金储备的40%
- 《央行黄金协议》：同时涵盖IMF计划于4～5年内出售的403吨黄金

根据2009年12月国际货币基金组织的国际金融统计数据，以吨计的主要黄金持有人是（括号中数字是黄金占总储备资产的比例）：美国8133.5吨（68.7%）、德国3407.6吨（64.6%）、国际货币基金组织3005.3吨、意大利2451.8吨（63.4%）、法国2435.4吨（64.2%）、中国1054.0吨（1.5%）、瑞士1040.1吨（28.8%）、日本765.2吨（2.4%）、荷兰612.5吨（51.7%）和俄罗斯607.7吨（4.7%）。印度最近刚从国际货币基金组织购买了200吨的黄金，排名第11位，为557吨（6.4%）。

最近几个月最受关注的央行之一是中国央行。中国现今是世界上最大的黄金市场。过去六年，中国的外汇储备增加了六倍，达到2.2万亿美元，其贸易顺差和国外投资的流入帮助了经济增长。但是，全球经济衰退和最近的美元压力意味着中国在检视其储备中的黄金和美元配比。

中国的官方黄金储备从2003年的600吨上升至2009年4月的1054吨。从世界各国央行黄金持有量来看，中国排名第五。上文也提到，印度2009年刚刚购买了国际货币基金组织的200吨黄金。而俄罗斯的黄金储备比2008年初增加了118吨，总储备达607.7吨，占其总储备的4.7%。

毋庸置疑，黄金将继续在国家储备中扮演重要角色。

2.5 保值需求

这场影响最为深远的经济和金融危机所带来的后果已经影响了全世界各个角落的政府和投资者。失业率的上升，前所未有的财政刺激计划，对通胀的恐惧，以及波动的金融市场，都推动形

成了投资者了解和保护其财富的方式。

自2007年以来的这一系列事情已动摇了投资者的信心，侵蚀了公众和决策者之间的信任。此外，个人储蓄的快速减少及其对退休计划的影响都导致人们对可持续、简单的投资产品更加向往。从全球看，这次动荡使人们更加需要让人放心和可靠的资产。

对很多人来说，答案就是黄金，因其独特属性而重新确立了显著的地位。

目前市场普遍认识到，不同于大多数传统投资，黄金需求的地域和用途多样化可以帮助其抵御对主流资产有负面影响的经济冲击。金价受很多不同的因素影响，这也使它在整个经济周期中都保持独特的弹性。

因此，随着危机的深化，投资者为寻求投资多样化和平衡投资策略，纷纷投向黄金。2008年黄金的投资需求比2007年高出64%，即投资增加了152亿美元。2007年可确认投资为686吨，2008年上升至1183吨。投资需求近几个季度有所减少，2009年迄今数据是1061吨，说明需求仍然强劲。

投资需求的增加表现为很多形式。几年前出现的由实物黄金支撑的黄金ETF为投资人群提供了获得黄金产品的另一种便捷方式，这种方式越来越受欢迎，也推动了近几年的零售投资需求。

自2000年以来，投资者寻求通过实物黄金来保值，因此对金条和金币的零售需求有所增加。2000年的金条和金币需求是166吨，2007年上升到446吨，2008年为649吨。

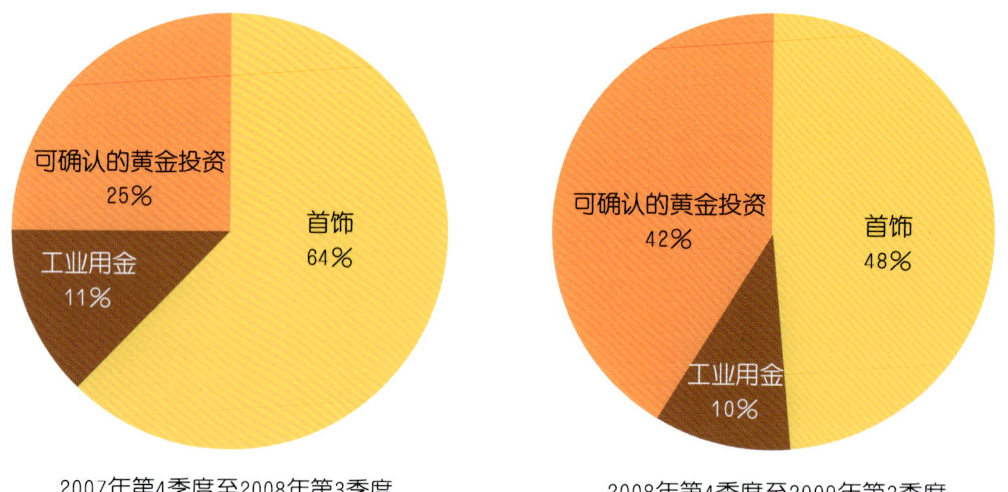

图1－1－5　可确认的黄金需求分布

（资料来源：GFMS）

最近，西方零售需求又重新复苏，这是国际黄金市场的一个重大变化。大量西方投资者在多年投资净缩减之后，再一次将目光投向实物黄金。与此同时，中国的投资者也在长期黄金市场监管之后爆发了对黄金投资的新需求。对金条和金币需求的预测是积极的，投资者还要寻求保护自己免受未来通胀和财富减少的影响，并确保他们能够更好地保护其退休储蓄。

2.6 矿产

黄金仍是稀缺资源。近几年鲜有新的重大发现，而很多发现往往地处很难到达的地方，这意味着生产成本日趋高涨。全球金矿生产多年来一直呈下降趋势，多数人认为这一趋势仍将长期继续下去。自2000年以来，黄金矿产的高峰出现在2001年，供应量达到2646吨，2008年这个数字降低到2416吨。

2.7 回收金

碎金或回收金在经历2008年下半年和2009年初的激增之后，近几季度已有所回落，早先的激增是由于金饰交易方在金价高位时抛售和消费者希冀从金价上涨中获利或套现所致。在2009年一季度，回收金达到569吨。到第三季度，回收金供应已从最高峰值下降了50%，达283吨，尽管这仍是相对较高的历史数值。

回收金在黄金供应方面扮演着重要角色，它是有效的市场稳定因素，回收活动通常随价格上升而急增，随价格下降而减少。进入西方市场的回收金得到较多的关注，它们取代了印度、中东和亚洲等地区，占到了回收的大部分。

3. 2010年黄金市场预测

2010年黄金需求预期乐观。尽管某些国家已出现经济复苏的迹象，但不确定性仍相当高，这不仅包括经济不确定性，也包括金融部门、资产价格、货币和通胀的不确定性。很多投资者希望重建财富，他们担心投资前景不如危机前清晰。因此，零售投资者希望他们的退休计划得到保障，机构投资者希望重建财富，他们都积极地寻找有效地分散风险的途径，通过配置黄金为其投资组合增加稳定性。央行部门从黄金净出售到净买入的变化为2010年的黄金市场提供了有力的支撑。

尽管在西方市场之外，金饰消费者仍然对价格高度敏感，而且地方价格仍然很高，造成需求减少的问题，但近几个季度需求有所恢复。随着经济条件的改善，2010年西方市场的需

求可能会有所增加，此外中国市场需求也将继续增加。但是最近金价的上涨仍然使2010年金饰总需求打上了一个问号。

经济形势好转的可能性也让工业需求有所改善，如果好转的形势能够持续，将帮助带动2010年及以后黄金的新用途和创新应用。

从更长远看，黄金业面临的长期挑战很明显。需要寻求新的方法来与年轻一代消费者沟通，使黄金对他们也变得适用和重要，使金饰成为他们自我奖励、享受和显示财富的方式。解决这个问题的关键将是建立年轻消费者对黄金的喜爱，也要求有新的互动渠道和沟通方式。

互联网向更偏远地区的渗透意味着越来越多的消费者有机会接触全球消费市场。在这个新平台下，消费者有渠道接触世界，而他们的购买决定也将对环境和社会产生更广泛的影响。

黄金业如何应对其他奢侈品的威胁将是金饰业未来持续增长的主要挑战。年轻消费者正在面对着大量商品和品牌的诱惑。金饰消费的最大威胁不再是其他贵金属或配饰，而是其他奢侈品，例如iPod、音乐、电子游戏、娱乐现场和旅行。对年轻人来说，奢侈品意味着很多不同的事情。它可能不再体现为消费或通过昂贵的消费来实现，而是通过周末休息、水疗和其他时间消遣产品来实现休闲娱乐。

这些金饰市场需求面临的新挑战将需要所有参与其中的人们协同努力，以确保东方国家喜爱黄金的传统文化可以传承到新一代有品牌意识、有思想的消费者身上。

黄金从未像今天这样合乎时宜。让投资者和消费者理解黄金保值和保障财富的作用，有利于让下一代认识黄金的价值，创建黄金的新纪元。

二、概述黄金及黄金首饰市场

Philip Klapwijk

黄金在过去的一年里，多次成为新闻报道的焦点。尤其是在2009年年初，由于全球金融系统出现前所未有的动荡，投资者将黄金视为避险的工具。此后，从2009年9月至12月，随着美元持续走低，再加上投资者对未来出现高通货膨胀的担心日益加剧，投资者的追捧引发了新一轮金价上涨，黄金也再次成为头条新闻。在旺盛的投资推动下，金价从1000美元以下一路飙升，曾经一度突破了1200美元大关。总体来说，2002年至今，黄金价格一直是在跌宕起伏中逐渐升高。

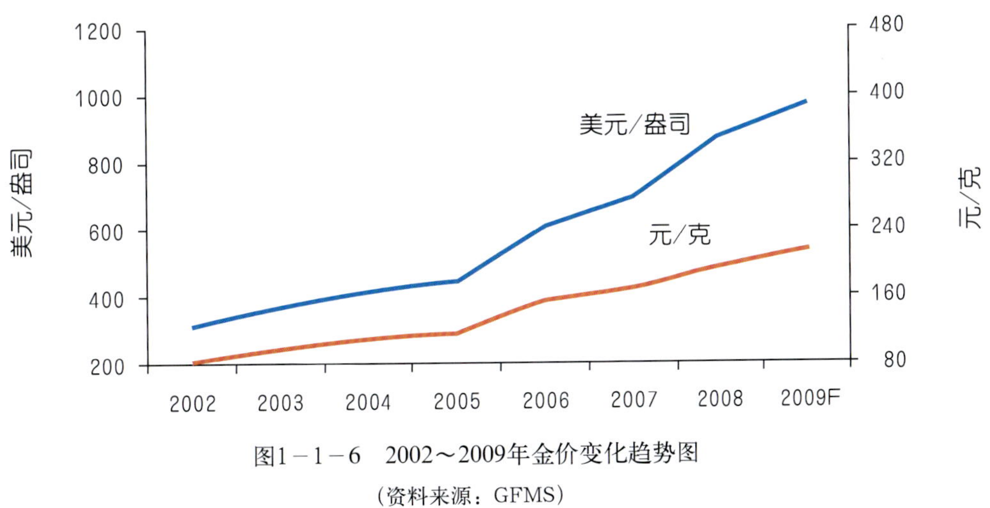

图1－1－6　2002～2009年金价变化趋势图

（资料来源：GFMS）

1．2009年供应和需求

投资需求是推动黄金价格上涨的主要因素。投资的重要性在GFMS统计的“世界投资”这一数据中得到充分体现（“世界投资”是推断净投资、金币和金条囤积的总和）。据统计，2009年世界黄金投资总量几乎翻倍，达到1722吨。此外，投资占世界黄金总需求的比例也激增至42%，与首饰所占的比例几乎持平。投资增长主要来自三个方面，分别是个人和机构投资者大幅增持黄金ETF，净多头持仓量在期货市场和场外交易市场稳步上升，以及个人投资者对金条金币的直接购买数量增加。2009年年初，金融危机引发了投资者对全球金融系统尤其是一些大型金融机构的担心，投资者投资黄金的主要目的是为了财富保值。自9月以来，美元的疲软（以及相关联的美元“利差交易”）成为推动投资需求的重要动力。同时，过度宽松的财政和货币政策也引发投资者担心未来出现高通货膨胀，黄金作为规避通货膨胀的工具被大量买入。

GFMS初步统计2009年全球矿产金供应增加至2502吨，这是自2005年以来全球矿产金产量首

次出现正增长。产量上升的主要原因是一些新矿在2009年开始投入生产，以及一些在2008年刚刚投入生产的矿山2009年首次进入全年运行。此外，在2008年经历了大幅减产后，印度尼西亚的格拉斯伯格矿的产量2009年显著回升。按区域划分，产量增幅最大的国家分别是印度尼西亚、中国和俄罗斯，而减产规模最大的是南非和美国。据统计，现在全球黄金矿山储备总量约为35,000吨，相当于全球黄金矿产量14年的总和。

表1－1－1　世界黄金市场供应和需求　（单位：吨）

		2008年	2009年	同比增长
供应	矿产金	2415	2502	4%
	官方净售金	236	56	－76%
	旧金回收	1209	1537	27%
总　计		3860	4095	6%
需求	制造业			
	首饰	2186	1756	－20%
	其他制造业	692	636	－8%
	总制造业	2878	2392	－17%
	金条囤积	393	197	－50%
需求	生产商对冲减持	351	240	－32%
	推断净投资	237	1265	433%
总　计		3859	4094	6%
金价（美元/盎司）		872	972	11%

（资料来源：GFMS）

由于金价大幅增长和全球经济疲软，2009年旧金回收预计达到1537吨，上升了27%，创出历史新高。随着黄金的美元价格和其他货币价格在今年第四季度再创历史纪录，旧金回收也出现强劲回升。但是，近期的旧金回收量依然远远低于今年年初的规模。在今年年初，大量首饰被运回精炼厂，精炼厂的产能几乎接近饱和。

2009年官方净售金出现大幅下降，仅为56吨。下降主要是由于中央银行黄金协议国的销售量过低，同时来自非协议国的购金也是一个重要原因。这一结果与过去的20年形成鲜明对比。据统计，从1989年至2008年，全球央行平均每年向市场抛售接近400吨的黄金。毫无疑问，这也标志着央行在黄金市场中扮演的角色出现了重大的转变。其中最具代表意义的例子是2009年第四季度，印度、斯里兰卡和毛里求斯三国的央行相继向国际货币基金组织（IMF）购买黄金。

2009年黄金首饰消费估计下降至1756吨，降幅达到20%，是过去20年来的最低消费水平。黄金首饰占世界黄金总需求的比例跌至43%，该比例也是自20世纪80年代初以来的历史最低。黄金首饰需求下降主要是受持续高涨的金价的影响。此外，在大部分国家，经济增长减缓或者经济直接陷入衰退也抑制了黄金首饰需求。2009年全球唯一例外的国家就是中国，随着中国黄金首饰消费继续上升，以及印度的消费量大幅下降，中国与世界第一大黄金首饰消费国印度的差距不断缩小。

除了官方金币出现增长，其他制造业中的所有组成部分对黄金的需求都出现下降。按照定义，其他制造业对黄金的需求主要以工业用金为主，而工业用金以电子行业为主。全球经济下滑是需求下降的根本原因，高价只是一个次要因素。

2009年金条囤积减少了50%，为197吨。下降原因主要是2009年第一季度亚洲地区出现大规模的金条抛售。就买方而言，投资金条的需求在中国保持了强劲的增长势头，使中国成为2009年全球唯一的亮点。

GFMS预计2009年全球生产商对冲减持黄金接近240吨。大部分的对冲减持活动来自巴利克黄金，该公司决定把对冲仓位减少到零。这使得到2009年年底，生产商持有的经过蝶塔调整的对冲仓位仅剩400吨。

2. 2010年展望

GFMS预计金价在2010年的大部分时间里将继续保持坚挺。价格的上升空间在很大程度上取决于投资需求将达到的规模。考虑到利率依然会维持在极低的水平，再加上政府财政赤字问题在许多国家，尤其是美国，将会越来越严重，宏观背景在2010年对投资需求将继续保持正面影响。这也意味着金价在2010年的某一刻会再创历史新高。但是，由于金价过度依赖于私人和机构投资者的支持，一旦投资者对黄金的兴趣减弱，金价极有可能受到很大影响。的确，如果没有投资需求的支撑，黄金价格将会远远低于1000美元。具体来看，不考虑投资需求，黄金供需的其他因素在2010年对金价将会造成负面影响。例如，黄金首饰需求在2010年预计会进一步下降。另外，随着全球对冲仓位已经被大幅削减，2010年生产商对冲减持的步伐会继续放缓，因此对冲减持对金价的支撑将会进一步减弱。再看央行售金，从中长期来看，央行在黄金市场中扮演的角色将趋近于中立，这一点对金价非常有利。但就2010年而言，GFMS预计官方净售金会有所回升，除非有央行愿意购买IMF剩余的190吨黄金，否则这将对黄金价格产生负面影响。最后，全球黄金矿山产量2010年预计将出现小幅上升，但这一变化很难对金价产生实质性的影响，尤其从中长期来看，全球黄金矿产依然会呈现下降趋势。总体来看，基于金价在2010年极有可能再创新高，以及市场参与者将再次面对极度波动的市场环境，2010年对于黄金市场又将是精彩的一年。

三、从上海黄金交易所看中国黄金市场

沈祥荣

上海黄金交易所经国务院批准于2002年10月30日正式开业，是由中国人民银行组建，不以营利为目的，实行自律性管理的机构。交易所遵循公开、公平、公正和诚实信用的原则，组织黄金、白银、铂等贵金属交易。交易所实行会员制组织形式，会员由从事黄金业务的金融机构，从事黄金、白银、铂等贵金属及其制品的生产、冶炼、加工、批发、进出口贸易的企业法人，并具有良好资信的单位组成。现有会员162家，会员单位中年产金量约占全国的80%；用金量占全国的90%；冶炼能力占全国的90%。因此，通过交易所管理和交易的现状可以窥视我国黄金市场的现状。

2008年，全球性的金融危机爆发，黄金作为理想的金融避险工具受到了各方的广泛关注。进入2009年，随着经济衰退的蔓延和国际资本对于通胀担忧的加深，黄金成为全球金融市场中少数保持坚挺的资产和各国投资者踊跃投资的金融产品，市场交投活跃，投资者热情高涨，价格屡创历史新高。

在国内，上海黄金交易所黄金交易量稳步上升，现货市场的主导地位进一步巩固，主要特点表现为：

1. 层层深入，稳步推进，开创交易市场的崭新局面

自2002年10月正式开业以来，交易所通过不断创新交易品种、扩大交易功能、增加会员数量、开展夜市交易、完善风险防范手段等多种有效方式，为市场的健康稳定发展做出了积极贡献。2008年，交易所成交黄金4463.77吨，同比增加2635.64吨，增长一倍以上。2009年1～11月，交易所成交黄金3991吨，交易量保持稳定；成交铂金52吨，白银1.32万吨，分别增长了30%和246%。

开业至今，交易所成交黄金和白银均超过万吨，铂金300多吨，成交金额2万多亿元，成为拥有包括20家国内商业银行、4家外资银行、国内各大产金用金企业和投资类企业在内的会员162家，机构客户4千余家，个人客户80多万户，开展现货实盘、现货延期、中远期交收和个人实物投资等多种业务的全球场内现货黄金交易量最大的贵金属交易所。

2. 把握机遇，开拓创新，引领投资市场的全面发展

开业后，交易所在稳步发展现货交易的基础上，积极向衍生品市场迈进。通过开发延期、中远期交收业务和推出夜市交易，为进一步活跃交易，满足会员投资、套利创造了有利条件。

受金融危机影响，国内个人黄金投资市场呈现出良好的发展态势。交易所抓住机遇，联合国内商业银行，适时开展个人实物黄金现货和延期业务，充分满足市场需求。同时，积极鼓励信托公司，加大市场参与力度，由其推出的凭证、基金、融资、信托等各种黄金投资产品已成为广受欢迎和追捧的投资工具，显示出我国黄金投资市场未来发展的巨大潜力。

2008年，交易所个人黄金投资客户突破40万户，交易量达65.25吨，同比增加47.92吨。2009年，个人黄金投资热潮更加高涨。至11月底，个人客户超过87万户，交易量达338.73吨，是2008年同期的6倍多。4月，随着商业银行正式推出个人白银业务，凭借门槛低，价格波动大的优势，个人白银业务也进入了发展的快车道，交易量呈爆发性增长态势。

3．锐意进取，与时俱进，实现国内外市场的首度融通

自开业以来，交易所稳步落实周小川行长关于国内黄金市场向国际市场转变的要求，开拓国际市场，谋求国际合作。经过积极探索和不懈努力，交易所于2008年成功吸收汇丰、渣打、丰业和澳新等四家在国际贵金属市场中享有盛名的银行成为首批国际会员。外资银行凭借其在国际黄金市场的丰富经验，在增加国内外市场沟通渠道，提高市场流动性等方面已开始发挥积极作用。2009年以来，包括瑞士信贷、德意志银行、南非标准银行等诸多国际知名的商业银行也分别递交了书面材料，开始申请成为交易所的国际会员。我们正在逐个考核，进一步扩大国际会员的数量。

4．展望未来，努力奋斗，加快国内黄金市场发展

国内黄金市场已走过了快速发展的七年，并取得了一定成绩，但作为一个新兴市场，未来的路还很长。我们要准确把握时机，切实遵循“三个转变”发展目标，积极推进产品创新战略，促进市场功能更加充分有效地发挥，增强市场的辐射影响力，使黄金市场在服务我国国民经济发展中发挥更大作用。

一要积极落实相关政策，协助总行完善法律法规，维护市场良性发展。

交易所将积极协助和配合总行，不断完善《黄金市场管理条例》，以对各种新的市场关系进行界定和规范，对各种新产品、新工具和新的交易主体进行引导和约束，为市场的未来发展创造健康良好的环境。

保持黄金市场现有政策的持续和稳定对交易所的未来发展也有着重要意义。交易所成功说服国家有关部门维持现行的税收政策不变，大力维护现有税收政策在黄金市场的规范执行，通过制定相应的管理办法，加强市场监管，规范市场行为，保障市场健康发展。交易所还全力以赴，积极开展工作，在制订《黄金市场管理条例》时争取获得总行的最大支持，在切实维护国家黄金市场整体利益的同时，保障交易所和会员的切身权益，确保黄金市场健康有序和谐发展。

二要加速推进黄金投资衍生品市场建设进程，不断完善产品创新机制。

交易所将充分发挥自身优势，加强对我国黄金市场发展方向、市场细分和产品研发问题的探索和研究，在金融衍生产品创新上做足功课，进一步加大产品创新力度，重点研究黄金债券、黄金ETF和现货期权等衍生产品业务，为市场参与者提供更多的套期保值和投资工具，推动我国黄金市场的创新进程。

竞价、询价两种交易模式的结合，对于培育和扶持国内黄金市场中的做市商，吸引更多的投资者进入市场，满足其多方位的交易需求具有重要意义。在2009年银行间询价交易系统上线试运行后，商业银行可进行纸黄金头寸平盘服务，场外远期交易的个性化交易需求得到了很好地满足。未来，交易所将把两种交易模式更为紧密地结合起来，使询价市场成为竞价市场的有益补充。

国内个人黄金投资市场的蓬勃发展，引起了国际黄金界的高度关注。为此，交易所将进一步开拓思路，把个人黄金投资业务作为交易所市场发展的重要工作抓实、抓好。要加大市场推荐和投资者教育力度，通过各类有效媒介，系统全面地传授黄金投资的基础知识和风险防范的手段、措施，引导市场的正确发展。通过努力，交易所已吸收了大量的市场参与者，市场培育效果显著。

三要加强市场软件建设，深化服务理念，完善服务体系，提升服务水平。

交易所将坚持“思想领先、意识领先、服务领先”的原则，根据业务需求，不断完善交易系统，为会员和广大市场参与者提供一流的硬件设施。同时，将以会员为本，深化服务理念为未来发展的重要战略，继续通过行之有效的实地调研、座谈研讨等方式，深入了解市场参与者对交易品种、交易规则、系统运行、新业务需求等各方面的意见和建议，掌握市场运行动态的第一手资料，重视整体服务范畴的外延，不断提升服务能力，完善服务体系，向21世纪的现代化服务型交易所迈进。

放眼未来，我国黄金市场的发展前景十分广阔，交易所将继续深入学习实践科学发展观，以市场为导向，不断创新产品功能，提升服务质量，降低交易成本，严格风险管理，促进现货市场做大做强，确保实现长期持续稳定和谐发展，为国内黄金市场的发展做出更大贡献。

四、综述铂金及铂金首饰市场

文婉瑜

自2008年下半年以来，全球铂金市场经受了铂金原料价格从历史高点迅速回落的挑战，以及世界金融危机对首饰消费市场的冲击，但中国铂金首饰市场却在2009年取得了突破性的增长。根据庄信万丰公司发布的《铂金2009年中期年鉴》指出，2009年全球首饰行业对铂金的净需求预计增长近80%。其中，中国首饰行业的铂金净需求预计将上升至创纪录的54.5吨。中国的铂金市场需求量已占全球75%，稳守铂金首饰市场第一大需求国的地位。面对2009年市场利好的成绩，加上迎来2010年10月10日十全十美的结婚吉日，以及铂金消费者的年轻化，预测2010年中国铂金首饰市场将持续强势发展。

1．2008～2009年全球铂金首饰市场供需概况

由于价格的急剧变化，2008年是铂金首饰市场波动的一年。据庄信万丰公司的《铂金2009年年鉴》报道，除去回收料，全球首饰行业对铂金的需求下降了6.2%，降低至42.5吨。2008年上半年由于铂金创纪录的高价格，影响了世界各地生产商的产量以及零售商的销量，并促进了亚洲旧首饰回收量的上升。

然而，下半年随着价格的下跌，亚洲市场的需求强劲反弹，回收量也随之急剧下降。其中中国生产商在下半年迅速补充购买原料重建库存，来满足零售增长的需要。随着回收量的急剧下降，净需求量即开始上升。总需求（铂金首饰的生产量以及未加工的原料库存变化量）几乎与2007年持平为32.9吨。回收料从2007年的9吨下降至去年的6.5吨。除去回收料，2008年中国对铂金的新原料需求上升了2.1吨，达到26.4吨。

向下调整的铂金价格在2009年促进中国首饰行业的需求重新上扬。据庄信万丰公司的《铂金2009年中期年鉴》报道，特别是在2009年上半年，较低的铂金价格促使业界纷纷更新和扩充库存，同时利润的增长也吸引了新的生产商和零售商进入这个行业。由于铂金首饰零售价格的降低，使消费者的购买力出现强劲增长。2009年中国首饰对铂金的需求猛增28.1吨，达到54.5吨，创下历史新高。然而2009年的经济情况令全球不同国家对铂金需求均有不同的表现。在日本，由于铂金价格的下跌，旧首饰的回收量出现下降，因此日本首饰行业对铂金的净需求出现了增长。但在欧洲和北美，经济衰退却影响了消费需求，导致首饰行业的铂金需求下降。

1.1 日本旧首饰回收下降有助铂金的净需求增加

2009年，日本首饰行业对铂金的净需求增长了7.9吨至9.6吨。铂金价格的下跌，大大降低了

日本消费者以旧首饰兑换现金的动力，导致旧首饰的回收量急剧下降。因此，由于零售商看到铂金市场的销售好转从而降低零售价，使得铂金的总需求（相当于生产量以及库存变化量）略有上升至16.8吨。另外，铂金项链的生产量及至中国的出口量都有所增长。

1.2 欧洲及北美经济衰退影响了消费需求

2009年，欧洲首饰行业以及钟表业对铂金的需求下降500千克，降至5.7吨左右。虽然高端首饰生产商努力克服经济危机所带来的负面影响，但需求仍然下降。在英国的主要市场，铂金需求得到了婚庆市场的有力支撑，并有望一年比一年稳固。瑞士的钟表业对铂金需求的下降是因为手表产量的下跌，以及生产商和零售商严格控制库存的原因。

受经济疲软的负面影响，北美地区首饰市场不容乐观。由于消费者可支配的收入减少以及零售商再次削减库存，使得2009年首饰行业对铂金的净需求下降了四分之一以上，降至4.4吨。

2．2009年中国铂金首饰现状与前景

2.1 2009年中国铂金首饰现状综述

中国铂金首饰市场从2008年年底开始特别是2009年春节之后呈现出一片生机勃勃的复苏景象。2009年春节、情人节，以及五一劳动节前，一部分深圳生产商均出现断货现象，目前铂金首饰重新成为很多珠宝生产商的主力产品。在零售市场上，2009年更多新的零售店开业，生产商为了满足不断增加的铂金需求，增加了备货量，这些都推动了铂金首饰销量的增长。

根据庄信万丰《铂金2009年年鉴》报道，较低的铂金价格促使零售商和批发商纷纷更新和扩充库存，并扩大铂金首饰的柜台空间以取代白色K金首饰。同时利润的增长也吸引了新的生产商和零售商进入这个行业。这种广泛重建库存的活动使得2009年上半年铂金需求获得可观增长。经济的不断增长和零售价的下降使得铂金首饰的占有比重有相当的上升。2009年上半年，仅中国首饰行业对铂金的净需求增至30吨以上。

在全球面对国际金融海啸的严峻考验之下，内地铂金首饰需求达至纪录性新高。经过2008年的极大波动，趋稳的铂金价格令业者不单对市场前景重拾信心，更造就了更多新款和别具创意的首饰设计与市场活动，吸引消费者购买更多铂金首饰。

2.2 铂金首饰消费群体分析

2009年中国的国内生产总值预计增长超过8%，2010年将继续保持稳定增长的态势。此外，中

国政府也会继续将扩大内需作为经济增长的重要成分。

根据全球权威咨询调查机构华通明略公司在2009年2月至4月，针对国内7个主要城市(北京、上海、广州、成都、沈阳、青岛、长沙)共10,377名18岁～54岁城市女性消费者的《铂金消费习惯调查》显示，中国铂金消费受众呈现年轻化趋势。大多数铂金消费受众是来自较为富裕的家庭、受过良好教育的白领阶层。铂金首饰成为中国消费者最喜爱、最重要的婚庆首饰。铂金首饰已经成为消费者馈赠亲朋好友的上佳礼品。调查结果再次显示市场仍有巨大的发展空间。

主要发现：

● 受访者平均每人拥有2.5件铂金首饰，大约六成再次购买铂金首饰。

● 受访者拥有素铂金与铂金镶嵌的比例为7:3。在首次获得的铂金首饰中，素铂金产品占76%，在再次获得的铂金首饰中，铂金镶嵌产品占35%。

● 74%铂金首饰都是作为礼物被获得。

● 铂金首饰获得者的年龄主要集中在18～34岁之间，占据总体的2/3。结婚、订婚和结婚周年时获得的铂金首饰分别占据10%、7%和6%。

● 生日、节假日也是获得铂金首饰的主要场合。

调查显示铂金首饰的目标消费人群逐步年轻化，此对长远的铂金市场的发展十分有利。考虑到年轻的消费者需要经历更多人生重要阶段，因此能更大地增加重复购买的次数，进而为市场带来更多销售空间。

2.3 中国铂金婚庆市场迅速升温

2009年，中国铂金首饰商场需求创下历史新高。特别在婚庆市场，随着结婚吉年的相继到来，铂金婚庆首饰的销量增长强劲，加上消费者对于铂金对戒概念及内涵的认可，都推动了铂金婚庆市场的繁荣。

随着宏观经济转暖以及国内持续增长的婚庆人口——据民政部的统计，中国每年的结婚人口约1000万对，并以每年约6%速度递增，预计2010年将达1450万对，中国在婚庆首饰市场仍然有着巨大潜力。铂金一直以其纯净稀有，永不褪色，同时纯净的白色光泽与极佳的柔韧性也是钻石的最佳搭配，因此铂金被中国消费者视为“爱情金属”，成为婚庆首饰的首选材质。

根据调查机构艾德惠研公司《2008婚庆首饰市场调研》针对中国六个主要城市（北京、上海、广州、成都、长沙、青岛）的调查数据显示，铂金首饰在婚庆市场继续占据领导地位。75%的受访新娘及近70%的受访新郎表示在结婚时购买了铂金戒指。同时，在单颗钻戒中，将近八成的新娘选择了铂金作为戒托。

随着铂金形象在消费者心目中日益深入，铂金消费在中国婚庆市场迅速升温，象征着完美的铂金对戒因其纯净、稀有、永不褪色的特质受到越来越多新人特别是都市白领的青睐，成为婚姻必不可少的见证。因而当80后渐渐成为适婚主力，又伴随着奥运年、久久年、世博年等结婚吉年相继到来，中国铂金婚庆首饰市场可谓呈现出前所未有的繁荣景象。

根据国际铂金协会近两年的消费者调查显示，婚庆首饰特别是结婚对戒作为新人结婚不可或缺的部分，将继续保持非常旺盛的市场需求，这也是为何越来越多的珠宝商更重视和专注于铂金婚庆市场。调查也发现，富含美好寓意的首饰往往更能打动顾客。因此目前作为终端零售商，均将营销由“硬性推销”逐渐转向“顾问式营销”，要求一线的销售人员具备良好的铂金专业知识，以专业眼光去发掘客户深层次的需求，引导顾客正确购买到合适的婚庆首饰，同时零售终端也更注重婚庆氛围的营造，为消费者提供更优质的购物环境。

2.4 未来六个月的铂金价格预测

根据《铂金2009年中期年鉴》的报道，随着全球经济的回暖，汽车行业和工业各领域对铂金的需求将会逐渐恢复，但铂金的供应不可能达到相同的幅度，因此铂金市场会进入一个温和短缺

的时期，2010年铂金市场将会趋紧。这些积极的基本面有望给铂金价格带来支撑。在过去一年的大多数时间里，铂金的价格主要受美元疲软，黄金价格强劲以及投资者兴趣增加等因素的影响而走高。如果此情况持续下去，那么在未来六个月内铂金的价格将推高至1550美元。如果美元走强或者黄金价格回落，则铂金价格就会受到影响，在同期会下跌至1280美元。

3. 助推中国铂金首饰市场持续跃升

市场的需求为未来的铂金市场打了一支强心针，为承托气势磅礴的中国铂金首饰市场，致力在全球推广铂金首饰的国际铂金协会指出，协会已为2010年拟订一系列活动及发展目标，从而进一步强化中国铂金首饰市场,让更多中国人喜爱铂金首饰。

3.1 加大市场份额

随着内地消费者对铂金首饰的认识及喜好加深，加上年轻一族偏爱形象时尚及个性化的饰品，对铂金首饰的销售情况有着极大的推动作用。

据中国珠宝玉石首饰行业协会的预测，中国大陆每年珠宝市场的平均增幅有望保持双位数字，国际铂金协会相信以内地铂金首饰市场目前的走势，铂金首饰的年增幅可望走在全国珠宝市场的平均数字之上，这将大大增加铂金首饰在内地整体珠宝市场中的占有率。

3.2 深化铂金品牌形象

经过国际铂金协会多年的努力，“纯净、稀有、永恒”(Pure，Rare，Eternal)这个铂金的核心价值与形象已逐步深入民心。然而，仍有部分消费者对铂金仍一知半解，不少消费者仍难以分辨各类贵金属的市场价值。因此，在2010年国际铂金协会的活动中，将加强向业界及消费者传播有关铂金的三大核心元素，以及其为消费者带来的感情价值。随着内地消费者的文化水平越来越高，尤其是年轻一代的时尚消费族，他们对于产品的设计、含义及所代表的形象都十分注重。铂金拥有的独特优雅气质，深受内地追求时尚及品味的消费者钟爱，通过到位的市场教育，深信将吸引更多消费者追随铂金首饰。

3.3 加强渗透度

经过逾10年的发展，国际铂金协会的活动已覆盖中国16个城市，面对庞大而正在强势发展的内地市场，协会计划2010年将影响力延伸至32个城市，新覆盖城市包括:长沙、厦门、福州、南昌、成都、重庆、武汉、昆明、南宁、贵阳等，如此积极进取的计划表明协会对内地市场极大的信心。

内地二、三线城市的经济正在急速增长，为各界带来极大商机，对于铂金首饰更是提供了庞大的发展空间。国际铂金协会已计划了一系列崭新的大型广告活动、电视及平面媒体投放、公关等推广，以此在原有及新增的市场内强势推广铂金首饰，提升各地消费者对铂金的认知。此外，协会亦会与更多二、三线城市的零售商加强合作，从产品及店铺的陈列优化至首饰系列的推广上多给予支持，以确保有关铂金首饰的正确信息传达到各地消费者。

3.4 强化业界与媒体关系

要成功保持中国大陆作为全球最大铂金首饰销售国的地位，单靠国际铂金协会一方的工作并不足够。协会在2010年的另一重点目标，是进一步加强与业界及媒体的合作，通过多角度的协助及活动，提升铂金首饰的增值性，从而吸引更多消费者。

2009年10月，协会首次组织了一次大规模的南非铂金考察团，邀请了30位来自行业协会，主要零售及生产商的代表，参观位处南非的铂金矿场，并亲身体验铂金开采过程，从而让他们对铂金的真正价值有了更加深刻的体会，从而增加了对铂金的认识与认同感，并触发他们创作更多新颖而独特的铂金首饰系列的灵感。这是协会为业界筹备的一次较大型活动，希望此后再将活动延伸至媒体，透过专业性的报道与宣传进一步扩大铂金在市场上的影响力及渗透度。

3.5 中外合作设计引导铂金消费时尚

近年铂金首饰的设计也越来越多元化，国际铂金协会将继续与中外著名珠宝设计师合作，不单会为内地消费者创造款式新颖时尚的铂金首饰，更会鼓励优秀的中国设计师，为国内具有才华的设计师搭建平台，向全国甚至全球展示内地的设计与工艺实力，同时提升铂金首饰的整体水平。协会亦会大力推动铂金首饰设计的发展，希望市场有更多元化的铂金首饰，为消费者提供更多的选择。

随着2010年中国经济的持续稳定发展，以及中国广大二、三线城市巨大的消费潜力，再加上目前中国市场蓬勃发展的势头，这些都将为未来中国的铂金首饰发展提供强劲的支撑，预计铂金市场的前景依旧光明。

五、直视钯金及钯金首饰市场

李 坚

1．2008年及2009年世界钯金供需市场概况

作为铂族元素中的重要一员，钯金每年的产量跟铂金相近，是极其稀有的白色贵金属。

钯金主要的需求及应用与铂金同样是在汽车工业中的汽车催化剂方面，而在首饰方面的需求则是从2003年开始有所增加，目前中国为最大需求国。

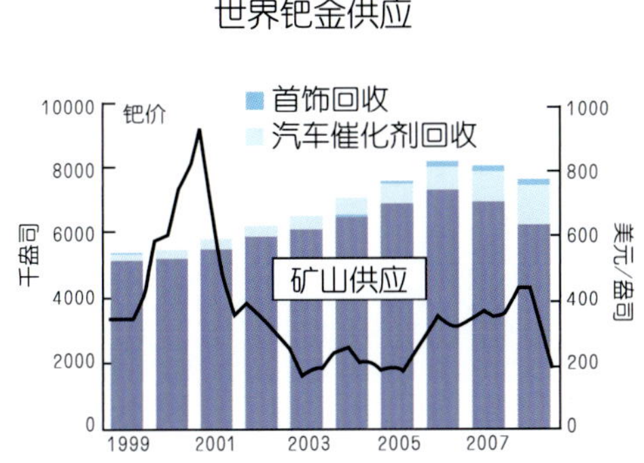

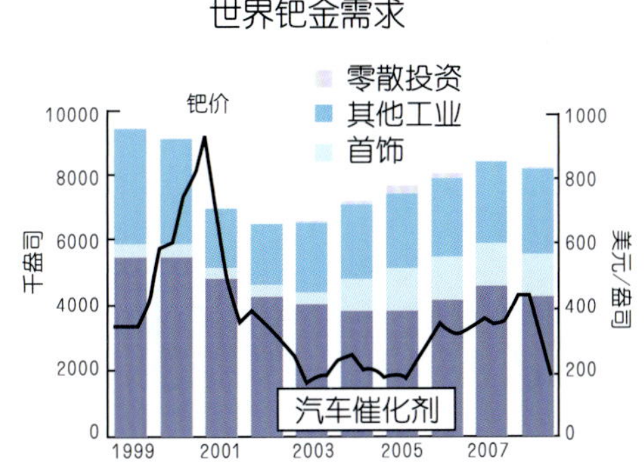

图1－1－7 2008年世界钯金的供需
（资料来源：GFMS）

按照黄金矿业服务有限公司（GFMS）发布的《铂钯年鉴2009》中显示，2008年钯金的供应总缺口为19.9吨，但如果把俄罗斯出售库存和ETF基金投资也算进去，钯金则有8.0吨的实际盈余。钯金的需求实际上在减少，下降4.3吨，这包括汽车催化剂大幅减少，特别是美国汽车产量大幅下降，尽管欧洲因为柴油车应用增长抵消了一些。同时钯金首饰需求略有增长，最重要的是中国市场销售少量增长，美国市场也有增加，尽管钯金首饰还处于发展初始阶段。而2009年的总需求比2008年下降11%，钯金供应总缺口为2.2吨，但如果把俄罗斯出售库存和ETF基金投资也算进去，则有18.7吨的盈余。

2．钯金在首饰行业中发展的优势和趋势

钯金在首饰方面的运用，其实早在20世纪40年代就已经出现了。在二战期间，因为铂金被政府作为战略性储备而停止民间的使用，知名珠宝品牌，例如美国的蒂梵尼就曾经选用钯金进行首饰制作。但是在战后，钯金并没有在首饰界中被广泛使用起来。究其原因，固然是因为当时铂金

表1-1-2 2009年世界钯金的供需

2009年预估值			单位：千盎司
供应		需求	
矿山供应	6115	汽车催化剂	3633
汽车催化剂回收	1067	首饰	1256
首饰回收	122	其他工业	2294
		零散投资	190
总供应量	7304	总需求量	7374
备注：1吨＝32,151盎司			

（资料来源：GFMS）

的价格还在相对能接受的范围之内，更主要的是，钯金的特殊物理性增加了其制作过程的难度。即便如此，钯金仍一直在首饰制作中扮演着绿叶的角色。在日本和早期中国的铂金首饰中，其中的配料或俗称补口，就是用钯金的，所以钯金在首饰界的应用是有的。

钯金真正广泛应用在首饰上是起源于中国。在2003年末，当铂金价位持高时候，中国就有经营者为了减轻资金成本风险，想到用铂族中的另一价格比较适中的成员——钯金来制作首饰。钯金首饰也就正式在中国诞生了。

钯金首饰在中国的贵金属首饰市场上虽然历史不是很长，但经过短短4年多的奋斗，已经成长为贵金属首饰市场中重要的一员，地位实在不可以轻视！

那钯金之所以能在那么短的时间内发展成为贵金属首饰市场的一颗新星，其优势在哪呢？

首先，我们先看看钯金的物理属性。稀有，属于铂族元素，其产量每年跟铂金非常接近，足见其极其稀有的特性了。除了稀有，钯金的延展性强，自然状态下呈银白色金属光泽，不会褪色，对肌肤不会产生敏感，密度较轻但硬度极高，常态下不易氧化和失去光泽。

钯金在物理上具备了贵金属首饰所需要的特点，而在物理上，钯金有一个显著的特点是密度较轻。换句话

说，同样重量的一件贵金属首饰如黄金和铂金，钯金就能做得更大、更具立体感，这个特点与近几年的珠宝设计趋向是很相适宜的，而且在佩戴方面不会让人觉得累赘。

然后，我们再讨论一下价格的适合度问题。在贵金属价位屡创高位的时候，钯金的适中价位更能符合经营者期望减轻资金投入的压力的要求。同时，也使消费者能以更相宜的价格购买到款式新颖、立体感强、性价比高的天然白色贵金属首饰。

正是基于上述的原因，除了中国外，其他的国家也陆续看到更多的钯金首饰。近些年，除了在传统性的首饰领域外，一些国际知名的服装及服饰品牌也开始发现钯金的价值，用其作为覆盖或制作材料。更值得一提的是，不少名牌手表也一样开始重视钯金的稀有价值，开始采用钯金来制作动辄十几万到几十万美元的名贵腕表。

在美国，近几年已经有很多连锁珠宝店开始用钯金作为首饰材料，尤其是在镶嵌首饰方面，更因为钯金的物理特性，已经被大量采用。有一个有趣的事情值得大家关注，那就是在婚戒方面，也陆续面世了很多钯金镶钻的产品。

我们更要注意一点就是英国在2009年8月份公布了钯金饰品将成为第四个需要有纯度标记的贵金属，这一举动更进一步确认钯金的贵金属地位。在公布后，首先实行自愿式送检，而到2010年1月1号开始就将采取强制性执行了。此举足见有关质检部门的关注。值得关注的是，在8月推行自愿式送检后，第三季度就已经有27,427件送检，而且都是Pd950。同时也更加证明了钯金首饰在英国的首饰市场已经受到消费者和业界的重视。据业内人士的推测，英国推行钯金饰品纯度标记后，也将会影响到欧盟其他国家首饰质检部门对钯金的重视，相信不久也会实行强制纯度标记的。

最后要特别值得一提的是日本。日本一直是珠宝首饰的消费大国，日本消费者对时尚首饰的追捧是人所共知的，他们一直是白色贵金属首饰的拥护者。但日本的经济从90年代开始恶化，造成了珠宝首饰消费一直在下滑，从而使得首饰市场形成了强烈的两极分化。经过这十几年的演变，目前其市场上几乎只有国际性的和几个特别本地化的珠宝品牌作为高端珠宝消费和本地大众消费的、接近服装装饰品的品牌，中档的本地品牌很少了。这种情况使得消费者的选择越来越窄。消费者也对目前的一般贵金属首饰呈现疲态，都希望在市场上能看到新的贵金属品种，珠宝经营者也不断寻找一个新的贵金属材料，不约而同，他们都想到这个铂族成员——钯金。所以在过去两年间，不少珠宝制作企业已经陆续开展钯金首饰研发，预期2010年在首饰市场将会开始看

到钯金首饰。

作为首饰消费大国的美国、日本以及文化历史悠长的英国都陆续推出钯金首饰，足见钯金首饰在国际的贵金属首饰市场得到了认同和相应的地位。

3. 未来几年中国钯金首饰市场展望

看过国际钯金首饰市场的情况和发展趋势，现在谈一下中国钯金首饰市场未来的展望。

中国的珠宝消费市场是非常庞大的。珠宝首饰的消费数字从改革开放以来就一直攀升。根据中国珠宝玉石首饰行业协会公布的数据来看，从2002年开始，珠宝首饰消费就一直高速地递增，从2002年的840亿到2009年预测的逾2000亿，是非常惊人的！2008年的金融危机也没有对珠宝消费有太大影响。有着如此巨大的珠宝消费市场，也就是说市场是需要有更多不同的珠宝品种，更丰富的贵金属种类供消费者去挑选，所以除了传统的黄金、铂金、K金和白银外，钯金也将会成为白色天然贵金属中的重要一员！

消费者购买首饰已经不再局限于单一的传统保值和婚庆需求这两大原因了，更增加了追赶时尚和配搭服饰的需要。同时，对贵金属首饰的认识也随着市场信息发达而成熟。所以消费者在选择首饰的款式同时，也会对首饰所用的贵金属材料有所挑选。消费者会随着所购买首饰的用途及价格，与贵金属的种类进行相关对接，在黄金、铂金、K金及白银首饰里，钯金首饰的价格是在铂金和黄金之下，接近K金，但钯金因为密度较轻，所以更能制作时尚感更浓的首饰。

当然，毋庸讳言，钯金首饰在中国出现的最初原因是经营者想减低投资成本风险，价格当然就是唯一的考虑了，这就是消费者购买的原因。即便如此，我们还是需要解答一个问题，那就是：价格是不是消费者购买首饰考虑的唯一因素呢？答案当然是否定的。如上所述，中国的消费者对首饰的认识是越来越成熟，对于如何挑选首饰是很理智的。虽然钯金的确有着价格和一些物理性的优势，但要在贵金属首饰市场上牢牢地站稳脚，让消费者敞开心扉地接受，还是需要长期做大量教育及推广工作的。同时，由于目前钯金尚未在上海黄金交易所挂牌交易，这也令很多消费者对钯金的贵金属地位有疑问，直接或间接地影响到消费者对钯金首饰消费的信心。

因此，国际钯金协会（Palladium

Alliance International，简称PAI）这个国际性非赢利推广机构于2006年在中国设立办事处，目的就是要在中国发展钯金首饰市场，以推动钯金首饰销售为宗旨，与有关政府机构及同业一起规范市场，并致力于将钯金首饰树立为一种时尚、出众的白色贵金属饰品。协会从进入中国开始，就积极与有关部门沟通，致力推进钯金在金交所的挂牌交易。

协会从2006年9月进入中国以来，不断地为钯金首饰制造商提供生产技术知识，务求用更精湛的技术制造出更具特色的钯金首饰。与此同时，为零售终端提供销售配套的支持也是协会的工作之一。

最近黄金价格猛涨和消费者对投资保值的追捧，在2009年的最后2个季度对白色贵金属产生了一定的冲击。但这只是短暂的，因为在热捧之后会有冷静的思考，消费者在购买贵金属首饰时还是会根据其实际需要作出选择的。

另外值得一提的是，市场上应该陆续有钯金首饰的品牌出现了。在过去4年里，钯金首饰在市场上很少是以品牌销售，一般在零售终端只以钯金首饰的名义销售。但这种情况很快将有改变。随着珠宝企业对钯金的重视和消费者对品牌的追求，将会有主销钯金的品牌了。就以协会所了解的情况而言，除了有国内珠宝企业正在积极筹备外，日本也有珠宝企业正准备将日本的品牌引入中国，展开在钯金首饰方面的销售。

值得期待的一个重要消息是：钯金有望2010年在上海黄金交易所挂牌交易，这样钯金就更能让消费者确定其贵金属的地位。

国际钯金协会将继续加强对消费者传播钯金首饰知识的工作，而且在市场推广上将继续深化钯金首饰的形象，在业内对企业不断的更新制作技术作出相对的支持。所以可以肯定的是，钯金首饰在中国的贵金属首饰市场上肯定会开花结果的！

六、评点白银及白银首饰市场

史洪岳

1. 白银消费结构

白银具有较好的韧性和延展性，良好的电热传导性，较高的感光性和反射性，在大多数的应用领域具有不可替代性。从表1－1－3可以看出，2008年与2007年相比，白银的主要应用领域消费量都在减少，减少份额全部增加在投资方面。受金融危机影响，2009年白银工业领域将减至39%，投资方面将增至26%。

表1－1－3 世界白银应用领域一览表 （单位：%）

应用范围	工业领域	首饰及银器	摄影业	投资方面	净对冲减持
2007年	51	29	14	3	3
2008年	50	24	12	13	1

（数据来源：2009《世界白银年鉴》）

中国白银应用领域普遍出现增长态势，2008年较2007年增长25%。2008年白银的消费结构为：电子电气工业40%，银基合金及钎焊料27%，感光材料工业4%，银币及银质证章7%，银工艺制品及首饰18%，抗菌等其他领域4%。

表1－1－4 我国白银应用领域一览表 （单位：吨）

年份	电子电气工业	银基合金及钎焊料	感光材料工业	银币及银质证章	银工艺制品及首饰	抗菌等其他领域	全国白银消费总量
2005	880	800	210	115	480	115	2600
2006	1050	950	200	120	540	140	3000
2007	1200	1100	180	220	720	180	3600
2008	1800	1200	200	300	800	200	4500

（数据来源：《第八届中国国际白银年会论文集》）

近些年来，我国白银消费量远低于生产量，白银消费增长一直处于相对滞后的局面。2006年，我国国内市场消费白银仅3000多吨，不足白银产量的40%。2008年，我国白银国内市场消费的银约4500吨，约为白银产量的47%。

2. 白银市场供应量

白银生产主要来源于独立银矿的开采、金铜铅锌冶炼的副产品和摄影业等废料的回收。2008年，我国白银产量9587吨，世界白银供应总量27,633吨，我国白银产量占世界白银供应总量的34.69%。世界白银供应量2008年增长为零，我国白银产量同比增长5.45%。2009年1～9月，我国累计白银生产量为7552吨，同比增长5.74%。数据显示，我国不仅是世界上最大的白银生产国，也是保持高速增长的少数国家之一。

表1－1－5　白银市场供应量一览表

年份	2008	2007	2006	2005	2004	2003	2002
全球矿产白银（吨）	21,179	20,659	19,947	19,816	19,065	18,557	18,473
政府抛售白银（吨）	961	1316	2433	2050	1926	2759	1842
全球回收白银（吨）	5493	5658	5848	5786	5714	5723	5832
世界白银供应（吨）	27,633	27,633	28,228	27,652	26,705	27,039	26,147
中国白银产量（吨）	9587	9092	8252	6754	5637	4305	3217
年增长率（%）	5.45	10.18	22.19	19.80	30.9	33.8	59.8

（数据来源：2009《世界白银年鉴》和《第八届中国国际白银年会论文集》）

3. 我国白银出口量

2000年，我国白银行业出口实行配额管理，当时只有2家企业，配额280吨。此后，我国白银出口贸易实现快速增长。2007年7月1日起，国家将白银出口退税率从13%下调至5%后，我国白银出口量大幅下降。2008年白银出口配额为4800吨，实际出口4043吨，较2007年下降10%。与2007年相比，2008年出口中国香港、印度、日本的数量下降较大，而出口英国、泰国和新加坡的数量均有增加。2009年1～9月累计出口银锭2676吨。

表1－1－6　中国白银出口概况一览表

年份	配额数（吨）	配额数同比（%）	企业数量	企业数同比（%）
2007	4500	12.50	43	5
2008	4800	6.67	43	0
2009	5100	6.25	40	−6.9

（数据来源：商务部工业品出口配额年度公告）

我国白银首饰出口主要为欧美和日韩等国家。受金融危机的影响，2008年下半年至2009年上半年，我国以白银首饰来料加工为主的生产企业遇到了一定困难，订单有所减少。2008年，我国累计出口银制首饰及零件499.23吨，较2007年同比下降16%。2009年1～9月，我国累计出口银制首饰及零件308吨。与2008年同比下降13.45%。

4. 我国白银饰品市场

2008年全球白银首饰需求约为4923吨，同比下降3.2%，银器制造需求约1783吨，下降2.5%。其中，意大利、泰国下降幅度较大，中国、印度、俄罗斯需求有所上升。2008年，我国白银工艺制品及首饰用量大约800吨，较2007年增长11%，主要特点如下：

4.1 我国白银工艺制品及首饰生产企业大约有300多家，主要集中在深圳、广州及番禺、东莞、海丰和莆田秀屿等地区，其中有几十家企业年用白银在数吨以上。在云南、贵州、四川、西藏、湖南等少数民族地区，白银工艺制品及首饰加工业主要以家庭作坊为主。总体上讲，缺少龙头企业和品牌企业。

4.2 白银饰品市场具有较大的发展潜力。首先，白银在贵金属首饰产品中价格的优势比较明显，作为有色宝石、珍珠以及半宝石和人工宝石的底托更具优势和潜力。其次，白银饰品的时尚性和款式的多样性，是其他珠宝首饰不可比拟的。再者，少数民族对白银饰品的特殊文化属性，不仅民族服饰用银会稳步增长，还会带动部分消费者对白银饰品的需求。

4.3 消费者对白银饰品的消费习惯正在悄然变化。价格不贵，又显时尚，年轻一族中，白银饰品是潇洒男士送给浪漫女孩的最好礼物。就连购买和馈赠的方式都显得十分时尚，那就是网络的渠道。因此，珠宝电子商务市场的发展中，银饰品的销售数量可能仅次于钻石。

5. 我国白银投资市场

2008年，世界银币和银章制造业需求量约2019吨，同比上升超过63%。其中，美国需求量为609吨，较2007年翻了一番。2009年一季度，美国造币厂银币生产量同比提高70%，加拿大、瑞士、德国、奥地利等主要国家银币银条销量增长幅度加大。

我国银币和银章销售增长也很快，2000年约37吨，2008年87吨，较2007年增长7.7%。银币、银章以及纪念性银条，消费者将其作为投资产品，多数认为优势不强。主要原因是：

（1）相对白银原料溢价较高。这些产品一般较白银原料高出50%～200%的幅度。

（2）产品回购渠道不够通畅。这些产品若回购，一般价格也会低于材料价值20%～40%。

投资型银条指投资白银材料以期升值的银条，主要有华通铂银市场发行的现货银条，金交所会员单位自行铸造的材料银条与宝泉储蓄型银条，在外形上，只刻上重量单位与发行方名称。主要特点如下：

（1）白银价格波动的频率较高，幅度较大，短线投资较为适宜。

（2）白银价格猛涨猛跌，使白银投资相比于黄金投资，具有高风险、高收益的特点。

（3）白银市场供大于求，白银的货币属性较弱，长线投资不太适宜。

2009年1～10月，上海黄金交易所白银共成交10,205.70吨，同比猛增203.78%；成交金额344.07亿元，同比增长180.14%。由于4月份商业银行开通个人白银业务，凭借门槛低、价格波动大等优势，吸引大量投资者，白银交易异常活跃。个人白银业务交易量从2009年4月份日均27吨，迅速增长到10月份日均44吨，1～10月累计个人白银业务成交1783.50吨。相对一年以前，白银投资市场实实在在地火爆了起来。

集邮市场、股票市场、房地产市场及普洱茶市场，在经历一段时间跌宕和洗礼后，投资者及投机者或许是明白了，或许是糊涂了，总之是更加理智了。白银价格波动的频率和幅度决定了投资的热度，但透过白银市场供需和主要用途的分析，理性投资对风险控制应该是有益的。

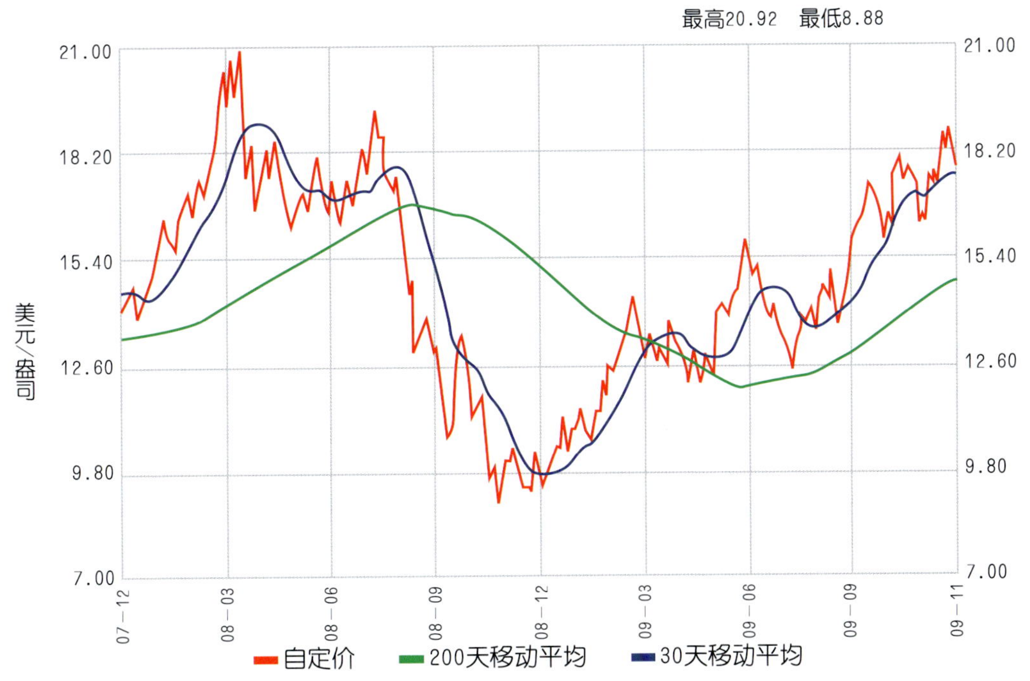

图1－1－8 近两年伦敦白银日价格变化曲线图

（资料来源：www.kitco.cn）

七、华通铂银看白银的未来发展

高慧杰　彭水春

1．2009年白银市场行情回顾

回顾2009年以来国际白银价格走势，年初由于避险需求，在美元和黄金同步上涨的带动下，国际白银价格开始第一波上涨行情，2月23日最高触及到高点14.64美元/盎司。进入3、4月份，国际白银价格进行回调整理，位于12.80～13.5美元/盎司区间波动。自4月下旬起，美元一路走软，使得国际白银价格迎来了年内第二波冲高行情，5月28日强劲突破15美元/盎司整数关口，6月3日最高触及到高点16.24美元/盎司后，国际白银价格开始一路下跌，7月13日下探到两个月以来的最低点12.45美元/盎司。经过7月下旬和8月份技术调整，国际白银价格又开始上涨，两个多月的时间内屡创新高，相继突破17、18、19美元/盎司关口。进入12月，国际白银价格经过短线强势上升，12月3日达到年内最高点19.46美元/盎司后，国际白银价格开始出现大幅回调。目前国际白银价格已经回落到17.5美元/盎司附近，回调幅度达到10%左右。国内白银现货与国际白银走势大致相同，国内白银现货价格随着国际白银价格上涨而上涨，从年初的2435元/千克震荡上涨到目前的3980元/千克，最高达到4220元/千克。

纵观2009年国际白银市场，国际白银价格呈震荡上行行情。据分析，截至12月25日，2009年国际白银价格上涨了6.13美元/盎司，涨幅达到54%，国内白银现货价格上涨了1545元/千克，涨幅达到63%。而国际黄金价格从年初到12月3日总共上涨了204.4美元/盎司，涨幅仅为23%。可见，2009年白银价格的涨幅已经远远大于黄金，白银表现超越黄金。为什么白银涨幅如此之大，其表现会优于黄金？白银后市又将会如何呢？我们可以从以下几个方面进行分析。

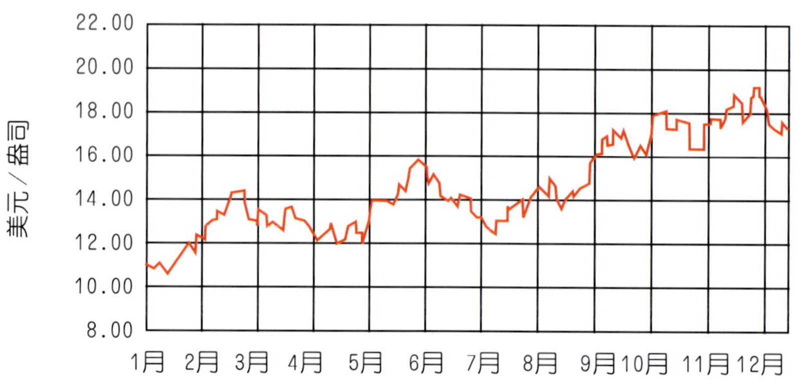

图1－1－9　2009年国际白银价格走势图

（资料来源：上海华通铂银交易市场）

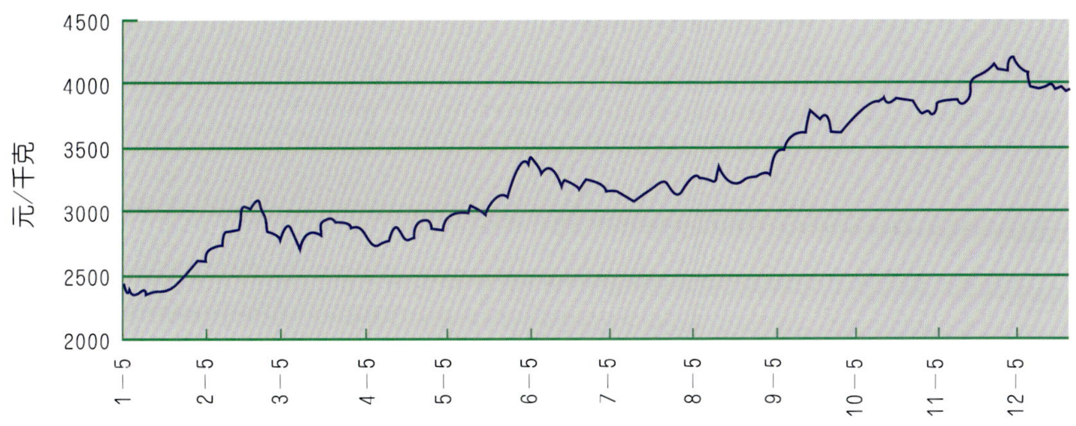

图1－1－10　2009年国内白银现货价格走势图

（资料来源：上海华通铂银交易市场）

2. 影响因素分析

2.1 世界经济形势依然不稳

自2008年金融海啸爆发以来，国际金融市场动荡不安，世界经济形势不明朗。为了维护金融市场稳定，全球各个主要国家2008年年末就相继推出了巨额的经济刺激计划。例如，美国政府2008年10月后两个月时间内就增发了7000亿美元的基础货币，这相当于过去95年时间的基础货币发行量，将对全球通货膨胀形成越来越大的预期和压力。2009年3月，美联储又宣布直接购买到期国债，实行定量宽松货币政策，维持零利率水平，这意味着美联储直接将财政赤字进行货币化，新创造出的巨额“长债美元”将直接影响世界资产负债表的负债项。同时英国央行也表示将回购至多750亿英镑的政府国债，另有750亿英镑的央行回购拨备。相对英国目前的经济规模，这些数目大约是流通中纸币和铸币存量的3倍，是英国货币基础的两倍，它还相当于英国已发行国债存量的三分之一。如此造成全世界流动性泛滥，全球通胀预期逐渐增强。国际黄金白银等大宗商品资产价格从年初就开始上涨，价格屡创新高。虽然多国政府实施经济刺激方案，发行大量的货币，有助于全球经济走出危机，但流动性泛滥所造成的通胀预期也将成为全球经济复苏的障碍或“拦路虎”，国际商品价格将大幅上涨。

不过，由于美国为了刺激经济复苏，必须维持一段时间的强势美元状态以打压原材料商品价格来降低企业生产成本，否则一旦经济没有恢复增长，而通货膨胀失去控制，无法向下游有效传导价格上涨的企业势必被高成本所压垮，那么经济虚拟复苏在缺乏实体经济确认和支持下将会是昙花一现。当全球经济出现复苏萌芽时，在复苏预期和通货膨胀预期双重效应下，大宗商品价格和资产资本价格继续上涨无疑将全球经济逼入滞涨死胡同。维持强势美元来打压大宗商品价格，也符合各国经济利益。一旦美国经济开始明显复苏，美元政策将可能发生变化。美国将重新借机推行强势美元政策，以加息来回收新兴国家和地区的美元流动性，挤爆新兴国家和地区经济体的资产价格泡沫，从而造成股市下跌，财富将再次出现大转移。

2.2 白银基本面供需分析

（1）白银供应量缩小

根据世界白银协会公布的相关数据得知，2008年世界白银总供应量为27,633吨左右。白银供给主要来源于采矿工业（约占总量的76%）、再生银（约占20%）以及政府出售（约占3.5%）。但是有两个重要的因素会对白银供应产生重要的影响，白银供应量正逐步缩小。一是多数冶炼出来的白银将被消耗于工业生产中，尽管部分被当作废料重新加以循环利用，但是在过去的100年里采掘到的白银几乎已经被用光了。而黄金不是这种情况，数千年内被开采和冶炼的黄金中，大部分至今仍然存在。二是政府白银供给下降，尽管美国政府持有充足的黄金，但是为了弥补矿业产出的不足，美国已经耗尽了它的白银储备，而其他国家政府的白银储备也日趋减少。现有的白银储备在过去的15年里已经严重耗竭了，而中国和印度（两个迄今最大的白银持有国）也接近了它们供给能力的底线。

（2）白银需求不减反增

白银属于消耗性贵金属，具有金融工具和工业金属的双重属性。白银由于具有导热、导电性能良好等特性，被广泛应用于感光材料、合金、银币、首饰等。根据摩根估计，在1990～2005年间总共有15亿盎司（约46,655吨）白银已被消耗。2009年以来，随着全球经济呈现复苏迹象，对工业金属的提振效果相当明显，白银需求不减反增。工业用银的需求比例逐年增大，从不到40%迅速增加到50%，而摄影需求的比例下降了一半。据世界白银协会（The Silver Institute）的数据显示，2008年工业用银占到白银需求的50.3%，珠宝首饰需求的比例为17.8%，摄影需求为11.8%，银器、银币和银章需求的比例为13.8%。如今，又有了一个全新的需求来源——白银上市交易基金。据全球最大的白银上市交易基金（ETF）IShares Silver Trust称，截至2009年11月30日，其持银量已经达到9404.79吨的

纪录高点。此外，根据《2009年世界白银年鉴》公布的数据，2008年中国的银饰品产量比上一年增加3%，达733吨左右，目前中国已经成为世界上第二大银饰品生产国。

2.3 美元指数冲高后持续走软

2009年初，受美国当选总统奥巴马经济刺激方案，英国央行（Bank of England）货币政策委员会（Monetary Policy Committee）将基准利率由2.0%下调至1.5%等利好因素的影响，美元指数连续大幅冲高。3月2日，由于AIG公布出现巨额亏损，加重市场对经济担忧，美元指数受到追捧强势上攻。不过，随着美国开始实行定量宽松货币政策，美元开始持续走软，美元指数进入下行通道。在美元持续走软的推动下，白银价格逐步上涨。3月18日，受美联储决定购买3000亿美元的长期美国国债和7500亿美元的抵押贷款支持证券的决策影响，美元指数大幅下跌。虽然欧、日和美国的五家央行宣布达成总资金为2950亿美元外汇互换额度协议，美元指数有所反弹。但是，4月29日美联储决定将联邦基金利率维持在历史最低点零至0.25%不变，并表示将利用一切可能的工具来促使经济复苏，美元指数又出现大跌。5月份，英国央行和欧洲央行宣布实行定量宽松政策，且美联储公布的4月份政策会议记录显示，将考虑进一步购买证券以刺激经济，使得美元指数继续震荡下挫。7月，八国峰会召开，期间中国和俄罗斯分别称美元作为储备货币地位目前是不可替代的，此消息提振美元。8、9、10月份，由于全球公布经济数据普遍持续利好，股市连续上涨，风险偏好情绪令美元承压，美元指数大幅回落。11月，英国央行如市场预期一样维持利率在0.5%不变，并宣布资产购买规模自1750亿英镑扩大到2000亿英镑，但低于市场预期扩大的500亿英镑。此消息一出英镑大涨，美元应声下滑。11月末，美联储官员的一些言论打压了美元，美元继续下跌。12月，迪拜发生债务危机，当月公布的经济数据利好，提升了投资者对美国经济正在加速复苏的预期，美元开始连续反弹。

2.4 国际黄金价格震荡冲高

2009年，在通货膨胀预期和美元走软的背景下，国际黄金价格走出了一波震荡上行行情，尤其从9月开始国际黄金价格屡创新高，10月就突破2008年3月17日创下高点1032.55美元/盎司，12月3日触及年内新高1126.52美元/盎司。虽然年末国际黄金价格出现了大幅回落，但是目前国际黄金ETF基金持仓量仍然维持高位，各国政府也没有出售黄金，个别国家还在不断增加黄金储备量。国际黄金价格在未来一段时间内将仍然保持高位震荡运行，可能还将在合适的时间内再创新高。从黄金和白银的比价上看，12月25日1盎司的黄金等值于63盎司的白银，而当2008年3月黄金价格首次突破1000美元/盎司时，1盎司黄金仅等值于48.45盎司的白银。可见，国际白银价格进一步上涨的空间。

2009年全球最大的ETF黄金基金SPDR Gold Shares持仓量从年初的780.23吨（1月6日）增加到目前的1132.71吨（12月23日），总量增加了352.48吨。

图1－1－11　2009年国际黄金价格走势图

（资料来源：Kitco网站）

世界上储备黄金最多的国家是美国，其黄金持有量为8133.50吨，其占外汇比重为78.3%。排名第二的为德国，其黄金持有量为3412.60吨，其占外汇比重为69.5%。排名第三的为国际货币基金组织（IMF），其黄金持有量为3017.3吨。中国黄金储备量为1054吨，排名第六，其占外汇比重仅为1.8%。11月3日，国际货币基金组织宣布出售200吨黄金给印度，由于这200吨并没有实质性增加国际黄金市场供应量，反而增加了市场对黄金储值避险功能认识，国际黄金价格大幅上涨，当日涨幅达到2.37%。此前，4月初国际货币基金组织以金融海啸中遭受重创的发展中国家扶危解困为名放出消息要出售400吨黄金来筹集资金，消息公布当日，国际黄金期货价格应声暴跌了3%以上，跌破900美元/盎司。

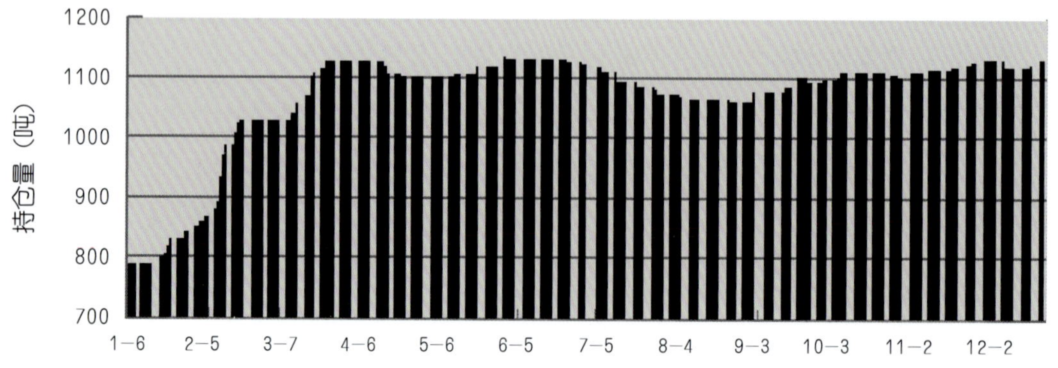

图1－1－12　2009年全球最大的ETF黄金基金SPDR Gold Shares持仓变化图

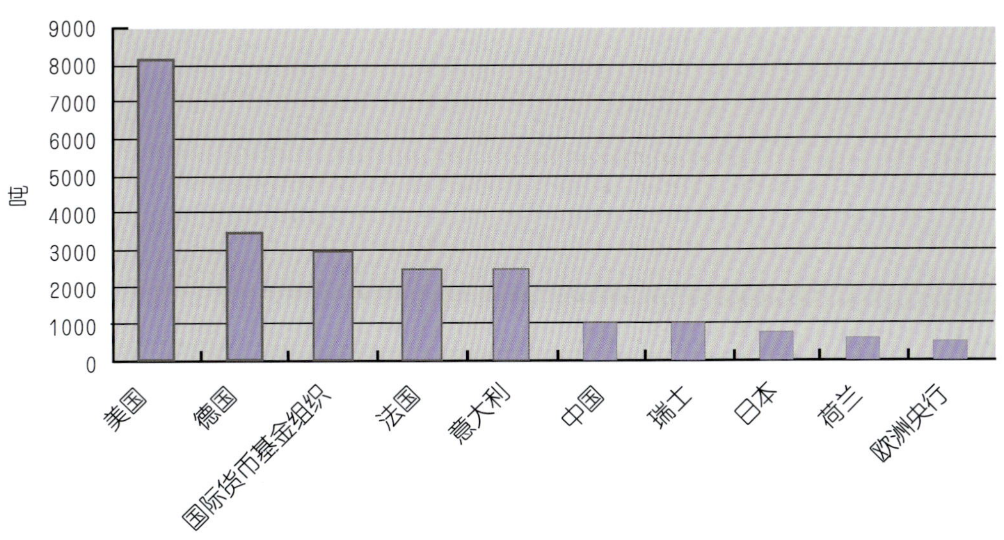

图1－1－13　世界排名前十的官方黄金储备图

（资料来源：世界黄金协会，截止到2009年12月）

3. 结论

综上所述，从影响白银价格的因素看，全球经济不稳、美元持续走软以及国际黄金价格屡创新高对白银价格的上涨起到了重要的推动作用。白银具有金融工具和工业金属的双重属性，比起黄金来，白银的工业金属的属性更明显。随着当前全球经济形势好转，工业用银的需求将逐步增加，银饰品产量也在加大，这将有力地支撑国际白银价格后期走势。不过，由于白银比黄金价值小，易于投机，白银价格的弹性比黄金的大，其投资风险也比黄金高，投资白银需要谨慎。国际白银价格经过12月份回调整理，国际黄金价格也跌破1100美元/盎司，黄金白银的下跌幅度均超过10%，不过白银进一步下跌的空间有限，预计其后势将会再创新高，突破20美元/盎司大关。

一、金融危机中的钻石市场

刘厚祥

2009年将是历史铭记的一年，这一年世界经济遭遇战后第一次大的衰退，全球都在寻求经济“企稳回升”的发展通道，这一年是全球各行各业充满挑战的一年。当然，对于钻石行业来说，2009年也是充满挑战，而又有着非凡意义的一年。

如果要用一句话来概括2009年全球钻石业的状态，那么其中的一种说法应该是：“在这一年，全球钻石行业，从钻石矿山到钻石首饰零售店都举步维艰。通过这一次经济危机，钻石行业正在领悟‘团结就是力量’、‘集体负责任’才能保证未来长期发展。”

1. 钻石矿山生产情况

2009年钻石矿的生产是整个钻石产业链中最为艰难的环节。自从经济危机发生以来，几乎所有的钻石矿山都最先感到了“冬天”的含义：矿山不得不减少生产，而作为一个投资巨大、风险极高的钻石矿山，即使在半停产或停产的状态下，矿山的基本运作仍然正常进行。幸运的是作为钻石产业链的前端，绝大多数钻石生产企业、钻石矿山都顺利地渡过了最艰难的那段时光。

钻石的矿山开采有着自身的特点。作为一种地球上最为稀少的天然矿物资源，钻石的勘探成本不断增加，总体产能不足，在钻石需求不断增加的同时，受多种因素影响，钻石供给却难以同步增长，从而导致了整体、长期的供需关系紧张。从2002年到2008年，全球钻石年产量平均增长10%左右。钻石矿山较长的勘测、评估和开发周期是钻石生产增速放缓的主要原因。目前全球已经探明的5450个金伯利地质结构岩矿中，具有商业开采价值的还不到1%，每找到一个具有开采价值的钻石矿的成本平均为5亿美元。高勘探风险和长线投资制约了钻石开采产量的增加，新矿投产至少也需要5年的前期准备，因而短期内难以迅速增加供给。过去15年全球范围内一直没有发现新的大型钻石原生矿，而全球钻石市场需求则以年均10%速度攀

升，钻石价格每年以3%～5%速度上升，其中高品质钻石涨幅更大。钻石的供应与需求之间的不平衡关系仍将在相当长时间内存在。

2008年9月之前，全球经济高速发展、钻石行业高歌猛进。2008年全球钻石矿山共开采了16,291万克拉钻石。来自23个国家和地区的钻石矿山，其中产量在3000万克拉以上的国家包括民主刚果、俄罗斯、博茨瓦纳，产量在3000万克拉到1000万克拉以上的国家包括加拿大、澳大利亚、南非，产量在1000万克拉到100万克拉的国家有安哥拉和纳米比亚。

自2008年经济危机发生以来，整个钻石行业，尤其是钻石矿业公司，经历了漫漫长夜。

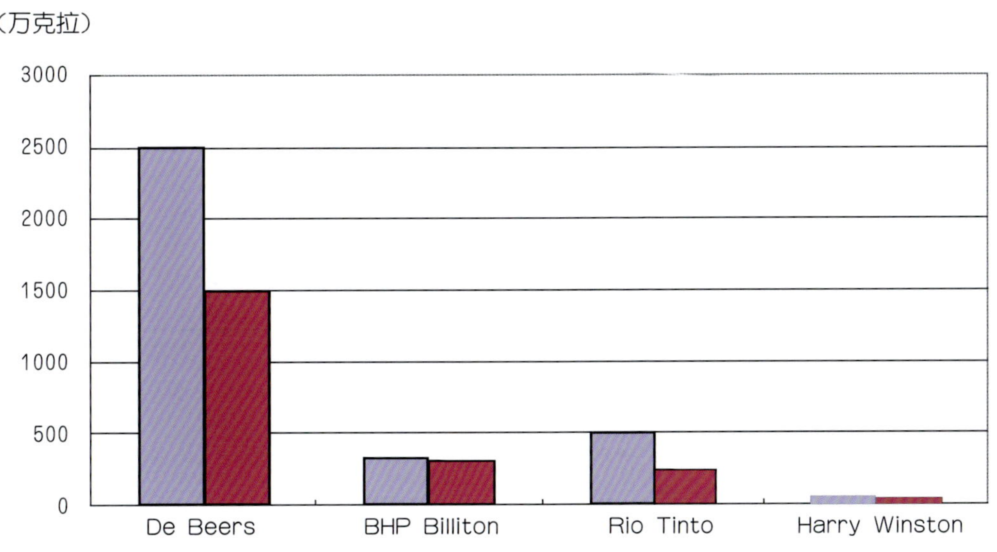

图1－2－1　2009年1～9月部分钻石矿业集团的生产情况

在整个2009年，几乎所有的钻石矿业集团、钻石矿山都采取了极其谨慎的态度。首先，以De Beers 集团为首的钻石公司，包括Alrosa， Rio Tinto， BHP Billiton等矿业集团在内，要求所属矿山控制并适当减少钻石的生产、开采。其次，对矿山的未来发展进行重新规划。第三，维持矿山运营的稳定。

De Beers集团2009年前三季度钻石开采比2008年减少了60%，仅生产约1500万克拉钻石毛坯，预计全年的钻石开采总量将仅为2008年的一半左右。在2009年上半年，De Beers集团的主要钻石矿山几乎都处于“半停产”状态。据报道，Diavik矿山2009年将生产560万克拉钻石毛坯，而该矿山2008年开采了900万克拉钻石。BHP预计2009年可生产322万克拉钻石毛坯，比2008年的335万克拉有所减少。Rio Tinto集团2009年1～9月份的9个月间共开采了245万克拉钻石，比2008年减少了49%。Harry Winston集团在2009年前三季度共开采了30万克拉钻石，比2008年同期减少开采67%。Alrosa2009年1～9月，钻石毛坯销售约7.8亿美元，比2008年减少22%。

有消息说，Diavik矿山2010年将适度增加钻石产量，计划2010年的钻石毛坯产量将达780万克拉。位于Botswana的Jwaneng矿山是钻石业明星矿山，被称为“Cut－8”的项目，将该矿山的开采寿命从原定的2017年再延长7年，可开采至2024年，为此，在未来的15年内，De Beers集团将为该矿山投资逾30亿美元，预计可生产钻石毛坯约9500万克拉，相当于150亿美元的钻石。

2. 钻石毛坯供应情况

全球经济危机发生以来，尤其是2008年第四季度中，整个钻石行业充满了悲观情绪。显然，随着经济危机影响扩大，以美国为主的经济体对前景的不确定性增强，钻石首饰作为“非生活必需品”首当其冲，成为人们预算开支中首先消减的对象，钻石零售市场急剧下滑。如果钻石行业不采取积极有效的措施减少市场供应，势必导致钻石价格的大幅度波动，这不仅会影响消费者对钻石的信心，更会导致数百万从业人员行业的不稳定。因此，大多数钻石毛坯供应商都采取了积极的控制策略——减少向市场供应钻石毛坯的量，从而保持市场的供-需平衡、保持钻石价格的稳定、维持消费者信心、维护行业的长期稳定。

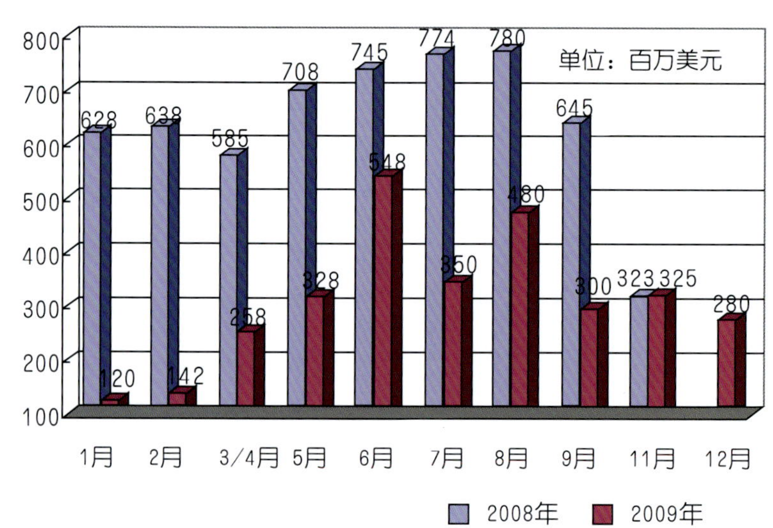

图1－2－2　2008年和2009年DTC钻石毛坯供应量及其变化

由图1－2－2可以看出，与2008年相比，DTC钻石毛坯供应全年减少了47%。尤其是在2009年10次看货会的前3个看货会只供应了2008年前3个看货会的不足30%。进入4月、5月之后，随着世界经济下滑见底、新兴市场经济开始止跌回升，DTC钻石毛坯供应开始适度增加。以中国、印度为代表的“金砖四国”钻石消费市场率先走出低谷、开始出现积极的增长势头，这为全球钻石行业，特别是钻石矿业公司带来了信心。2009年，俄罗斯Alrosa的钻石毛坯销售额为21.3亿美元，其中包括9.2亿美元的政府收购。

由于以美国为主的零售市场出现需求减少、零售额下降和消费者信心指数下跌，全球钻石业在“集体负责任”的影响下，采取了谨慎的供应政策，从而在很大程度上保证了整个钻石产业链的供求基本平衡。因此，2009年钻石毛坯市场总体处于稳定的状态。有关的数据统计显示，2009

年1～10月，美国钻石毛坯的进口比2008年同期减少了68%，仅为2.3亿美元，同期美国钻石毛坯的出口减少55%，为1.6亿美元。比利时2009年1～11月间11个月内，钻石毛坯进口为58.9亿美元，比2008年同期减少43%，这一时期内比利时钻石毛坯出口额为65.5亿美元，与2008年同期相比减少37%。以色列，2009年1～11月间钻石总进口额为43.3亿美元，比2008年同期减少48%。在此期间以色列的产品钻石出口额达36.2亿美元、毛坯钻石出口额为17.4亿美元，分别比2008年同期减少41%和47%。然而，2009年11月成为以色列钻石交易最为活跃的月份，该月单月，以色列钻石毛坯出口比2008年同期增长了144%，达2.56亿美元，产品钻石出口则增长了49%，达5.2亿美元。印度似乎受金融危机的影响较小。2009年1～10月间，印度毛坯钻石进口额为51亿美元，比2008年同期减少43%，钻石毛坯出口则为5.7亿美元，减少21%。印度成品钻石出口下降了17%，为110.8亿美元，同期成品钻石进口为56.7亿美元，减少了8.4%。

3. 钻石批发市场

由于从矿山开采到钻石毛坯供应环节对稳定市场采取了积极、主动的措施，从而在很大程度上维持了成品钻石批发市场的稳定和成品钻石批发价格的相对稳定。据IDEX分析，自2008年9月开始，成品钻石的批发价格确实出现过波动和下滑，但至2009年5月起成品钻石批发价格开始出现稳定并逐步回升。

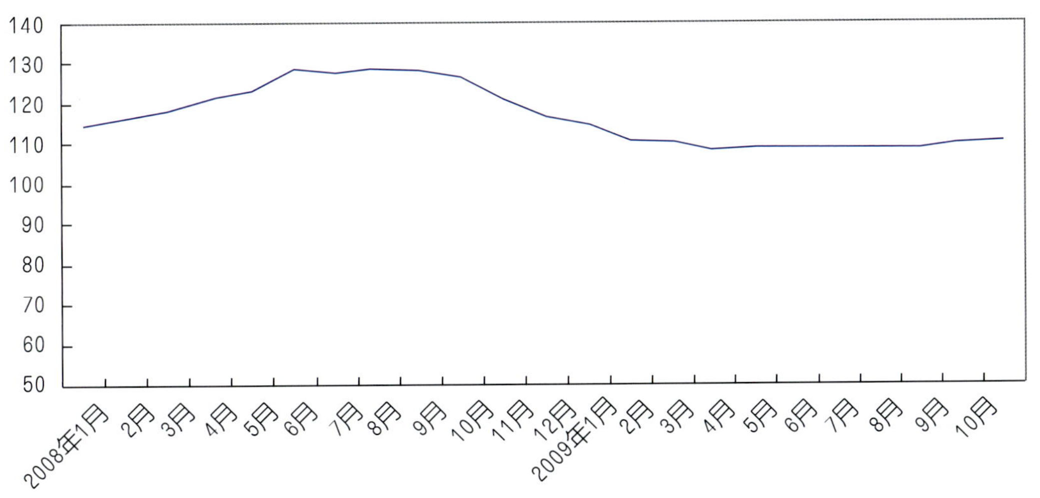

图1－2－3　成品钻石价格指数

美国是全球最大的钻石消费市场。自2008年经济危机发生以来，美国作为这场金融危机的始作俑者，其钻石批发市场的状态反映全球整个钻石批发市场的波折。2009年第一季度，美国的成品钻石进口仅23.6亿美元，比2008年第一季度减少了52%，第二季度、第三季度则开始出现恢复性增长，但2009年的前三个季度的钻石进口额为87.3亿美元，比2008年前三个季度进口总和减少了44%。

（单位：百万美元）

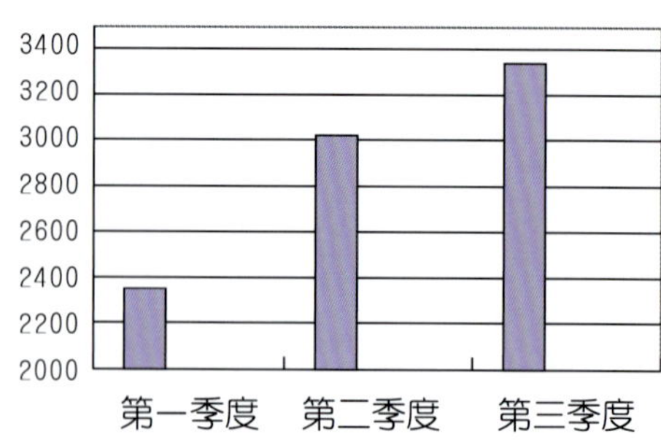

图1－2－4　2009年前三季度美国市场成品钻石进口额增长

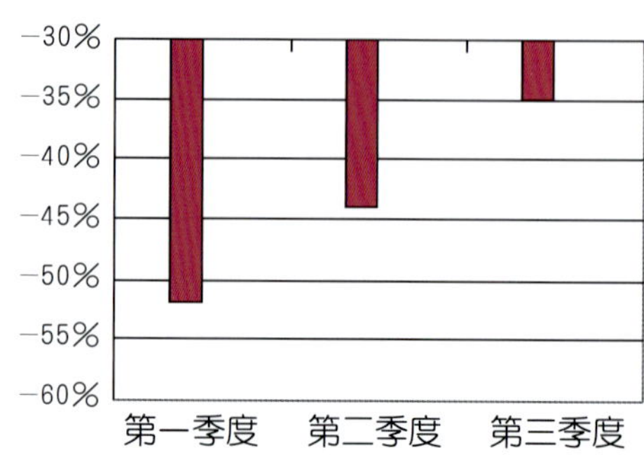

图1－2－5　2009年前三季度美国市场成品钻石进口降幅减缓（与2008年相比）

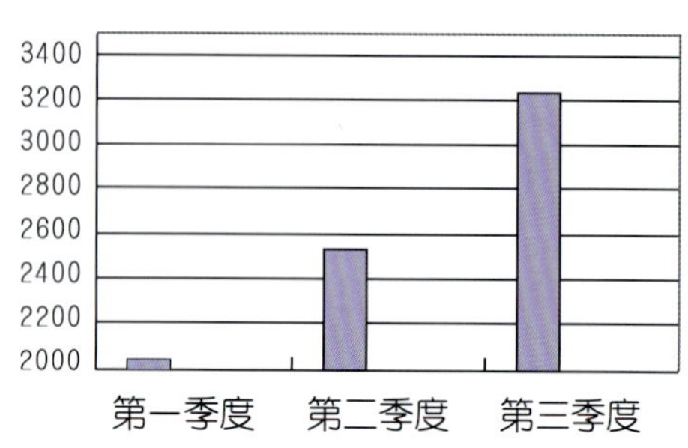

图1－2－6　2009年前三季度美国市场成品钻石进口克拉数增长

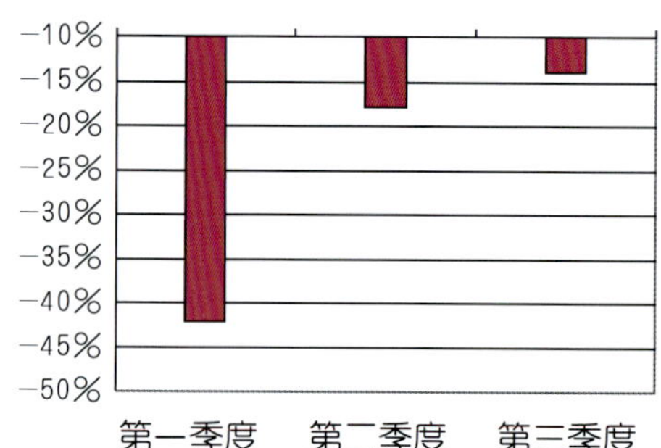

图1－2－7　2009年前三季度美国市场成品钻石进口克拉数降幅减缓（与2008年相比）

4．钻石零售市场

2009年的钻石零售市场可以用“几家欢乐几家愁”来描述。可以肯定，2009年中国市场、印度市场仍然会保持两位数的增长，但是占全球钻石首饰零售市场一半的美国市场以及日本和欧洲市场的表现并不乐观，因此，2009年全年全球的钻石首饰零售市场规模将小于2008年已成不争的事实。

作为在美国拥有近1500家零售店和在英国拥有500多家零售店的珠宝零售企业，Signet的零售表现可以基本反映美国传统珠宝首饰零售的状态。2009年第一季度，Signet在美国和英国的零售总额为7.6亿美元，比2008年同期下降7%，第二季度比2008年同期下降8%，为7.1亿美元，而到了第三季度零售开始回升，取得了6.3亿美元的零售额，仅比2008年同期下降了3%。

Tiffany公司的首饰零售业绩也得到了较快的恢复。2009年第一季度销售额为5.23亿美元、第二季度为6.13亿美元、第三季度为6.00亿美元，同比变化分别为-22%、-16%和-3%。

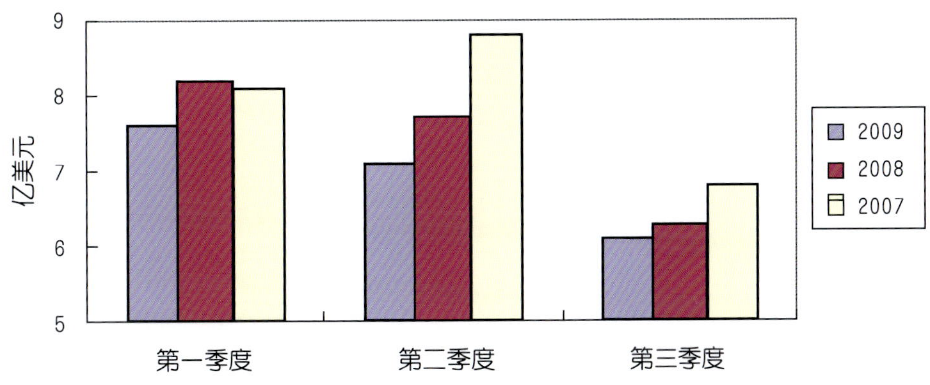

图1-2-8　Signet珠宝首饰零售额变化

代表在线上销售的Blue Nile，在经历了2009年第一季度销售额同比下降后，预计整个2009年Blue Nile的网上销售将比2008年有小幅增长。

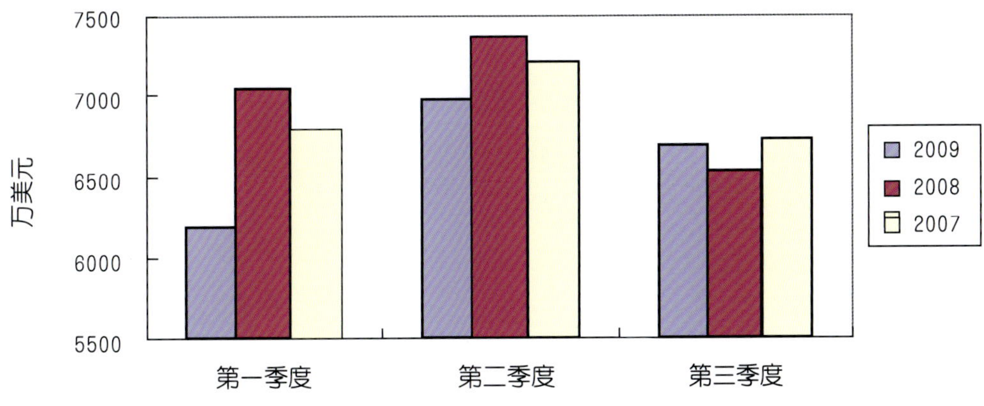

图1-2-9　Blue Nile网上销售业绩

2009年12月份开始，De Beers集团在美国市场上进行大规模的市场营销活动，推出EverlonTM Diamond Knot系列，为2009年最重要的钻石首饰销售季节注入强劲动力，加速零售市场的复苏。

寒冬即将过去，我们有理由相信经历这次金融危机而能稳定度过的钻石业，必将迎来一个更加具有竞争力、更加持续发展的未来。正如De Beers集团首席执行官Gareth Penny先生前不久所说："多年来，全球范围的钻石需求一直保持稳定增长，目前全球钻石市场正从衰退走向复苏，预计这一复苏趋势还会持续一段时间，尤其是快速成长的中国、印度等新兴市场将继续保持快速增长。同时，在过去10多年中，全球范围内没有重要的钻石矿源的发现与投产，因此，未来钻石的需求增长与钻石供应短缺的局面还将维持一个相当长的时间。"

二、从上海钻石交易所看中国钻石市场

林 强

上海钻石交易所（钻交所）是经国务院批准于2000年10月27日正式揭牌成立的国家级要素市场。上海钻石交易所在促进我国钻石产业的发展与市场繁荣中发挥着重要的作用。本文重点对上海钻石交易所的基本情况、钻石交易、会员发展及未来打算等方面作简要介绍，希望从一个侧面反映出我国钻石产业发展的现状与趋势。

1. 钻交所基本情况

上海钻石交易所是国内唯一的钻石进出口交易平台。钻交所按照国际钻石交易通行的规则运行，它为国内外钻石商提供一个公平、公正、安全并实行封闭式管理的交易场所。

上海钻石交易所历经九年多的发展，已颇具规模。2009年10月，随着钻交所整体迁入总建筑面积达4.9万平方米的“中国钻石交易中心”大厦内，钻交所的硬件设施和各项配套服务得到进一步的完善和提高，也使钻交所的未来发展进入了一个全新的阶段。

在国家加紧国际金融中心建设，促进要素市场发展的大背景下，上海钻石交易所充分把握国家钻石税收优惠政策逐步落实到位这一难得的机遇，积极挖掘自身优势，已逐步发展成为中国钻石交易的中心和中外钻石业界交流与合作的重要平台。目前，钻交所的钻石交易额不断增长，会员数量稳步增加，在国际钻石界的影响也日益扩大，在推动和促进中国钻石产业健康、有序发展，完善中国钻石产业链的进程中正发挥着越来越大的作用。

2. 钻石税收优惠政策

钻交所在2000年成立时，钻石的进口税收包括：关税10%，增值税17%，消费税10%，经过政府部门和钻交所的共同努力，2002年财政部、国税总局、海关总署联合发文：通过上海钻石交易所的钻石免征关税，消费税后移至零售环节，全国一般贸易的钻石进出口集中在上海钻石交易所。2002年6月新政策执行当月海关代征进口环节增值税达500多万元人民币，超过往年海关征收钻石增值税一年的总和，也使钻交所走上了健康发展的轨道。

钻石行业是一个政策引导性的行业，虽然我国的钻石税收政策已逐步和比利时、以色列等钻石交易大国的政策接轨，但和钻石加工业发达的印度等国仍有差距，加上钻石交易的特殊性，从非正常渠道进入我国钻石市场的情况还存在。为进一步推动我国钻石加工业，规范钻石交易市场，2006年6月财政部、海关总署、国家税务总局《关于调整钻石交易所有关税收政策的通知》、

2006年8月国家税务总局《关于印发<钻石交易增值税征收管理办法>》及《上海钻石交易所钻石交易增值税征收的具体操作办法（试行）》相继颁布，文件规定：自钻交所销往国内的毛坯钻石免征增值税，成品钻石增值税实际税负超过4%的部分由海关即征即退。钻交所会员通过钻交所进口销往国内市场的成品钻石，凭海关完税凭证和核准单，由税务机关指定的驻钻交所税务代理机构使用防伪税控“一机多票”系统开具增值税发票。会员单位通过钻交所进口销往国内市场的毛坯钻石，通过防伪税控“一机多票”系统开具普通发票，免征增值税。2006年10月18日，税务机关指定的税务代理机构正式入驻钻交所，新的钻石税收政策开始全面施行。

目前，钻交所由海关直接监管，钻石办、检验检疫局、外管局、工商局、税务局各自行使政府职能。钻石的进出口、进出境业务等由驻钻交所海关办事处监管，钻石毛坯原产地证书由检验检疫局驻钻交所办事处负责，钻石进入国内开具增值税发票由市税务局驻钻交所代理机构负责。

3. 钻石交易和会员情况

3.1 钻石交易情况

在国家钻石税收政策逐步落实的有利形势下，上海钻石交易所的钻石交易额保持每年平稳增长。虽然2008年下半年全球金融危机的爆发给全球钻石市场带来较大影响，对钻交所的钻石交易也带来了一定影响，但2008年钻交所的钻石交易总额仍达13.61亿美元，较2007年同比增长28%；2009年1～11月，上海钻石交易所钻石交易总额为13.55亿美元，已接近2008年全年的钻石交易总额，海关代征进口环节增值税1.74亿元人民币。

自2000年10月上海钻石交易所成立至2009年11月30日，上海钻石交易所累计实现钻石交易总金额为56亿美元，海关代征进口环节增值税累计达10.56亿元人民币。

3.2 会员情况

截至2009年11月30日，钻交所会员已从最初的41家发展到242家，其中外资会员164家，分别来自以色列、比利时、南非、日本等国家以及香港、台湾等地区，约占会员总数的68%。

在国家钻石税收优惠政策的推动下，依托钻交所这个我国唯一的钻石进出口交易平台，越来越多的钻交所会员单位脱颖而出，通过充分利用政策优势，积极把握市场机遇，逐步成为中国钻石行业龙头企业，目前会员中有50家已成为全国著名的珠宝品牌；有25家在全国拥有知名加工企业，目前中国每年钻石来料加工进出口总额达40多亿美元，其中80%是钻交所会员贡献的；有些会员企业甚至建立起了独立的贯穿珠宝设计、珠宝加工及零售等各个环节的钻石产业园区，全方位、多层次提升了自身的竞争力，为今后更好地参与国际竞争奠定了基础。

4. 对外交流活动

上海钻石交易所成立之初，便依照国际钻石交易通行的规则运行，钻交所的交易规则与国际接轨，并与世界钻石业界的重要机构和组织保持着良好的合作关系，通过增进了解、加强沟通和促进交流，更好、更快地融入到国际钻石业界这个大家庭中，取长补短，共同发展。尤其是2004年10月，钻交所成为世界钻石交易所联合会的成员后，钻交所与世界钻石交易所联合会一直保持着密切的联系。这为钻交所了解国际钻石行业的最新情况及在更高层程度上参与国际钻石业的合作奠定了基础。

2003年11月18日由上海钻石交易所主办的“2003上海国际钻石高峰论坛”在上海成功召开。世界钻石业界两大重要机构的主席，各钻石交易所的总裁以及以色列、南非等国际钻石业界的知名人士均参加了本次论坛，与会人士各抒己见，共同探讨了上海钻石交易所和中国钻石产业的未来发展之路。此次论坛引起了钻石业界人士的高度重视，也初步奠定了上海钻石交易所在世界钻石业界的地位。与会期间形成的许多极具建设性的意见和建议，也对钻交所后来的发展起到了很大的促进作用。

2008年5月12～15日由上海钻石交易所承办的第33届世界钻石大会在上海顺利召开。世界钻石大会是由国际钻石业最权威的组织——世界钻石交易所联合会（WFDB）和世界钻石加工商联合会（IDMA）联合举办的，两年一次，是国际钻石业界最重要的会议，轮流在会员国举行。在4天的会议中，来自美国、英国、意大利、比利时、印度、日本等22个国家。29家钻石交易所的总裁，世界钻石交易所联盟及国际钻石加工厂商协会的高层领导近200人出席了会议，就目前国际钻石行业现状及发展前景进行了探讨与交流。世界钻石大会在中国上海的成功召开既表明中国钻石行业的发展已经得到了国际钻石业界的重视与认可，也进一步确立了上海钻石交易所在世界钻石业界的地位和影响，为今后的发展提供了更加广阔的空间。

2009年10月，根据商务部的部署，钻交所成立赴比工作小组，参与了为配合国家副主席习近平访问比利时相关的经贸促进活动，并圆满完成了任务。钻交所经与比方安特卫普世界钻石中心友好协商，双方拟定了合作协议。协议的主要内容是为推动中比钻石贸易的稳定、健康发展，双方将充分发挥各自的作用，为双方钻石商的业务推广和交易活动提供便利，并使之制度化。同时钻交所还协调钻交所会员上海老凤祥有限公司与比利时欧陆之星钻石公司签订总额为4500万美元的为期三年的钻石采购协议。

10月7日下午，习近平副主席和比利时首相范龙佩亲自出席了上述两个协议的签约仪式。

10月9日下午，钻交所负责人陪同习副主席参观了安特卫普世界钻石中心、钻石办公室和钻石交易所等一系列钻石机构，在参观过程中，习副主席关切地询问了我国钻石行业的情况，钻交所负责人就我国钻石的税收政策、钻石加工业状况、上海钻交所的基本情况、钻石金伯利证书等问题作了汇报。在结束参观活动时，习副主席亲切地对钻交所负责人说："在上海工作期间没能去钻交所，以后去上海时希望到钻交所。"

10月9日晚，商务部领导向钻交所负责人传达了习副主席总结访问比利时成果时的讲话精神。习副主席肯定上海钻交所在比利时所做的工作，并提出表扬，习副主席还指出：从国际钻石行业的状况来分析，上海钻交所还有很大的发展空间，希望上海钻交所越办越好。

日前，根据商务部领导的指示，商务部办公厅致函钻交所提出表扬。

5. 打造钻石交易系列平台

随着钻交所会员结构的不断优化、交易规模的日益增长，以及钻交所正式入驻全新的钻石交易中心大厦，在保证正常运营的基础上，钻交所现正全面推进钻石信息中心、钻石培训中心、钻石展示中心、钻石鉴定中心等的建设。其中，信息中心：以发布各类钻石毛坯、成品钻价格和波动指数为主，并提供钻石库存、供应和需求等相关信息；培训中心的工作重点在加强钻石切割、打磨、设计等人才培训，钻石珠宝企业的管理人才培训等方面；展示中心：将在钻石大厦内设立展示厅，适时举行多种形式的产品展示会和洽谈会，促进交易活动，并在已成功举办三届大型国际珠宝展的基础上，继续保持每年举办一次大型的国际化珠宝展；鉴定中心：将通过国家珠宝玉石鉴定中心入驻钻石大厦，积极打造中国自己的国际知名的权威钻石鉴定品牌，并通过深入强化五大中心的功能为中国钻石行业的未来发展发挥更大的作用，真正构筑起国际化优质钻石交易服务大平台。

在新的发展阶段，我们将充分挖掘自身的潜力，秉承一流的服务宗旨，依托钻交所作为中国钻石交易中心的影响和地位，努力使上海钻石交易所真正发展成为亚洲乃至世界的钻石交易中心之一，为中国钻石业的发展做出应有的贡献。

三、有色宝石市场危机中的机遇

袁健荣

1. 经济危机对有色宝石市场的影响

尽管中国和印度珠宝市场保持了很强劲的增长，但是受世界经济危机的影响，美国和欧洲等发达国家对珠宝首饰产品的进口大幅下降，使得中国和印度珠宝市场的上涨不足以弥补发达国家市场的萎缩，世界珠宝市场消费总量下降。受此影响，有色宝石消费也有所下降，而且在泰国占他布里、印度贾普、中国番禺和惠州等加工地区，有色宝石的产量和加工量大幅下降。

有色宝石开采商们也在饱受油价上涨之苦，他们不得不面临快速攀升的采矿费用和日渐低迷的市场需求等问题，一些小型矿主甚至被迫停止开采，以降低成本。这些情况在供应环节中形成了恶性循环。

2. 有色宝石原矿石的开采模式转变

有色宝石主要来源于南美洲和非洲。巴西是有色宝石传统产地，其有色宝石开采源于20世纪60年代后期。随着巴西经济的发展，一些农村作坊式的开采逐渐消失，取而代之的是大规模投资和高新技术支持的规模化开采。

非洲是有色宝石的另一个供应地。一些巴西的矿主与非洲当地的矿主联合开发矿区，并建立合资公司。目前，一些大公司，如Gemfields，已经在非洲有稳定的开发项目，并同当地政府保持着良好的合作关系以保证长期有效进行开采，而且建立了顺畅的供应渠道。目前有一种趋势，优质祖母绿原料在逐渐被一些资金实力雄厚、市场营销手段高明，且有庞大广告投入预算的公司联合控制。如哥伦比亚的Muzo Puerto Arturo矿区就迎来了来自高端零售领域的一笔投资，该投资方控制了这一矿区49%的股份，并对矿区的开采具有控制权。另一个例子是坦桑尼亚的Tanzanite One（南非上市公司），主要的坦桑石供应商。该公司也是通过纵向联合而控制了富含绿色铬钒钙铝石榴石的矿区开采权。以上举例说明产业上下游联合并购是有色宝石产业的发展趋势。

在马达加斯加，世界银行（世行）早在多年前就已开启有色宝石的“产能建设项目”。目前，世行还向世界其他有色宝石产国，如尼日利亚和坦桑尼亚提供资金支持，用以推动从原料开采到市场营销整个环节的发展。此外，美国国际发展基金（USAID）也向巴基斯坦、阿富汗这样的宝石出产国提供资金支持，用以促进矿区开采和生产加工。目前已有潘杰希尔峡谷的祖母绿矿区和Baikshan的青金石矿区得到了该组织的资助。

莫桑比克政府正在筹划设立珠宝首饰培训中心，专门培养宝石检测、分类、评估等方面的人

才，以逐步减少该国低价出口宝石原料的数量，使本国珠宝产业向着健康的方向发展。上述国际组织和政府的参与行为，必将促使当地有色宝石产业更快更好地发展，以满足首饰市场的需求。

3. 有色宝石主要产区的供应情况

受经济危机的拖累，哥伦比亚2009年祖母绿的出口比2008年下降50%。巴西祖母绿供应保持平稳状态，祖母绿贸易频繁。这在很大程度上得益于印度加工企业保持了旺盛的需求。巴西的祖母绿主矿区也从日渐干枯的Goies地区迁移到Bahia地区。赞比亚的祖母绿生产得益于Gemfields（London）公司的有序开采。该公司根据市场需求严格控制祖母绿供应量，从而使得赞比亚祖母绿市场井然有序。2009年11月23～27日，在南非约翰内斯堡举行的祖母绿原料拍卖会上，拍出了560万美元的祖母绿原料，价格在1.5～100美元/克拉。

此外，巴西紫晶、黄晶和其他水晶品类的供应稳定，而碧玺原料供应量则消减。

2008年在坦桑尼亚发现的红宝石矿和2009年在莫桑比克发现的红宝石矿产量可观，其红宝石原料大量进入国际市场。莫桑比克的红宝石甚至还可以使用泰国新发明的处理技术进行处理。处理后低质的原料可达到制作珠宝首饰的质量要求。

4. 消费市场的渐变和供求关系

其他天然有色宝石，如绿石榴石、锰铝石榴石（橙红，橙黄色）、红色尖晶石、祖母绿色碧玺（铬电气石）等，将会在市场上有良好的表现，因为目前的消费者正热衷于追求这些天然的、未经过加工处理的有色宝石的收藏。

美国是坦桑石最大的消费市场。而印度作为坦桑石最主要的切割加工中心，也逐渐向其国内市场推广这种漂亮的蓝色天然宝石，使得坦桑石在印度珠宝市场的份额逐渐扩大。中国也应该大力推广这种宝石和上述其他珍稀的有色宝石，对消费者进行宣传和培育，给他们多些接触选择的机会。

国际市场上，对红色和蓝色碧玺的需求强劲。尤其是红色碧玺，在中国的需求更为可观。尼日利亚的碧玺供应量稳定，莫桑比克也出产浅粉色、绿色和蓝色的碧玺，也有像帕拉伊巴碧玺那样的品种。巴西帕拉伊巴碧玺矿区已经停止开采，因此，优质的帕拉伊巴碧玺宝石已成为宝石收藏家必备的藏品。

5. 助推国际有色宝石市场发展

国际有色宝石全球销售估计约25亿美元。美国是最大的需求国，2008年的进口量估计约11.5亿美元。随着可预期的世界经济的复苏，相信有色宝石需求也将再次上升，这也将带动开采方面的投资以增加供应量。与此同时，市场将继续关注供应链的透明度，矿区开采的道德约束，环境保护，社会责任以及公平交易等问题。在今后几年的发展中，美国、欧洲和日本市场将更加关注对以上焦点问题之负面影响的披露和监督，甚至将这种披露和监督事务常态化。

国际有色宝石协会（ICA）正在向着这个方向努力。"宝石产业和实验室峰会"（GILC）将于2010年美国图森展会期间重启。国家珠宝玉石质量监督检验中心（NGTC）将派人参加。ICA已经成立了专门的工作小组，会同AGTA（美国宝石商会）、CIBJO（世界珠宝联盟）以及其他相关宝石机构，共同致力于有色宝石披露代码的制定。NGTC、ICA 和GIT（泰国珠宝学院）已经在联合制定红蓝宝石的相关标准。而下一个项目将会是同祖母绿相关出产国合作制定祖母绿的相关标准。

继2009年5月在广州番禺召开年会之后，除了同中国同行共同制定红蓝宝石标准之外，我们还一直致力于同各国珠宝首饰行业协会间的沟通，探讨如何在中国、俄罗斯以及东欧国家推广有色宝石。当然，中国是首要推广的重点市场。目前，我们已经征得巴西、哥伦比亚、泰国和印度方面的大力支持。近来，我们已承诺为会员提供机会，参加2010年中国的珠宝展，包括由中宝协组织的北京和上海珠宝展会，这也是中国大陆最重要的两个珠宝展会。我们相信频繁地面对面地与顾客沟通，是向他们传达有色宝石知识和价值的最好方式。

印度的贾普是重要的有色宝石基地。近期对该地区访问时，得到了ICA在该地区会员以及当地珠宝首饰协会的大力支持。该协会拥有2800家会员，并在贾普举办珠宝展会。我们计划将组织当地的有色宝石企业参加2010年中国的珠宝展会，并参观考察中国的宝石加工厂、首饰生产商以及贸易商，也希望吸引中国企业到贾普参展或观展，以了解并进入印度的珠宝市场。

在中国，ICA同深圳水贝国际有色宝石中心合作，邀请海外有色宝石企业进驻该中心，将深圳打造成为国际宝石加工中心，以满足中国日益增长的宝石原料需求。

在推广方面，我们还与《中国宝石》密切合作。我会主办之Incolour季刊杂志将作为《中国宝石》副刊同步发行。此外，我们还计划通过《中国宝石》的协调，同时装界配合时尚趋势，举办时装珠宝系列活动。此外还将举办有色宝石切磨大赛和有色宝石首饰设计大赛等活动。

最后，国际有色宝石市场巨大，ICA只是这个市场中的一个分子，凭我们的一己之力，很难将有色宝石产业发扬光大。然而，我们将以诚挚的姿态，联合更多方面的力量，群策群力，共同推动国际有色宝石产业的蓬勃发展。

四、彩色宝石首饰市场面面观

伍毅斌　陈晓庆

1．2009年中国彩宝首饰市场综述

2009年，对于中国彩宝首饰市场来说，极为不寻常。全球范围内爆发金融危机，给世界经济发展带来巨大冲击，欧美日等主要珠宝市场严重萎缩。但是，让人们始料不及的是，中国珠宝市场仍然产销两旺，彩宝首饰作为一股新生力量，更是呈现出一派勃勃生机。

根据粗略统计，2009年中国珠宝市场彩宝首饰销售额约为60亿元人民币，比2008年的45亿元增长约33%。在中国整个珠宝首饰市场中所占的份额，也从2008年的2.5%提升至3%。相比于全年整体增长约10%的全国珠宝首饰市场来说，彩宝首饰的增幅着实令人感到振奋。

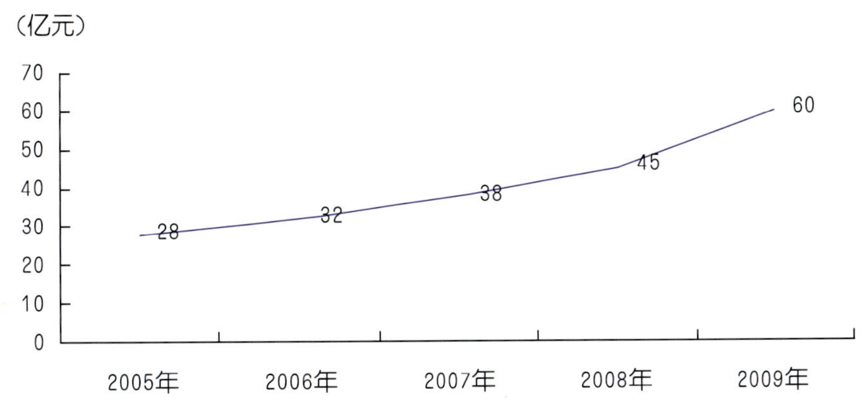

图1－2－10　中国珠宝市场彩宝历年销售增长情况

中国彩宝首饰市场启动于20世纪90年代初，经过10多年的发展，到2005年，市场总销量达28亿元人民币。在这个过程中，全国市场的区域性差异十分明显。然而，从2009年与2008年的数据比较中，可以看到这种区域性差异正在改善。

图1－2－11、图1－2－12清楚显示出全国各大区域彩宝首饰销售比例状况。2008年，华北和华东地区占比例高达56%，而西南西北区仅占13%。到了2009年，情况有了明显转变。华北华东地区所占份额46%，降10%。而西南西北地区所占比例达到22%，尤其是西北地区所占的份额已超过东北地区。

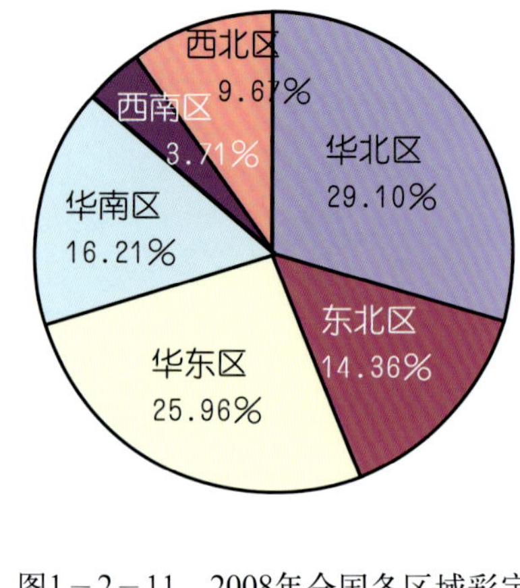

图1－2－11　2008年全国各区域彩宝销售比例分布

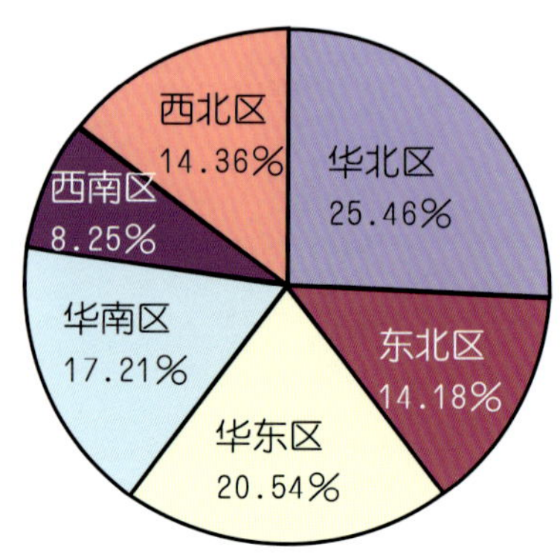

图1－2－12　2009年全国各区域彩宝销售比例分布

从各个区域销售增长数字上看，传统的销售强区在2009年保持着较旺的增长势头，那些启动较晚的区域，也奋起直追，大有后来居上之势。其市场发展的结果，必将打破全国彩宝市场东西部之间严重失衡的状况，从而形成东西南北较均衡发展的彩宝市场新格局。

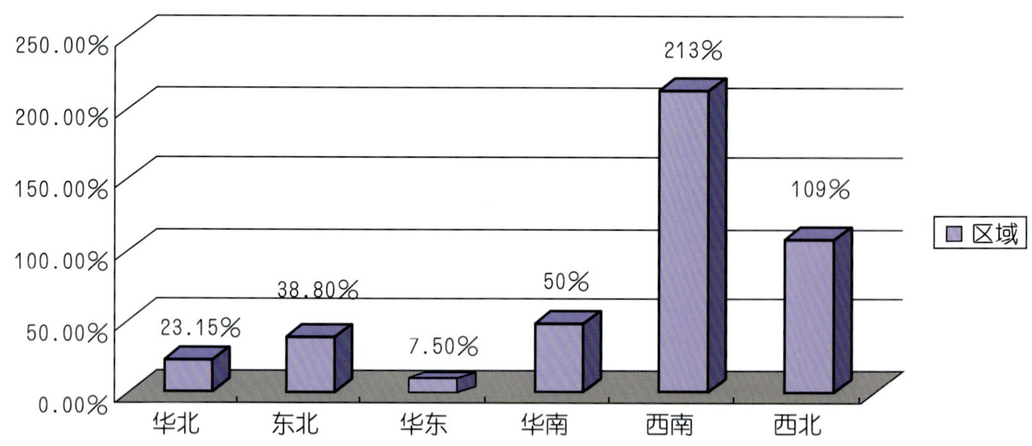

图1－2－13　2009年中国区域彩宝销售增长幅度图

2．2009年中国彩宝首饰市场的新特点

特点一：业界对彩宝首饰的重视程度普遍提高。

调查显示，2008年珠宝业界对未来5年乃至以后一段时间的中国彩宝市场发展虽然持有良好的预期，但在市场上升的速度上则持较为审慎的看法。

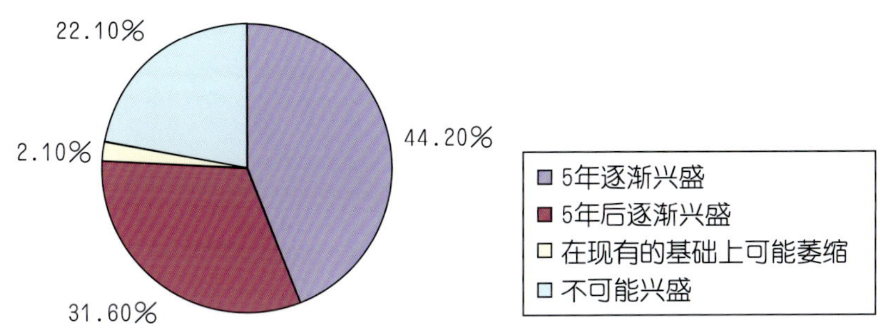

图1－2－14　商家对未来一段时期彩宝市场发展的看法

然而，这种观点到了2009年有了极大转变，不少原先持观望态度的珠宝经营者在2009年都选择了增加经营彩宝首饰品种。2009年3月深圳珠宝展上，参展商总体数目减少30%，而彩宝企业参展商数量却不降反增近50%，很好地说明了2009年珠宝业界对彩宝首饰的关注度在迅速提升。珠宝业界一改以往的审慎观望态度积极踊跃参与到彩宝市场，这对于市场的推广和发展，是个极为有利的因素。仙路珠宝公司的客户构成表明，2009年新增客户中的一半以上在2008年尚未经营彩宝首饰。目前，全国有超过30家年度销售规模达到亿元以上的珠宝品牌企业在经销仙路珠宝公司的彩宝首饰，其中8家年销售规模达10亿元以上。

特征二：彩宝消费群体特征的变化。

2009年，彩宝消费群体特征相对往年有了一些较为明显的变化，据仙路珠宝公司品牌营运中心的调研报告显示，这些变化主要体现在消费者年龄层次、消费者受教育程度以及消费观念等几个方面。

（1）彩宝消费者年龄段具有扩大化趋势。2009年，40～50岁年龄段女性依然是彩宝的主要消费者，占总体比例的50%左右；30～40岁年龄段的消费者有了明显的增加，比2008年增长了近一倍，达总数的30%；此外，还涌现了一批80后的消费者，占总数的5%左右。数据表明，原先较单一的以中年女性为主的消费年龄结构正在发生变化，彩宝消费者年龄段呈扩大化趋势。

（2）彩宝消费者受教育程度逐渐提高。2009年最为明显的特征是本科及本科以上学历的消费者有了非常强劲的增长，占总数的40%以上，其中包括一定比例的硕士和博士，整体比2008年增加超过100%。

（3）彩宝消费观念向追求装饰性和个性化转变。有近80%的消费者认为选购彩宝是由于彩宝首饰比素金和钻饰更具装饰性和个性化。

彩宝消费群特征的变化，与彩宝的消费心理是相适应的。彩宝作为珠宝首饰的一个类别，其功能与一般素金钻石有一定的差异。彩宝天然色彩丰富及后天可塑性强已经成为一种时尚的象征。消费者对珠宝的认知已经从传统的保值增值观念向追求装饰性和个性化转变，更多彩宝消费者的偏好从物质本身到精神层面的转移，要求彩宝更加体现深层文化功能，如意识潮流、个体符号等。

特征三：彩宝首饰品类逐步趋向于多元化。

传统的彩宝首饰产品品类以紫水晶、黄水晶、托帕石为主，三种宝石产品占据了彩宝市场销量近70%的份额。其他品种的份额仅占三成左右。因此，很多经营彩宝首饰的商家，都把这三种宝石作为拉动销售额增长的三驾马车。然而，这种格局在2009年已经被完全打破，图1－2－15清楚显示出这种变化。

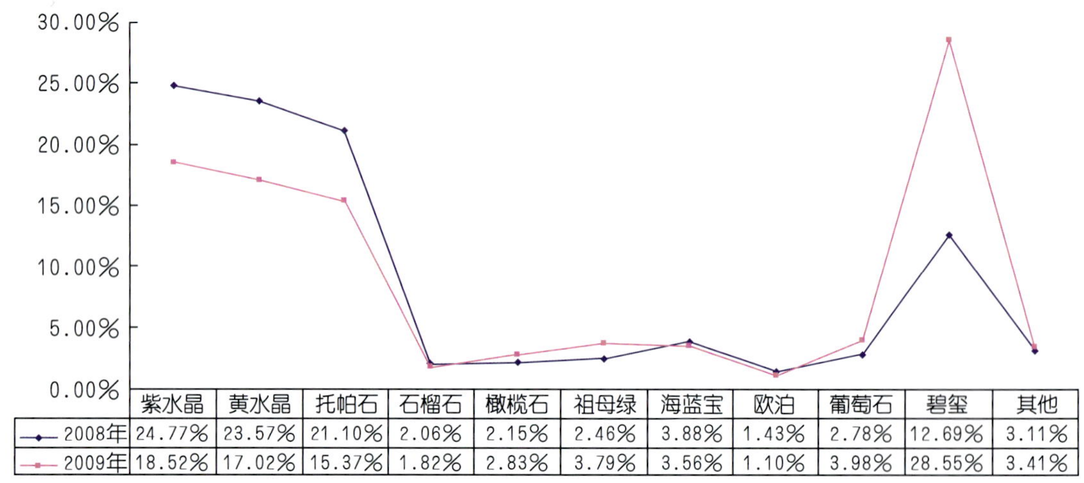

	紫水晶	黄水晶	托帕石	石榴石	橄榄石	祖母绿	海蓝宝	欧泊	葡萄石	碧玺	其他
2008年	24.77%	23.57%	21.10%	2.06%	2.15%	2.46%	3.88%	1.43%	2.78%	12.69%	3.11%
2009年	18.52%	17.02%	15.37%	1.82%	2.83%	3.79%	3.56%	1.10%	3.98%	28.55%	3.41%

图1－2－15　2008年及2009年各品类彩宝首饰市场占有份额对照图

其中碧玺在2009年有十分骄人的表现，以150%以上的增长幅度，成为2009年中国彩宝市场的一匹大黑马，对于推动金融风暴下的中国彩宝市场更是立下汗马功劳。除此以外，橄榄石、祖母绿、葡萄石也多抢占了3.21%的市场份额，约有1.9亿元的销售额增长。这几个宝石品类将有可能成为下一轮发展的明星角色。至于“其他”品类的有所增长，可以说明整个彩宝市场在向多元化的特点转变。传统的蓝、黄、紫一统江山的格局被打破之后，多姿多彩的珠宝市场最终形成。

3. 2010年的国内彩宝市场

3.1 市场占有率将有一个突破性进展

近3年来，国内彩宝销售一直保持着10%～20%以上的增长幅度，2009年更达到了33%的增长。预计2010年国内彩宝首饰市场将会迎来一个突破性的进展，增幅将可能达到40%～50%。这主要基于三个方面的原因：一是由于国际整体经济形势的好转给予彩宝行业更健康的宏观发展环境；二是珠宝消费者消费观念由传统保值增值向追求时尚和个性化的转变，将把彩色珠宝推向时尚潮流的前沿；三是随着彩宝在国内推广的深入，以及国内知名品牌在2009年纷纷将彩色珠宝纳入自身重要的销售品类，必将在终端市场掀起消费者对彩宝的普遍关注。这些都给予彩宝市场发展更充足的信心。

3.2 彩宝消费朝中高端发展

彩色珠宝徘徊于低端市场的历史已经一去不复返，尤其是近年来以祖母绿、碧玺为代表的高端彩色宝石在市场的持续热销，大大提升了彩宝首饰的市场地位。以仙路公司统计数据为例，2006年彩宝首饰主要畅销产品零售价在1000～1500元之间，2008年提升到2000～3500元之间，到2009年上升到了5000～8000元之间。我们预计，2010年零售价为8000～18,000元的彩宝首饰将成为市场最热销的产品。以碧玺为例，据粗略统计，同等品质的碧玺原石价格有50%以上的涨幅，而在市场销售数量上，2009年比2008年有150%的增幅。随着彩宝在珠宝市场地位的不断攀升，彩宝消费朝中高端发展已成定局。

3.3 彩宝品类进一步扩大

黄晶、紫晶、蓝托帕石、石榴石彩宝首饰经过几年的发展已经拥有了较为稳定、成熟的消费市场，预计2010年这三种彩宝首饰将继续稳定发展；碧玺作为近年来彩宝市场的最大黑马正处于上升期，随着国人对碧玺认知度、认可度的增强，预计碧玺首饰在2010年将出现一轮更为迅猛的增长；祖母绿、橄榄石、绿碧玺、葡萄石等绿颜色宝石越来越受到市场的青睐，预计2010年将出现上升趋势。

3.4 设计更具文化内涵

彩宝以其斑斓多姿的色彩，已与单调的钻石、素金产品做了根本上的区分。其色彩多变，且搭配的素材也较广泛，设计易于创新，款式更具可塑性。通常优秀的设计作品具有简单的外在形式、深层的文化内涵。当一件产品被赋予了文化内涵，就能在同质化严重的市场上具备独一无二的差异性。可以说彩宝首饰的研发，从某种意义上说就是对彩宝文化的开发。以卡地亚、宝格丽等知名珠宝品牌为例，其设计无不渗透着丰富的文化元素，原本冰冷的宝石变成了有生命的精灵。预计2010年，彩色珠宝设计上的文化需求将是考验设计师设计水平的一大试金石。

4. 近年国内市场彩宝推广活动

4.1 第13届ICA年会

2009年5月，第13届国际彩色宝石协会（ICA）年会在中国广州番禺区举行，来自40多个国家和地区近800位彩色宝石商和珠宝专家、从业人员到会。会议为中国内地搭建起了一个最为集中的彩宝业者的互动和交流的平台，也加强了中国内地对彩宝话题的关注。会议的成功举办为“蠢蠢欲动”的国内彩宝市场带来了新的动力。

虽然要在中国这样一个地域宽广的国家进行彩色宝石的推广，不是件容易的事情，但是，ICA现任主席袁健荣表示：“在未来我们会通过市场深度调查后，制定一个在中国进行彩色宝石的宣传和推广计划。”相信在不远的将来，在ICA的整体助推作用下，中国彩宝市场必将迎来春天。

4.2 珠宝展会

国内珠宝展览会是彩宝市场推广的重要平台。2003年9月，仙路珠宝就是在深圳珠宝展上第一次将自主研发制作的彩宝镶嵌首饰新品推向市场，并引起市场强烈反响的。珠宝展聚集了海内外大量的参展珠宝企业和专业人士，是珠宝信息、文化交流、大型商贸交易的平台。参展企业可以通过展台装修、影像、海报、画册、模特珠宝秀、文艺表演和现身说法等多元化手段，向参观者传达彩宝产品信息，再通过参观受众把信息带往各地。而展会的先、后期推广和同期媒体报道，也为提高彩宝的知名度和影响力起到了推波助澜的作用。

目前国内规模比较大的珠宝展览会有：3月份的深圳中国国际黄金珠宝展览会、5月份的上海国际珠宝首饰展览会、9月份的深圳国际珠宝展览会、9月份的香港珠宝钟表展览会和11月的中国国际珠宝展。此外青岛、成都也都有较小型的珠宝展览会。据不完全统计，2009年国内全年的珠宝展会上彩宝参展企业达到500家次以上，参展企业数及彩宝上柜率年增长近六成。

4.3 彩宝高层论坛

中国珠宝玉石首饰行业协会、深圳市黄金珠宝首饰行业协会于2005年、2006年连续主办两届彩色宝石高层论坛，均由深圳市仙路珠宝首饰有限公司承办。来自国内及海外珠宝业界的高层领导、专家学者和行业代表聚集深圳，站在国内彩宝产业发展的高度，共商中国彩宝业如何与国际潮流接轨的宏图大计。论坛的举办是中国珠宝首饰业的一件盛事，对推动彩宝首饰在中国市场的发展起到了高屋建瓴的作用。

4.4 彩宝基地

2008年12月，水贝珠宝彩宝基地在深圳罗湖区珠宝产业圈诞生，并举办一年一度的彩宝采购

大会。彩宝基地涵盖了原材料交易、产品包装、形象策划、品牌推广、媒体整合等五大领域，为客户采购彩宝、商家品牌推广彩宝起到了重要作用，填补了彩宝产业配套专业市场的空白，为国内彩色珠宝的推广做出了重要贡献。

4.5 彩宝流行趋势发布会

自2007年以来，深圳市黄金珠宝首饰行业协会携手仙路珠宝首饰有限公司，于每年12月定期在深圳举行彩宝新品发布会，发布新年彩宝流行趋势，至2009年已连续举办了三次。一年一度的彩宝流行趋势发布会吸引了来自全国知名珠宝品牌的领导和嘉宾与会，是国内珠宝行业的盛会，引领了国内彩宝潮流，推动了彩宝事业的发展。

4.6 零售终端

（1）ENZO

自2007年正式进军中国零售市场开始，ENZO就凭借彩宝明快多彩的颜色、独特的设计和精致的工艺短期内脱颖而出，目前已在国内开设100余家自营店，彩宝产品占柜台面积的50%以上，向规模化发展迈进了一大步。

（2）大连彩宝时尚文化节

大连彩宝时尚文化节是大连商场与仙路珠宝联合举办的彩宝文化盛会，已于2008年、2009年成功举行两届，并将作为大连市场一年一度的定期推广活动长期保留下去。大连彩宝时尚文化节目的在于不仅让市民近距离享受彩宝带来的视觉美感，更让市民深层了解彩宝的文化魅力。

虽然全球经济受到金融危机的巨大冲击，但彩宝产业的发展却并没有因此减速，反而呈现欣欣向荣之势。前进中的国内彩宝市场，经过10年的孕育，正要迎来蛰伏后的爆发，那一声炸响，就在不远的将来。

五、红蓝宝石首饰市场大趋势

赵 峰

中国的红蓝宝石市场雏形在20世纪90年代初步形成，在此之前，人们对于珠宝的认识，大多是黄金、铂金及玉石。在此后国内经济飞速发展、珠宝市场一片繁荣的10多年时间里，红蓝宝石经历了兴起、低迷、复苏几个阶段。其间，红蓝宝石因占有国内珠宝市场上有色宝石最大的份额，甚至一度成为有色宝石的代名词，

从新中国成立到20世纪80年代初期，国内基本上没有形成珠宝首饰市场。80年代中后期，以素金首饰为代表的中国首饰业开始崛起。90年代初，红蓝宝石进入中国市场，立即呈现供销两旺的局面。但随着钻石以强有力的广告宣传进入中国内地市场并迅速取得成功，缺乏广告宣传与款式设计的红蓝宝石市场受到巨大冲击，转向低迷。

这一段低迷期历时5年多。2004年开始，红蓝宝石市场开始复苏，特别在2008年及2009年间，市场发展迅速，其中红宝石的销售尤其红火。兴中泰公司近几年的红蓝宝石销售连续快速增长，就从一个侧面展示了中国红蓝宝石市场的这一可喜变化。

造成这种变化的原因主要有以下几个方面。

首先是国内红蓝宝石品质的提升。

由于初期对于珠宝知识的缺乏，人们在购买红蓝宝石时，对于品质的要求也不高，只是以颗粒大为选择标准，导致初期的红蓝宝石市场很不规范，大量低价格的劣质红蓝宝石充斥市场。

但是随着消费者对珠宝的认识不断加深，越来越多的消费者对珠宝的品质有了更高的要求。近两年间，低端的红蓝宝石在逐步淡出市场，或者说劣质的红蓝宝石不再成为红蓝宝石市场的主体。优质的红蓝宝石快速发展，成为红蓝宝石市场中的主力军。从兴中泰公司的统计来看，特别是在北京等一级城市，红蓝宝石的均价达到了5000元左右。购买优质的红蓝宝石成为消费者的首选。

其次是红蓝宝石企业分级标准的制定与推广。

从钻石市场的兴盛我们可以看出，红蓝宝石市场要想快速健康发展，必须有红蓝宝石分级体系作为前提以及基础。兴中泰深切地认识到这一点，制定了比较严格的红蓝宝石企业分级标准。

分级标准的制定能够让消费者直接地了解红蓝宝石的价值标准，购买时有挑选依据，也比较放心。

分级标准也是规范商家、规范红蓝宝石市场的利器。红蓝宝石市场的混乱在于商家销售红蓝

宝石时陷入误区，单纯以红蓝宝石为高档宝石作为卖点，而忽略了红蓝宝石的品质宣传，而对于一知半解的消费者来说，这也成为他们购买的盲点。制定红蓝宝石分级体系，就能够更好地规范商家，并对消费者起到最佳的引导作用。

再者，联合零售企业加大宣传、推广力度，联合首饰加工厂加大款式开发的力度。

如今，人们对于首饰的需求，远远大过对宝石的需求，也就是说在市场上的销售，人们更重视的是佩戴中的珠宝首饰，而不仅仅将珠宝作为投资理财的物品。从20世纪90年代主要销售红蓝宝石裸石的方式，到今天红蓝宝石首饰的销售，这是一个漫长的发展过程。

为了能够更好地销售红蓝宝石，在联合各个珠宝零售企业增加宣传力度的同时，与工厂共同开发新的红蓝宝石款式，让红蓝宝石成为时尚流行的焦点，让消费者更多地看到红蓝宝石的美丽、独特的款式设计等，已成为这两年红蓝宝石市场最为明显的发展态势。

当然，红蓝宝石市场复苏与崛起的本质原因是消费市场的成熟，以及消费者对红蓝宝石地位和价值认识的加深。正是在这些有利条件的影响下，2008～2009年两年的时间里，红蓝宝石市场以几倍于前几年的增长速度在发展。中国珠宝市场的繁荣不仅仅体现在数量及金额上，更体现在品种的丰富、品质的优良之上。

在中泰珠宝业交流会上，中国珠宝玉石首饰行业协会秘书长孙凤民曾表示，国外成熟珠宝市场如欧、美、日等国家和地区，红蓝宝石市场份额达到了珠宝消费总额的5%到10%，但中国这个比例还不足1%，红蓝宝石首饰至少有50亿元的市场潜力。

由此看来，红蓝宝石首饰市场的前景是值得期待的。就红蓝宝石产业的发展而言，红蓝宝石裸石的销售只是第一步，从长远看来，只有发展红蓝宝石镶嵌首饰，紧跟国际时尚潮流，不断开发新的款式，才能让消费者更好地认识与了解红蓝宝石，喜爱并佩戴红蓝宝石。这是一个长远的规划，也是红蓝宝石产业发展的必经之路。

六、珍珠产业现状与对策

沙拿利

1893年日本珍珠之父御木本幸吉培育出第一颗完美的珍珠，直接促进了珍珠产业的形成和快速发展。历经一个多世纪，珍珠产业发生了或者正在发生着深刻的变革。

1．海水珍珠产业演变

过去的16年里，海水珍珠产值（指珠农销售给批发商的产值）大幅下降，据统计，1993年全球海水珍珠产值8亿美元，1999年下降到5亿美元，2009年仅为3.7亿美元，比1993年下降了53.75%。

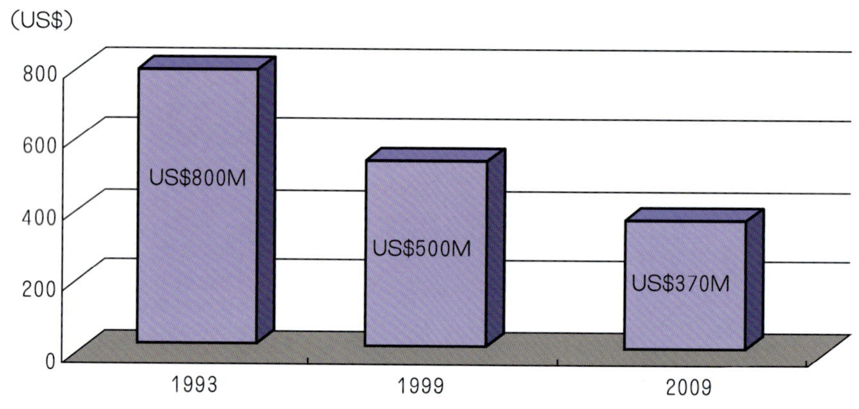

图1－2－16　全球海水养殖珍珠产值统计柱状图

（资料来源：Andy Müller，“A Brief Analysis of the Global Seawater Cultured Pearl Industry ”）

海水珍珠产值整体大幅缩水，但是不同地区市场份额却发生了悄然的变化：Akoya珍珠（日本海水养殖珍珠）昔日的垄断性地位已经被打破，黑珍珠、南洋珠已经成为市场的两大主力。如图1－2－17所示，1983年时，黑珍珠所占的市场份额仅为1%，　2009年已经上升为35%；南洋珠也由1983年的5%占有率跃升到2009年的47%；马氏珠母贝珍珠市场份额则从1983年的93%骤跌到2009年的18%，下跌了75个百分点。让我们分别看一下马氏珠母贝珍珠、黑珍珠、南洋珠的情况：

1.1 马氏珠母贝珍珠

（1）Akoya珍珠

Akoya珍珠是马氏珠母贝珍珠中的主力，除了日本外，中国（中国南珠）、越南、韩国也有部分马氏珠母贝珍珠产出。Akoya珍珠曾经是世界海水珍珠中的龙头老大，但时至今日，昔日的辉煌已经渐行渐远了。

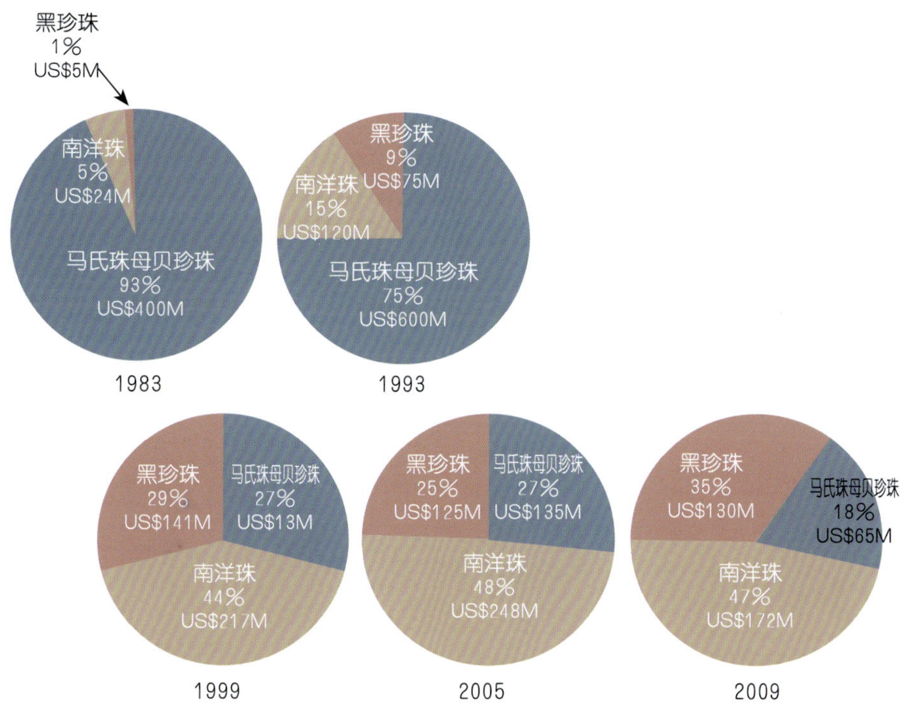

图1－2－17　不同类型海水养殖珍珠市场份额演变图示

（资料来源：Andy MÜller, "A Brief Analysis of the Global Seawater Cultured Pearl Industry"）

从对近60年Akoya 珍珠产量统计数据来看，1966年是其产出峰值，达到230吨，2009年估计产量最多不会超过15吨，下降了97.8%。是什么导致了日本珍珠不断走向衰退呢？

a.自然条件因素：水域污染、地震等自然因素影响；

b.激烈的市场竞争：内部竞争和黑珍珠、南洋珍珠的快速发展对其形成的外部竞争；

c.养殖成本的增加：主要受日元升值的影响；

d.消费市场疲软：钻石等新兴珠宝消费热点得到了年轻人的追捧，珍珠消费需求下降。

表1－2－1　1952～2012年Akoya珍珠产量统计

时　间	产　量（吨）	时　间	产　量（吨）
1952年	10	1991～1995（每年）	60
1957年	30	1997年	30
1958年	50	2000～2007（每年）	25
1963年	130	2008～2009（每年）	15
1966年	230	2010～2011（每年）	12（估算）
1972～1990（每年）	70	2012年	8（估算）

（资料来源：Andy MÜller, "A Brief Analysis of the Global Seawater Cultured Pearl Industry"）

（2）中国南珠

中国南珠在20世纪70年代年产量约数十公斤，到了80年代末年产量也只有1吨左右。20世纪90年代初期到中期，海水珍珠产量剧增到30吨左右，但质量参差不齐。2006年以后中国南珠陷入了量价齐跌的窘境。

表1－2－2　中国南珠量值统计

时　间	产量（吨）	产值(万美元)
1993年	27.5	1800
2006年	29	2500
2007年	15	1200
2008年	10	948
2009年	7	720

原因分析：

a.发展时间短，产业化程度低；

b.科技投入不足，珍珠质量提升慢；

c.产业链不健全，市场开发不足；

d.行业管理不健全。

1.2　黑珍珠

主要产于法属波利尼西亚地区，库克群岛、斐济、马绍尔群岛、印度尼西亚、菲律宾包括中国台湾的琉球群岛也都有部分产出。养殖母贝为黑蝶贝。塔希提黑珍珠占全球黑珍珠总产量的93%到95%；斐济黑珍珠虽然产量低，但质量上乘，也深得消费者喜爱。

表1－2－3　塔希提黑珍珠量值统计

时　间	产　量（吨）	产值（万美元）
1972年（第一次出口记录）	0.0015	0.3663
1983年	0.139	50
1992年	1	4350
1996年	5.1	15,240
1999年	6.3	14,100
2003～2008（每年）	10～15	13,000

1972年到1996年是塔希提黑珍珠快速发展的黄金时期，从2003年到2008年，每年的产量保持在10到15吨左右。与1996年相比，产量提高了2～3倍，产值却下降了34.38%。塔希提黑珍珠目前

的处境是“量增值跌”。

原因一：政府管理不善。政府在养殖许可证发放上管理松懈，盲目的政策和资金的支持，造成养殖场的泛滥，产能过剩，价格迅速下滑。

原因二：过高的出口关税。每克5美元的出口关税，相对于珍珠价格而言过高，导致走私泛滥，价格失控。2008年10月，废除了出口关税，这也直接导致了下面的第三个原因。

原因三：塔希提珍珠国际推广机构的解体。从2003年到2008年，每年600万～900万美元的资金用于塔希提黑珍珠在全球的推广，但是废除关税，从根本上动摇了政府支持塔希提珍珠国际推广机构的资金支持，随着塔希提珍珠国际推广机构的解体，塔希提黑珍珠在全球范围内的宣传推广大打折扣。

1.3 南洋珠

主要产于澳大利亚、印度尼西亚、菲律宾和缅甸；马来西亚的沙巴和新几内亚也有部分产出；养殖母贝为白蝶贝和金蝶贝。

和日本海水养殖珍珠、塔希提黑珍珠一样，南洋珠也面临着同样的处境，珍珠产量不断增加，销售额却日趋缩减。1998年南洋珠产量2.4吨，产值2.2亿美元；2009年产量12.5吨，产值却只有1.72亿美元。产量翻了5倍，产值下降了21.82%。

2008年由美国次贷危机引起的全球性金融危机，也是造成现在海水养殖珍珠产业下滑的重要原因。

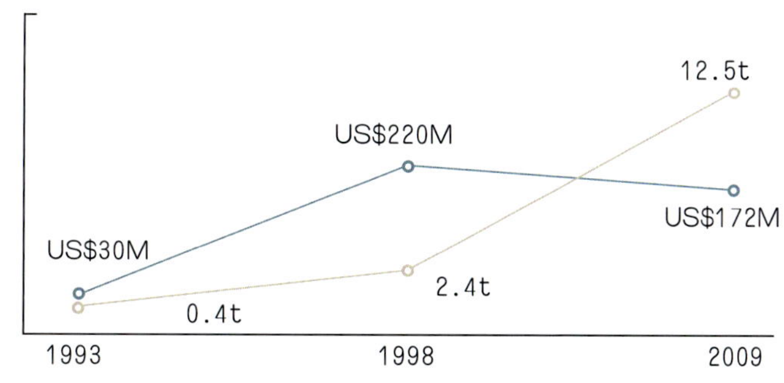

图1－2－18　南洋珠量值统计曲线图

2. 淡水珍珠产业变革

2.1 近20年来中国淡水珍珠出口数据分析

中国淡水珍珠产量占世界淡水珍珠产量的95%以上，具有绝对垄断地位。可以说中国淡水珍珠就是世界淡水珍珠。从最近20年左右中国淡水珍珠出口的情况，可以分析出中国淡水珍珠产业的整体发展情况。

从图1-2-19的分析可以看出：

（1）中国淡水珍珠出口总量的峰值出现在2004年，出口1103吨，2005年降到532吨，下跌51.76%；2006、2007年有所回升，2008年出口总量再度下降到563吨；中国珍珠产量整体呈下降趋势。

（2）单价、出口金额、出口总量三条曲线中，出口金额和单价呈正相关，出口总量对出口金额影响不大。

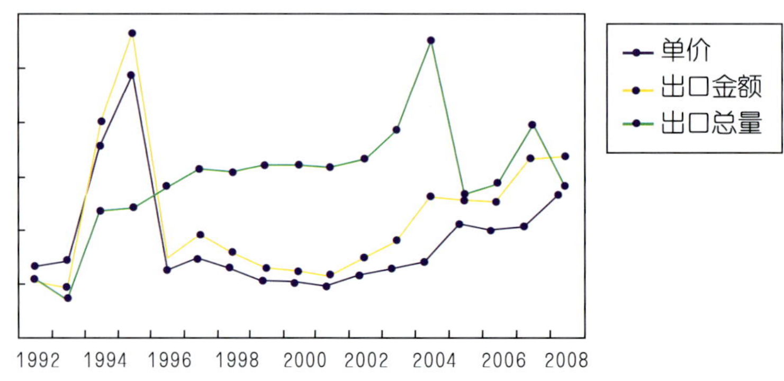

图1-2-19　1992～2008年中国淡水珍珠出口统计曲线图

2.2 近两年中国淡水珍珠产业发展态势分析

中国淡水珍珠产业从2002年至今经历过两次严峻的考验，分别是2005年和2008年。2005年主要受税率调整影响。在2005年以前珍珠出口退税14%；2005年出口退税税率下调到5%，珍珠出口利润大幅下降，部分珍珠企业开始转型开拓国内市场。

2008年，受到国内外宏观经济变化的影响而使珍珠产业呈现出先扬后抑的特征。2005年出口退税对产业发展造成的负面影响还没有消退，全球性金融危机的到来，使中国淡水珍珠产业发展又雪上加霜。

2008年上半年，虽然年初我国部分地区出现的自然灾害对淡水珍珠养殖造成一定程度的不利影响，同时人民币的持续升值也导致淡水珍珠的出口业务受到一定程度的抑制，但总体而言，上半年国内淡水珍珠行业整体上尚未受到全球经济危机的明显冲击。由于全球约95%左右的淡水珍珠都产自中国，而珍珠自古以来都是中国人民所珍爱的珠宝产品之一，珍珠在一定程度上也能够折射出其所蕴含的中国文化。因此，受市场对中国奥运经济乐观预期和中国文化的全球影响力逐步显现等多方面因素的综合影响，2008年上半年国内淡水珍珠产业得以继续保持较为良好的发展势头。

2008年第三季度，随着国内宏观经济调控措施的逐步到位，宏观调控对中小型企业发展所带来的制约作用已经日益凸显。同时，北京奥运会召开前后政府相关安全保障措施的加强在一定程度上也制约了奥运经济的市场开拓空间，市场对奥运经济的乐观预期普遍下调，全球经济危机对国内淡水珍珠行业的不利影响也开始逐步显现。但是受上半年淡水珍珠行业业已形成的增长基础和发展惯性的影响，2008年前三季度整个淡水珍珠行业仍然保持了一定的发展势头。根据国家海关发布的统计数据显示：在2008年1～9月全国珠宝产品出口金额同比仅增长4.15%（2007年增长幅度为16.81%）的情况下，我国拥有绝对原料资源优势的天然或养殖珍珠依然延续了较大幅度的出口增长势头，2008年1～9月的出口金额同比增加了14.74%（2007年增长幅度为44.73%）。

2008年第四季度，国内淡水珍珠行业开始遭受全球经济危机的整体性冲击。目前，中国淡水珍珠主要通过中国香港的珠宝批发商出口到欧美的发达国家和地区，在全球经济危机中，这些国家和地区的部分中小珠宝商迫于消费萎缩而导致的资金压力，无法按时支付货款，进而导致香港的部分珠宝批发商拖延国内珍珠企业的货款支付。因此，我国淡水珍珠行业在2008年第四季度遭遇到了自东南亚金融风暴以来最为严重的经营困境，中小型珍珠企业由于担心产品销路问题而不敢继续采购珍珠原材料（珍珠行业内称原材料为“统货”），或者由于资金紧张而无法支付珍珠统货收购款；因未能按时从珍珠企业收到货款，部分中小珍珠养殖户由于资金断流而不得不把只养了2～3年的珍珠蚌剖蚌采珠、低价割售，进而导致珍珠统货市场中出现了大量低档次、低品质、低价格的统货。在经营形势最为紧张的2008年11月，部分档次低、品质差的统货出现了非理性的恐慌抛售，部分统货的价格与第三季度相比下跌幅度曾经一度达到50%～60%。

按照行业惯例，每年的第一季度和第四季度是珍珠的最佳采收期，珍珠养殖户的经济收入也主要集中在这一时期得到兑现。但是2008年第四季度珍珠统货价格所出现的非理性的恐慌下跌，却导致很多中小养殖户无利可图甚至发生亏损。珠贱伤农，部分风险承受能力差的农户最终决定放弃继续养殖珍珠。

但是，在大型珍珠企业年底正常原材料采购、全国珍珠养殖水域面积缩减、部分外围资金投资性进场抄底和珍珠养殖大户惜售心理等因素的共同作用下，2008年第四季度中期珍珠统货价格所呈现出的恐慌性下挫现象，在2008年年底得到逐步缓解，珍珠统货价格出现了20%～30%左右的反弹，珍珠产品价格也出现了一定程度的企稳反弹。

2008年第四季度，国内淡水珍珠的出口经历了前所未有的挑战。受全球经济危机的影响，欧美发达国家和地区对珍珠产品的消费需求出现了明显的萎缩。根据国家海关的统计数据显示：第四季度我国珍珠产品出口骤然减少，与2007年同期相比下降了32.15%。

2009年上半年整个行业的经营状况基本稳定，与2008年末相比并未出现进一步恶化的情况。但与2008年同期相比，淡水珍珠行业的整体经营业绩还是出现了一定程度的下滑。根据海关的相关统计数据显示，2009年上半年，我国已加工养殖珍珠的出口数量为289吨，与2008年同期相比的

增长幅度为-3.8%；出口金额为10,285万美元，与2008年同期相比的增长幅度为-14.8%。

在已加工养殖珍珠中：

①未分级已加工养殖珍珠的出口数量与2008年同期相比的增长幅度为30%，出口金额与2008年同期相比的增长幅度为38.6%，低档珍珠产品的平均价格水平与2009年初数和2008年同期数相比均出现了一定幅度的上涨；

②其他已加工养殖珍珠的出口数量与2008年同期相比的增长幅度为-10.6%，出口金额与2008年同期相比的增长幅度为-17%，中高档珍珠产品的平均价格水平与2009年初数相比有一定幅度的上涨，但与2008年同期数相比则出现了一定幅度的下跌。

3. 珍珠产业路在何方？

纵观全球珍珠产业，的确让人难以乐观！但要想在山重水复疑无路之时，迎来柳暗花明又一村，需要大家能够冷静和理智的思考，珍珠产业路在何方？

3.1 寻找供需平衡点

珍珠产业是特殊的生物产业，珍珠商品在本质上是珠宝商品，珍珠商品的需求曲线呈反常规形态。珍珠既不是正常商品，也不是吉芬商品，而大体属于“魏伯伦商品”。它的需求曲线也不可能是一直向上倾斜的，应该是一条开口向下的抛物线。正是由于珍珠商品的本质特征和反常规的需求—消费形态，决定了它在经营上的一个核心目标——不是追求珍珠的产量，而是追求珍珠产品的高质量，以保持它的稀缺性。限制产量，以质量取胜，寻求价格与盈利的最佳均衡点，才是明智的。

鉴于珍珠养殖的周期性，不太可能在短期内降低产能；但是随着市场的调整，在保障价格和持久获利的双重因素影响下，供需平衡应当在不久的将来逐步实现。

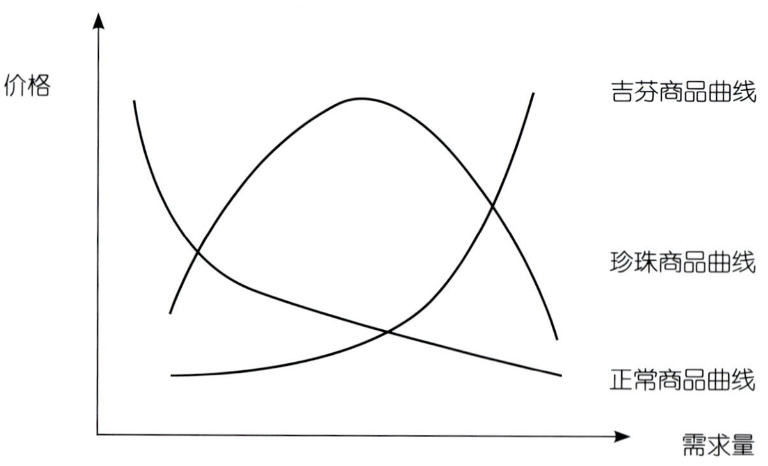

图1－2－20　珍珠商品需求曲线

（资料来源：南海珍珠产业的本质特征及相应发展战略，海洋开发与管理，2005）

3.2 产业整合

产业整合是产业发展的一个必经阶段。以美国的汽车产业为例。早在19世纪末，美国汽车业开始发展，许多人都投身汽车产业。到1907年，全美有557家在册的汽车制造商。在一百年的发展历程中，美国有超过1000家汽车制造商。随着时间的推移，许多公司破产，同时也有许多新的公司成立。今天，全美只有3家汽车生产商（全部都在改制中），但这3家公司生产汽车的数量要远多于过去1000家公司生产汽车的总和。

就整体而言，过度竞争已使得珍珠养殖和批发变得无利可图。相关企业如不能有效突破，形成差异化的核心竞争力，等待他们的势必是难以逾越的生存危机。微薄的盈利水平已将珍珠业的发展逐步推向深入，横向抑或纵向的产业整合势在必行。大部分珍珠企业已经充分意识到进行差异化的经营模式变革势在必行，就目前情况看，开展以纵向联合为主、横向联合为辅的业务整合不啻是一个明智的选择。

整合后，珍珠企业通过珍珠养殖构成要素成本的有效控制、产品设计能力的提升以及市场空间的有效扩张，将逐步形成一般竞争对手所难以复制的核心竞争力。这种核心竞争力将随着企业市场份额不断扩大和盈利能力的不断增强发展成为品牌价值，从而在相当大程度上避免了低层次的价格竞争，形成服务品质、产品开发设计能力、养殖产品成本控制等环节良性循环的差异化竞争优势。

道路是曲折的，前途是光明的。我们坚信，勇敢地面对挑战，理智地应对挑战，风雨过后是彩虹！变革之后，珍珠产业必将会突飞猛进的发展！

一、从天工奖看玉石产业的发展

奥 岩

中国玉石产业经过近年来的高速发展，进入了近百年来的高峰时期。从中国玉雕石雕作品“天工奖”8年的发展历程来看，中国的玉石产业已经进入一个产品多元化、行业规模不断壮大、产业实力不断增强、行业整体性逐渐完善的可喜阶段。同时，行业的发展也面临着一定的问题，需要引起业界的注意。

1．中国玉雕石雕作品“天工奖”

中国玉雕、石雕作品天工奖评选活动是中国珠宝玉石首饰行业协会于2002年创立的一项专业评比活动，此项评比活动的推出填补了当时该项领域评选活动的空白。为玉石雕刻行业提供了一个展示作品，发现人才，引导行业发展，促进玉石行业向规范化、正规化方向发展的平台。

“天工奖”的创办，源于对中国玉器市场的混乱与无序以及对中国玉雕产业发展的担忧。2002年，中国的经济在经历了近20年的快速发展后，有了一定的资本积累。而中国正处于改革变型期，原有的工艺美术体系发生了彻底的改变，中国工艺美术“百花奖”及中国工艺美术大师都已经停办，此时的玉石市场无论是从业人员还是消费者都处于迷茫的局面。生产厂家没有了方向，产品的生产以及人的发展都没有了方向，买家更是不知什么样的玉石产品才是好的，也不知道怎样才能购买到好的产品。面对这样的行业状况，中国珠宝玉石首饰行业协会承担起社会责任，创办了中国玉雕石雕作品“天工奖”，设立了中国玉石雕刻大师的评定。其目的在于让整个行业的发展具有方向性，将中国当年度最好的产品展示给业内外，让业内同仁看到业内的发展状态，通过“天工奖”这个平台来交流学习，从而创造出更好的产品。本着权威性、史实性、导向性、参与性和公正性的原则，“天工奖”在举办过程中不断积累经验，顺应艺术发展的规律，并积极引导作品在用材、主题、工艺、表现形式等方面有所创新。

作为一项公益性活动，“天工奖”举办8年来，在各界的大力支持下，不断完善，不断提高，已经成为每年一度的行业盛事。非商业性的运作保证了天工奖的权威性，使得天工奖走上了一条可持续性发展之路。历经8年的摸索、发展和考验，在保持其创办初衷的前提下不断完善，“天工奖”已经成为行业玉石产品的风向标，成为中国现代玉雕、石雕作品颇具影响力的专业奖项。

2．中国玉石产业的发展

“天工奖”的获奖作品是当代中国大陆玉雕界最高水平的代表，8年的“天工奖”历史记录了中国大陆玉石产业8年的发展历程，为我们呈现了一个近代少有的玉雕发展辉煌期，在悠久的中国玉文化历史上烙上了当代的时代特色印记 。中国玉石产业近年来的发展主要表现在以下几个方面：

2.1 产业发展具有方向性

近年来，在政府及相关协会组织的大力支持下，玉石产业的发展逐渐摆脱闲散无序状态，发展逐渐具有一定的方向性。这种方向性主要体现在两个方面，一是玉石产品发展的方向性，二是玉石雕刻人员发展的方向性。

在政府及行业协会的正确引导下，以及全国各类玉雕奖项评选活动的展开，玉雕产品的发展逐渐具有层次性，其整体是朝着健康、主流的方向发展的；随着“玉雕大师”称号的不断评选，玉石雕刻人员也有了自己的方向和目标，玉雕对他们来说已经不再是谋生的手段，更是一项事业。

2.2 行业关注度持续提高

一年一度的“天工奖”已经成为每年北京珠宝展上的一大亮点，成为业界同仁的年度盛会，成为各地玉石界的前辈新秀，旧友新朋欢聚一堂，交流心得、切磋技艺的平台；也为收藏者提供了一个全面了解本年度主要玉石雕刻优秀作品的难得机会。从最初的评选到最后的展出，都备受业内外人士的关注。这从一定程度上反映了大陆社会对中国传统文化的喜爱，对有着悠久历史的玉文化的认识程度越来越高。尽管精品玉件价值不菲，却丝毫没有影响收藏爱好者的兴致，因为随着大陆经济的发展，财富逐渐积累，生活品质逐渐提高，人们更注重精神生活的享受，烙有中国印记的玉文化无疑成为大家关注的对象。此外，玉石产品投资增值的低风险性也让更多的资本逐渐进入玉石产业，让玉石产业受到了更多的关注。

2.3 行业规模越来越大

随着玉石产业的不断发展，玉雕行业的规模越来越大，这从玉雕产品和玉雕从业人员数量上可见一斑。从历届的“天工奖”我们可以看到，参赛的玉雕作品逐年增多，作品种类丰富，玉石品种逐渐多元化，除了常见的白玉、翡翠等玉石品种，一些地方的石类品种、象牙等也开始出现在“天工奖”的展台上；随着玉雕产品产值的不断增加，玉雕行业从业人员收益的提高，玉雕企业数量不断增加，从业人员数量不断扩大，使得整个行业的规模越来越大。

2.4 行业的规范性增强

玉雕行业在多年的发展中，不断发现问题，解决问题。从原材料的供应、产品的制作加工到终端的价格制定，不良状况都在不断地改善，虽然还存在一定的问题，但各种行业标准和规章制度的制定使得行业已经在朝着规范性方向发展。

2.5 产品品质不断提高

从历年的“天工奖”参赛作品来看，当代玉雕作品从最初的良莠不齐发展到现在，精品出现的频率越来越高，作品品质的层次性也逐渐清晰，工艺艺术性明显增强。当代杰出的玉石雕刻人员除了老一辈的玉石雕刻师，更有青年才俊，这些人视野开阔，思维活跃，是玉雕创作队伍中的一支新生力量，是整个玉雕行业发展的活力，他们创作的玉雕作品将传统与现代结合，有别于一般的玉雕商品，极富有时代气息，是工艺和艺术的结合。此外，玉雕创作团队出现、专业的运营团队的筹备将使得行业分工越来越明显，玉石雕刻人员能有更多的时间和精力更加专心地从事创作研发，不断提高玉雕产品的品质。

3. 中国玉石产业面临的问题

尽管中国玉石产业经历了几十年的发展，但时至今日，也面临了许多问题，这些问题主要表现在以下几个方面：原材料资源问题、产品创意研发问题、玉文化推广问题、产品市场营销问题、产业走向问题。

3.1 原材料资源问题

原材料是产业的源头，是产业发展的基础。由于缺乏有效的规划及合理的资源勘探，使得现有的玉石原材料资源储备严重不足；部分商人为谋取暴利，肆意无序开采，造成了资源的破坏与浪费，对玉石产业的持续发展产生了严重的不良影响；由于多头无序开采，使得原材料价格处于无序竞争状态之中，未能实现原材料资源应有的价值，造成了市场原材料价格体系混乱；原材料供应及交易方式原始，阻碍了原材料更合理的流通。

3.2 产品创意研发问题

中国玉雕的制作一直处于私人作坊的模式，缺乏相关的人员和一定的组织机构专业从事玉雕产品的研发制作；由于受传统玉雕思想的影响严重，现在的玉雕产品大部分仍然是在沿袭传统的思路，缺少将传统与现代思想结合的产品，作品缺乏时代感；近年来玉雕产业的快速发展带来的利益驱使大批人马未经扎实的训练就快速上岗，造就了行业研发人员整体素质差的局面；同时，火热的终端市场现状使得制作人员在生产产品时对工艺的要求降低，市场上的产品良莠不齐，整个行业也缺少相关的工艺标准来规范玉雕产品的加工制作；为快速谋取利益，产品制作人员已经无暇顾及产品的研发，所生产出来的产品缺乏创新性和艺术性，整体过于商品化。

3.3 玉文化推广问题

中国的玉文化在不同的时代应当具有一定的时代特征，这样的玉文化才能不断传承和发展下去。然而，玉文化在当今还没有形成具有时代特色的当代玉文化体系，这与玉文化的宣传、推广力度不够有着很大的关系；宣传的力度不够，又导致当代玉文化的价值无法完全体现，更无法被世人所认识；中国目前已有很多玉雕作品突破了传统的限制，集工艺性和艺术性于一体，富有创意性和时代性，但由于对当代玉文化内涵的认识不足，当代玉雕的艺术价值仍然无法得到大众的认可。中国玉雕行业经过多年的发展，已经培养出一批优秀的玉雕大师，但都处于零散和自由状态，缺乏相应的培育培养体系。

3.4 产品市场营销问题

近年来玉雕行业的快速发展使得行业普遍以快餐式经营模式为主，缺少专业的营销体系、专业的团队和职业经纪人来运营；抱着消费者对玉石不了解的侥幸心理，玉石产品鱼目混珠，价格混乱，行业缺乏具有一定标准的价格体系来规范市场。

3.5 产业走向问题

当今的玉雕产业发展已经取得了很大的成绩，要想让玉雕产业得到更好的发展，玉雕产业聚集区的形成势在必行。然而，目前我国还缺少国家级的大师产业聚集区，缺少具有产业政策的支持，缺少具有文化影响力的聚集和相应的配套服务。

4. 中国玉石产业的前景

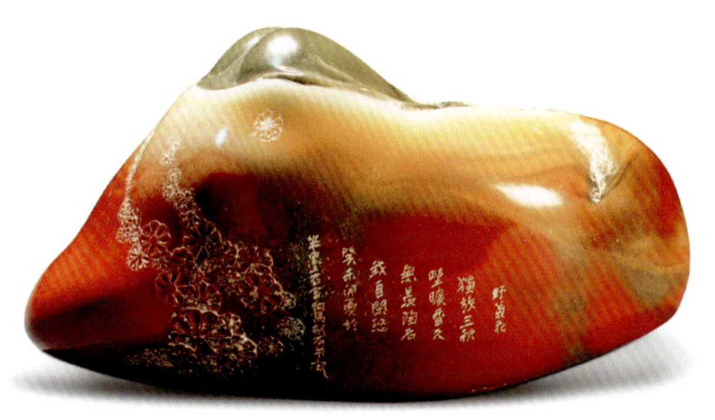

针对目前玉石产业存在的各种问题以及制约发展的瓶颈，中国玉石产业发展必须跳出单一优势资源发展产业的思路，走一条全新的综合性复合型发展的道路，基于地方的产业基础，开辟出整合产业上下游各种资源的综合性产业基地。通过高标准的规划、设计和运营，整合周边城市的相关资源，发挥自身的区位和后发优势，实现跨越式发展。因此，打造中国玉石文化创意产业总部基地是玉石产业发展升级的必然选择，中国珠宝玉石产业的发展方向应该走以下道路：一是优势资源的集聚；二是产业规模及运营模式的升级；三是立足国内，走向世界。

4.1 优势资源的集聚

优势资源的集聚是将分散的、单薄的力量汇集成更具发展能量的群体，形成更强大的发展动力，使得产业做大做强；优势资源的集聚将优势资源合理配置，打造得更加优势。

4.2 产业规模及运营模式的升级

产业规模的升级是必然的发展趋势，是实现优势资源整合的机会；同时，产业规模的升级将带动产业的快速发展，真正实现文化、艺术、产业等多方位共同发展。

4.3 立足国内，走向世界

中国玉石产品的发展相较于以前已经取得了很大的进步，但需要在产品的分级分层上做更多的工作，以满足不同层次人群的需要，要更有针对性地发展。中国玉文化的传播不应只停留在国内，中国的玉雕艺术不仅仅是中国的艺术，而且要成为世界的艺术，后者正是我们努力的方向，要努力对外拓展，将中国的玉石产业发展成为在全球具有影响力的产业。

中国玉石产业正在朝着健康有利的方向发展，能取得这样的成就是行业组织及业界人士共同努力的结果。不容忽视的是，玉石产业也同样面临着一定的问题，要想得到更好的发展，仍然需要业内同行、相关的政府部门及行业组织的共同协作努力。相信当代的中国玉石产业将发展得更好，中国悠久的玉文化将烙下当下时代的印记，形成具有特色的当代中国玉文化。

二、玉石饰品产业之特点

史洪岳

玉石饰品是指以翡翠、和田玉、岫玉、独山玉、水晶、玛瑙等玉石原料雕琢或经贵金属镶嵌而成的配饰，主要包括头饰、耳饰、颈饰、胸饰、腕饰、手饰、腰饰、把玩件等。由于玉石文化历史悠久和底蕴深厚，款式丰富，个性突出，适戴性强，故奠定了我国玉石饰品行业市场繁荣和前景广阔的坚实基础。

1. 文化历史悠久

玉石，通俗地说就是美丽的石头。旧石器时代，先人就开始将漂亮的石头与攻击猎物的石器区别开来用于装饰。大约8000年前兴隆洼文化遗址中，就出土有环形的玉耳环、长条形玉坠等饰物。新石器时代，古人就盛行以鸟、鱼、人等形状制成自己喜欢的玉佩饰了。红山文化、良渚文化、仰韶文化、三星堆文化等遗址都出土了大量玉制的器物，从形制和出土时摆放的位置看，很多都是其人生前随身佩戴的饰品。这些玉石饰品不仅设计精巧，制作精良，品种繁多，而且还有多种玉件联成的“玉组佩”。数千年来，玉石文化、技艺的传承与创新，玉石饰品镌刻着时代的足迹，演绎着不同的形制与风格。

金代表古代最贵重的金属，玉是我国最珍贵的石头，金和玉放在一起寓意着金玉满堂、大富大贵。把玉镶上黄金源于一个与和氏璧有关的传说。西汉时期，王莽篡位后胁迫皇太后交出玉玺，皇太后一怒之下将玉玺摔在地上，崩掉一角。后来，王莽命能工巧匠进行整修，用黄金镶上了缺角，被称为“金镶玉玺”，“金镶玉”便由此得名。“金镶玉”工艺突出一个“镶”字，要靠连续不断的敲击，把金丝或金片镶嵌到图案中，历史上曾兴盛一时。目前，我国市场上大量的“金镶玉”玉石饰品，主要不是指“痕都斯坦”那种传统工艺，而更多讲的是材质组合特征与产品文化属性。

2. 行业队伍庞大

在珠宝玉石首饰行业中，玉石饰品生产加工企业和零售企业的队伍超过百万之众，产值应占整个行业的1／6左右。

由于玉石饰品的加工主要靠手工，生产周期特别是玉石雕琢的时间相对较长，每件产品都需要个性化设计并因材施艺，因此单件产品的耗时比其他珠宝镶嵌饰品要多。在岫岩、阜新、赤峰、南阳、平洲、四会、腾冲、瑞丽、寿山、昌化、青田、东海等珠宝玉石特色产业基地，以及乌鲁木齐、和田、揭阳等地区玉石产业从业人员众多，一般都有数千人，多者十几万人。这些地区不仅专业加工队伍规模较大，并形成了具有深厚文化底蕴和一定知名度的地域性品牌。

玉石饰品在销售上也不像贵金属首饰那样流转快，一些产品往往会积压一两年，甚至数年。销售渠道有高档会所、专营商店、综合商场、专业市场以及网络等，在玉石原料或加工的主产地还有一些集贸市场定期销售，几乎涵盖了一般商品流通领域的所有方式。在产品的价格上，少则十几元、数百元，多至几百万元、数千万元，件件物有所值。因此，原有很多的珠宝市场及店面都增设了玉石饰品的销售，增加的有爱好玉石的小商户，也有立志做品牌的大企业。

3. 专业知识性较强

玉石就是以某种或几种矿物成分为主的岩石，矿物成分及其含量，矿物结构及其变化，铁、锰、铬等金属元素的含量及状态等直接影响玉石的品质。由于玉石在物质组构方面客观存在着多样性和复杂性，导致了玉石在颜色、质地和均匀性等方面的千差万别。就像世上没有相同的两片树叶一样，每一件玉石饰品都与众不同。

就目前而言，对于玉石真假的鉴定，翡翠A货、B货、C货的区分，和田玉与所谓的“京白玉”、“阿富汗白玉”的区别，普通消费者多数有一些常识，但真正识别还是比较困难的。一方面，选购带有国家权威机构鉴定证书的产品是没有任何顾虑的。另一方面，消费者到成熟的大商场或专卖店去选购，也是有保证的。就是说，消费者专业知识的不足，通过鉴定证书的担保或销售企业的信誉是可以弥补的。

对于普通的消费者来说，同样都是A货的翡翠，或者同样都是和田白玉，价格时常相差数倍、数百倍，似乎有些人明白翡翠的种水色底，也了解些白玉的油性、密度、白度及皮色，但真正要弄清所选购的玉石饰品价值还是比较困难的。白玉也好，翡翠也罢，所有的玉石产品国家都尚未出台分级标准，即使是业内权威的专家，也只能根据市场行情说个大概，或许这正是玉石的魅力。

黄金有价，市场上有统一的价格进行比较。钻石有价，行业有一个4C分级标准可以参考。玉石“无价”，是因为参照物复杂而又很难确定。玉石饰品，特别是高档一些的饰品，购买的渠道，购买的时机，购买的技巧，可能价格相差

较大。相似的玉石饰品，价格不同，除了微细差别在价格中的权数复杂以外，还与商家原料购买成本以及设计工艺成本和追求的利润有着密切的关系。

4. 爱好者众多

早在春秋时期，君子就“比德以玉”，管仲提出“玉有九德”，孔子认为“玉有十一德”，许慎所言“玉有五德”。玉之德，人之德，人玉之德，“君子无故，玉不去身。”汉字中，王者囊中之宝是玉，国者四海之内为玉。玉帝、玉言、玉女、玉容、玉音、玉成，大凡与玉相关者皆引以至善至美。崇玉、爱玉、赏玉、藏玉蔚然成风，数千年亘古未变。

在民间，人们相信，人养玉，玉养人。翡翠长久佩戴会更加剔透，白玉长久佩戴会更加油润，讲的是人体的肌肤对玉石的亲润和滋养。人长久佩戴玉石，一方面玉石的微量元素可被人体吸收，另一方面玉石对皮肤的摩擦可以活跃经络，这些都会使人更加健康。至于玉石能帮助人们祈福、驱邪，这里更多的是一种精神上的作用。随身所带自己喜爱的玉石饰品，能够暗示并珍惜自己和玉石的存在，能够愉悦自己和他人的心情，这本身就是一种祥和与自信的动力。

在我们的国度里有着玉石文化的底蕴和氛围，在我们的骨子里有着对玉石质地的亲和与审美的追求。无论年长与年幼，无论男士与女士，无论贫穷与富贵，无论职业与爱好，在中华民族13亿人的身上，在世界各地龙之传人的心中，都有着对玉石那种魂牵梦绕的情节。

2008年，北京奥运会“金镶玉”奖牌，吉祥、大气、美观的设计，金玉良缘、金玉满堂的寓意，陡然撬动了我国玉石饰品市场的快速发展，也带给世界各族人民一袭中华玉石文化的滋润。玉石，是民族的，也是世界的，相信和谐之文化将随着时间的迁移，玉石文化也必将在世界上得以弘扬。

5. 款式较为丰富

目前，市场上玉石饰品品种、款式多种多样。从材质上讲，有和田玉、翡翠、岫玉、独山玉、玛瑙、欧泊、珊瑚、水晶、青金石、孔雀石、芙蓉石、木变石、巴林石、鸡血石、青田石、寿山石等玉石原料雕琢的饰品，有黄金、铂金、白银等贵金属镶嵌玉石的饰品。从类型上讲，有单件的耳饰、颈饰、胸饰、手镯、戒指等玉石饰品，有成套、成系列的玉石饰品，有手机、钥匙挂坠等玉石饰品，还有手中把玩的玉石雕件。从设计风格上讲，有浪漫、时尚的，有古朴、典雅的，有凸显个性的，有含蓄谦和的，有具象的，也有抽象的，等等。

在玉石饰品市场，色彩缤纷，款式各异，琳琅满目，可以说是应有尽有。由于首饰设计软件和网络技术的发展，玉石饰品设计速度更快了，水平更高了，同时新款上市快了，也多了。有些消费者，甚至根据自己的爱好亲手设计款式，然后提出要求由商家定制。就是说，玉石饰品款式已经丰富到消费者想买的款式，企业都能加工出来。

6. 设计极为重要

玉石，事实上就是坚硬的石头，贵金属不过就是冰冷的金属。玉石、贵金属之所以成为珠宝首饰，成了人们喜爱的装饰品，最重要的是有了文化，有了设计。其实，每一件玉石饰品都在用自己的语言，通过材质、色彩、构型、图案等告诉人们一些事情。从设计者的角度来说是在创作，展现美感，寄托情感。从消费者来说是在享受，体验美感，领悟情感。如果一件玉石饰品，承载了消费者渴望的那种美感和情感，那种愉悦的心情可能就转化成了产品的附加值。

玉石饰品设计既然如此重要，设计的创新也就成了吸引人们眼球、撩拨人们心情的重要途径。今天，社会文化在向多元化发展，消费主流在向个性化挺进，对于一个设计师来说最难的不是创新，而是创新的作品为更多的人所认可并接受。在市场中，企业推出大量的新产品不能为众多消费者追捧，消费者在眼花缭乱的产品中难觅一爱，是经常会遇到的尴尬。

玉石饰品的设计师们冥思苦想，将传统文化进行演绎，将时尚元素加以凸显，将东西方文化进行融合，但是什么样的玉石饰品市场就好哪？我个人认为就八个字，“触目惊心”和“赏心悦目”。触目惊心，就是一看到心里即为之一震，一见钟情，就想拥有。赏心悦目，就是冷静下来越看越想看，越看越爱看，越看心情越舒畅，没有艺术美感或工艺制作上的遗憾，令人爱不释手，赞不绝口。一件玉石饰品，如果能够买完不后悔，长久不离弃，拥有者实际上就实现了它再次的增值。

三、探讨四大印石文化产业的发展

闫增锋

印石在中国的历史源远流长，其丰富深厚的文化属性，在中国石文化中独树一帜。印石以其特有的色、纹、韵、刚、柔、形，表情达意，深受国人的喜爱。在种类繁多的印石品种中，最为人们所熟知和最受篆刻家和印石爱好者喜爱的当属寿山石、青田石、昌化石、巴林石这四大中国名石，也称为四大印石。

1. 四大印石产地现状

1.1 寿山石

寿山石是我国传统的印章石之一，石材分布在福州市北郊与连江、罗源交界处的“金三角”地带。若以矿脉走向，又可分为高山、旗山、月洋三系。因为寿山矿区开采得早，旧说的“田坑、水坑、山坑”，就是指在此矿区的田底、水涧、山洞开采的矿石，经过1500年的采掘，涌现的品种达百数种之多。寿山石以其色彩绚烂的“天姿国色”打动人心。

目前寿山石资源比较匮乏，现有矿洞都已经停产，市场上的产品越来越少，价格也逐年攀升。从2000年到现在，价格增长了近4倍，从业人员几十万，并有十几人获得了中国工艺美术大师称号，具有资格证书的雕刻师数以千计，在各大拍卖活动中也屡有寿山石作品拍得不菲的价格。

1.2 青田石

青田石产于浙江省青田县。色彩丰富，花纹奇特。以叶蜡石为主，显蜡状，油脂、玻璃光泽，有不透明、微透明至半透明的，质地坚密细致，是中国篆刻用石最早的石种。据专家统计，青田石共分为10大类108种，以“封门”为上品，微透明而淡青略带黄者称封门青，是所有印石中最宜受刀之石，广为篆刻家所青睐。目前，青田县已建有中国石雕城和石雕工艺品市场等两大上规模、上档次的专业性石雕市场。这两大市场坚持“以石会友、以人为本”的石文化经营理念，吸引了四方宾客光临惠顾，并逐渐成为全国较大的石雕集散地和中国石文化的观赏重地。

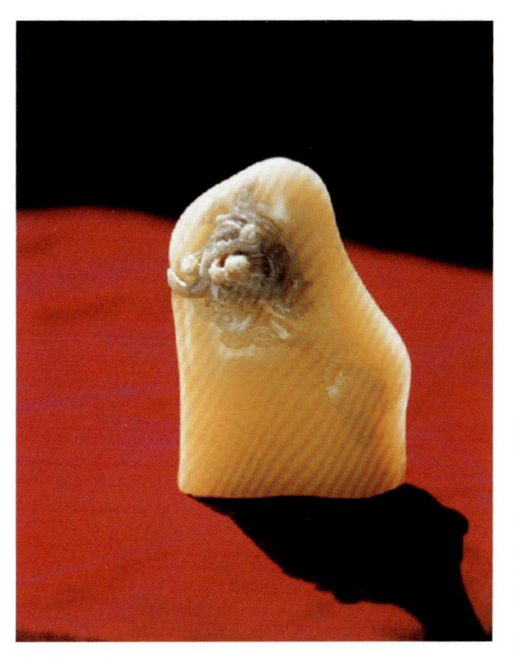

青田石雕产业是青田县五大经济支柱产业之一。据青田县统计局2008年统计数字显示，石雕从业人员达3万余人，青田石雕年产值5亿多元人民币。在石雕从业人员中，石雕艺人被国务院授予“中国工艺美术大师”的有7人，被省政府授予“浙江省工艺美术大师”的有11人，拥有高级工艺美术师职称的62人，中级职称的126人，初级职称的100多人。青田石雕行业协会已经成立，正在逐步形成一整套完整的管理体系，这一切为今后的青田石雕发展奠定了坚实基础。

1.3 昌化石

昌化石因产于浙江临安昌化而得名。昌化石中的鸡血石，因它的颜色像鸡血一样鲜红，人们俗称鸡血石。它是石中精华，具有鲜红艳丽、晶莹剔透的特点，被誉为中华国宝。鸡血石的发现与开采已有一千多年的历史。据考证，鸡血石的开采始于明代，而盛名于清代，康熙、乾隆、嘉庆等皇帝十分赏识昌化鸡血石，将其作为宝玺的章料。后来又发现了内蒙古赤峰市巴林右旗的巴林鸡血石。昌化“鸡血”、寿山“田黄”、青田“封门”合称“印石三宝”。

昌化鸡血石以“鲜红如鸡血，晶莹如美玉”而驰名中外．特别是加以独特的雕刻工艺而身价倍增。被国人誉为“印石皇后”、“国之瑰宝”。近年来，由于矿产资源日益枯竭和市场经济的不断冲击，昌化鸡血石也同时面临着开采过量导致资源匮乏的问题，因此，浙江省政府发布《浙江省昌化鸡血石开发利用和保护办法》，实施依法保护。2004年，该项目又被列入浙江省民间艺术保护项目，实施重点保护。2007年6月，该项目已被省政府列入第二批浙江省非物质文化遗产名录。在昌化市场上含血量较高的大红袍等极品鸡血石目前已很少有，就连一般的鸡血石也日渐稀少，所以造成鸡血石价格成倍增长，高端鸡血石有价无货。

1.4 巴林石

巴林石产于中国内蒙古自治区赤峰市的巴林右旗大板镇西北，雅玛吐山北面的大小化石山一带，学名叶蜡石。与寿山石、青田石、昌化石并称为“中国四大印石”。早在800多年前就已被发现，并作为贡品进奉朝廷，被一代天骄成吉思汗称为“天赐之石”。巴林石石质细腻，湿润柔和，软硬适中，最适于篆刻印章或雕刻各类精细工艺品，为上乘石料。巴林石中的鸡血石，有“草原瑰宝”之美誉，温润脆爽，软硬适中，宜于镌刻。有人称巴林极品石材是集“寿山田黄”之尊，融“昌化鸡血石”之艳，蕴“青田封门青”之雅的印坛奇葩。

内蒙古巴林右旗以巴林石产业为经济重心，全面打造巴林石品牌文化，巴林石给当地带来了巨大的经济效益与社会效益。巴林石集团自1985年成立至今，已成为融地质矿产、商业文化、工业艺术于一体的综合性企业。巴林石的市场占有量丰富，由大板、赤峰向全国乃至国际辐射，在北京、杭州、福州以及台湾等地向海内外的大中城市发展。有数据显示，2008年巴林石集团的销售额达8150万元，由于资源稀缺宝贵，因此采取保护性开采，年产量控制在不超过200吨。

巴林石现有查明储量还能开采100年，也已经发现后继资源，正在具体勘探中。2008年巴林石集团上缴税收3750万元，当地从事巴林石行业的人员有近万人，而全国经营巴林石的从业者已达到10万余人，年实现产值20多亿元。

四大印石在一千多年的印石文化历史发展中具有代表作用，帝王将相、文人雅士都和它们结下了不解之缘。新中国成立后，四大印石又被国家领导人作为国礼赠送给各国元首和贵宾，使四大印石享誉海内外。而当下，随着我国经济发展和人民生活水平的提高，四大印石吸引着越来越多的爱好者、投资者和收藏家的关注。印石文化在丰富人们精神生活的同时也带来了可观的经济效应，其文化产业的属性日益鲜明。作为中国印石文化产业的杰出代表——寿山、青田、昌化、巴林石这四大印石，其未来的发展和走向值得我们共同关注和探讨。

2. 四大印石文化产业面临的问题

据有关数据显示，今天的印石市场已从20世纪90年代以千元为单位的计价，到如今一流印石作品以几十万到上百万元为单位的计价，10年间价格有了成百倍的增长。其资源的稀有性，将随着时间的推移，更显弥足珍贵。应该说，印石产业的发展潜力是十分巨大的，前景也是非常广阔的。随着四大印石文化产业蒸蒸日上的发展，其存在的问题不能不引起我们的关注。

2.1 印石特色产业规模效益有待提升

四大印石分别产于福建寿山、浙江青田、浙江临安及内蒙古巴林右旗这四个不同省市区县，作为当地特有的资源而闻名于世。进入21世纪，印石作为一种文化产业被人们重新认识，列为当地的支柱产业也不过10年光景。作为一种产业规划来说，四大印石还属于刚刚起步，分量不足。目前，四大印石产地都有各自的印石交易市场，大大小小，规模不一，经营的品种多以当地主产石为主，品种较单一。还没有一个在全国叫得响的、能够为人们所熟知的交易市场，相对于广州平洲、四会及深圳罗湖这样的特色产业基地来说，四大印石的特色产业基地的规模效应还远远没有发挥出来。

2.2 缺少一个具有影响力的展示平台

以区域特色发展为主，辐射全国，这应该是以资源性为依托的特色产业基地的发展方向。四大印石无疑是资源性的产业特色，但作为一个文化产业，就不应该有任何地域的界限。印石产业

必须走出去，让更多的人了解、认知中国的印石文化。2008北京奥运会，让印章石文化掀起了一股热潮，这对四大印石的宣传和推广是一个很好的契机。相对于经济、文化都较为发达的北京、上海、广州、成都、西安这样的一线和二线的大城市来说，定期举办印石展览会，在全国打造一个具有影响力的展示平台是十分必要的。

2.3 缺少一个专业的印石评选奖项

印石文化是自然属性和艺术创作充分结合的产物。1999年，在中国珠宝玉石首饰行业协会的倡议下，在全国举办国石评选活动，并编辑出版《中国国石》精品画册。评选同时又在北京中国国际珠宝展上设立“中国国石”精品展示区，极大带动了四大印石产地的经济和文化发展。通过国石评选打响了“两玉四石”的知名度和美誉度。虽然没有最终评选出“中国国石”，但达到了评选前制定的“贵在参与，重在推动”的目的。同时，主办方积极组织印石作品参加中国玉雕、石雕“天工奖”评比活动，从展示和评比等多方面推动印石文化的发展。但因为印石和玉石相比，在材质、技法、评比标准等方面的区别，更多优秀的印石作品没有参与其中。因此，打造一个印石作品的专业奖项，提高印石作品的创新性，促进印石雕刻人才的培养，已迫在眉睫。

3. 加快印石文化产业发展的对策

随着中国国力的提升和中国文化在世界范围内的传播和影响，为印石文化的发展提供了前所未有的发展机遇。加快印石文化产业发展，解放思想、更新观念、明确思路，形成宣扬中华民族玉石、印石文化的氛围。

3.1 广泛合作，形成发展的合力

印石文化产业的发展不是单一的，它和玉石文化、印章文化、书法艺术、篆刻艺术、收藏、旅游等相关产业有着千丝万缕的联系，甚至互为依存，彼此渗透。因此，在四大印石的产业规划中，要本着请进来，走出去的观念，在当地政府的大力支持下，将印石文化与其他相关产业充分结合，重视和发挥企业、协会及相关文化机构的力量，从产业规范、人才培养、行业标准及交流、展示等多方面，立体打造印石产业。四大印石产地之间广泛密切的交流与合作，这些年非常好，也很有成效。但是，印石的文化是全国的，也是世界的，要走出当地，走向全国，迈向世界，就需要更加广泛的合作。只有各级政府、行业组织和有关专家学者、企业家、爱好者能够更好地互动起来，印石文化产业才能成为一张面向世界的“金名片”。

3.2 打造全国性的印石文化展示平台

印石文化产业的发展立足当地，更要面向全国。特别是在北京、上海这样一些文化、经济发达的省市，要充分利用展会经济这个平台，弘扬印石文化，不断提升四大印石的知名度。目前，国内成熟的展览中，北京·中国国际珠宝展和上海国际珠宝首饰展览会就是很好的宣传平台。特别

是北京·中国国际珠宝展，其鲜明的珠宝玉石文化特色在同类的展会中独树一帜，印石文化宣传完全可以参与其中，借力使力，展示其独特的魅力和收藏价值，吸引媒体和观者的目光。利用展会这样的综合平台，推广印石文化，是在当前形势下，最经济最有效的一种途径。

3.3 创立中国印石技艺评比专业奖项

中宝协印石专业委员会是在中国珠宝玉石首饰行业协会领导下的分支机构，旨在弘扬和推动中国印石文化产业的发展，目前发挥的作用十分有限。建议中宝协印石专业委员会很好地借鉴中宝协玉石分会的经验，充分利用北京·中国国际珠宝展和上海国际珠宝首饰展览会等平台，组织类似“中国印石精品鉴赏会”和“中国印石作品‘神艺奖’”等展评活动。打造一个印石展评与宣传推广的品牌。首个专业的印石作品评比活动，可以“弘扬印石文化、品鉴高雅艺术”为主题，采用“协会引导、企业支持、专业评审、公众参与”原则，汇聚国内一流的印石雕刻作品，通过评比，推陈出新，挖掘出优秀的篆刻人才和印石精品佳作，大力宣传和推广“中国印石”文化的独特魅力。将“神艺奖”努力打造成印石产业最具影响力的高端奖项，把更多更好的印石作品展现给广大印石爱好者和收藏家。

3.4 全方位促进印石文化的传播

印石文化不仅是一种精神财富，还是物质财富。中国是一个石文化的大国，和玉文化一样，印石文化是其中重要的一部分。推广印石文化，是要让更多的人了解印石文化的渊源，欣赏其独特的魅力。中国人一向注重自己的名字，如果每个人都能拥有一方自己的印章，从中了解和接近印石文化艺术，那将是对印石文化一种巨大的推动。这需要当地政府、行业协会、文化传播机构及业内外媒体的共同努力。同时，在全国知名的博物馆如首都博物馆中，增设专门的印石馆，这既是对外展示印石文化的窗口，也是一个提供科普知识，提升印石文化传播渠道的重要手段。

弘扬中华印石文化，是一项传承中华文明，造福子孙后代的伟大工程。相信，在当地政府、行业协会、印石从业者的共同努力下，四大印石文化产业一定能开创出一个新的篇章。

一、人工宝石产业现状与前景

于春敏

新中国成立以来，我国的人工宝石产业得到了极大的发展，尤其是改革开放30年来，随着中国特色社会主义经济建设、政治建设、文化建设、社会建设的加快推进，人民生活水平不断提高。珠宝首饰市场为满足人们的需要，不断地进行开拓和发展，作为珠宝玉石首饰行业的重要组成部分，人工宝石产业也伴随着出现了蓬勃发展的喜人景象。

1. 我国人工宝石产量位居世界前列

自1958年从苏联引进焰熔法合成红宝石技术开始，我国人工宝石的生产至今已50多年了。半个世纪以来，我国的人工宝石产业得到了飞速发展，人工宝石产量突飞猛进，很多已经达到世界第一。据最新不完全统计，属于合成宝石类的人工宝石，如合成立方氧化锆生产能力达1.2万吨，可完全满足市场需要；合成水晶年产量约1760吨；焰熔法合成红宝石和蓝宝石年产量271吨以上；人工合成工业级金刚石年产量40亿克拉，这些合成宝石的产量毫无疑问是世界第一。属于人造宝石类的人工宝石中，玻璃质仿金星石、人工合成的夜光玉、玻璃质仿猫眼、加稀土元素改造的高折射率玻璃质宝石（俗称稀土玻璃）等都是我国科技工作者发明或创新改造的，产量也居世界第一。就以上所举事实证明，我国人工宝石的产量已位居世界前列。

2. 我国主要人工宝石原料生产地概况

我国合成立方氧化锆、合成红宝石和蓝宝石、合成水晶、合成祖母绿、合成工业级金刚石、稀土玻璃等宝石原料的生产地情况大体如下：

（1）合成立方氧化锆

合成立方氧化锆晶体生产企业主要集中在广西、四川、福建、浙江、湖南、湖北等省；2009年10月不完全统计共有16个企业拥有200台高频炉进行生产，每台高频炉一次产量400千克，按每月产量5吨计，全年生产能力1.2万吨，但目前市场需求约3600吨，大多数企业是按订单安排生产的。最大的企业拥有37台高频炉，年生产能力达2220吨。目前有的企业试装了

图1－4－1　合成立方氧化锆晶体

每炉生产600千克的高频炉，单个晶体最大达到5千克，这是非常可喜的。合成立方氧化锆的粉末原料生产地主要集中在浙江、广东和福建。

（2）焰熔法合成红宝石、蓝宝石的生产企业分布在浙江省衢州市和萧山市、福建省屏南县、山东省烟台市、江苏省苏州市、陕西省西安市及汉中市、安徽省合肥市、贵州省镇宁县、四川省长寿市、重庆市、湖南省黔阳县等地。以生产红宝石和无色蓝宝石（主要用于永不磨损表蒙子）为主，2009年不完全统计，现有生产企业10家，年产量在271吨以上。 焰熔法生产尖晶石基地在浙江省衢州市。

（3）水热法合成祖母绿和红、蓝宝石是20世纪90年代在广西宝石研究所研究成功的，高峰期年产量约7000克拉。目前转产高科技工业晶体，但若有订单可随时恢复生产宝石晶体。

（4）合成水晶在无线电工业中用量很大，出口量也很大，加上水晶合成生产工艺成熟，故生产企业分布范围较广，很多省市都有生产，但最大的企业在浙江省椒江市。

图1－4－2 焰熔法合成尖晶石晶体

图1－4－3 水热法生长的红色系列刚玉宝石晶体

图1－4－4 水热法生长水晶出釜

图1－4－5　玻璃纤维块研磨后的猫眼制品

（5）合成金刚石在我国目前以工业用的小颗粒为主，但我国已经开展了化学气相沉淀法(CVD)合成金刚石的研究，国外用此法已能合成10克拉重的钻石，吉林大学用高温超高压法合成宝石级金刚石已达边长7毫米。我国高温超高压法合成工业级金刚石的生产企业约5000家，分布在全国各地。其中有约450家企业生产单颗粒工业级金刚石，这些企业生产能力强、产量大。最新资料表明，全世界现在每年生产工业级金刚石50亿克拉，其中有40亿克拉产自中国，占世界总产量的80%。但从单产和质量来看，我们与美国、俄罗斯等国家相比还有一定差距。

（6）玻璃质仿猫眼宝石由中科院上海硅酸盐研究所开发，技术转让后，原料和半成品生产基地主要在江苏省靖江市，成品加工基地主要在福建省莆田县。年产量在1200吨以上。

（7）稀土玻璃是我国特有的种类，生产基地在上海，稀土玻璃色彩鲜艳，可以仿多种宝石颜色。

（8）玻璃仿金星石生产地原来在北京，最高年产量600吨，现拆迁到河北省。该技术已外传，全国很多地方都有，但规模都较小，质量不如原北京生产的好。

（9）有夜光效果的“庆隆夜光玉”生产在北京，年产量约16吨。

（10）用于仿宝石的铅玻璃生产地在上海和四川成都，普通玻璃生产全国各地都有，产量非常大。仅浙江浦江县一地，生产厂老板认为，每天有300吨各种玻璃原材料进入浦江，每天也有200吨以上加工好的成品运出浦江，其中建筑和装饰用玻璃产品较多。

其他一些人工宝石如提拉法生长宝石，导模法生长宝石等产量较小，不一一介绍了。

3．我国的人工宝石加工业

从人工宝石原料到人工宝石首饰或饰品，必须有一个加工环节。我国人工宝石切磨加工地主要在广西梧州，在2009年梧州第六届国际宝石节上，政府宣布有12万人从事人工宝石的切磨加工、镶嵌和营销，每年切磨136亿粒合成立方氧化锆为主的人工宝石；除此以外，四川雅安、重庆万州等地成了人工宝石新兴生产加工区，每地都有几百台宝石切磨加工设备。这些基地的形成在很大程度上解决了部分三峡移民和剩余劳动力的问题，社会效益和经济效益将逐渐显现出来。

一般来说，生产合成宝石晶体的工厂都有切磨加工车间，规模较大的有几百台宝石切、磨机。另外，全国各地有几百台宝石切、磨机的单位也有不少。

在宝石切、磨机的更新换代方面，梧州人做得比较好，已经获得了好几个实用新型专利，目前半自动宝石切磨机已经在梧州逐步推广，据介绍此种半自动宝石切磨机一个人可以操作3台，每人每天出成品3000粒，最多可出6000粒，大大提高了生产率。

对于玻璃原料的加工，一般以圆粒为主，切、磨机一次切六粒以上的设备几年前就被应用，一次抛光10公斤的振动抛光机也被大量使用；有消息称浙江义乌的农民企业家从奥地利及捷克进口了两套玻璃仿宝石全自动加工设备，每小时能生产40万粒水钻，若生产线投产，将大大增加我国水钻类仿宝石的生产数量。

将人工宝石加工成首饰或各种类型的饰品，才能最终成为终端产品，这也是人工宝石应用最广的一个方面，全国有30万人从事饰品的加工与营销，反映了人工宝石产业的兴旺。人工宝石的深加工企业主要集中在浙江义乌，广西梧州也逐渐引入了深加工企业。

用人工宝石原料进行雕琢，使其成为非常特殊、非常漂亮的艺术品是近几年才发生的事，原北京玉器总厂人物车间主任，工艺美术师王金兰大胆尝试，创造出了精美的人工宝石玉雕工艺品，人见人爱。2009年参加“天工奖”评比活动，获得最佳工艺奖。

4. 我国的人工宝石贸易集散地

我国人工宝石的品种和产量不断扩大，市场也在不断扩大，人工宝石原料、半成品、首饰以及以人工宝石为主要原料的流行饰品等慢慢形成了集散地，出现了较为明显的产业集群效应，形成了几大特色基地。

4.1 人工宝石特色产业基地——广西梧州

自1982年港商崔福明在梧州市以校办厂的形式开设第一间宝石加工厂起，梧州市在廉价劳动力、良好的投资环境和水、电价低的优势下，迅速开展了人工宝石来料加工业务。随着世界经济的日益繁荣，人工宝石的需求量增多，梧州市人工宝石市场也在发生变化，商户将自己的订单外包给宝石加工农户（家庭作坊），部分农户逐步发展成为小型加工厂。

至今，梧州人工宝石产业的从业人员达到十几万人，解决了梧州扶贫和剩余劳动力的大问题。在梧州市委、市政府的大力支持下，目前人工宝石产业已发展成为梧州市的名片产业，梧州

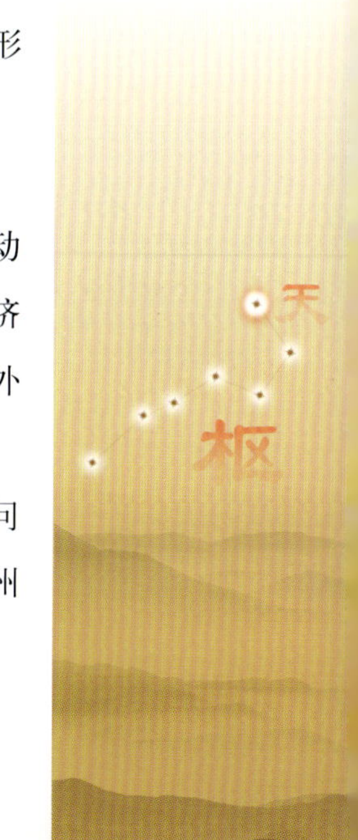

市也逐步发展成为中国乃至世界的人工宝石加工及贸易集散地。

梧州年加工宝石约136亿粒，主要产品为合成立方氧化锆和焰熔法合成红宝石，加工量约占中国的80%，世界的70%左右。随着梧州市人工宝石加工市场的迅速发展，作为产业链的一个重要环节——贸易在梧州出现了，而且规模不断扩大，为了解决有市无场的局面，市政府相继引资建设了梧州宝石城和宝石大厦，完成了梧州人工宝石产业从分散型到集约型的转变。梧州不仅聚集了国内的采购商，包括广西、广东、四川、云南、湖南、湖北、山东、浙江、福建等省区的采购商；同时也吸引了大量来自印度、墨西哥、俄罗斯、韩国、泰国、意大利、美国等国的海外采购商，其中泰国等东盟国家是梧州人工宝石贸易的主要伙伴，梧州市已有400多家宝石企业与泰国等东盟国家的珠宝市场建立了固定联系。自2004年起中国珠宝玉石首饰行业协会和梧州市政府共同主办了六届梧州国际宝石节，使梧州的名声大振。2007年，梧州市被授予人工宝石特色产业基地荣誉称号。

4.2 世界小商品之都——浙江义乌

坐落于浙江省义乌市的中国小商品城创建于1982年，现拥有营业面积400余万平方米，由国际商贸城、篁圆市场、宾王市场三个市场簇群组成。以人工宝石为主要原料的饰品行业位于国际商贸城一区，经营面积8.5万平方米，在二层和三层，集中有约4000户经营人工宝石产品及其饰品企业。此地的人工宝石产品以人造宝石类的玻璃仿宝石制品为主，其中玻璃仿钻石（俗称水钻）的交易量很大。少部分为合成立方氧化锆、合成红宝石、低档半宝石和塑料制品。

4.3 北方人工宝石交易基地——青岛

青岛比邻韩国、日本，从20世纪80年代中期起，韩国珠宝企业特别是饰品企业逐渐在青岛落户，并设立加工厂，逐步形成了产业集聚区。据报道，青岛市批发市场主要集中在青岛市中山路附近的即墨小商品批发市场，而专业零售则主要分布在威海路商业步行街上。经调查，青岛共有珠宝饰品企业、经营户9265家，其中生产企业1900家。韩国生产企业占其中的70%，约1300余家。珠宝饰品生产企业主要集中在青岛市黄岛开发区和青岛市城阳区。其中青岛市城阳区是饰品企业的主要集中地区。

人工宝石作为饰品重要的原材料之一随之落户青岛，青岛市作为我国北方人工宝石销售基地的位置逐渐凸显出来。

5. 2008年与2009年人工宝石市场情况

我国人工宝石产品最终消费市场多集中在东南亚和欧美国家，2008年金融危机的到来，给我国人工宝石产业带来了巨大的冲击。从2008年下半年开始，对以出口为主的人工宝石企业的影响逐渐体现出来，最明显的就是出口订单大幅减少。一些难以承受压力的经营者低价卖货，有的甚至转行发展其他行业。最困难的时期应该是2008年底、2009年初，人工宝石的交易量仅为2007年底的50%，本该是一派繁荣景象的市场显得萧条、冷清了很多。以广西梧州为例，经营人工宝石的商户大量退商店，原来“客满”的宝石城出现了大量“空房”，原来常驻梧州采购的国外办事机构由20多家撤至不足10家。由于产品的利润空间很小，价格变化不大，只是产销量明显下降。例如，据笔者调研，合成立方氧化锆晶体价格和刻面宝石价格变化不明显，但2009年产销量只有2008年的60% 左右，大部分晶体厂已经停工，都在集中销售库存，尽量降低经营风险，按目前的市场需求量，大部分工厂要到2010年4月份开机。金融危机对整个行业的影响还是比较明显的。

表1－4－1　A+B级合成立方氧化锆晶体价格对照表

颜色 / 单价（元/kg）	白色	金黄	紫红	橄榄	香槟	苹果绿
2006年11月	110	120	120	120	150	230
2007年11月	120	110	110	110	130	230
2008年11月	110	100	100	100	130	200
2009年11月	98	95	95	90	120	200

表1－4－2　AAA级白色合成立方氧化锆刻面宝石价格对照表

直径（mm） / 单价（元/粒）	1.0	1.5	2.0	3.0	5.0	6.0
2006年11月	0.12	0.12	0.14	0.22	0.40	0.80
2007年11月	0.12	0.12	0.14	0.21	0.40	0.80
2008年11月	0.10	0.11	0.12	0.20	0.35	0.72
2009年11月	0.10	0.10	0.12	0.20	0.32	0.70

随着经济危机影响逐渐平稳，人工宝石产业也慢慢复苏，到2009年10月，情况有了明显好转，宝石城的店面重新“客满”，外国驻梧州机构回升到17家以上。2009年11月份，人工宝石的交易量比上半年有明显的好转，宝石城店面前的小黑板上又见“急需××宝石”、“现金求购××宝石”等好的消息。

6．看准前进方向更上一层楼

6.1 努力改进及提高人工宝石的加工、切磨技术和设备

人工宝石产业属于劳动密集型产业，我国人工宝石产业要想站稳加工、切磨领先位置，必须

逐渐脱离以廉价劳动力为基础的手工加工模式，尽快整合现有技术人员和资本资源，加快半机械化、机械化转变进程，提高产品在国际市场上的竞争力。

6.2 加强品牌建设，提高产品竞争力

我国人工宝石产业有实力的品牌公司很少，整体的管理水平比较低，无序竞争现象明显，虽然我国是世界人工宝石大国，但我国的话语权还远远不够。面对机遇与挑战并存的时代，中国企业走创新型道路、实施品牌战略、提升企业国际竞争力已经成为发展的必然。

6.3 重视可持续发展问题

我国人工宝石产业可持续发展是一个不容忽略的问题。人工宝石企业要想可持续发展，两个问题不容忽视。一是创新问题：企业发展到一定规模后需投入大量的资金和人力，提高企业自主研发、创新能力，不断推陈出新，不满足于仅仅适应市场的需求，还要引领市场的发展，只有这样才能够做到真正意义上的可持续发展。二是要注重环保问题。与人工宝石行业密切相关的环保问题是重金属污染，所涉及的主要重金属污染源是铅。铅可以通过皮肤接触和口腔、呼吸道进入人体，进入人体后的铅可与多种器官亲和，对神经、血管、消化道、心脑血管等多个系统造成损害。另外，因为铅的价格不是很高，所以对废弃含铅玻璃的回收工作还没有开展起来，废弃的含铅玻璃对环境将造成不可逆的影响，应该引起我们足够的关注。

7. 发展前景看好

人类历史发展的长河中，经济危机只是某一阶段出现的短暂行为，但人工宝石作为点缀人们生活中的元素会伴随着人类历史的发展而发展。同时，随着社会的进步，人类对人工宝石的需求将出现多元化的趋势，市场前景非常广阔。

随着经济的复苏，国际、国内市场的旺盛需求都会慢慢回升。人们会因为不同环境、不同服饰等选择自己喜欢的装饰饰品，如果按全世界平均每人选择一件饰品来算，对人工宝石的需求也是一个相当可观的数据。另外，人工宝石还是时尚服装重要的原料之一，比如大家熟知的舞蹈服装、民族服饰等对人工宝石的需求量也相当大。同时，工艺、建筑和工业用人工宝石的前景也很广阔。比如合成尖晶石可以作为LED的光源材料，提拉法合成的无色刚玉可以作为导弹视窗材料和LED光源材料，而目前我国的LED用基片基本上还是靠进口，缺口很大。

客观地说，人工宝石产业发展前景很好。

二、逆势而上的流行饰品产业

王　芳

我国流行饰品行业始于改革开放初期，随着国内经济的不断发展和国民收入的高速增长，我国流行饰品行业发展蒸蒸日上，现已成为我国珠宝首饰行业的重要组成部分。物美价廉、款式新颖、材质多变是流行饰品迅速传播和盛行的关键，同时，随着人们珠宝首饰观念从单纯强调保值性向注重装饰性的逐渐转变，流行饰品行业的发展前景将越来越广阔。

1. 我国流行饰品行业的发展及现状

我国流行饰品行业发展始于20世纪80年代末。最初由港台商人引入我国广东。当时，我国正处于改革开放之初，从商品极度匮乏向相对富裕的初级阶段转变，广东的港商、台商利用这一天时、地利、人和的有利时机，将自行研发、生产及销往国外的饰品产品推广到大陆市场。发展到90年代初，广州等地已经涌现出“伊泰莲娜”、“威妮华”、“怡美”等具有代表性的饰品企业，形成了包含饰品行业原材料供应、生产、销售、研发完整产业链的产业基地,产品多数销往欧美等发达国家。同时，由于发展初期流行饰品行业成本低、利润高的特点，90年代中期一些有识之士将流行饰品生产、研发技术带到了浙江义乌，契合着当地政府“国际小商品之都”的定位，流行饰品行业在这里生根发芽、开花结果，在成就了日后我国流行饰品行业最重要的产业基地的同时，也使流行饰品行业成为当地的支柱产业。时间走到2000年，几乎在义乌流行饰品行业迎来飞速发展的同时，我国的另一个流行饰品基地——青岛也在悄然发展。众多韩资饰品企业带来了精湛的工艺设计、精良的产品款式，为青岛在我国流行饰品业争得了一席之地……

经过20多年的发展，当年的小行当如今已发展成为一个新兴行业——流行饰品行业，成为我国珠宝首饰产业的一个重要分支，并形成了以广州、义乌、青岛三足鼎立的产业集群。据各地工商部门提供的数据，目前我国拥有流行饰品生产及配套企业约8000家，从业人员约60万，年产值近120亿元人民币，出口占50%左右。据海关总署统计，2005～2007年，我国流行饰品出口额分别为6.11亿、7.22亿、8.55亿美元。近几年，流行饰品行业发展一直可圈可点，从表1－4－3可以清楚地看到2004～2007年我国流行饰品出口呈现稳步快速增长的态势，受金融危机影响，2008年流行饰品行业出口增速有所放缓，但仍高于我国珠宝产业出口的平均增速3.94%，在我国珠宝产品出口中所占的比重也越来越高，现已跃居第四位。中国海关最新数据显示，2009年1～6月我国绝大部分珠宝类别的出口与去年同期相比均出现了不同程度的下降，流行饰品成为其中的唯一亮点，是唯一保持正增长的大类别产品，金额增长率达9.2%。

表1－4－3　2004～2008年中国流行饰品出口额　　（单位：千美元）

项目	2004年	2005年	2006年	2007年	2008年
仿首饰	394,000	611,000	721,604	855,125	897,393
增长率	/	55.08%	18.10%	18.50%	4.94%

广州、义乌、青岛三地作为我国流行饰品行业最重要的三块阵地，各有特点。广州是最早发展起来的，历史悠久，继承了港台企业的传统特点，企业规模较大，管理规范、产品质量过硬，以OEM为主，主要产品销往欧美市场，现有饰品企业近2000家，约占国内流行饰品市场30%份额；义乌作为“世界小商品之都”，地缘优势得天独厚，国外采购商云集，主要销往中东、非洲等发展中国家，产品多为中低档饰品，价格较低廉，现有饰品企业3000多家，从业人员约20万人，产销量占国内市场的50%左右；青岛作为我国流行饰品行业的后起之秀，凭借韩国饰品企业的精湛工艺和精致设计，实力不可小觑，现有各类饰品企业近1000家，产品以高档饰品为主，销往欧美等发达国家，占据国内市场约20%份额。

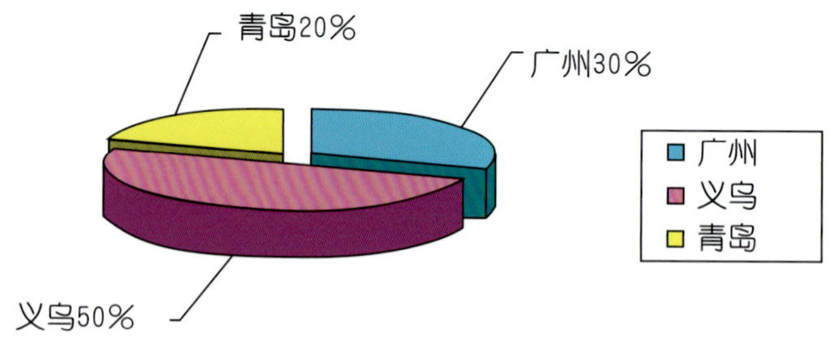

图1－4－6　各流行饰品基地所占市场份额饼状图

2. 我国流行饰品行业面临的主要问题

2008年下半年，在全球金融危机洗礼下，我国流行饰品行业作为珠宝产业唯一亮点，虽然保持了良好的增长势头，但仍旧不能独善其身，行业发展面临的一些问题逐渐凸显出来。

2.1 外贸依赖度过高

21世纪初我国加入WTO，这给我国流行饰品行业带来了难得的发展机遇。大量国外公司以OEM方式在我国采购流行饰品，三大基地的饰品产品曾一度70%远销海外，占到国际市场份额的50%以上，使我国成为世界流行饰品生产基地。

2008年的金融危机，带给我国流行饰品行业当头一棒，长期的外向型发展方式，使得我国流行饰品行业绝大多数企业品牌意识匮乏，自有销售渠道薄弱，对国际市场依赖度过高，当国外订单减少时，大批中小企业则纷纷倒闭。以义乌为例，从2008年下半年开始外贸订单出现明显下滑，2008全年饰品订单总体减少30%左右，其中美国市场减少50%左右，欧洲市场减少30%左右。

同时，外贸依赖度高也使我国企业在对外贸易中产生的摩擦很多，如绿色壁垒、技术壁垒等。

2.2 工艺技术水平参差不齐

在华韩国流行饰品企业工艺上乘，中国港台企业紧随其后，而很多本土流行饰品企业工艺水平不高。当发达国家订单紧缩、产品要求提高时，本土饰品企业受冲击最严重。

2.3 内销市场拓展力度不够

外销受阻后，大量流行饰品企业才发现内销市场的开拓几乎为零。建有内销渠道、销售网络的流行饰品企业凤毛麟角，在国内市场叫得响的本土流行饰品品牌寥寥无几。

2.4 劳动力成本提高

流行饰品行业为劳动密集型行业，生产基地的突出特点是成本低，生产能力强。2007年6月颁布、2008年1月实施的新劳动法，使企业的人工成本增加。近年来，国家出台的一系列惠农利农政策，也加大了企业的招工难度。

同时，国外的采购商还在不停地压低采购价格，使国内的饰品生产企业在微利或几乎无利的价格战中厮杀，无论胜负都已惨败。

2.5 许多外资饰品企业只是将中国作为加工厂，把附加值最低、最破坏环境、最消耗资源、需要降低劳动者成本的制造环节放到了中国，而产品设计、原料采购、订单处理等核心部门仍留在本土或牢牢掌握在本国人手中。这种现象是非常可怕的，因为饰品加工业的特性基本上是逐水草而居，哪里加工费用便宜就往哪里移动。历史上加工业一路从美国、日本、中国台湾，最后移到中国内地。但是他们迟早还是要移到更便宜的地方，如越南、印度等地区寻求更便宜的生产基地。向上游发展，提高设计工艺水平和市场开发能力，才是王道。

3. 我国流行饰品行业发展新举措

金融危机也给我国流行饰品行业提供了一个反思的机会，协会组织和广大企业也都纷纷出台了一系列新举措。

3.1 从政策层面为企业争取最大权益

中国珠宝玉石首饰行业协会深入我国三大流行饰品基地调研，在掌握企业实际情况的前提下，向财政部、商务部和国家税务总局呈送了《关于请求调整流行饰品（仿首饰）出口退税政策的建议》（中宝协［2008］59号）。在协会的积极努力下，2009年4月，我国流行饰品行业的出口退税率由5%调整到9%，具体商品代码见表1−4−4。这次政策的调整，正值金融危机之时，对外贸依赖度较高的流行饰品行业是一大利好，为企业拓展海外业务带来了实实在在的好处，同时，更为经历着瓶颈期的我国流行饰品人增加了信心。

表1－4－4 流行饰品出口退税调整商品代码

商品代码	商品名称	提高到
7117110000	贱金属制袖口、饰扣（不论是否镀贵金属）	9%
7117190000	其他贱金属制仿首饰	9%
7117900000	未列名材料制仿首饰	9%

3.2 以义乌为代表的产业基地走向转型升级之路

流行饰品行业被浙江省列入全省的21个产业集群转型升级示范区。浙江省饰品行业协会积极组织专家学者和饰品行业的企业家们，为义乌饰品行业的未来发展出谋划策，最终提出了“产业转型、模式创新、龙头带动、整体提升、集团支撑、突破发展”的24字指导思想。同时，义乌市政府对义乌饰品行业的转型升级非常重视，成立了由市经贸委和浙江饰品行业协会组成的研究小组，深入研讨组建“中国饰品产业集团”的具体问题，提出了建立集团研发中心，使用统一品牌，建立国内国际营销网络等，将义乌已有的饰品企业进行整合，打出义乌制造的地域品牌。

3.3 品牌建设普遍加强，广东一批优秀饰品品牌在金融风暴中傲然挺立

在金融风暴中，珠江三角洲几乎成了“暴风眼”“重灾区”，一大批中小饰品企业倒闭。然而，一些品牌企业却显示了强大的抗风险能力。如威妮华、伊泰莲娜、妙佩、均兴等，依然屹立不倒，而且内外销市场还取得了不俗的业绩。

3.4 在设计、工艺上下工夫

金融危机的影响，让饰品企业明白价格已经到了降无可降的地步，只有过硬的产品才是企业的“护身符”。在此之前，很多国内企业没有设计研发部，或者设计研发部门只是“拷贝”、“临摹”别人的产品，将我国的仿造技术发挥得淋漓尽致，因为是仿冒，就只能赚正版五分之一、十分之一甚至更少的钱。痛定思痛，我国流行饰品企业将设计研发、新工艺技术创新作为重点，加大产品研发上的投入，如今已结出了累累硕果：新光集团研发出环保型金属饰品高塑性锌基合金材料，每件可降低生产成本0.3元；兴美公司与科研院所合作研制出“铜铁合金”；环艺公司发明了水钻点数机，大大提高了企业的生产效率。

3.5 重视内销市场，品牌意识逐步形成

外销的举步维艰，让很多流行饰品企业下决心做内销。从坐等订单、照单生产到逐步学习摸索，参加国内的珠宝展、工艺品展到开始在部分城市设立销售点，很多外向型流行饰品企业正一点一滴地学习。我们已经看到，一些企业的品牌意识已初见雏形，为各地的加盟商提供统一的产品包装、店面设计方案、员工培训等。虽然路还很长，但确是必经之路。

4. 流行饰品行业未来的机遇

随着人民生活水平的不断提高，我国流行饰品行业的未来充满机遇。

4.1 内销市场潜力巨大

世界四大时尚之都以及东京、中国香港等城市的流行饰品年贸易总量超过1000亿美元，我国女性流行饰品拥有率不足5%，而东京68.2%、新加坡48%、香港54%、韩国68%、马来西亚47%、泰国68%。由此可知，未来我国市场对流行饰品的需求潜力巨大。

4.2 借助我国越来越强大的影响力，一批优秀的流行饰品企业正在走向世界

2008北京奥运会特许生产商名录里我们看到了伊泰莲娜（集团）有限公司的名字，2010上海世博会我们将看到新光集团、威妮华饰品有限公司以及更多的我国流行饰品企业的名字。借助中国的影响力，会有更多的企业真正地走向世界，不再是来样加工或OEM，而是中国创造。

4.3 拓展流行饰品范畴

未来流行饰品的含义更加广泛，不仅仅包含首饰范畴，而是将外延到一切装饰物。流行饰品行业也将与服装、鞋帽、箱包、电子、家居等各个行业交叉，衍生出丰富多彩的品种。

第二篇 珠宝产业基地

天璇

珠宝玉石首饰特色产业基地建设之路

张蕴韬

中国珠宝玉石首饰特色产业基地的发展，或基于当地历史文化的积淀，或凭借当地宝玉石资源的开发和利用，或是最初几位珠宝企业人士的先行与开拓，逐步发展壮大。而真正快速的发展则直接得益于我国改革开放的政策，得益于当地政府的大力支持，得益于我国经济的快速发展。

2005年，迅速发展起来的珠宝产业集聚地正面临着“集群的产业没有集群的效应”的境地，突出表现为：宝玉石资源开发规范性不强，综合利用水平不高；珠宝首饰加工技术水平落后，产品附加值较低；当地政府珠宝产业发展规划滞后，区域性品牌的影响力较弱。为了贯彻落实党的十六大精神，坚持科学发展观和实现区域经济协调发展，促进地区经济结构调整和产业优化，有效推动珠宝特色产业基地的建设和发展，中国珠宝玉石首饰行业协会、国土资源部珠宝玉石首饰管理中心发起并开展了“中国珠宝玉石首饰特色产业基地”认定和培育工作。

2006年10月由国家发改委、科技部和国土资源部共同主办的“中国珠宝玉石首饰特色产业基地市长论坛”在北京隆重举行。与会的各珠宝玉石首饰特色产业集聚区政府领导汇聚一堂，共同探讨中国珠宝特色产业基地建设和发展的对策与未来。此次会议的召开，正式拉开了我国珠宝特色产业基地建设的序幕，搭建了珠宝特色产业基地间相互交流与合作的平台，开启了政府强力主导珠宝特色产业基地建设的新局面。

截至2009年底，中国珠宝玉石首饰行业协会、国土资源部珠宝玉石首饰管理中心按照“中国珠宝玉石首饰特色产业基地评审办法”，先后授予了深圳罗湖等20个“中国珠宝玉石首饰特色产业基地”。这些珠宝特色产业基地的共同特点是：①珠宝玉石首饰及相关产业被列入当地政府重点规划之中，享有产业发展的政策优惠；②该地珠宝玉石首饰及相关产业具有一定的影响力和较高的知名度；

③珠宝玉石首饰及相关产业是当地支柱性产业之一，经济效益明显；④从业人员占当地劳动人口比例较大，有效促进劳动就业。一个个不断发展的珠宝特色产业基地正在成为当地居民致富的主要途径，正在成为当地招商引资的重要领域，正在成为当地特色产业的一张闪亮名片。

表2－1－1　2009年中国珠宝玉石首饰特色产业基地产值、人员统计表

基　地	产值（亿元/年）	从业人员（万人）	基　地	产值（亿元/年）	从业人员（万人）
辽宁阜新	6.5	6	河南镇平	50	20
辽宁岫岩	25	10	浙江青田	5	3
江苏东海	52	10	福建莆田	60	12
苏州相城	13	2	山东昌乐	200	4
广东四会	21	10	青岛城阳	100	10
广东平洲	10	0.8	广西梧州	21	12
广州花都	10.2	2	云南瑞丽	30	3.5
深圳罗湖	800	8	云南腾冲	14	2
广州番禺	400	14	福州晋安	10	5
内蒙古赤峰	10	2	浙江诸暨	65	15

（数据来源：各珠宝特色产业基地）

我国珠宝特色产业基地经过多年发展，在当地政府部门的大力扶持下，在有关行业组织的推动下，在相关企业的努力下，取得了丰硕的成果。总体上，各珠宝特色产业基地的综合竞争实力有了较大提高，区域品牌的知名度和美誉度有了较大提升。但是，我国珠宝特色产业基地建设还存在着不少问题，还有很多的工作需要去做。在区域经济一体化发展的今天，珠宝特色产业基地要实现可持续发展，需要有关政府部门、行业组织及珠宝企业共同面对并积极应对产业升级的严峻挑战，而政府的作为是最为重要的。

1. 合理规划产业发展

珠宝产业集聚区的形成和产业基地的建设与当地政府部门的支持是密不可分的。改革开放初期，一些地方宽松的政策环境，为中小企业或业户的生存和集聚提供了良好机遇。政府优惠的扶持政策在很大程度上可以吸引相关企业的集聚，而通过扶持产业园区项目的建设促进产业集群是一个的重要途径。珠宝产业集聚到一定规模以后，当地政府部门的引导和扶持就显得更为重要。适时出台良好的产业政策和组织实施有效的培育措施，就成为珠宝产业可持续发展的保障。

对于珠宝特色产业基地来说，大多都非常重视珠宝产业园区或大型商贸中心的建设。这是珠宝产业集聚发展的客观需求，也是当地政府为寻求珠宝产业升级的重要举措。但是，建多大规模的产业园区或商贸中心，要什么样的标准，有哪些特色优势，需怎样的配套设施，则需要用科学的发展观加以指导。可喜的是，深圳罗湖等众多珠宝特色产业基地都先后制定了科学的发展规划，有目标也有措施，对当地珠宝产业发展和全国珠宝产业发展都有很好的推动和示范作用。

随着全球经济一体化的发展，企业以及珠宝产业基地的竞争，也将会逐渐由产量竞争、质量竞争、服务竞争、品牌竞争向产业链竞争发展。把珠宝特色产业基地做强作大，就必须关注和推动产业链的整合。产业链的整合既符合企业利益，也符合基地建设的需求。产业链整合上的运作是政府推动产业基地建设的有效手段，产业链整合上的推动也是行业组织的工作职责，产业链整合上的践行更是龙头企业所应该承担的义务。产业链整合中政府、社团、媒体、企业、投资机构都将会各有所需，也就应该各尽所能。

2. 积极构建服务平台

积极构建产业可持续发展的平台，是珠宝特色产业基地建设的一项重要内容。产业集聚最直接的特征就是拥有一定数量的企业，龙头企业、中小企业以及家庭作坊相互依存，并都有着自身的定位和发展的方向。一个逐渐完善的服务平台是这些企业的共同需求。技术创新平台、产品研发平台、质量认证平台、金融服务平台、人才交流平台、商贸信息平台、品牌推广平台等市场经济要素体系的建立，即使是实力很雄厚的企业，也是难以建成的。珠宝产业基地公共服务性平台的建设，需要政府政策引导和资金上的扶持。

深圳市政府积极整合现有的公共服务资源，在集聚地建立一个建设规模为1.3万多平方米的综合性公共服务平台，总投资额1亿多元。这一公共服务平台不仅包括设计研发、检验检测、人才培训、网络信息等功能，还将以低租或免租提供办公用地等优惠措施来吸引国内、国际珠宝首饰行业知名机构在公共服务平台内设立总部或办事处，以扩大集聚地在国内以及国际上的影响力。这一重要举措，对推动深圳珠宝产业的升级无疑将发挥重大的作用。

珠宝特色产业基地公共服务性平台的构建，是产业可持续发展的基石，也是产业基地核心竞争力提高的重要体现。对于非宝玉石资源依赖型的珠宝产业基地来说，产业集聚和基地的建立依赖于当地政府的政策环境和扶持力度。简而言之，如果某个地方政府的政策环境更好，扶持的力度更大，企业就可能在发展的抉择中大规模迁至，逐渐形成新的集聚区。但是，政府扶持逐渐完善的服务性平台和产业集聚形成的文化积淀，是很难迁移的。换而言之，公共性服务平台的构建也是珠宝特色产业基地建设不可或缺的重要内容。

3. 努力打造区域品牌

对于一个产业集群来说，由于资源条件、产业传统、历史机遇等原因使某一产业最初在一个区域落户。随着相关企业集于一地的数量增多，逐步形成本区域专有的要素集聚和产业结构。其后，通过产业集群的自我强化效应，集群逐步成长壮大，区域产业整体竞争力随之提升，逐渐支撑起了一种有影响力的产业整体品牌，这就是区域品牌。因此，区域品牌是区域经济发展的产物，是伴随产业集群的发展而逐渐形成的，是产业集群发展的高级阶段。

区域品牌效应主要体现在提高产业集群的竞争力：一方面，提升集群的整体形象。随着区域品牌的发展，区域内的产品和服务的品牌形象价值可以得到相应的提升，区域内的所有企业都将从中受益，进而起到创造市场需求、树立消费者信心以及排斥竞争对手的作用；另一方面，获得持续的品牌效应。区域品牌是众多企业产品品牌精华的浓缩和提炼，与单个企业单个产品的品牌效应相比，一个地区的品牌效应更形象、更直接，影响力更大，具有更小的风险系数，更高的价值，更广泛、持续的品牌效应。因此，区域品牌对集群企业来说具有一种无形的品牌价值。

一个地方经济，特别是县域经济的发展，一般是无产业集群不富，无龙头企业不强，无名牌产品不响。一个响亮的区域品牌，不仅代表了产业集聚区中的产品具有较高的市场份额，而且产品在消费者中具有较高的美誉度和知名度。深圳珠宝、番禺珠宝、花都珠宝、诸暨珍珠、相城珍珠、阜新玛瑙、岫岩岫玉、镇平玉雕、东海水晶、梧州人工宝石、赤峰巴林石、晋安寿山石、青田青田石、昌乐蓝宝石、莆田工艺美术品、城阳流行饰品和四会、平洲、瑞丽、腾冲的翡翠等等，都是区域内企业品牌、产品品牌集体行为的综合体现。

近些年来，珠宝特色产业基地的政府部门一方面踏踏实实做好基地的建设，另一方面通过珠宝文化等节会扩大区域品牌的宣传。河南镇平、浙江诸暨、广西梧州、辽宁阜新、山东昌乐、苏州渭塘等产业基地政府连续多年坚持主办珠宝玉石文化节，有的基地还邀请中央电视台“欢乐中国行”、“同一首歌”等栏目组举办了丰富多彩的晚会。当地政府通过节会搭台、经济唱戏，很好地调动了当地企业和消费者的积极性，有效地推动了当地相关项目的招商引资工作，同时还扩大和提升了区域品牌的影响力。

区域品牌作为产业集群的重要无形资产，在产业集群发展与转型升级中均发挥着不可替代的重要作用。因此，作为产业集群发展主体的企业，以及推动产业集群发展的地方政府，都应积极探索区域品牌建设的战略思路与对策，以便更有效地发挥区域品牌在产业集群可持续发展中的积极效应。

中国珠宝玉石首饰特色产业基地
区位示意图

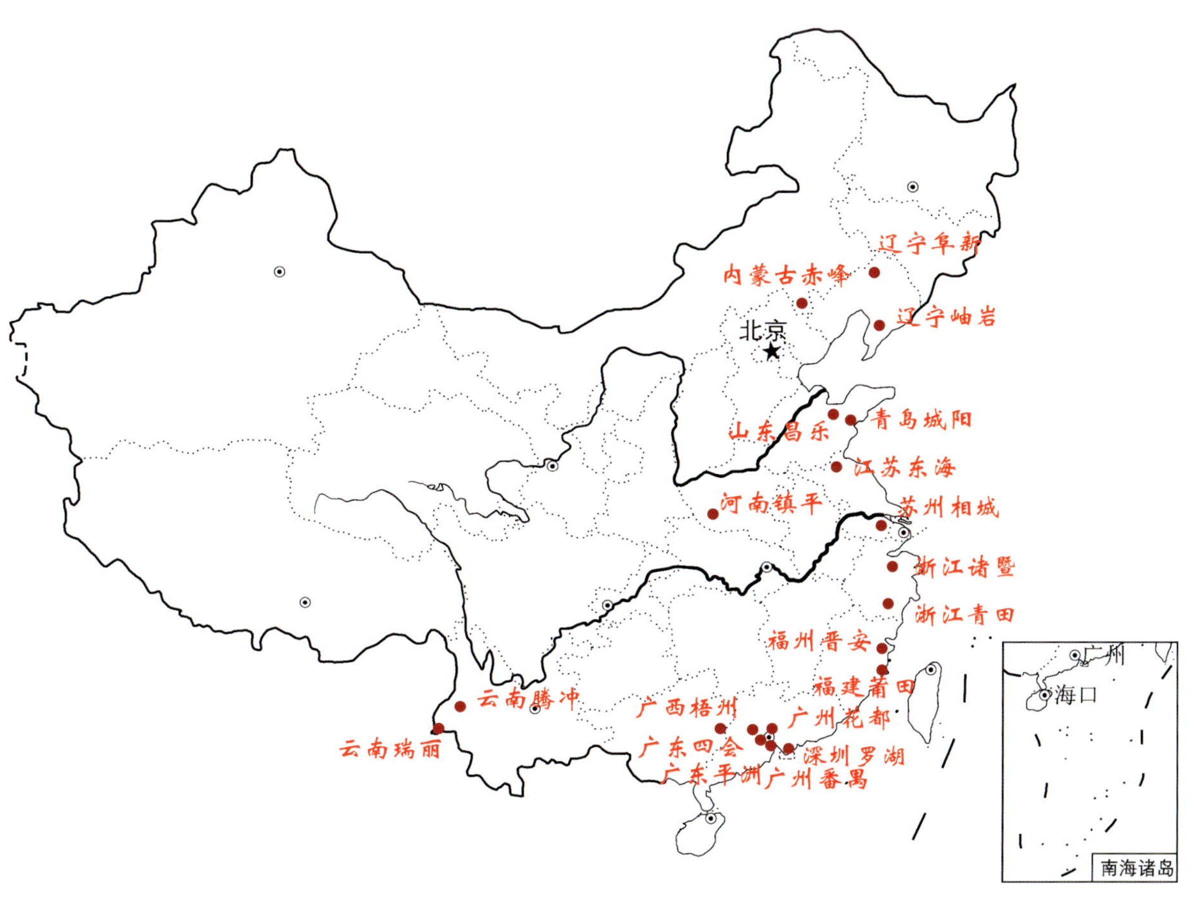

说明：本图底图引自地质出版社资料，审图号：GS（2007）946号

深圳珠宝加速品牌建设

深圳市黄金珠宝产业集聚基地（以下简称集聚地）于2004年8月成立，是深圳市九大产业集聚地之一，一期面积为56.63万平方米。2005年，集聚地被广东省经贸委授予“广东省黄金珠宝产业集群升级示范区”称号。2006年，集聚地被中国珠宝玉石首饰行业协会和国土资源部珠宝玉石首饰管理中心联合授予“中国珠宝玉石首饰特色产业基地”称号。

1. 集聚地2009年发展情况

1.1 加强环境改造，吸引知名企业入驻

为给珠宝企业营造良好的营商环境，深圳市委市政府积极进行集聚地环境改造。目前，聚集地环境改造一期工程大部分已完工。根据美国易道公司对集聚地所做的“水贝项链”概念规划，在集聚地核心区内建立一个“水贝项链街区”。黄金步道、水晶广场、翡翠里、洪湖公园的婚庆阁、庆典坡等主要景观已完工并投入使用。

珠宝产业集聚地不断改善营商环境，吸引了众多知名企业入驻。仅2009年就有中国黄金集团、沈阳萃华金银珠宝股份有限公司、大凡珠宝有限公司（TTF）、金叶珠宝公司等知名珠宝企业在此设立公司。由香港Aaron Shum（古珀行）集团公司兴建的“饰界·海外品牌珠宝中心”也正式营业。

1.2 加快区域品牌建设，拓展国内市场

“深圳珠宝”区域品牌有36家成员单位，其中有29家位于罗湖，另外7家企业中有6家在罗湖设有营销中心。为推广区域品牌，2009年9月深圳市委市政府在沈阳举办了“深圳珠宝”区域品牌推广活动，现场签约额达31亿元。

为开拓内地市场，扩大集聚地的影响力，市区两级政府积极组织珠宝企业参加国内综合性展会。如，第十五届中国兰州投资贸易洽谈会，深圳参展珠宝企业达27家，签约项目23个，签约额高达35.76亿元；第五届中国吉林·东北亚投资贸易博览会，参展企业与吉林省当地商家签约额多达28亿元。

1.3 加快公共服务平台建设，完善公共服务

为了促进集聚地珠宝产业的长期繁荣，深圳珠宝整合现有的公共服务资源，将在集聚地建立一个建设规模为1.3万平方米的综合性公共服务平台，总投资额为1亿多元。这一公共服务平台不仅包括设计研发、检验检测、人才培训、网络信息等功能，还将吸引国内、国际珠宝首饰行业知名机构在公共服务平台内设立总部或办事处，以扩大集聚地在国内以及国际上的影响力。此外，

还将引进世界知名珠宝企业在公共服务平台中设立产品展示中心，为中外珠宝界提供一个交流与合作的平台。

1.4 成功举办珠宝节，扩大深圳珠宝的影响力

2009深圳珠宝节于10月19日～11月2日成功举办。本届珠宝节主会场为水贝珠宝园，分会场有金光华广场、万象城、古玩城、水贝国际珠宝交易中心、金丽国际珠宝交易中心等十多个场所。

本届珠宝节有100多家企业共同参与，举行了珠宝品牌大联展、《深圳珠宝消费鉴赏全攻略》及优惠券大派送、“百花奖”精品展、珠宝“平价购”、珠宝新品抢“鲜”看等几十项活动。通过这些活动向市民及游客宣传深圳珠宝，扩大了深圳珠宝基地的影响力，并借珠宝节之际吸引来深游客参观、购买深圳珠宝，刺激珠宝消费市场，同时也为珠宝产业与其他产业互动搭建了良好平台，也促进了商贸业、酒店旅游业、文化产业、金融业、汽车及通信服务业等产业联动、优势互补。

2. 2010年工作计划

2.1 积极推动黄金珠宝产业公共服务平台建设，做好装修施工招投标工作，争取尽快完成装修工程。同时，做好公共服务平台招商引资工作，争取引进一些国内外知名行业机构、设计师工作室及检验检测机构，充分发挥公共服务平台服务企业的功能。

2.2 继续实施产业置换策略，促使非珠宝企业迁出珠宝基地，积极吸引区外珠宝企业入驻，进一步提高珠宝基地品牌集聚效应，积极推动黄金珠宝产业区域品牌建设，扩大“深圳珠宝”的知名度。

2.3 推动黄金珠宝产业向高端化方向发展，重点促进设计研发链和展示交易链的发展，积极推动黄金珠宝产业与文化创意产业、金融、旅游等高端服务业的结合。为扩大“深圳珠宝”的影响力，推动珠宝产业与辖区其他优势产业深入互动，在成功举办2009深圳珠宝节的基础上，计划举办内容更为丰富的2010深圳珠宝节。

2.4 积极实施“走出去”战略，计划组织辖区部分珠宝企业参加国内外知名展会，拓展国内外市场。

番禺珠宝内外并举拓市场

1．2009年产业基地基本情况

广东番禺珠宝业经历近20年的持续发展，年出口值累年上扬，成为特点显著的外向型珠宝产业基地。番禺成为国内20个“中国珠宝玉石首饰特色产业基地”中一个颇为独特的典型发展实例。同时，番禺珠宝被授予“广东省火炬计划珠宝特色产业基地（广州）”的荣誉称号，成为广东省内珠宝业界唯一获此称号的特色产业基地。

据海关统计数据显示，番禺2009年1～11月珠宝出口达到13.04亿美元，占全区出口的20.1%，同比增长2.65%，珠宝进口7.36亿美元，占全区进口的18.49%，同比下降4.28%。数据分析显示，在目前的经济环境下，整个经济增长呈现放缓状态，珠宝行业同样受到一定的影响。为此番禺区引导珠宝产业转型发展，并鼓励和支持广大企业合理调整业务，做好发展定位，及时占领国内市场，经济呈现缓慢增长。

2．2009年重大珠宝活动概况及2010年活动介绍

2.1 2009年重大珠宝活动概况

（1）举办2009年第13届国际彩宝协会年会

举办2009年第13届国际彩宝协会年会，有近1000名海内外珠宝业人士参加，本次年会是历届以来规模最大的一次。年会让世界各地的参展商和国内珠宝同业从正面了解和认识“番禺珠宝”的品牌，让“番禺珠宝”这朵奇葩散发出彩色的光芒。

（2）成立粤港内销联盟

在香港珠宝展期间，召开粤港内销联盟相关会议，讨论珠宝升级转型及内销落地服务点、粤港珠宝内销联盟秘书处挂牌仪式。同期，举办“粤港珠宝内销联盟（香港）推介会”。

承办2009珠宝内销联盟珠宝（番禺）洽谈会，29个番禺珠宝企业参展，全国200多位珠宝同行到番禺进行珠宝合作的洽谈活动，效果显著。

（3）为了解番禺珠宝产业发展状况，举行大型调研活动

为了解和研究番禺珠宝产业目前的发展状况及确定今后的发展方向，组织开展“2009年番禺珠宝产业问卷调查”工作，对50家番禺珠宝企业发展的基本情况、企业投融资体系基本情

况、珠宝企业研发设计与宣传情况、金融危机的影响等四个方面进行资料整理和数据分析调查研究。

(4) 与中山大学合作，建立青年就业创业见习基地

2009年4月共青团中央将番禺定为中山大学“青年就业创业见习基地”，举行基地挂牌及签约仪式，通过组织院校学生到沙湾珠宝园实习，帮助学生积累工作经验、提高就业创业能力。

(5) 组织番禺企业参加珠宝展会

2009年5月起组织番禺企业组团参加各地珠宝展，如广州珠宝展、上海珠宝展、香港珠宝展、中国国际珠宝展等，极大提升了番禺珠宝在中国珠宝行业的影响力，打造番禺珠宝业的区域品牌，树立了良好的番禺珠宝形象。

2.2 2010年重大珠宝活动计划

(1) 继续进行“番禺珠宝”品牌的推广工作

“番禺珠宝”区域品牌的申报工作，真正在业界宣传番禺珠宝的行业影响力和美誉度。继续出版《珠宝业》杂志，宣传番禺珠宝的品牌优势，并营运好“番禺区政府珠宝网”，让其网络覆盖优势得以延续。

(2) 承办珠宝内销联盟的活动，推动番禺珠宝内销发展势头

继续加强“粤港珠宝内销联盟”在香港、番禺以及大陆市场的影响力，为番禺企业在国内发展创造更良好的内销环境，组织企业参加国内各个重大的珠宝展，举办珠宝供需洽谈会、见面会，让更多全国各地的同行认识番禺珠宝，共同营造珠宝内销的氛围，推动珠宝内销发展势头。

3. 未来的发展规划

番禺珠宝产业基地为顺应当前国内外经济形势将继续发挥粤港珠宝内销联盟的作用，联合力量拓展内地珠宝市场，充分利用钻汇珠宝交易中心、沙湾珠宝产业园的优势，促进珠宝生产与交易平台的建设。

传播珠宝文化　打造时尚花都

花都珠宝产业自2001年起步，经过短短8年的努力，如今已汇集了来自世界各地的钻石、黄金、铂金、白银、水晶、半宝石、珍珠、玛瑙、玉石等专业生产企业，成为华南地区重要的珠宝首饰生产加工基地、原材料集散中心、国际信息交流中心。花都珠宝城规划占地面积5000亩，已开发2300亩，是全国珠宝产业集群最集中的区域之一。花都先后被全国工商联金银珠宝商会授予"中华珠宝之都"、被中国珠宝玉石首饰行业协会和国土资源部珠宝玉石首饰管理中心授予"中国珠宝玉石首饰特色产业基地"等称号。

在金融危机的冲击之下，花都珠宝产业发展势头依然迅猛。据统计，2008年，花都珠宝首饰产品产值10.2亿元，增长15%，从业人员达到2万人。到目前为止，共有86家国内外著名珠宝首饰企业落户花都。预计在未来5年内，花都将有200家以上珠宝生产加工企业，从业人员达到10万人以上，珠宝总产值达到50亿元以上，总生产性税收达到2亿元。

在政府的大力支持和业内人士的积极参与下，花都珠宝产业在提升软实力和影响力方面也取得了不俗的成绩。2009年8月，广州花都（国际）珠宝商会成功举行换届，并在当晚隆重举办了名为"荟萃名人·时尚花都"的国际珠宝名人夜活动，充分展示了花都珠宝制造之都、创意之都、时尚之都、魅力之都的形象，取得了圆满成功。

紧随名人夜，矿物主题乐园——石头记矿物园在花都珠宝城开园，汇集了5000多件世界各地的奇石、化石、宝石，并配以声、光、电等现代科技手段呈现奇妙的自然世界，传播着迷人的宝

石文化。该园投资1亿多美元，占地面积70亩，主建筑面积1.78万平方米，集科教、购物、休闲旅游于一体。石头记矿物园拉长了花都珠宝产业链，充实了文化旅游的内容，势必推动花都珠宝产业实现高端发展。更重要的是，石头记矿物园给日新月异的花都注入了时尚、典雅的珠宝文化，必将有效提升花都地区城市品位与文化韵味。今后，花都将以石头记矿物园为基地，设立花都珠宝博物馆科普教育基地，规划和发展珠宝工业旅游，加快珠宝主题公园、珠宝研发中心、珠宝产学研基地等的建设。

2009年11月，广州花都（国际）珠宝商会组织全体理事前往贵州参观考察，并在遵义市召开了二届一次理事会。讨论并确定了2010年的工作计划，其中主要活动有：组织会员企业参加珠宝展会，举办花都珠宝产业考察一日行暨新年联谊会，举办“花都珠宝杯”篮球赛，组织理事前往台湾进行考察，举办花都珠宝论坛暨花都珠宝商会成立五周年庆典名人夜，拜访同行业友好商会等活动。

今后，花都将进一步加强招商引资力度，引进更多的企业，形成集原材料采购、产品研发、成品加工、产品展示、产品销售、行业管理于一体的产业链。同时，将充分利用区域政策机遇，发挥空港新城资源优势和珠宝产业集群优势，拓展珠宝产业的广度和深度，做强珠宝区域品牌，做优珠宝会展中心，做浓珠宝文化氛围，打造珠宝制造之都、创意之都、时尚之都、魅力之都。

意韵莆田　金工珠宝

1．莆田珠宝玉石行业2009年发展情况

莆田珠宝玉石行业历史悠久，技艺精深，品种繁多，门类齐全，具有鲜明的民族风格和浓郁的地方特色，在国内外享有很高的声誉，是莆田工艺美术文化的重要组成部分。特别是近几年，莆田的珠宝玉石行业的发展更是日新月异，其产业地位突出，区域特色显著，龙头企业倍出，产业集群涌现，已使全国同行业刮目相看：莆田现有珠宝玉石企业1000多家，从业人员12万多人，资产30多亿元，其中有国家级工艺大师3人，省级工艺大师50多人，工艺师200多人，工艺技术业务骨干5000多人。企业数量、产品产量和市场占有率，在全国具有举足轻重的地位。产品销往东南亚、日本、新加坡等十几个国家和地区以及港澳、台湾、内地各大中城市和旅游景区。长期以来莆田珠宝玉石行业在地区的经济发展中具有重要影响。2009年，莆田珠宝玉石行业年产值60多亿元，成为莆田国民经济发展中的重要支柱产业之一。

2．莆田珠宝玉石行业发展规划

针对莆田珠宝玉石首饰行业的发展现状，莆田市委、市政府坚持以科学发展观统领社会发展全局，重点培育工艺美术产业。充分利用莆田市能工巧匠多、资源丰富及品牌优势，加快建设工艺美术城，优化空间布局，引导全市现有分散的工艺美术企业或家庭作坊统筹集中以及工艺美术行业在外资本和技术的回归，把莆田宝玉石首饰行业做大、做强、做精。

为更好建设珠宝玉石首饰产业基地，莆田市政府提出将宝玉石首饰行业列入工艺美术产业加以重点扶持并制定出相关的配套政策：一是培育扶持工艺美术行业。市政府制定了《关于加快工艺美术行业发展的意见》等文件，从资金、税费等方面对工艺美术行业给予优惠倾斜。二是全面增强产业集聚能力。把握好产业集聚和成长的规律，加快产业集聚、整合和升级，培育与珠宝玉石行业相关的产业集群和优势骨干企业，延伸产业链，提高产业竞争力。三是增强企业自主创新能力。围绕先进制造技术和工艺技术的推广运用，提高珠宝玉石行业的技术含量。四是推进信息化带动工业化。建立莆田珠宝玉石首饰信息中心，着重从生产过程、企业管理、流通领域等方面提高企业信息化的应用水平。五是大力实施品牌带动战略。保护知识产权，加大名牌培育力度，实施“名牌培育工程”，鼓励企业创品牌、争名牌，多出名牌产品，争创效应不断扩大。

3. 2009年重大活动概况

2009年2月18～19日，中国珠宝玉石首饰行业协会在莆田工艺美术城召开全国秘书长联席会议，并同期举办“莆田工艺美术城珠宝订货会”；

2009年3～12月，每个月11日、26日在工艺城定期举行“莆田工艺美术城珠宝订货会”；

2009年4月30日～5月4日，国务院台湾办公室、中国轻工业联合会、福建省人民政府联合在莆田工艺美术城举办第四届中国（莆田）海峡工艺品博览会；

2009年11月2～5日，由中国工艺美术学会、莆田市人民政府主办的首届中国·莆田佛教文化用品博览会在莆田工艺美术城举办。

新城阳　新饰界　新生活

青岛是中国珠宝饰品三大生产基地之一，城阳区是青岛珠宝饰品企业最集中的区域，有着庞大的产业基础。现有饰品企业900余家，占全区企业总数的12%，资产总额达27亿元。其中规模以上饰品企业48家，资产总额达14亿元，全年预计完成工业总产值30亿元，销售收入29亿元。2009年，尤其是下半年以来，饰品企业逐渐步出金融危机的阴霾，整体发展状况良好。

为充分发挥城阳区区位优势和产业优势，不断优化饰品产业发展环境，加快饰品流通市场建设，推动饰品企业集聚化发展，改变原来布局分散的发展格局，实现工艺饰品产业的集约发展、促进产业转型升级，城阳区委区政府经过调研论证，适时提出开发建设“饰品产业集聚区”，通过企业“退城进园、集中发展”，有效地改变传统工艺饰品企业“小、散、乱”的局面，推动工艺饰品产业健康发展，并集中建设电镀工业园为饰品生产企业提供配套服务，逐步将城阳区建成集饰品设计、生产、物流为一体的饰品产业基地，实施研发和品牌带动战略，延伸产业链，增强核心竞争力。

城阳区委和区政府非常重视饰品产业的发展，为了促进城阳饰品产业升级，推动中外饰品行业资源的整合，实现优势互补、互促共荣，从2008年开始连续两年举办国际饰品节暨饰品博览会，对促进国际化的交流与合作，促进中国饰品行业的发展，提高国际知名度，具有十分重要的意义。

2009中国（青岛）国际饰品节暨中国（青岛）国际饰品博览会于8月28日隆重开幕。在开幕式上，中国珠宝玉石首饰行业协会授予青岛城阳“中国珠宝玉石首饰特色产业基地”称号。此次博览会以“新城阳·新饰界·新生活”为主题，历时4天，共有近15万人次的居民和8000余名经销商参加，其中韩版饰品企业近70%，实现交易总额3.2亿元人民币。

为了最大限度地扩大饰品节的社会影响

力，增进国内饰品企业与韩版饰品企业的交流；同期还举办了首届“百合杯”韩版饰品设计大赛及“新饰界”饰品街开街仪式。区委区政府还联合中国韩国工艺品协会举办饰品设计大赛，开设以饰品、陶艺DIY专区为主要内容的学生主题文化展，举办多啦A梦嘉年华，与极地海洋世界开展互动游，提高广大消费者参与节会的积极性。最终达到拉动内销，打造品牌，培育市场，在提升韩版饰品品牌知名度和美誉度的同时，引导饰品走向大众化的目的。

2010中国（青岛）国际饰品节暨中国（青岛）国际饰品博览会拟于2010年8月在青岛国际工艺品城开幕，计划展位1600余个，预计参展人数约10万人次。通过开展饰品设计大赛、新产品展示交易会、经贸论坛等活动，邀请国内外大专院校和饰品企业参观参展，充分挖掘青岛城阳所拥有的“韩版饰品”特色，加强韩版饰品与国内饰品的交流，促进城阳饰品产业整合与升级。

文化珍珠　创意诸暨

2008年国际金融危机给山下湖珍珠产业带来极大冲击，2009年，其影响仍在不断延续，经济下行的压力始终存在，为打破不利局面，市镇两级政府把保增长作为首要任务，沉着应对金融危机，抢抓政策机遇，及时破解产业运行中出现的各种问题，有力地保证了珍珠产业平稳发展。截至2009年11月份，珍珠产量达到510吨，销售额为达58亿元，产值60亿元。2009年我们主要采取了以下措施：

1．编制产业规划，统筹行业全景

全面实施珍珠产业发展战略，与绍兴文理学院合作制定《诸暨珍珠产业2010～2015发展规划》，着力提升产业集聚和辐射力。

2．加强区域合作，力拓国内市场

启动西施故里华东国际珠宝城长三角旅游传媒联盟战略，与国内600多家旅行社签订开展了景点合作协议，开设珍珠珠宝购物旅游线路，鼓励企业在全国各地开设专卖店、旗舰店等。

3．加强文化创意，拓展产业内涵

与上海社科院合作编修《诸暨珍珠产业文化创意发展规划》，于2009年10月9～11日，举办了2009诸暨艺形珍珠国际设计展，世界著名设计大师黑川雅之及24位国际知名设计师参与设计。与诸暨市越剧团合作编排了原创越剧《珍珠传奇》，推进了珍珠产业的升级。

4．创新融资模式，推动银企合作

针对广大企业融资难、流动资金短缺的现状，2009年9月成立诸暨金桥仓储公司，推出了珍珠仓单质押贷款业务，大大缓解了广大企业融资难的问题。

2010年，诸暨将继续努力维护产业稳定增长的势头，在《诸暨珍珠产业文化创意发展规划》和《诸暨珍珠2010～2015发展规划》指引下，加快发展文化创意产业。在充分挖掘珠宝城资产股东质押融资工作和珍珠仓储质押工作的潜能下，进一步完善中小企业的融资担保体系，扶持和促进中小企业的发展。以举办第七届中国（国际）珍珠节为契机，利用华东珠宝城4A级国家旅游景区的平台，大力打造珍珠养殖农业游、珍珠加工工业游、珍珠文化体验游和珍珠市场淘宝游，加强周边餐饮、酒店、娱乐、商业等配套设施的建设，夯实珍珠产业发展的硬件措施，加快发展旅游产业，从而推动珍珠产业的延伸和拓展。同时，以科技养殖为支撑，精深加工为依托，争创品牌为手段，着力优化珍珠产业结构，推进珍珠产业转型升级，全方位提升珍珠产业的国际竞争力，把山下湖打造成国际一流的淡水珍珠养加销中心。

珍珠之旅　渭塘先行

“渭塘珍珠甲天下，天下珍珠渭塘先”。渭塘珍珠城起步于20世纪70年代，始建于1984年，原址在渭塘镇西何家湾。经过30多年的发展，2005年渭塘镇政府又在镇东部镇区珍珠湖畔投资1.28亿元新建了现在的中国珍珠宝石城一期工程，并于2005年9月26日隆重开业。新的中国珍珠宝石城占地面积4.5万平方米，建筑面积3.7万平方米，包括1.8万平方米的珍珠国际交易中心、1.6万平方米的双层交易大厅及3000多平方米的配套设施。现有77间精品屋、106个摊位及30多家配套生产公司。

1. 地理位置

中国珍珠宝石城位于苏州市相城区渭塘镇镇区中心位置，风景秀丽的珍珠湖畔，距沪宁高速公路、苏嘉杭高速公路、苏州市环城高速公路、京沪高速铁路火车站仅5分钟车程。市区有免费班车接送，苏州平门712路、火车站83路、84路公交车直达，交通十分便利。

2. 2009年产量、销售额、产值分析

2009年，由于2008年全球金融危机影响，淡水珍珠行业受到了比较大的影响，渭塘珍珠的交易量由2008年的980吨减少至930吨，同比下降5.1%；产值由2008年的13.8亿元减少至13.1亿元，同比下降5.07%。

3. 渭塘珍珠产业的发展规划

苏州中国珍珠宝石首饰产业基地围绕中国珍珠宝石城做大做强苏州珍珠、宝石产业和珍珠特色休闲旅游项目，整体推进服务产业集聚，建设珍珠、宝石产业基地，进而带动珍珠、珠宝产业和服务业共同发展，创新珍珠珠宝业新型产业形式，全方位、多层次地带动服务业发展。

目前已建设使用的一期项目有：①中国珍珠宝石城珍珠交易大楼，建筑面积1.6万平方米，

包括珍珠文化博览中心、黄金珠宝检测中心、配套中央空调、消防自动喷淋、全方位自动监控报警系统、自动扶梯，并配有银行、电信、超市、食堂、停车场等附属设施。②苏州国际珍珠展览交易中心，建筑面积1.8万平方米，包括展览交易中心、江苏省珍珠协会和苏州市相城区珍珠协会，配套中央空调、消防自动喷淋、全方位自动监控报警系统、4部客梯和2部货梯。③珍珠长廊、育珠亭，主要用于珍珠特色旅游项目的开发。④珍珠养殖采珠湖，水面800亩。⑤垂钓区。⑥信息服务中心。

二期项目苏州珍珠宝石首饰国际交易中心，占地60亩，建筑面积10万平方米，总投资5亿元，现已建成并对外招商。

三期规划：珍珠文化博览馆。

建成后，将给游客提供一个集珍珠历史文化展示、影像资料展示，珍珠的种蚌、养殖、剖蚌、采珠、精品的图片和实物于一体的珍珠宝玉石文化博览中心。

2010年将完成对珍珠湖区域内的景区建设，包括景点、配套设施、基础设施的完善，形成集珍珠养殖、珠宝生产加工、休闲、观光、旅游、购物、展览、文化及娱乐于一体的特色产业区域，把中国珍珠宝石城建设成为全国一流、世界珍珠特色旅游观光中心，为东方水城、天堂苏州增写国际级珠宝产业之都的耀眼名片。

魅力蓝宝　畅享昌乐

1800万年前的火山喷发，给昌乐人民带来了宝贵的财富——蓝宝石。昌乐境内蓝宝石有矿面积达450多平方千米，储量数十亿克拉，占全县总面积1/3，富矿区品位在30克/立方米以上，是目前为止国内最大、世界罕见的大型蓝宝石矿区之一。而且，昌乐蓝宝石以颗粒大、晶体完好、颜色纯正、二色性显著、特异宝石多等特点，颇受国内外珠宝客商和消费者的青睐。2009年，昌乐全县从事珠宝、饰品加工、销售的企业超过1200多家，从业人员达4万余人，年加工宝石1300万克拉、饰品4500万枚、贵金属5000万克以上，成为全国最大的蓝宝石批发交易集散地。2009年，市场交易额达到116亿元。

自1996年以来，我们本着“节会搭台、企业唱戏、百姓受益”的原则，成功举办了十三届全国珠宝展销订货会和八届昌乐国际宝石节。2009年宝石节期间，昌乐被评为“第二届中国最令人向往的地方”，有来自世界各地、港澳台及内地的3000多名客商到昌乐参观、参展、洽谈业务。

2010年4月28日，第九届昌乐国际宝石节将在昌乐举行，节会将以“共赢新机遇，共享新发展”为主题，“宝石为媒、节会搭台、经贸唱戏、合作共赢”为宗旨，期间将举办“蓝色律动昌乐和谐之旅”旅游考察，精品蓝宝石评比大赛，姜齐文化、宝石文化系列宣传，珠宝展销订货会等多项重大活动，并将邀请众多国内外知名珠宝企业参加。

随着昌乐珠宝产业的快速发展，国家工商总局批准命名的

冠以“中国”名称的大型宝玉石首饰、贵金属饰品专业交易批发市场——中国宝石城也进入发展高峰期。中国宝石城于1993年规划筹建，占地120亩，建筑面积8万平方米，市场内有珠宝饰品加工、经营企业300余家，从业人员3500多人。多次被评为“全国竞争力百强市场”、“中国珠宝艺术品十大品牌市场”、“山东省规范化文明诚信市场”。2006年11月，被授予“中国珠宝玉石首饰特色产业基地”称号。2009年5月，加入“国际彩色宝石协会”。6月，被评为“山东省首批珠宝饰品产业集群”。9月，被评为国家AAA级旅游景区。

根据国内外珠宝市场发展需求，按照昌乐县委、县政府总体规划，为进一步做大做强昌乐珠宝产业，打造千亿元珠宝产业园。目前，中国宝石城计划总投资40.3亿元，规划总建筑面积达260万平方米，在建项目主要有原宝石城市场装修，中国宝石城国际珠宝大厦、立伟国际珠宝广场、明珠大厦、亿克拉国际宝石之都等项目。2010年投入使用的珠宝产业园将成为全国最大、世界一流的国际珠宝商城，也是全国第一个AAAA级珠宝类旅游购物城，更是昌乐的休闲娱乐、旅游、购物不夜城。

东海情 水晶心

东海县以打造“国际知名的水晶之都”为目标，积极发展水晶产业，在促进产业升级、弘扬水晶文化、提升产业的知名度和美誉度、招商引资等方面取得较好的成绩。 2009年全县水晶产业交易额超百亿元，其中东海水晶市场年交易额达35亿元，年接待国内外客商41万人次，并先后获得“江苏省五星级文明诚信市场”、“江苏省工业品百强市场”等荣誉称号。

1．打造节会平台，展示晶都形象

2009年是第十届中国 · 东海国际水晶节举办之年，东海成功举办了千名客商看东海、第三届江苏省“晶城杯”水晶工艺品大奖赛暨第二届“东海之子”新人新作东海水晶工艺品大赛、第十届中国 · 东海国际水晶节走进北京及“东海水晶日”活动，“千年叹水晶书画名家邀请展”、“东海情 · 水晶心”十佳水晶商户评选、精品水晶藏品拍卖会、中国（世界）首枚“东海水晶”邮票发行仪式等活动。本届水晶节有1000多名中外客商参加，共签约项目104个，累计突破百亿元，为提升东海产业化水平，加快水晶产业基地跨越发展注入了新的动力与活力。

2．组团参与大型展会，大力弘扬水晶文化

2009年东海水晶组团参加扬州、常州、南京、杭州及北京中国国际珠宝展和天工奖展评等大型活动，都取得了较好的效果。

为大力弘扬水晶文化，强化水晶作品研究、创新、制作的可持续发展能力，成立了东海水晶版权代理登记办公室，制定了“东海水晶”国家地理标志保护使用方法，中央电视台拍摄并播放了《东海水晶传奇》专题片，在第十届水晶节期间有40余家省级电视台对东海水晶及水晶节进行了采访和报道。2009年3月邀请了国家珠宝玉石质量监督检验中心、国检珠宝培训中心来东海开办《珠宝首饰营销员培训班》，经考核约110人获得了由主办机构颁发的职业技能证书，并出版发行了《水晶知识面面观》、《中国现代天然水晶艺术珍品集》（上卷）等水晶类书籍。

3．编制水晶产业发展战略，实现可持续发展

实现可持续发展是东海县始终追求的目标，虽然东海县水晶石英资源丰富，但任何自然资源都是有限的。近年来，东海县大力倡导资源有限意识、资源保护意识、资源合理利用意识，反对急功近利，反对资源浪费。不论是制定发展规划，还是制定行业规则，都充分体现这一点。通过制定水晶产业的发展规划及行业规则，以明确发展的目标与方向，调整人们的投资及经营行为，制定优惠政策，加强保护与扶持，同时取缔不正当竞争，切实保护资源，实现可持续发展。

县政府委托专业的咨询公司编制《东海水晶产业发展战略规划》。规划对水晶产业基地的现状进行了纵向、横向的分析比较，并从战略性的层面对全县水晶产业的现有资源进行整体规划整合，提供了基地的近期及中、长期科学发展规划，对基地的可持续发展具有重大意义。

在下一步发展中，东海水晶产业基地将致力于打造以东海水晶城为核心的现代服务业集聚区和全国最大的水晶商业交易中心，使东海成为集科研创新、文化传播、博览拍卖、生产加工、设计制作、商务会展、人才培养等于一体的完整的大型水晶产业基地。

人工宝石　梧州制造

始于2008年的全球金融危机，给经济发展带来了巨大冲击，在市委、市政府的正确领导下，梧州市人工宝石行业战胜国际金融危机的不利影响，2009年实现了年产值21亿元人民币。

国际金融危机的冲击，为梧州人工宝石产业发展造就了一个“拐点”。“拐点”意味着重新洗牌，“拐点”也暗藏机遇。

1. 优胜劣汰促使宝石业结构优化

人工宝石产业属于劳动密集型产业，进入门槛较低，对生产场所要求不高，管理难度相当大。通过优胜劣汰，为逐步得到规范的宝石行业提供一个良好的市场环境。面对产业发展的“拐点”和金融危机的严峻挑战，梧州宝石人坚定信心，或抱团取暖共度时艰，或积聚力量逆市而上。经过市场的洗牌，宝石企业更加成熟，抵御市场风险的能力明显增强。为做好产业发展的后勤工作，市宝石办联合市商务局、市经委等相关部门，为我市宝石加工出口企业用足、用活政策，做好企业的融资、服务工作。

2. 人工宝石业迎来转型发展的良机

梧州人工宝石产业正处于由单一的加工产业集群，向集加工、制造、设计、商贸、服务为一体的综合性产业集群转变的过程。目前，成套宝石生产设备已经实现国有化，而且全部在梧州生

产。90%的原料由国内生产，并有部分原料已销往国外。整个生产工艺的流程和管理模式相对成熟，产品量大、规格相对齐全、价格低，随时可满足国际市场的需求。

3．首饰深加工龙头企业将进驻梧州

在第六届梧州国际宝石节签约仪式上，国内专门生产首饰和饰品的龙头企业之一旭平珠宝首饰有限公司签约落户梧州。对此，业内普遍对此寄予期望，希望给梧州人工宝石产业发展带来商机。只要能吸引龙头企业进驻梧州，在它的带动下，相关配套产业的企业就会被吸引过来。

4．宝石节为宝石产业发展带来机遇

2004年起，梧州市委、市政府高瞻远瞩，每年举办一届梧州国际宝石节助推产业发展。在政府、企业、商会三方的共同努力下，2009年8月18日，市长王凯一行六人到京拜会中国珠宝玉石首饰行业协会，取得了孙文盛会长的大力支持；2009年10月21日，梧州市政府和中国—东盟博览会秘书处在南宁召开了第六届梧州国际宝石节介绍会，以宝石节为桥梁，借助中国—东盟博览会的巨大影响力，集中展示了梧州人工宝石的魅力，加强了与东盟各国的交流合作，实现双赢发展；2009年10月30日，第六届梧州国际宝石节成功召开。节会期间，共签约项目55个，总额达126.7亿元，这为人工宝石产业向更好、更高、更优发展奠定了坚实的基础，宝石节成为名副其实的扩大招商引资、承接产业转移、推动经济发展的重要平台。

六度盛会，宝石呈异彩；八方合作，经济上台阶。梧州国际宝石节为我们提振信心、激发士气提供了一个很好的平台，也为我们加快振兴宝石产业、发展宝石经济架构起一条通衢之桥。我们将继续以宝石为媒，加快产业的发展，为实现梧州科学发展、和谐发展、跨越发展作出积极的贡献。

巴林石　打造文化产业

1. 发展现状

经过33年的不断发展，巴林石产业从小到大，由弱变强，逐步形成了特色产业集群，在赤峰市最繁华的地段形成了巴林石商业一条街。在大板镇拥有“一矿一街一城一会三个分公司”的产业格局，巴林石城已经成为闻名全国的巴林石原料和工艺品交易的中心，巴林奇石馆更以巴林石雕刻艺术品、鸡血石、福黄石、印章、观赏石等精品吸引了国内外游客，成为接待中外客商和参观者的重要场所。

2009年共生产巴林石102吨，其中普通巴林石99吨，特级巴林石3吨，销售额达3700余万元。

巴林石的价格上升是空前的，与20世纪70年代相比是千倍增长，特别是近4年的增长迅速。原因有三点，一是巴林石为稀有资源，不可再生。二是限制性开采，有效地调控了巴林石的价格。三是重视当地市场开发，充分利用属地知名效应，以产业链的形式不断拓展市场。

2. 发展规划

为了使以巴林石为载体的文化产业成长壮大起来，下一步巴林石集团要在各级党委、政府的支持下，在三年内做成一件事，即在赤峰市和巴林右旗建成一个巴林石文化创意产业园区，内容包括三点：一是把巴林石矿建成真正的旅游、娱乐、营销为一体的国家级矿山公园。二是在大板镇建成一个能承担国际珠宝展的展销馆；以巴林石为导引的文化产品商务园区；以雕艺为主的文化产品培训基

地；同时也要具备与园区配套的服务体系。三是在赤峰市区建设巴林石艺术园，使其成为一个比较集中的大型展示区，作为推出去的文化和市场支点，形成赤峰市区到大板镇到巴林石矿一条人流、物流、旅游通道。

巴林石具有物质与精神双重的审美属性和文化消费的独特性，适应特定的文化市场和文化消费者。巴林石的开发已由过去的出卖资源为主转向经营艺术品为主，实现了由资源型经济向玉石文化产业经济的转变。目前，全市已培养出国家级艺术大师2人，自治区级艺术大师10人，雕刻、篆刻人才队伍300多人。这些艺术人才对巴林石特色产业的发展起着重要的推动作用。此外市委、市政府和文化宣传部门的领导或专家，直接参与、组织巴林石的文化宣传工作，编辑出版了10余部巴林石的专著、画册，录制了多个与巴林石相关的电影、电视节目。同时，在中国珠宝玉石首饰行业协会的关怀下，自2000年至今，连续举办了十届巴林石节和巴林石文化论坛。这些宣传工作极大地扩展了巴林石的知名度和美誉度。

当前，我们所做的石文化系列活动，是对巴林石实物及有关资料进行积极主动的强有力的保护，是传承和延续中华宝玉石文化最佳途径和有效措施，是开发建设具有本土特色的旅游文化产品。逐步成为以巴林石文化为品牌的城市文化，它将成为赤峰市文化的重要组成部分。

保护和利用好巴林石，开发特色产业基地是一个大课题。这需要政府和社会力量的广泛参与和支持，需要更多的业内人士作更多的工作和奉献。让我们共同努力吧，把这份有限的资源，精美的文化产品，以其独特的姿韵长久地展现在人们的面前。

皋新玛瑙　四大战略促发展

2009年阜新玛瑙产业在中国珠宝玉石首饰行业协会的关心和关注下，在阜新市委、市政府的领导下，有了长足发展，规模不断扩大，影响越来越广。2009年玛瑙产业产值比2008年同期增长30%，达到6.5亿元，从业人员比2008年同期增长20%，达到6万人，现有厂家、业户达5000余户，城乡两个市场新增业户300家，城乡互补，共同发展的格局已经形成，正在为提升阜新形象，促进阜新转型振兴发挥着积极的作用。

1．发展规划

阜新市委、市政府为加快玛瑙产业的发展重点实施“四大战略”，全力打造中国玛瑙之都。

1.1　精品战略。目前，玛瑙品牌、品位、品质的竞争日趋激烈，玛瑙业的生产经营者要树立品牌意识，培养营销能力，创造规模效应，进而拓展市场，打出品牌，增加效益。

1.2　文化战略。要研究和弘扬中华玛瑙文化，充分挖掘历史文化，积极吸纳现代文化，不断彰显振兴文化，设计具有鲜明时代特点的艺术品，以此提高阜新玛瑙的文化品位，努力形成品牌效应。

1.3　人才战略。阜新市将立足当前，着眼长远，加大玛瑙职业技术培训力度，在玛瑙专业人才中开展技能鉴定，逐步在大中专设立有关宝玉石鉴定和加工专业的本科班和大专班，使人才的培养接续上产业的发展。

1.4　集群战略。以玛瑙产业发展基地建设为核心，建立多元的投入机制，加大对玛瑙产业扶持的力度。有计划、有目标、有针对性地引入和扶持玛瑙龙头企业，进一步整合资源，推进玛瑙产业走集约化、规模化发展道路，通过产业集聚，降低成本，打造产业链，形成价值链，提高效益，用新观念、新思路来谋求玛瑙产业的发展。

2．2009年主要活动

2.1　成功举办系列玛瑙展会、赛会，扩大阜新玛瑙影响力

2009年9月12～20日举办了第四届中国·阜新玛瑙博览会。本届玛瑙博览会是商务部列入的国

家支持的全国26个重点展会之一，博览会实现交易额1500万，接待参观人数达到30万人次。并同期举办了第五届辽宁省“玉玦杯”玉石雕刻大赛。催生了大批题材丰富、艺术价值较高的作品，一批玛瑙玉石雕刻的新生派脱颖而出。同时，为引导市场开发，提升玛瑙制品档次，开展了以代表阜新地域特色和文化内涵的、以玛瑙为原材料的阜新市首届旅游纪念品、礼品设计制作大赛。

2.2 实施品牌战略，打造阜新玛瑙城市品牌

协助央视《走进科学》、《人与社会》、《农广天地》、香港电视台《艺术长河》等栏目来阜新拍摄玛瑙专题片。10月份，阜新玛瑙迈出国门，获得了四项吉尼斯世界纪录，再次印证了玛瑙之都得天独厚的比较优势；抓住辽宁省优秀剧目现代京剧《血胆玛瑙》全国巡演的契机，扩大宣传，每次展演期间制作了宣传板，广泛推介阜新玛瑙，不断提升产业影响力和产品附加值。

2.3 发挥玛瑙协会作用，开展行业自律，促进产业发展

组织玛瑙业户参加区域性会展，帮助扶植阜新玛瑙经营者在有影响的城市设立永久性销售窗口；开展玛瑙行业普查，建立行业档案和企业名录；组织参加国家级、省级等赛事活动。

3. 2010年工作计划

2010年，结合中国宝玉石发展的状况，融合旅游业等相关产业，发挥阜新玛瑙的优势，在市委、市政府的正确领导下，要完成玛瑙产业规划的编制工作。6月份在沈阳举办玛瑙特色产业基地产品展示会，9月份举办第三届中国·阜新玛瑙节和第五届玛瑙博览会，以提升阜新市对外知名度和影响力，促进阜新玛瑙产业再上新台阶，打造中国玛瑙之都。

弘扬寿山文化　彰显基地魅力

寿山石是世界上最珍贵的彩石，独产于福州市晋安区北峰山区，其质地精致细腻，色彩绚丽，形、色、质、纹俱佳。近几年来，寿山石工艺品被指定为2008年奥运会特许产品，寿山石产地被命名为首批“国家矿山公园”，寿山石雕刻艺术被列入第一批国家非物质文化遗产名录，显示出寿山石文化的神奇魅力，也预示着寿山石产业的美好前景。

2009年寿山石雕刻产业在原有的基础上又有了进一步的发展，寿山石产、购、销的兴旺情景和繁荣景象更为凸显。据统计，仅晋安区目前从事寿山石雕刻产业的人员增至5万多人，石雕年产值可达10多亿元，福州市晋安区寿山石特色产业基地已经全面形成，并成为本地经济发展的又一个新增长点。

1. 产业基地发展规划

在基地发展中，今后主要从以下几个方面入手：

（1）合理规划。制定寿山石产业近、中、远期发展规划，把寿山石产业作为福州市晋安区第一特色产业来谋划不同时期的建设工作。不断摄取外地同类产业基地的发展经验，科学制定发展计划，同时拓宽寿山石特色产业基地的资金渠道，争取省、市政府的财政支持。

（2）保护开发寿山石资源。根据国家地质勘查部门探明的寿山石资源储量，制定寿山石资源保护性开发措施。实行寿山石矿山企业开采许可证制度，通过资源合理配置和企业有效整合，收购周边的小矿并归于国有寿山石企业，从根本上控制滥采乱挖、掠夺性开采现象的发生。同时提高雕刻设计水平，增加产品附加值。针对不同石种特点和表现题材，因料施艺，因题施艺，多种经营，最大限度地提高产品的附加值。

（3）打造寿山石文化旅游产业链。充分利用国家授予的“中国寿山石民间艺术之乡”、“国家首批非物质遗产名录”的荣誉称号，加大文化设施建设力度。以寿山“国石馆”为中心，修建寿山石文化主题公园、观光洞旁摩崖石刻、两亩半“田黄石”景区、寿山石公园旅游服务中心，进一步完善旅游设施，融观光、购物、休闲为一体，搭建沟通平台，弘扬寿山石旅游文化。

（4）用文化产业的视角推动寿山石特色产业的发展。发挥寿山石文化千年沉淀的优势，扩大寿山石文化品牌的影响力，广泛动员社会的力量，共同打造寿山石品牌。通过建设和完善中国寿山石馆、寿山石商贸古街、寿山石交易中心、樟林石雕城等一批寿山石文化的载体，使寿山石文化得以发扬光大。

（5）加强合作，扩大交流。主动与兄弟特色基地联系沟通，引进巴林、青田、昌化等名石、奇石来晋安建立交易场所，促进各种石文化的交流与融合，组织人员前往先进地区取经，取人之长，补己之短，共创双赢。

2. 2009年产业基地活动概况

2009年寿山石特色产业基地重大活动有两大亮点：一是3月份与北京故宫博物院联合举办了“寿山石精品展暨雕刻大师作品捐赠仪式”，共捐赠作品12件、参展精品150件，结束了新中国成立后故宫博物院没有收藏寿山石雕刻作品的历史。二是出版了《中国寿山石文化书法精品集》。该专集图文并茂，富有特色，融书法艺术、雕刻技艺为一体，具有很高的收藏和欣赏价值。

“构建四大平台”推动青田石文化发展

青田石，质地温润、脆软相宜、色彩丰富、花纹奇特，既是篆刻艺术的最佳印材，又是石雕艺术的理想石料。经过一代代身怀绝技的能工巧匠雕琢打造，从而形成了一种源远流长、誉满中外的传统工艺美术品——青田石雕。目前在青田石雕行业中，从业人员达3万多人，中、高级专业技术职称的艺人100余名，2008年青田石雕年产值达5个多亿元，作品远销50多个国家和地区，已经形成享誉海内外的石雕产业。2006年1月，青田石雕荣登首批国家非物质文化遗产名录。有7名青田石雕大师被国务院授予“中国工艺美术大师”荣誉称号。

近年来，青田县政府先后花大力气、大投资兴建的“211文化产业工程”：即2001年投资3亿多元建成2个石雕专业市场；2003～2006年投资5000万元建成全国首个以石文化为主题的青田石雕博物馆；2003～2007年总投资1亿多元，建成总建筑面积7600多平方米的石雕工业园区等，这些硬件设施促进了青田形成特色明显、优势突出、人才聚集的文化产业聚集区，有力地推动了青田石文化产业的集约化发展。

青田县坚持以构筑“战略、产业、文化和人才”四大平台为举措，加快文化提升产业的步伐，延长产业链条，培育优势品牌，推动石文化特色产业发展。

1. 构筑战略平台

加强组织领导，成立由县分管领导牵头的青田石文化产业发展领导小组，聘请专家学者组成青田石文化产业发展咨询委员会，研究和协调青田石文化产业的重点和难点问题。建立以10年为预期年限的完备的中远期规划体系，涉及内容广泛、分阶段目标明确的规划体系，把青田石文化产业的发展纳入全县经济社会发展总体规划。

加强青田石资源开发保护，坚持开发和保护并举，走可持续发展之路。县委县政府出台了《青田石资源开采保护管理办法》，加强对青田石资源的监管保护，进一步规范青田石资源有序开采和管理；鼓励矿山企业以整合组建集团公司的模式，实现青田石资源的统一管理；建立市场运作机制，利用统一拍卖等有效形式，提高青田石的市场效益。

2. 构筑产业平台

按照适当集中、形成规模、体现特色的要求，以现有原石交易、雕刻加工、市场销售等产业为依托，构建“中国原石市场—青田石雕加工园区—石旅游工艺品集市—中国石雕城”的产业发展链条，建立具备拍卖、评估、鉴定等功能的全国石文化工艺品交易中心（实体与网站）。加快培育一批专业、权威的中介、营销组织，逐步将中介、营销范围拓展到全国各类石文化精品。形成具有鲜明特色的产业结构，推动产业集群式发展。加大招商引资力度，积极引进巴林石、寿山石、昌化鸡血石等知名彩石和其他玉石来青田建立交易场所，鼓励更多的经营主体和资金进入市场，把青田建设成为中国石产业交易重要集散地。

3. 构筑文化平台

利用多种宣传媒体展示青田石的文化魅力，提高青田石的知名度。加强青田石文化内涵的宣传与弘扬。加强与西泠印社及省内高等院校的学研合作，2009年召开“中国石文化论坛”，并成立“中国篆刻创作基地”，成为全国篆刻创作的研究学习基地。积极开展与国内其他名石文化的交流，争取成为全国石文化的学研中心。

4. 构筑人才平台

采取激励措施，创新人才奖励机制，营造尊重人才、吸引人才、发挥人才作用的良好舆论环境、竞争环境和社会氛围。大力培养本土人才，加强青田石文化队伍建设。积极引进各类石文化人才，逐步建立全国石文化人才培训基地。注重引进具备一定知名度和影响力的石文化鉴赏、评论人才，使青田成为全国软、硬石工艺品的鉴赏中心、石文化挖掘提升的学术中心。

发展岫玉加工　谋划产业升级

2009年岫岩玉产业在县委、县政府的高度重视下得到长足发展，2009年岫岩玉产业实现产值25亿元，销售额3.8亿元，利税1.6亿元。全县对岫岩玉资源进行整合，严格执行《岫岩满族自治县玉资源保护条例》及《实施办法》，矿山企业由原来的8家整合为3家，对集体所有的县玉石矿进行了停产改制，采矿人员进行分流。全县七大玉器市场有经营业户3050户，有市级玉雕大师135人，省级玉雕大师26人，国家级玉雕大师3人，中青年玉雕技工5000多人，玉雕加工企业1200户，其中龙头骨干企业36户，现正在组建玉雕加工园区，产业集群将进一步显现。

1．岫岩玉产业发展目标及规划

通过科学发展岫岩玉行业，全力把岫岩县打造成中国最大的玉石原料和玉雕艺术品的集散地，中国乃至世界玉文化研究中心，中国重要的玉雕人才培养基地，使之真正成为玉雕产业最积聚、市场功能最完备、加工工艺最先进、玉文化氛围最浓厚、产品档次最高的、充满活力、魅力和影响力的现代化中国玉都。具体规划：

（1）保护矿山资源，加快矿山改制和整合步伐，促进可持续发展。岫岩县委、县政府将岫岩玉管理纳入法制轨道，制定了宝玉石资源的地方性法规《岫岩玉资源保护条例》及《岫岩玉资源保护条例实施办法》。为了合理利用和保护资源，对小玉矿进行了整合关闭，对矿山企业实行限量开采，为岫岩玉行业的进一步发展壮大奠定了坚实的基础。

（2）培养玉雕专业人才，对设计人员、技术工作和销售人员进行系统培训，不断加强玉雕学校的师资力

量，提高办学质量。岫岩玉管理局、鞍山市宝玉石协会每年都要举行几次玉雕技术培训班、玉雕作品评比会，并对玉雕技术人员进行技术评定，实行持证上岗。经过几年努力，岫岩玉雕人才队伍实现了质的飞越。

（3）培育壮大骨干企业，在专业化分工与社会化协作的基础上，引导和鼓励玉雕加工和销售企业联合、兼并，逐步形成规模经济，培育具有竞争力的龙头企业，在政策、资金等方面对岫岩玉雕骨干企业扶持，引导企业走集团化道路，逐步形成政府推动、龙头带动、市场驱动、能人带动、科技拉动的玉雕产业发展格局。

（4）建立中国宝玉石原料大市场，为玉雕产业提供充足的原料。整顿现有岫岩玉销售市场，规划建设精品市场，以实现经济效益、社会效益、环境效益同步提高，大力整顿和规范市场秩序，保持岫岩玉产业持续、快速、健康发展。在岫岩玉全行业开展诚信教育，开展“信用工程”、“放心店工程”，提高行业服务水平，树立“诚信为本，操守为重”的经营风尚。

2. 2009年重大活动概况

2009年5月8日，岫岩玉产业发展高层论坛在岫岩（中国）玉雕会展中心隆重举行，中国珠宝玉石首饰行业协会副秘书长史洪岳，辽宁省经济和信息化委员会副主任藺晓刚，辽宁省人民政府镁资源保护办公室主任全跃以及来自全国珠宝玉石首饰特色产业基地的领导和玉雕大师参加了论坛会，共商岫岩玉雕产业发展大计。

3. 2010年活动介绍

2010年岫岩将举办首届中国玉都岫岩玉文化艺术节，在岫岩举办全国“玉星奖”评比活动，将邀请“欢乐中国行”栏目组助阵演出。同时邀请国内珠宝玉石产业基地领导和玉雕大师参加。

镇平打造玉文化传播基地

镇平县玉雕加工历史悠久、规模宏大，是国家命名的“中国玉雕之乡”。玉雕加工遍布全县22个乡镇（办），近百个行政村，有玉雕专业村50个，从业人员20万人，加工玉料30多种，产品涉及人物、山水、花鸟、历史故事、现实写意等3大系列10大类5000多个品种。2006年，镇平被中国珠宝玉石首饰行业协会和国土资源部珠宝玉石首饰管理中心授予“中国珠宝玉器首饰特色产业基地”称号，被河南省政府命名为“河南省文化产业示范基地”，2008年，被河南省委、省政府确定为全省玉文化改革发展试验区。2009年以来，镇平县委、县政府以玉文化改革发展试验区建设为契机，发挥特色优势，推进资源整合，壮大产业规模，拉长产业链条，创新运行机制，优化产业结构，加快建设进度，培育产业集群，推动全县玉雕产业又好又快发展。

1．2009年产量、销售额、产值分析

截至2009年12月，全县3个街道办事处，19个乡镇村村可闻琢玉声，户户可见玉生辉，全县玉雕专业市场10个，玉雕加工企业2.1万多个，包装企业100余个，各类经营门店2万多家，年销售额80亿元，产值50亿元，带动玉雕为主，骨雕、木雕、仿古铜器等综合产业体系的相宜发展，已成为全国最大的以玉雕为主的工艺品生产加工、销售中心。

2．未来发展规划

玉文化产业作为镇平的一个品牌产业、形象产业和文化产业，目前已步入接补链条、上档升级、再跨台阶的关键阶段，下一步将倾力在玉料购销、项目建设、产品设计、人才培养、文化注入、龙头培育、品牌塑造、包装升级、质量检测、宣传推介、环境优化等方面进行重点攻关建设，把镇平建设成为具有地域优势的国内重要的玉雕加工销售基地和玉文化研究传播基地。

按照近期、中期、远期相结合的要求，规划布局了70个重点项目，总投资120亿元，涉及基础设施建设、文化服务体系建设、产业协同整合、玉文化主题旅游、品牌体系建设5大类。2010年，着力抓好国际玉城、天下玉源、石雕城、大师创意园、玉雕职教集团、玉文化主题公园、玉文化

博物馆改扩建等七大重点项目。

近期具体要逐步实施“五个一”发展目标：一是办好一个节会，即每年4月份的玉雕节和宝玉石博览会；二是打造一个品牌，即 “中华玉都”品牌；三是建好一批项目，主要是做好大师创意园、国际玉城、玉料市场、石雕苑、职教集团等项目建设；四是培育一批龙头，鼓励、引导、支持镇平县神圣公司、玉神公司、石佛寺玉器厂、博涵工艺品有限公司等重点企业和醒石斋、痴艺轩、红哲工作室、朝光工作室、玉忠工作室等一批知名度较高的创作室；五是抓好一支队伍，引进培育一批数量充足、结构合理、素质优良、充满活力、能推动玉雕产业发展的专业人才队伍。

3．2009年重大活动概况及2010年工作计划

3.1 2009年重大活动

一是积极配合县委、县政府成功承办了“中国南阳第七届玉雕节暨宝玉石博览会”；二是扎实做好人才培训和职称评定；三是在全县玉雕行业开展“名品、名人、名店”评选活动；四是精心组织玉雕精品参加各级展评活动，如参加2009年河南省“陆子冈杯”玉雕精品展，第八届中国玉雕、石雕作品“天工奖”评选等活动；五是做好大师园筹建工作；六是编纂反映镇平玉雕加工历史和玉雕产业现状的玉文化专著《玉乡千秋》；七是组织了镇平县第四届玉雕创作新星评选活动；八是全国最大的玉料市场——“天下玉源”在镇平县石佛寺镇动工建设。

3.2 2010年工作计划

2010年，镇平县玉雕产业工作以服务好“玉文化改革发展试验区”建设为重点，突出人才培养，扶持重点工程建设等，全面提升镇平县玉文化产业的整体水平，突出抓好七件大事：一是搞好“玉文化改革发展试验区”建设；二是协助南阳市政府具体承办好“中国南阳第八届玉雕节暨宝玉石博览会”；三是建好中国玉雕大师创意园、国际玉城、玉料市场、石雕苑、职教集团等项目建设；四是继续办好镇平县玉雕高等人才培训班；五是组织全县玉雕精品参加全国“天工奖”、“百花奖”等重大玉雕精品展活动；六是结集出版反映镇平数千年玉文化历史的专著《玉乡千秋》；七是搞好高级人才的职称申报工作。

平洲玉器　塑造诚信先锋

2009年平洲珠宝玉器首饰特色产业基地在中国珠宝玉石首饰行业协会的关心和指导下，在佛山市、南海区、桂城街道各级有关部门领导的关爱和支持下，在平洲珠宝玉器协会和平东村委会的通力合作下，取得了较好的发展。现有加工厂、商铺达800余户，从业人员8000多人。

1. 发展规划

依托平洲玉器城的翡翠原料交易和加工、批发能力，建设独具特色的中国（平洲）玉器城，使之成为集翡翠原材料集散、成品加工、批发零售、观光旅游、文化休闲、节庆会展等于一体的玉器文化特色产业基地，通过行业自律，树立平洲玉器市场货真价实、诚信经营的品牌形象，全面提升桂城玉器产业的经济效益和社会效益。

2. 2009年重大活动概况

2.1 承办第二次广东省珠宝玉石首饰产业集聚地协会商会合作交流会

2009年8月27～28日，第二次广东省珠宝玉石首饰产业集聚地协会商会合作交流会在平洲举行。来自省内各珠宝产业集聚地行业商协会的领导约40人围绕“金融危机影响与协会商会建设”这一主题进行了交流。

2.2 举办征集“平洲玉器”标志和广告语有奖活动

2009年9月18日～10月31日，为进一步提升平洲玉器的品位，加大形象宣传推广，增强品牌影响力，平洲玉器街管理办公室特向全社会公开征集“平洲玉器”的标志和宣传广告语。活动自开展以来，得到了社会热心人士的广泛关注和积极参与，共收到作品6000多份，其中标志作品600多份。经过评委评选，现已评出标志和广告语入围作品各8件（句）。

2.3 中国（平洲）玉器城一期动工

2009年投资逾5亿元，占地约300亩的中国（平洲）玉器城集特色经济产业、传统文化产业和特色旅游产业于一体，将成为推动平洲“中国珠宝玉石首饰特色产业基地”产业升级，持续发展的强大动力，成为桂城一张亮丽的翡翠名片。

2.4 发挥协会作用，开展行业自律，促进产业发展

截至11月30日，平洲珠宝玉器协会2009年新增会员2477人，会员数达17,006人，会务兴隆。不断完善各项规章制度，在会员之间开展协商、协调、协作的活动，围绕行业维权和自律，调解仲裁业内生意和劳资双方的纠纷。行业自律工作立竿见影，收到良效。做到矛盾不激化、不上交，为政府有关管理部门减少了大量的工作和压力。良好的营商环境吸引了越来越多的同行前来加盟经营。

3. 2010年活动介绍

结合平洲珠宝玉器特色产业的发展状况，在上级部门的大力支持下，做好中国（平洲）玉器城一期工程建设，以货真价实、诚信经营打造平洲珠宝玉器的强势品牌。

东方珠宝城——云南瑞丽

自古以来云南就是珠宝玉石集散、加工、销售中心和贸易通道。在这条通道上，瑞丽市因长期处于“桥头堡”的位置而受到珠宝业界青睐，现已发展成为中国最大的珠宝玉石雕刻、加工、贸易中心之一。

近年来，瑞丽市乘势而谋、顺势而上，采取了多种措施力促珠宝产业发展。截至2009年，全市珠宝经营户达5000多户，从业人员3.5万余人，珠宝产业产值超过30亿元人民币，成为名副其实的“东方珠宝城”，先后被评为“中国珠宝玉石首饰特色产业基地”、“云南省文化产业特色市”。

2008年，中国·瑞丽首届国际珠宝文化节成功举办，被选为“改革开放30周年30个最受关注节庆”之一。2009年，瑞丽市又成功举办了“中国·瑞丽第九届中缅胞波狂欢节暨第二届国际珠宝文化节”，该届节会实现了“三最”、“两短”、“一突破”。

1. “三最”

即规格最高、亮点最多、宣传面最广。

规格最高：本次活动由云南省文产办、云南省旅游局、缅甸国家旅游部旅行社宾馆饭店司、德宏州委、州政府共同主办，瑞丽市委、市政府、缅甸木姐地区和平与发展委员会承办；中国电视剧导演工作委员会给予了特别支持，众多名导、名演员到瑞丽参加活动。

亮点最多：开幕式晚会投入演员500多人，节目突出了地域和民族文化原生态特色，是历届胞波节中参与规模最大的一次，翡翠玉石毛料公盘首次开盘交易，展出毛料300多吨，价值3亿多元，吸引了来自全国各地的5000多位珠宝商参与投标竞购，开盘成交7000多万元。

宣传面最广：节前《云南日报》连续为瑞丽作

了8篇专题宣传报道；节日期间有中央电视台“影视同期声”栏目、新浪网等中央、省、州40多家媒体的80多位记者到瑞丽采访报道了节日盛况。

2. “两短”

一是在短时间内圆满举办了一次大型活动，从正式确定方案到活动开幕时间不足60天；二是节日活动时间短，本次节日活动集中在两天一晚时间内，日程比较紧凑。

3. “一突破”

文化走向市场有了突破，这次活动中的珠宝公主选美、中缅民族服饰评选大赛和国际珠宝展交由企业承办。

瑞丽市未来发展珠宝产业，将以党的十七大精神为指导，全面落实科学发展观，按照“科学规划、突出重点、注重特色、扩大规模、提高效益”的总体要求，以文化为灵魂，以创意为突破，以提高珠宝产业的实力为目标，统筹规划，突出重点，联动发展，高水平、大手笔打造“东方珠宝城”。通过3～5年的努力，把瑞丽打造成为一个生产加工、贸易流通、研究设计、展览拍卖、旅游购物、文化交流功能完善的综合性国际珠宝交易中心，珠宝产业产值达到50亿元以上，把瑞丽打造成为海内外知名的“东方珠宝城”。

他山之石 四会成器

四会是“中国玉器之乡”，玉器产业是四会经济发展的一大特色产业，已形成了较大的行业规模，享有较高的知名度，是国内知名的翡翠加工基地和广东省四大翡翠玉器加工基地之一，也是国内知名的玉器加工销售集散地和广东最大的翡翠玉器批发市场。

1. 产业基地发展现状

“他山之石，四会成器”，没有玉石矿产的四会，却拥有“中国玉器之乡”的美名。在四会市委、市政府的大力扶持和引导下，四会玉器行业进一步发展，建设了具有一定规模和档次的玉器街、玉器城等玉器专业市场，吸引了大批客商前来投资和进行玉器交易，在国内乃至东欧、东南亚等地区享有较高的知名度。经过几代人琢玉工艺技术的传承和历届党委政府的扶持，四会的玉器行业不断发展壮大，并在玉器加工、玉器产品造型、玉器销售方面形成了自身的特色，到目前为止，已发展成玉器商铺近2000家，玉器加工场4500多家，从业人员近10万人，年加工玉璞7000多吨，年产值21亿多元的规模，成为四会经济发展的一大特色产业。四会玉器业的兴旺还带动了商贸、旅游、酒店、饮食、房地产等行业的发展。

四会市坚持“政府引导、政策扶持、科学管理、市场规范”的发展方针，把发展玉器产业作为发展四会经济的重要工作来抓，采取了切实有效的扶持措施。

一是加大政策扶持力度，营造良好软环境。积极协调有关部门，为玉器经营者提供资金、场地、设施等方面的便利，为其解决在生产、经营、销售过程中遇到的困难和问题。

二是不断完善硬环境建设。面对朝气蓬勃、发展迅猛的玉器产业，四会市政府先后建设了具有一定专业水准的玉器街、玉器城等玉器专业市场，营造了良好商贸环境，逐步引导玉器行业向规模化、市场化、产业化发展。

三是不断加强宣传推介，强化品牌意识。充分利用各种宣传渠道宣传四会玉器产业的悠

久历史以及近年来所取得的成果，积极推介精美的玉器产品，通过每年举办玉器文化节和玉器博览会等大型活动，进一步扩大对外影响。

四是加强对玉器市场的监管，维护玉器市场秩序。成立四会市玉器检测中心，为顾客提供售前和售后服务。开展“诚信经营店”评选活动，引导玉器经营户诚信守法经营。加强对玉器市场的监督和检查，严厉打击销售假冒伪劣产品的行为，维护市场秩序，保护消费者的合法权益。

2. 产业基地发展规划

四会市委、市政府提出了玉器产业向规模化、规范化、高端化的发展目标，实现玉器产业的升级。

一是加强引导扶持。扶持一批重点企业，鼓励重点企业扩大生产规模，成立玉器公司，提升管理水平，树立品牌，利用品牌效应，辐射、带动更多的企业和个体户。

二是搭建平台，加强推介。充分利用各种宣传渠道进行大力宣传。同时，通过组织举办玉器产品展销会、订货会和玉器文化节、玉器博览会以及研讨会等活动，加强对外交流和合作，扩大对外影响，提高知名度，不断开拓新的市场。

三是优化产业布局，完善功能配套。通过向原材料供应和产品销售拓展，进一步做大、做强、做长玉器产业链。同时，逐步建立和完善四会玉器市场玉石交易、玉器加工、产品销售等专业功能区，不断完善配套服务。

四是加强人才培养。通过加强与大专院校联合，在四会建立珠宝玉器专业学生实习基地和玉器加工工艺技术培训基地，加强对玉雕技术人才的培训，不断壮大玉雕技术人才队伍和提高玉雕工艺人员的技术水平。同时，积极组织对玉雕工艺人员进行职称评定，培养更多高级专业人才，提高玉器工艺的档次和水平。

腾越翡翠　传承百年

2009年，腾冲县委、政府以“中国珠宝玉石首饰特色产业基地”和“中国翡翠第一乡”建设项目为抓手，加快珠宝玉石产业基地建设步伐，为腾冲珠宝玉石产业发展注入了强劲的动力。

1．2009年腾冲珠宝产业发展现状

在全球金融危机的影响下，腾冲翡翠产业以重点项目为依托，加大对翡翠产业发展的政策扶持力度，全年实现翡翠产业产值14亿元，腾越翡翠城、荷花玉雕加工基地等重点项目完成投资近2亿元，注册珠宝加工经营户增加到1000多户，翡翠加工从业人员达2万余人。丝路碧玉公司创新翡翠销售模式，把“翡翠博物馆＋翡翠购物警示中心+腾越文化展示+游客接待”结合起来，全年共实现收入2500万元，被中国珠宝玉石首饰行业协会授予“中国珠宝玉石首饰行业放心示范店”称号。荷花乡充分发挥翡翠玉雕加工基地优势，吸引游客参与到玉雕加工的过程中来，开展助力购物、开拓客源市场，雨伞基地和肖庄基地全年实现销售收入21,000万元。“一城一乡”翡翠产业基地发展格局日趋成熟。

2．2010年产业发展规划

按照“一城一乡”产业发展格局的总体布置，腾冲翡翠产业发展规划如下：

2.1 完善“一城”产业功能

世博旅游产业集团投资建设的腾越翡翠城翡翠交易区全部竣工，完成投资6500万元，招商工作有序推进，2010年游客接待中心、翡翠加工区投资3500万元，正在进行开工前的各项准备工作。二期工程征地200亩，资金已全部到位。

2.2 加快荷花旅游小镇建设进度

2009年7月，“保山市人民政府促进荷花玉雕产业发展现场会”明确提出将荷花打造成为“中国翡翠第一乡”，并对荷花旅游小镇建设的总体规划、基础设施建设进行了精心的安排和布置，落实了项目启动前期工作经费。2009年9月3日市建委批复同意荷花集镇按5平方千米编制总体规

划。在建的玉雕中心一期主体工程已完成投资2000万元。预计一期主体工程291套商住楼于2010年5月底全部完工。

3．2009年重大活动概况

3月与德宏州委宣传部、昆明翰墨文化传播公司合作发行《东方珠宝》杂志在腾冲签约，20余户重点翡翠经营户在祥鹏航空公司的航线上建立了固定的宣传推介平台。

7月以后，翡翠加工培训取得了初步的成效，县一职校首届翡翠加工班进入实习阶段。树明玉雕工作室、艺盛和翡翠文化楼培训班加工培训规模不断扩大。

9月，在全县所有翡翠专业市场启动了以明码标价、质量检验、出具发票、诚信市场评选、规范导购费等为内容的翡翠市场综合治理工作，有望建立起规范有序的旅游购物市场。“腾冲翡翠无假货”品牌将成为“腾冲翡翠”的支撑品牌。

12月，荷花旅游小镇——中国翡翠第一乡建设项目通过规划评审，正式规划将于2010年完成。

4．2010年工作计划

2010年的工作将重点推进中国翡翠第一乡基础设施建设进度和招商引资工作，促成缅甸翡翠毛料商人在腾冲建设毛料交易市场，解决翡翠加工面临的原料问题；加快中国翡翠第一乡翡翠加工业的培植力度，引进国内知名珠宝加工企业落户荷花。与中国轻工业联合会合作在腾冲举办第五届中国玉器百花奖。

第三篇 首饰生产加工

天
玑

珠宝玉石首饰加工业概况

杨似三

中国珠宝首饰业在短短的20多年时间里，走过了西方国家上百年的发展历程。作为产业链的上游环节，珠宝加工业同样经历了一个飞速发展的过程。当前，我国珠宝加工业正在经历着由量变到质变的跨越式蝶变，生产规模由粗放型向集约型转变，生产技术工艺日趋与国际先进水平同步甚至部分领域有所超越，提供的产品也越来越精美、越来越注重对市场的细分。

中国是世界珠宝消费大国，更是珠宝加工大国和世界重要的珠宝加工基地，所生产的产品不仅满足着国内消费者的多样需求，还为欧美日等国际主要珠宝市场提供产品。中国珠宝产品以良好的工艺和实惠的价格获得了世界各国消费者的喜爱。

21世纪初以来，中国珠宝首饰加工业在产品自主研发、品质监控、企业文化和品牌战略等方面，投入了较大的力量，涌现出一大批优秀的制造企业和强势品牌，不仅推动了中国珠宝首饰加

表1–1–1　2009年中国各类珠宝加工企业基本情况一览表

生产加工　企业类别		企业数量（家）	产业工人数（万人）	加工量
贵金属	黄金饰品	500	2	500吨
	铂金饰品	30	1	80吨
	钯金饰品	10	0.25	21吨
镶嵌饰品		1500	10	3500万件
钻石切磨		80	3	毛坯1700万克拉
玉石	翡翠	2500	20	1000万件
	和田玉	2000	20	100万件
	岫玉	800	8	300万件
	其他(寿山、青田、巴林、昌化)	1000	10	200万件
珍珠养殖、加工		1200	13	1400吨
人工宝石加工		800	8	
流行饰品（含水晶、玛瑙）		8000	60	
合计		＞20,000	＞170	

工业的整体进步，也加速了从“中国制造”向“中国创造”的进程，在激烈的国际市场竞争中也占有一席之地。蓬勃发展的中国珠宝加工业为增加就业、促进经济发展做出了重要的贡献。

据不完全统计，2009年中国珠宝玉石首饰各类生产加工企业有2万多家，产业工人达到170多万人。这支队伍支撑起了每年2200多亿的国内珠宝市场需求和80亿美元出口产品的制造。

以下按照产品类别对中国珠宝加工业的情况做一个简单的介绍。

1. 贵金属饰品

贵金属饰品（银饰品暂归类到流行饰品中）是中国珠宝首饰市场最重要的组成部分，市场份额占65%以上。

1.1 黄金饰品

黄金饰品（含各类金条）生产加工企业有500多家，产业工人2万多人，2009年黄金饰品的生产加工量达到了500吨（其中，以旧换新约100吨），产值达到1100多亿元人民币。

主要生产加工企业有：深圳百泰、深圳翠绿、深圳粤豪、深圳爱德康、深圳福麒、深圳艺华、深圳安盛华、东莞金龙、东莞金叶、浙江日月、航民百泰、沈阳萃华、武汉金凰、武汉新金、湖北金兰、中国黄金、招金卢金匠、莆田华昌、福州依强、福州德诚首饰等。

随着全球金融危机的爆发和深化，中国“黄金热”再掀高潮。中国黄金首饰业者在产品的理念和工艺上都做了卓有成效的大胆创新，提出了文化黄金和时尚黄金的全新理念，并在这一理念的指导下，对产品的设计开发和工艺制造技术进行革新改造，开发了一系列具有国际先进水平的工艺技术，如硬金技术、电脑车花技术、花丝镶嵌技术、项链自动成型技术等，个别企业已经在着手研究开发黄金首饰的自动化、机械化生产工艺且初见成效。

这些创新理念、工艺和技术的运用，催生出颇具亮点的黄金首饰产品，如深圳3D的硬金、深圳翠绿的炫舞金、武汉金凰的M-gold婚饰、深圳百泰的喜福等。沈阳萃华运用新思路将传统工艺与现代工艺有机结合创造了更具特色的錾花工艺、花丝工艺等，赋予了黄金首饰更深的时尚感和文化内涵，增强了对消费者的吸引力。

理念、工艺的创新，推动了我国黄金加工业的进一步发展。

1.2 铂金饰品

中国铂金首饰加工及消费量已连续多年位居世界第一。目前，铂金饰品生产加工企业约有30家，产业工人约1万人，2009年铂金饰品的生产加工量达到80吨左右（其中，以旧换新约20多吨），产值达到300多亿元人民币。

主要生产加工企业有：深圳意大隆、深圳爱德康、深圳粤豪、深圳吉盟、浙江日月、深圳艺华、深圳龙嘉首饰等。

1.3 钯金饰品

中国钯金饰品生产加工企业有10家左右，产业工人约2500人。据国际钯金协会的统计，2009年中国钯金饰品的生产加工量达到28吨左右，产值达到20亿元人民币。

主要生产加工企业有：深圳吉盟、深圳爱德康、深圳粤豪、深圳龙嘉、深圳金马、深圳凯恒、深圳梦雅恒珠宝等。

2. 镶嵌饰品

镶嵌饰品是市场份额仅次于贵金属首饰的第二大类珠宝产品，生产加工企业有1500多家，产业工人超过10万人，2009年镶嵌饰品的生产加工量达到3500多万件。其中，深圳大约集中了1000家工厂，以内销为主，生产加工量约2000万件，产值达到400多亿元人民币。番禺大约集中了400家工厂，生产加工量约1500万件，主要是香港企业内地办厂，以出口为主，属于来料或进料加工，收取加工费用，创汇约13亿美元。

主要生产加工企业有：深圳宝怡、深圳星光达、深圳缘与美、深圳行行行、深圳千禧之星、深圳晶永恒、深圳周大金、浙江日月、周大福、六福、周生生、谢瑞麟、顺德万辉、番禺亿恒、番禺卓尔、番禺刘强珠宝等。

近几年来，我国镶嵌加工业锐意进取，创新突破，不断加强对产品工艺设计的研发及产品工

艺技术的改进，已有多项技术和工艺属世界首创或处于世界领先地位，如宝怡公司的CNC车花工艺、中空工艺、分色技艺，缘与美公司的H.E.E环保生产加工系统、“莲花钻石”、“天花”工艺，星光达公司的弹金首饰制作工艺、空心杯体镶嵌、小钻自然固定主钻方法等。

宝怡公司开发的臻·心爱和冰糖系列钻戒，戒面花纹采用CNC车花切割雕刻技术，戒壁成多边形而且切面完整、对称性极高。采用中空技术精制空心戒坯，在戒圈上车花、镶嵌且不变形，指圈圆润，符合人体工学原理。中空工艺代表了目前珠宝工艺的最高水平，领先于西班牙等原来国际上该技术发展比较成熟的国家。臻·心爱系列运用自主研发的国际顶尖的制作技术与工艺，一次性挤压成形，无焊真分色、分层高、精、准，融入钻石精工镶嵌技术，使钻石镶嵌牢固、突出。

缘与美公司自主设计研发的H.E.E环保生产加工系统，属世界首创，节能，降耗，环保，能有效地保护员工的身体健康，预防职业病的发生。注重镶嵌工艺创新，世界首创“莲花钻石”发明专利产品。该产品和“天工”套系也是将国际先进的CNC数控技术引入珠宝首饰生产领域的成功典范，解决了产品的精密性及批量标准化生产问题，达到世界先进水平。

星光达公司的国家专利发明——小钻自然固定主钻的方法，巧妙地规避了传统镶嵌中钻石被镶口镶嵌金属遮挡光芒的问题，使钻石充分地散射光芒。首创弹金首饰制作工艺，使用经过特殊配方的贵金属材料作为贵金属首饰补口，并通过热处理等特殊工序，使首饰具备延展性和抗弯曲能力，方便佩戴和摘取，实用美观。其代表作品“绝代风华”和“生命之歌”弹金首饰套件曾获“最佳工艺创新奖”。空心杯体镶嵌，采用先进的电脑成形技术，通过影像技术和快速成型机实现高精度，曾为第八届华语电影节颁奖典礼成功打造镶钻奖杯。

此外，在国际上领先的工艺和技术还有：多围一技术、手镯弹簧扣技术、弹簧金饰技术、手工拉丝技术、微镶技术、倒模技术、18K 电金技术等。

3. 钻石切磨

20世纪90年代中期以后，凭借低廉的劳动力成本优势和精湛的加工工艺，中国的钻石加工业获得了非常迅速的发展。目前在中国从事钻石打磨切割的工厂超过100家，从业人员3万人，2008年全年加工钻石毛坯1700万克拉，成为仅次于印度的世界第二大钻石切磨国家。

主要加工工厂有：金伯利、欧陆之星、青岛京华、从化东麟、从化永钊、番禺真东方、长宁、凯吉凯等。

中国的钻石切磨技术与工艺进步很快，以精细著称，以加工中小规格钻石为主的“中国工”在商家和消费者的心目中就是“好工”和“优工”的代名词，“中国工”已在全球钻石界享有盛誉，与比利时、以色列的切工齐名。将传统审美与现代高科技工艺融为一体的“梅花钻”是其中一个典型的代表。

中国的钻石加工吸引了世界上许多国家和地区钻石公司的目光。目前，中国香港90%以上的钻石镶嵌首饰是在大陆加工的。印度、泰国、法国、意大利和以色列等都已在我国发展了贸易加工合作。

4. 玉石饰品

玉石饰品是典型的具有中华文化特色的珠宝产品。中华玉文化源远流长，博大精深，文化内涵非常深厚。玉石则是最能体现这种文化的珠宝产品。

玉石加工在中国有着非常悠久的历史。现代化的机器设备与不断创新的民族传统工艺相结合，是当前玉石加工最显著的特点。中国的玉石产业已经形成了集群化发展的模式，中国珠宝玉石首饰特色产业基地就是这种集群化的产物。

5. 珍珠养殖、加工

中国的珍珠养殖技术在世界上处于领先地位，但加工技术相对比较薄弱，这也正是中国多年来一直是珍珠大国而非珍珠强国的最根本原因。但是现在，这种情况有了很大的改观。我国一些优秀的珍珠企业在加工技术研发创新方面加大投入，拥有了一些处于国际领先水平的技术成果，如山下湖珍珠有限公司的高稳定彩色珍珠的加工技术以及阮仕珍珠有限公司的高亮泽珍珠的加工技术等。

6. 人工宝石加工

我国人工宝石产量居世界第一，主要用于出口，市场多集中在东南亚和欧美国家。我国人工宝石产业在加工技术和工艺方面也有不少创新和进展，并开发出一些新品种。如吉林大学用高温超高压法合成宝石级金刚石已达边长7毫米。中科院上海硅酸盐研究所开发了玻璃质仿猫眼宝石，产品很受市场欢迎。梧州的宝石磨机已经获得了好几个实用新型专利。

我国独有的稀土玻璃，色彩鲜艳，可以仿多种宝石颜色。

7. 流行饰品

我国流行饰品加工业规模较大，出口产品占据了国际市场近50%的份额，主要出口对象是欧美发达国家。近年来特别是国际金融危机以来，我国流行饰品企业又开辟了一些新的国际市场，如中东地区、俄罗斯等，并站稳了脚跟。在激烈的国际竞争中，为了占得先机，扩大市场，我国流行饰品企业将设计研发、新工艺技术创新作为重点，加大投入，也取得了较好的成果。如新光集团研发的环保型金属饰品高塑性锌基合金材料，每件可降低生产成本0.3元；兴美公司与科研院所合作研制出“铜铁合金”；环艺公司发明了水钻点数机，大大提高了企业的生产效率。

8. 其他（设备、仪器、工具）

我国珠宝业不仅大量引进国际最先进的设备、仪器， 而且自主研发制造的一些设备在国际上也处于领先地位，如环保制模机、环保抛光机、钢模制腊机等。

综上所述，中国珠宝加工业正在经历由量变到质变的华丽转身。消费决定生产。随着竞争的日益激烈和消费结构的日益多元化，中国珠宝加工业的发展也必将更加成熟、更加健康。中国珠宝加工业也将向国内外的消费者提供更多更好更丰富的产品。

审势而动　乘势飞扬——粤豪珠宝

作为 “深圳百强企业”、“ 全国黄金行业先进集体”的深圳市粤豪珠宝有限公司，自2003年成立以来，迅速实现了从纯加工、生产向研发、终端自主品牌建设的转型，构筑了“隆进”、“粤豪K-gold”、“简金品”、“玉翠山庄”等多元化的自主品牌和特色品牌文化体系。现已形成一个具有12个生产工厂、11家展销机构、2000多名员工、1万多平方米运营面积和遍及中国、东南亚等120多个专属终端网点的企业集团。秉持以客户为中心的市场经营管理理念，实践研、创、销一体化的运作模式，打造综合型、全方位、系列化的展销平台，粤豪珠宝不断地赢得市场先机，获得发展。

1．谋势，理念创新促研发

创新是企业发展的原动力，研发设计的创新尤显重要。以“传播珠宝文化，引导潮流风尚”为理念的粤豪，不仅有成熟的国内设计团队，还在欧洲等地设立了产品研发小组。他们洞悉人类情感需求，感悟不同地域文化、时代风情，把握时尚潮流趋势，以创新思维、精湛工艺、个性设计创作出多元、新锐的艺术佳品。同时，粤豪从意大利、瑞士、日本等国引进先进设备，聘请经验丰富的专业技术人才，实现珠宝模具CAM制造，打造从研发到制造的先进产业链。

“中国名牌”隆进，以细分市场为着力点，以中国极具亲和力与广泛群众基础的“喜庆文化”为诉求，赋予传统黄金首饰婚庆文化内涵。

粤豪还引入“婚庆铂金”消费概念，推出“I believe”铂金结婚对戒、“铂色佳人”、“圆舞曲”系列等铂金精品，展示当代女性自信、优雅、纯洁的性格魅力。

无论是古曲新唱的婚庆黄金，还是时尚优雅的魅力铂色，均是粤豪谋势创新促研发的实践成果，上市后都受到市场的追捧。

2．顺势，特色新品优化升级

以“中国元素，时代理念”为创作初衷的婚嫁臻品“婚庆九宝”套装系列同样迎合并引导了珠宝的婚庆市场需求，上市后迅速覆盖全国市场，大受新人和父母们的青睐。当“婚庆九宝”市

场销售如火如荼时，隆进乘势挺进，将地域特色融进品牌设计，又开发设计出“婚庆九宝Ⅱ”三、六、九件自由搭配组合套装系列，以满足消费者的自我意识和更多样的选择。

粤豪还先后开发推出“欢姻喜点”三代婚嫁系列臻品，彰显婚嫁的一种承诺、珍爱与憧憬，一种满足的幸福感，突出了婚庆珠宝厚重的文化底蕴，也印证了隆进“打造典范婚尚”的价值理念。

3. 蓄势，差异化市场推广

卓越的产品只有经过消费者的认知才能体现价值。为了更好地推广铂金首饰，引导时尚消费，粤豪珠宝积极配合国际铂金协会新概念、新产品开发与推广，并根据不同产品特性和消费者需求，采取不同策略和推广方式，着力开拓市场。

2009年，粤豪先后在杭州、贵阳、南京、沈阳等地开展“铂色·魅力”潮流新品发布活动，促进了时尚铂金饰品文化及自身品牌在华东及西南地区的渗透。2009年6月、9月分别携新品赴兰洽会、吉林东北亚博览会，获取订单3.35亿、5.1亿元，进一步推进了东西部市场的开拓。目前，粤豪铂金市场已经拓展到华东、西南、东北、华中及西北地区的重点城市，以华东、东北为核心的全国营销市场已初具规模。

著名品牌“玉翠山庄”，将中国源远流长的玉文化与现代工艺相互融合，以时尚镶嵌“天然翡翠”创意研发及高贵、优雅的产品设计风格，践行着“弘扬翡翠文化，引领东方时尚”的品牌宗旨。目前，玉翠山庄已拥有20多家旗舰店，近百家长期稳定的客户，营销网络遍布吉林、天津、青岛、太原、杭州、南京、深圳、广州等大中型城市。

最成熟的零售品牌，“中国珠宝首饰业驰名品牌”——“简金品”联合国际机构积极推广珠宝时尚文化，使融合了欧洲浪漫风情与东方端庄优雅格调的产品深入人心。产品设计从意大利前沿时尚界获取独特灵感，自然优雅，时尚浪漫。2009年邀请影视明星曾黎担任形象代言人，品牌影响力进一步扩大。至今，简金品在华分店总数已逾200家。

4. 兴势，择高点而谋发展

面对机遇挑战并存的未来市场，粤豪将进一步优化资源配置，在更高的起点上谋划发展。公司拟创建集设计研发、运营、展示、电子商务、观光旅游购物、检测认定等多种功能于一体的、面积3万平方米的总部基地，并力求将其打造成国际一流的珠宝产业交流平台。

当前，粤豪正积极筹备上市，其未来总部基地的落成，将加速实现产业资本化。粤豪还将加大 “简金品”和“玉翠山庄”的全国连锁规模，并逐步将隆进推向终端。加强与各区域龙头企业、优势品牌的合作，实现优势资源互补，以期快速覆盖全国市场。

万物和合　百吉百泰

深圳市百泰珠宝有限公司是集首饰研发、生产加工、批发及零售于一体的大型黄金首饰加工制造商，年生产加工黄金首饰达100吨。旗下拥有深圳市金百泰、杭州航民百泰、深圳市百泰钻饰、深圳市百泰首饰等多家全资子公司和控股公司。拥有现代化大型工厂近2万平方米。生产经营黄金饰品、黄金摆件、中高端钻饰镶嵌、K金等珠宝首饰的批发及相关配套业务。百泰致力于拓展中国黄金珠宝市场，目前加盟连锁商近300家，形成了加工制造与终端渠道的对接品牌合力。百泰专注于黄金首饰生产加工已有15载，先后获得“中国名牌”产品和“中国驰名商标”等荣誉。

1. 细分市场，演绎时尚未来

实施品牌差异化战略是企业发展的必由之路。百泰首饰针对市场的细分和消费需求的多元化，实施产品差异化战略。通过产品研发、营销推广等方面的创新，推出“环冠时尚”、“百泰首饰”、“尚金缘”和“百泰钻饰”四个产品品牌，满足各种消费层的需求，引领时尚潮流。

2. 抓创新，促发展

创新是企业发展的动力。百泰首饰对自主创新有着不懈的追求，与中国科学院深圳先进技术研究院成立“百泰—SIAT黄金工艺”联合实验室，与清华大学深圳研究生院等著名机构建立长期战略合作关系，进行创新改革。公司年开发新品数千款，申请国家发明专利9项，已获得实用新型专利4项，外观专利63项，著作权12项。

3. 重文化，重品牌

百泰首饰经历了从简单的标识符号到情感诉求，再到今天的文化诉求的历程。2006年百泰在业内率先提出了“文化黄金”和“时尚黄金”的新概念，大力挖掘民族文化精髓，汲取最新的国际流行时尚，结合自身技术优势，在产品设计风格上尽显个性风采，提升了黄金产品的附加值。

2009年8月，百泰首饰确立了以“和合”文化为核心的品牌战略，以“取和合，百吉百泰”作为品牌的DNA，以“万物和合 百吉百泰”作为品牌主题宣传语，推动百泰品牌的升华。

翠绿制造　追求卓越

深圳市翠绿首饰股份有限公司成立于1996年，是一家集珠宝首饰生产、加工、批发、零售、自营进出口及贵金属交易、回收、金条购销等于一体的大型企业。在深圳罗湖水贝工业区建有集设计、生产、销售于一体的现代化工业园区，拥有品类齐全、独立销售的展示厅。旗下翠绿金业是集贵金属交易、再生金回收、金条买卖等于一体的大型贵金属投资公司，是上海黄金交易所综合类会员单位及理事会员单位，2009年被批准为上海黄金交易所可提供标准金锭的企业。

翠绿的品牌发展方向和产品定位为：继承悠久历史，传播中国文化，吸收国际时尚文化元素，将东方情怀和黄金饰品紧密相连。

面对金融危机，翠绿积极调整发展思路，把握市场脉搏，创新产销模式，提高自主创新能力，经营业绩实现了逆势增长。翠绿相继成为“世界黄金协会指定生产商”和“国际铂金协会指定生产商”，2009年，被世界黄金协会选为“优良品牌生产商”。旗下的“炫舞金”、“闪耀铂”等黄金、铂金产品，融合了东西方文化，结合最新的时尚趋势，受到各地零售商和消费者的普遍欢迎。“炫舞金”产品“面大金轻”、“体大轻巧”、“中空轻金”，兼具千足金的成色和时尚的装饰艺术，颠覆了传统黄金饰品在年轻人心中质量重、款式旧的固有看法，满足了年轻消费者对黄金款式的时尚化要求。“闪耀铂”系列延续了炫舞金的设计元素，同时注入国际时尚界的最新潮流，工艺精湛，造型优美；“魔丽钻”钻石镶嵌系列，采用主流镶嵌方式爪镶等工艺，以自然界花朵、树叶为主要元素，造型立体、优雅、灵动。2009年，翠绿与金一公司强强联合，推出了第16届广州亚运会主题贵金属产品——亚运吉祥金系列，融合了中国传统元素与亚运元素，具有投资和收藏的双重价值。

拥有“中国名牌”、“中国驰名商标”的翠绿珠宝在未来的发展中，将继续本着“翠绿制造，追求卓越”的企业精神，坚持诚信经营、优质服务，不断完善已有系列产品，不断研发创新产品，塑造“翠绿珠宝”的品牌形象。

甘露　打造“爱·人性·创造”核心价值

深圳市甘露珠宝首饰有限公司创立于1997年，是中国珠宝首饰业研发设计、生产加工及销售服务等领域的先导之一。如今公司拥有国内一流的生产加工基地和产品展示大厅，形成以“ADK爱得康”为主导的K金、铂金、钯金、珠宝镶嵌首饰以及“玉龙山庄”翡翠、“塔狮珥”珠宝奢侈品等多个品牌的系列产品矩阵，形成了以批发、加工、连锁加盟、直营为主的营销体系。旗下拥有直营店及加盟店200多家，销售网络覆盖全国27个省市地区。同时，公司不断拓展海外市场，参与国际竞争，加强与世界珠宝首饰权威机构的合作，成为世界黄金协会、国际铂金协会和国际钯金协会的指定供货商。

凭借着全面发展的综合实力，不断创新的设计研发、严格优质的质量保证、亲切贴心的销售服务，甘露珠宝相继荣获了“中国名牌产品”、“中国驰名商标”等荣誉称号，并得到了政府相关部门的认可，获得企业制造业信息化重点建设项目资助、企业回收系统技术改造项目资助，2008年成功跻身于深圳市工业500强之列。甘露珠宝还积极参与各项国家标准、行业标准、地方标准以及联盟标准的编制修订，推动行业发展。

未来5年，甘露珠宝将树立以“爱·人性·创造”为核心价值的品牌形象。通过与国际权威机构合作的全国性巡回推广、终端活动推广、网络营销创新等多种方式，建立更强大、专业、高效的品牌机制，提升品牌在终端领域的影响力。

注重提高自主创新能力，向高新科技产业转型。不仅致力于开发拥有自主知识产权的核心技术，还积极响应政府号召，不断完善再生资源回收、加工、利用体系，强化污染预防和全过程控制，降低能源消耗，为迎接“低碳”时代的要求而努力。

此外，甘露珠宝将全面打造李朗国际珠宝产业园，加强基地基础工程建设，积极争取各级政府政策支持，为即将入驻的国内外知名珠宝企业解决后顾之忧。按照“资源集约化、经营规模化、运作产业化、衔接链式化”的国际经营理念，促进深圳品牌融合发展，带动珠宝产业发展壮大。

吉盟　创新促发展　文化育品牌

深圳市吉盟首饰有限公司是国内最知名的珠宝首饰零售商和制造商之一，“中国名牌”、“中国驰名商标”双荣誉获得者。2000年诞生于终端市场，近年来一直以自营店为主进行市场扩张，目前已发展为拥有分布于全国各地的200多家品牌零售店的专业珠宝品牌。公司拥有素金厂、镶嵌厂、机织链厂三家首饰加工厂及贵金属材料研究室，专业技术工人1000多名，综合实力在珠宝首饰界名列前茅。吉盟不断强化品质与服务，坚持品牌路线，打造非凡的品牌竞争力。

1．有效传播品牌形象

为了扩大吉盟品牌的知名度，有效传播吉盟“浪漫经典”的品牌形象，吉盟借助多种传播形式，与中央电视台、《瑞丽》、《女友》等国内知名媒体建立了长期合作关系；在《非常6+1》、《周末喜相逢》等黄金娱乐栏目，连续多年投放品牌广告，成功展示了品牌形象；与业内知名媒体《凤凰珠宝》、中国黄金报等有着多年稳定的广告合作。吉盟还非常重视在零售重点区域市场的广告投放，2009年在四川、重庆和湖南经济电视台全年投放品牌广告，扩大了在区域市场的影响力。

2．公关活动增进品牌认知

作为知名的时尚珠宝品牌，吉盟致力于塑造和提升女性知性优雅、时尚浪漫的动人魅力，成为2009年重庆小姐大赛唯一指定珠宝品牌，吸引了重庆电视台等主流媒体采访报道，扩大了品牌的影响力。2009年下半年，吉盟开展“幸福你就拍拍照”照片征集活动，征集了数百名网友上传的数千张摄影作品，网站点击率超过100万次，腾讯网等国内知名媒体竞相报道了活动盛况。

3．技术创新及产品研发

公司创立之初，就确立了“创新促发展，文化育品牌”的企业文化宗旨，形成了以技术创新和先进设备为主体，以自主知识产权产品为导向，调动全员创新能力的自主创新机制，有效地规避了同质竞争。

2009年，吉盟首创彩钯首饰，其丰富的色彩组合、创新的材质搭配、百变的款式设计，给消费者提供了多样选择，尤其受现代女性的喜爱，填补了国内外市场空白，问世后迅速成为市场热卖产品，被业内专家普遍认为“颠覆白色贵金属传统，引领贵金属首饰彩色潮流”。

自主创新为福麒插上腾飞的翅膀

深圳市福麒珠宝首饰有限公司是美国上市公司福麒国际的全资子公司，获“中国名牌”、“中国驰名商标”称号。公司成立于2001年4月，现注册资金7000万美元，是专业从事珠宝首饰设计、生产、加工、批发、零售的大型外商独资企业，产品覆盖铂金、黄金、18K金、钻石镶嵌等主要首饰大类。公司现有生产经营总面积近1万平方米，员工1500人，三大首饰生产基地，两大零售品牌，一个重点技术研究开发中心。公司与国检中心、中国地质大学等多家科研院所、高校建立了“产、学、研战略联盟”，进行新材料、新技术和新工艺的全面开发。

2007年母公司在美国上市后，福麒实力大大增强，品牌形象不断提升，企业发展进入新的历史时期。当前，福麒公司在国内市场全线出击的条件趋于成熟，强强联合、重拳出击的基础基本形成，福麒的品牌时代正在到来。

1. 引入“技术美学”珠宝新概念

创新是福麒坚持的理念。福麒以中国古典文化精粹，结合西方时尚设计，运用新材料和新工艺，开发出一系列拥有自主知识产权的优质产品。2009年福麒首开先河，将“技术美学”引用到珠宝领域，对传统珠宝行业的生产手段进行改良和提升，进行新材料、新技术及新工艺的全面开发，推出第二代FQ-H-GOLD、FQ-TOP-PT999、镶嵌精品“贵妃领、贵妃镯”等一系列广受业界好评的珠宝新品。

2. 新领域、新渠道的突破

2009年9月，福麒公司获得独家授权，成为国内唯一生产销售贵金属版“喜羊羊与灰太狼”的珠宝首饰企业，实现了新领域和新渠道的突破。在经营模式上，采用“引进动漫产业的原创形象，延伸作为珠宝首饰的特许经营”的新营销模式，在各区域发展“特许分销商”，并通过保护性措施和价格保障体系，保障经销商和消费者的权益，给零售终端带来了新的活力。

未来，福麒将加强实施品牌战略，重点支持加盟；实质推动强强联合，寻求新的增长点；构建完善的产业链，实现经营、管理等各方面的历史性突破。

金龙打造黄金精品

金龙珠宝首饰有限公司隶属于明丰实业集团，是集珠宝首饰与黄金礼品的研发、生产、销售、运营管理于一体的大型珠宝集团企业。公司针对香港及内地的知名珠宝零售品牌提供产品及服务，同时发展金龙珠宝品牌连锁店自营与加盟管理业务等。公司成为北京奥运会纪念金银鸟巢、纯金银神舟七号飞船指定生产商，在东莞设有目前中国最大的黄金首饰及礼品生产基地，规模达2万平方米，拥有专业技术人才1000多名；位于香港、深圳、东莞的营销公司分布在香港、内地200多个城市的2500多家珠宝零售商提供产品及服务。

1. 打造黄金产品品牌体系

随着黄金首饰消费步入个性化时代，金龙珠宝携手国内大型零售商精心打造特色产品系列。金喜有礼、唯有金、名仕金、I’GOLD、嫁等六大产品品牌体系，涵盖了礼品、情侣时尚精品、女性时尚精品、男士精品、婚嫁新品、时尚概念新品等领域，深得消费者喜爱。

2. 推动特色产品发展路线

2007年独家推出并获国家专利保护的传世金和开运金，连续两年赢得工艺文化金条的销售冠军；2009年世界黄金协会“爱无界”产品推荐会上，金龙公司推荐选送的新品以80%的选中率成为刘烨代言的“爱无界”新品甄选活动的最大赢家。

3. 促进黄金产品品牌的全面升级

金龙公司首创产品品牌运作新模式，保证产品从研发设计、生产制作到推广销售一脉相承。生产上，金龙拥有精品专项生产部门，在同行内率先引进中国香港、台湾等地高级技术总监担纲领衔，不断提升精品品质和工艺创新能力；营销上，组建精品专项策划推广和新品统筹部，从细节把控产品；售后服务上，加强产品跟踪服务，以客户需求为导向调整产品结构；渠道上，金龙整合上下游，为零售商提供全面的营销支持，并进行系列化的营销和培训辅导，以加强对公司品牌文化的认同。

未来5年，金龙珠宝将进一步引进先进技术及优秀管理人才，整合资源，强有力地凸显金龙专业黄金首饰品牌形象，为创国际一流的珠宝首饰品牌的目标打下坚实基础。

驰骋征程路　金叶情更浓

东莞市金叶珠宝有限公司成立于1995年，是一家集黄金设计、生产、加工、批发和零售于一体的规模型企业，“金叶”品牌先后荣获国家和省级名牌。公司拥有6000多平方米自建标准生产厂房和占地30余亩的黄金工业园区；拥有一支高、中级管理、设计人员以及高级技师、技工专业人才队伍和一批功能齐全、加工器具先进的珠宝首饰生产设备。

金叶在“企业创新”、“英才聚集、人才培育”和“产品特色、技术和多样化”三方面不断摸索，在 “工艺、设计、管理”三大领域实现了跨越式创新。

1. 工艺领域创新

公司进行对新技术研究、工艺革新、资源集聚和优化组合。引进激光刻字机及碰焊机代替传统的焊粉焊药焊接手镯方法，生产效率提高一倍，产品合格率由70%提高到98.97%。公司针对市场需求推出的“万足纯金”首饰，创下了优异的销售成绩。

2. 管理服务创新

金叶通过组织结构、制度规范、人员配置，把个人力量整合为整体力量，通过价值观整合，把企业的宗旨、追求和理念转化为员工共有的价值观念。通过顾客满意度调查，主动把握顾客要求的变化和潜在需求，及时或超前变革服务的内容和方式，增强顾客满意度。

3. 设计领域创新

金叶珠宝设计以“取象命意、蕴含深刻、大气磅礴”为基础。推出的十二生肖、百花、婚恋婚庆等系列，和世界黄金协会共同推出的“唯有金”及为“上海世博会”、2010年南非世界杯推出的系列产品，其销量同比增加15.86%。

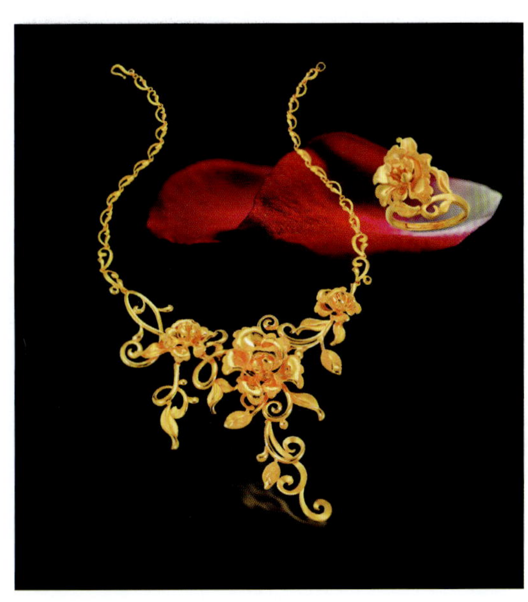

金叶珠宝2007、2008、2009年连续三年产销翻番。投巨资兴建的金叶黄金工业园，占地30亩，集展示中心、研发中心、加工中心于一体。2009年底将正式投入使用，生产能力年将增加30%。

2010年金叶将继续“以客户需要、客户满意”为产品设计推广的基本，用“千年黄金缘　一生金叶情” 的品牌魅力诠释“永结同心，血脉相连”的深刻内涵，不断创新，努力打造卓越的金叶品牌。

追求卓越　金中凤凰

武汉金凰珠宝股份有限公司成立于2002年8月，于2007年10月整体变更为股份公司，是集研发设计、生产、制造、批发于一体的大型黄金首饰生产企业，是国内最大的黄金首饰制造商之一。

金凰珠宝坚持“仁者爱人，智者知人”的经营理念，金凰首饰是对中国传统文化的诠释，创作源自先秦文化。在经营发展中，金凰一直坚持品牌战略，做大做强黄金首饰制造业。

1. 金融危机，金凰逆势前行

在世界经济危机时期，金凰利用危机促进行业整合的时机，抓住机遇，在调整和强化内部管理的同时，把握好整合内外部资源的机会。金凰大量吸收优秀人才，促进自身发展提高，实现企业升级。同时，金凰抓住机遇并购优质资源，实现资源、营销模式的整合，做好服务工作和品牌建设工作。

2. 展望未来，金凰人充满希望

未来，金凰将通过资本运作不断扩展企业生产规模，打造企业产品优势，凝聚一批黄金首饰技术、工艺、管理专家和技术人员的专业化队伍，从机械化程度、产品设计、生产工艺流程改造等方面入手，将产品做细做精，提高批量生产高品质黄金首饰的能力。同时，金凰将大力开发高端产品和时尚产品，在硬金产品、文化精品、时尚精品、黄金艺术收藏品等领域建立相应的专业生产厂，实现产品的升级换代。

渠道拓展方面，金凰将建立布局合理的专营店、加盟店、网络营销等相结合的产品销售网络。通过自主经营和合作经营的模式，在国内七大区域分别组建区域生产销售基地，以生产区域热销产品为主，实现专业化生产，与公司总部产品优势互补，直接在当地销售，最终完成公司在国内的产业基地布局。

金凰将秉承“务实、创新、包容、感恩”的企业精神，以“为客户创造价值、为员工提供机会、为社会奉献责任”为目标，踏踏实实工作，将金凰发展成为有高度责任感的中国首饰业领军企业！

金色兰花　绽放中原

湖北金兰首饰集团有限公司始建于1986年。1995年湖北金兰集团创立，是全国首饰行业第一个省级企业集团。主要生产黄金首饰、铂金首饰、金属镀层流行饰品、工艺美术品等。公司的销售渠道遍布全国28个省、市、自治区，销售网络基本覆盖全国大中城市。

1. 加强企业文化建设

“诚实、奉献、高效、创新”是金兰的企业精神，它源于金兰特有的历史，是其最宝贵的财富。诚实是前提，是对每一名员工最基本的要求；奉献，是成长和发展的动力；高效是要求工作有效率，不拖拉、不推诿；创新是更高的要求，不仅是保质保量完成既定的工作，更要去做具有开创性的工作。

2. 创新是金兰的传家宝

没有创新就没有金兰。技术创新使金兰不断提高生产效率，降低生产成本。在实现定点之后，金兰之所以能够迅速地打开市场，进军全国，是因为独创出了多个在全国都叫得响的产品。

制度创新使金兰永葆活力。从集体所有制企业到全民所有制再到民营企业，根据市场变化和国家政策进行的制度创新，提高了企业活力，增强了企业竞争力。

面对全球金融危机，金兰首饰采取以下措施从容应对：

品牌宣传：公司2009年继续投资近1000万元签约中央电视台，成为央视电视剧频道《黄金强档》和央视综艺频道黄金栏目《星光大道》的常年形象展示播出单位。

提高产品质量：聘请沿海业内技术能手指导教学，开展生产现场管理，与沿海企业保持信息畅通，全面提高产品质量和工艺水平。

产品结构调整：2009年初，金兰引进了金条等市场适销对路的产品，同时调整各金行铺货结构，加大珠宝玉器钻石等高附加值产品销售，并开设礼品柜增加盈利能力。向社会推出了上海黄金AU　T+D代理业务，具有提取自由、双向交易、收益放大、交易时间长、成本低廉、平台正规、资金安全等主要特点。金兰首饰正在创新中，不断前行。

宝福以文化塑品牌

深圳市宝福珠宝首饰有限公司始创于1989年，是全国专业从事珠宝首饰研发设计、生产加工及销售服务和自营进出口业务的大型珠宝企业，总部位于面积达12万平方米的宝福李朗珠宝文化产业园，是国内最具影响力的铂金品牌企业之一。公司有2万平方米的铂金生产车间，各类专业工程师、技师、技工2000余名，研发设计人员130多人，年加工各类珠宝首饰花色品种及款式达8万余种。

“BHD宝亨达”首饰先后获得“中国名牌”、“中国驰名商标”等荣誉称号；公司被评为“中国珠宝玉石首饰行业企业信用评价AAA级企业”、“深圳市民营领军骨干企业”等，是上海黄金交易所综合类会员，国际铂金协会指定生产商和零售商。

公司为1000多家珠宝首饰销售商供货，并设立了300多家“BHD宝亨达”品牌销售专柜。2009年宝福公司前两季度订单同比增长四成；虽然从7月份开始销量下降了很多，但公司2009年销售总量比2008年增加了1吨多，增长幅度达18%。

通过与中国地质大学(武汉)珠宝学院联合办学，创建贵金属成分及铂金合金材料等领域研究实验室，在采购、制造、生产、管理和营销等各个环节实行严格的品质管理体系；设计人员将东方传统审美与铂金流行时尚完美融合，研发了独具风格的铂金产品体系，创造性推出以2009“永恒铂金”为主题的系列产品，深受经销商和消费者喜爱；宝福公司承办了由中国珠宝玉石首饰行业协会主办的第五届中国(深圳)文博会分会场并通过参加各种行业活动，积极开拓市场，带来更多的商机和订单；宝福李朗珠宝文化产业园建成了铂金历史文化馆—铂金精品展馆—珍珠展馆—翡翠“香山九老图”山子—生产线参观通道—员工活动中心为主的旅游路线，让消费者直观地了解珠宝首饰设计、选料、制作、成品的流程。

公司以传播“中华民族珠宝首饰文化”为己任，努力实现创建“世界名牌”的宏伟目标。

意大隆珠宝缔造铂金新时尚

深圳市意大隆珠宝首饰有限公司是一家专业从事铂金、黄金、钯金、镶嵌等饰品的设计、生产、批发、零售及连锁加盟和配套服务为一体的综合型珠宝首饰企业。公司经过十多年的发展，已拥有各类专业技师、技工及研发设计人员600多人，年加工各类珠宝首饰花色品种及款式5万余种，年产值达到10亿元以上。

公司以“质量第一，客户至上”为发展原则，励精图治。2005年，公司成为国际铂金协会指定生产商并顺利通过ISO9001:2000质量体系认证；2006年，公司荣获“中国名牌”并成为上海黄金交易所综合类会员。

1. 做好市场细分，清晰产品定位

针对铂金首饰产品同质化严重的问题，公司做好市场细分，重新定位消费群体，以年轻化、时尚化作为产品研发方向，自主研发设计并创新性推出了铂金年轻化、时尚化首饰概念“80C”。“80C”改变了铂金首饰原有的成熟化定位，以独特的设计、新颖的款式和张扬的个性引导年轻消费群体认识、接受和喜爱铂金首饰。公司创新发展并成功诠释了铂金产品理念，丰富了铂金文化的内涵。

2. 充分发挥品牌区域优势

公司旗下的“雅俪”和“EDL”经多年市场打拼，都已拥有各自的“根据地”和知名度。2009年，公司对两个品牌的发展方向进行调整，充分发挥品牌区域优势，拓展加盟连锁业务，既扩大了品牌影响力，又带动整体销售。

3. 创新模式，合作共赢

公司丰富经营理念、创新管理模式，通过与大客户建立稳定的合作同盟关系并完善服务体系，助力合作方提升在当地的品牌知名度和美誉度，促进产品销售和铂金文化推广。

展望未来，公司将坚定不移地走品牌发展之路，树立品牌经营理念，在产品研发和经营模式上进行新的探索和创新，在激烈的市场竞争中开拓出一片新的蓝海！

与顾客“同心” 创优良产品

深圳市同心集团是一家集黄金、铂金首饰生产加工、批发，黄金原材料收购、精炼以及贵金属交易、同心金店连锁加盟为一体的综合性大型黄金企业集团，旗下有深圳市同心珠宝首饰有限公司、佛山市工艺总厂、佛山同心银楼有限公司（连锁金店）以及东莞利达黄金精炼厂、佛山市同心人造花有限公司等企业，拥有20年历史的驰名品牌“同心牌”首饰荣获“中国名牌”及“广东省名牌”荣誉，同时，同心集团也是上海黄金交易所会员单位，是从事贵金属交易服务的专业企业。

同心集团奉行“商以致道，人以致诚，金以致真，事以致善”的企业理念，广结商缘，“同心牌”首饰畅销全国20多个省市自治区，遵循“同心同德，打造中国首饰文化的经典品牌，创立民族首饰行业的百年老店”的宗旨，矢志不移，谨守“优良的产品、驰名的品牌和优质的服务，成就你我共同的事业”的精神。不断创新产品、提升服务质量，获得了广大客户的信赖。“百年同心”婚庆系列产品以其独特的魅力吸引全国的加盟商。

自1965年佛山工艺总厂组建开始，至2006年同心集团在深圳成立，同心事业已逾40年，荣获“中国名牌”、“广东省名牌”、“中国珠宝首饰业名牌企业”、“中国珠宝首饰业驰名品牌”、“中国保护消费者荣誉产品”等一系列荣誉。获得ISO9001：2000质量管理体系认证、ISO14001：1996环境体系认证、AAA测量管理体系认证、AAA标准化良好行为证书等，产品进入中国产品质量电子监管网。如今，同心集团站在更高的起点上，志存高远，“同心牌”首饰正伴随着中国首饰行业的不断进步而成长壮大。

宝怡　以质为本　综合服务

作为成立于1990年的大型珠宝企业，深圳市宝怡珠宝首饰有限公司一直致力于做一家珠宝首饰工艺研发、设计、生产、营销策划为一体的“珠宝综合服务提供商”，并从各个方面贯彻落实这一基本理念，通过贴心、细致、高效的全方位服务将“宝怡”品牌根植于每一位客户的心中。

1. 产品质量是根本

产品质量是开展珠宝综合服务的根基。17年来，宝怡在产品质量上一直不遗余力寻求创新突破，从发掘产品价值、设计创新、技术研发等方面不断完善产品品质，已取得13项专利技术，尽显贵金属镶嵌领域的专业优势。2009年，宝怡珠宝荣获中国驰名商标称号。

宝怡公司注重设计和工艺创新，以特色系列产品构建品牌核心竞争力，在同质化严重的产品竞争中脱颖而出。2005年，公司自主设计开发的“宝怡情·中国结”系列产品，结合民族文化与时尚设计理念，既具有明显中国传统特色，又符合现代人审美观念，取得了良好的市场回报。

另外，宝怡还成立了贵金属材料研究开发技术中心、博士流动站实习基地和珠宝设计与工艺研究所三大科研机构，源源不断地为企业输送专业人才，以实现可持续发展。

2. 重视品牌文化建设

品牌文化是品牌能否拥有持久生命力的核心因素。自2005年以全新、统一的VI形象出现以来，宝怡在营销策划、品牌塑造等方面大手笔投入，无论是品牌形象、产品特色或服务质量均有了跨越式的提升。同时宝怡在店面SI、产品包装、广告等方面也做到形象统一规范。

在品牌形象推广方面，宝怡同样重视公益活动及企业文化活动等方面的推广，让宝怡从各方面提升形象，做一家内外兼修、名副其实的综合服务提供商。

3. 贯彻企业整体战略

宝怡以“珠宝综合服务提供商”为企业定位，坚持从设计开始就把自己放在客户的角度上考虑问题，并针对不同市场进行细分，建立了一整套的客户分析系统。促成了从上游生产到终端零售各个环节的强强联合，为宝怡立足珠宝行业，参与竞争奠定了强有力的基础。

星光达以创新促发展

深圳市星光达珠宝首饰有限公司于1997年成立，以从事贵金属镶嵌和K金饰品的研发、生产加工及销售为主业，被授予贵金属镶嵌饰品“中国名牌”产品称号。秉承“诚信、敬业、和谐、创新”的企业精神，注重自主研发，已有40多项自主知识产权的高品质产品取得发明及外观使用专利。多年来，公司不断完善管理制度，经过不懈努力，先后引入ISO9001质量管理体系、ISO14001环境管理体系等多个体系认证，在有效提高产品品质、加强企业技术能力的基础上，节能降耗，实现了资源的可持续利用。

公司产品现已覆盖全国各地，拥有上千家合作商。包括戴梦得、莱百等深具影响力的行业品牌经营商。2006年，公司成立第一家加盟店，紧接着又成立了“星光达品牌推广中心”，专门负责品牌运营工作，并在北方等多个省市设立加盟店或专营店。2009年，经商务部严格审核，公司正式通过特许经营企业备案。

1. 自主创新 逆势发展

2009年，在金融危机环境下，星光达通过市场调研，推广多元化产品，满足客户个性化需求，逆势中实现了持续发展和稳定增长。在创新工艺技术上，将所有的执模设备更新换代，并在焊接工艺方面实现新突破。弹金首饰项目获得深圳市文化产业发展专项资金补贴，一期产品赢得市场一片赞誉。公司针对贵金属材料的特质、特性，通过镂空、镶嵌、悬浮、转动、多面结构组合，独创镶嵌工艺——玲珑镶，最大限度展示钻石的璀璨光芒。

在传统推广模式的基础上，星光达还增加了以IT技术为支持的网络板房模式，加强与客户的直接沟通，使所有星光达的客户在经济低迷的情况下，降低采购成本，加快周转，提升终端的竞争力。作为贵金属及珠宝玉石饰品企业标准联盟副秘书长单位，星光达进一步加大了标准化的建设力度。

2. 科学规划 开创未来

星光达以研发创新为龙头、技术优势为基础制定了企业发展战略。在未来五年，将建立更加完善的运营机制，完成全国范围内终端销售网络布局，实现销售联动，形成产供销一体化的经营模式。

行行行

深圳市行行行实业有限公司创立于1993年，现拥有三个镶嵌首饰加工厂和一个钻石金表金笔礼品加工厂。在毗邻深圳的金玉东方黄金珠宝产业园，拥有自主产权的总面积达1.2万平方米的独立办公大楼及生产车间，近3000平方米的员工宿舍楼，生产设备先进，配套设施完善，具备承接大批量订单所需的生产条件。

除了加强硬件设施的建设外，公司多年来致力于黄金珠宝首饰文化的培育。在推广方面，近几年公司先后聘请了著名电视节目主持人孟广美、香港金紫荆影帝胡军等作为形象代言人，使企业文化和产品风格得以尽情展现，进一步提高了产品的影响力。

公司多年来坚持根据广大消费者的需求去开发产品。首先，大力投入自主开发，将自行研发的专利技术在生产中应用和改进；其次，引进高新技术设备，在生产中全面应用激光技术和电脑全自动制版机。这一举措，不但提高了生产效率，而且使得产品更加完美，产品款式更新更快。

1．应对金融危机的创新举措

面对金融危机，公司采用包括网上订购等方式，方便客户，节约成本，提高市场竞争力；与此同时，公司本着“奉献于客户、服务于客户、回报于客户”的理念，特聘请影视红星孙红雷先生为公司新推出的铂金钻石系列产品“美的盛宴”代言，并免费为客户提供产品的广告图片、手册及相关资料，为产品推广造势，使客户能更好地开拓市场。

2．未来5年的发展规划

经营目标：培养和发展忠诚的客户，追求合理利润，保持行业龙头地位，规模扩大，市场占有率持续增长。

产品开发：未来5年保持每年6000款以上的新款式面市。

技术开发与创新计划：未来5年，每年申请1～3项国家专利。

融资计划：公司计划在5年内上市，并尽量争取在 2012年之前。

亿载精钻 恒久典范

广州亿恒珠宝有限公司为香港亿钻珠宝控股有限公司的全资子公司，成立于2003年8月。公司集原料采购、设计研发、生产制造、物流配送、市场销售、推广策划等服务功能于一体，技术力量雄厚，工艺精良，是具有国际先进理念的ODM/OBM/OSM专业珠宝服务供应商，正致力于成为国内一流的OSM珠宝系统服务提供商。亿恒珠宝以中国五千年深厚文化为基石，结合国际时尚潮流趋势，自主研发，为品牌珠宝商提供集设计研发、生产加工、营销推广等于一体的一站式服务。

目前，亿恒珠宝服务网络已覆盖大陆，分设深圳、上海、山东办事处等服务网点，各项服务赢得客户一致好评，销售业绩逐年增加。2007年实际销售6000余万元，42,860件；2008年实际销售8000余万元，44,500件；2009年截至目前，销售9000万元，逾60,000件。2009年亿恒珠宝推出了传统婚庆系列“红线娘”，以深具中国传统文化底蕴的“红线姻缘”为立意，表达出“一缕红线，成就美好姻缘”之意。时尚婚庆系列“音唯有你”，以音符为主设计元素，谐音“因为有你”的寓意也让消费者耳目一新。

面对金融危机的冲击，亿恒珠宝坚持原创、品质，不断提升自身服务水平，结合集团公司的信息优势，不断提升自身的研发实力，从文化概念入手，努力打造贴合客户喜好和市场需求的产品，并配套推出与产品文化相融合的定制服务，不仅化解了经济危机带来的不良影响，而且进一步拓宽了市场份额，赢得了客户的赞誉。

未来，亿恒珠宝将继续坚持以原创研发和品质提升为服务市场的主要切入点，在文化概念研发和定制服务上下工夫，为广大的珠宝品牌商提供ODM模式的系列产品服务。

以原创为企业生命的本源，以服务为企业发展的原动力，以品质为企业腾飞的核心竞争力。服务市场，文化先行，争做珠宝蓝海的弄潮者。亿恒珠宝，恒久弥珍。

珠宝镶嵌大师——缘与美

源自本土、蜚声海外的顶尖珠宝镶嵌大师“缘与美”始创于1997年，公司创立伊始坚持走品牌化、专业化的发展道路，目前已经成为一家集珠宝首饰设计、加工批发、连锁加盟于一体的大型专业化珠宝企业。

作为中国珠宝时尚文化的引导者，缘与美公司坚持走自主创新之路，不断强化设计研发能力，注重知识产权保护。截至2009年，公司共申请注册专利32项，发明专利6项，实用新型专利9项，外观专利17项。其中“莲花钻石”属全球首创，先后在美国、阿联酋、瑞士、日本、中国香港、中国内地申请注册发明专利；“H.E.E环保生产加工系统”已获得国家知识产权局授权的发明专利，掀开中国珠宝产业绿色生产的新篇章。

在拥有优异的设计研发能力的同时，公司亦具有精湛的加工制作工艺，自主设计制作的产品多次获得国内外大奖。如“释放”钻石项链为DTC国际钻饰设计大赛“钻石——大自然的奇迹”获奖作品；“宝相花”钻戒先后荣获2007年中国珠宝首饰设计先锋奖钻饰组金奖、2009年国际珠宝设计大奖“最佳工艺奖”、“缘美幸运七星”钻石项链先后荣获2007年中国珠宝首饰设计先锋奖钻饰组金奖、2009年国际珠宝设计大奖“优异设计奖”。

秉承优秀传统工艺的同时，公司率先从瑞士、德国、美国等地引进世界上最精密、最顶尖的工业数控技术——CNC技术，打造最尖端的配件和产品，填补了国内珠宝行业的一项技术空白。生产出来的无缝、真分色、高密度、高品质产品，深得国内外客户的青睐！

营销方面，缘与美坚持“同舟共济”的经营理念，一切以市场需要和客户需求为中心，通过“内销+外销”双通道模式，积极开拓国内外市场。凭借优秀的设计和精良的技术工艺，公司与国内外众多珠宝机构和知名珠宝品牌保持了良好的合作关系。

未来五年，缘与美将秉承“诚信经营、顾客至上”的经营宗旨，坚持走原创设计与自主创新之路。立足国内市场，开拓国际市场，继续提高产品质量，进一步提升缘与美在珠宝加工领域的地位，达到世界领先水平。

“工艺”之星 ——钻之韵

深圳市钻之韵珠宝首饰有限公司成立于2000年，注册资金4000万元，以贵金属镶嵌饰品和K金饰品见长，是集品牌运营、零售批发、设计加工等多种业务为一体的国际化珠宝企业。总部位于中国深圳，在比利时安特卫普、美国纽约、中国香港设有钻石黄金采购中心，在香港、北京、上海、沈阳、南京设有5家分公司。

目前，钻之韵的客户遍布全球，产品畅销世界30多个国家和地区，在中国大陆自营店和加盟店超过100家，终端零售网络覆盖全国20个省、70余市县以及北京、上海、重庆、天津4个直辖市。公司员工2000余人，拥有尊贵典雅的展厅、设施完备的工厂，现代化的行政中心以及30多个标准化的生产车间，生产经营总面积超过8000平方米。

公司在产品设计、品牌形象、营销策划、终端运营等方面投入巨大精力。工艺创新是钻之韵品牌的基石，目前已荣获43项国际发明专利和外观设计专利，如多功能镶石镶口钻戒、乌木镶金挂件、橄榄之约吊坠等；同时作为有社会责任心的品牌，钻之韵成立环保技术研究中心，解决贵金属回收难题，为环境保护做出贡献。

钻之韵一直以来与DTC、世界黄金协会、世界铂金协会等国际协会机构有深度合作，并与中国印钞造币总公司及中钞国鼎合作制造发行国家级纪念币，与迪士尼合作生产米奇系列产品。2008～2009年，钻之韵参与设计并制作“2010年上海世博会纪念币”，向世界展示中国珠宝设计与制造的风采。

凭借诚信的经营理念、优质新颖的产品、高素质的人才队伍、强大的市场营销网络等优势，钻之韵赢得了广大客商和业内人士的一致认同和赞誉，先后荣获“中国驰名商标”、“中国名牌”、“中国珠宝首饰业驰名品牌”、“深圳市诚信经营先进单位”、“深圳知名品牌”、“深圳市重点文化产业基地”、“企业信用评价AAA级信用企业”等多项荣誉称号，树立了重质量、守信誉的企业风范。

阮仕珍珠 光华自在

浙江阮仕珍珠股份有限公司成立于1997年，于2003年经商务部批准，由浙江阮仕珍珠首饰有限公司整体变更设立的外商投资股份有限公司，是一家集珍珠养殖、收购、加工、销售和科研于一体的国家级农业龙头企业、国家级高新技术企业和中国珍珠龙头企业。系中国珠宝玉石首饰行业协会常务副会长单位、国家珍珠行业标准的主要研制单位；产品享有“中国名牌”、“中国驰名商标”、“中国珠宝首饰业驰名品牌”、“国家原产地标记认证产品”等多项殊荣。

多年来阮仕一直致力于打造“全球最大的高品质珍珠供应商”和“世界顶级珍珠品牌运营商”，并建立了以珍珠为主业的企业运营架构，培养了一支具有较高素质水平的管理技术人才队伍，是珍珠行业内首家火炬计划国家级高新技术企业。

阮仕珍珠以高品质产品为基石，注重产品的款式设计研发，不断挖掘深层次的珍珠文化，坚持不懈地打造着阮仕珍珠品牌。通过发挥公司在养殖和加工领域的技术优势和研发优势，近年来相继开发了多种国际领先的优质珍珠产品，深受国际客户的青睐，曾创下批发价2万美元/颗的历史高价。

随着行业集聚度提高，产品同质化和竞争白热化的日益严重，阮仕公司自2007年初开始，加速推进品牌建设，并确立以“本土化的品牌，国际化的标准”为新的建设目标，全面提升品牌形象以符合品牌长期发展的需要，以北京市场为新的品牌拓展出发地，将“箩筐经济”向“品牌经济”、“文化经济”、“美丽经济”转型工程全面启动，赶在北京奥运会前在北京开业的品牌旗舰店、商场联营店不仅在奥运会期间表现非凡，奥运后业绩增长依然突飞猛进。

在不断提升品质、创新产品的同时，阮仕逐步完成了品牌建设和全新的商业模式的探索和积累：“低价格的珍珠项链已在阮仕品牌销售中退出历史舞台。品牌产品强调了品质、款式、设计，顾客购买几十万一件的产品已屡见不鲜。”

目前“RUANS”品牌已逐渐深入人心，品牌优势和品牌特色不断彰显。现在的阮仕正以“本土化的品牌，国际化的标准”作为发展定位，争取到2015年让全球2亿人戴上阮仕珍珠。

山下湖的领先之路

浙江山下湖珍珠集团股份有限公司成立于2003年9月30日，是一家集珍珠养殖、加工、设计、销售、科研、医药保健开发于一体，经国家八部委认定的目前我国珍珠行业唯一一家农业产业化国家重点龙头企业，是目前我国珍珠行业唯一一家上市公司。

公司是中国珠宝玉石首饰行业协会副会长单位，国家级农产品加工技术创新机构，国家级农产品加工出口示范企业，“AAA”级资金信用等级企业，是按照2008年新的《高新技术企业认定办法》认定的第一批高新技术企业。公司先后通过了ISO9001质量体系认证、ISO14000环境体系认证。“千足”、“山下湖”商标被认定为“中国驰名商标”。“千足”牌珍珠系列产品获得“中国名牌产品”、“中国原产地标记”等荣誉称号。

2008年，公司实现销售收入同比增长17.84%，实现净利润同比增长7.35%。公司产品以外销为主，其中，2007年公司外销占比为82.14%，内销为17.85%；2008年公司外销占比为76.17%，内销为23.83%；2009年上半年公司外销占比为75.1%，内销为24.9%。近三年来，特别是受全球金融危机严重冲击后，公司积极拓展内销市场，实现2008年内销同比增长57.19%。

2008年，全球金融危机全面爆发，在我国淡水珍珠产业陷入整体性危机的情况下，山下湖发挥资本优势和品牌优势，在危机中挺身而出，按照公司既定的采购计划有条不紊地收购珍珠统货，在危机中发挥了积极作用。

几乎与金融危机同时，我国部分地方政府陆续出台了关于规范、限制甚至禁止珍珠养殖的政策性文件，这项举措势必影响未来几年我国淡水珍珠的总体产量。公司审时度势，2009年下半年投资建设湖北养殖基地，该基地的建成将有助于公司产业链向上游延伸，提升公司的核心竞争力。

未来，山下湖将重点关注养殖基地项目，对高效的新养殖技术和有市场前景的新加工工艺进行分析和研究开发，将继续做好生产管理和市场营销工作，在经济危机环境下维护好公司与供应商和客户之间的良好合作关系，降低经济危机对公司主营业务的冲击。

一粒砂　一个人　一颗珠——佳丽珍珠

以“感恩生命、感谢生活、圆满人生”为品牌理念的佳丽珍珠，是世界上最大的淡水珍珠综合性企业之一。北京2008年奥林匹克运动会珠宝首饰类特许产品生产商、销售商。

浙江佳丽珍珠首饰有限公司隶属东方神州珍珠集团，是世界上规模最大、实力最强的集淡水珍珠养殖、贸易、加工、销售为一体的综合性珍珠企业之一，在浙江诸暨山下湖工业园建有生产基地，年生产能力250吨，250万套件。公司在华东珠宝城设有旗舰店，在金丽中心、深圳宝安机场、香港尖沙咀设有分店。

公司自20世纪80年代开始从事淡水珍珠事业以来，不断取得辉煌的成就：养殖规模不断扩大，遍及浙江、江苏、安徽、湖南、湖北、江西等省市，位居同行业前列；建立以香港、深圳为窗口，覆盖欧、美、日等国家和地区的贸易网络，与美国、西班牙、德国等世界知名珍珠企业建立了长期的战略合作伙伴关系，产品畅销全世界；公司先后获得 “中国名牌”、“中国驰名商标” 等称号，在世界珍珠行业中具有举足轻重的地位。

积极实施品牌战略，培育知名品牌，是公司既定的战略目标。公司于2002年初完成企业CIS设计，通过各种媒体传播企业与产品形象，扩大企业与产品的知名度，将品牌作为驱动企业发展的主要动力，逐步完成由价格竞争向品牌竞争的转变。同时，通过与国际知名珠宝企业合作，引进、吸收、消化国外先进的珠宝设计理念和加工技术，设计并开发出具有高品质、高品位、深层次文化内涵的珍珠饰品，以适应国内外消费者对珍珠饰品个性化、高品位的需求，以务实、高效的企业形象位居珍珠行业的前列。

至诚精选　芳华珍珠

创立于1989年的芳华珠宝，当时只是一个不足半米的珍珠小柜台，如今已经发展成为一个中国高端珍珠零售品牌，接待了120余位国家首脑和夫人以及众多国际名人。客户中包括了原英国首相撒切尔夫人、美国前总统老布什及其夫人、俄罗斯前总统普京夫人，芬兰、新西兰、以色列总统及夫人等，还有众多国际商界、文艺界、体育界的名流。芳华珠宝凭借“至诚精选、至上承诺、至尊享受”的理念、丰富的专业知识、贵宾式的服务以及流利的英语沟通为中国的珠宝零售业赢得了荣誉。

芳华的成功来自“差异化经营”的重要理念。当年芳华入驻红桥市场后，很快就发现因为各家摊位产品极其相似，自己深陷价格竞争。芳华不断引进与他人不同的货品以赢得更多客户。然而，这个领先总是短暂的，别人跟进同样产品，差异随即消失。为了走出这个怪圈，芳华尝试把摊位升级为专卖店，把货品提升到中高档，以体现差异。芳华的成功又引来了大批效仿者，多家商户走向了专卖店，竞争在更高的层面再次展开。芳华把小店铺发展为上千平方米的大型店铺，全面覆盖了所有珍珠品类，品质做到了国际水平，并且提供顾问式的贵宾服务。为此，芳华成为各国贵宾购买高档珍珠的首选场所，很多名人成了芳华的忠实客户。普京夫人曾4次光临并赠送亲笔题名的礼物。芬兰总统不仅6次光临芳华，还邀请董事长白如芳女士去总统府做客。奥运会期间，芳华再次成功接待大量各国领袖、运动员和媒体记者。美国前总统夫人劳拉在体会了芳华的服务后主动题词留念。后来，布什总统还专门写来感谢信。

芳华不满足于这种“国际大牌”的知名度，芳华深知，只有走品牌之路才能使自己与他人真正有所差异。芳华立志创中国风格的国际品牌，并为此着力引进有大公司经验的职业经理人，一方面送他们去补充经营管理知识，另一方面还安排他们学习国学，以保证企业文化和品牌内涵的中国风格。

芳华始终坚持其具有中国特色的品牌内涵，苦练内功，开拓进取并以国际化的方式展现给各国宾客。

珍珠之语——欧诗漫

浙江欧诗漫集团珠宝有限公司从1968年中国第一颗淡水养殖珍珠在这里培育成功至今，“欧诗漫”从事珍珠养殖的研究和珍珠首饰的生产加工已有近40年的历史，在消费者心目中享有极高的声誉。现在，“欧诗漫”已成为国内著名的珍珠品牌，中国农学会指定的全国唯一珍珠生产加工基地，是中国国家农业部、经贸委等八部委认定的首批农业产业化国家重点龙头企业。

2002年5月，中国珠宝玉石首饰行业协会珍珠专业委员会授予欧诗漫珠宝公司“中国珍珠真品标志”首家使用单位。2009年，再次被中国珠宝玉石首饰行业协会评为“中国珠宝首饰业驰名品牌”。

欧诗漫珍珠素以珠形圆润、光泽亮丽而蜚声海内外，然而在珠宝首饰个性化越来越突出的今天，如何占领市场制高点，不断深化企业品牌形象，成为欧诗漫人不断思索的重中之重，为此经过几番研究，2002年在总经理沈荣根的带领下，欧诗漫珠宝有限公司开始着手培育属于自己的一支超前的设计队伍，扎根深圳，吸收国内外先进的珠宝设计理念，抓住个性化市场的触角，经过3年多的不断努力和摸索，“春之梦”、“夏之歌”、“秋之舞”、“冬之魂”等系列首饰先后推出，深受广大消费者的喜爱和好评，现在这支设计队伍日趋成熟，每年设计的珍珠首饰不下几十款，成为欧诗漫提升品牌形象，创造品牌价值的法宝，成为不断引领珍珠首饰潮流新的方向标。

“龙凤戏珠”双星代言、“亿+传播”的启动不仅使“欧诗漫”成为全国年度最受关注的珍珠品牌，也为欧诗漫珠宝有限公司的二次腾飞注入了强有力的推动力量！

借助高效的市场发展战略，新奇的时尚款式和不断提升“欧诗漫”品牌核心竞争力的决心，目前欧诗漫已经在全国建立销售网点300多个，拥有会员上万人，并逐渐实行全国联保，建立会员俱乐部，消费者可随时到全国各“欧诗漫”珍珠系列首饰专柜享受周到的售后服务。

天使之泪　珍爱珍藏

浙江天使之泪珍珠股份有限公司位于“中国珍珠之乡”——浙江省诸暨市山下湖珍珠特色工业园区，是一家集淡水珍珠的科研、养殖、加工、销售为一体的中国珍珠行业龙头企业。在10年的拼搏与发展历程中，公司已拥有珍珠深加工企业2家，珍珠饰品批发企业3家，大型三角帆蚌良种试验场多个，并在浙江、江西、湖南、湖北、江苏、安徽等拥有淡水珍珠养殖场近200个，养殖水面达5万余亩。2008年8月在香港设立香港天使之泪珠宝有限公司。2009年公司年产值达5亿元，实现利税7800万元，比2008年增长30%，成为中国淡水珍珠行业中最具规模与实力的企业之一。

公司本着“科技创新，共同发展”的理念，2003年与上海水产大学合作成立了珍珠研究所，取得了多项重要的科研成果，为天使之泪公司的高速发展奠定了科技基础。公司的有核大珠关键技术研究被浙江省科技厅列为重点科技攻关项目，现已通过正式验收。公司与上海水产大学合作研究的中国五大湖三角帆蚌优异种质评价与筛选项目，获得科技部“农业科技成果转化资金”，相关人员荣获“上海市科学进步奖”。2005年3月，公司被浙江省科技厅定为浙江省农业科技企业研发中心。新项目“淡水珍珠蚌新品种选育和养殖”于2008年12月被上海市人民政府评为“上海市科学进步奖一等奖”，相关人员荣获“上海市科学进步奖一等奖”。

作为淡水珍珠全球推广商，公司始终以推介和弘扬中国淡水珍珠产品及璀璨的华夏珍珠文化为己任，一如既往地秉持“从制造到创造，从品质到品牌”的发展思路，凭借深厚的珠宝设计底蕴，持续打造具有深远影响力的国际品牌，为实现天使之泪公司更加美好的远景及中国淡水珍珠行业的发展而不懈努力。

天使之泪，惊世之美。珍爱孕育，珍藏一生。

海润珍珠　扬帆远航

三亚海润珠宝有限公司（简称海润珍珠）位于三亚荔枝沟科技工业园区，创建于1997年，集珍珠科研养殖、珍珠饰品设计加工、珍珠生物制品开发、珍珠系列产品销售于一体，拥有完整的产、学、研与产、供、销一体的珍珠产业链和商业运作模式。目前公司旗下已拥有海南海润珍珠科学馆有限公司、海南海润珍珠科技有限公司、三亚海润珍珠科技工业园有限公司、三亚海宝南洋珍珠养殖有限公司等四个子公司和海南省珍珠工程技术研究中心、三亚市度假经济研究院两个研究单位以及完善的销售网络。

身处海南珍珠市场高价低折的恶劣竞争环境中，海润珍珠着重实施以与国际时尚接轨为纲要的品牌战略，全面调整和规范价格体系，脱离价格战，走品牌营销之路。在开拓市场方面，公司始终坚持“立足海南，稳步向内地发展”的营销战略，加快在内地开设零售直营店的脚步。经过几年努力，已成功在岛内开设专卖店、专柜近20家，与北京菜百、七彩云南、北京越王会所、天鑫洋、金至尊等国内著名珠宝品牌也建立了良好的合作关系。为进一步扩大北方市场份额，天津海润珍珠分公司已组建完毕，海润珍珠天津劝业场专柜业已正式开业。

目前，海南省提出国际旅游岛建设战略，要把旅游业为龙头的现代服务业逐步发展为海南主导产业，海南旅游业迎来了前所未有的发展机遇期。这对海润珍珠从旅游商品向时尚饰品转型，并进而打造本土第一奢侈品牌的战略目标，将是一个极大的推动。在2010年，海润珍珠将围绕董事长张士忠提出的“做百年企业、做中国珍珠行业的领先者、做世界珠宝名牌”三大愿景，立足海南，对外积极扩展岛外市场，对内狠抓信息化建设，提高内部管理水平和管理质量，使内部管理与品牌运作、营销模式、市场拓展相配套，全面提升企业核心竞争力，使企业在市场竞争中立于不败之地。

人间珍宝——天地润

浙江天地润珍珠有限公司成立于1998年，是一家集淡水珍珠的养殖、加工、销售、科研于一体的综合性企业。公司自创建以来，注重自身建设，加大技改投入，依托科技进步，立足市场开拓，强化质量管理，实施名牌战略，使企业不断发展壮大。公司占地面积30多亩，建筑面积2万平方米，职工308人。2009年，公司总资产规模已达1亿多元。

公司自成立开始就把高新技术的开发放在首位，非常重视产学研相结合，十分注重技术人才的引进和科研能力的培养，与浙江淡水研究所、上海水产大学等高等院校和所属机构建立了长期合作关系。在依靠科技进行科学化养殖的基础上，公司开发了立体生态化养殖模式，获得省级重大专项项目。

公司先后通过ISO9001:2000质量管理体系认证和ISO14001环境管理体系审核。通过质量管理体系、计量检测体系及企业良好行为规范的有效实施和运行，极大地提高了公司的管理水平和产品质量保证能力。公司产品实物质量稳定，水平不断提高，于2009年获得“浙江名牌”和“浙江省著名商标”。公司一直遵循“打造国际品牌”这一远景目标。

随着企业的不断发展壮大，公司的“外向化”程度也日益扩大，坚持“引进来”的同时，大力实施“走出去”战略，与国际接轨。从2008年以来，公司把拓展境外市场作为企业整个经营重点来抓。如今，公司跻身全国珍珠行业五大龙头企业行列，在做深内销的同时，积极开拓国际市场，市场占有率逐年提高。

经过多年的市场锤炼，天地润珠宝公司已经完成了资本的原始积累，目前已跨入高速发展的阶段——从资产整合到集团化运作，从品牌创建到做深国际贸易，天地润珠宝必将成为中国珍珠产业的核心代表企业，并朝着养殖科学化、产品品牌化、市场国际化的珍珠产业的发展目标，秉承中国浙商争强创先的一贯风格，开拓创新，艰苦创业，全力打造中国淡水珍珠的国际性知名企业，让天地润珠宝的永恒之美传播到全世界。

澳之宝——塑造完美珍珠

作为中国珍珠首饰领域的先导者，深圳市丰沛珠宝有限公司一直致力于高档珍珠首饰的开发，引领中国珍珠首饰的潮流趋势，是一家集设计、生产、销售于一体的专业珠宝设计制作公司。产品主要为珍珠镶嵌首饰，以天然颜色的南洋珠首饰为主体，同时经营海水珠、淡水珠首饰等，并拥有国内顶尖珍珠首饰品牌——“澳之宝”。

丰沛珠宝一直坚持原创设计，以研发为龙头，以市场为准则，时尚为导向，推动公司良性高速发展；拥有一支国内顶尖的研发团队，倡导设计与工艺同步，引进新理念、新工艺，不断超越。公司自设工厂，一直秉承专业化管理，追求精致工艺，不断引入先进技术，坚持走精品化、专业化的道路。国内市场渠道基本健全完善，并与多家大型珠宝商达成战略合作伙伴关系，成功打入欧美、中东、亚洲等市场，已拥有一批稳定优质的客户群，获得客户和市场的广泛支持和认可。

“专业·创新·共赢”是丰沛珠宝一直坚持的发展理念。以专业和创新的精神赢得客户信赖，与合作伙伴共同推广珍珠首饰并获得双赢，是丰沛珠宝不变的经营宗旨。经过多年的积淀，丰沛珠宝已从OEM模式转入ODM模式，公司将针对客户的需求投入更大的研发资源，确保开发出的产品获得客户与市场的认可，并探索着研发的前沿领域。在十三年的漫漫长路中，这份坚持已沉淀为丰沛珠宝独特的公司文化：严谨、高效、协助、互信。公司全体员工一起走出自己的经营之路，并稳健经营着这片市场。

在引领国内珍珠首饰市场的同时，丰沛珠宝每月、每季度不断推出系列精品，并针对客户需求提供一对一的专案服务。除了“澳之宝”品牌之外，丰沛珠宝旗下还针对各类珍珠的特质、细分人群的特性开发了“尊尚南洋珠”、“大溪地黑珍珠艺术之作”、“印象中国”等新项目，成为首个进行品牌珍珠项目运作的公司，并进入更细分的市场，例如文化市场、婚庆市场等。

丰沛珠宝的理想不仅是中国珍珠首饰的顶尖品牌，而且是世界珍珠首饰的顶尖品牌，丰沛珠宝正朝着美好的未来不断迈进！

璀璨新光　引领未来

浙江新光饰品有限公司创建于1995年,是一家集饰品研发、生产、销售、贸易于一体的大型民营企业。公司占地面积13.4万平方米，厂房建筑面积16.8万平方米，总资产达12.5亿元，企业员工4000余人，下属国内分公司16家，海外分公司7家。经过14年的发展，先后获得“中国名牌”、“中国驰名商标”等荣誉称号。

2008年，金融危机激荡全球，给中国饰品行业带来严峻的生存挑战。面对挑战，新光饰品公司以科学发展观统领全局，贯彻集团公司提出的“狠抓管理、苦练内功、夯实业务、转型升级”的总体要求，主动出击开拓市场，多措并举转型升级。2008年，公司实现销售5.15亿元,同比增长11.4%。

当前，影响市场走势的不确定因素明显增多，行业分化“洗牌”加速，对外贸易壁垒及风险加大，企业竞争加剧，面对残酷的市场形势，新光饰品重点抓好以下工作：一是制定2009年度目标任务，将其分解落实到各区域公司及门市部，加大对销售收入、货款回笼、营销费用等业绩指标的考核力度；二是巩固批发业务，加大力度推进零售业务，同时要着力抓好礼品业务、开拓新渠道及大学生创业平台，使之成为新的增长点；三是进一步拓展海外直营门市，丰富门市产品品类，充分挖掘渠道网络的商业价值；四是抓住机遇，收购国内外有实力的配件企业，做强做大上游配件产业；五是改革现有管理体制，加强业务环节的人才培养和储备；六是加强品牌宣传力度，正确处理好批发业务与零售业务之间在品牌、渠道等方面的共享和区隔关系；七是抓住公司签约入驻世博会的契机，集中力量研究制定系统的“世博战略”，利用好世博会最佳平台，把企业形象、产品和品牌的宣传推上一个新的发展阶段。

2009年，经济虽已出现回暖迹象，但基础并不稳固，新光在加大市场拓展力度的同时，积极拓展营销渠道，开拓国内礼品市场和在海外增设分公司，截至11月底，公司已实现销售4.78亿元。

未来5年，公司将着力开发环保型金属饰品，同时完善法人治理结构，争取进入资本市场，积极引入其他的风险投资或其他战略投资者。

威妮华　以精品打造品牌

威妮华集团（VIENNOIS），1996年诞生于香港，是一家以首饰生产销售为主，辅以配饰及礼品领域的大型综合性现代化企业，旗下拥有威妮华首饰有限公司和海洲礼品制品有限公司两家子公司，“VIENNOIS”和“ABELLA”两大品牌。目前，威妮华在广东东莞建有专业生产基地，员工4000多名，其中设计研发团队近100人。

作为我国流行饰品行业的领军企业，威妮华公司在国内很多一级城市设有直营店，最高单店年销量突破3000万元。公司坚持“立足亚洲，放眼全球”的品牌销售路线，2003年，在迪拜开设第一家海外门店，至今，公司的销售网络已覆盖全球多个国家，中东、欧美、俄罗斯、东南亚、日韩等地都设有专卖店，公司的全球品牌战略正逐步走向成熟。

“以精品打造品牌”是威妮华一贯秉承的发展理念。公司汇聚多名顶尖珠宝首饰设计师，配备国际一流的铸造工艺，生产的产品在市场颇受好评并屡获各种时尚设计大奖。2006和2007年，威妮华分别荣获《亚洲时尚首饰及配饰设计比赛》金奖和优异奖。

随着公司业务的不断扩展，公司产品类型日趋丰富，不仅包含项链、耳环、戒指、手镯、手链等为主的首饰产品，同时涉足以相架、化妆盒、钥匙扣、名片盒、手机链为主的礼品行业。

2009年，公司更与香港大型休闲服公司班尼路强强联合，发展服装配饰业务，未来威妮华公司将不断丰富产品结构，使公司的发展前景更加广阔。

伊泰莲娜　永远领先一步

伊泰莲娜首饰精品（中山）有限公司是伊泰莲娜（集团）有限公司的全资子公司。公司位于广东省中山市伊泰莲娜首饰工业城，占地6万平方米，拥有独立的生产区和生活区，生产员工达4000余人，中国境内研发和销售人员1500余人，中国境外研发和销售人员1000余人，是目前世界上最大的珠宝首饰制造商之一，亦是亚太地区珠宝首饰制造与销售领域首屈一指的集团企业。

公司产品种类繁多、工艺技术精湛，尤以纯银、合金等各类金属首饰最具代表性，产品共18大类上万种款式。

伊泰莲娜（italina）是公司最早、目前经营最成熟的品牌。该品牌引进意大利名师设计，以各类色泽亮丽的合金饰品及纯银饰品为主，满足中、高档饰品消费者需求。

公司以自身的研发、品牌优势和成熟的国内外销售网络与众多的国际品牌联手进行品牌之间的互动合作，无论是品牌互动形式，还是OEM订单形式，公司都无疑是最优秀的合作者。目前，公司产品远销美国、意大利、英国、澳洲、东南亚、中东和南美等世界各地，成为众多国际品牌的指定制造商及合作伙伴，合作品牌包括宝洁、玉兰油、麦当劳、资生堂、百事可乐等全球顶级客户。公司在全国各大城市知名商场均设有直营专柜和专卖点，在众多二级城市设有近500多个销售专柜，80多家专卖店。

公司在研发技术上一直采取快速反应、永远领先一步的策略。公司已成立技术中心，定期组织研发设计队伍参与施华洛世奇颁布的主题设计新闻发布会；与上海东华大学成立“东华研发设计中心”，定期开展设计大赛；在公司的“DIY”工业旅游项目中，获取前沿信息，开发时尚样板，使公司的“时尚首饰”在国内市场和国际市场获得更为广阔的空间。“精雕细琢、品质至上、开拓创新、超越期望”是公司的质量方针，公司已通过ISO9001质量体系、ISO14001环境管理体系和T28001职业健康安全管理体系，使公司的制程控制达到国际标准。

公司将时尚理念渗入每个领域与阶层，以“引领国际时尚，铸造潮流标杆，打造国际顶尖时尚饰品”为目标，做品牌中的名牌。

金得利　诚信为本　文化治企

金得利集团成立于1992年8月，系中国首饰模具创始人林永霖先生创办，秉承“诚信经营、服务社会”的精神，经过17年的发展，由初创时期的家庭作坊式小型企业发展成为集科、工、贸于一体的综合性集团公司，主要生产经营各种黄金饰品、铂金饰品、钻石、翡翠、珠宝首饰、首饰模具、流行饰品、工艺礼品等。现有员工600多人，集团总部位于福州市金山橘园洲工业区。

金得利是珠宝首饰行业最有竞争力的龙头企业之一，先后被授予“中国名牌”、“中国驰名商标”等荣誉称号。2009年，金得利成立全国首饰标准化技术委员会仿真摆件分技术委员会及全国首饰标准化技术委员会首饰精密加工装置分技术委员会，进一步确立了公司在行业的龙头地位及把握行业标准话语权、掌握行业领先技术的制高点。

金得利奉行“至诚之道”，将“以人为本，至诚如神”作为核心经营理念。为此，金得利从企业文化建设入手，不断地培养、引导、激励员工敬业、精业、乐业，推动企业持续发展。

2008年，随着经济危机的蔓延，欧美市场急剧萎缩，公司决策层及时调整市场战略，将研发及营销方向从过去重点开拓欧美市场转移到亚洲市场和国内市场，发挥前几年公司在国内主要城市设立分公司和代理商的渠道优势来占领国内市场份额。同时，在网站营销方面也加大了力度，分别与“阿里巴巴”、“环球资源”、“慧聪”等几家大型在线销售网签订长期协议，增强营销力度。通过对市场战略的调整，2009年市场销售有了稳步提升，订单增多。

未来5年，公司确立了以“农村包围城市”发展金得利珠宝金行连锁经营为目标。在1～3年内重点建设福州地区旗舰店及专卖店；3～5年内大力推进以县区、乡镇（社区）金行为主，部分重点城市建设专卖店为辅的销售思路，以大街小巷满天星式的销售网络，向构建金得利珠宝首饰大超市的梦想迈进。

“立足中国，走向世界”是金得利前进的动力之源，将传统的“诚信”商业文化精华与现代的“全球化视野”企业经营理念完美地有机结合在一起，是金得利从“一个胜利”走向“另一个胜利”的根本法宝。

美联　锐意进取　不断创新

浙江美联工贸有限公司创办于1995年，是一家主要从事仿真珠宝首饰设计生产、品牌连锁经营及房地产开发的综合性企业，现有员工800余人。公司拥有“卡利雅”、“美联”两个注册商标。

2008年，在全球金融危机的不利影响下，美联公司通过技术创新、科学管理等项举措，稳中求变，使企业顺利渡过危机，并取得了良好的收益。

首先，加强新产品开发力度。美联公司自创办以来自始至终坚持走自主开发路线不动摇。目前，公司每月开发上千款新产品，平均每天有上百款产品面世。近年来，公司的新产品受到了法国、意大利等欧美国家客户的青睐。强劲的开发能力帮助企业提高了市场占有率，提升了企业在行业当中的影响力。

其次，转变管理机制，调整管理模式。美联通过特有的“经理会议”制度，实现了企业和员工共同发展的双赢目的，增添了企业的凝聚力。一直以来美联把“经理会议”作为最高的权利机构，公司所有重要决定、各项规章制度都须经“经理会议”讨论表决通过之后执行。公司每年制订明确的经营目标，根据公司的盈利状况制订员工和各级别管理人员的利润分配方案，极大地调动了管理人员和普通员工的工作热情。

第三，改变经营方式，优化销售网络。美联公司经过对市场的全面考察，制订出新的销售政策。打破原有的批发经营模式，直接与全国各地信誉程度高、发展前景好的经销商、连锁企业、品牌零售店建立合作关系，为后者提供高品质且有市场竞争力的优质产品，并提供一对一新品开发、优先供货等个性化服务，与客户建立长期稳定的合作关系，实现了强强联合，极大地提升了企业竞争能力。

虽然目前的经济形势还不十分稳定，企业今后的发展道路仍会碰到新的困难和挫折。但公司相信，只要企业上下精诚团结，充满信心，凭着坚忍不拔的毅力，科学的经营管理方法和不断创新的精神，一定会取得更大的进步。

馨美　以人为本　服务为先

广州馨美饰品有限公司成立于1992年，是一家集专业设计、开发、生产、销售“怡美”品牌饰品的台资企业，现有员工1000多名。公司厂家占地面积2万平方米。产品类型包括合金、爪链、压克力、银、铜、水晶等六大类数十万种，畅销欧美、中东等世界各地。

秉承“以人为本”的用人理念，公司蓬勃发展，日益壮大。拥有一支高素质经过多种专业培训的高级管理团队和设计团队。

为打造“怡美”国际知名品牌，公司本着“全员品管、从头做好、持续改善、客户满意”的品质管理方针，及“客户至上、质量第一”的管理理念。以服务客户为本，凭借国际标准化管理模式、高质量的产品、超前的设计理念、国际领先的工艺技术、现代化的生产设备以及系统化的员工培训，使公司成为我国饰品行业的佼佼者。

公司紧跟国际饰品市场潮流趋势，及时洞察客户需求变化。不仅使产品在设计款式上新颖独特，为适应近年来欧美市场对饰品的环保要求，更花重金建设了先进的环保产品生产线和环保生产车间，运用世界先进的环保生产工艺，确保生产的产品符合欧美发达国家的环保标准。

2008年，全球经济危机使我国饰品行业面临困境。作为外向型企业，馨美公司通过狠抓营销渠道和不断创新研发新品，增强企业自身实力，力争将危机对企业的影响降至最低。

在营销渠道方面，优化外销营销渠道，通过让利、为客户定向开发新产品等方式巩固同有实力的国外客户的合作关系。同时加大力度拓展国内市场，提升内销比重；在产品研发方面，一方面明确产品定位，通过内部考核的方式，促进公司设计团队提升设计输出成果的高产、高质。另一方面同专业设计公司合作，引进专业设计公司的设计成果，优化公司产品结构。

未来，馨美公司将通过优化公司供应链管理、调整内部组织架构、加强内部信息化管理等几方面着手，提升公司运作效率，降低运营成本，增强企业竞争力。同时，有针对性地开发适合国内市场的产品，与优秀的国内商业伙伴合作，力争在内销方面创出一片新天地。

金伯利——您身边的钻石顾问

金伯利钻石自1995年立足中国市场以来，已发展成为集钻石设计、切磨、镶嵌、配送、零售为一体的专业化钻石公司。金伯利钻石上海公司是“上海钻石交易所”首批会员单位，全面负责金伯利钻石在中国大陆地区的拓展业务。目前，公司在上海建造的“钻石产业园”占地2万平方米，涵盖了原坯进口分拣、切磨加工、钻饰设计、配金生产镶嵌、供应零售市场等钻饰供应链的各个环节，年设计加工能力达15万克拉。公司在中国拥有配套设施完善、服务优质的营销网络，零售业态以钻石专营店为主，遍布中国30个省市，近600家店，销售屡创佳绩，是中国地区最大的钻石零售商之一。公司始终坚持质量与诚信，在业内赢得了良好的声誉。

公司的钻石切磨中心和首饰镶嵌中心配有从国外引进的专业设备和大批的专业技师、技术工人。从原胚进口到切磨镶嵌，严格把关。公司掌握最先进的切工技术和最完善的切工工艺，每一颗金伯利钻石都是“万里挑一”。旗下的钻饰系列包括了真爱、婚姻、自我三大主题。

宣传方面，金伯利每年耗资上千万元投播中央、各省市级媒体广告，每季都有新品的促销活动回馈顾客。优质上乘的品质，新颖的策划活动，塑造了金伯利的优秀品牌形象，也升华了金伯利的品牌精神。

金伯利钻石坚持以“推广高品质钻石文化”的市场拓展理念进行品牌零售店开发计划。所有专营店都秉承金伯利钻石优雅气派，稳重大方的装修和设计风格，并配以最先进、最专业的灯光设备，缔造出一种轻松舒适的选购环境。专业的金伯利美钻顾问为顾客提供尊贵的标准化服务，全程细心、热诚的协助，为每位消费者找到心仪钻饰。

金伯利钻石14年来用亲情化的服务构筑与顾客沟通交流的平台，首创的“六保”服务在国内钻石行业更是成为典范，在满足了顾客求变求新的消费需求的同时赢得了良好的口碑。特别是“中国境内终身免费异地调换”的特色服务，为消费者带来惊喜！真正实现“拥有一枚金伯利钻饰就如同拥有了一家金伯利专营店”的美好愿望。

贵乎稀有，万里挑一。金伯利钻石始终与顾客一起，于闪耀纯净光芒中，缔造美与爱的浪漫，成为顾客身边最专业的钻石随行顾问！

戴美尔森——实现钻石梦想

上海戴美尔森已是上海钻交所的主要会员单位之一，客户遍布中国各地。戴美尔森更利用区域和规模效应，秉承马普斯鲍尔式“精准分级、持续供货”的经营理念，向零售商提供衍生增值全程无忧服务，为客户提供网上下单、配石和物流配送服务。“我们的工作热情来自于我们的工作对象——钻石，它们确实有一种让你无法抗拒的魅力，钻石拥有无限的耀眼光芒以及与生俱来的情感力量，我们希望能帮助每个零售商都实现他们的钻石梦想。

戴美尔森公司之初长年奔波于纽约、安特惠普、孟买、特拉维夫等世界各大钻石交易中心。在一次某国际知名钻饰品牌的推广会上，很偶然的机会邂逅了英国马普斯鲍尔公司。在了解马普斯鲍尔公司的背景和运作模式后，深谙国内珠宝零售业的戴美尔森公司意识到，如果同马普斯鲍尔公司建立起长期稳定的战略合作，运用马普斯鲍尔的营销模式，一定能在新兴的中国市场开辟崭新的未来。

然而，和马普斯鲍尔的合作却不是一帆风顺。马普斯·鲍尔家族经过了百余年的沧桑，他们只以固定的方式服务那些让他们引以为傲的长期客户。“这项业务并非每个方面都是公开和友好的，就像不是说看起来像钻石的东西就是钻石。顾客希望确保每颗钻石都表里如一，从而真正体现她的价值。” 马普斯·鲍尔家族中的一员曾经这样回复。

“其实，真正打动我们的是他们的真诚和执著，这是从事这个行业最重要的必备条件。当然，我们对古老的中国也充满了好奇”。双方经过一年多的艰苦谈判，终于达成合作，戴美尔森成为马普斯鲍尔公司在中国的唯一代理商。

完美钻石——蓝玫瑰

蓝玫瑰(上海)钻石有限公司是一家超过半个世纪历史的家族企业，是全球最大的钻石供应商DTC位于全球的数十家交易商之一，获直接配售钻石坯。公司可供应多种精工切割的钻石，包括钻坯、切磨好的钻石和精致的钻石首饰。过去50年来，对钻石业的热诚使得蓝玫瑰日益发展壮大，无论技术和声誉，代代传承，日趋进步。

1. 为每一位客户提供专业且量身订造的服务

作为DTC国际钻石商贸公司的重要客户，蓝玫瑰准确把握全球市场及客户需要，并努力与制造商、分销商和零售商保持着互动的伙伴关系。

2. 国际市场，本土知识

为了提供最优良的服务，蓝玫瑰一直坚持与客户立足于相同的位置。蓝玫瑰集团的网络遍布全球,包括亚美尼亚、比利时、中国、中国香港、印度、以色列、日本、卢森堡、俄罗斯、南非、斯里兰卡、瑞士、泰国、阿拉伯联合酋长国、美国,在每一个地方均成为当地的市场领导者。

3. 钻坯

蓝玫瑰不仅与国际钻石商贸公司及其他采购公司建立了非常密切的关系，为了遵守钻石行业的最高道德标准，其致力于核实钻石的来源地。

4. 钻石琢磨

蓝玫瑰精于把钻坯制造成最理想的钻石产品， 把切割时造成的浪费减到最低，其钻石琢磨服务十分多元化，包括小钻石、完全多面型切割、一卡以下(pointer) 、卡装(caraters) 、大型特级切割(large specials) 、特级雕琢型及证书产品。

时至今日，公司在全球年营业额已超过18亿美元。

凯吉凯钻石——提供贴心服务

凯吉凯集团是一家拥有105年历史的专业珠宝、钻石供应商。KGK切割精细的钻石及钻石首饰一直吸引美国、远东及欧洲的买家，在世界各地珠宝商中享有盛名。作为一家知名跨国性钻石集团，KGK于2000年进入中国市场，在2004年立足上海，作为“上海钻石交易所”首批会员公司，全面负责凯吉凯钻石在中国大陆地区的拓展业务，在同行业内具有良好的声誉。

网络销售已成为钻石行业的一种重要营销模式，KGK钻石全面启动KGK中英文版网上在线库存系统。

该系统主要是服务于KGK钻石诚信意识强的钻石品牌商和批发商，通过相互了解，KGK会给每一位客商提供一个登录在线库存系统的账号。在WWW.KGK.CC 中，点击“经销商”的版面，成功登录后，进入KGK 在线库存系统，就可以填写客商所需的钻石信息，主要包括钻石形状、克拉重量、颜色、净度、切工、抛光、对称、荧光、证书类别、价格等，而且该库存系统提供中英双语服务，更有利于国内客商下单订购钻石。

该系统里的货品都是现货，及时更新，准确率达到99%。为了让该网上在线库存系统为客商提供更加便捷、贴心的服务，KGK钻石首先保证网上在线客商的需求。而且该系统还提供贴心的网上在线打印订单的服务。客商在线下单后，KGK的销售人员几乎是同步与客商签单、发货。

KGK网上在线库存系统不仅能为客商提供海量(超过5000种)极品美钻和售后跟踪服务，而且可以帮助客商迅速找到所需钻石成品。KGK作为DTC的主要看货商，对钻石毛坯有一整套国际化的筛选标准，而且在国内拥有大型钻石切割厂。通过该在线库存系统，可以马上得到价廉质优的钻石成品。

欧陆之星　成就您的品牌

欧陆之星钻石有限公司（Eurostar Diamond Traders N.V.）是比利时最大的国际钻石加工贸易公司之一，也是De Beers集团的主要毛坯配货商。公司始创于1978年，总部设于世界钻石中心比利时的安特卫普市，同时，在美国、印度、中国、瑞士、迪拜、博茨瓦纳和俄罗斯都设有分公司。

欧陆之星在全球拥有10个切割、打磨基地，每年打磨超过300万克拉顶级优质切工钻石，年销售额超过10亿美元，连续6年成为比利时排名第一的钻石贸易公司企业。

1994年，欧陆之星在中国设立钻石切割加工厂，是最早进入中国市场的国际珠宝企业之一；在2000年5月，欧陆之星成为首批进入上海钻石交易所的外资理事会员，并保持着上海钻石交易所成立以来钻石交易量历年第一的市场业绩。欧陆之星凭借值得信赖的市场声誉，持续、稳定、规格齐全的货源供应，以及优质的切工与品质，在取得稳定的销售业绩之余，更在业内赢得了广泛的商业赞誉和众多领先的珠宝合作伙伴。

欧陆之星的核心竞争力在于优质切工与品质、领先的上游毛坯资源、充足的库存量的保证、货品持续统一，以及以市场需求为导向的具有竞争力的价格体系。同时，欧陆之星拥有和全球众多知名品牌合作，打造国际化品牌的成熟经验，欧陆之星将会继续为国内的优质零售商提供优质钻石的同时，与他们一起分享这些成功经验，并以产业链合作的方式，增加产品附加值，共同建立真正深受国人喜爱的、属于我们自己的珠宝品牌。

长宁 突破传统 创新突围

深圳市长宁钻石有限公司2004年成立，拥有独立的钻石进出口权。2007年，凭借实力及信誉，同J.B.&BROTHERS（印度）、YAELSTAR（比利时）组成长宁钻石集团，进军海外市场。长宁钻石以挑战传统、创造革新的理念与魄力见长，多种创新理念与举措，引领着行业变革。

1. 突破传统，实时网络销售系统应运而生

长宁研发了国内第一套B2B“实时网络销售系统”，具备实时更新、分级详细、库存量大、节约成本等诸多优势。在显示库存上，实行网络库存同切割厂的实时连接，翔实准确的信息最大化地提高了交易效率。同时长宁为网络销售系统配备超过5亿元人民币的钻石库存，涵盖0.3克拉到10克拉，颜色级别从D色到O色。系统只针对专业钻石销售商开放，所有与长宁签订合作项目的客户需审核才能进行网上交易，保障了客户切身利益。为了辅助“实时网络销售系统”，长宁进一步开发了“长宁钻石分级系统标准JGS”，加入了钻石光泽、荧光、包裹体、表面缺口、额外刻面等方面的钻石个性化资料信息，使客户能更为直观地了解钻石资料，更完整地评估钻石成品。

2. 应对危机，创新服务思路拓宽发展前景

2008年，金融危机席卷全球，长宁钻石在困境中逆势而上。2009年2月组织 “2009长宁钻石创新服务论坛”，与专家、学者、业界同仁，共同思考研讨金融危机下钻石行业发展的新思路、新思维。

3. 放眼国际，资源竞合概念营造行业共赢局面

2009年5月，长宁董事长王宁先生在上海钻石商贸洽谈会上，作了题为《资源竞合 蜕变成蝶——后危机时期裸钻供应链的服务升级》的演讲，首次提出“资源竞合”概念，认为“竞合”将是未来钻石行业的发展趋势，引发业内人士共鸣。

在始终践行“品质第一，服务至上”的理念引导下，长宁将在开拓行业新局面的道路上持续领先，树立中国钻石行业民族品牌。

红蓝宝石的领跑者——兴中泰

深圳市兴中泰宝石有限公司1994年在深圳成立，以红蓝宝石裸石批发、首饰设计、成品批发和零售为主要业务。经历十余年的发展，构建了自己庞大的货源体系以及销售网络。1997年，创立“兴中泰”品牌，推出了大量中高档系列红蓝宝石首饰，并以卓越的工艺技术，创新的设计理念和优良的售后服务，赢得了市场的广泛认同。

兴中泰倾注大量心血于红蓝宝石的推广，着力培养红蓝宝石方面的专业人才，现拥有集设计、评估、销售、推广与服务为一体的专业团队，并率先建立科学规范的红蓝宝石商业分级标准。

与此同时，兴中泰与莱百首饰、七彩云南、越王珠宝、捷夫珠宝等国内外著名的珠宝企业结成战略合作关系，共建红蓝宝石市场辉煌。

以下是兴中泰在国内一家大型珠宝零售商场2006～2009年的销售数据，从中可以看出其增长轨迹。

表3-7-1　兴中泰2006～2009年某商场销售数据表

年　份	数量（件）	金额（万元）	销售均价（元/件）
2006	1219	424.4	3482
2007	2270	908.2	4001
2008	3420	1488.6	4387
2009	3694	1813.7	4912

过去，公司以批发为主，过多地依赖零售企业出资购买，也使得公司经营处于被动的地位。现在，公司在销售模式上进行了改革，不再只以批发为主，更积极主动地寻找零售企业进行红蓝宝石项目合作，共同推广红蓝宝石。

对于今后的发展规划，公司将以红蓝宝石的销售为重心，在批发红蓝宝石首饰及裸石的基础之上，增加碧玺等其他有色宝石的项目开发，与此同时，增强与珠宝零售企业的合作，共同推广红蓝宝石等有色宝石，开辟国内有色宝石市场的全新局面。

彩宝专家——深圳仙路

深圳市仙路珠宝首饰有限公司成立于1999年，是中国大陆最专业、最具规模的彩宝镶嵌首饰设计、研发、生产、销售企业，被誉为“中国彩宝专家”。2003年公司通过ISO9001-2000国际质量体系认证，2004年，仙路品牌被评为“中国珠宝首饰业驰名品牌”，2007年被评为“广东省著名商标”。

深圳市仙路珠宝首饰有限公司成立之初，率先从国外引进铂金镶嵌生产设备，在中国大陆开展铂金钻饰的生产加工业务，曾被行业内誉为“中国铂金镶嵌第一家”。为避免产品在市场竞争中的同质化、价格战，从2000年起，仙路公司以“敢为天下先”的魄力和勇气，率先在中国大陆开始了彩色宝石镶嵌首饰的生产加工新工艺新技术的研发和探索，形成自身的鲜明风格。2004年仙路的“彩色宝石镶嵌首饰”新产品在深圳国际珠宝展上一亮相，即获得国内外业界的高度关注和充分肯定，被认为是“冬天里的一把火”。

仙路公司研发生产的彩宝镶嵌首饰主要取材于18K金及各种经过特殊工艺切割打磨的彩色宝石，并通过特别的镶嵌技术加工而成。共获7项国家专利，其中有3项属于发明专利，4项属于实用新型专利。产品工艺精湛，款式时尚，顺应了珠宝首饰消费的新潮流。

多年来，仙路珠宝首饰有限公司为推动中国彩宝事业的发展所作出的不懈的努力，在珠宝行业内受到广泛的关注和认同。如今，仙路公司有员工200多人，拥有从起版铸造到镶嵌抛光等整个生产的镶嵌首饰加工设备300多台，年产钻石及彩色宝石镶嵌首饰30多万件，已成为名副其实的“中国彩宝专家”。

实力打造——安得珠宝

郑州安得工艺品有限公司坐落于风景秀丽、环境优美、交通便利的郑州国家经济技术开发区航海东路第六大街86号，公司始创于20世纪90年代中期，是一家融贸易与生产为一体的外向型企业，主要生产、加工各种天然宝石和半宝石产品，是中国珠宝玉石首饰行业协会副会长单位，在国内同行中处于领先水平。多年来，公司一直致力于国外市场的发展，营销公司设在美国洛杉矶，并已成功打入北美主流市场。公司以专业的生产技术和精细的加工工艺打造高质量的产品，品种齐全，价格合理，有着从有色宝石原材料到生产加工、客户销售的完整产业链条，产品畅销国际市场，享有很高知名度。

公司占地面积1.5万平方米，建筑面积达到2万平方米，现有职工700多名，生产设备1200多台（套），各类技术人员600多人，公司办公环境幽雅，拥有一流的生产车间、厂房和设备。车间宽敞明亮，配备有空调和完善的音响设施。厂区内有能容纳1000多人的女工宿舍楼和能容纳600多人的男工宿舍楼各一幢，是河南省劳动和社会保障厅、共青团河南省委青年创业就业见习基地。

公司实行规范化管理和人性化管理相结合的管理理念，极为关注员工在企业的成长战略，注重员工职业水准与综合素质的提升。秉承“诚信为本、合作双赢”的经营理念，追求“精益求精、追求完美”的质量方针，以“精诚团结、合作奋进、乐于奉献、共创佳绩”的企业精神，形成了一套健康积极、富有特色的企业文化。在机遇与挑战并存的今天，公司将依托国内外市场强劲的需求，积极整合国内外资源，强化内部管理，扩大市场份额，提升企业形象。在做强国内外市场的同时，致力于推动整个有色宝石事业的发展。

彩色宝石之家——泰尼星

自1990年创立之初到现在，泰尼星一直秉承打造国际一流珠宝品牌的专业精神，经过十几年的蓬勃发展，已成长为一家集红蓝宝石、祖母绿、猫眼等高档宝石裸钻及首饰成品批发、零售为主的专业珠宝公司。

香港泰尼星集团能够在珠宝领域二十几年来不断扬帆向前，首先取决于泰尼星“团结敬业、精益求精”的企业文化和“诚信为本、服务至上”的经营理念，以及泰尼星这支高素质、高水准、重团结的专业工作团队。其领头人董事长陈建新先生就是一位早年在国外经营珠宝，对国际品牌运作及发展模式有着深入研究和了解的专业珠宝经营者。泰尼星团队在陈建新董事长的带领下，为广大珠宝爱好者提供了品质优良、款式新颖的珠宝产品和专业化、规范化、程序化的优质服务，并获得广大新老客户的一致好评。

另外，泰尼星多年来之所以能够获得长足的发展，与其拥有紧密合作的原石供应集散地也有密不可分的联系。泰尼星作为知名的彩色宝石首饰开发公司，长期与斯里兰卡、泰国、缅甸、马达加斯加等国矿业集团和宝石加工基地紧密合作，在终端销售市场发展多年，并在国内拥有自己的分公司和批发中心。目前，泰尼星不仅在中国最大的珠宝集散地——深圳拥有装修典雅的展厅和宝石批发中心，世界珠宝制造聚集地——广州番禺拥有自己的珠宝钻汇旗舰店，还在中国华北、华东、华南和中南部地区设有泰尼星品牌专卖店和加盟店，形成采矿、加工及销售的一条龙服务。现在的泰尼星已然充满自信地矗立于中国珠宝贸易领域。

董事长陈建新认为，企业不仅要以完善的管理体制和优质的服务赢得市场，还要有创新的经营理念，不断推出设计新颖、贴近市场需求的款式。对此，泰尼星不断推出风格独特、款式时尚、价格合理的新品，其中“女人花”系列就以其独特的造型、美轮美奂的红宝而广受消费者和市场的追捧。

面对21世纪彩宝市场的大好前景，泰尼星将一如既往地弘扬有色宝石文化，积极引导有色宝石消费潮流，不断提升品牌形象，全面创造符合中国地区消费者品位的具有强烈时尚特质的国际一流珠宝品牌。

诚信为本　打造景星珠宝品牌

深圳景星珠宝公司成立于1993年，是一家主营天然半宝石进出口、批发及制造的珠宝企业。公司主营各类巴西、非洲及世界各地产的天然半宝石，具体品种有：碧玺、海蓝宝石、橄榄石、紫晶、黄晶、堇青石、石榴石、蓝黄玉和各种奇异宝石等；有自己的加工厂以纯手工生产的各种不同款式角度石、光身石、雕件及底雕的天然半宝石以及金银时尚首饰。2009年以来，本公司专营产自西藏高原特有的、稀少的、神秘的天然拉雅神太阳石，更是将景星公司的企业产品理念推向了一个新的高度。

公司自成立之时，就把“顾客是上帝，质量是生命”作为公司的经营宗旨，并且自始至终把这一观念贯彻于经营活动中。公司在宝石加工切磨过程中，严格按照各项国际标准进行加工，严格按照标准进行质量检测，力求每一粒宝石规格标准，火彩炫丽完美，把最好的产品呈现给客户。深圳景星珠宝公司也正因此，多次服务于世界顶级品牌的珠宝商，并获得良好的赞誉与长期的合作，更好地拓展了公司的业务，增强了公司的实力。景星人认为，企业成功发展的历程也正是一种企业文化创新、发展、变革的过程。景星把自己的企业文化深深根植于民族文化的肥沃土壤中，打造具有丰厚内涵的“诚信为本”的企业文化。其根本理念就是：团结务实、艰苦奋斗、永不言败、争创一流。

公司遵照“质量与信誉并重”的经营宗旨，以市场为导向，不断开发新产品。景星公司的设计，从款式到风格都很前卫和独具特色。公司产品分高中低档，能满足社会不同阶层各个方面的各种需求。景星的产品，引进了国外的先进技术，吸收了国内各家之长，也在原有的基础上推陈出新，切割加工出各种最新最奇的优质产品。由于景星公司的口碑好，服务周到，技术精湛，回头客和顾客群日益增多。人们认可景星品牌，因为景星品牌有良好的信誉，风格独特的奇异款式和完善的售前售后服务。现在，景星公司在竞争激烈的深圳乃至全国珠宝市场已占有可观的市场份额。

17年来，深圳景星珠宝公司与众多企业共同进退，力求打造出专业天然半宝石的、别具一格的企业形象。

国家珠宝玉石质量监督检验中心
主要合作品牌

周大福珠宝
周大生珠宝
老凤祥首饰
缘与美珠宝
潮宏基珠宝
戴梦得珠宝
莱百首饰
金嘉利珠宝
瑞恩珠宝
千禧之星珠宝
金至尊珠宝
恒信钻石
明牌首饰
星光达珠宝
钻之韵珠宝
粤豪珠宝
金伯爵珠宝
爱迪尔珠宝
金土珠宝
金大福珠宝
金百福珠宝
华艺珠宝
周大金珠宝

迪奥珠宝
六桂福珠宝
百利金珠宝
和玉缘和田玉
帝梦珠宝
国君珠宝
麦瑞乐珠宝
金九福珠宝
金克拉珠宝
晶永恒珠宝
六六福珠宝
国华珠宝
金工玉做珠宝
翠绿珠宝
戴比尔珠宝
泰宝隆珠宝
吉盟珠宝
地大匠心珠宝
鑫源珠宝
宝怡珠宝
亚一金店
京沙魏珠宝
行行行珠宝

千叶珠宝
城隍珠宝
七彩云南珠宝
老庙首饰
金象珠宝
谢瑞麟珠宝
六福珠宝
爱得康珠宝
百泰首饰
南洋恒信
周生生珠宝
利兴钻石
番禺钻汇
钻石小鸟
梦思芭克
水贝珠宝交易中心
金丽珠宝交易中心

权威机构
值得信赖

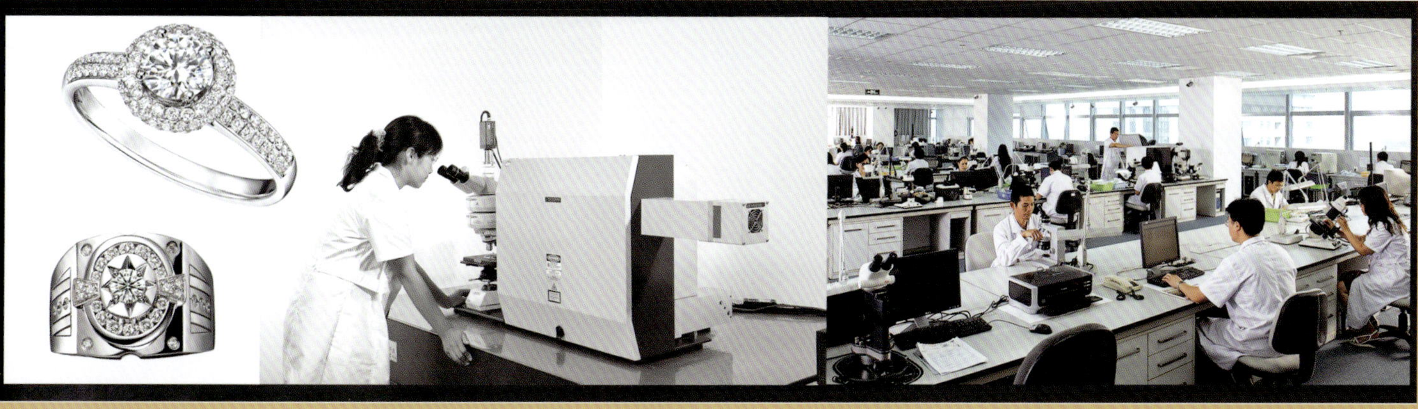

第四篇 市场营销模式

天权

连锁经营提速行业发展

刘晓鹏

改革开放30多年来，随着我国经济的快速发展和人民生活水平的不断提高，以及珠宝消费的持续增长，珠宝玉石首饰行业得到了蓬勃发展。连锁经营作为一种经营模式在珠宝行业逐渐发展，进而也加速了我国珠宝行业的快速发展。

1. 21世纪最成功的商业经营模式

连锁经营本质是把现代化工业大生产的原理运用于商业，实现经营活动的标准化、专业化和统一化，是生产、管理、服务、操作标准等的建立和拷贝传播。企业通过开展连锁经营来达到整合行业资源、快速提高品牌实力、实现规模效益、持续盈利和可持续性发展的目的。

从20世纪90年代开始，连锁经营掀起了继百货商店和超级市场之后的第三次零售业革命，引起了零售领域的普遍关注。随着经济全球化和市场零售终端竞争的日益加剧，连锁经营作为企业扩大市场份额、快速实现有效复制和分销商品、赢得发展时间和拓展发展空间的有效途径，在国内得到迅速发展，同时呈现出强劲的发展态势，珠宝行业亦是如此。

2. 内地珠宝行业连锁经营发展迅速

20世纪90年代中后期，连锁经营的理念开始导入国内珠宝行业，“卡地亚”等国际珠宝品牌和以“周大福”等为代表的香港珠宝品牌面对当时巨大的国内市场，凭借自身的品牌影响力、渠道拓展以及研发等方面的优势，在内地快速发展连锁经营，进行跑马圈地式的扩张，成功在内地珠宝零售市场占领一席之地。

连锁经营模式作为一种新的经营业态引起了珠宝行业的广泛关注。内地实力强、拥有较高知名度和较多市场份额的珠宝企业也纷纷开展连锁加盟业务，并以此模式迅速拓展市场。经过十几年的辛勤打拼，内地珠宝行业连锁企业有的已经拥有了数百家乃至上千家连锁店，取得了良好的品牌宣传效益和经济效益，形成了包括市场定位、终端管理、品牌推广、产品分析、人员培训、货品配送和配套服务一体化的成熟的商业连锁系统及覆盖全国市场的连锁网络。

面对竞争日益激烈的市场，越来越多的企业将连锁经营作为企业零售业务上的重要组成部分、企业运营的主要方式和企业发展的重要战略。因此，尽管内地珠宝行业连锁经营起步较晚，但近年来发展迅速，规模正在不断扩大，步伐逐渐加快。

3. 内地珠宝行业连锁经营面临的挑战及应对措施

在快速发展的过程中，我国珠宝行业连锁经营的压力、挑战和机遇并存。面临的诸多问题主要集中在企业对良莠不齐的加盟商难以实现终端规范管理和控制，其次是企业管理连锁经营的人才极度匮乏，再有连锁加盟产品和服务雷同导致的同质化和价格竞争明显，达不到企业预期的规模效益。

连锁经营要想做到可持续发展，必须着手解决上述三个问题。首先企业要从战略的高度来重视和加强对自身连锁体系的建设和完善。学习和借鉴国际珠宝品牌的先进管理模式和经验，明确自己连锁品牌文化的核心价值，充分体现自己的品牌内涵和核心诉求点，对加盟商提供科学有效及更加灵活的培训服务，提高加盟商运营管理水平和服务水平，全方位地为加盟商做好高附加值的服务。其次，不断提高加盟商的品牌意识，规避加盟商的短期行为带给品牌的损害和隐患。通过选择优质加盟商实现强强联合，打造强势连锁品牌，与加盟商相互促进，和谐共存，形成良性的市场循环和发展。最后，进一步完善连锁经营管理和监督机制，不断创新和提高产品品质，做好消费者研究和市场环境研究，健全企业连锁经营的互联网构建，根据市场环境和企业经营管理的现状实施规模扩张。

4. 内地珠宝行业连锁经营前景广阔

随着消费观念的转变，消费者对珠宝玉石首饰的消费越来越理性，越来越注重品牌。虽然知名度高的珠宝品牌零售价相对较高，但是消费者宁可多花钱也不愿去消费价格相对较低的低知名度珠宝首饰，品牌好的珠宝连锁店将更多地成为消费者的选择。

六福、周生生、谢瑞麟、金至尊等以特许加盟或直营连锁的方式快速拓展零售市场，并以稳固发展、持续扩张为重要发展战略。2010年，周大福将以年均开设100家新店的速度在中国内地

极速扩张，将拥有超过1000家分店，实现“千家分店”的目标，员工将达到3万人，年销售额超过100亿元。

目前，老凤祥、老庙、日月、石头记、千禧之星等内地珠宝企业正积极调整和布局市场拓展战略，加快连锁经营进程。其中周大生在全国内地200多个大中城市的连锁店2009年已突破千家，2010年计划达到1400家，扩展态势强劲迅猛。

我国是一个拥有13亿人口的大国，珠宝市场需求强劲而持续，且潜力巨大，作为富有活力的商业模式，中国的连锁经营市场前景同样十分广阔，并将进一步推进我国珠宝行业的健康、可持续发展。

5. 中宝协将进一步服务内地连锁经营企业的发展

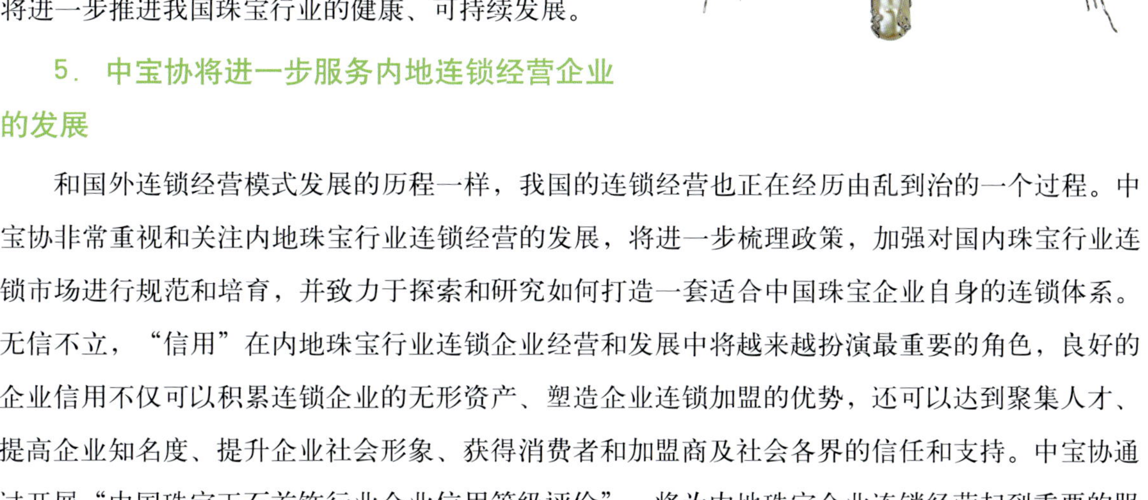

和国外连锁经营模式发展的历程一样，我国的连锁经营也正在经历由乱到治的一个过程。中宝协非常重视和关注内地珠宝行业连锁经营的发展，将进一步梳理政策，加强对国内珠宝行业连锁市场进行规范和培育，并致力于探索和研究如何打造一套适合中国珠宝企业自身的连锁体系。无信不立，“信用”在内地珠宝行业连锁企业经营和发展中将越来越扮演最重要的角色，良好的企业信用不仅可以积累连锁企业的无形资产、塑造企业连锁加盟的优势，还可以达到聚集人才、提高企业知名度、提升企业社会形象、获得消费者和加盟商及社会各界的信任和支持。中宝协通过开展“中国珠宝玉石首饰行业企业信用等级评价”，将为内地珠宝企业连锁经营起到重要的服务作用。

我国珠宝行业连锁经营的发展使国内珠宝行业进入新的发展层面，中国珠宝行业未来的发展将更多取决于行业终端营销的发展。未来珠宝行业的竞争必将是终端营销体系、信息、资本运作、企业文化、企业信用、品牌、规模和人才的竞争，也必将是珠宝连锁经营体系之间的竞争。

我们相信并祝愿珠宝行业连锁经营模式不断完善、成熟、壮大，为我国珠宝产业发展做出更大贡献。

周大生——突破重围 连锁制胜

周大生珠宝由海外华人周氏家族于20世纪60年代在香港创立。经过几十年的创新、进步和发展，已经成为一个资深的珠宝品牌。2005年12月周大生珠宝荣获中国驰名商标称号；2006年9月荣获中国名牌(珠宝首饰玉石饰品)称号。市场渠道稳健发展，至2009年12月，周大生珠宝在全国连锁店已达1000家。

1．成熟的连锁店运营管理模式打造终端网络

周大生自营及经销店均能如此蓬勃发展，首先得益于成熟的连锁店运营模式。周大生在打开经销大门之前，已拥有运营管理数百家自营店的行业经验和遍布全国各区域的营销管理团队，形成集营销管理、销售管理、资金管理、物流管理、信息管理、渠道管理、客服管理等于一体的成熟的连锁店运营模式。

周大生在选择经销商的时候非常严格，拥有一套相应的手段来评估和检测经销者的资质。周大生珠宝会给予连锁店一整套经营方法，以帮助连锁店迅速步入正轨，并快速实现盈利。对资质不同的经销商提供不同的店面开设标准与扶持手段，连锁运营系统运作过程中，周大生珠宝会对单店进行相应的指导、检查、监督，并在出现状况时提供适合的扭亏为盈手段。

2．布局二级物流中心渗透区域市场

连锁规模的不断壮大，对公司的整个物流体系提出更高要求。为了巩固和渗透区域市场，2009年初，公司提出了建立物流网络、在重点区域设立二级物流中心的计划，分别在北京、西安、成都、郑州、武汉、长沙、济南、南京、杭州和沈阳设立十个二级物流中心，由这些中心与深圳总部物流中心构成联动网络，辐射全国。截至2009年底，二级物流中心全部成立。

二级物流中心的建立，将进一步提升周大生品牌在各地区的影响力，增强品牌竞争优势。

3．加强品牌建设形成口碑效应

周大生珠宝的广告投入逐年增加，2009年广告费已达4000万元人民币。结合区域实际情况，杂志、电视、户外等媒体广告覆盖不同层面人群，使更多的消费者认识周大生，了解周大生。公

司还组织策划了大量的促销活动，如“龙行天下”百枚克拉钻全国巡展活动、购买周大生珠宝赢取欧洲游活动等。

周大生在公益事业上持续投入。2006年7月，周大生正式启动“千万钻石换光明”大型慈善工程，帮助白内障患者实现同看奥运的梦想；2008年，周大生通过中国青少年基金会，为汶川地震灾区孩子捐建一所抗震“春蕾小学”。

2009年9月12日，华人巨星林志玲签约代言周大生，昭示着周大生继续提升品牌形象的决心。

多种举措并行赢得消费者的好感和信赖，终将惠及终端。

4. 关注珠宝首饰研发突破同质化重围

为突破同质化重围，周大生在研发设计方面做了很多努力。周大生率先在业界推出“珠宝流行趋势发布”。2008年末全球陷入金融危机之际，人们更加注重价值感，周大生2009年潮流趋势以“本色主义、浪漫主义、未来主义”为主题，寻找价值感的回归。2010年潮流趋势则以“新秩序的诞生”涵盖了三个产品走向，其灵感来自金融危机之下，生活发生戏剧式冲突，然而人们内心依然隐藏着坚定的信念，满怀着对未来的美好憧憬，迎接新秩序的到来。

5. 完善培训督导体系促进共同成长

在连锁业务蓬勃发展的情况下，连锁店的经营管理与珠宝品牌命运休戚相关。周大生非常重视经销商的自身发展，建立起完善的培训体系，有计划、有步骤、有层次地打造务实高效的终端培训体系。周大生整合资源，在业内开创珠宝J－MBA（珠宝业工商管理硕士）课程，邀请国内外著名的经营大师和培训大师讲授，至今已举办九期，受到业内人士一致称赞。

从周大生的发展路线可以看出，只有当品牌建立了适合自己的可行的经营管理模式和服务保障系统，保证供给的及时高效，才可以让经销商在品牌的大旗下团结起来。同时，以优秀的、进步的品牌文化作为品牌旗帜，以出色的传播整合使品牌所代表的珠宝首饰品牌文化深入人心，必将促进经销商的荣誉感和成就感。珠宝首饰连锁经营仍是未来珠宝首饰营销的主流。

突破与创新——老凤祥连锁加盟的里程碑

老凤祥始创于1848年，是中国珠宝首饰业历史最悠久的品牌之一。集科、工、贸于一身，拥有多个专业厂、20多家子公司、近300家连锁银楼、1000多个销售网点以及研究所、检测站、典当行、拍卖行等，已形成“黄金、铂金、钻石、翡翠、白玉、珍珠、有色宝石、白银”等八大类从原料、设计、生产到销售一条龙的产品线。曾荣列中国500最具价值品牌，亚洲品牌500强，全球珠宝100强。2008年，老凤祥年销售额达到89.57亿元。

老凤祥迅速的业绩增长，得益于在营销体制上的突破与创新。老凤祥对市场进行充分调研，分析研究出一套适合自身发展需要的四级营销模式（自营银楼—加盟银楼—总经销—经销商）。加盟连锁模式是推动业绩高速增长的最耀眼的明星。老凤祥的加盟连锁模式可概括为：

1．加盟银楼

公司将其所有的商标或服务标识，以品牌输出收取特许使用费的形式，特许授权给特许经营人。以合同为纽带，实行互惠互利的战略联盟的特许经营组织。公司的特许经营形式主要是老凤祥银楼专卖店。

老凤祥加盟连锁经营的探索，始于2002年，首批发展5家加盟连锁店，随后由于认识上的分歧，一度停顿了2年。后因行业连锁发展模式的兴起及竞争对手的快速发展，公司重新对加盟连锁进行评估研究，并将其作为公司“十一五”发展战略的重点发展方向。目前老凤祥在江、浙、沪、皖一带已拥有连锁银楼128家。2007年加盟连锁银楼的批发业绩已占据公司批发业务的40%左右。

2．总经销商

由于受国情、地域文化差别、人脉关系、购买行为及地方品牌发展等因素的影响，产品的市场导入仅靠企业自身的实力和品牌影响力是远远不够的。只有依靠当地企业现有的各方面资源，

依靠地方政府的支持，在双赢的前提下发展省区总经销，建立长期的战略联盟和战略伙伴关系，才能使老凤祥品牌产品快速有效地进入市场。

为此，公司大胆地尝试发展省区总经销的营销模式。近年来公司先后发展了8个省区、直辖市总经销商，分别是：陕西省、山东省、四川省、黑龙江省、贵州省、海南省、北京市、天津市。

总经销商按照公司品牌管理和市场营销的要求，负责公司授权范围内市场开拓及其他经营活动。它大大降低了公司开辟偏僻市场的营销成本，降低了物流、人员安全的风险，规避了资金坏账的风险，加速了市场拓展的步伐，使公司的经济效益不断提升。

目前，总经销商在全国5个省市共发展了老凤祥品牌经销商252家，2006年总经销商向公司批发产品2.26亿元，仅占公司批发额的18.4%，2007年达到6.5亿元，占公司批发额24%，实现了量的突破。

3．经销商

它是产品和消费者连接的纽带，是将企业文化、商品信息传输给消费者的重要渠道。这种模式是：双方签订经销协议，按照协议的约定，经销商开展品牌营销活动。

经销商客户群体，是老凤祥宝贵的客户资源，它们在全国零售第一线，为老凤祥的品牌推广、市场占有及扩大份额立下了汗马功劳。经销商的网点现已涉及全国27个省市自治区，构成了老凤祥强大的品牌营销网络，近千家（含总经销商）经销商，是公司的宝贵财富，维系着公司品牌营销和企业发展的命脉。

通过发展与创新，老凤祥历年来在国内外获得的荣誉数不胜数：国家科学进步奖、国家级质量金奖、中国名牌、中国驰名商标……老凤祥获得成功的背后，是老凤祥品牌的优势、技术的优势、人才的优势。

老凤祥以“共进、共赢、共享”的经营理念，“做优、做强、做大”的发展策略与股东、客户、员工携手发展，本着“共创经典、共享品质”的愿景，老凤祥已形成了“至诚、至信、至精、至善”的企业文化。“百年老凤祥，求品质卓越，导服务领先，创世界名牌”是老凤祥的品牌目标。老凤祥珠宝正以新颖的款式、优异的质量、个性化的创意、海派的工艺和完善的售后服务体系，去迎接更严峻、更激烈的市场挑战。

坚持设计领先的潮宏基珠宝

潮宏基珠宝在坚持设计领先的基础上，通过不断与国际上最优秀的珠宝品牌、设计师的合作，为中国消费者带来更多国际时尚前沿的珠宝作品，彰显潮宏基在时尚“饰”界的设计领先地位。“在传承经典中求变化，更以丰富设计引领风尚”，潮宏基为风尚中人在文化底蕴和潮流之间打造出精妙平衡，重新定义时尚之美与璀璨心灵的永恒印记。

潮宏基贵金属镶嵌类产品在2007年荣获“中国名牌”称号，并连续五年入选中国500最具价值品牌。在2009年度亚洲品牌评比中，潮宏基获得“亚洲品牌500强”大奖。目前，潮宏基已与DTC国际钻石推广中心、PGI国际铂金协会和WGC世界黄金协会三大行业机构长期合作，成为指定经销商；并与比利时钻利(Pluczenik)集团及安特（AMC）公司等钻石国际一级经销商建立了紧密的合作关系。

2006年，潮宏基珠宝成为百年来首个获邀登上“瑞士巴塞尔国际钟表及珠宝博览会”舞台的中国品牌，在这场象征珠宝界奥斯卡的盛会中，潮宏基以“紫气东来”为主题的东方原创珠宝发布会，将深厚的东方文化与新潮的原创设计带入了国际的视野，惊艳了西方时尚饰界。“紫气东来”颠覆了国际珠宝界对中国珠宝产业的偏见，搭建了中国珠宝业走向世界的桥梁，让世界看到了中国珠宝业的崛起。

潮宏基作为国内珠宝行业的设计先锋和原创倡导者，曾与中国珠宝玉石首饰行业协会、国土资源部珠宝玉石首饰管理中心合作，成功创办了中国珠宝首饰设计大奖赛，并共同举办第一、二、四届赛事，为中国珠宝行业的原创发展和设计人才培育作出卓著贡献。潮宏基珠宝与清华大学美术学院联手合作，创建了国内首家院企合办的首饰设计实验室，高规格的研发设施和高水平的人才资源，将为推动中国珠宝产业的科研化进程

和高端珠宝人才的培养奠定坚实的基础。

经过多年的精耕细作，公司形成了以华东、华南和东北为核心市场，覆盖全国27个省（市、自治区）80多个主要城市，拥有279家品牌专营店的销售网络。公司自营店中95%以上设立在优质的百货商场中。目前，公司已与五大全国性连锁百货集团的大商、百联、王府井、新世界、百盛，以及各区域性知名百货企业建立了战略合作关系。在中国连锁经营协会公布的“2008年中国连锁百强”零售企业中，已与公司建立战略合作关系的百货商场达52.27%。在销售渠道快速扩张的过程中，公司也形成了与之相适应的跨地区终端管理能力，尤其是2006年8月引进SAP-ERP信息管理系统后，提高了销售网络管理水平，为销售渠道的继续拓展奠定了基础。优质的销售渠道，为公司品牌的持续发展奠定了良好的基础，有利于公司围绕品牌定位不断丰富产品线，提高单店营运能力，增强持续盈利能力。

随着不断的新店开张，潮宏基将凭借卓越的设计制作工艺、高档的品质以及体贴入微的服务，不仅让高品位的消费者获得个性化、内涵丰富、充满优雅情趣的购物体验，还可以欣赏到众多具备创意美感的珠宝，获得实用的珠宝识别知识以及试戴多款配饰的美好体验。

石头记——真石就是美

“石头记”品牌名称源自中国古典名著《红楼梦》一书，“石头记”为其本名。顶着《红楼梦》的文学光环，馥郁幽悠的历史情怀，自1998年实行“品牌+通路”战略以来，石头记陆续获得 “广东省著名商标”、“中国驰名商标”、“中国大学生至爱品牌”等荣誉，并在全国大、中、小城市开设1200余家专卖店。

1. 人与自然的美妙会合

在中国历史上，玉石因其昂贵的价格，成为高贵身份的象征，平民百姓若想拥有一块属于自己的玉石，是一个遥不可及的梦想。

石头记的出现，改变了这一现状，让普通人也能圆“怀石拥玉”之梦。为此，石头记将企业核心理念定为：人与自然的美妙会合。希望借着品牌的载体，将这种最有东方特色的产品推广到全世界每一个角落，让人类在回归自然的省思中与石有约，与石结缘，在返璞归真的期待中实现人与自然的美妙会合。

2. 品牌，企业快速成长的根基

作为中国宝玉石行业率先品牌化运作的企业，石头记在引领行业发展方面发挥了重要的作用。从建立行业规范，引领玉石饰品时尚，导入CIS系统，开展专卖店通路体系，到成功导入ERP及电子商务系统，前瞻性的经营理念一直推动着石头记的快速成长。石头记深信，品牌是企业快速成长的根基，唯有品牌的壮大，才能持续引导企业发展，于激烈竞争中立于不败之地。

1998年，石头记第一家专卖店在南京开业。由于理念新颖，时机成熟，加上策略成功，自此迈上了快速发展的轨道。短短几年的时间，石头记专卖店如雨后春笋遍布全国。强大的营销服务网络，迅速提升了石头记品牌的知名度。与此同时，石头记加强对产品的研发设计，“同心玉坠”、“圆梦”等箭头主力产品先后推出，都受到了消费者的追捧和热爱。

2003年，石头记启动长程投资方案，投入巨资创办“石头记工业园”，为品牌壮大提供更为坚实的基础。2007年，在西藏拉萨，石头记迎来了第1000家专卖店。与此同时，石头记也完成了全国专卖店体系布局。多年对品牌的深耕细作，使得石头记从某种程度上成为中国宝玉石饰品的代名词。

3. 文化，品牌价值的命脉

面对玉石产品同质化的现实，石头记发现唯有文化才能让品牌区别于他人并持续领先竞争对手。自创立品牌开始，十分注重品牌文化建设。成立石头记文化传播公司，创办石头记网站，自办《石头记·美人志》双月刊，多角度、立体化宣传品牌文化。2006年，汇聚全体石头记人心血，一部记录石头历史的鸿篇巨作——《石头的故事》正式面世。该书从多个方面阐述石头与人类文明息息相关的故事，力求让更多人知道石头背后的灿烂故事。此书一面世，便得到了广大爱石之人的热捧。2008年，石头记再度投资将此书拍摄成20集200分钟的电视专题片，并在《南方卫视》公开播映，不遗余力地宣传中国源远流长的玉石文化。

4. 名牌之路，石头记矿物园公开亮相

2009年，经济危机笼罩全球，转型、升级、创新、求变成为世人一致的共识。面对经济危机给企业经营带来的困难，石头记适时采取措施，从容应对。新年伊始，石头记高层进行改组，“世代交替、强强联手”，新的经营团队，浮出水面。

2009年8月15日，历经三年缜密策划，两年辛苦营建，中国玉石文化的明珠——石头记矿物园公开亮相。该项目占地70亩，由地下宝石世界和地上奇石公园组成，集科普教育、休闲旅游、观光购物、益智娱乐于一身，是中国玉石文化的一个立体形象展示，现已成为华南地区重要观光景点。石头记矿物园的面世，标志着石头记从传统珠宝产业向商贸旅游文化创意产业的延伸。它的出现，为石头记品牌内涵注入了新鲜血液，也为石头记的名牌之路奠定更为坚实的基础。

名牌之路，任重道远。2009年岁末，石头记独家冠名“第四届CCTV电视剧群英汇”，隆重推出“平安玉佩”经典产品作为2010年的箭头主力产品。面对未来，全体石头记人信心满满，石头记名牌之路与你同行。

萃华连锁　规范发展　互惠双赢

从1895年“萃华新首饰楼”的问世，到如今的“中华老字号”；从最初沈阳的一个首饰加工小作坊，到今天的深圳建厂横跨南北地域；从一家经营面积2000平方米的总店，到目前拥有148家连锁店的销售网络……萃华金店这块百年老字号品牌是如何得到传承和广泛认同的呢？

1. “敢”字当头，“赌”出机会

2001年，刚刚上任的李玉昆总经理意识到，要维持品牌竞争力，必须首先从体制上、观念上进行变革，对老字号品牌进行管理和创新，以此提升品牌资产价值。萃华开始寻求开拓新市场，利用品牌资产杠杆，进行加盟连锁经营。2001年，第一家萃华连锁店在丹东金匾高悬，从此，以“萃华”品牌资产为纽带，通过特许经营的方式组建的“战略联盟”，开始在当时并无连锁加盟企业成功先例的珠宝行业里崭露头角。

到目前为止，萃华已拥有连锁加盟店145家，直营店3家，覆盖全国多数一、二线城市。

在“加盟体系”的大旗下，萃华整体销售能力有了很大提升，这就为萃华实现良性发展和提高竞争力奠定了坚固的基础。

2. 品牌历史悠久，恪守诚信为先

萃华建店之初便提出并一直坚持“赢心盈利同在、金品人品共纯”的经营理念。萃华将产品质量视为诚信经营最重要的一环，为此不惜提高产品成本，原材料全部采用国拨黄金，在质量管理上，严格执行行业及国家的标准。萃华先后荣获“中华老字号”、“中国名牌”、“中国驰名商标”、“中国珠宝首饰业驰名品牌”、“中国珠宝玉石首饰行业放心示范店”、“中国珠宝玉石行业AAA级信用单位”等多项称号。如今，“萃华”品牌无形资产的评估价值已高达20亿元。

3. 前店后厂，产品后备力量雄厚

2009年9月，萃华股份深圳子公司和工厂落户深圳市罗湖区，更是为连锁加盟店的不断增

加提供了充足的货源。

凭着强大的设计团队，萃华已经先后开发出黄金（K金）系列、铂金系列、翡翠系列、珍珠白银系列、工艺水晶系列等近万款产品，满足了消费者的多样需求。

4. 真正的领先缘于服务

萃华在过去的三四年里推出了一系列贴近顾客需求的“五星级服务”。公司在2007年提出：萃华会员在全国各地任何一家萃华连锁分店都可享受同等的待遇与优惠。同时“十免费，一永远”的服务承诺，更是受到好评。

5. 规范有效的连锁运营管理体系

萃华连锁加盟工作以“坚持品牌战略，规范加盟商”为原则。连锁店虽然以每年20%的速度递增，但同时每年也有1%～2%的加盟商因不符合公司要求而淘汰出局。

规范化加盟政策。萃华为每一位加盟商提供专业的店面选址、设计、施工、管理、培训和统一的营运模式、管理方式、商品供应、广告宣传、会计系统、电脑网络等服务，以使它们能够达到萃华的营运要求，引导加盟商走向规范经营之路。同时加大督导力度，所有连锁店严格按照四个统一来要求自身，即统一形象、统一配货、统一服务、统一宣传。

差异化营销。萃华通过差异化的营销战略，打破同质化竞争。从2007年开始，全国共有23个地区连锁店举办了“诚赢天下，信铸百年”黄金内衣及百年文化巡回展活动，通过对品牌形象、企业文化的塑造与宣传，达到了提升美誉度、加深消费印象、拉动购买力的目的，形成了持续的竞争优势。

协同发展，互惠双赢。萃华独厚的品牌文化和可靠的产品保证，增强了加盟者对萃华的信心，短短数年间，萃华在各地连锁店的市场占有率大部分在50%以上，而且公司鼓励当地加盟商一地多开分店，开拓潜在市场，有效提升了“萃华”品牌在当地的竞争力，实现了萃华总部与加盟商的共赢。

在机遇和挑战面前，萃华凭借创新的气魄与胆识，促进了中国珠宝企业连锁加盟运作的良性发展，必将给加盟大潮中的众多同行企业以借鉴。

千禧情缘　钻石承诺

千禧之星无论是自营店还是加盟店，都奉行着一个共同的经营理念："忠诚顾客，一切为了顾客满意"。

千禧之星从品牌创立至今，在全国的连锁店已超过400家。以顾客为中心的经营理念，让千禧之星无论是设计还是款式上，始终坚持走人性化的路线，每个细节都强调首饰佩戴时与顾客身体部位的吻合度以及体验的舒适度。为了满足那些时尚、个性的顾客需求，千禧之星珠宝还特别提供了一些个性化的服务，在终端销售上完成了从传统销售向个性服务的转变。

"忠诚顾客，一切为了顾客满意"，千禧之星之所以能够赢得顾客的喜爱，在于它十几年来始终坚持这个质朴的经营理念，以及在这个理念指引下，从事珠宝首饰制作的技术骨干和高素质管理人员的努力。

珠宝首饰要在紧跟潮流的背景下，走自主创新之路。千禧之星的每一件新品上市，都与改革、创新有关。千禧之星除了拥有专业的珠宝人才和科学的管理人才外，还引进了具有世界先进水平的进口首饰生产设备。公司积极鼓励员工在技术方面创新，对一部分高损耗、高耗能和高人力成本的生产工艺和设备进行改进，鼓励各种发明创造，提倡科学、环保、节约的生产模式。这既有效地提高了工厂的劳动生产率、节约了成本，也形成千禧之星珠宝特有的技术创新机制，同时为树立千禧之星品牌的品质形象提供了强有力的技术保障。

公司研发部最新推出的机制镶口技术，12围1的钻石镶嵌结构，充分凸显主钻，得到了许多顾客的青睐。为应对金融危机，降低消费成本，千禧之星品牌推出了多款精美的小分数钻石饰品。这些产品充分立足于市场，满足了顾客的需求，又不会给顾客造成

消费负担，展现了千禧之星品牌灵活的市场应变能力。在产品工艺方面，千禧也是步步创新，如饰品表面处理上，从最开始的光面、喷沙、拉沙到勾丝、布纹、网状纹、烤漆；首饰的镶口上，从爪镶、包镶、无边镶、龙爪镶、虎爪镶逐渐演变到今日的如意镶、机制镶；在这些演变过程中还包括在首饰材料的颜色以及镶嵌宝石的搭配上开展的各种工艺上的尝试，都体现了千禧之星勇于创新的精神。

珠宝产品不仅要充分体现当今社会的流行趋势，更要提升对民族文化的传承和发扬。千禧之星品牌仅外观设计就获得30多项发明专利，其技术改造和文化创意结合的典范则是“东方神韵”系列珠宝产品。该系列产品运用人体工学理论，采用“内弧双曲面蜂窝网底”、“空位”等创新设计和真分色、多彩宝石切割等先进工艺技术，将传统手工起版与自动起版生产工艺相结合，实现了金属成型新工艺。该系列产品得到深圳市科技局认可，被专家鉴定为具有创新性和自主知识产权，通过了科技成果鉴定。

千禧之星联合南非美钻推广机构（拥有7个著名钻石矿，也是全球唯一注册了南非美钻原产地标志的机构），获得了南非美钻在中国的独家代理权，并标明其正宗南非原产身份。

基于以上努力，千禧之星先后获得了中国驰名商标、中国名牌、中国珠宝首饰业驰名品牌、亚洲500强等殊荣。除了得到国内顾客的喜爱，产品还远销马来西亚、日本、美国、巴西、德国、中东等国家和地区。在弘扬与传承中国传统文化上，千禧之星也做出了自己的贡献。

2007年9月至今，千禧之星聘请影视明星孙俪为千禧之星品牌形象代言人，千禧之星进入了品牌迅速发展期。

千禧之星经过数年的发展，销售网点达400多家，已经与杭州大厦、金鹰国际购物中心、新世界集团、中百联集团、大商集团等国内最具有影响力的百货连锁集团结成战略合作伙伴。

千禧情缘、钻石承诺！今天，千禧之星正以一种全新的姿态屹立在广阔的时代舞台；引领国内行业发展、树立民族品牌，千禧之星的发展历程必将融入珠宝行业璀璨的记录之中！

管理 品质 服务——瑞恩制胜之道

瑞恩钻饰名店始创于1994年，一直与钻石贸易公司（隶属于戴比尔斯De Beers集团）以及世界钻石交易所联合会保持着良好的合作关系，且作为上海钻石交易所的首批会员，不仅与国家珠宝玉石质量监督检测中心保持长期技术合作关系，还与比利时钻石高层议会、美国宝石学院建立了钻石鉴定技术的合作关系。经过15年的发展，瑞恩已成为钻石进出口贸易、钻饰设计加工、钻饰批发与零售、钻石文化产业化经营的集团企业，系中国规模最大的直营钻石商之一。

瑞恩以完美的店面形象、卓越的服务品质和良好的经营信誉，获得了无数客户的信赖和认可，赢得了较高的社会美誉度，曾被评选为“中国珠宝首饰业驰名品牌”等。

优质的钻饰品质是瑞恩公司快速、平稳发展的生命源泉。公司所经营的钻饰均选用南非天然优质钻石，采用比利时切工和香港镶嵌加工工艺，每件产品均通过国家权威质量检验部门的严格检测。

瑞恩的制胜之道主要在于以下方面，一是强大的直营店远程管理能力，二是全面活化了“服务增值”系统，建立了“全面满意，创造客户终身价值”的顾客服务体系，三是在直营店远程管理的基础上，开拓连锁加盟渠道，推动公司的业绩高速增长。

我国珠宝首饰行业在销售方式上，经历了从国家专控到逐步放开，从直接进货到引厂进店，从自设分店到连锁加盟，从集中经营到开设分店的发展过程。无论是1994年初创之际的第一家店铺，还是截至目前的全国近200多家店铺，瑞恩钻饰名店一直在实行由总部进行远程管理、各区域

自主管理的模式。

由于远程管理在人力和财力上都需要很大的投入，为了确保最低的成本产出最优的业绩，自2007年起瑞恩将全国划分成五大区进行管理。同时在大区下面又分设了22个小区，通过细划层级、充分授权、快速反馈，所有终端一线问题从事发到最终解决24小时之内就能解决，如遇加急则要求在4小时之内必须回复解决。

依靠强大的远程管理支撑，瑞恩在近年的发展突飞猛进。截至2009年末，瑞恩在国内建立了以北京、上海、天津、成都为基地，覆盖东北、华北、华东、西南、西北等20多个城市的销售网络，仅北京一地区店铺数就达63家，销售业绩名列前茅，市场占有率稳步上升。

瑞恩还拥有强大的售后服务体系，现拥有1千多人的专业销售服务团队，并开通全国统一服务电话4007007099，由专人值班全年365天为顾客服务。

随着瑞恩规模的不断壮大、品牌认知度的不断提高，越来越多的业内外人士要求加入到瑞恩品牌的建设中。2008年，瑞恩在总结直营店远程管理模式成功经验的基础上，结合其他珠宝品牌的成功连锁加盟管理经验，开始发展连锁加盟渠道。截至2009年，瑞恩已有加盟店近50家，加盟商对瑞恩特有的管理方式给予了高度的评价。

瑞恩越来越清晰自己发展的战略和远景，“瑞恩只做钻石，让所有渴望拥有钻石的人，都能得到称心的钻石”。正是在清楚了自己的目标后，瑞恩才相信未来是属于那些敢于发现自己的问题并努力进行改进的企业，2010年及未来，瑞恩将会以新的面貌出现在大家面前，奉献给消费者品质更高、更精美的产品。

周大福用品质缔造神奇

周大福第一家金店在1929年由周至元先生创立于广州市河南洪德路，当时主要经营传统的黄金首饰。

1956年，周大福由郑裕彤先生接手经营。在60年代初，周大福进行了一系列改革，突破了古老金铺的资本结构模式，成立周大福珠宝金行有限公司，经营项目也由单一的黄金饰品扩大为全面经营珠宝首饰。同时，周大福大胆摒弃旧时金铺、分店的形式，以现代连锁店经营手法拓展公司业务。现今，周大福在香港、澳门、台湾、马来西亚及中国内地分店近1000家。

20世纪90年代，周大福开始拓展中国内地市场。1998年8月，周大福在中国内地的第一家专营店在北京建国门贵友商场开设。从此，周大福在中国内地的业务进入高速发展期。第100家专营店于2002年12月在广州北京路步行街开设；第200家专营店于2004年7月在上海的久光百货商场开设。

1. ctf2品牌设立

周大福不仅历史悠久，且力求创新，时刻处于珠宝首饰新潮流的尖端，在迎合消费者需求的同时也引领了首饰消费的时尚。2001年，周大福针对年轻消费者的需求推出其年轻新一代品牌——ctf2，主攻年轻饰物市场，其设计及用料均以潮流、创新及多元化为前提，突出年轻新一代独特的气质及品位。ctf2中国内地及香港地区专柜和专营店数量已超300家。

2．优质资源

周大福拥有众多经验丰富、才思敏锐的专业设计师，他们经常参观世界各地的大型珠宝展，感受时尚、启发灵感，他们的优秀作品更在各届国际首饰设计大赛中屡屡获奖。

周大福还拥有自己的钻石、首饰加工厂，自行生产、制作各类首饰，形成了原料采购、生产、货品销售及售后服务“一条龙”，以确保向顾客提供优良产品和优质服务。周大福也在南非投资开设钻石琢磨厂，专责钻石切割及打磨，并因此成为全球最大的钻胚供货商之一（Diamond Trading Company)的配发专利权指定交易商（Sightholder）。

3．行业贡献

80多年来，周大福一直秉承“货精价实”的经营理念。90年代，周大福创新推行“珠宝首饰一口价”的政策，以直接成本加合理利润订立货品价格，让顾客以优惠的价钱得到优质的产品，真正体验货精价实的感受，备受消费者信赖。

4．社会责任

多年来，周大福与联合国儿童基金会、中国国家体育总局、中华慈善总会等机构合作，在教育、医疗、保护儿童、环境保护、城市建设、赈济灾情等方面，捐资援助近百次，合计金额超9亿元人民币。2008年10月“周大福慈善基金”的建立，既是周大福集团数十年对社会公益不懈支持的延续，也开启了企业慈善行动的新篇章。

5．行业地位

2008年3月，在万事达卡国际组织最新发布的《中国富裕阶层品牌偏好》报告之中，周大福以卓越的产品设计与深厚的品牌实力，成为中国富裕阶层消费者最为钟爱的珠宝品牌，并大大领先尾随其后的多个国际珠宝首饰品牌。

2008年4月由美国《读者文摘》举办，尼尔森调研的 “2008年《读者文摘》信誉品牌” 中国区评选活动中，周大福继上届获得白金奖之后，再以“《读者文摘》中国区信誉品牌”金奖领先同行，连续两年被评为珠宝业第一品牌。

2009年3月，由中国商业联合会、中华全国商业信息中心召开的“2008年度(第十六届)中国市场商品销售统计结果新闻发布会”中，周大福珠宝品牌荣获“2008年同类产品市场综合占有率第一位”，连续五年在中国珠宝首饰市场综合占有率排名第一。2009年6月，由世界品牌实验室和世界经理人周刊联合评定的“中国500最具价值品牌”，周大福排名由2008年的第53位上升至第50位，品牌价值上升到138.43亿，连续六年荣登入选珠宝品牌的榜首。

极具竞争实力的真牌珠宝

深圳市真牌珠宝金行有限公司成立于1996年，公司总部位于中国珠宝之都——深圳万山珠宝园。

公司于2005年通过ISO9001国际质量认证，品牌先后获得广东名牌，中国珠宝首饰业驰名品牌，中国珠宝玉石首饰行业优秀放心示范店，中国珠宝年度新锐品牌等荣誉。真牌珠宝以真情、真品、真牌为品牌理念，以人为本、科学管理、品牌服务，是集生产、批发、零售于一体，销售网点覆盖全国各地的大型珠宝连锁企业。

公司总部具有产品设计研发、生产加工制作、战略策略制定、信息发布收集、市场营销策划、商务服务督导以及全国各分行的宏观管理等职能，拥有自己的生产制造基地，产品涵盖黄金、铂金、钻石、18K金、钯金、镶嵌、翡翠、珍珠、银饰、红蓝宝等，并设有多个大型生产车间、质检、收发、配货等多个专业部门，为真牌珠宝的产品创新、货品供应、品质保证、售后服务等提供了有力的保证。作为一家以经营珠宝首饰产品为主营业务的珠宝企业，将继续坚定地立足珠宝产业，充分利用多年来在珠宝行业所积累的经营管理经验，促进企业做大做强。真牌珠宝在广州、东莞、深圳等地开设了近20家大型直营店，120多家加盟店遍布全国各地，在部分中大城市成立控股子公司或事业部。在逐步布局国内珠宝市场的同时，真牌珠宝计划在美国成立首家海外运营中心，开设真牌珠宝美国直营店。美国直营店正式投入运营后，将以美国直营店为导向，在日本、韩国、新加坡等地开设大型直营店，力争在20年内逐步完成亚洲、欧洲、美洲等全球发达国家的主要城市的销售网点布局。

真牌珠宝在终端零售极具竞争力，下辖的直营店都地处临街繁华地段，每家营业面积都超过260平方米。真牌珠宝直营店和加盟店的年销售产品约1030万件，总营业额达31亿元人民币，累计交纳税收逾1亿元人民币。公司依据目前的营销情况，将通过不断扩张、增开直营店等方式，提升整体销售额，实现营业额年递增15%以上，使产品销售件数及总营业额在5年内实现翻番，推动真牌珠宝成为国内珠宝行业的龙头企业之一。

珠宝专卖店坐拥天时地利

房杰生

中国目前有5万家珠宝企业，300万从业人员，零售企业大约有4万家，150万销售人员。

中国珠宝零售终端销售模式目前主要有3种：百货商场珠宝专柜、专卖店、专业市场。由于电子商场、VIP俱乐部、直销等商业模式所占比例极为有限，这里不做分析。

近3年珠宝首饰销售额分别为：2007年，1600亿元人民币；2008年，1800亿元人民币；2009年，2200亿元人民币；而各种商业模式所占市场份额及发展趋势见表4－2－1。

表4－2－1　2007～2009年不同商业模式所占市场份额　（单位：%）

销售额（年） 业态形式	2007	2008	2009	变化趋势
	1600亿元	1800亿元	2200亿元	
百货商场	80	70	60	递减
专卖店	10	15	28	递增
专业市场	10	15	11	先增后减
电子商场	—	—	0.5	新生事物
VIP、直销	—	—	0.5	新生事物

全国的珠宝行业目前大约有500家驰名品牌、放心示范店企业和知名品牌企业，而这500家企业近两年来，每家至少开设1～2家珠宝专卖店，有的全国性大品牌已分别在重要城市开设多家自营专卖店，北京、上海、南京、杭州、成都、昆明、沈阳、西安、郑州等直辖市、省会城市的重要地段几乎都被驰名品牌的大型专卖店所占据，二线城市和地级市、县级市也几乎都被本地品牌的大型珠宝专卖店所覆盖。为什么珠宝专卖店会呈现这样一种蓬勃发展、坐拥天时地利之态势呢？

1. 行业发展奠定基础

中国的珠宝行业是伴随着中国改革开放的发展而发展的。珠宝行业经过30年的发展，大致可以分为三个发展阶段，1979～1989年，行业孕育形成阶段；1989～1999年，原材料生产加工阶段；1999～2009年，品牌建设阶段。在这期间，企业如雨后春笋般发展，各种技术、政策应运而

表4－2－2　全国17个大中城市珠宝专卖店分布状况

地　区	专卖店名称	营业面积（平方米）	地　　址
北京市	菜百	8800	广安门内大街
	七彩云南	6800	月坛北街
上海市	城隍	5000	上海豫园
	亚一	5500	上海豫园
	老庙银楼	1500	上海豫园
	老凤祥总店	1500	南京路步行街
	东华金饰广场	3000	上海豫园丽水路
重庆市	西南珠宝城	>1000	解放碑
成都市	天鑫洋金店	6000	春熙路
	爱心金店	1000	总府路
南京市	宝庆银楼	>2000	太平南路
	通灵翠钻	1000	太平南路
杭州市	美地亚	1089	延庆路庆春路口
	万隆曼卡龙	>500	萧山区体育路
沈阳市	沈河萃华金店	2300	中街商业街
	荟华楼金店	3320	中街商业街
昆明市	昆百大	6000	东风西路
	云地矿	12000	汇都国际大厦
	泰丽宫	4000	春城路
郑州市	金鑫	>5000	友谊广场
	英特纳	>1000	友谊广场二七路
武汉市	新世界总店	1200	中山大道
长沙市	世纪情	3000	黄兴中路
济南市	齐鲁金店	>1000	泉城路
南昌市	亨得利	3500	胜利路
太原市	亚秀	800	柳巷商业街
乌鲁木齐市	恒久	2400	中山路
厦门市	金鹭	3000	中山街
无锡市	无锡银楼	1500	中山路

生，品牌建设初见规模。目前我国已成为世界最主要的珠宝消费国之一，许多重要的珠宝产品消费已经跃居世界前列。玉石、翡翠和铂金消费世界第一，珍珠产量、人工宝石产量也是世界首位，黄金消费2009年也将超过印度跃居第一，钻石已经超过日本跃居世界第二，红蓝宝石、白银消费也都处于世界前列。

2009年虽是全球性的金融危机年，但由于珠宝的投资性、收藏性、观赏性、文化性及与房地产业、钟表等高档奢侈品业的相关性，我国内地珠宝市场需求依然强劲，产销两旺。上半年，上海钻石交易所成品钻一般贸易进口额同比增长12.7%。前三季度，有色宝石销量同比增长30%。黄金首饰需求预计全年达400吨，远超2008年的326.7吨。玉石市场基本稳定，高端产品价格微幅上扬。珍珠产品价格较低谷时回升30%～50%。一些知名品牌纷纷在大中城市增设营业网点，一年来新增数量超过2500家，被誉为金融危机下依然火爆的珠宝行业。正是经济的稳定，行业的繁荣，珠宝的属性，奠定了珠宝专卖店这一业态形式的基础。

2. 商业模式确立格局

中国的企业在经历了要素驱动与投资驱动两个阶段后，开始向更高境界迈进，企业要想持续赢利并有发展空间，必须依靠系统的安排、整体的力量，即商业模式的设计。未来企业的竞争，将是商业模式的竞争。珠宝专卖店即是珠宝行业商业模式胜出的结果。因为珠宝行业已发展到上规模、认品牌、寓服务、载文化的产业升级阶段，珠宝专卖店正是企业实力、品牌影响力、经营能力的集中体现。

3. 珠宝专卖体现优势

珠宝专卖店的优势主要体现在以下几方面：

3.1 能很好地进行品牌推广

专卖店的一个突出优势在于利于品牌推广和品牌扩张。利用独立的门店，能很好地展示企业形象，突出企业经营理念和产品特色。

3.2 可独立进行促销活动

利用专卖店，经营者可以按照企业的总体规划和实施方案开展自己的营销活动，并可根据市场情况的变化，随时调整经营策略，如调整店堂布局、风格、经营品种、品牌推广、促销宣传等。

3.3 经营费用相对固定

相对于其他方式，专卖店的经营费用相对固定并可以预测，或者说可以根据资金情况决定开展的活动，不会因为一些临时的或非自愿的活动影响甚至打乱了原有的计划。

3.4 利于科学管理和实现规模效益

连锁经营的专卖店有利于企业推进科学管理，快速实现规模效益，相对于其他营销方式来说，可减少中间环节，降低成本，实现最佳价格服务，增强品牌效应，扩大市场占有率等。

3.5 利于提高服务水准

方便为消费者提供较为周到的服务，比如售前的专家咨询，售后的以旧换新、修理等。而这些活动可以增强顾客对企业的认知度，促进消费者的忠诚度。

3.6 灵活性强

建立专卖店(包括各类连锁专卖店)，可以完全根据经营者对市场的判断，灵活选择最理想的地段、最默契的合作伙伴、最适合的商品结构。

3.7 多元化经营，降低风险

许多企业开设的专卖店，都是自有房产，无形中已涉足与国民经济最为密切的房地产业，有的还涉足餐饮业、物业等，实现多元化经营，降低了企业的风险。

从国外珠宝业情况来看，品牌珠宝首饰企业主要采用专卖店的方式进行销售。人们购买珠宝时大都会选择专卖店，而不选择商场。主要是这些专卖店从整体设计到形象包装都有自己的特色，服务水平又是一流的，卖场多被营造出一种高贵、优雅的氛围，而价格又会相对优惠。

我们相信，随着中国珠宝首饰行业的发展，消费者的日臻成熟，珠宝专卖店一定能成为一种趋势，坐拥天下，独领风骚。

菜百——敢为人先　心比金纯

北京菜市口百货股份有限公司（简称菜百公司）旗下“菜百”首饰品牌，包括足金、千足金、18K金、铂金、钻石、翡翠、白玉等多个品类。凭借诚信经营的理念和优质的产品，“菜百”首饰创下了连续20年北京市黄金珠宝销量第一、全国单独门店销量第一的非凡业绩，并先后获得中国名牌产品、中国珠宝首饰业驰名品牌、全国文明单位、全国模范职工之家等多项荣誉。2009年，菜百公司销售额突破40亿元。

1985年，菜百大胆迈出了第一步，成为宣武区第一家经营黄金珠宝首饰的百货商场；2002年，中国黄金市场正式与国际接轨，菜百是上海黄金交易所108家综合类会员中唯一一家零售用金企业。

科学严谨的质量体系、以人为本的服务体系、高科技含量的技术体系……完善、科学的管理体系以及“诚信经营”成为菜百畅游商海的制胜之道。

1．精益求精成就金般品质

作为北京市第一批经营黄金珠宝首饰的公司，菜百公司一直把商品质量作为品牌发展的根基。1998年，菜百公司顺利通过了ISO9002质量体系认证，成为北京市国有商业中第一家通过国际质量体系认证单位。

菜百坚持从上海黄金交易所购买黄金、铂金原料，从源头把关。

在锻造品牌的过程中，菜百公司从众多生产厂家中优中选优，逐渐筛选出一批生产厂家作为战略合作伙伴，作为菜百的生产基地，下达高于国家标准的“菜百首饰”产品质量订单；不定期地去生产基地抽检商品质量；针对黄金、铂金饰品，不仅对国标规定含量进行控制，对配方元素也进行严格检验，同时，还对首饰含金量以外的其他元素也提出了相应的质量要求，以确保黄金、铂金饰品的质量。

自2005年开始，菜百不断优化和完善管理，并先后投入资金400余万元，搭建了ERP管理平台，从而实现了业务、财物、人事一体化及单品管理，开行业之先。菜百独有的技术系统成就了高水平的管理。

2. 以人为本成就金质服务

菜百在京城第一家设立“黄金珠宝首饰售后服务中心”，实现刻字、刻像、清洗、修理、以旧换新、包装等服务 “一体化”，全面落实菜百的25项服务承诺，让售后服务温馨而便捷。从服务中心成立至今，已累计接待顾客几千万人次。这是菜百公司一笔巨大的无形资产，是“菜百”首饰品牌内涵的重要组成部分。

2009年年初，菜百又推出以婚庆、成长、庆典不同主题的刻像业务，顾客可以把自己的彩色照片、祝福语刻在金质、银制的纪念章上，使之成为一件蕴含丰富情感附加值的贵金属纪念品。

菜百通过具有企业特色的人才培训体系和十几年企业文化的熏陶及培养，形成和储备了一大批各具特色的专业人才，使得公司不断向前发展。

3. 持续创新成就金质品牌

菜百从最初专营黄金产品，到后来把珠宝、翠钻等饰品做得红红火火，成为各类饰品选购的首选之地，就在于菜百不仅深深地了解消费者的需求，而且积极努力地创造需求、引导需求、服务需求。

从全国首家发售“千禧金条”到独家销售“贺岁金条”，菜百年年有新意，岁岁有新品，不断为品牌注入新内容，逐渐形成了以“贺岁金条”为核心的贺岁产品系列。

4. 海纳百川彰显大家风范

20世纪90年代，经过周密的考察，世界黄金协会、国际铂金协会、戴比尔斯钻石集团纷纷把目光投向菜百。经过十几年的密切合作，菜百已然成为一个展示国际首饰风尚的窗口。世界黄金协会的全球首家时尚K-gold概念店、国际铂金协会的形象展示区、FOREVERMARK全球首家钻石概念店先后进驻菜百公司，消费者总能在菜百看到最新、最流行的首饰。

为了表彰菜百公司的突出业绩，世界黄金协会于2008年向菜百赠送了重达1.5吨的高纯度黄金矿石，上镌“中国黄金第一家”；国际铂金协会主席连续几年亲自从伦敦来到北京，为菜百颁发销售冠军的奖杯，并且亲笔为菜百题词“全球铂金销售领先企业”。

菜百拥有产品的生产、加工基地，又具备得天独厚的零售终端，形成了集原料购买、设计加工、产品销售和售后服务于一体的经营体系。这标志着菜百公司逐步由零售业态成功转型为拥有自主产品品牌的特色专营公司。

明牌珠宝　精彩蜕变

“品牌不是单纯的东西，而是代表公司的形象。品牌是打持久战，不能打一枪换一个地方。金牌银牌不是最重要的，重要的是消费者对我们的认知度高不高……” 这是日月首饰集团总经理虞兔良对品牌的理解。2009年，虞兔良对明牌珠宝的品牌进行了大的调整：变更使用了十多年的品牌标识，委托专业团队打造全新品牌TVC……

1. 优雅转身，开铂金风尚之先河

始创于1987年的日月集团，时为老凤祥首饰厂的合作伙伴，其产品打的都是“老凤祥”的牌子。虞兔良发现，同样的产品，有品牌跟没品牌价格相差很大，销路也大相径庭。但自己的产品再好，也是“为他人做嫁衣裳”。

1995年，双方联合经营即将到期，这意味着“日月”的产品将不能再用“老凤祥”这个已被消费者认可的老牌子了。大家对企业的前途产生了怀疑，显得灰心丧气。但虞兔良却觉得这不完全是一件坏事，因为“婴儿总有断奶的一天”，于是萌生了自己创牌的想法。经过深入的市场调研，虞兔良力排众议，作出了一个大胆的决定：瞄准铂金市场，开发新产品。因为在这之前，“日月”已经有了开发铂金市场的基础：1994年，先后与中国香港和日本合资创办了两家企业，生产铂金和18K金首饰，很快就产生了经济效益。

就这样，虞兔良最终决定投资2000多万元，引进全国第一套铂金镶钻和铂金生产线。面对众多反对声，他立下军令状：如产品不出效益，他愿意承担责任，为公司打几年义务工。

2. 精耕细作，树立行业典范

事实证明虞兔良的决策是正确的。短短5年时间，铂金首饰成为中国国内最受欢迎的首饰产品之一，中国成为世界铂金消费第一国，日月集团也因此成为中国乃至世界铂金首饰制造业的佼佼者，经济效益步步攀升。

随着消费者对产品工艺、款式的要求逐渐提高，虞兔良意识到首饰业技术革新的重要性。经过研究，公司决定投入巨资对原有的生产工艺、技术、设备进行大规模的革新。技术革新的成功，使企业走上了发展快车道。1998年，“日月”销售突破10亿元。

为把企业做大做强，日月集团率先在行业中成立首饰设计研究中心，聘请意大利和香港著名首饰设计师为公司设计产品。产品在国家级首饰设计技术比赛中连续两次勇夺第一。

3. 至臻技艺，铸就品牌的基石

质量是品牌的灵魂，而人才则是保证质量的根本。虞兔良读完了香港公开大学MBA课程，并给员工提供外出培训、学习的机会。他还经常邀请大学教授来公司开设管理方面的讲座。

“明”牌产品18年来从未有过质量事故，在历次国家级权威机构的专门检验和抽检中均为合格产品；1997年“明”牌系列首饰成为浙江省首批免检产品；1998年成为浙江省名牌产品；2001年“明”牌商标被评为浙江省著名商标、中国珠宝首饰业驰名品牌，2004年，“明”牌黄金首饰成为国内行业中首批中国名牌产品之一，同年11月，“明”牌商标被国家工商局认定为中国驰名商标。

4. 精彩蜕变，品牌形象升级

2009年，是明牌珠宝20余年历程中有里程碑意义的一年。这一年，明牌珠宝在重新评定品牌核心竞争力的基础上，对品牌进行了全新的定位和升级：启用全新品牌标识，重金邀请国际一流团队打造形象TVC……

此举的目的很明确：聚焦零售，加强与最终消费者的有效沟通。明牌珠宝过去20余年，一直侧重于产品质量的提升和工艺的改进，凭借在业内良好的口碑和规模优势，明牌珠宝顺利建立起覆盖全国的完善的多元化销售渠道。而整个珠宝行业的趋势则是，渠道越来越扁平化，众多上游企业纷纷建立起自己的终端，力求通过自己的可控渠道，更有效地影响消费者，从而在消费者心目中建立起长久的品牌忠诚度。

为适应行业这一新趋势，并巩固自身的行业地位，明牌珠宝除不遗余力地在产品开发和渠道拓展上持续投入外，亦立足于品牌现有的核心竞争力和对消费者深层消费心理需求的研究，对公司整体品牌形象做了全新定位。

未来的明牌珠宝，将立足于非凡、至臻铂金技艺及铂金首饰领域的领导地位，以前沿的开发设计理念，为消费者带来更加丰富、饱含情感的全品类个性珠宝首饰。

七彩云南　品牌制胜

昆明七彩云南实业股份有限公司是集翡翠毛料采购、开石、科研和翡翠及其他珠宝玉石饰品的设计、生产、加工、销售、连锁经营于一体的大型综合性翡翠珠宝玉石企业，总经营面积3.68万平方米，是目前国内经营规模较大、档次较高的翡翠珠宝玉石生产、销售中心之一。

自1999年开业以来，七彩云南始终坚持“科学管理、品质为本、诚信经营、优质服务、持续发展”的经营原则，获得社会各界的高度赞誉，赢得了良好的社会效益和经济效益。伴随着企业的蓬勃发展，旗下现已拥有3家直营旗舰店和13家加盟连锁店，顾客群辐射全国、港澳及东南亚地区。

1．整合资源运作，树立品牌效应

七彩云南在筹建之初，率先创建七彩云南翡翠研究所，并先后与中国地质大学珠宝学院、珠宝鉴定中心等权威机构联合，形成了翡翠质量管理体系。同时，为降低经营成本，更好地参与市场竞争，七彩云南充分发挥自身地理资源优势，从缅甸直接进口翡翠毛料，创建了国内最大规模的翡翠加工厂，形成集开石、研究、设计、生产、销售一体化的综合性国际翡翠组织，并于2006年通过ISO9000质量管理体系认证。科学规范的“航母式”经营，降低了货品供应的成本，保证了翡翠商品的优质品质，这也正是七彩云南翡翠珠宝玉石经营的绝对优势之一。

开业至今，七彩云南先后荣获“中国名牌”产品、“AAA级信用企业”、“中国珠宝首饰业驰名品牌”、“中国珠宝玉石首饰行业放心示范店”、“云南翡翠第一家”等荣誉称号。企业在赢得消费者青睐和肯定的同时，也向人们彰显着七彩云南在翡翠珠宝行业中的龙头地位和品牌实力。

2．诚信经营、优质服务，开创翡翠市场先河

在企业发展中，七彩云南始终秉承“老老实实做生意，诚诚恳恳创信誉”的经营理念，在翡翠经营中实行明码实价，所售商品不打折、不议价，童叟无欺，并向消费者提出所购商品不满意均保证退货、换货等“五项郑重承诺”。

为保证规范性经营，企业采用自主经营模式，绝不出租一米柜台，自觉地将企业的经营活动置于社会公众的监督之下，将技术监督部门、物价部门、旅游监察部门、消费者协会请进“七彩云南”，并在商场内设立商品质量监督岗、物价管理监督岗、珠宝鉴定检测中心、消费者服务工作站，为游客提供更好的服务平台，也为企业规范管理、规范服务提供了强有力的监督。

3．个性铸就卓越品牌，创新拓展营销空间

开拓创新、出奇制胜是七彩云南不断发展壮大的源动力。在不断的科研和实践过程中，七彩云南逐步完善和提高翡翠玉石饰品的加工工艺，设计并完成了众多优秀的翡翠艺术作品。2006年，七彩云南与香港、意大利、比利时、以色列的珠宝公司开展广泛合作交流，企业推出了融合时尚与东方气息的“时尚翠美人”系列翡翠饰品，并获准申请国家专利。2009年，七彩云南翡翠与央视媒体携手合作，进一步加强品牌推广和宣传力度。随着品牌知名度的扩大，七彩云南翡翠新品也受到社会各界女性消费者的热捧。

与此同时，为拓展翡翠珠宝玉石市场，提升“七彩云南”翡翠珠宝玉石品牌内涵，推广中华翡翠玉石文化，企业借助昆明七彩云南丰富的营销经验和“七彩云南”翡翠珠宝玉石的品牌效应，打破传统珠宝商城的概念，以丰富的文化底蕴、现代的装修风格、独特的卖场氛围打造了博物馆概念的北京七彩云南翡翠珠宝旗舰和加拿大温哥华翡翠珠宝旗舰店，正式步入国际化品牌战略轨道。企业在淄博、南通、昆山、青岛、太原、杭州、常熟、唐山、江阴、宁波、西安、义乌、鄂尔多斯等城市设有13家“七彩云南”翡翠特许加盟店，迅速构成“七彩云南”翡翠销售服务网络，进一步提升了“七彩云南”翡翠珠宝玉石饰品的市场占有率。

如今，面对翡翠市场“百家争鸣、百花齐放”的良性发展态势，七彩云南也将充分利用与国际金融接轨、市场潜力巨大等提供的广阔空间及发展机遇，以规模化、专业化和强有力的品牌营销战略确立“七彩云南”翡翠在中国乃至世界珠宝业界的卓越地位，并与社会各界共同携手打造出一个流光溢彩的“中国翡翠时代”！

城隍珠宝　立体营销　弘扬玉文化

上海城隍珠宝有限公司自1995年成立以来坚持诚信经营，凭借不懈的摸索与实践，精益求精、诚信至上的企业文化，以推广和传播“玉文化”为策动力，跳出传统珠宝零售行业发展思路，尝试全新的销售模式，全力打造高端品牌。通过十多年的潜心经营，公司已在业界和消费者中享有较高声望和知名度，先后获得“中国珠宝玉石首饰行业放心示范店”、“中国商业质量奖”、“中国珠宝首饰业驰名品牌”等百余项荣誉。

1. 推进卓越绩效模式，全面提高公司整体绩效

在市场竞争日趋激烈的形势下，为全面提升企业的竞争力，公司于2006年年初根据《卓越绩效评价准则》的要求，开始引入卓越绩效模式，请来资深老师对公司主管以上员工进行了《卓越绩效准则》培训，并对照卓越绩效标准进行自我评价和实施改进。2007年10月公司参加了全国商业质量奖的评选，以该次上海参评企业的最高分通过了专家组现场评审并获奖。

为全面在企业中运行卓越绩效模式，2008年6月公司总经理室决定先将卓越绩效模式在总汇商场进行试点，为卓越绩效模式在公司的全面推广运行提供成功的经验。

2. 突破传统销售模式，进军高端珠宝市场

公司意识到传统门店式的销售，已不能满足现代珠宝商业的发展规模。近年来，公司一直在探索走一条立体销售的新路子，以扩大营销的规模，顺应市场发展趋势。经过十余年的探索和革新，“城隍珠宝”创造出由门店销售、网上营销、精品拍卖、文化展会等多种渠道形成的立体珠宝销售模式。

2.1 扩大门店规模，提升地域影响力

1996年公司将一间百货商店改造成专营珠宝玉器的商店，随着企业发展壮大，已由成立之初的800平方米主营面积扩大到如今主营面积近万平方米，覆盖上海市各城区以及江浙湘鲁赣五省的17家珠宝店和7家珠宝专柜的大型珠宝玉器销售网络。

2.2 尝试网络营销，紧随时代步伐

公司顺应时代发展趋势，开通企业门户网站网络销售功能，主要经营精品玉器。在进行网上交易同时，对于价值昂贵的精品玉器还提供免费的上门看货服务，保证消费者买到最满意的玉器工艺品。公司利用电子商务的形式，不但拓展了销售渠道，也树立起高端玉器品牌的品质承诺。

2.3 利用拍卖方式，畅通珠宝精品市场交易

"城隍珠宝"自2003年以来举办了多场专题拍卖会，展会附带拍卖会等，首次拍卖会便以近300万元的成交额告捷，拍卖形式之于精品玉器而言，已成为最主要的销售渠道。公司所承诺的"保真"拍卖——即所有拍品在半个月内均可按起拍价退款，更是在珠宝行业内引起了巨大反响，这也使买家对"城隍珠宝"更有信心，更为放心。"城隍珠宝"所办历届精品拍卖会，均受到社会各界的广泛关注，"珠宝文化"亦于无形中得以发扬。

3. 运作高端子品牌，引领珠宝新时代

秉持着"人无我有，人有我精，人精我新"的"错位经营"理念，经过多年的积累和精心筹备，2005年，两个由"城隍珠宝"全力打造的高端、新锐品牌——"翠玉皇"和"御钻殿"，在高端钻石和玉器市场激起新的浪潮。

4. "玉文化"运作拉动无限商机

开业14年来，公司推出了一系列以传播珠宝文化和增强消费情趣为目的的文化活动。从1997年成功举办"首届宝玉石博览会"至今，"城隍珠宝"主办了"建国五十周年献礼作品展"、"城隍珠宝白玉翡翠精品展"等一系列精品珠宝展会，也将公司打造成一座传播珠宝文化的殿堂。为促进香港、台湾、内地珠宝玉石文化交流，从2002年起，公司每年运作一次珠宝玉器精品展，至今已成功举办八届。

"城隍珠宝"还邀请东方卫视文艺频道摄制组远赴新疆和田拍摄制作了专题片《中国玉》，并与上海星期三报社、新闻记者杂志社、上海文学杂志社等单位联合举办了《盛世说玉》全国大型征文比赛，大赛落幕后文汇出版社还出版发行了《盛世说玉》文集的精装本，颇受专家读者好评。

展望未来，"城隍珠宝"将致力于立足中华传统文化，融入世界宝玉石文化发展潮流，以弘扬玉文化为企业精神源泉的经营思路，将"诚信至上"宗旨视若生命的内在张力，独创高端珠宝品牌的商海魄力，全力打造一个全新的中国民族珠宝品牌形象。

老庙　营销“小众化”　传播“大众化”

老庙黄金，一个百年老字号珠宝品牌，历经时代的变迁，积淀了浓厚的品牌文化、诚信的品牌信誉、忠诚的品牌消费群。近几年，老庙黄金全国性渠道拓展战略稳步实施，截至2009年11月底，全国零售网点达到近千家，其中上海直营门店70余家，特约加盟网点430余家，更有遍及全国26个省市500余家经销网点，渠道规模强大。

1．大众化营销向分众化营销转变

老庙黄金在改革开放政策的指引下，20世纪80年代末走上了快速发展的道路，90年代的一句耳熟能详的广告语“老庙黄金给您带来好运气”，将老庙黄金大众化营销策略展现得淋漓尽致。消费者前所未有地感觉到佩戴黄金除了能带来一份装饰的美感，还多了份美好的期待和一个好运的承诺。因此，老庙黄金迅速在老百姓心中确立了良好的品牌认知，市场份额逐年递增。

大众化营销是老庙黄金造就快速发展奇迹的利器，但同样也是一个风险很大的市场模式。随着竞争的加剧，消费者接触到的珠宝首饰越来越多，激烈的竞争导致大众化营销模式已开始陷入广告战、价格战、终端战的恶性循环，成本的增加和资源的浪费成为珠宝企业发展的最大包袱，而分众化营销模式针对性更强、效率更高的特点能有效解决这种难题。

分众化营销，就是将目标消费群体进行细分，锁定特定的目标消费者，然后推出这一群体最需要的细分产品，通过特定的渠道展开传播、促销等营销活动。

通过深入的市场透析，我们认为珠宝业的“小众”即是：珠宝奢侈品——高级珠宝定制业务。

多年来坚持传承工艺和经典款式的老庙黄金，不断创新，打造出一件件优雅高端、突显个性的时尚金饰。如今又适应市场新变动，根据中国珠宝市场现状、公司资源、中国奢侈品消费模式等多方面因素，致力开拓新领域，将触角涉入首饰高级定制市场，力求与国际品牌一较高下。

2009年12月6日，“老庙黄金”在上海豫园隆重举行了老庙黄金LM概念店的新启盛典。在LM概念店内，融入了中外最新的首饰设计理念和作品，大牌云集。更重要的是，顾客不仅可以

买到各类别致的饰品，还可以邀请专业的设计师为其度身定制。

LM概念店的开启，旨在传递最经典的首饰文化概念，融入最前沿的艺术文化色彩，突破传统，倡导新的首饰生活，装点新的个性价值。

老庙黄金着力细分市场、追求差异化的努力，为企业赢得了市场先机。

2. 传播大众化、营销分众化

分众的营销需要大众的传播手段，因为后者性价比最高。要实现大众化的认可，分众媒体和小众媒体是很难的，最多只能辅助。大众媒体以其高覆盖、强影响力等优势，适应了消费者的个性化变化，并能为个性消费者营造一个很好的思想及认识共同区域，帮助其获得社会认可，因而将持续成为企业广告传播的重点渠道，大众化传播模式仍将是经典的传播模式。

老庙黄金多年来的广告策略中坚持“广告传播将以大众媒体为主，分众媒体及小众媒体为辅”，这是一种兼容的原则，事实也证明这是一种实用的广告投放原则，至少对老庙黄金而言。

诚信经营，所以赢得了市场；细分了市场，所以开拓了新市场。老庙关注目标消费者对品牌信息的回忆率及其与购买行为的相关性，但更关注非目标消费群体对个性化品牌信息的反应。

以往的评估广告效果，除了广告达到率外，最看重的就是目标消费者对品牌信息的回忆率及其与购买行为的相关性。除了目标消费者，公司还需要对非目标消费群体进行调查，以了解其对个性化品牌信息的反应。因为恰恰是这种看似不相关的反应，对目标消费者的个性化消费有着非常强大的影响，如果没有人关注，那么个性消费者的个性消费将失去观众而显得毫无意义。

“LM”的高档珠宝定制营销模式走的即是这条“营销‘小众化’，传播‘大众化’”征途。作为老庙最高端的品牌，也作为中国传统珠宝品牌的首家概念店，LM以高级定制服务和精品销售见长，以倡导首饰文化和首饰艺术生活为品牌个性。相信这个珠宝界的新星将在不久成为一颗闪耀于中华大地的璀璨明星。

“金艺”求精　亚一珠宝

上海亚一金店有限公司以经营黄金铂金、珠宝玉器、钻石首饰而闻名。经过多年发展，现拥有上海亚一黄金珠宝销售有限公司、上海亚一连锁有限公司、上海亚一钻石首饰有限公司、上海亚一礼品有限公司、上海亚一金厂有限公司等全资子公司，是集产、供、销于一体的国内综合性黄金珠宝企业。

1. 金艺求精，荣誉卓著

经过多年的发展，亚一品牌已在全国享有盛誉，先后获得中国驰名商标、中华老字号、中国500最具价值品牌、中国珠宝首饰业驰名品牌、中国珠宝玉石首饰行业放心示范店、上海市名牌产品100强等多项荣誉称号。2009年经世界品牌实验室测评，“亚一”品牌价值达20.43亿元，跻身中国品牌500强之列。

“亚一”品牌美誉度卓著。APEC会议在上海召开之时，有着精湛工艺的亚一金店，为各国元首夫人设计生产了象征上海城市精神的白玉兰胸针饰品，深受元首夫人的喜爱。一朵朵小巧精致的白玉兰胸针饰品成为连接中国与世界人民友谊的桥梁和纽带，也让“亚一”品牌声名远扬。

2. 抢占高地，业绩斐然

公司于1999年正式成立上海亚一金厂，结束了“亚一”黄金没有自己生产加工基地和设计中心的历史，并以批发带动销售，大大拓展了业务范围。从意大利、比利时、日本等国引进先进机器设备，特邀香港高级首饰设计师生产了上千款独具匠心的黄金饰品。

亚一金店注重市场变化，紧贴消费走向，及时调整营销战略，充分运用自身优势，以“人无我有、人有我优”为策略，大力发展连锁店、加盟店、特约经销网点，在高起点上快速启动，先声夺人。

亚一品牌立足上海，面向全国，目前近400个销售网点广泛分布在上海及全国各地。2008年公司销售超过22亿元，标志着亚一金店迈出了跨越式发展的重要一步。

3. 专业服务，诚信经营

在激烈的竞争中，"亚一"人秉承"卖给您的首先是信任"的服务理念，总结并推行创下个人年销售2000万元国内纪录的市劳模、全国"五一"劳动奖章获得者、金店营业员华菊妹的服务工作经验，创立了被评为"上海市十大商业职业明星服务品牌"之一的华菊妹"售金特别服务"品牌，为亚一品牌注入了新的生命力，品牌的内涵也由此得到了延伸。

4. 品牌营销，引导潮流

2000年，亚一金店邀请著名影星徐静蕾出任品牌代言人，为"千禧金饰"产品进行宣传推广，加大了亚一品牌在年轻消费群体中的共鸣。

长期以来，亚一金店在品牌推广过程中非常重视与优秀媒体和组织的合作与交流。2007年，亚一金店参与东方卫视《非常有戏》节目的年度总冠名，随着天王巨星王力宏《戏出东方》主题曲的传唱，人们深刻地感受到亚一品牌在汲取中国传统文化后所凸显的文化精神和品牌力量。同年，《我型我SHOW》节目中代表年轻人"音乐梦想"的首饰挂件也由亚一设计制作，彰显了亚一品牌"青春时尚、积极向上"的诉求。

2008年6月，上海亚一金店成为第11届上海国际电影节唯一指定珠宝赞助商，为国内外大师级明星提供专享服务和尊崇体验，共同奏响上海国际电影节的华美乐章。

2008年8月，亚一金店冠名东方卫视《奥运金牌榜》节目，伴随奥运捷报在祖国各地的频传，亚一品牌飞入寻常百姓的家庭，也承载了同样的成功与荣耀。

一系列的营销推广证明了亚一金店在业界的先锋优势，表明了亚一金店以品牌引领为导向，进一步向全国市场乃至向国际市场进军的发展战略。

奋进中的“昆百大”珠宝

“昆百大”珠宝于1993年8月6日成立，仅以15万元起家，董事长马罗矶先生凭着敏锐的市场感受力，看好珠宝市场的潜力和不断升温的市场需求，不断加大投资力度和扩大经营品种及经营面积，本着“以诚为本，诚信待客” 的经营宗旨，现已发展成为集珠宝玉石研发、设计、生产加工、文化推广、批发、零售为一体的国际化专业珠宝经营机构。公司拥有自己的玉石矿场、加工厂，有直接的货源，网点遍及昆明及各地州，其中仅省会城市昆明的分店经营面积就达1万平方米以上，并在北京、四川等地开设了形象店，最远的分点已经进驻北美地区，自公司创立以来，在国内外树立了较高的美誉度，在全国玉石饰品行业中销售名列前茅。

1. 荣誉见证品质

昆百大珠宝一直有一个信念，就是无论在任何情况下，都要一如既往地为消费者提供最优质的商品。通过不懈努力，昆百大珠宝先后获得“春城黄金第一家”、“中国名牌”等称号，2008年8月，昆百大珠宝公司获得了“天然翡翠”这一证明商标的使用权，并于11月11日获得了“中国珠宝首饰行业优秀放心店称号”。 2009年3月9日昆百大珠宝成为首批15家中国珠宝玉石首饰行业首批企业信用评价AAA级信用企业之一。

2. 生产、加工、管理

公司现有员工1600多人，成立了原料采购部、产品研发设计部、产品生产部等多个部门负责产品的采购、生产销售等一系列的经营活动。从原料采购、设计制作到雕刻、打磨、抛光、入库、送检（制作证书）、配送（包括批发、零售、镶嵌）、销售、售后服务等生产加工销售流程都有严格明确的执行标准和质量检查体系标准。自行研发了BFV500电脑管理系统，建立了一整套集生产管理、质量控制、品牌运作、规模经营批发、自营旗舰店等综合生产、经营管理模式。2004年12月，公司通过了ISO9001:2000国际质量管理体系。

3. 设计、创新

公司加强技术力量的提升和人才队伍的建设和储

备，不惜财力地对生产技术创新进行投资支持，仅是用在研发新技术上的玉石原料每年就近百万元。设计贵在创新，昆百大珠宝的设计和加工人员打破常规，大胆创新，一是理念的创新；二是生产、镶嵌、辅料等材料及款式的创新；三是图案的创新；四是加工工艺的创新；不拘泥于已有的经验和一般思维的逻辑规律，而是把高度灵活、新颖独特的思维方式，巧妙地倾注在设计稿和作品上，让作品与众不同。

4. 品牌建设和市场推广

公司建立了完善的CIS企业形象设计系统，对企业的精神、企业的价值观、企业的目标做出了详细的规范，在坚持品牌建设的同时，也不断地丰富和提升企业的文化，加强企业的凝聚力和美誉度。公司每年投入近千万元进行媒体宣传品牌营销，在一系列主打媒体推广的同时还进行了户外媒体广告、步行街广场宣传等平行的辅助宣传模式。

5. 人才队伍建设

公司每年有数百万元的培训基金用于员工培训，针对员工自身素质、专业知识、专业技能，每年对员工进行三次以上培训。并选送管理人员到国内外优秀企业参观学习，学习世界上顶级珠宝设计、加工以及经营服务，希望通过孜孜不倦的努力来打造出昆百大珠宝传统与时尚相结合的时尚气息。

6. 昆百大珠宝的服务之路

昆百大珠宝拥有完善而规范的客户服务体系，为消费者提供无忧售前、售中、售后服务。除售后服务之外，昆百大珠宝还提供了额外的两项贴心服务。昆百大珠宝提供了黄金饰品之间和铂金饰品之间可以以旧换新。同时，如果顾客对饰品款式不满意，在加工工艺允许的情况下部分饰品可以为客户进行改款，在昆百大珠宝，更改款式仅收取加工费。

7. 稳步拓展市场

昆百大珠宝公司在稳步发展的同时，还在原有店面基础上进行了拓展壮大，昆明新纪元总店进行了全面升级、新增了昆明新纪元C座卖场、百大新天地5F、6F、香格里拉店、玉溪分店。

2009年位于昆明市最繁华的南屏街商圈中心广场的百大新天地6楼的昆百大珠宝卖场，是昆百大珠宝的A座卖场，这是一个全新理念的商场，在这里汇集了时下年轻时尚的珠宝元素，展示着昆百大珠宝公司与时俱进、不断创新的企业精神。经过不断地调整完善，昆百大珠宝A座卖场（百大新天地6楼）已经在昆百大珠宝16周岁生日到来之际完成全面的形象升级，已经以一个全新的形象呈现给广大顾客。

东方金钰　铸就翡翠首选品牌

湖北东方金钰股份有限公司是中国翡翠玉石行业领跑者，也是目前国内翡翠业唯一一家上市公司，股票代码：600086。公司注册资本3.5亿元，总资产逾13亿元，是国内最大的翡翠原材料供应商、拥有知名品牌的珠宝玉石产品制造商和销售商。东方金钰在缅甸、香港、武汉、深圳、昆明、北京等地拥有多家分支机构，经过多年的不懈努力，初步形成了矿山开采、研发设计、加工制造、批发零售、物流等上下游一体化经营、集团化发展的大型企业。公司的发展目标是致力成为一流的翡翠原材料和成品供应商，打造中国翡翠首善之家，铸就全球翡翠首选品牌。

东方金钰主要经营翡翠原材料、翡翠饰品和黄金饰品。公司产品以翡翠原材料、翡翠制成品的加工和批发为主，包括各种高档翡翠饰品，如手镯、玉佩、吊坠、珠链、戒面、挂件、摆件等，翡翠佛像雕件如翡翠释迦牟尼佛、翡翠观世音菩萨、翡翠弥勒佛等，以及其他翡翠工艺品。公司在玉石饰品行业处于领先地位，有着从翡翠原材料到生产加工、批发零售的完整产业链条，业务覆盖了中国内地和港台地区，在东南亚一带翡翠珠宝圈享有很高的知名度。

目前，东方金钰在全国已经形成了较为完善的品牌营销网：拥有"东方金钰"等知名翡翠品牌，在北京、深圳、昆明、郑州、成都、武汉等地拥有大型的翡翠珠宝专卖旗舰店，销售网络覆盖全国大部分区域。公司拥有一批翡翠原石鉴定专家和雕刻加工大师，高级专业技术人员占员工总数的比例达到30%以上，所有聘请的技术工人均要求有5年以上的从业经验。公司产品经国家珠宝首饰检测中心和省、市检测部门鉴定检测和专家鉴定，建立"东方金钰"品牌的专业形象和优质服务。

东方金钰以大批优秀的经营管理人才，技艺精湛的生产员工，科学规范的现代企业管理方式，互助、互动、共生、共赢的企业文化内涵，带给珠宝业和广大消费者一个现代珠宝企业的典范。

东方金钰依靠良好的产品质量和品牌形象，成为北京2008年奥运会特许产品经营商、广州2010年亚运会特许产品经营商，先后获得中国珠宝玉石首饰行业驰名品牌、中国翡翠业第一家、中国翡翠业著名品牌等称号。

在多年的发展经营过程中，东方金钰遵循“掌控上游、创新产品、塑造品牌、构建渠道”的发展战略，不断整合原材料、品牌、人才、地域等各方面的优势，形成了以翡翠原材料及首饰为核心业务、以黄金特许产品为配套业务、以翡翠文化旅游为成长业务的发展布局。在未来几年，东方金钰将进一步做强主业，开展独具特色的加盟服务，扩大销售网络的建设，培育太空金黄金产品，实现东方金钰在全国范围的业务扩张和做大做强。

百年宝庆　诚信为本

南京“宝庆银楼”始建于清代嘉庆年间，迄今已有200年的历史，是国内久负盛名的老字号银楼之一。1984年，宝庆在国内同行业第一个恢复了老字号招牌。2006年，宝庆被商务部评为全国首批“中华老字号”企业；2008年，宝庆金细工技艺被国务院列入第二批国家级非物质文化遗产名录。

作为百年老店，宝庆持续发展的经营之道：一是与时俱进 ，让老字号宝刀不老，焕发青春活力；二是坚持诚信之道，以诚信赢得市场，走出一条有自己特色的发展之路。

宝庆深知，优质的产品和服务是赢得市场的先决条件，诚信则是最宝贵的无形资产。在经营中，宝庆始终坚持对消费者讲诚信，不搞价格欺诈，不搞价格垄断，不搞虚假打折；对合作方讲诚信，认真履行合同，践行守诺，以德行商，所以宝庆多次被评为“南京市文明诚信企业”、“中国珠宝玉石首饰行业放心示范店”。

诚信需要提供卓越的产品质量。2000年，宝庆通过ISO9001国际质量体系认证，对设计开发、生产过程、检测检验及售前售中售后服务进行严格质量控制。2009年公司通过了ISO/14000环境管理体系、ISO/18000职业健康安全管理体系。多年来，宝庆产品通过各级市场抽检均为合格，未发生一起重大质量投诉，被南京市政府授予“质量管理奖”和“南京市质量信得过产品”。

宝庆拥有一支精湛的设计制作队伍，十分注重首饰款式的研发。目前，宝庆省级“技术中心”拥有多名具有丰富设计制作经验的珠宝设计师。根据不同季节，不定期地推出各种新款。同时长期坚持对消费者问卷调查，随时了解消费者需求，不断完善服务。

诚信需要良好的服务诚意和服务技能，以满足顾客需求。宝庆特别重视营业员的教育培训，上岗前均需通过专业培训，达到初级专业知识后，持证上岗。诚信需要真诚地对消费者投入后续服务和情感维护。宝庆作为南京的“中华老字号”珠宝品牌，在消费者中有良好的口碑和信誉，给予极大信任。同样，宝庆也始终对消费者投以真情关怀，对在宝庆购买首饰的新人，在结婚当日，宝庆会以多种形式把祝福送给新人。

宝庆的企业管理体系不是简单的1+1=2，而是注入人性化的新理念，在管理中营造和谐。

“激情、激励、创新、争先”是宝庆的企业精神，贯穿企业的全过程。宝庆对员工提出“让想干事的人有机会，会干事的人有岗位，干成事的人有地位”的口号，是在同一平台上调动员工积极性和创造性的动力。这些都是宝庆得以持续发展的内在源泉。

如今，宝庆拥有1个省级技术中心，拥有宝庆饰品配送、南华宝庆等5家关联公司，拥有遍布大江南北的上百家宝庆直营店、加盟店，企业综合实力居江苏省同行业之首。

公司自20世纪90年代初实施品牌经营发展战略，结合珠宝首饰行业营销特点，采取直营与加盟同步发展模式，以南京为中心，以江苏、安徽、山东等附近省份为发展重点，目前在上述地区先后开设了上百家宝庆加盟店和直营店。各直营店、加盟店实行统一的CI形象导入、统一的配货管理、统一的营业规范和服务标准、统一的售后服务，同时总公司营运中心紧跟市场变化，合理向各门店调配产品，由此形成了从市场调研→布点→培训→配货→营运管理→售后服务规范化的运作流程，市场开拓、企业运作步入良性循环。

紧紧围绕市场经营这个主旋律，公司不断加大新产品的研发力度并提高新品的市场转化率，大力开发款式新颖的外协产品，通过努力，公司具备了每年向市场投放上百万件金银珠宝首饰产品的能力。公司每年投入近千万元用于品牌和产品推广，利用媒体、户外广告、品牌网站等阵地进行品牌宣传，利用洽谈会、展销会等形式进行产品推广。公司品牌经营战略的顺利实施，使公司效益稳步提高，产品市场占有率逐年稳步提高。

2008年公司实行宝庆品牌收入13.03亿元，上缴利税4200余万元，居江苏省首饰行业首位，在当地享有较高的知名度和影响力。公司的精工良品也为宝庆赢得了崇高的声誉：公司先后获得“中国黄金首饰驰名品牌”、“中国金银珠宝名牌”、“中华老字号”等荣誉称号。2006年宝庆银楼金银饰品传统工艺被列入江苏省非物质文化遗产代表作，2008年该技艺列入国家级非物质文化遗产，同年“宝庆”商标被认定为中国驰名商标。

未来，宝庆首饰总公司将进一步完善、加强企业管理，坚持品牌经营战略，坚持走自主创新之路，有效拓展经营规模，规范品牌经营运作，诚信经营，在市场经济大潮中增强企业核心竞争力，让“宝庆”这一中国驰名商标源远流长。

锻造永恒　以美钻的名义

从1993年一家名不见经传的小珠宝店，到2001年和De Beers集团看货商合作并与创意公司共同策划正式创立“东华美钻”品牌，再到如今年销售额超过3.6亿元，集设计、生产、批发、零售于一体享誉沪上的珠宝首饰企业，在上海主要商业圈以及各大百货公司内开设了近30家专卖店（厅），东华美钻，走过了一条不寻常的发展之路。

1. 加强质量管理，视品质为企业生存之本

1.1 建立并完善质量管理体系

公司自主的实体工厂，设有专门的质量检验部门。产品严格按照国家标准、行业标准和高于前两项标准的企业标准进行三重检验。钻石入库前，先进行严格筛选，进入公司钻石库后，0.08ct以上钻石由公司检验员作进一步检验，每一粒钻石的净度、颜色、重量、切工、直径、高度等主要特征全部录入电脑储存。0.20ct以上的钻石全数送珠宝饰品质量检验站鉴定。每粒钻都有其唯一的身份证号码和品质档案，并在钻的腰上用激光刻字仪打上身份证号码。2008年，公司的产品已加入电子监管网并激活上市。

1.2 勇于创新，保持企业竞争能力

公司引进科技新成果，增添高科技新设备；同时对计算机软件进行更新升级，引进专业的珠宝企业管理软件，使企业管理中的各项工作更科学，更合理。

企业注重产品款式的不断创新，每年公司的设计团队都会引进国际流行潮流，结合新人对爱情和婚姻的理解设计出不同主题的系列钻饰。从“玫瑰结婚钻戒”到“伴”克拉，从“幸运”到“心心相印”，这些主题的结婚系列钻饰一经上市就受到消费者的追捧。常换常新，不断创新的款式，企业的产品始终迎合着消费者，使企业保持了长青的竞争力。

2. 树立良好的企业形象

2.1 注重品牌建设，赢得市场认可

从“惹火”、“结婚钻戒”等主题系列的热销到“FOREVER MARK”印记美钻的成功推广，东华美钻在树立起优质品牌形象，赢得了消费者青睐的同时，也获取了合作伙伴的信任。公司成为2006年DTC上海地区结婚钻戒合作伙伴。除了钻石饰品的市场推广，东华美钻还与国际铂金协会、世界黄金协会等各大首饰推广协会建立了紧密的合作关系，在每年的“我的铂金系列”、“K-GOLD”、“国际首饰时尚节”等时尚首饰的推广中，都可以看到东华美钻的身影。

2.2 诚信服务，构建消费信心

东华美钻为消费者提供了完善的售后质量跟踪服务，承诺消费者在东华美钻选购的钻石可以享有终身以小换大的服务，为消费者免除后顾之忧，多年来累积了许多的老顾客，构建了消费者对于品牌和品质的信心。

公司建立了“东华美钻客户服务中心”，为客户会员提供各种温馨优质服务，把客户渐渐转变为朋友，不断加强企业的竞争力。

2.3 秉承始终如一的品质，企业获得社会的认可

凭着优异的产品质量、良好的企业形象和消费者的青睐，东华多次获得“上海市名牌产品”称号，并被评为“上海市著名商标”。通过公司全体员工的不断努力，“东华美钻”的品牌形象更深入人心，成为近年来广大消费者购买珠宝首饰的首选品牌之一。“东华美钻”相继获得 “上海市场畅销品牌”、“中国珠宝首饰业驰名品牌”、“中国珠宝玉石首饰行业放心示范店”等荣誉称号。

以文化和情感铸造荟华楼品牌

沈阳荟华楼珠宝创立于1989年，是集黄金、铂金、珠宝首饰设计、生产、批发、零售于一体的综合性黄金珠宝首饰公司之一。下设荟华楼金店、黄金交易中心、荟华楼商务宾馆、广州翡翠加工厂、深圳艺环珠宝公司、呼玛矿业等10多个经济实体，目前公司在全国各地的连锁店及连锁专柜已扩展到30余家。荟华楼珠宝在黄金珠宝饰品的设计、开发和生产等方面已经形成了“前店后厂”一体化的经营格局。2009年，实现年销售收入8亿元，上缴税金3600多万元，其销售已连续多年位居东三省同行业前列。

1. 以推广企业品牌为目标，展开多元化的营销模式

随着金融危机的袭来，2009年对荟华楼珠宝是具有挑战性的一年。“物竞天择，适者生存”，为了在逆境中加速前行，公司从多个角度深入探索，提出“专业金店、专业品质、专业服务”的经营理念，着力打造企业品牌。以文化、情感式营销为主思路，以谦逊优雅的姿态展示着荟华楼的风采。

公司在年初以一场“玉与君子之约”刘墉文化之旅拉开了2009年公司营销工作的序幕，帮助那些渴望成功的人士找到成功的方法和捷径，同时激励广大青年学者学会用积极的心态，面对生活中的挫折和困难，积极进取，收获成功的人生；3月份公司以赞助刘德华沈阳演唱会为契机，将时尚概念融入到一年一度的珠宝节活动中，使荟华楼品牌与华仔的歌声共同远扬全国；“见证爱情，见证永恒”是荟华楼珠宝的品牌诉求。为给新人们带去更多的惊喜与祝福，提供更加贴心超值的服务，公司在5月份推出了“真爱天使在人间”翠牌赠送活动，这种现场展示实物饰品的营销方式，为公司2009年情感营销添上了亮丽的一笔；7月，公司隆重推出“荟华楼第三届民间鉴宝大会”，作为沈城首家举办的鉴宝活动，不仅为收藏爱好者免费提供了专业的鉴宝平台，而且也从另一个角度诠释了一个企业对首饰文化传播的责任；2009年9月6日是荟华楼20岁的生日，在这个值得纪念的日子里，一场隆重的开业仪式向沈阳市民展示了荟华楼中街店的全新面貌。

2. 以提升员工整体素质为目标，营造长远性的培训氛围

员工是企业的根本，是企业最大的财富。公司坚持以人为本，积极发挥员工的主动性，常年为员工们提供培训、学习的机会。2009年2月份公司为中层以上干部提供了“企业教练技术”三个阶段的培训；在6月份举办了“璀璨之星”荟华楼第三届职业技能竞赛，给员工们提供了相互沟通学习的机会；在8月和11月组织员工进行了室内培训和室外拓展训练。培训方式大多以体验为主，让员工们在实践中充分理解理论的内涵和实质，加深对理论的理解和吸收。不仅如此，公司2009年还为一些优秀的员工提供了去香港深圳考察学习的机会，从多角度拓宽员工们的视野，提升员工个人素质与能力，使员工的团队意识和企业凝聚力得到进一步增强。

3. 以关爱社会需求为目标，履行企业的义务职责

爱心是企业社会责任的起点，更是一个团队成长的必备精髓。为贡献一个民营企业对社会的关爱，公司在建店初期就成立了大佛爱心基金，每年为社会上所需要帮助的人们送去温暖和希望。多年来，荟华楼不忘回报社会，积极参与社会公益事业，在抗洪救灾、希望工程、扶贫帮困等一系列慈善活动中，荟华楼总是走在前面，累计捐款捐物达500多万元。2009年3月，汇集全体员工的智慧与力量，用大家感召来的物资，在沈阳团市委的大力支持下免费义务为200余名师生、家长缔造了一场成长心连心大型公益活动，打开了两代人的心结，使三者之间的情感得到了有效的升华！

4. 以丰富企业内涵为目标，确保企业更好更快发展

产品质量是企业的生命；顾客满意是企业发展的需求。2009年在公司领导的正确带领下，经过不断地摸索与探究，使公司无论是产品质量还是顾客服务上都提升了一个新台阶。2009年公司先后被中国珠宝玉石首饰行业协会评为“天然翡翠证明商标标志”、“企业信用AAA级信用企业”，被国家及省市有关部门评定为“中国最具社会品牌影响力企业”、“沈阳市非公有制经济明星企业”等荣誉称号。

在多年的发展过程中，荟华楼积极与世界黄金协会、国际铂金协会、DTC钻石推广中心等多家国际权威推广组织合作，将诸多具有国际流行时尚趋势的新款推荐给广大消费者。2009年分别成为世界铂金协会、世界黄金协会的指定零售商，为传播首饰文化、引导时尚消费做出了突出的贡献，使“荟华楼”品牌日益深入人心。

未来，荟华楼珠宝将坚持以“立足东北，面向全国，走向世界”为发展目标，努力将公司打造成具有一流产品质量、一流服务水平、一流经营管理以及一流企业形象的现代珠宝首饰企业！

金鹭首饰　“金”字为心

厦门市金鹭首饰始创于1996年，是一家专门从事金银首饰生产、加工、批发、零售的企业。企业发展之初，就立下了以质取胜，先做好做强、再做大企业，以老实做人、用心做事为原则，牢固树立质量是企业的生命的理念，打造优质品牌，促进企业发展。金鹭首饰现已成为福建省首饰行业的龙头企业之一，“金鹭”被评为中国驰名商标。

厦门市金鹭首饰和福州市金鹭首饰在全国连锁专营专店和专柜已达150家，在福建省拥有六家大型连锁金店。由“金鹭首饰白金店”、“金鹭首饰黄金店”、“金鹭首饰钻石店”构成的金鹭首饰一条街，体现了品牌战略的经营模式；金鹭首饰中山银楼创建了现代化的、具有国际水准的首饰展示厅；营业面积近3000平方米的莲花珠宝金店，充分展示了金鹭首饰作为中国珠宝首饰驰名品牌的经营实力。

2004年“金鹭首饰嘉禾珠宝城”的开业使金鹭走向精品时尚国际化连锁的战略格局；2006年创立了地处厦门市中心点的“金鹭首饰思明珠宝金店”；2006年在福建省福州市创建福州金鹭首饰有限公司，同时创立了福州中亭街金鹭首饰一条街（由金鹭首饰黄金店、金鹭首饰白金店、金鹭首饰钻石店、金鹭首饰珠宝店、金鹭首饰工艺品店、金鹭首饰店六家新店组成，经营面积近5000平方米）。

金鹭以“做百年企业、质量为本、诚信服务、顾客至上”为企业经营宗旨，重视产品质量，并为此制定出一整套严格的产品检测、检验质量、质量管理制度。严格执行公司产品的进、销、存管理制度，明码实价，计量准确，严禁不合格产品上柜销售，做好售前、售中、售后服务工作，让每个消费者满意，赢得了市场和消费者的认可。公司积极参与“争创百城万店无假货”示范活动，引进并通过ISO9001–2008质量体系认证，时时以顾客满意来衡量实际工作中遇到的问

题，几年来顾客满意率逐年提高。

金鹭首饰针对经营黄金珠宝首饰的特点，提出“做黄金的人要有金子般的心”和“宁失万两金不失顾客心”的行为规范，聘请国内高级制作和检测专家以及大学教授作为公司的常年职业教育顾问，对全体员工进行培训辅导，使公司始终保持高标准的产品检测检验体系、文明服务体系，质量管理不断创新，曾荣获中国卓越绩效IQNET9004管理卓越奖。

为维护消费者的权益，金鹭首饰产品全部经由福建省珠宝首饰公正行、珠宝鉴定专业委员会、黄金饰品质量监督检查站检测合格。通过几年的努力，金鹭首饰优质品牌以它独特的魅力占有了市场，提高了企业商标的信誉度。

13年来金鹭首饰先后荣获“厦门市著名商标”、“福建省著名商标”、“福建省名牌产品”、“中国商业名牌企业”、“中国珠宝首饰业驰名品牌”和“中国驰名商标”等200多项国家级、省市区级荣誉奖励。金鹭首饰充分利用品牌优势，不断提升产品的品味，并通过全国连锁及专柜经营扩大产品的市场占有率，产品畅销全国20多个省市。

金鹭首饰与国内外优秀的生产厂家全面联手，通过品牌优势，设计出自身特色的品牌产品，并引进国际时尚流行的产品扩大市场，始终不渝地“追求专业完美”，一如既往地实施品牌战略。金鹭首饰地处两岸关系和平发展的桥梁之一——厦门，将致力于展示内地珠宝企业的良好形象。金鹭首饰将以诚信经营，优质专业的服务，走品牌发展之路，以“立民族志气，创中国名牌”为奋斗目标，为珠宝首饰业的发展贡献力量。

世家越百年　精诚王天下

浙江越王珠宝有限公司起源于1901年创办的绍兴“陈氏银楼”，通过四代人的血脉传承和创新发展，现已成为一家集珠宝首饰生产、直营连锁和钻石、翡翠贸易批发于一体的大型综合珠宝企业。目前，越王珠宝分别在北京、深圳、香港和上海设立生产物流基地和公司，在浙江省绍兴、嘉兴、湖州、杭州、宁波、台州、金华、衢州八大地区，42个城市设立近60家越王珠宝直营连锁店。

越王珠宝其字号和商标特有的文化内涵和经营特色，在全国同行业享有较大声誉，并有着较好的市场美誉度。公司经绍兴市政府推荐被评为2007中国创新型企业，从2002年至2005年被市政府评为绍兴市最佳商贸企业，2006年被评为服务业综合优胜企业，2007年、2008年被评为绍兴市商贸流通重点骨干企业。

1. 重产品质量，抓流程管理

公司严格产品质量管理。确立了“原料把关、流程严格、成品严检、上柜复鉴”的工作流程，建立完善了一整套管理制度，货品管理全部实现了电脑系统化，财务管理实行电算化，经营管理一体化。公司还建立起配送中心、客户服务中心，按国家连锁企业管理标准基本做到了“统一进货、统一生产、统一配送、统一核算、统一管理”。

在管理上，公司推行ISO9000的质量管理体系和ISO14000的环境管理体系，使越王产品销售及管理程序均达到可控性。

2. 重操作规范，抓优质服务

我们认识到，企业要生存、要发展，光有优质的产品还不够，还需要配以优质的服务。为了消除顾客的售后顾虑，公司在业界率先推出了珠宝饰品免费调换的服务，并成立了客户服务中心，设立了400全国客服免费电话，建立了CRM客户服务系统，以更好地为消费者服务。公司还完善内部管理

制度，把服务与绩效挂钩，极大地提高了广大员工的服务自觉性。

3．重品牌提升，抓综合联动

为了进一步扩大越王品牌形象，越王珠宝从多层面、多渠道积极参加各项活动，并取得了较好的成效：

参加了行业内的各项评比和展览，以进一步扩大影响。公司被评为中宝协副会长单位。今年公司还被中宝协授予天然翡翠认证资格的珠宝企业，成为浙江省唯一入主的一家。公司还参加了北京、上海、深圳等全国珠宝展。

加强了商标和企业字号的管理工作， 2008年1月，越王商标还被认定为中国驰名商标，同年11月越王珠宝被浙江省经贸委命名为首批“浙江老字号”企业。

为了进一步与消费者建立起畅通的沟通渠道，越王珠宝每年斥巨资在省内外诸多的电视台、电台、报刊杂志上推广宣传珠宝文化，传播饰品知识。让消费者逐步由“外行”到“内行”，提高消费者的信任度，同时也进一步提高了越王珠宝的品牌形象。

4．重以人为本，抓团队建设

越王珠宝始终秉承着重以人为本，抓团队建设的宗旨，大力发展人力资源，并取得一定的成效。

聘请中高级管理人才：近几年，公司面向全国，聘请在本专业领域内具有丰富经验的中高级管理人才加入越王珠宝，另外还引进大批专业技术人员，为公司的可持续发展提供了人才保障。

近几年，公司投入数百万元用于员工培训，共培训员工近1100人次，占员工总人数的65%，通过专业培训与实战演练，大大提高了员工的工作技能与服务品质，打造了一支高素质的员工队伍。

公司持续不断的加强企业文化的宣传与贯彻，推出了“胸怀理想、朴实谦虚、开放信任、言行一致”的越王人行为准则，并在此基础上形成了更趋完整的企业文化。

5．重社会责任，抓爱心奉献

越王珠宝始终以“为社会承担企业公民的责任”为使命，近几年来为慈善助学、抗震救灾公益活动，公司先后出资数百万元，同时对困难员工开展献爱心活动。

“世家越百年，精诚王天下”，越王珠宝将进一步坚持诚信立业、创新发展的理念，不断推进品牌建设和创新发展工作，进一步提升品牌，拓展市场，努力把越王珠宝打造成中国著名的百年珠宝品牌，来回报社会的支持，领导的关心和员工的付出。

钻石是上帝的礼物　我们是信使

HIERSUN（恒信）钻石机构成立于1999年，是一家大型专业钻石集团。作为国内最早进入钻石行业的企业之一，HIERSUN（恒信）钻石机构自创建以来，以国际化的视野、前瞻性的经营理念迅速发展为中国珠宝行业的领军企业。HIERSUN（恒信）钻石机构不仅满足于为大众提供高品质的钻石饰品，还致力于钻石文化的建设与传播。

1．追求卓越品质

1999年，HIERSUN（恒信）钻石机构斥资亿元打造了全球最大规模的钻石零售概念旗舰店——占地面积超过1500平方米的恒信钻石宫殿，成为中国珠宝直营店的“航母”。同时，HIERSUN（恒信）钻石机构旗下每家钻石宫殿单店投资额过亿，占地超过1500平方米，被国内外同行惊呼为“超乎想象”的“惊世之作”，创造了中国乃至全世界珠宝市场的传奇。凭借独特的经营管理方法、首屈一指的个性化服务、极致尊贵的购物体验，加之巨大的品牌魅力吸引了全球数十位顶尖珠宝设计大师签约恒信，担纲珠宝设计，此举更使其成为最优秀钻石原石和最顶级珠宝设计的代名词，获得了国内外各权威机构的认可和嘉奖。今天，HIERSUN（恒信）钻石机构不仅成为成功人士与明星、名流竞相追逐的顶级品牌，更以实力获得“中国最有价值的奢侈品品牌”、“中国珠宝名牌企业”等世界权威认证机构及消费者权益保护组织颁发的上百项行业最高荣誉。

2．细分市场的成功案例

2006年，HIERSUN（恒信）钻石机构历经三年严谨而专业的市场分析调查，细分珠宝市场，成功推出全球首个、也是目前唯一一个婚戒专营品牌——I Do全球婚戒典范，成功覆盖中国所有一线城市，并被时尚名流、都市白领等视为首选品牌。I Do全球婚戒典范首创婚戒的婚姻文化，其超强的品牌创新能力和对中国珠宝行业的杰出贡献均得到了业界高度认同，先后获得由

《经济观察报》主办的第七届中国杰出营销奖（08—09年度）耐用消费品类二等奖，以及由《21世纪经济报道》主办的第五届“中国最佳品牌建设案例”奖，成为中国珠宝行业翘楚。

3. 热衷于公益事业 树立良好的企业形象

恒信多年来一直以社会责任为己任，积极参与各种社会慈善公益活动，数次对学校、儿童以及慈善机构的公益计划及慈善活动提供各种资助。在5.12汶川地震中，HIERSUN（恒信）钻石机构总裁李厚霖先生率先于5月15日个人捐款2000万元于中华慈善总会，发起并成立 “I Do儿童基金”，决定长远地帮助所有需要帮助的儿童，并以身作则带领企业和社会各界人士积极参与到灾后重建。此后更将救助范围扩大至中国所有弱势儿童，并将其教育与心灵健康成长作为关注重点与工作目标。

在不断发展企业，投身社会公益事业的同时，恒信还致力于推动整个中国珠宝行业教育源头的发展，并在中国地质大学、中央美术学院等多所高校设立专项奖学金，奖励专业的优秀人才。

4. 未来发展

HIERSUN（恒信）钻石机构先后与国际顶级珠宝大师Philippe Tournaire、Efva Attling合作，不仅在北京东方广场HIERSUN（恒信）钻石宫殿开设了Philippe Tournaire同名品牌店中店，2009年，I Do还正式与Efva签约，聘请Efva成为I Do首席设计师，为国内珠宝潮流向国际化提升再次起到积极的作用。

“钻石是上帝的礼物，我们是信使”——HIERSUN（恒信）钻石机构必将以此为责任，不断推动钻石产业和文化的全方位发展。

健兴利——打造顶级翡翠奢侈品

健兴利珠宝作为具有国际影响力的中国顶级翡翠珠宝奢侈品牌，在国内及港台地区的翡翠珠宝行业具有主导地位，先后被中国珠宝玉石首饰行业协会、香港玉石行业商会等授予多项荣誉称号。

1. 健兴利珠宝拥有种类丰富、品质卓越的珠宝级翡翠藏品

作为中国翡翠珠宝奢侈品牌的健兴利珠宝，以打造高品质翡翠珠宝为己任，拥有大批世界顶级的宝石级翡翠藏品，既有润玉凝翠的翡翠花件，也有玉质金相的镶嵌首饰，不乏传世之作，其中尤以种老、色佳、水足、工美的翡翠花件为特色。所藏翡翠艺术珍品数量之多、品质之精，堪称中国之最。

2. 健兴利珠宝集团拥有中国最大的翡翠专业卖场

健兴利珠宝于1992年创立于香港，2006年进军北京市场，在北京开设亚洲区旗舰店，位于北京市王府井东安门大街王府世纪大厦一层，占地3800平方米，是目前大陆地区最大的高端翡翠专业卖场。

3. 健兴利珠宝高端翡翠销售额居全国前列

市场占有率和知名度居行业前列，中高端翡翠批发额占香港翡翠市场60%以上，台湾地区更占80%以上，并全面覆盖东南亚地区。

在高档翡翠中，健兴利珠宝集团翡翠销售额也居中国中高端翡翠销售行业前列。

4. 健兴利珠宝拥有较为完善的市场体系

健兴利珠宝非常注重市场体系建设，在香港九龙佐敦广东道玉器交易广场大厦设有海外拓展中心，利用香港全球贸易集散中心和自由港的特殊地位，负责香港、台湾以及东南亚地区的市场体系建设与品牌推广工作。

在大陆则建立了南起广州、北至北京的连锁终端销售体系，在北京、上海、广州、沈阳、深圳、佛山、揭阳、青岛等地设有营业网点及合作伙伴近20家，有力地推进了健兴利珠宝市场体系建设。

5．健兴利珠宝建立了严格的产品质量监督检测体系

本着对消费者高度负责的精神，健兴利珠宝生产、销售的所有翡翠首饰都实行第三方检测制度，所有首饰都经过国家级检验机构的检测，对钻石、珠宝饰品出具具有法律依据的证书，对贵金属出具具有防伪标志的检测签。

6．健兴利珠宝不断完善设计、服务团队建设

健兴利珠宝一直致力于设计团队的建设和发展，结合香港珠宝首饰设计新动向，不断尝试采用最新的时尚元素，将各类种色俱佳的翡翠，结合新材质与现代镶嵌技术，让充满优雅气质的翡翠珠宝，展现无与伦比的极致品位与艺术价值。健兴利翡翠在佳士得、苏富比等国际性拍卖公司的翡翠珠宝拍卖会中，均有不俗表现。

健兴利珠宝的销售服务团队，不仅具备丰富的专业素养，更以亲切热忱的服务精神，积极地推广翡翠文化，提供消费者完善的售后服务。基于此，在各类消费投诉处理机构中，一直保持着消费者对于健兴利珠宝“零”投诉的记录。

7．健兴利珠宝非常注重自身品牌建设

健兴利珠宝非常注重品牌建设，先后被中国珠宝玉石首饰行业协会、香港玉石行业协会等授予多项荣誉称号。2008年香港玉器行业公会授予健兴利珠宝“天然（A货）翡翠”使用证明。2009年11月，中国珠宝玉石首饰行业协会授予健兴利珠宝“中国珠宝首饰业驰名品牌”、“中国珠宝玉石首饰行业放心示范店”荣誉称号。

8．健兴利珠宝积极履行社会责任

健兴利珠宝在积极发展壮大的同时，也一直在积极履行社会责任，积极参与慈善活动。

2007年在河南省捐资80万元建设将军希望小学，受到了中华慈善总会的表彰和嘉奖。2008年四川地震时，健兴利珠宝积极联系香港珠宝玉石行业，募捐善款，帮助地震灾区人民重建家园。

新金发展之路

武汉新世界珠宝金号有限公司成立于1983年，现有员工800余人，注册商标“新金”。公司拥有一幢16层楼的新世界珠宝大厦，20个连锁金店（点），一个专业黄金交易市场、一个占地25亩的首饰生产工业园，是湖北地区最具规模的珠宝首饰专业企业。

公司以“诚信是金、天道酬勤”作为企业之本，坚持“诚信、专业、团结、创新”的企业精神，“信誉第一、顾客至上”的企业宗旨，“宁失千金、不失一信”的企业理念，“争一流管理、创一流服务、办一流企业”的企业目标，坚持科学发展观，坚持以改革开放为先导，以服务消费者为宗旨，追求现代企业的全新发展。企业相继通过了ISO9001:2000国际质量管理体系、ISO140001:2004环境管理体系、GB/T28001-2001职业健康安全管理体系、计量保证能力等认证。

企业连年被评为武汉市“文明单位”、“质量计量信得过单位”、“守合同重信用单位”，2005年荣获“全国黄金行业明星企业”，2008年被评为湖北省“消费者满意单位”、被省人民政府命名为“湖北省守合同重信用单位”。“新金”牌首饰是中国珠宝玉石首饰行业协会首批评定的“中国珠宝首饰业驰名品牌”，2001年和2007年蝉联“湖北名牌产品”，2002年和2008年蝉联“湖北著名商标”，2007年被国家质检总局评定为“中国名牌产品”。

走进新世界珠宝公司店堂，特色服务十分引人注目：售后复秤台、以旧换新、旧首饰金收兑、代客存金、缩放手寸、来料加工、珠宝首饰鉴定，不论顾客遇到什么疑难，新世界珠宝都可以一一为之化解。还有婴儿推车、自动饮水机、雨伞等，让顾客可以在店内享受五星级服务。

20世纪80年代金店创办之初，企业意识到，黄金首饰的重量，精确到以毫克计算，顾客是没有办法掂出它的分量的，而国家对黄金珠宝首饰的售后服务又没有明确规定。于是，公司在十分紧张的资金中挤出数万元在同行业中率先设置了进口电子天平复秤台，让顾客在买到饰品后可以

自己当场复秤，买得放心。

从1993年始，新世界珠宝与湖北省珠宝质量监督检测中心站签订协议，由该站对公司所有珠宝饰品进行逐件检测并挂牌上柜销售，并对所检测的珠宝饰品质量负责。迄今为止，该站已累计检测珠宝首饰上百万余件，没有发生一起有质量问题的商品上柜。

1998年以来，新世界珠宝又在湖北市场率先推出了黄、铂、K金首饰任意以旧换新，旧首饰金收兑，来料加工，指圈缩放，特别订制，旧饰清洗，免费复秤，整旧如新，缺零配整，代客存金等十大特色服务，受到了广大顾客的一致好评。2002年，公司推出黄金、铂金、钻石饰品一周内不满意可退可换的创新服务措施，打破了“珠宝首饰属高档商品，一经售出概不退换”的行业惯例。

国家规定金银首饰误差可以正负0.01，但公司售给顾客的饰品误差坚持“+”数，杜绝出现“-”数。收兑旧首饰时，绝对不允许收兑员压色。对于“新金”牌首饰，公司承诺终身免费清洗、维修。每年公司在售后服务上的投入就达百万元，因此也赢得了消费者的极大信赖。1999年，新世界珠宝产生了武汉金饰珠宝行业第一位武汉市“五一劳动奖章”，目前，该公司仅售后服务部门就有2个武汉市劳动模范，1个全国技术能手，3个全国优秀营业员。

在产品技术上，公司坚持自主创新，走差异化、个性化的品牌发展之路。公司拥有千足金手镯无焊粉封底技术；自主创新发明的手镯第三种表面底纹处理新工艺；国家专利注册的戒肩仿劳力士表带形状的油压男方戒；国家专利产品——第二代时尚空心板链等一系列专利工艺，满足不同层次消费者的心理需求。

不断追踪新需求、捕捉新卖点、打造新亮点，是新世界珠宝公司经营管理的重要制胜之道。企业注重整合、利用资源，密切保持与世界黄金协会、国际铂金协会、国际钻石推广中心、中国地质大学（武汉）珠宝学院等长期战略合作关系，每年都要在武汉市场推出适应国际潮流的时尚新款和新品，并着力在诚信优质服务上下真功，让顾客在购物的同时，充分享受人性化服务。

天
权

中国国玉　世界典藏

新疆国玉和田玉股份有限公司是一家致力于传承中国和田玉文化的和田玉连锁机构，由新疆恒久钻石集团牵头携手八家实力雄厚的经济财团合力打造，目前注册资金5000万元，总资产达10亿元以上，拥有自营店面15家，加盟店面数十家。

国玉股份本着“中国国玉　世界典藏”的企业理念，整合全国及国际公认的六大地域资源优势，打造中国和田玉第一品牌。国玉股份依托以上六大地域资源核心优势，以中国城市战略布局为资源整合基础，全国规模集团化联合运作为支撑，从上游（货品开采及采集）、中游（产品设计及加工）、下游（渠道建设及销售）全方位着手，立体运作确保国玉从和田玉产品品质、设计创新，到终端销售等诸多方面，成为和田玉行业的领头羊及首选第一品牌。

在产品研发方面，国玉在北京、深圳、香港拥有全国最顶尖的和田玉产品研发中心，多家工艺镶嵌厂及国际顶尖的珠宝设计大师、雕刻大师，为品牌及产品创新提供有力的技术支撑和保障。国玉在业界率先提出和田玉高级饰品化“玉时尚”，突破性产品理念的开发，将传统的和田玉雕刻工艺与现代时尚元素完美结合，力邀国内顶尖雕刻大师及珠宝设计大师参与设计开发雕刻完成，为每一件产品赋予新的艺术生命和鉴赏价值；同时结合和田玉的大气、内敛、温润光泽与各种珠宝结合打造出“玉时尚”的时尚配饰理念及全新的和田玉鉴赏空间，为人们了解和选购开辟了更多的选择题材，增强了更多的实用价值。

国玉股份为了满足市场对中高端高品质和田玉的需求，经过长达两年的市场分析及全国各地实地考察，将和田玉的产品市场销售定位为五大精品系列。产品的多层次分类是为了能够将和田玉的多层面文化内涵和艺术鉴赏价值进行细分，满足国际国内人们对和田玉的多方面需求。

国玉股份多项产品开发及制作已经申请专利保护，在特殊的藏品和珍品系列里面有两款产品已经申请了上海吉尼斯世界纪录。在产品研发方面更多强调“吉祥文化”的题材开发和饰品时尚化，通过国玉产品差异化优势的确定，在和田玉销售市场中起到巨大的推动作用。国玉股份先后通过中国珠宝首饰行业首批AAA级信用企业评价、ISO9001:2000质量管理体系认证、ISO14001:2004环境管理体系认证。国玉股份2009年在全国建立15家专卖店；销售额突破5000万元，在成立短短一年多的时间里，能取得如此的成绩实属不易。相信在2010年国玉凭借上海世博会和广州亚运会的国际平台，国玉的品牌知名度和影响力都会有一个质的突破，预计加盟商也会突破100家，年销售额将会突破1.5亿元。

国玉抓准时机，经过充分准备后进入和田玉产业，一直坚持“怀温润之本于心，拥厚重之德于情；执守诚信之道；坚持高精之工”的质量方针，用玉之五德“仁，义，智，勇，洁”的高标准严格要求公司的全体员工，在公司内部建立“与玉比德”的优秀的企业文化，打造一支来之能战，战无不胜的精英团队，向着“全国的和田玉业界典范行业标准，力求成为和田玉行业的领头羊企业及首选第一品牌”的方向坚持不懈的努力。

一、全国专业珠宝市场概述

易 晓

专业珠宝市场是以各地珠宝产业的发展为依托而形成的，集批量采购、集中供应、厂家直销、接单加工、电子商务、拍卖交易等为主要经营方式，多功能、全方位、强辐射、大流通、集约化、网络化、专业化的大型珠宝首饰综合服务平台。专业珠宝市场以物流为基础，以展示、博览为先导，以设计、研发为后盾，以信息化为手段，有效推动珠宝首饰行业蓬勃发展，是各珠宝产业聚集地发展状况的客观反映和集中体现。

随着珠宝产业的快速成长和消费市场的逐渐扩大，我国专业珠宝市场的发展犹如雨后春笋，从2000年至今的不到10年间，迅速地建立起大大小小近百家专业珠宝市场。

虽然，专业珠宝市场定位的差别、经营的产品、所处的区域各不相同，但归结起来不外乎三种类型，即销地型专业珠宝市场、产地型专业珠宝市场、集散地型专业珠宝市场。销地型专业珠宝市场依托当地巨大的市场需求，产品直接供给当地的企业与个人用户，如北京红桥市场、北京古玩城等就属于典型的销地型市场；产地型专业珠宝市场主要是依托当地的产业基础，形成当地企业面向下游市场的集中销售窗口，如水贝国际珠宝交易中心就是依托深圳市罗湖区珠宝产业基地的地位而发展起来的；集散地型专业珠宝市场的特点主要表现为“买全国货、卖全国货”，由此形成某类商品的大范围内的低成本流通，如广州华林寺地区和荔湾广场就属于典型的集散地型专业珠宝市场。

2009年是国际金融危机下的第一年，国内外经济环境急剧变化，客观地对珠宝行业产生了一定的影响，专业珠宝市场也不例外。专业珠宝市场的经营发展道路随之逐步调整，发展方式也体现出一定的差异与变化。下面，我们将对专业珠宝市场的发展概况、发展原因、存在的问题和创新发展之路等方面逐一进行分析和探讨。

1．2009年我国专业珠宝市场概况

据统计，2009年我国共有各类专业珠宝市场近100家，其中规模化（珠宝玉石首饰类商户数量在100家以上）的专业珠宝市场约有20多家，而具有全国性乃至世界性影响力的重要专业珠宝市场不到10家。

从成立年份来看，我国现有专业珠宝市场中，90%都是建立于2000年之后，体现出发展时间短但发展速度快的态势。

从地域分布来看，我国专业珠宝市场主要集中在广东、北京、上海、江苏、浙江、福建等经

济发达省市，约占全部专业珠宝市场总数的60%；此外，在云南、山东、河南、辽宁、新疆等珠宝产业发展较好和较为集中的省市所拥有的专业珠宝市场所占比例约30%。其中规模化专业珠宝市场主要集中在广东、北京、江苏、浙江等东部沿海省市。

受金融危机和珠宝行业大环境的影响，2009年，有的专业珠宝市场经营惨淡，面临转型；有的专业珠宝市场需要调整思路，以求发展；有的因经营不善而关张歇业。但是，我们看到有三成左右的专业珠宝市场经营状况稳定，发展态势良好。专业珠宝市场中这些持续、健康、稳健发展的佼佼者是凭借什么取得的成功？在简单概括2009年我国专业珠宝市场的发展态势之后，我们将更深入地思考。

2. 我国专业珠宝市场快速发展的原因

中国市场经济和珠宝行业的快速发展要求不断降低商品流通成本，由此在各珠宝产业聚集地催生了大量的专业珠宝市场。目前国内比较成功的专业珠宝市场如水贝国际珠宝交易中心、北京红桥市场、荔湾广场等都已经形成全国乃至国际影响力，成为连接产业上下游间的高效流通环节与重要的资源配置手段。

我国专业珠宝市场近几年来出现加速增长主要基于以下五点原因：

2.1 珠宝行业的蓬勃发展

近年来，珠宝行业以每年15%以上的速度蓬勃发展，是推动专业市场快速发展最根本的原因。专业珠宝市场大大降低了商品流通成本，高效地为采购者提供便利，也客观地为各地珠宝产业发展起到了良好的促进与推动作用。

2.2 各地政府的有力推动

房地产热、经济开发区热、产业园热在2000年后的中国屡见不鲜。“新建一个市场、搞活一区经济、富裕一方人民”曾经是很多地方政府刺激经济建设的常用方法，也有相当的收效。各地政府的有力推动，是很多专业珠宝市场建立和发展的重要原因。

2.3 消费市场的迅速扩大

随着国民经济的发展和人民物质文化生活水平的提高，我国居民的珠宝消费出现了持续升温的态势。珠宝产值和消费已经连续几年实现了超过15%的增长。特别是北京、上海、杭州等城市，居民购买力强，外来人口众多，人口流动性大，消费多元化的趋势明显，这也为以上城市的销地型专业珠宝市场的快速发展打下了坚实基础，客观上刺激了专业珠宝市场的建立。

2.4 历史文化的积淀

历史文化积淀推动专业珠宝市场发展最典型的案例莫过于北京了。北京在历史上是很多王朝的都城，有着深厚的文化积淀，皇家贵族热衷于追逐奇珍异宝和珠宝古玩，在北京生活的普通老百姓自然会受到这种人文历史之风的影响，因此，民间老百姓也自古就有佩戴珠宝玉石首饰及收藏古玩的爱好。改革开放以来，居民收入的快速增长使得北京民众对珠宝的热情更大地释放出来。因此，北京众多的销地型专业珠宝市场，都是以翡翠、玉石、古玩、字画为主要经营品种也就不难理解了。

2.5 房地产热带来的专业市场热

近几年我国专业珠宝市场的兴建热潮与全国各地的房地产热也有一定的关系。房产商开发商建立的大量商业地产，某种程度上超过了市场的需求。一些开发商因找不到合适的招租项目，转而寻求与珠宝业的联姻，客观上推动了专业珠宝市场的扩张。还有一些房地产商想借珠宝的奢侈品特性来推介房地产，以珠宝市场吸引人气，也加速了专业珠宝市场的扩张。

3. 我国专业珠宝市场发展中存在的问题

近年来，我国专业珠宝市场蓬勃发展，然而也不乏许多失败的案例，有的地方没有对产业、市场做深入研究就盲目跟风建设，造成珠宝市场建成后经营不景气，辐射力弱、空置率高等现象。专业珠宝市场发展中存在的问题，主要表现在以下五个方面：

3.1 建立专业市场前缺乏充分论证，项目盲目上马

专业珠宝市场的建立要综合考虑多种因素，如成本、收益率、资金链、地理位置、交通条件、商业或社区环境、人口密度或客流量、软硬件设施、供求关系等，也就是建立之前，要对市场运营的可行性进行充分且科学的论证，并设想可能发生的各种情况以及相应的对策，这样建立起来的市场才有可能取得成功。

近几年来，我国专业珠宝市场出现了一种爆炸式发展的态势，数量急剧扩张，但部分市场的论证不够科学和严谨，也因此交了不少学费。有的专业珠宝市场没有强大的产业依托做后盾，加之交通不便利，城市没有机场、又远离主要消费城市和珠宝批发城市，所以经营多年也一直不成功；有的专业珠宝市场建立在珠宝产业蓬勃发展的地区，却没有把握住产业最集中的区位，在竞争中处于劣势；有的专业珠宝市场曾一度出现贪大求奢的现象，项目上马的经营面积过大而出现了严重的招商问题，没能成功开业；有的专业珠宝市场建于新商业地产之上，硬件标准非常高，过高的成本导致了较低的招租率和随之而来的运营亏损；有的专业珠宝市场存在管理者缺乏专业知识、交通不便、定位不准、宣传不够等问题，因此经营惨淡也在情理之中。

3.2 重复建设现象严重

由于办市场旱涝保收，一些地方政府与企业纷纷把目光转向批发市场，造成了批发市场的大量重复建设。如有的珠宝产业基地，本身珠宝行业发展并不健全，影响力也不够大，却建立了3、4个专业市场，市场之间竞争激烈，每个市场都难以盈利，因此市场管理者不愿投入宣传，导致谁

也办不好；再如北京市大大小小专业珠宝市场就有20多家，还不断地有人想投资建立新市场，为了争夺有限的经营客户，陷入恶性竞争之中，结果有不少市场发展不起来，甚至关门歇业，也出现了不少“空壳市场”。

3.3 管理模式落后，专业人才匮乏

部分市场管理人员和交易人员素质低，服务意识差，交易方式陈旧，市场网络化建设缓慢。有的管理人员对现代流通模式和现代企业管理方式了解得少，市场交易人员素质更是参差不齐，只注重眼前利益，缺乏长远的发展眼光。尤其市场网络化建设缓慢，更是制约大多数市场发展的重大因素。

此外，专业珠宝市场策划、营销和管理方面人才短缺问题尤为严重。专业珠宝市场有其独特的运作特点和管理模式，只有既熟悉珠宝行业、又懂得市场管理的复合型人才才有可能经营成功。

3.4 市场培育意识淡薄

一个成熟的珠宝市场必然都经历过一定的市场培育阶段，很少有一蹴而就的案例。水贝国际珠宝交易中心、北京红桥市场和五寰珠宝市场都是经过精心的培育和以人为本的人性化服务才获得了业界广泛的认可，建立了今天这样的地位。但是，一些新建市场的运营商，市场培育意识淡薄，缺乏培育市场的耐心，或对困难估计不足；有的甚至急功近利，导致大量商户撤柜，造成市场的信誉危机；有的市场千方百计地将运营成本转嫁到商户头上，甚至赤裸裸地将商户当作赚钱的对象，有损于市场的培育和发展。所以，市场经营者要正确处理好眼前利益和长远利益的关系，才有可能在激烈的市场竞争中立于不败之地。

3.5 市场发展缺乏创新和宣传，发展后劲不足

有的市场投资主体重建设、轻管理，对市场的管理仅仅停留在物业管理的层次上；有的市场交易方式落后，仍停留在原始的“一手钱，一手货”的交易模式上，市场信誉度难以提升；面对日益激烈的竞争，有的专业珠宝市场缺乏适应性，对经营品种不能及时作调整，错失良好的发展时机；有的市场不愿投入宣传，或者找不到合适的宣传方式，表现出发展后劲不足。例如，广州的某老牌专业珠宝市场，经营模式多年不变、交易方式落后，还停留在商户“各自为战、独自打拼”的状态，市场管理者对商户的宣传和服务难以跟上，潜在危机自然不可忽视。

4. 专业珠宝市场成功开发运营的关键

历数我国经营成功的专业珠宝市场，成功的开发运营需要抓好以下五个关键环节：

4.1 开发模式

专业珠宝市场的开发模式要考虑到开发、定位、招商、经营等各个环节的因素和开发商、投

资者、经营者、消费者等各个阶层的利益，其商业价值主要是在经营管理中才能体现和提升，投资回报周期也较长，要有充足资金准备，最好开发前就能与一些大的商家达成进场意向，实行“订单式开发”，不能简单处理、卖完了事，做“甩手掌柜”，只顾眼前利益，缺乏长远规划和企业社会责任。

4.2 立项选址

专业珠宝市场对产业资源、交通运输、商户资源、市政配套、商品流通、辐射范围、经济水平、消费客流、服务功能等要求较高。所以在立项选择时必须综合考虑这些功能是否具备，是否符合城市的总体产业布局和商业统筹规划，要科学研究，不能盲目上马、重复建设。政府也应科学规划引导，提高专业市场的综合批发辐射能力，改善环境、质量、秩序、服务。

4.3 定位规划

专业珠宝市场的经营业态、经营种类、功能配套、规划设计与综合市场、零售商场等有很大不同，因此在商业定位、规划设计方面应灵活调整、因地制宜，多听经营者和消费者的意见，做到定位清晰准确，商业规划设计、结构空间、交通路线科学合理，功能配套完善，软硬件齐备；减少交通、消防、安全隐患，避免住宅、商业混建混居；有条件的大型专业珠宝市场要建成集批发、零售、运输、仓储、展览、服务、行业培训、信息交流、电子商务为一体的一站式珠宝批发采购中心，并提供商务、工商、税务、金融、海关、进出口、餐饮、酒店、娱乐等综合服务，营造良好的经营、采购、服务环境。

4.4 招商运营

专业珠宝市场招商与一般的零售商场不同，除了要提前招商和走出去招商外，要经常面对商户、行业协会和各级政府，要符合当地的特色和文化。专业珠宝市场的招商还要尽量避免零售商业买（投资者）、用（经营者）分离的现象，统一规划、统一招商，尽量以租为主，减少投资者的进入，既使销售也以招商带动销售，租赁和销售都要限制对象，严把商户质量，避免二次招商、开业不旺、开业后经营业态混乱和管理困难的局面。此外，还要吸引真正有实力的生产厂家、专业经销商和代理商进驻，巩固经营者的进场信心，并根据招商情况及时调整业态、品种和功能。没有好的经营者进场，市场也很难做好、做旺和升值。

4.5 经营管理

经营管理是专业市场能否繁荣兴旺、批发辐射能力能否形成、商业价值能否提升的最重要环节，也是投资开发商最容易忽略的环节。在市场顺利招商、租赁、销售完成后，要对市场开业和经营前期进行扶持和统一规范管理，积极组织开业、促销、展览、活动、推广和信息交流，规范市场秩序，改善经营环境，寻求政府、行业协会、各地质检机构的支持，迅速做强做大市场，并根据市场发展及时调整业态、功能、配套、服务、环境和经营管理策略，以大商贸、大流通、大

物流整合提升当地珠宝商贸经济，以现代化的方式经营管理专业珠宝市场。

5. 整合资源对专业珠宝市场发展的作用

专业珠宝市场的健康发展，除了要练好内功之外，还要更加注重整合资源对成功发展的促进与帮助。在其中，特别要提的两点就是政府和相关行业组织的作用。

5.1 政府在专业珠宝市场发展中的作用

专业珠宝市场的形成是一个资源汇聚的过程，其中包含对市场资源、产业资源、政策资源的引进与吸纳。特别是在产业资源与政策资源的引进方面，政府行为起到了很关键的作用，在某种程度上可以说，市场发展的成败与否也是政府导向的结果。在专业珠宝市场发展的过程中，政府可以扮演规划者或是参与者的角色。通过政府，专业珠宝市场投资方将市场发展纳入到当地珠宝产业发展的整体规划中，并利用不同政策杠杆引导市场发展与产业发展有机、有序的结合，有利于市场的长期稳定发展。

5.2 行业组织在专业珠宝市场发展中的作用

行业组织具有行业的服务者、引领者和管理者等多重身份，是行业相关政策法规的制定者，拥有最完备的行业资讯和信息，是行业最公正和最权威的组织机构。珠宝专业市场在立项考察、定位规划、招商运营和经营管理中，多听取行业组织的意见和建议、引入行业组织的参与和推广，可以起到事半功倍的效果。

我们看到，许多专业珠宝市场引入国检中心等珠宝行业权威检测机构入住，对提升服务质量，树立消费者信心，规范市场经营秩序等方面起到了良好的作用；有的专业珠宝市场在创立之初，便多层次、全方位与中宝协等行业协会合作，邀请行业人士参观考察，有针对性地宣传推广，参与专业珠宝展览、行业年会等全行业的重要活动，为专业珠宝市场成功经营与运作奠定了坚实的基础。水贝国际珠宝交易中心、苏州渭塘的珍珠宝石城、浙江诸暨的华东国际珠宝城、北京红桥市场、广州华林国际等都是很好的案例。

6. 我国专业珠宝市场创新发展之路

我国专业珠宝市场从起步到发展有近20年，虽然全国发展很不平衡，但从总体上讲，专业珠宝市场已基本完成发展期而进入调整期，面临着一个业态提升、扶优扶强、功能扩充、管理升级、二次创业的严峻挑战。

最近召开的中央经济工作会议提出，要更加注重推动经济发展方式转变和经济结构调整，将加快现代服务业发展当做当前中央经济工作的重点之一。专业珠宝市场作为各地珠宝产业链和产业群上的有效衔接和重要纽带，是完善珠宝行业现代服务业的重要环节和突破点。专业珠宝市场适应经济大环境的变化，如何摆脱旧有观念的束缚，主动创新，遵循国家政策和产业发展调整方

向，寻找自身的定位和发展道路，逐步发展成适应现代生产和生活方式的新型流通组织，是我们思考和探讨的重点。

6.1 加快现代服务业发展——专业珠宝市场的功能创新

传统专业珠宝市场的基本功能主要体现在商品交换和价格发现两个层面。随着现代化通讯技术的发展、信息传播手段的完备以及现代物流的发展，市场的商品集聚和中转功能不断弱化。传统专业珠宝市场要向现代流通组织转变，参与现代服务业体系下的分工，不仅要充分发挥自己的贸易中心、价格中心的作用，而且还要不断延伸和扩大自身的功能，在信息化建设、现代物流配套和文化传播及推广上下工夫，建立健全现代服务业模式下的专业珠宝市场势在必行。

例如，以外向型零售服务业为主导的红桥市场则是不断打出“文化牌”，通过“红桥珍珠，守护母亲的爱”、“清凉夏日，女人与珍珠相伴”、“红桥珍珠打造完美新娘——时尚珍珠婚纱展卖”等一些列活动，利用母亲节、青年节等节庆活动宣传推广珍珠文化，在市场经验中取得了良好的效果；再如金丽国际珠宝交易中心除涵盖珠宝品牌展示和交易区域之外，还设有珠宝行业公共服务平台和商务会所，金丽中心推出的“金杜鹃·五星级商务管家”服务都是实现专业珠宝市场功能创新的很好案例。

6.2 加强管理、完善服务——专业珠宝市场的组织形式创新

加强管理制度、完善服务体系，组织形式的创新是专业珠宝市场生存和发展的基础。专业珠宝市场要成为现代化的流通组织、成为商品流通中的重要一环，其使命不可能依靠摊位式个体户经营来实现，必须是通过专业珠宝市场经营者从管理和服务上下工夫，体现市场的组织形式创新。

加强管理制度要进一步完善市场准入制，对进场经营者实行资质审查和档案登记，严格把关；加强管理制度，要建立健全珠宝首饰检测体系和消费者投诉监督机制。国检中心等专业珠宝质检机构在各专业珠宝市场设立的检测站、中宝协在北京市主要专业珠宝市场推行的“先行赔付”机制，都是对专业珠宝市场管理模式的创新发展。

完善服务体系要建立起与现代流通方式相适应的配套服务体系，除商品检测体系外，进一步完善物流配送体系、加工服务体系和信息服务体系也是各个专业珠宝市场亟待解决的问题；完善服务体系，更需拓展思路，创新开展宣传推广模式。例如，水贝国际珠宝交易中心从参与“深圳文博会”、连续举办“水贝珠宝采购大会”、“新春订货会”，到水贝珠宝带领商户组团参与中国·北京国际珠宝展、上海国际珠宝首饰展览会等行业主要珠宝展，不断加强水贝市场宣传推广力度，有效延伸了水贝市场的地域范围，增加水贝商户与全国乃至全世界各地采购商的合作领域与空间；坐落于太白路的深圳雅诺信集团下属彩宝基地，就是以生产性服务业为依托建立起来的以彩色宝石原料及成品批发的专业化交易场所，也是水贝珠宝经营思路的拓展和延伸。

此外，有计划地引进大生产商、大批发商、大代理商入场经营，尤其是那些在国际和国内都享有很高知名度的品牌企业，通过他们的规范化经营带动专业珠宝市场整体素质的提高，也是专业珠宝市场组织形式创新的一条道路。

6.3 逐步拓展信息化建设之路——专业珠宝市场的交易方式创新

专业珠宝市场应该是经营主体组织化、交易方式现代化、交易商品标准化等具有多种功能的规范化珠宝市场。专业珠宝市场必须转变过去沿袭下来的集贸市场“摊位制”交易方式，积极引进新型交易方式，如竞价拍卖、展览贸易、网络交易等多种新型交易方式，推动由零散式非标准交易为主向规范化和标准化交易方式的转变。

在信息时代，电子商务的兴起，凭借网络的先进技术，使得价格形成机制及商品交易信息的传递具有传统专业市场无可比拟的优势。一般来看，市场制度有其自身演变的内在规律，即一种市场制度不断被另一种交易成本更低的市场制度所代替。由于Internet网上交易市场具有交易费用更低廉的优势，势必对传统专业珠宝市场交易方式产生一定的影响和冲击。传统专业珠宝市场应该将现有交易模式与网上交易结合起来综合发挥两种交易方式的最大长处。2009年，“水贝珠宝”大力实践电子商务领域的探究，与阿里巴巴合作完善“水贝珠宝-阿里巴巴”操作模式，开展“水贝珠宝网上商城”业务，是对专业珠宝市场交易方式创新的有益实践，在逐步拓展信息化建设之路上迈出了重要一步。

专业珠宝市场应该逐步建成为权威和专业化的信息收集加工处理中心，不但为客户提供第一手的商品价格、供求状况、统计信息，还需要提供本行业所有最新技术的发展报告。因此，专业珠宝市场不能仅仅把目光盯在有形市场，而且还要重视无形市场建设，使专业市场从单纯的有形市场向有形市场和无形市场相结合方向发展。逐步拓展信息化建设之路，加强专业珠宝市场交易方式的创新。

目前在我国的二三线城市，专业珠宝市场的建设方兴未艾。在许多当地政府眼里，专业珠宝市场成了带动当地产业发展、促进就业、增加税收、推动城市化进程的法宝。然而事实证明，我国专业珠宝市场建设许多都并不成功，这其中不乏市场变化波动的因素，但更重要的原因是缺乏对市场环境、产业特点和管理服务的把握，只有做到定位清晰、科学规划、措施得力，才能使得市场走上健康、快速发展的道路。专业珠宝市场应顺经济发展方式转变和结构调整之大势，乘加快发展现代化服务业之东风，加快现代服务业的发展，加速建成现代化专业珠宝市场，为我国现代服务业建设贡献一份力量，任重而道远。

北京红桥市场

20世纪80年代末，红桥市场开始经营珍珠，是全国最早经营珍珠的市场。目前，北京红桥市场已经发展成汇集全国各地，乃至国外珍珠、首饰商户200余家，精品店36家，淡水珍珠、大溪地珍珠、南洋珠等品种一应俱全的国际最具特色的珍珠批发零售市场。红桥市场定位于珍珠终端市场，让红桥成为珍珠的世界，经营世界的珍珠。

2009年面对世界性经济危机，红桥市场积极采取应对措施，根据市场特色加大珍珠文化的宣传力度，开展了一系列的宣传活动：

1. 青年节、母亲节珍珠展览展示活动突出市场特色

结合节假日消费需求旺盛的特点，市场5月份组织有实力的商户设置精美展柜展卖珍珠饰品，举办了“饰全饰美——红桥珍珠青年节淘宝会”、“红桥珍珠，守护母亲的爱”等活动，辅以珍珠模特秀、有奖知识问答、搜宝行动并大规模宣传。在《北京晚报》、《京华时报》、《法制晚报》、《精品购物指南》等14家媒体发布总计26篇文章，其中《新崇文报》更对“红桥珍珠，守护母亲的爱”整版刊登，新浪网、凤凰网等网站以转载的形式对活动进行报道。

2. 乘势出击续写珍珠篇

为巩固前期活动对红桥珍珠品牌的积极影响和良好效果，市场从6月份至8月份举办了“清爽夏日，女人与珍珠相伴”——红桥珍珠季大型珍珠饰品展卖，由商户自主组织策划展卖。期间，红桥市场代表崇文区特色商业企业参与北京市商务委举办的“2009年北京特色商业街消夏节”，并利用政府强大的媒体推广宣传“红桥珍珠季”。市场还在《京华时报》做了十期系列报道，宣传内容没有硬性的珍珠促销，而将珍珠消费知识潜移默化地植入消费者心中，让潜在珍珠消费人群了解珍珠，进而引导刺激他们的购买需求。

3. 创办“红桥珍珠打造完美新娘——时尚珍珠婚纱展卖”活动

秋季以来，随着结婚人数明显增加，市场把珍珠与婚纱完美结合，打造完美新娘。9月份举办了魅力珍珠婚纱展，通过模特秀展示婚纱、礼服与珍珠饰品的搭配，普及婚纱配饰相关知识，适时配合静展高档珍珠首饰，吸引部分影楼顾客到红桥市场消费。十一黄金周期间，市场组织了关于珍珠衍生品（如普兰娜珍珠系列化妆品）的促销活动，深度挖掘珍珠内在价值，进一步吸引

消费者眼球。市场更利用11月初2009中国国际珠宝展参展的机会大力宣传“红桥珍珠打造完美新娘”这一概念，在珠宝展上全面推出婚庆珍珠系列饰品，安排婚纱模特佩戴美轮美奂的珍珠首饰进行走秀，并有专业人士指导顾客关于珍珠与婚纱的搭配技巧。

市场经过不断宣传推广特色珍珠产品和红桥市场品牌，越来越受到消费者的关注。在珍珠精品区经常可以看到前来选购珍珠的消费者，特别是年轻时尚一族，这说明中国消费者正在逐渐接受和喜欢佩戴珍珠饰品。红桥市场在发展思路上将进一步扩大京城珍珠第一家的影响力和专业品牌号召力，力争形成代表我国珍珠产业特色的品牌，具体表现在：

（1）丰富珍珠产品的种类，优化产品结构。为体现红桥作为珍珠特色市场的专业性，满足不同消费者的需求，市场引进了普兰娜、长生鸟、京润珍珠等珍珠化妆品及保健品，并设立经营区域；引进珠宝加工商户并扶植他们做好为顾客个性化定制服务；继续拓展珍珠产品的经营品种和用途，包括珍珠服装等，把红桥真正发展成珍珠产品的全系列、全方位经营的市场。

（2）建立自主品牌，扩大品牌收益。红桥市场品牌知名度已经形成核心竞争力，为充分发挥这一优势，市场将逐步对原有经营模式改革，在包装、宣传、推广自有珍珠化妆品品牌和开发以珍珠为特色的美容院、足疗馆等项目上加大投入。还计划对市场内经营产品统一包装、统一收银，向规范化商业企业运作方向发展。

（3）宣扬珍珠文化，加强推广力度。作为中国珍珠文化的推广中心，红桥市场将丰富“完美新娘”主题活动，把“新娘”与珍珠和谐、圆满的文化特性完美结合，推广“完美新娘”注册商标，并由北京向天津、浙江、海南延伸，进而推广到全国。

2010年9月，红桥市场还将举办第三届“北京红桥国际珍珠文化节”；计划筹建“珍珠博物馆”以展现珍珠的形成、养殖与加工全过程，介绍珍珠的识别与鉴赏，珍珠的药用和养生保健作用，长期展示珍珠珍品，传承中国历史悠久的珍珠文化。

水贝国际珠宝交易中心

2009年在金融危机面前，水贝珠宝旗下两大专业珠宝交易平台——水贝国际珠宝交易中心和水贝珠宝·彩宝基地通过大力实施“走出去”和“引进来”战略方针，从优化升级平台产业结构、提升人员素质，到创新“金钻服务体系”、提升平台服务品质，以及不断地创新发展平台营销战略，成功化解了金融危机带来的不利影响。

水贝珠宝积极实施“走出去”和“引进来”的发展战略，通过组团参加中宝协主办的上海珠宝展、北京珠宝展，充分提升水贝珠宝知名度和美誉度，吸引国内外商家前来洽谈采购，迎来更多商机。

水贝珠宝继推出“金钻服务体系”之后，为加强客户的标准化管理，推出了“客户经理制”项目，最大程度地实现了水贝珠宝经营和管理体系的升级。

水贝珠宝大力实践电子商务领域的探究，与阿里巴巴合作，完善“水贝珠宝−阿里巴巴”操作模式，开展“水贝珠宝网上商城”业务，取得良好成绩，成为国际采购商们网上预约、网下洽谈合作的重要媒介。其中以美国、加拿大、印度和中东地区的关注度最高，平均每周曝光量已达上万人次。

此外，水贝珠宝通过举办文博会、采购大会、新春订货会等活动，带领商户加强宣传推广力度，扩大合作领域与空间，在金融危机严峻形势下，水贝珠宝各商户年交易额都较2008年明显增加，实现强劲复苏。

未来，水贝珠宝将进一步提高服务质量，完善服务体系，具体措施包括：一是推出“明星客户经理制”，以提高服务品质；二是推出金融服务平台，为珠宝企业提供融资、担保、保险等一系列金融解决方案；三是通过水贝珠宝文化传播平台，举办各种大型活动，让企业以“文化搭台、经济唱戏”，取得更好的社会和经济效益；四是大力发展电子商务，构建行业电子商务服务体系，以推动深圳电子商务示范城市建设；五是完善行业信息采集机制，建立全面的产业信息数据库；六是建立覆盖面广、传播力强的水贝珠宝媒体传播及发布体系。

金丽国际珠宝交易中心

金丽国际珠宝交易中心集珠宝采购交易及高端商务服务于一体，有7层近3万平方米经营面积，入驻珠宝企业200多家，经营品种齐全，汇集了众多珠宝品牌和实力厂商，其中不乏中国名牌和中国驰名商标持有者。国家珠宝玉石质量监督检验中心的入驻，充分保障了交易商品的质量。

金丽中心一层为珠宝品牌展示区，二、三、四层为珠宝首饰交易中心，五、六层为深圳市黄金珠宝产业公共服务平台，七层为商务会所。金丽中心推出的“金杜鹃·五星级商务管家”为入驻企业、采购商提供全程贴心的服务，先进的管理和优质的服务创造了优良的经营环境，是海内外珠宝商采购交易的必选之地。金丽中心已发展成在行业内有一定知名度和影响力的专业珠宝市场，在公共服务、宣传推广、品牌组合、组团参展、融资担保等项目上都取得了一定的成绩。

近年来，金丽中心赞助了“向改革开放致敬——30年30首经典歌曲深圳大型群众演唱会”、“向新中国成立六十周年献礼——深圳珠宝品牌巡礼系列报道”、“深圳妇联大型国际集体婚礼”等公益活动，产生了广泛而深远的影响，取得了良好的社会效益。

金丽中心发起并承办的深圳珠宝节现已由罗湖区人民政府牵头主办，活动扩大到十多个分会场，成为深圳珠宝行业的一张靓丽名片。金丽中心作为主要承办单位，联合各大珠宝交易平台、携手珠宝企业与市民互动，举办了“珠宝知识讲座”、“精品珠宝展示”、“珠宝免费检验检测”、“时尚潮流发布”、“时尚珠宝之夜”等系列活动，为宣传珠宝行业发挥了积极的作用。金丽中心作为深圳文博会的分会场之一，举办了“精美珠宝来就送”、“采购有礼”、“行业图书联展”等活动，以弘扬珠宝文化为重点，精彩纷呈。

截至2009年，金丽中心“金杜鹃”在珠宝行业首推的融资担保服务为周大生珠宝、TTF珠宝提供了1亿元融资担保项目，为珠宝企业的发展提供了资金保障。

金丽中心今后将在宣传推广和品牌组合等方面下工夫，在服务模式上不断创新，加强与社会各界的沟通协作，共同创造珠宝行业的美好明天！

其他重要专业珠宝市场

华东国际珠宝城位于浙江省诸暨市，于2008年开业，总面积约16万平方米，入驻商户1000多家，经营品种齐全，主要以珍珠原料和珍珠首饰为特色。

苏州中国珍珠宝石城于1995年开业，总面积10万平方米，现有商户近500家，经营品种齐全，以珍珠原料与珍珠首饰为特色，是一家集批发零售为一体的专业珠宝市场。

昆明世代景星珠宝城于2006年开业，总面积5100平方米，入驻商户250余家，主要经营翡翠，是一家集批发零售为一体的专业珠宝市场。

天雅古玩城位于北京，于2007年开业，总面积4.5万平方米，古玩经营商家680余户，主要经营玉石、奇石、古玩和字画，是一家以零售为主的专业市场。

北京古玩城成立于1989年，总面积2.6万平方米，现有商户600余家，主要经营古玩、玉石和奇石，是一家以零售为主的市场。

北京国际珠宝交易中心于1998年开业，总面积2.2万平方米，商户300多家，经营品种齐全，主要以翡翠玉石为主，是一家以零售为主的专业珠宝市场。

北京五寰珠宝市场于1994年开业，总面积2500平方米，商户近100家，经营品种齐全，是一家集批发零售为一体的专业珠宝市场。

北京万特国际珠宝交易中心成立于2009年，总面积3万平方米，商户300多家，经营品种齐全，是一家集批发零售为一体的专业珠宝市场。

北京官园珠宝城于2006年开业，总面积5000平方米，现有商户近100家，主要经营和田玉、翡翠等玉石，是一家以零售为主的专业珠宝市场。

北京爱家国际收藏品交流市场于2004年开业，总面积3万平方米，商户1000多家，主要经营玉石、奇石、古玩和字画，是一家以零售为主的专业市场。

三联水晶玉石文化村位于深圳布吉，以玉石和水晶的设计制作及销售为主，已拥有近300家加工厂和260多家销售门店，是一家集生产批发为一体的专业珠宝市场。

中港国际珠宝交易中心位于深圳市福田区，于2002年开业，总面积8000平方米，现有商户近100家，是一家经营品种齐全的专业珠宝市场。

二、浅析北京专业珠宝市场

赵建强

北京有着特殊的历史、文化氛围，无数奇珍异宝遍藏民间，随之带动的便是京城百姓对于珠宝玉石的热爱。市场交易日渐兴盛，形成今天数量众多的专业珠宝市场。从20世纪90年代的五寰珠宝市场、珠宝一厅到新开业的万特珠宝城等，以西单、新街口、潘家园等主要市场聚集区为主，北京已经有大大小小20余个专业珠宝市场。

1．专业珠宝市场基本情况

1.1 西四、西单商圈

从西四步行十多分钟，便能到达西单商业圈，这里一路走来，遍是装修豪华的婚纱影楼，珠宝与婚庆很好地结合在一起，也便在短短的距离内云集了三个大型的专业珠宝市场——珠宝一厅、恩得珠宝城、羊肉胡同珠宝交易中心，以及胡同里大大小小的珠宝加工作坊。

（1）羊肉胡同珠宝交易中心

2004年由原来的乐园饭店改建而成，一层作为珠宝营业区，营业面积约1000多平方米，其整体颜色以深色调为主，给人一种古色古香的感觉。别看这里只有20余家商户，但是古朴典雅的装修，亮丽大方的环境，给人一种华丽感和厚重感，与珠宝的美感很好结合在一起。

这里的商户多是以经营翡翠为主，摆放在商家柜台里的翡翠高中低档都有，以中档货品为主，部分翡翠商户兼顾批发与零售。市场内销售钻石以裸钻为主，每一粒钻石都配有证书，以国外证书为主。顾客在选好裸钻后，可以就近到市场后门的羊肉胡同内找一个加工作坊挑选款式，进行加工。与商场的钻石饰品相比，价格实惠、款式随心。除此之外，和田玉、祖母绿、水晶等也都有专营或混搭经营。

这里商户较为固定，都是以前胡同里的老商户，他们都培养了一批固定的老客户，维系了羊肉胡同珠宝商圈的日常经营。虽然商户的整体数量少，但节约了顾客挑选的时间成本，反而容易促成交易，这里商户基本都“吃得饱”。也许这正是小、快、灵的生动体现。

出交易中心后门就是赫赫有名的羊肉胡同，这里是京城珠宝业的发源地，现在胡同左右两侧大大小小约有30余家门面，大部分商户都是前店后场，多数是钻石、彩宝、翡翠混搭经营，这里也形成了北京最具规模的珠宝加工作坊聚集地，京城的其他珠宝市场的商户、顾客以及许多老百姓都会慕名而来加工各式各样的珠宝饰品。

（2）恩得珠宝城

与羊肉胡同东口仅一街之隔的恩得珠宝城，2004年由一所超市改建而成，分上下两层，共80余家商户，整体营业面积约4000平方米。一层有一个翡翠专营区，约20余家翡翠专营店集中于此批发、零售，各种高中低档的翡翠饰品基本能满足大多数普通消费者的需求。此外一层大厅内5家销售钻石的商户也小有规模。一层的福建六六福公司经营规模相对较大，主要从事K金、黄金、铂金、钯金、银饰、翡翠等的批发，偶尔也会零售，其顾客群主要面向北京、陕西、山西、河北、内蒙古、河南等省市自治区。

二层的30余家商户中，翡翠、和田玉、水晶、玛瑙、银饰等都有，规模整体偏小，不过寿山石销售是这里的一个特色，五、六个专营商户中，摆放着雕工精美的大大小小寿山石摆件，整体档次不算太高，产品以数千元价位为主。当然，如果你懂行或者有诚意的话，也许能见老板手中的珍贵品种——田黄。二层环岛位置也有一些空位，这些都是经济实力相对较弱的小商家，在经营无法为计时选择搬走或退出这一行业，也属于正常的优胜劣汰。

恩得珠宝城一直以来经营都算不错，但是2009年上半年，新街口的万特珠宝城开业，还是或多或少对其造成了一定的影响，不过对于已经培养出老顾客的商家来说，这并不是问题。因为珠宝城的董事长是福建人，因此恩得珠宝城的经营商户也多是福建籍商人，大家互相照应，一起做生意挣钱。

（3）珠宝一厅

位于西单109婚庆大楼的三层。珠宝一厅历经数次搬迁，最终落脚在这里。大楼一、二层都是婚纱专卖。三层的珠宝一厅营业面积约5300平方米，主要商户约130余家。

因为婚庆的因素，钻石销售成了这里的一大特色，32家钻石专营店在这里经营，其中有个别品牌拥有两家分店，其他还有一部分商户也兼营钻石饰品。除主要的钻石、翡翠外，还有一些彩宝批发、祖母绿、软玉、玛瑙的商户；其中走访两家有特许经营证的珊瑚专卖店，发现其上万元的高档珊瑚销售还不错；另外有大约五、六个首饰加工作坊坐落在市场的角落里。

这里的钻石销售有这样的特点：年轻的消费者在此购买钻石之前，大部分都会先在网上进行比较、选择，由于网络的销售成本低，价格都会低于市场价很多。而来到一厅则会以网上的标准和价格选择钻石，逐渐压低了钻石的销售价格；另外这里的钻石鉴定证书基本都是国外证书。市场内因为钻石商家众多，相互之间构成了巨大的竞争压力，价格战就在所难免，顾客也因此买到最低价的钻石。久而久之，钻石价格透明，利润降低。

除钻石外，翡翠是这里的主要品种，产品高中低档都有，因此市场内有经营红火的，也不乏生意冷清的。商户众多、产品同质化、价格战都是造成这种现状的原因。

1.2 新街口商圈

毫无疑问，是五寰珠宝市场带火了这里的珠宝销售，买珠宝的人，大多知道新街口的五寰，因此借助它的人气，珠宝市场逐渐增多，希福新阳、华福新阳，还有今年新开张并且装修豪华的万特。

（1）万特珠宝商场

2009年3月开业的万特珠宝城，位于西城区新街口北大街57号，地理位置优越，相邻有新华百货、天美时尚购物中心等大小商场十多家。万特内部档次较高，硬件设施可以说是京城珠宝市场中最好的。营业面积从地下一层至三层达1.4万平方米，商户约270余家，如果四层全部营业的话将达1.7万平方米。

万特的珠宝销售基本按层次分类：地下一层基本都是银饰，规模较大，也有多种多样的银质器皿；一层主要是一些大品牌的贵金属批发、零售，购买金饰在这里是不错的选择；二层、三层基本都是翡翠、和田玉、水晶、钻饰等品种的中小店铺，翡翠商铺数量最多，有老牌子的高档店铺，也有刚入行的新手，从几百几千元到几十万甚至上百万元的产品都有，也许是由于新开张的原因，客流量相对较小，生意有些冷清；四楼是中金黄金在北京的旗舰店。可以说万特内的珠宝品种是相当丰富的，基本可以满足顾客的各种消费需求。

万特开业定位比较高，以高档的商场形式起步，软硬件设施良好，对京城其他珠宝市场造成了一定的冲击。一楼的贵金属批发是其最大的亮点，人气较旺，是目前京城最大的贵金属批发集散地。经过观察，一楼人气旺，但二楼三楼则比较冷清。万特珠宝商场紧邻积水潭地铁站，地理位置优越，伴随其附近形成的购物商圈，如果定位准确、成功经营，将来一定会占据京城珠宝界重要的一席之地。

（2）五寰珠宝市场

五寰珠宝市场位于新街口南大街，是北京老牌子的专业珠宝市场。1994年开业之初就坐落于此，从未搬迁，如果讲品牌的话，它大概可以算京城老字号了。现在的五寰进行了改扩建，营业面积有所增加，达到了2500平方米左右，商户达88家，金银首饰、钻石、翡翠、和田玉、珍珠、各种彩宝等商品都能在这里批发、零售。今天的五寰珠宝市场仍然是京城专业珠宝市场的一个象征。

市场内部分商铺也进行了细致的装修，包括中国名牌钻之韵的直营店、千禧之星的代理销售以及福建华昌首饰的北京分公司。市场内批发、零售、加工一条龙服务，首饰种类全、价格合适、服务好，仍然深得顾客的青睐。这里最大优势是品牌底蕴深厚，多年的积累无人可比，业内人士讲起五寰珠宝市场真是无人不知。

但是，应该看到近几年北京专业珠宝市场逐渐增多，竞争日益增强，尤其是2009年万特开业

之后，对五寰珠宝市场的经营环境产生了较大冲击，甚至有部分商户的流失。如何保持自己的优势，持续发展，这是五寰面临的课题。

（3）希福新阳、华福新阳

两个珠宝市场位于五寰珠宝市场对面，处于新街口珠宝商圈的核心地带，又互相紧邻，同业经营，可以说是同胞兄弟。希福新阳营业面积1200平方米，华福新阳营业面积1400平方米，整体加起来约2600平方米，商户总共80余家。依然是翡翠为主，也有近20余家的钻饰商户，另有贵金属批发、琥珀专营、银饰批发、水晶零售等店铺。国家珠宝玉石质量监督检验中心在希福新阳四楼设有检测机构是这里的一大优势。

开业之初，贵金属批发是这两个市场的亮点，但是万特的开张也吸引了部分商户的迁移。目前这里最大优势是地理位置，与五寰市场及其周围的大小临街商户形成最密集的新街口南大街珠宝商圈，从贵金属、钻石、彩宝、翡翠、银饰的批发、零售、加工，在这个商圈内都可以解决。

但是这里没有鲜明的品牌优势，自身特点不突出，在竞争激烈的市场中如何发展需要规划和定位。

1.3 潘家园商圈

这里本是旧货云集、真假难辨的大地摊。每到周末，南来北往、熙熙攘攘的人群不断地交易着古玩、字画、瓷器等，先辈们留下的宝贝里，自然少不了珠宝玉石，于是，珠宝业在这里也渐渐兴了起来，并成了气候。

（1）潘家园旧货市场

对于珠宝来讲，这里是个特殊的市场，大家是来这里淘宝的，包括许多新奇玩意儿，它更像一个民间博物馆，吸引着中外游客。

珠宝在这里只是很少一部分，固定珠宝摊位大约有26家，翡翠、琥珀、水晶、珊瑚、绿松石、寿山石、和田玉都有。由于这里是比较出名的大型旧货市场，并且只有周末才有交易，因此在交易的日子里许多中外游客都慕名而来，大多商户普遍都称经营不错。

（2）北京古玩城

北京古玩城目前是亚洲最大的古玩艺术品交易中心，总建筑面积约26,000平方米，包括600余家文物公司、古玩经销商等。这里主要经营古玩杂项、古典家具、古旧陶瓷、名人字画及珠宝玉石等。

珠宝在这里只是一部分，经了解珠宝首饰共有经营商户77家，其中包括翡翠、和田玉、寿山石、水晶等。由于古玩的原因，业内玩家对这里比较熟悉和青睐，因此经营状况基本良好，当然也带动了珠宝的销售。经销商对于经营状况也比较满意，如果喜欢古玩、字画、珠宝等，大家可以去看看，一定会有收获。

（3）天雅古玩城

天雅古玩城坐落于北京潘家园古玩商圈，同北京古玩城的定位基本相同，各种商家670余户，总建筑面积45,000平方米，共有九层，其一至三层以经营珠宝玉石为主，营业面积约15,000平方米，共有经营商户70余家，主要经营翡翠、和田玉、寿山石等珠宝品种，国家珠宝玉石质量监督检验中心在九层设置了珠宝咨询检测服务点。

在了解中很多商户称经营状况并不是很好，消费者数量较少，有相当一部分商铺处于空置状态。多数商铺尚未积累足够客源，靠临时客源并不容易使商户的中高端玉石类产品得到顾客青睐，商品销售有一定困难。天雅古玩城商品整体档次较好，应该以玉石为经营特色和文化定位，确定今后的发展方向。

1.4 珍珠商圈

这里的名气相当不小，主要是红桥市场接待过许多的外国元首、国际名人，皆因那美丽的珍珠，让他们与这里结缘。当然，有存在，就有竞争，天雅红桥的存在，能让这里成为名副其实的珍珠商业圈。

（1）红桥市场

大名鼎鼎的红桥市场别说在中国，就是在世界范围内都是知名的。这里是华北最大的珍珠集散地，地上五层，地下三层，总建筑面积3.2万平方米，三至五层都是以珍珠及其工艺品为主，营业面积约2000平方米，经销商户达200余家。

红桥市场内的珍珠产品不仅吸引着全国的客户，也同样吸引着许多外国朋友及世界各国政要，来华访问的许多外国首脑及其夫人都会在这里留下足迹，并把中国美丽的珍珠产品带回国内。2008年红桥市场全部销售额估算为4亿元。受经济危机影响，外国来购物的消费者减少了60%～70%，国内消费者并没有减少，相反还有增多。在商户方面，高档珍珠客源有所减少，中低档珍珠相对影响较小，但因珍珠产地价格有所抬头，商家利润越做越薄。

作为“京城珍珠第一家”的红桥市场，虽然受到金融危机影响，但从长远来看珍珠市场是大有前途的。

（2）天雅红桥市场

在此经营的珠宝商户主要以珍珠为主，大部分经营都比较稳定，约60余家，其中芳华珍珠应该是知名度最高的，其珍珠产品非常丰富，批发与零售兼营，也有一小部分经营不太稳定的散户小摊位时有更替。市场近期正在调整经营模式，希望在维持目前态势的情况下，做到更加有序、规范、稳定。

1.5 其他珠宝市场

这些市场相对独立一些，优越的地理位置、成熟的商业片区，让他们的生存、发展得到了很

好的哺育。

（1）官园珠宝城

官园珠宝城位于官园桥畔北京西二环路与车公庄大街交汇处，紧邻地铁2号线车公庄站出口，又遥望金融街，位置得天独厚。

进入市场内，一层并没有商户，业主方很好地利用一层大厅的优越位置，经常举办一些小型展览，如翡翠、和田玉、寿山石、鸡血石等展览来吸引百姓的参观，也提升了自己的人气。商户都在二楼、三楼，大约有100余户，其中专营软玉42家，占总数量的40%左右，因此软玉在这里形成了相当的规模，所销售产品中相当一部分档次都比较高。其他商户中依然还是翡翠为主，整体来讲档次中等，也不乏一些贵重珠宝。还有一些有寿山石、水晶、象牙等品种。

官园珠宝城最大的特点在于它成规模的软玉销售：商户数量多、产品档次高、业内认知度也大，在拜访珠宝城老总的时候，他曾开玩笑地说："如果官园珠宝城的白玉规模继续发展下去，达到一定的规模后，可以把珠宝城改名为'白玉城'了"。这也从另一个侧面反映出官园珠宝城在软玉销售方面的优势。

另外官园珠宝城的管理层注重品牌的培养，用很大精力致力于品牌的建设，如果这样良性地发展下去，不断提高这里的品牌效应和口碑，一定会取得不俗的成绩。

（2）北京国际珠宝交易中心

坐落于北四环的北京国际珠宝交易中心在京城的珠宝市场中也是大名鼎鼎，圈内人都称为小营珠宝城，成立于1998年，在当时来讲算是高档的，发展到今天，其品牌效应已经非常明显。

这里的整体建筑面积约22,000多平方米，一至三层为珠宝经营，共有商户200余家，其中翡翠最多，达130多家，其他有软玉、水晶、寿山石以及部分彩宝等。

由于2009年金融危机的影响和激烈的市场竞争，小营珠宝城的生意整体来讲比较一般，下半年略好，但经营状况提升也并不明显，翡翠作为市场的主要经营种类，基本都是靠老客户来维持经营。市场内不乏贵重的珠宝商品，如标价几十万元的翡翠等，但这些产品恐怕难得遇到真正的买主，依然还是一些价位相对比较低的产品比较好卖，像经营水晶和琥珀这些价格相对较低的经营商家称，由于价位适中，商品又比较精致美观，销量一直比较稳定。

（3）爱家收藏品市场

爱家收藏品市场的建筑面积很大，约2.5万平方米，在主楼的两层营业厅里，珠宝玉石、古玩字画、古典家具、民俗工艺等一应俱全，这样的风格与潘家园古玩珠宝混合的情况有些类似。其中珠宝商户约200多家，有翡翠、和田玉、珊瑚、水晶、琥珀等。

圈内人几乎都知道爱家，但是来这里买珠宝的客流较为一般。金融危机之后，这里客流有所减少，商户的日子也更难过。二楼有些商户的销售人员说，有时甚至摊位费都挣不出，而一楼的商户表示每月也就保证摊位费。这基本体现了市场的基本情况。

（4）三利得珠宝城

坐落于北京东四十字路口，地理位置是十分优越的。然而其经营状况非常不理想。市场内经营商户很少，只有不到20家，也多是经营一些翡翠产品，相当一部分铺位是空置的。因为规模较小，因此这里的客流也较少，多数商铺都靠老客户来维持生意。有商铺反应：商场宣传少、消费者对珠宝城认知不高是症结之一。

2. 专业珠宝市场详细分析

根据初步统计，北京16个专业市场经营面积约11万平方米，经营商户约1700余家。其中翡翠商户占据绝大部分，97家钻饰为专营店，并未将部分兼营钻石商户计算在内。统计表中也大致统

表4-3-1 珠宝市场内部商户统计表 （单位：平方米、家）

市场名称	营业面积	商家	翡翠	钻石	和田玉	贵金属批发
羊肉胡同珠宝交易中心	1000	21	12	3	2	
恩得珠宝城	4000	77	55	5	10	3
西单珠宝一厅	5300	133	100	32		
万特珠宝商场	17,000	270	150	20	30	18
五寰珠宝市场	2500	88	28	12		
华福新阳	1400	40	20	10		
希福新阳	1200	36	15	7		
官园珠宝城	5000	100	40		42	
北京国际珠宝交易中心	22,000	224	137	8	37	
北京古玩城	11,000	77	23		45	
天雅古玩城	15,000	74	22		37	
天雅红桥市场	3000	62				
红桥市场	2000	200				
三利德珠宝城	2400	16	10			
爱家收藏品市场	25,000	215	72		66	
潘家园旧货市场	1000	26	7		3	

计了专营和田玉商铺，部分市场内数量极少或混合经营和田玉未做统计。贵金属批发相对比较集中，大部分市场没有，未做总数统计。其他品种数量、规模、分布有限，未做具体统计。

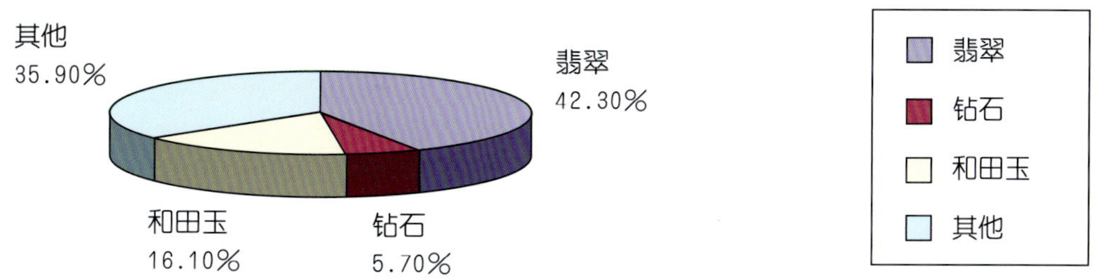

图4-3-1　北京专业珠宝市场经营品种分析图

分析图的数据以珠宝市场内部商户统计表的相关数据作为依据。由于北京专业珠宝市场内以翡翠、钻饰、和田玉三大类居多，故将其作了具体的比列分析，而贵金属、彩色宝石、有机宝石、其他各类玉石等相对分散、混杂，便统一归为其他类别。

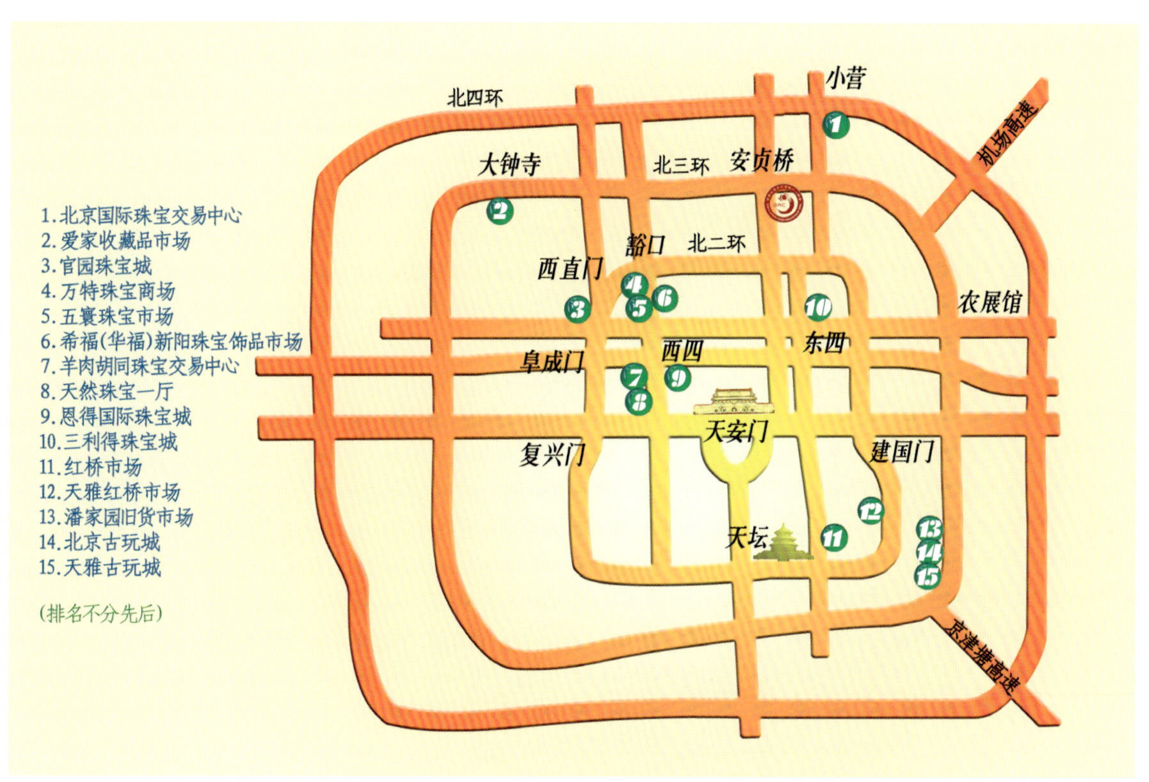

图4-3-2　专业珠宝市场地理位置示意图

3. 对专业珠宝市场存在问题的思考

北京居民对珠宝首饰的喜爱及巨大的购买能力，造就了京城专业珠宝市场的繁荣，但繁荣的背后仍然隐藏着一些问题和弊端。

一是专业珠宝市场处于结构性的饱和状态。从90年代初仅有的羊肉胡同和五寰珠宝市场，到今天的十多个市场，再加上即将开业的钻石城，北京的专业珠宝市场数量在不到20年的时间里增加了近10倍。这其中有我国经济发展势头良好，居民富裕，需求旺盛的原因，但也存在盲目跟风、过度投资的现象。专业珠宝市场过快增加，加上结构性的不合理，导致竞争加剧，利润降低，因此部分市场不景气甚至关闭将不可避免。

二是经营产品同质化严重，缺乏差异性。面对竞争激烈的珠宝市场，专业珠宝市场也要有自己的定位和特点，经营要有差异化，而不是大而全才好。珠宝专业市场的品牌化和特色化的准确定位能对其发展起到决定性的作用。

三是裸钻证书问题严重。造成这种状况的原因是国外鉴定证书只按照各自的标准执行，所以同一颗钻石会出现不同的级别。而我国的《钻石分级》国家标准是国内各检测机构唯一承认的钻石分级标准。这造成了国外证书和我国的钻石鉴定证书在4C级别上存在差别。由于钻石的价格与4C级别密切相关，而这样的差异实际使很多消费者在经济上蒙受损失。

面对上述问题，一是要充分发挥行业协会自律监督作用，引导专业珠宝市场的健康发展，建立有序的经营秩序。在这方面，2008年中宝协组织的北京专业珠宝市场“保真销售”联盟单位就起到了积极的示范作用。其次，市场的经营者要不断提高自身的经营管理水平，做好珠宝专业市场的整体规划和定位，走差异化的道路，以质取胜。再次，要净化国内钻石鉴定证书市场，正确引导消费者了解国内钻石分级标准，保护消费者利益。

北京的专业珠宝市场在逐渐的发展过程中，也经历着优胜劣汰的市场考验，相信在不断提高品质、优化经营的前提下，北京的专业珠宝市场一定会走得更好。

蓬勃发展的珠宝电子商务行业

刘建华　江中杰

1. 珠宝电子商务兴起的背景

1.1 电子商务：珠宝行业发展的新浪潮

随着我国互联网基础设施的完善、支付与信用体系的逐步成熟，中国电子商务市场正在迅猛发展。据中国互联网信息中心统计，截至2009年6月，中国互联网人数达3.38亿，已经超过了美国的总人口数，中国网民规模也跃居世界第一位。截至2009年6月，我国规模以上电子商务网站总量已经达12282家。特别是自2008年以来，呈现出高速增长，乃至井喷之势。同时，中国网购用户的规模已经突破了1亿人。

随着市场的成熟，网购市场的交易额正呈快速上升趋势，仅2009年上半年，中国网络购物市场规模突破千亿元，达到1034.6亿，同比2008年上半年高速增长94.8%，环比2008下半年增长37.8%。

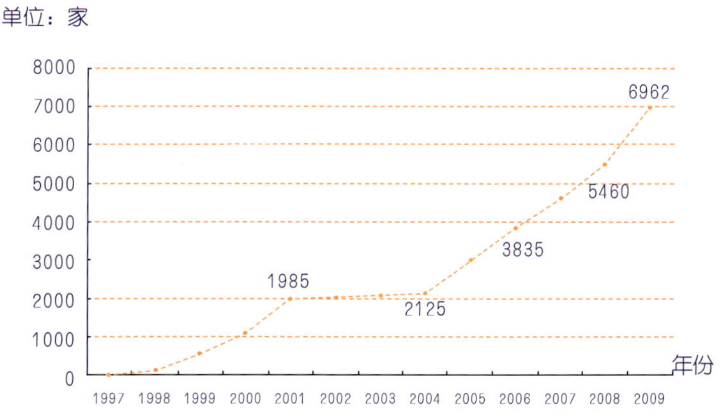

图4－4－1　1997～2009：B2C、C2C电子商务服务企业数量增长图

全国4300多万家中小企业中，绝大多数企业都在努力搭上电子商务的大潮，以求在这个至关重要的新战场上立于不败之地。快速成长的中国珠宝业也不例外。珠宝电子商务具有以下方面的比较优势：①成本优势。由于珠宝电子商务的模式不存在或较少实体店面成本，很少甚至没有库存成本，所以可以最大程度地降低人力资金的投入和耗费，因此其产品在价格上具有一定的优势。②突破了时空的限制。珠宝电子商务彻底改变了传统的买卖双方面对面的交易方式，也打破了旧有工作经营模式坐店经营、按点上下班所带来的地理区域和时间的限制。它通过Internet使企业面对整个世界，直接接触成千上万的新用户，为用户提供每周7天、每天24小时的服务，从而接触更多的潜在用户，抓住新的商业机会。具体的说，它能使用户在任何时间、足不出户可以享受任何地方的企业产品送到家的服务。③传递产品信息更丰富、更快捷、更及时。由

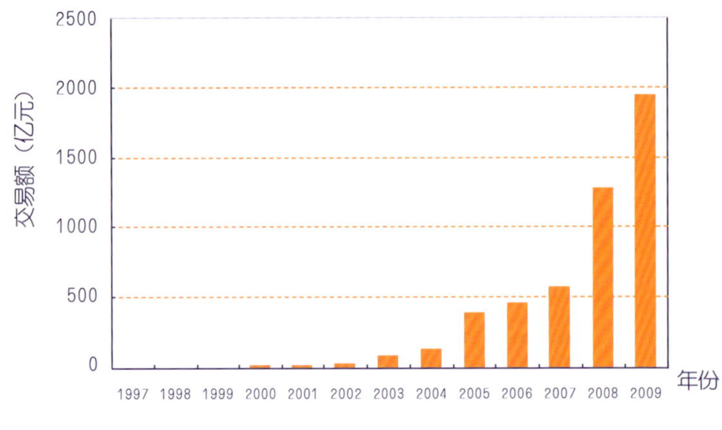

图4－4－2　1997～2009：网购在线交易增长图

于可以在网页里及时提供详尽的产品信息并不断更新，因而珠宝电子商务模式在传递产品信息方面能做到更丰富、更快捷、更及时，便于消费者更好地选择。

除此之外，中国珠宝电子商务还有着自己独有的优势。中国拥有世界上最大的网民群体，潜在的消费能力巨大。中国B2C发展外部环境日趋成熟。上网人数、网上支付手段、物流配送、B2C技术及运营管理水平自2006年以后有明显提升或改进。

目前的珠宝电子商务中,钻石是绝对的主力产品。由于上述优势的存在，再加上钻石具备国际通用的4C标准，能迎合网络购物对产品标准化的需求特性。因此，钻石电子商务被中国业界广泛看好。同时，鉴于钻石在中国珠宝网络营销中的绝对地位，本文也以钻石为例，解剖珠宝产品网络营销的各个方面。

1.2 珠宝电子商务的发展历史及现状

1984年，全球第一家钻石网络销售公司Polygon公司成立，拉开了钻石网络营销的序幕。之后，特别在20世纪90年代末，涌现出一批具有钻石在线销售的公司，其中代表性的有Bluenile.com（蓝色尼罗河）公司、Bidz公司等。钻石产品的在线销售绕开了中间商，避免了昂贵的店面租金，从而大幅度地降低了成本，比较传统店铺而言，实实在在的价格优惠吸引了众多的消费者的眼球。

钻石网络营销发展的一个重要里程碑是蓝色尼罗河的迅猛崛起。这家公司于2004年上市，给美国近千家的中小珠宝零售企业带来严重的冲击。该公司上市当年的销售额是1.69亿美元。2005年突破2亿美元，2006年达到2.5亿美元，其中约90%销售额都来自钻石的销售。到2007年，蓝色尼罗河3.2亿美元的销售额远远超过了其最大的几家竞争对手——Polygon，以及Cartier和Tiffany等老牌珠宝公司。这不得不说是一个奇迹，也预示着钻石类电子商务的巨大潜力。

表4－4－1对蓝色尼罗河的财务分析，揭示了这种纯网络营销模式成功的重要原因：低库存，无实体投资，以“薄利多销”方式实现资金高效周转。2007年，其总资产周转率约为2倍，如果去除账面现金，“实际”资产周转率约为4倍，存货周转率高达16倍。因此，虽然其5.5%的净利率

低于传统珠宝商，投资收益水平却远远高出传统珠宝商。

并非只有蓝色尼罗河在国外网络钻石行业一枝独秀。成熟的互联网基础设施、普及度和信任体制使得美国消费者普遍接受通过网络购买昂贵的钻石及其饰品。事实上，钻石及相关珠宝的网络营销一直是欧美网络购物中增长最快的商品类别，2008年美国珠宝的网络销售额为26亿美元，占当年珠宝销售额的4.3%，而同期，处于探索期的中国的珠宝网络销售额不到行业总额的0.7%。

表4–4–1　蓝色尼罗河的财务特征与传统钻石零售商迥异

（单位：千美元）

	蓝色尼罗河	哈里·温斯顿
现金与现金等价物	122,793	49,628
存货	20,906	322,228
固定资产	7,601	548,827
总资产	160,586	1,493,948
所有者权益	63,477	571,662
收入	319,264	679,307
净利润	17,459	106,578
毛利率	20.4%	54.2%
净利率	5.5%	15.7%
总资产收益率	10.9%	7.1%
净资产收益率	27.5%	18.6%

（资料来源：公司财报/2007年）

2. 中国珠宝（钻石）电子商务的模式与特点

2.1 中国珠宝（钻石）电子商务发展概述

国内钻石电子商务已经历了近十年的发展，大致可分三个阶段：

（1）2003年之前，国内钻石电子商务的萌芽期

从2０世纪90年代末到2003年，是中国钻石网络营销的萌芽期，开通电子商务业务较早的网站主要有八佰拜、21世纪和优雅网等钻石网络营销网站。这段时期的钻石网站主要是受国外网站的影响而建立起来的。电子支付问题成为这段时期制约国内钻石网络营销发展的“瓶颈”。此外，由于当时国内的电脑普及程度不高和上网速度的限制，加上大众消费者对“网上购物”的认知和接受程度不够，以及诚信体制建设、货源供应、物流和售后服务等环节的薄弱，使国内钻石网络营销面临着诸多的挑战。

（2）2004～2006年，是中国钻石电子商务的探索期

2004年美国的Bluenile在纳斯达克上市，宣告了钻石电子商务模式的成功，也给中国钻石网络营销界指明了方向。在这段时期，易趣和淘宝的出现降低了C2C类电子商务的门槛，吸引了大量的用户参与进来，珠宝产品成为C2C类拍卖网站的热销产品。如钻石小鸟在此期间即开始了尝试钻石网络销售的进程。另外，随着银联支付和支付宝等支付手段的出现，对电子商务的发展起到了巨大的推动作用。传统珠宝企业也纷纷建立了自己的专业网站。钻石网络营销市场开始进行细分，各类珠宝商品在电子商务网站被分门别类，钻石电子商务公司提供裸钻选购和DIY个性定做业务。但由于支付体系尚未完全成熟，大额的钻石和珠宝交易难有充分的信任基础来实现网购。

(3) 2007年以后，国内钻石电子商务随着风险资本介入而进入爆发式成长期

除了新兴的以网络技术起家的钻石电子商务团队，几乎所有的传统钻饰企业都开始密切关注钻石网络营销，并且陆续尝试不同形式的“触网”。多数企业建立了自己的配套网站，同时，相当数量的企业则使用新的品牌、或投资第三方网络创业团队，以求在网购浪潮中占领一席之地。而风险资本的介入，最终使得国内钻石网络营销开始突飞猛进。表4－4－2列举钻石网络营销中具有代表性的几家公司融资情况。据我们了解，其中部分企业已进入第二或第三轮融资阶段。多数钻石电子商务网站都有不同程度的天使资本或风险资本介入，或以传统珠宝商作为依托。

表4－4－2　中国在线钻石零售业投资事件一览

融资企业	融资时间	融资金额	投资方
钻石小鸟	2007年5月	500万美元	今日资本
	2008年10月	1亿元人民币	今日资本、联创策源
九钻网	2007年8月	—	何伯权等人
	2008年2月	1000万美元	KPCB、RAPARPORT等
珂兰钻石网	2008年1月	300万美元	美国某上市公司
戴维尼	2007年1月	1200万美元	周大生、光速创业

我们对钻石小鸟、九钻、戴维尼、珂兰四家国内钻石网站与美国的蓝色尼罗河网站在2008年奥运会前至年底的日均独立IP访问量做了跟踪比较，可以发现，这四家国内较有影响力的网站都是在北京2008年奥运会前后跃入全球互联网访问量前10万名行列的。蓝色尼罗河等美国主流钻石网站的访问量排名一般稳定在第1万至10万名之间。而中国的这几家网钻新锐则突飞猛进，客户群迅速发展，其中，在2008年10月份获得今日资本等第二轮亿元投资的钻石小鸟，则一度突破1万名以内。钻石小鸟2008年销售额已逾亿元，九钻、戴维尼、珂兰等也都达到至少千万元以上销售。值得注意的是，蓝色尼罗河2008年在金融危机的情况下，纯网络销售额仍然达到近3亿美元。相比之下，对国内网钻企业而言，一方面可谓“路漫漫其修远兮”，一方面更意味着一个巨大的成长空间。

2.2 中国特色的珠宝（钻石）电子商务运营模式

根据我们对全国珠宝互联网长期以来的跟踪统计，截至2009年12月份，我国专业钻石直销网站已逾250家，且多家网站的月销售额已突破百万元。作为领头羊的钻石小鸟、珂兰、九钻等企业，则已经或即将进入亿元年销售额的行列。与不少其他领域的电子商务企业相比，中国网钻企业并没有生搬硬套蓝色尼罗河的成功模式，而是从一开始就发挥了充分的智慧，根据中国市场特

点而采取相应模式进行执著的探索。其中，不论有无配合实体店面，如何解决诚信问题始终是中国钻石网购企业关注的重点。

（1）纯电子商务模式公司

创立于2005年的戴维尼是这一模式的典型代表。戴维尼通过借鉴BlueNile.com的成功经验，坚持以纯电子商务模式销售钻石；并创造性地联手银行，通过“企业(Business)＋银行(Bank)”将产品销售给客户(Customer)，创建了B2C虚拟网络经济中“BBC”的成功模式：所有戴维尼钻石珠宝产品，均由中国工商银行、招商银行等提供免息、免手续费的分期付款，通过“BBC”模式解决网络信用瓶颈。

（2）电子商务＋体验店模式公司

典型的代表包括上海的钻石小鸟，北京的珂兰、闪烁珠宝等。在短短几年内，这儿家年轻的企业使用鼠标加水泥的电子商务模式，创造了新的电子商务神话。但事实上，租金成本低于传统店面的写字楼体验店是它们发展的根本所在。它们的大部分营业额是来源于线下体验店，排除第三方在线渠道如网银信用卡商城，以及淘宝、红孩子等网络购物商城以后，它们自身的网站实际成交量相当有限；网站实质上起到了品牌互动与导购的目的。其次，钻石小鸟等在自身网站的投入远远不及其在体验店上的投入。再者，多数网钻企业在每个城市只设一家位于高端写字楼上的体验店，这种模式大大节省了传统门店的费用，又最大程度地确保消费者的完美体验，是对蓝色尼罗河模式本地化的大胆实践，并迅速被同行业仿效。

因此，从实质上看，这是以电子商务模式拉动经改进过的传统渠道，以具有良好用户体验的网站营销达到导购目的。这种模式目前已经是国内网钻行业的主流模式。

（3）其他创新模式

与钻石小鸟略有不同，九钻使用了网店＋体验店＋实体店的模式，力求将营销触角从多个渠道达到目标客户。 依托着全国150多座城市200多家实体店的爱迪尔珠宝网上商城，则首创以“货到付款+同城售后+全场免费送货”的网购模式，力求从多方面资源结合，以在最大程度上克服消费者在珠宝网购中面临的诚信疑惑。另外，还有部分新兴钻饰品牌，直接避开对自身独立网站的投入，而大力借用银行信用卡网上商城、卓越网、红孩子等第三方渠道打开网络销售出口。

3．中国珠宝（钻石）电子商务行业面临的机遇与挑战

欧美、日本的女性人均首饰品佩戴率均达到60%以上，而中国在2008年只有7%。同时，欧美国家通过网络购买首饰率在2008年达4.3%，并以每年20%均速增长，而中国在2008年网购率约为0.67%。仅蓝色尼罗河一家网站在2008年近3亿美元的销售额，即已大大超越中国前十名网钻同行的销售额总和。但这样的差距正在以与中国经济增长同等规模的速度缩小。据我们统计，2008年

中国以钻石为主的珠宝首饰的网购总额为12亿元。2009年，网购总额为15亿元，同比增长20%。预计到2012年将激增到100亿元以上。从图可看出，传统珠宝产业在未来10年增势逐渐趋缓，而网络购钻或通过网络促成导购将是一个迅猛的增长点。谁能把握住钻石网购的空前机遇，决定了未来的行业赢家。

陪伴巨大机遇左右的是挑战。目前中国网络钻石行业的发展面临着以下几个重要的挑战：

——消费者对网络品牌的信任度不够高，对于在互联网上为价值数千乃至数万元的产品买单仍然心存疑虑。

——消费者网络体验不强，大部分网站还处于初级的信息展示阶段，产品展示、UI、UE设计、社区功能、互动方式等鲜有突破，难以反映高端消费品的需求特性，不能够有效地促进消费者网络下单。

——价格之外的竞争优势不明显。目前，几乎所有网钻企业都以价格为唯一竞争武器，缺乏目标客户群的细化及品牌差异化策略。

——对线下体验店或实体店有过于依赖的趋势。出于对信任机制、支付和物流环节等尚不完善的顾虑，多数网钻企业无法摆脱投资配套线下实体店面的压力。而这种趋势带来相应的困扰：部分本应投入于增强线上体验与创新的注意力被迫转移到线下布点；销售触角较难延伸到无线下实体店的城市；过分依赖巨额的资金投入，降低了利润率。

——行业急缺对传统珠宝渠道和网络运营都有深刻了解的高级管理人才。很多投资网钻的传统珠宝企业，则常因运营理念冲突问题而苦恼。

4．2009年中国珠宝（钻石）电子商务的诚信努力

如前所述，消费者对网络品牌的信任度不够高，是目前中国钻石电子商务发展面临的最大挑战，因此，这个问题自然引起包括企业、行业协会在内的多个方面的重视。为此，有关方面做出了很大努力，本文也专为此辟出一章。

2009年，我国珠宝电子商务继续呈现快速增长的态势。尽管如此，我国珠宝电子商务在珠宝交易中所占的比例仍然偏低。目前，电子商务占我国珠宝市场的份额不足10%，而国外成熟市场这一模式所占的比例高达50%。

为促进珠宝电子商务发展，规范珠宝电子商务行为，优化行业资源配置，增强网民消费信心，2009年2月11日，中国珠宝玉石首饰行业协会牵头发起了《珠宝（钻石）电子商务行业自律公约》，并向社会公布。钻石小鸟、九钻、钻界、戴维尼、珂兰等成为《公约》的缔约方。《公约》得到社会各界广泛认可，引起了良好的反响，成功地为消费者和经营企业架起了信心的桥梁。中宝协还专门设立了网络投诉平台，接受消费者的投诉，维护了消费者的合法权益。

为加强珠宝电子商务企业品牌建设和信用建设，同时促进珠宝企业间交流与合作，提高珠宝

电子商务企业运营能力，5月15日，由中国珠宝玉石首饰行业协会主办、钻界网承办的2009中国珠宝电子商务高峰论坛于上海珠宝展期间召开。《公约》的缔约方均参加了会议。会议重点探讨了诚信建设方面的问题。

此外，企业自身也自觉加强诚信建设，并取得了积极的成果。如戴维尼2009年10月获得了“中国电子信息商务应用优秀企业”称号。

珠宝电子商务企业在扩大宣传时，无不将诚信提到相当的高度。2009年5月，九钻、钻石小鸟、钻界等知名电子商务企业参加了上海国际珠宝首饰展览会。这当中，增强消费者的网购信心是企业宣传的重点。

5. 中国珠宝（钻石）网络营销的发展趋势

5.1 以用户体验为核心

全球搜索引擎翘楚“Google”的创始人常将其成功归功于公司的核心理念之一：“以用户为中心，其他一切纷至沓来。”纵观亚马逊、当当网、淘宝等成功的国内外B2C电子商务企业，无一不是秉持着类似的理念，不厌其烦地追逐用户体验上的优化与创新。用户体验包括界面设计、产品展示、用户交互、付款程序、社区体验等等。基于消费者对钻饰这种时尚高端消费品在视觉与情感上的特别需求，钻石及相关饰品网站宜突出其高端的视觉与互动体验，通过社区、用户交互等方式提升用户满意度。比如，基于消费者对高端消费品在视觉冲击上的需求，三维、互动的产品展示，乃至三维店面、柜台的体验已经在过去半年内迅速发展成为一个趋势。我们预计，随着网速等互联网基础设施的提高，这种趋势将会进一步在行业内得到普及。

5.2 着重创意与设计，并以价值和情感的传递为诉求

钻石网络营销企业应注重品牌整合营销，走差异化道路。随着网购竞争的白热化，价格从初期的营销利器变成了同质化的双刃剑，剥夺了企业自身的赢利能力。营销必须从新的层面展开竞争，着重创意与设计，赋予珠宝产品价值和情感成为未来的重点。当消费者有了良好的体验和互动后，能够感受到产品的不同特点，并从中得到了商家提炼并传递出来的与众不同的价值和情感，在这样的层面产生共鸣，那将是最终征服消费者的武器。

而对价值和情感的提炼需要商家对目标人群有比较深入的分析，在此基础上找到提供给目标人群产品的特质，并通过各种渠道把这种以价值和情感为核心的特质传递给消费者。珂兰在2009年情人节推出的“天使之翼”曾经热销一时，在一周之内共卖出两三千件，并引来业内的争相仿效。究其根源，是该款产品独到的设计理念，及其营销策略中的对消费者情感诉求的准确把握。

最重要的是，当品牌为自己的产品加上了设计与情感诉求的“灵魂”之后，方能真正地突破价格战局面。消费者总是愿意为一个符合自己独到需求的产品买单的。

5.3 以扩展网络运营的广度和深度为目标

2009年12月出版的“中国电子商务十二年调查报告”引用有关专家预言：“中国互联网下一个十五年是电子商务的十五年”，认为电子商务正在引发一场“按需定制”的生产模式革命、“线上销售”的销售模式革命、“创业式”的就业模式革命、“货比三家”的消费模式革命、“无领式”的生活模式革命。

网络运营必须从广度和深度上同步进行，所谓广度是指需要对消费者可能接触的所有渠道进行有效覆盖。如门户网站（新浪，网易，搜狐，腾讯的女性频道），专业性网站（55BBS，篱笆网，瑞丽女性网，珠宝类网站），交友婚恋网站（世纪佳缘，珍爱网）等。

所谓深度是指需要挖掘渠道和产品的价值结合点，使消费者不仅看到公司的宣传，而且要对宣传产生有效记忆与粘性。比如和SNS网站合作，将某个礼物命名为“某某钻戒”，和婚恋网站合作赠送“某某项链”，这就需要我们去发现、挖掘与这些网站的合作机会。

整合营销策略，包括SEO（搜索引擎优化），SEM（搜索引擎营销），论坛营销，以及在各类SNS（社交网站）、行业网站、博客、贴吧等渠道策划与执行口碑营销，等等，都将决定钻石网络营销能否获得持久的成功。

总结：真钻之路

根据中国电子商务研究中心的调查，我国B2C、C2C类电子商务网站，分别在“非典”后的2004年、全球规模的金融危机肆虐的2008～2009年，迎来了两次发展高峰。诚然，这与“非典”后网民网购意识的觉醒，以及与金融危机下受网购省钱消费观念的驱使，有着紧密关联。 人们甚至将2008年称为中国珠宝首饰等行业的“电子商务元年”，是不无道理的，正是“危”机的环境蕴育了巨大的新“机”遇。

毫无疑问，我们仍然处于钻石网络营销的早期阶段，正如几年前的网钻萌芽与摸索阶段一样，新的钻石网站将不断产生，而更多的钻石网站将被淘汰。现在还未到判断哪些品牌将在这个大潮中最终胜出的时候，但可以肯定的是，电子商务的发展，必将从前阶段的标准化走向下一阶段的差异化。在标准化阶段，从淘宝、当当网、卓越、京东等综合性商城，到钻石小鸟、九钻等垂直性网站，在单纯以价格竞争作为攻城略地的主要手段时，其客观结果是积累了品牌实力与信用，整个行业已逐步培养起亿万消费者进行网络购物的信心。在此基础上，我们预计从2010年开始，钻石网络营销将迈向下一步即差异化阶段。各品牌将从用户体验、产品设计与创意、网络展示与互动技术、品牌属性、营销和赢利模式等各种角度发力，以求走出有别于竞争者的可持续发展道路。

“雄关漫道真如铁，而今迈步从头越。”最终的胜者，一定是勇于开拓、准确把握了市场需求、潮流方向的钻石品牌。

飞向千家万户的钻石小鸟

钻石小鸟是中国最早从事网络钻石销售的专业珠宝品牌之一，目前已经成长为中国规模最大、性价比最高的网钻品牌。

从2002年初创品牌到2004年在国内首开基于OFFICE的钻石体验中心，再到2008年获得千万美元二轮融资；直至今日的短短7年时间，“钻石小鸟”迅速把“鼠标+水泥”的全新钻石销售模式从上海相继带到了北京、杭州、广州、宁波、南京、成都、武汉、西安，在未来的2年内将覆盖全国各大一线城市。同时倾力打造专业的在线钻石销售平台www.zbird.com，线上及线下均为顾客提供一对一的VIP购钻体验。

2009年1～11月，钻石小鸟销售总额为27240.8万元，与2008年同期销售总额同比增长幅度达92.67%。在全行业范围内，2009年钻石小鸟销售额稳居行业第一。2009年，据盛世长城专业品牌估值，钻石小鸟市场品牌估值超10亿元，同样占据行业首位。

2009年，不仅在销售额方面表现优异，钻石小鸟还创造了很多个业内第一：第一个与国际钻石权威机构HRD、Eurostar签署独家合作协议的中国电子商务钻石品牌；第一个打通全球裸钻平台，打造国内最大的全球裸钻共享库；第一个将体验中心升级为4C概念体验中心，为中国网络钻石行业建立了行业标准。

作为中国网络钻石销售的领军品牌，钻石小鸟也担负起更多的社会责任。2009年，钻石小鸟开创了国内领先的4C概念品牌体系，分别为Culture of Diamond（钻石文化）、Concept of new model（新模式）、Create your own ring（钻戒DIY）、Care for love（呵护爱），涵盖了钻石小鸟独创的钻戒DIY模式、一对一购钻服务等优势服务项目，致力于传播钻石文化和“爱”的品牌理念，在为广大用户带来购钻体验和高超性价比钻石的同时，也尝试着为中国网络珠宝业构建统一的行业标准。目前，4C概念品牌体系，已经逐步成为国内网络钻石行业的经营准则，为维护行业形象、创造诚信经营的行业环境树立了标杆。

未来，钻石小鸟将以自身的品牌形象和影响力，与中国网络钻石行业一起成长，共创辉煌！

九钻网——在线钻石销售服务商

九钻网，中国知名在线钻石销售服务商，成立于2005年3月。其时，中国的电子商务市场还没真正热起来，而网上贩卖钻石的理念更有如天方夜谭。然而，九钻网以榜样的力量和自己的逻辑思考融合其中，最终，建立起有中国特色的钻石网络销售领域的标杆企业。九钻以网络售钻的运营方式，省去传统运营方式中高额的店铺成本和其他中间环节费用，从而使“优价”成为可能。

1. 九钻网的本土化思考和成长力量

在对中国市场的成熟度和接受能力进行了综合考量后，九钻网首创了“网络+体验中心”的模式，在上海、北京、杭州、无锡、成都等一二级城市开设了5家体验中心，意图在于品牌形象的打造和九钻裸钻+定制模式的展示。这种设置也更契合中国消费者的首次钻石购买习惯，通过实实在在的体验性服务来培育本土消费者网络购钻这一新兴消费行为。

2008年初，九钻网吸引了四家国际投资商共1000万美元的风险投资，包括美国最大的钻石B2B交易商RAPAPORT集团，以及曾投资了Blue Nile的KPCB、投资美国第二大在线钻石销售商ICE.com的启明创投和清科集团。

2. 九钻网的优势和成绩

九钻网依托RAPAPORT集团的渠道优势，获得最新市场信息和钻石货源，跳过中间商环节，以第一手价格直达顾客。达到同品质钻石价格仅为传统零售市场的30%～70%这一突破性的数字。DTC同时也为九钻提供稳定和充足的货源。

相对于装饰奢华的传统珠宝店铺，九钻网最主要的特色在于“个性化定制”。“裸钻销售法”，让消费者先根据各自的偏好和侧重点来挑选中意的钻石和合适的戒托款式，再根据手寸进行定制，最后获得贴心的免费刻字服务。

2008年，九钻在稳固行业地位的同时，也取得了巨大进步，销售业绩同比增长超过80%。2009年，截至10月中旬，已完成100%的增长，这是九钻成功模式的又一次验证。

3. 九钻网的品牌愿景

尽管国内已有大大小小近30家钻石在线销售商，但90%的市场份额仍被传统渠道占据。在这一大环境下，九钻网的主要任务便是如何打破传统珠宝的市场格局。“设计一种优雅的生活方式”则是未来九钻品牌追求的品牌愿景。

第五篇 珠宝品牌之光

玉衡

抢占先机　终端为王

孟　琳

零售业作为产业链的终端是实现商品价值的唯一途径。改革开放30年来，中国零售业经历了由小到大、由单一到多元、由传统到现代的发展历程。零售业在国民经济中所占比例越来越重，已开始成为引导生产和消费的先导型行业。此外，国家经济危机往往都通过零售业销售危机表现出来，因此，零售业也被视为国家经济发展的晴雨表。

中国珠宝行业虽然起步晚，但经过20多年的蓬勃发展，已经取得了令人瞩目的成就，尤其是珠宝零售业，成绩更是喜人。目前，国内珠宝零售企业占珠宝企业总数的80%以上，从业人数达到行业总人数的一半左右，深圳一些靠加工起家的企业也都创立了零售品牌。近年来，随着市场竞争的加剧和国家品牌战略的实施，越来越多的珠宝零售企业开始重视品牌的培育和推广，并涌现出一批拥有市场认知度、美誉度和忠诚度的品牌。他们用规范的经营、健康的形象树立了珠宝行业的经营典范，为行业健康发展做出了积极贡献。尽管如此，珠宝零售品牌所占“中国名牌”的比例仍然很低，品牌建设也才刚刚起步，培育珠宝零售品牌为“中国名牌”乃至“世界名牌”的道路还任重道远。

1．中国珠宝零售业现状及问题

1.1 中小型珠宝零售企业品牌建设意识薄弱

品牌是一个抽象的概念，是消费者对企业产品的认知和肯定，是一个企业在市场竞争中实力的综合体现。中小型珠宝零售企业由于起步晚、规模小、资金有限等因素，主观上创立并培育自主品牌的积极性不高，多采用加盟大品牌或无品牌销售模式，缺乏品牌管理专业人才，没有明确的品牌定位，不重视发展企业文化，使企业缺少内部凝聚力和外部竞争力。企业决策者若没有认识到品牌培育的重要性，几年以后企业将成为昙花一现，在大鱼吃小鱼的残酷竞争中被吞噬。

1.2 产品缺少特色

纵观中国一线珠宝零售品牌，产品同质化现象严重，没有哪个品牌的产品是“独一无二”的。逛遍大小商场、专卖店，千篇一律的款式，很难找到象征某一品牌的标志性产品。此外，这些一线珠宝零售品牌所经营的种类从贵金属到钻石再到珍珠、彩色宝石、流行饰品等等，可谓是“应有尽有”，表面看是可以满足消费者的不同需求，但实质却是产品缺乏定位，品牌经营缺乏特色的表现。由此又怎么能体现产品的差异性和品牌的独特性？而这正是我们与国际知名品牌的差距。

1.3 营销思路陈旧，传统观念难改变

（1）经营方式

中国珠宝零售模式传统的无外乎三种：商场、专卖店、专业市场，近两年珠宝电子商务以其独特的运营方式及价格优势迅速发展，“网上买珠宝”已成为年轻一代的新时尚。在全国珠宝零售额中，目前商场销售仍占有最大的份额，至少在60%以上。这是因为珠宝零售企业在经营初期品牌知名度低又缺乏信誉度，首先进驻商场是必然选择。新兴的珠宝品牌进入商场后利用商场的客流和信誉迅速扩大了市场份额，达到了原始资本积累和资金回流。但专柜空间有限，不利于宣传提升品牌形象。

（2）区域局限性

一些珠宝零售企业在某些地区做出了骄人的成绩甚至形成了地区垄断，当地的消费者对外来品牌根本不买账，这些企业的经营者便沾沾自喜，乐得其所。实际上，有竞争才有提高，我们的决策者应把目光放长远，不断地开拓市场，不断地推陈出新，才能使企业发展壮大，让品牌走得更远更长。

2. 决战终端的对策和建议

2.1 做好市场调研，知己知彼方能终端制胜

在市场经营的环节中，终端是品牌演绎的物质产品、精神价值、科学完善的经营模式以及与同行竞争消费群体的重要前沿。它将对品牌的文化认同融合在每一个部分，包括货物品质、陈列方式、搭配方式、价格结构、服务手段、时尚概念等，而这种认同必须建立在一个知己知彼的充分沟通之上，只有切合消费者的消费心理，才有可能影响他们，珠宝零售企业在投资或新品入市之前都应做详细的市场调研，研究消费者的消费心理，调查不同区域的消费情况，再制订行之有效的营销策略并实施，这才是珠宝零售终端的制胜之道。

2.2 确立目标客户群，满足不同消费者的需求

近几年婚庆首饰市场火爆，买钻戒已成为每一对即将走上红毯的新人的必修课，有些企业看准了这块市场，准确定位，细分市场，针对不同收入的人群，设计产品和价位，主动出击，收到了很好的销售业绩。卡地亚远东区行政总裁陆慧全表示，卡地亚的制胜之道就在于：“不断挖掘新的消费潜力，紧随和引导客户需求，同时不遗余力地扩建渠道，以此扎稳市场根基。”这句话的实质，正是告诉我们确立目标客户群的重要，从而找准产品的市场定位，以特定人群作为销售对象，形成稳定客源。这是其一。其次，提高货品档次，注重发展高端客户。

据世界奢侈品协会最新数据的结果显示，截至目前，中国奢侈品消费总额已由2009年1月份的86亿美元，增至94亿美元，全球占有率27.5%，专家预测未来五年，中国将占据全球奢侈品消

费的首位。中国高端客户消费潜力巨大，中国珠宝品牌又缺少真正的奢侈品品牌，这块市场长期被国外奢侈品品牌占据，企业决策者若能看准时机、设立VIP消费专区，主动出击，抢占商机。“顾客就是上帝”，这句耳熟能详的话其实就是企业制胜的法宝，无论是做品牌还是搞营销，目的只有一个，就是吸引消费者购买产品，消费者的购买行为会有一定的惯性，俗话说“认牌子”，但这种惯性也是会随着时代背景的改变而改变的，当你的产品已不能满足“上帝”更深层次的需求，便不再得到“上帝”的眷顾，同时也就失去了市场。

2.3 不断推陈出新，增加产品的附加值

珠宝产品的价值由材质价值和附加值组成，附加值的高低很大程度是由市场和消费者决定的，例如同样质地的玉石原料，雕刻的工艺和赋予的文化意义不同，价值会有巨大差别。增加产品附加值首先还是要重视品牌建设，品牌的价值是不可估量的；其次要有先进的、独特的、紧跟时代潮流的设计理念。曾几何时，黄金首饰销售一直以按克计价方式，而今，这一传统已被打破，设计精美、款式新颖的黄金首饰价值已远远超过黄金本身的价值。

时代的变迁，我们的消费群体也在变化和成长中。今天的80后、90后是喜欢多变、刺激、新颖生活方式的一代，他们思想开放，愿意尝试新鲜的事物，选择产品或品牌的准则不再基于“好”或“不好”这一传统的理性认知观，而是更基于“喜欢”或“不喜欢”的感性情感态度观。他们所追求的是产品或服务能提供的一种感觉或附加价值。因此，要不断在产品设计和包装上创新，不断赋予产品新的消费理念，只有这样才能吸引他们的关注。无疑，这又是对珠宝品牌的一个严峻的挑战。施华洛世奇在中国市场经营的成功案例便很好地证明了这一点。因此，传播与沟通的重点是体验产品与品牌价值，具体包括显示身份或阶层的象征、美的感受、时尚与先锋、好玩及趣味性、潮流或流行性等等。能满足这些需要才会受到新新人类的追捧。我们得出一个结论，那就是现在要做好零售，就必须抓住年轻一代消费者的消费动态。

国内的零售市场还有巨大的潜力可挖——2009年全国珠宝消费约2200亿元，人均消费还不足200元。我们正面临着转折，未来的珠宝行业即将进入一个崭新的阶段。相信在不久的将来，中国的珠宝零售品牌也会出现与卡地亚、蒂凡尼等相媲美的国际知名品牌。

深圳市爱迪尔珠宝股份有限公司自2002年4月正式运营以来，坚持以“关爱”为注脚点、以“非凡”为制高点的文化方向，坚持“以品牌建设为中心，构建科学的管理体系、优秀的共赢团队和优质的市场网络，成为以关爱指导服务的非凡公司”的战略方针。公司先后成为国家、省、市行业协会常务理事单位，2002年通过ISO9001国际质量体系认证，2003年成为上海钻石交易所会员，与比利时Sundiamond、印度Kavish、SWAROVSKI等国际公司和深圳航空结成市场战略合作伙伴。至今，公司总部拥有员工近500人，在全国拥有125位加盟伙伴，在160个城市设立了230家爱迪尔珠宝品牌加盟网点。

2006年IDEAL成为“亚洲500最具价值品牌”；2007年7月，IDEAL被评为“中国驰名商标”。公司设计制作的产品屡获殊荣，在第12届、13届中国艺术博览会上获首饰类金奖及优秀作品最具时尚奖等。

深圳市百爵实业发展有限公司成立于20世纪90年代初，是一家专业从事黄金、铂金、镶嵌首饰及翡翠玉石研发、生产、批发、零售、进出口及加盟业务的大型民营企业。世界黄金协会、国际铂金协会指定生产商和零售商。公司拥有现代化标准厂房近万平方米，管理人员、设计师及技工技师1600多人。近年来投入的研发费用年均2000多万元，产品覆盖了全国28个省市自治区及直辖市，并建立了5家分公司，30多个省地级办事处，拥有400多个自营店和加盟连锁店，企业规模和实力不断提升。

公司在迅猛壮大的同时，始终以产品质量为根本，加强品牌建设，先后获得了“中国名牌产品”、“中国珠宝首饰业驰名品牌”、“中国珠宝玉石首饰行业放心示范店”等一系列荣誉。百爵产品以高品质得到了业界的高度评价，客户满意度调查也证明“百爵”品牌深受消费者的喜爱。经过数年的努力，公司现已发展成实力雄厚、运作规范、管理完善的珠宝首饰知名企业。

深圳市东方豪雅珠宝有限公司创立于1997年4月。多年来，公司秉持“以质量求发展”的经营理念，视产品质量为企业的生命，“以向顾客负责为己任”的企业精神，狠抓质量，规范服务，积累了丰富的销售经验和长期稳定的客户群体。自2002年起，“豪雅珠宝”连续被评为“中国珠宝首饰业驰名品牌”。

“豪雅珠宝”追逐国际珠宝的最新潮流，突破传统的设计理念，结合最新加工工艺，不断推陈出新。

公司提高员工的职业素养，形成独特的企业文化。关注销售过程和售后服务，力争为顾客提供最满意的商品和最优质的服务，提高“豪雅珠宝”品牌的知名度，信任度和美誉度。

深圳市金尔曼珠宝首饰有限公司作为专业的钻石品牌，与国际知名钻石供应商合作，经过严格的钻石开采、筛选、技术、设计、生产等一系列过程，塑造完美的钻石珠宝。凭着坚毅的信念，不断扩张金大生珠宝王国。

2009年，金大生正式启动全球珠宝合作计划，先后同比利时、南非、以色列等国的30多家国际钻石集团展开战略合作，精选高品质钻石并与众多一流设计大师展开无缝合作，结合全面的销售网络与实体店的一站式服务，引发新一轮的强强合作。

借助国际钻石集团在全球的巨大影响力，大力拓展中国市场，进一步巩固“金大生”品牌形象，为中国消费者介绍全球独家专利切割技术，满足中国消费者对珠宝首饰的渴望。

香港金尔曼国际珠宝(集团)有限公司旗下深圳市金尔曼珠宝首饰有限公司是一家集设计、研发和生产珠宝镶嵌首饰的大型批发零售企业。

2001年8月金尔曼珠宝正式进驻中国市场，经过稳健的发展，拥有现代化标准厂房3000平方米，以及面积450平方米的配套版房、展示厅，可供客商挑选的样版6万款以上。公司现有职工360多人。金尔曼珠宝坚持市场化的运作方式，严把质量关、精益求精，先后通过了ISO9001质量管理体系认证和ISO14000环境管理体系认证。

通过多年营销和经营经验的积累，金尔曼珠宝已形成一整套行之有效的运营管理模式。目前仅中国市场就已经发展超过1000个合作伙伴和260多家连锁专营店。

金尔曼人的不懈努力和付出，赢得了市场广泛的信任和高度的赞誉，公司先后获得“中国珠宝首饰业驰名品牌 ”、“全国市场用户满意首选品牌”等多项殊荣。

香港金嘉利珠宝首饰有限公司创建于20世纪80年代初，是一家集珠宝设计、开发、生产、销售为一体的大型专业化珠宝公司。2001年正式进驻中国内地，5月于福建投资建立面积近5000平方米的生产基地——金嘉利大厦，同时在内地设立大型配货中心4个，加工工厂及OEM工厂数个，专业的设计及生产技术人员达500多人，公司规模迅速壮大。

为进一步满足内地珠宝业迅猛发展的需求，2004年金嘉利在深圳设立全国配货中心，并斥巨资运营深圳万山珠宝园千平方米新展厅。截至2009年，公司全国品牌加盟店已有338家，在福建有5家零售自营店，2010年起将在福建再开10多家自营店，以“品牌战略，挥洒亮剑精神”与“营销创新，财富赢造未来”为战略目标，以重点发展福建市场为突破，打造福建市场第一品牌为目标，并将福建品牌发展模式复制至全国。

深圳市晶永恒珠宝有限公司是一家集珠宝首饰设计研发，铂金、K金、珠宝镶嵌加工、批发，以及特许经营与品牌推广于一体的大型专业珠宝公司。公司现运营 “晶永恒”与“卡尼亚”中外两大珠宝品牌，其中“晶永恒”是自有珠宝品牌。“晶永恒”展厅常年备有上万款精品现货，版房共有6万多种不同款式银版与蜡模供客户挑选下单。

目前公司已发展成为一家多功能、现代化的大型专业珠宝企业。2008到2009年，晶永恒珠宝公司取得了更大的突破与发展，首先开办了近千平方米的翡翠工厂、成立“晶永恒翡翠”品牌，紧接着投资近300万元全新升级装修三大品牌示范展厅，为品牌升级打下坚实的基础。

深圳市君力实业有限公司成立于1997年，是经中国人民银行总行批准，专业从事铂金、钯金等珠宝首饰的研发、设计、生产、加工、批发、零售业务的大型珠宝公司。公司拥有现代化厂房近1万平方米，从意大利、德国、日本、瑞士等国家引进先进的珠宝首饰加工生产线及制造设备，年加工各类珠宝首饰花色品种及款式近百万余种，年生产量在15吨以上。公司于2005年1月通过了ISO9001:2000国际质量体系认证，产品注册商标为“君力”品牌，获得“中国珠宝首饰业驰名品牌”的美誉。公司拥有企业管理精英、知名首饰设计师、专业技术骨干1400多人，营销网点覆盖全国80%以上的大中城市。

公司凭借优质的产品、强大的销售网络及完善的售后服务体系，本着“高品质、重诚信、共拼搏、齐向上”的企业精神，全力打造一流设计、一流工艺、一流服务，为繁荣我国珠宝首饰市场做出贡献。

卡蒂尼珠宝是源于意大利的著名珠宝品牌，创始于19世纪末意大利首饰之都AREZZO。深圳市卡蒂尼实业有限公司于2001年完成了卡蒂尼珠宝在中国的所有保护性商标注册；2002年完成了其第六视觉系统的全面策划和形象专利申请。多次被中国珠宝玉石首饰行业协会授予“中国珠宝首饰业驰名品牌”，“中国珠宝玉石首饰行业放心示范店”等称号。

卡蒂尼珠宝视团队提升为支柱，每年聘请专业培训机构、珠宝业界经验丰富的专业人员，对员工进行品牌文化、销售技巧、专业知识及管理技能培训。在首饰的款式和工艺上，卡蒂尼珠宝简约而典雅的设计，使每一款首饰都能体现出现代女性的迷人风采。

卡蒂尼珠宝以其独特的魅力正发展壮大，坚持坚韧、自信、求新、务实的理念，每一件首饰、每一间店面都是文化与艺术的结晶。卡蒂尼正以坚实的脚步，走向一个更加崭新的未来。

广州天姿珠宝饰品有限公司始创于1996年，已成为国内一家集设计、加工、生产为一体的宝玉石饰品大型连锁企业。旗下拥有“流行石语”、“石一族”两个知名首饰品牌。其中“流行石语”注重于时尚的宝玉石产品，“石一族”注重于时尚的银饰产品。

公司自创立以来，不断发展壮大，数年间分别在成都、沈阳设立分公司和配货中心，产品在国内700多家连锁真石饰品店内畅销。并在日本东京都台东区设立分公司，向全球市场进行扩张。秉承“流行、时尚、创新”的企业发展方针，以专业的设计奠定企业的根本。

公司于2007年8月通过ISO9001:2000国际质量管理体系认证，2009年2月被评为“中国珠宝首饰业驰名品牌”并获得“中国珠宝玉石首饰行业放心示范店”称号。

梦雅恒

深圳市金佳和珠宝有限公司作为专业的珠宝精品镶嵌制造商，自2002年成立以来，始终秉持“诚信务实、开拓创新”的精神，在激烈的市场竞争中迅速发展起来。

公司品牌为梦雅恒，产品包括铂金、钯金、K金、镶嵌珠宝首饰的设计、生产、加工和批发。公司实力雄厚，引进了意大利、日本、中国香港等国家和地区先进的首饰生产设备以及生产工艺，建立了长期稳定的客户群体，产品覆盖到全国百分之八十的大中城市，形成了纵横交错的营销网络体系。近年来，公司先后获得“中国珠宝首饰业驰名品牌”、“消费者信得过品牌”、“中国名优产品”等荣誉称号。

“追求，创造完美”是梦雅恒珠宝不断发展创新的核心原动力，也是全体同仁的共同信念。多年来梦雅恒珠宝在款式设计上不断推陈出新，不断的创新让梦雅恒珠宝在时尚及婚庆珠宝的设计领域中独树一帜。

AOTERL®
欧特尔珠宝

欧特尔珠宝首饰有限公司创于1992年，是一家集珠宝设计、生产、销售、加工于一体的大型专业化珠宝首饰企业。其名下注册商标为“欧特尔”珠宝，一直以款式新颖、工艺精湛而著称。

2003年开始，欧特尔珠宝加快了投资国内市场的步伐，与中国香港、比利时等地的大型钻石供应商建立了资源供求合作关系。公司严把产品质量关，确保合作伙伴和消费者的利益。遵循“以客为尊，诚信为本”的理念，得到了众多业界同行的肯定。“欧特尔”珠宝先后获得“中国珠宝首饰业驰名品牌”、“湖南省放心品牌”、“中国名优产品”等荣誉称号。

欧特尔珠宝与时俱进，产品开发和营运管理不断推陈出新，如今在具备了亚洲（广州）营运中心、全国（深圳）客服中心、武汉分公司、合肥分公司及上海分公司的配送体系后，欧特尔公司还着手统一全国加盟连锁店的店面形象，致力于为加盟商提供更优质的产品和更专业、高效的服务。

“千禧福”珠宝注册于2001年，是深圳市鹤麟珠宝首饰有限公司旗下的珠宝零售品牌。“千禧福”珠宝始终坚持独特的市场定位和产品定位，将钻石饰品的设计、生产、销售以一条龙的方式完整掌控。“千禧福”品牌与多家DTC钻石看货商常年合作，保证钻石货源的价格优势和品质优势，对钻石的筛选和把握极其严格，所采用的均是比利时优质切工的高品质钻石，着力打造一流珠宝品牌。多次被中国珠宝玉石首饰行业协会评为“中国珠宝首饰业驰名品牌”，并顺利通过了ISO9001国际质量认证体系和ISO14001环境认证体系。2007年，获得由国家质检总局颁发的贵金属镶嵌饰品“中国名牌”产品荣誉称号，2009年度被评为中国珠宝玉石首饰行业企业信用评价AAA级信用企业。

“千禧福”珠宝采用国际化品牌运作，以提供优质的产品和服务为经营理念，在高标准、高起点的前提下，形成坚实的核心竞争力，参与市场角逐。

深圳市瑞麒珠宝首饰有限公司创建于2003年，是一家专业从事黄金、铂金、K金、钯金、镶嵌首饰等产品研发设计、生产加工、批发、销售、产品代理及配套服务的综合性大型珠宝企业。公司拥有黄金厂、铂金厂、K金厂、镶嵌厂、产品技术研发部，专业技术工人400多人，遍布全国的专卖店100余家，发展代理商300余家，是国内具知名度的珠宝首饰制造商和批发零售商之一。

公司旗下自营“swiky”品牌于2005年度被评为“中国珠宝首饰行业驰名品牌”。公司产品款式新颖、品种多样，包括戒指、项链、手链、吊坠、耳钉等8个大类100个小类，共计50,000多个款式的产品，公司每年推出新品达8000多款，在全国各大中城市设立专卖店及专柜，同时与国内各大珠宝批发零售商建立了长期稳定的战略合作关系。

瑞麒不仅注重自身品牌的推广，更注重企业价值的追求及实现，本着感恩顾客，回报社会，做一个有高度社会责任感的珠宝企业。

斯兰亭珠宝是深圳市爱诺达饰品有限公司旗下珠宝品牌，1990年创立于苏州，是中国大陆首批珠宝品牌之一。经过多年的发展已经成为一家集珠宝产品开发、生产、营销为一体的大型专业化珠宝公司。公司主营钻石镶嵌首饰、K金镶嵌首饰、红蓝宝石镶嵌首饰，主打产品为“八箭八心”钻石饰品，近年，公司拓展的“源浩行”翡翠产品颇受市场好评。斯兰亭珠宝多次被评为“中国珠宝首饰业驰名品牌”。

公司以直营连锁为主要经营形态，与香港新世界百货集团、上海第一八百伴、上海新世界集团、苏州人民商场股份、昆山商厦股份等主流商家合作，在上海、苏州、无锡、昆山、常熟、宁波、山东、深圳、兰州等地，开设了60多间直营连锁店。

多年来，公司坚持“稳健、务实、效率、质量”的经营方针，致力于“顾客、商家、公司、员工和社会多方的互利和共赢”的协调发展。

ZL. JEWELRY
兆亮珠寶

深圳市姚氏珠宝首饰有限公司成立于1989年，历经20年的稳步发展，姚氏已成为集玉石镶嵌、翡翠玉器及玉石工艺品生产加工、经营贸易为一体的国际化大型珠宝品牌。2008年公司员工达1600多人，拥有自己专业的设计团队。

目前，姚氏珠宝旗下拥有“兆亮珠宝”、“EEGO时尚珠宝”、“信韵翡翠珠宝”等多个品牌，以及从事各类玉石饰品加工制造的品红首饰有限公司。公司的主力品牌——“兆亮珠宝”，2006年荣获“中国名牌”称号。

公司一直处于良性循环的发展状态中，拥有120多家连锁自营店及加盟店，覆盖20多个省市，业务范围遍及全国上百家商业网点。未来公司将下大力度对国内二三线城市进行扩展和开拓，并会将西南区域作为重点培育市场，这个举措将会使兆亮珠宝品牌在西南地区的知名度得到飞速的提升。

在开拓国际市场方面，公司每年都召开国际技术交流会，聘请法国、意大利首饰设计师进行新产品的开发，并与DTC、施华洛世奇等进行多方位合作，加大开拓进程。

深圳市海漫尼实业发展有限公司是一家集黄金、铂金、K金镶嵌、首饰设计、生产加工、批发、加盟连锁、直营零售于一体的大型珠宝企业。公司厂房面积4500平方米，各零售直营店营业面积累加达1万平方米，在职员工1260名，中高专业技术管理人员190名。公司自成立以来，主体业务发展良好，加工量一直呈几何形增长，加盟连锁店已覆盖全国30个省份。目前公司已有360多家品牌终端零售连锁店。2008年主营业收入达2.2亿元，营业利润达1.7千万元。

公司品牌“周大金”原意为其“周”字象征诚信至上、服务周到；“大”字体现出了周大金大方得体而不失风范；“金”字象征着“精诚所至，金石为开”的企业理念。先后获得“中国名牌”、“中国珠宝首饰业驰名品牌”、“广东名牌”等荣誉称号。

为实施品牌战略，公司大力开展技术革新和运用先进的生产设备，将生产的每个环节细化和量化，不断地提高产品质量，以增强品牌的市场竞争力，并计划在未来几年内，建立600家“周大金”品牌连锁店。

深圳市皇室太古实业有限公司成立于2000年10月，是一家以黄金、白金、铂金、玉器、钻石、红蓝宝等首饰的生产加工零售为一体的综合性企业。经过十年不断的开拓、创新，坚持贯彻“以人为本”的经营理念，精益求精、追求品位、崇尚经典的企业文化，已将旗下中西文化相结合的创意品牌，皇室太古（Royal Decor）、美时钻（MACY）、周新新（Chow San San），打造成夺目耀眼的珠宝新星。

周新新珠宝20世纪80年代在香港诞生。它源自香港，秉承传统、独具特色，以打造都市之美为己任。周新新在泰国设有钻石切割厂，钻石品质更优，价格及品类更具优势，在深圳设立的首饰加工厂，严格把控产品质量，使得每一件珠宝首饰工艺精良，完善的售后服务承诺体系保证了珠宝首饰的持久美丽。自1997年周新新珠宝进军内地市场以来，已在杭州、苏州、沈阳等各大城市，共设有专卖直营店10余个，周新新珠宝将继续加快拓展内地市场，给更多消费者带来香港珠宝的物超所值的优质享受。

深圳市皇室太古实业有限公司成立于2000年10月，是一家集黄金、白金、铂金、玉器、钻石、红蓝宝等首饰的生产加工零售于一体的综合性企业。2007年公司珠宝加工厂由原来的200平方米扩大至2000平方米，年首饰产量10万件以上，其中四成以上为出口产品，约六成为自营店和加盟店产品。目前公司自营珠宝店已逾70家，加盟店35家，连续三年终端营业额高达2亿元以上。

公司现拥有皇室太古（Royal Decor）、美时钻（MACY）、周新新（Chow San San）三个自主品牌，分别代表高端、时尚、传统三种格调，由于定位准确明晰，已基本形成一个坚不可摧的金三角战略。正因如此，在全球的金融风暴冲击下，国内自营店营业额也比同期有所增长。

2009年在祖国60年华诞之际，董事长何汉才先生被香港《大公报》评选为对祖国做出杰出贡献的港澳同胞，其创业事迹在大型图片展《祖国不会忘记》中展出，企业的实力得到了社会的肯定。

深圳市皇室太古实业有限公司成立于2000年10月，是一家以黄金、白金、铂金、玉器、钻石、红蓝宝等首饰的生产加工零售为一体的综合性企业。公司坚持走品牌发展之路，将不同的品牌进行市场细分和定位，将精益求精、追求品位、崇尚经典的企业文化融入品牌建设，有效地促进了市场拓展。

其中MACY美时钻，是来自香港的时尚个性钻饰品牌，20世纪90年代初，美时钻珠宝进入中国内地市场，并把亚太总部迁移至深圳，秉承一贯的经营理念和设计风格，致力于发展珠宝高端定制服务。目前，分布于沈阳、杭州等地区，设有专卖直营店10余个，主推以其优雅的风格，带给人与众不同的时尚与魅力气息的品牌优势，成功获得了消费者的认同和支持，且拥有了一批批美时钻品牌的忠实追随者。

卓尔原创珠宝有限公司是一家集设计、制造、营销、传播为一体的专业化公司，在广州番禺(广州市汇福首饰工艺有限公司)、深圳设有500多人专业的生产基地。公司多年来在番禺扎根务实发展，是番禺珠宝行业自主品牌，并成功打开国内市场，在广东、福建、江西、广西、湖南、湖北、四川、重庆、河南、河北、山东、陕西、吉林、黑龙江等省市地区设有380多个连锁专卖店。

公司始终坚持“成功源于品质”，所采用的钻石均来自世界著名钻石出产国，并经数十道工序严格筛选、把关。为顾客提供完善的全国连锁的七大“保真、保质、保量、保修、保换、保养、保值”统一服务保障，面对发展的市场，公司将不断投入，秉承“以客为尊、诚信为本、优质为志、共创双赢”的企业宗旨，为广大商家积极提供创造价值的平台，一切以商家的利益为中心，不定时进行考察、研究，对合作商家给予不断协助发展；提供优质的贴心服务，使商家和市场获得成长。

深圳市金雅艺珠宝首饰有限公司，是专业生产、批发千足金、铂金等珠宝首饰的专业珠宝公司。公司2004年通过ISO9001:2000国际质量管理体系认证；2005年获中国首届精品首饰精英模特大赛“精品首饰奖”；2007年获ISO14001:2004环境体系认证。

公司成立以来，始终牢固树立“讲诚信、树形象、创品牌”意识，以新颖的款式、精湛的工艺、合理的价格赢得良好的信誉，实现国内多个城市和地区完善的销售网络。公司产品2006年被评为“中国珠宝首饰业驰名品牌”；2008年荣获“广东省名牌”和 “深圳市外地来深建设者之家”称号。

深圳市雅福珠宝首饰有限公司是一家集设计、生产、加工、批发、零售于一体的大型珠宝首饰企业，以生产销售镶嵌类珠宝为主。在深圳拥有自主产权的现代化厂房，引进国内外先进设备组成生产线12条，同时吸纳了一大批技术熟练、技艺精湛的专业技工和一批能工巧匠进行规模化生产，并于2004年通过ISO9001和ISO14001认证，公司先后获得“广东省质量管理先进企业”、“中国名牌产品”等荣誉称号。

公司以“精诚守信、精益求精”为企业宗旨，确立了“以人为本、开拓创新”的企业经营理念。在设计、工艺、管理、质量等领域大胆创新、不断探索，使传统工艺与现代技术完美结合，形成了雅福珠宝产品和品牌的独特个性，为企业在激烈的市场竞争中保持强劲的发展势头提供了有力保障。

目前，公司的直营店和加盟店已经遍布国内近百个城市。“雅福”已经成为全国各地珠宝零售企业、珠宝经销商、大中型百货商场的首选品牌之一。同时，公司还承接了大量的国内外生产订单，企业蓬勃发展。

TTF珠宝以开放的国际设计风格享誉中国珠宝行业，以原创设计为核心，具备新技术研发力。TTF拥有数项中国专利技术，是中国玫瑰金技术开创者，也是亚洲范围内玫瑰金镶嵌首饰的最大生产商之一，解决了14K、18K玫瑰金变色和断裂的难题等；TTF拥有由意大利、韩国、中国等多国设计师组成的国际团队和一流的制作技师团队，倡导“以现代设计手法，表现东方文化精髓”的设计理念；同时具备了领先的珠宝加工技术支撑，目前镶嵌工艺已达到万分之零点三的掉石率，纯手工、无电镀情况下的抛光技术达到了镜面效果。2008年，TTF成功独家承办了2008 CHINA国际珠宝设计大赛。

美国JCK、意大利维琴查、日本IJT、瑞士巴塞尔等国际大型珠宝展会上都曾留下了TTF的足迹。2009年9月香港珠宝展上，TTF携手中日韩亚洲代表性国际艺术家共同创作东方文化精髓的原创珠宝。同年，TTF在上海太平洋、北京王府井、昆明傲城开设了三家品牌体验店，完成了从批发到零售业务的延伸。

金至尊
3D-GOLD

金至尊实业发展（深圳）有限公司隶属于中国金银集团，主要从事设计研发、生产、销售以金至尊品牌命名的名贵珠宝钻饰、千足金饰品及企业礼品；在香港、澳门及中国内地主要城市以自营、合作及特许加盟模式建立零售网络，发展成为一家著名珠宝零售及生产商。“金至尊”品牌于2007年获得“中国驰名商标”认定。目前，集团分别在内地及港澳地区开设近220间金至尊珠宝专营店，奠定业界领先优势。

为把握内地市场的巨大商机，金至尊推行以“加盟为主、直营为辅”的发展路线，根据不同区域或城市制定发展次序，力争扩张全国重点城市的零售网络。

金至尊珠宝自2009年成功完成收购重组等程序外，还一直贯彻不断求变的品牌理念，“金至尊”珠宝将会根据市场发展的需求变化，持续致力产品优化。在新的发展战略下，将更强化专有特色产品的研发及推广，以丰富现有产品体系，提升市场竞争力，未来将继续稳固和发展内地、香港、澳门零售市场。

龙岩宝兴金庄于1996年12月成立，秉承“以诚为本、诚信待客”的经营宗旨，赢得了广大消费者的信赖，也因此不断发展壮大，并受到业界和社会肯定。2003年10月，荣获由福建省消费者委员会颁发的闽西珠宝行业首家“省级诚信单位”称号；2004年10月与香港KMF公司合作，打造了全新的宝兴名店广场和龙岩最具实力的珠宝旗舰店；2006年9月被评为“中国珠宝首饰业驰名品牌”。

宝兴以其高雅别致的设计，优质的服务理念，打造属于自己独特的品牌。自成立至今，宝兴金庄以坚实的质量体系为保障，良好的企业信誉，向广大消费者传达“钻石璀璨无限、宝兴尊贵永恒”的真情，获得了良好的市场回报。如今，“买真金，到宝兴，让您更放心”这句广告语在当地已深入人心。

朝阳珠宝有限公司成立于1990年，经过全体朝阳人十余载不懈的努力，已成长为一家集产品设计、生产加工以及品牌推广为一体的大型专业化珠宝企业。公司拥有加工生产厂房1000平方米，员工200余名，专业生产和销售黄金、铂金、K金镶嵌类饰品、天然钻石、红、蓝宝石、珍珠、翡翠及世界名表等产品；公司始终坚持“品牌发展”的经营战略，2005年底在香港注册“朝阳”品牌，在内地先后设立了多家直营店。获得“中国珠宝首饰业驰名品牌”、“福建省著名品牌”等荣誉称号；是世界黄金协会喜福系列指定区域经销商，北京2008年奥运会特许分销商。

公司秉承“视质量为生命，以创新为动力，以服务为宗旨”的经营理念，坚持以打造百年企业，做珠宝首饰业最优秀的品牌为发展目标。

FG峰记

峰记香港国际集团（首饰）有限公司于1995年进入内地市场，经营天然大颗粒克拉钻石、天然高档（A货）翡翠、天然珍珠饰品、时尚K金首饰、黄金、铂金等，产品款式由欧美、香港名家设计，产品质量经国家权威检测机构鉴定。

公司逐步构建以福建为重心延伸至全国的区域性战略蓝图，市场以直营网络为主，公司现已进驻北京、上海、广州等中国一线城市，以加盟连锁专柜迅速成长，以一线城市地位优势陆续向内地各城市区域登陆发展。

公司始终坚持“以质量求生存，以信誉求发展”的经营理念，构建顾客满意的新标准，企业也因此获得了市场认可，并相继获得“福建AAA信用企业”、“中国珠宝首饰业驰名品牌”、“福建标准达标金饰达标金店”等荣誉称号。2009年峰记珠宝旗舰店重装升级，在客户服务上，峰记珠宝提供顾问式的珠宝服务，品牌价值进一步提升。

莆田市华昌首饰有限公司创始于1938年，是一家拥有“金镶玉”和“玉镶金”加工技艺的老字号。现在的华昌珠宝公司坐落在有“妈祖故乡”和“文献名邦”之称的福建莆田，并在10年的时间里建立了完整的产业价值链。由20世纪30年代在上海建立的小小珠宝商号，现如今已经拥有宝石镶嵌首饰厂、特种首饰厂、玉镶金挂件厂和K金首饰厂，并在福州、广东、上海、深圳、郑州、北京等诸多城市建立了分公司，成为集设计研发、原料采购、生产加工、仓储物流、订单处理、批发零售于一体的集团化首饰企业。

目前，华昌珠宝的营销网络已覆盖全国，且市场份额不断提升，在深圳、广州、北京、上海、福州等地共建有9家分公司，实行直销店、加盟店和代理商相结合的销售模式。

华昌珠宝整合地域优势资源，依托企业的生产技术、创新能力和优秀人才团队，不断扩大国内外市场份额，致力于打造中国和世界首饰业的知名品牌。

福建金福徕珠宝首饰有限公司创立12年来，全面强调“实力铸品质、诚信赢天下”的理念，拥有首饰设计机构、优质产品展示店、顶级产品旗舰店、大型加工基地，并通过建立强大的营销网络，全面为加盟商以及客户提供优质的服务。本着“为广大消费者打造钻石般人生”的宗旨，在市场上得到了消费者认可。

长期以来，金福徕珠宝以富现代感、时尚的形象，秉承“诚信为本、品质为基”的宗旨，为顾客提供一站式专业珠宝服务，凭借着几年成功的经营理念，被评选为“中国珠宝首饰业驰名品牌”。

展望未来，把握“产品为企业发展的核心、客户为企业生存的命脉”的运营理念，依托全国连锁的强大销售网络和忠诚客户群，金福徕珠宝将进一步立足品牌、发展品牌、力创国际知名珠宝品牌。

福州泰福珠宝首饰有限公司成立于1993年，是一家集设计、制造、销售于一体的珠宝首饰企业。公司主要经营黄金、铂金、K金及钻石、红蓝宝、翡翠、红珊瑚等各类镶嵌珠宝首饰。目前，公司已经在福州、泉州、厦门、大连、沈阳、营口、青岛等全国十几个大中城市建立销售网络，2006年初在福州和大连开设的专卖店面积均达300平方米以上。“因地制宜”的调整营销策略，使得品牌在各地的市场销售份额连年递增。

公司主打的“梦美迪”珠宝品牌，均衡地融合了古典和现代艺术的特色，不放弃对古典艺术的执著追求，并持续创新设计风格和发现新素材。经典的设计、上乘的品质及科学严谨的营销管理，使得品牌形象日益丰满，产品深受消费者青睐。

福州泰伦珠宝首饰有限公司具有一定的生产、经营规模，技术力量强，产品质量好，市场覆盖面大。公司所经营的“泰立”珠宝品牌2002～2009年被评为“福建省珠宝首饰业著名品牌”和“中国珠宝首饰业驰名品牌”。

从2001年开始，公司先后在大连、沈阳、武汉、重庆、成都、北京、青岛、广州、杭州、泉州、厦门、福州等十几个大中城市设立了销售网点和专柜。近年来，公司通过电视、电台、手机信息、报刊等多种渠道、多种媒体的传播，提高了“泰立”品牌在社会上和消费者心目中的知名度、信任度和美誉度。

面临挑战，公司自信地提出“借科技之光领潮流之先、采众家之长成规模发展、靠规范运作绘企业宏图、以品牌战略创泰立纪元”的发展目标，开拓进取，不断取得新的成绩。

南京地质人珠宝有限公司成立于1996年，是由江苏省地矿系统教授、高级工程师、珠宝鉴定师组成的专业珠宝连锁企业。公司现有10家珠宝连锁专营店，分布在南京、常州、无锡、东台、南通、安庆等大中城市。经营面积达1900平方米，员工180余人，其中高级技术职称15人，中级技术职称26人。

公司旗下的“地质人”品牌系国家工商行政管理局注册品牌。地质人珠宝已荣获“中国珠宝玉石首饰行业放心示范店”和“中国珠宝首饰业驰名品牌”称号。

地质人珠宝公司系DTC（戴比尔斯）长期合作商，是全球著名钻石供货商——“欧陆之星”、“耶路沙米”的战略合作伙伴。地质人珠宝以“专家专业、诚信实在、高品质、价格公道、服务体系完善”为经营特色，在中国珠宝界和广大消费者中享有很高的声誉。

浙江华友珠宝有限公司是由浙江省商业集团公司、浙江省商业投资发展有限责任公司等国有企业参股投资组建的工贸一体化的股份制企业，从1993年开始经营金银珠宝。华友珠宝公司从创业伊始，一直秉持“以德经商”的企业理念，“信誉为本，服务至上”的服务宗旨，为中外客户提供高品位的商品和高质量的服务。

华友珠宝于1999年初申请注册了珠宝品牌。经过不懈努力，公司的销售规模不断扩大，资产不断增加。并先后获得“浙江省百家新世纪竞争力最强企业”、“浙江省金银珠宝首饰行业质量、服务双优单位”及“中国珠宝首饰业驰名品牌”等荣誉。

面对当前的经济形势以及公司品牌在市场中的地位，公司认真分析、预测今后的市场走势和消费趋势，及时调整经营策略，不断完善现代企业管理制度，增强企业活力，使公司持续、健康、稳步发展。

上海九洲黄金有限公司以经营黄金首饰为主，自2003年被评为“中国珠宝玉石首饰行业放心示范店”后，坚持以培育品牌、树立名店形象为宗旨，把实施品牌战略作为经营管理工作的重点来抓，又先后获得了“上海市文明单位”、“上海市商业零售规范服务示范单位”等荣誉称号。近年来，公司主动求变，不断创新，在行业中率先建立了钻石直销网+实体店的双向营销模式。

在管理上，公司确定了以“顾客需求是九洲的追求，规范服务确保顾客满意”的质量方针和“服务处理率100%、顾客满意率99%”的质量目标，严格按照ISO9002质量体系认证的程序和要求，做好进货、验收、核价的工作，确保了多年来在处理售后服务中的满意率达标。

公司在狠抓质量管理的同时，注重员工素质提高，经常组织员工进行服务规范及服务技能的培训。同时公司还专门设立了黄金和钻石检测站，为广大消费者提供饰品鉴定及咨询服务。通过这些举措，九洲已经迈上了一个新的台阶。

苏州龙凤金店位于苏州市中心商业区观前街204号，现经营面积1500平方米，注册资金7000万元，是一家经销黄金首饰、铂金首饰、钻石首饰、翡翠玉器、水晶、珍珠、银饰品的专业首饰商场。

十多年来，龙凤金店始终以“诚信经营、优质服务、货真价实、取信于民”为宗旨，赢得了广大消费者的信任与爱戴，2003年8月注册了品牌“龙凤缘”商标，知名度和商品销售业绩大幅度上升，得到了政府及各有关部门的认可及授予多项奖牌。2004～2008年连续荣获苏州市消费者保护委员会授予“零投诉企业”和“苏州市诚信单位”荣誉称号。公司瞄准了“百年老店”这个目标，精心打造“龙凤缘”品牌，以多品种、规模化的经营理念来适应不同层面消费者的需求。

CEMNI千年

CEMNI千年为千年翠钻（香港）珠宝集团与英国珠宝界翘楚乔·哈灵顿珠宝集团战略合作品牌，集团资产总额6.2亿元，注册资金1.35亿元，仅华东区就有近百家直营专卖连锁店。

作为融生产与设计于一体的珠宝品牌，CEMNI千年充分发挥自身设计优势，不断推陈出新，在款式设计上不断寻求突破，多次获得欧洲珠宝设计大奖。其产品能够结合亚洲市场特点和东方人的审美心理，对珠宝产品进行设计升华，从而实现“跨国合作 · 全球销售”的市场理念。

充满爱与美的艺术感的CEMNI是最能展现当代时尚的珠宝品牌，Cemni原意指“无限的，永无止境的”。CEMNI千年品牌寓意着对爱与美艺术的永无止境的追求，每件珠宝都是爱与美的艺术的集中体现，也象征了永恒的爱与承诺。

江阴市瑞峰珠宝有限公司成立于1979年，是一家从事黄金、铂金、珠宝首饰生产、加工、批发的专业企业，所有产品都经过国家权威机构鉴定并出具证书。公司一直秉承“精工制作，专业服务，品质保证，顾客赞誉”的经营理念。“瑞峰”牌珠宝首饰，工艺精湛，款式新颖，在业界与消费者中建立了广泛的美誉。在多个省市大型商厦设有连锁专柜，年销售业绩2000万元左右。2004年1月获得“国家检测达标企业”称号，同年被评为无锡“计量放心品牌”，2004年12月获“中国珠宝玉石首饰行业放心示范店”称号，2005年9月被评为“中国珠宝首饰业驰名品牌”。

顾客对瑞峰珠宝的一贯钟情与厚爱是瑞峰不断前进的动力。

江苏东海华宇实业有限公司成立于1997年，是集水晶工艺品、珠宝饰品等产品的开发、生产和营销于一体且拥有自营进出口权的综合性民营企业。“善源”牌系列珠宝饰品与水晶工艺品是华宇公司的主打产品。公司现有员工1268人，注册资金1019万元，规模和业绩一直位于业内前列。

“善源”品牌曾先后被评为“江苏省著名品牌”，“中国珠宝首饰业驰名品牌”，“中国水晶产业龙头企业”，2005年“善源”又被评为“江苏省著名商标”，并通过了质量管理体系和环境管理体系双认证。公司还连年被有关机构评为“重合同守信用企业”，“ＡＡＡ级资信企业”。

创新是企业的灵魂，发展是永恒的主题。在未来几年里，公司将加速推进品牌战略，不断提高产品的市场竞争力，努力打造国际化的“善源”品牌。

浙江天宝坊黄金珠宝有限公司位于中国十大魅力城市——绍兴市。公司创建于1994年5月，沿用祖传“天宝坊”而命名，经营范围为批发、零售金银饰品、珠宝玉器、工艺美术品。

天宝坊始终把“诚信”立为公司创立和发展的生命线，以“以人为本，诚实经营，科学管理”为企业宗旨，以“诚信经营，诚信服务”为经营理念，全面推行质量管理体系，实施品牌战略，天宝坊品牌被评为“中国珠宝首饰业驰名品牌”及“浙江省知名商号”。

天宝坊已发展为集设计、生产、批发、零售、培训于一体的大型黄金珠宝艺术品公司，控股香港（国际）天宝坊集团公司和浙江中金投资管理有限公司，并与中国黄金珠宝业领先企业中金黄金、老凤祥、老庙黄金紧密合作拓展市场。公司先后获得“中国商业名牌企业”、“全国商业服务业顾客满意企业”等诸多荣誉。

泰州市天孚珠宝银楼有限公司是2002年5月改制成功的民营企业，已有30余年的历史，专业从事黄金、珠宝、铂金首饰及工艺品的加工、批发、零售，特约经销上海造币厂生产的系列熊猫金银纪念币、藏品、艺术品、纪念品，中国国家博物馆艺术品开发中心生产的系列黄金饰品以及中国黄金投资金条的销售回收。

公司特别注重首饰产品和销售服务两个方面的品牌塑造，近年来，相继被评为“中国珠宝首饰业驰名品牌”、“中国珠宝玉石首饰行业放心示范店”、“江苏省黄金珠宝业著名品牌”等。经过多年构筑诚信工程，天孚首饰在民间树立了良好的形象。一想到买黄金首饰，消费者便会想到老字号的“天孚”。

坚持诚信经营理念，视消费者为自己的衣食父母，为消费者真诚服务，这是天孚人不变的信念，也是天孚人永恒的目标。

无锡市旭日珠宝首饰有限公司成立于1991年。经过十几年不懈努力和发展，现已成长为一家集珠宝产品开发、生产、营销于一体的大型专业化珠宝公司。旭日珠宝品牌在江苏、福建、浙江、安徽、上海遍布销售网点。公司坚持以质量管理为起点，以产品质量求发展，以珠宝文化为经营宗旨，以优秀团队为基础，努力增强企业的整体素质，提高市场的竞争力。

旭日珠宝以不断的新品开发作为品牌持续发展的动力，注重人才培养，推进品牌发展的进程。经过多年的发展，规模与实力不断壮大，公司在全国珠宝首饰行业中信誉度及地位得到了逐步提升，先后获得了“中国珠宝首饰业驰名品牌”、“中国珠宝玉石首饰行业放心示范店”等荣誉。

伊莲珠宝，始创于20世纪90年代初期，如今已成为国内拥有十几家专柜的珠宝企业。先后获得“中国珠宝首饰业驰名品牌”、“中国珠宝玉石首饰行业放心示范店”等荣誉。作为太湖之滨的本土品牌，伊莲珠宝自1996年进驻无锡八佰伴，至今与无锡八佰伴共同成长13年。

伊莲珠宝以时尚豪华镶嵌翡翠、有色宝石为特色，产品以中、高端时尚女性为目标消费群体，以彰显女性独立、张扬的个性气质为宗旨，曾多次成功举办珠宝饰品展。伊莲珠宝凭借多年来孜孜不倦的努力赢得了消费者的青睐，建立了长期稳定的VIP客户群。伊莲珠宝用最独到的眼光去发掘产品魅力，以钻石的璀璨，玉器的温润，宝石的深邃，铂金的高贵来点缀每位消费者的精彩生活！

无锡市悦灵工艺品有限公司是在原国有公司的基础上改制成立的股份制企业。在改制后短短的几年里，不仅塑造了“悦灵”品牌，业务量也逐年翻番。2004年4月在香港注册了“香港悦灵珠宝实业有限公司”和“悦灵”商标，公司在江、浙、皖、湘等大中城市分设十几个销售店，2003年通过ISO9001：2000国际质量管理体系认证，并先后获得“中国珠宝首饰业驰名品牌”、“中国商业信用AAA级企业”及“中国珠宝玉石首饰行业明星放心示范店”等荣誉称号。

在激烈的市场竞争中，凭借优质的产品和良好的服务，悦灵首饰在江苏、浙江、安徽等省城的大小商场和专卖店分设专柜，建立了各地的销售网络，逐步扩大了市场占有率。

一分耕耘一分收获，“悦灵”品牌在消费者心中已享有良好的声誉，品牌效益日渐凸现。

浙江省浙地珠宝有限公司前身是杭州浙地珠宝有限公司，是由浙江省地质矿产研究所投资创办的科技经营型企业，成立于1992年12月。公司以“浙地珠宝”为品牌，拥有珠宝鉴定师等专家10余名，是技术珠宝、专家珠宝的典型代表。

公司以“地矿珠宝、天然珠宝、专家珠宝”为定位，一贯遵循“专业、天然、实价、诚信”的经营方针。公司于2005年5月成功开通了浙地珠宝网站，在网站上经常公布公司促销信息和新款推荐，赢得年轻顾客的欢迎。随着3G时代的到来，手机上网会越来越普遍，2008年10月公司建立了手机网站，为公司信息发布奠定了良好的基础。

公司始终把维护消费者的权益作为公司的责任和发展基础，积极营造安全、放心、和谐的消费环境，赢得了消费者的长期信任，也获得了许多荣誉，曾被授予“珠宝玉石规范经营示范窗口单位”、“中国珠宝玉石首饰行业放心示范店”等称号。

上海美晶钻石公司成立于2007年，2008年取得了DIA/DMB（DTC博茨瓦纳配货商)和“The Botswana Diamonds，博茨瓦纳钻石”在大中华区的独家代理权。目前主要从事B2B的钻石批发业务，客户主要为国内一线珠宝零售商。

上海美晶拥有极为丰富的货源，一流的切工，严谨稳定的分类，供应0.01～10.00克拉的钻石，其中在0.30～2.00克拉方面则更具优势。

北京世纪铭人珠宝有限公司创建于1993年，是集采购加工、首饰制造、批发零售为一体的大型专业集团公司，销售网络遍布全国。经15年的勤奋进取，成为产品品牌化、经营诚信化、管理完善化、目标国际化的珠宝首饰品牌企业。

经典的原创设计，崇高的人文传承，使大雄珠宝以种类丰富，工艺精湛，设计巧妙而独步天下。大雄饰品简约而奢华，尽显东方女性之婉约瑰丽。一流的国际珠宝专家，匠心独运的精湛技术，奉献出款款时尚经典的珠宝饰品。售后服务更是全面温馨，每一件饰品均享受终身免费清洗，钻石饰品还可以享受以旧换新服务。

优秀的企业文化，严格的质量管理，丰富的珠宝品类，卓越的品质优势，完善的服务保障，大雄珠宝赢得消费者的信任和青睐，成为“中国珠宝玉石首饰行业放心示范店”和“中国珠宝首饰业驰名品牌”。

1993年北京戴梦得宝石公司成立，戴梦得商标随之启用。多年心血的付出，戴梦得先后获得“中国名牌”产品和“中国驰名商标”的殊荣。戴梦得稳定卓越的品质受人瞩目，已经在全国23个省份、214个城市设有专卖店（专柜）400余个，成为公认的中国珠宝界的实力品牌之一。

从原料选择、切磨加工、设计制作到销售服务，戴梦得始终精益求精，在业内和消费者中赢得广泛赞誉。2002年，骏业珠宝有限公司成立，戴梦得商标以整体转让、受让的形式成为该公司旗下的一个品牌，从那时起，积极迎接挑战，力争在激烈市场竞争中脱颖而出，锻造一个世界一流的珠宝品牌，就成为公司领导层和全体员工的坚定意志和孜孜以求的目标。

多年来，戴梦得与 DE BEERS、国际铂金协会等国际推广机构及其供货商的紧密合作，使戴梦得从源头保障了原材料的最佳品质；戴梦得还与国际知名厂商联手开发出最新的“繁星”钻石切工，令戴梦得出品的钻石散发出更明亮的火彩。

帝恩钻饰来自浪漫之源法国，由马赛贵族后裔Albert创立，其家族在法国历史上以热衷艺术闻名遐迩。帝恩钻饰于1995年进入中国，投资开设了第一家直营钻饰珠宝店，凭借良好的服务，逐步建立起店面品牌的信誉及口碑，帝恩珠宝的第二家、第三家店面相继开业，2004年正式成立“北京蒂恩伟业钻饰珠宝有限公司”。

面对激烈的市场竞争，公司开展市场分析，调整经营策略，重新制定新的经营核心思想。同时，提高内部员工销售技能及服务意识，调整员工激励政策；提高商品品质，严把质量关。同时开辟了第二销售战略“网络购物直营体验中心”，借助互联网平台优势，为消费者提供更为优质实惠的商品，并设置了多项特色服务。

公司在多年的经营历练中，坚持一贯的“质量第一、信誉第一、服务第一”经营宗旨，稳定发展。

北京东方晓鸣珠宝有限公司成立于1998年，是一家专业推广玉文化、传播玉文化、经营翡翠饰品、玉雕制品，把东方最神秘的翡翠和西方最新的设计理念有机结合的专业珠宝公司。公司技术力量雄厚，自产自销，紧跟国际潮流。公司下属东方政霖工艺品厂，是北大资源美术学院玉雕培训基地，特邀资深玉雕大师为艺术顾问监制大师级作品。

公司遵循“以德经营、诚信立业、合理作价、超前创新、超值服务、传播文化”的经营理念全力打造中国顶尖翡翠品牌。

东方晓鸣翡翠以其独特的艺术魅力和卓尔不凡的内在品质赢得了广大消费者的青睐。其在设计工艺、款式创新、个性服务、文化诠释等方面竭尽全力，倾心打造高贵唯美的世纪经典。产销一体化的经营模式、真实稳定的市场价格，更是收藏投资获益的保障。

北京瑰之宝经贸发展有限公司创建于20世纪80年代初，是主要经营珠宝首饰及珠宝采购、加工、批发销售的大型集团公司，注册资本250万元，资产总额达1.4亿元。秉承“以人为本，天人合一，共创辉煌”的企业宗旨，“诚信经营”是瑰宝钻饰坚持不懈的经营理念。经历20余年的努力奋斗，瑰宝钻饰依靠雄厚的实力，形成集团统一购货，大批量、低成本、薄利润的良性循环，同时瑰宝人将产品质量和管理技术竞争引入到人才竞争机制，使产品赢得美誉。

1999年瑰宝钻饰被国家质检部门评为“信得过产品”；2001年被授予“消费者信得过商品”及“顾客满意品牌”称号；2002年至今连续被中国珠宝玉石首饰行业协会评为“中国珠宝首饰业驰名品牌”，为瑰宝品牌走向国际化奠定了坚实的基础。

國華商場

北京国华商场有限责任公司是北京市中型商业企业之一，营业面积5000平方米，专营黄金、铂金、18K金、钻饰、翡翠、珍珠、珊瑚、银饰等首饰。曾获得“北京市购物放心单位”，“北京市优秀特色店”称号。

公司所售饰品均为“国华”品牌。为确保商品质量，国华选择的供货商均为“中国名牌”产品企业，且所售饰品全部交由国家级专业检测机构检测。2008年销售额达6.13亿元，同比上升54%，投资金条等自有品牌销量增长达89.69%。2009年，以企业名号做担保的“国华”投资金条，上市首日销量就达到2.6万克。

国华商场提供咨询、加工、清洗、维修、刻字、改圈口等十几项内容的“一条龙”服务，尤其是对首饰终身免费清洗、维修的承诺，解除了消费者的后顾之忧。国华商场致力于在营销、服务、质量、款式、包装上更上一层楼，“让顾客满意是我们永恒的追求”。

北京恒昌玉都贸易有限公司是专业从事翡翠玉器、玉雕制品的珠宝公司。公司依托人性化管理与过硬的品质、新颖的款式、优势的价格以及完善的服务，把企业精神、经营战略、品质理念和服务理念贯穿在一起。公司设计、研发、技术团队直接面对消费者，在第一时间反馈消费者需求。店面遍布广泛，为消费者提供便捷的购物场所。

公司以卓越的品质和完善的服务为龙头，运用专业知识及多年的行业经验，提升企业形象和市场竞争能力，在京城翡翠销售中名列前茅。恒昌珠宝公司拥有雄厚的资金和大量的精英人才，加之脚踏实地知难而进的精神，正在开创更美好的未来。

北京金玉翠福珠宝有限公司是一家专营翡翠、和田玉和玉雕摆件，集原石采购、产品设计、文化传播于一体的专业珠宝公司。公司在北京、天津、河北、山东、山西等地各大知名商场拥有“金玉翠福”品牌专柜20余处，并设立了以推广玉文化为主旨、以“精美的石头会唱歌”为主题的“金玉翠福玉之言工作室”，致力于产品的创新设计和玉文化的传播。

金玉翠福自成立之日起，即把传承“中国悠久玉之文化，创建金玉翠福百年品牌”作为企业的发展目标。秉承“以人为本，诚信经营，开拓创新，传播文化”的经营理念，以卓越的产品品质、良好的商业信誉、完善的服务体系赢得了广大消费者的青睐。先后获得“中国珠宝首饰业驰名品牌”、“中国珠宝玉石首饰行业放心示范店”等殊荣。

天津市千禧福临珠宝有限公司成立于2001年，以首饰的加工、批发及零售为核心业务，总营业面积3000平方米。目前公司拥有员工百余人，均经过珠宝专业知识培训，具有大专以上学历者超过75%，绝大部分已取得国家级职业资格证书。

公司打造的“爱亿生”珠宝品牌，以“宁失千两金，不负顾客心”为原则，诚信经营，热情服务，坚持专业、细致的工作作风，不断提升人性化的服务水平，在消费者中树立良好的品牌形象，并通过异业联合及品牌优势，市场占有率不断提高。近年来先后获得“中国珠宝玉石首饰行业放心示范店”、“中国珠宝首饰业驰名品牌”等荣誉。

该公司将继续奉献优质的产品、热诚的服务，不断开拓进取，创造更美好的未来。

山东福人楼工贸有限公司成立于1998年4月18日，总公司注册资本500万元，资产总额为1.6亿元。现已发展成为集科工贸于一体、服务功能完善的大型专营企业。总公司下设珠宝首饰、收藏文化交流中心、北海宾馆等分公司，与国内外几十家黄金珠宝首饰和文化礼品厂商加盟连锁。首饰公司除在滨州设有总店外，在滨州银座滨州店、惠民百货大楼等设立13家珠宝首饰分店。收藏文化交流中心经营面积800平方米，产品2000余种，其收藏文化礼品销售占据鲁北地区市场突出份额。

21世纪的“福人楼”，将以精美的设计、独特的品牌、优质的服务、全新的风貌，以强力锻造中国民族珠宝首饰、文化礼品、宾馆餐饮等商业经营品牌为目标，以坚忍不拔的精神和勇气，开创更美好的明天。

香港翰林艺雕珠宝（国际）有限公司自20世纪中叶成立以来，本着“以质量为基石，用品牌来经营，让服务为后盾”的经营理念，通过数十年不懈的努力，已发展成为了集零售、批发为一体的大型珠宝企业。

公司现有直营店面几十家，网点覆盖多个省市自治区。公司对直营店面实行统一配送，定期对新老员工进行专业培训，以加强销售人员专业知识，让消费者在“透明化”的环境中买得放心。

多年来，翰林艺雕在消费者心目中树立了良好的声誉和形象，先后获“中国珠宝首饰业驰名品牌”、“中国珠宝玉石首饰行业放心示范店”等殊荣。翰林艺雕善于学习国际知名珠宝企业优秀的设计理念、创新精神及管理模式，自身也有着一支非常专业的规划、设计和鉴定团队，人才优势较强。两者的结合，使翰林艺雕成为珠宝界具有创新的、符合时代要求的典范之一。

天津开发区金辉珠宝有限公司成立于1996年。目前已拥有钻石、翡翠专柜、专卖店50多处，遍布天津地区的各大商场，同时覆盖北京及河北省地区，其业务范围已扩展到整个华北地区。

10年来，金辉人在稳抓经营与服务的同时，把更大的精力投入到树立良好的企业文化、打造强有力的企业团队上，努力将公司推向产业化经营。通过不懈的努力，金辉珠宝已经建立了一支强大的营销、设计、管理和服务团队，公司的每一位员工，都经过了系统而严格的培训，力争做到营销专业化，服务标准化，管理系统化，确保每一位光临金辉珠宝的顾客都能感受到金辉品牌专业的、标准的、系统的服务及强大的品牌理念和团队支持。

近年来，面对国际经济危机对珠宝消费市场的影响，金辉珠宝积极主动地发挥地方品牌优势，开拓新的强势项目，使公司业绩依然保持稳步增长。

山东蓝天首饰有限公司始建于1993年9月，是一家总资产过亿元，员工500余人，集设计开发、生产加工、销售服务于一体的大型首饰企业。在宏观商业模式上，蓝天公司定位于为客户提供有价值的服务，以客户导向为目标建设一种高质量的产品文化与服务文化，并在较短的时间内迅速完成了从纯加工批发向珠宝品牌文化推广的转变，建立了多元化的品牌体系。

公司自成立以来，在首饰生产上积累了丰富的经验，黄金首饰生产工艺和技术一直居国内领先水平。公司均严格按照国家标准生产，并通过ISO9001国际质量管理体系认证，是中国电子监管网入网产品，拥有国内最为严格的品质保证和化验检测体系。蓝天首饰率先在同行中推出“十保服务”，凡是公司荣誉出品的首饰均向消费者承诺保真、保质、保量、保换、保退、保修、保送、保值、保满意、保洗（终身免费清洗），并开通800—860—3266专用客服热线，投入巨资建立起了ERP网上选款系统（网上版房），完善了客户售后服务管理。

赛菲尔珠宝

山东蓝天首饰有限公司成立于1993年9月，位于中国蓝宝石之都——山东·昌乐，十几年来依托丰富的资源优势、优惠的产业政策和良好的投资环境，使一个当初只有十几人的家庭作坊式小厂，发展成为现今总资产近亿元，集设计开发、生产加工、销售服务于一体的大型首饰企业。

旗下品牌“赛菲尔”2003年5月在深圳成立分公司以来，以蓝天生产基地做依托，致力于首饰款式的开发与设计，以全新的模式发展加盟业务，现已拥有遍布中国各经济发展城市的加盟连锁店400余家，并在安徽合肥、四川成都和陕西西安等地设立了加盟连锁机构办事处。在未来三年内，蓝天首饰将继续加大“赛菲尔”品牌的投入与市场的拓展，销售网点将覆盖中国主要二、三线城市，打造500家加盟连锁店。

公司秉承“共同赢利，共同发展”的经营理念，为消费者提供优质的产品和服务，努力把企业打造成“前沿、优雅、经典、时尚”的优秀品牌文化企业。

山东梦金园珠宝首饰有限公司创建于1994年，前身为“潍坊市梦金园珠宝首饰有限公司”。2004年变更为“山东梦金园珠宝首饰有限公司”，成为一家以黄金、白银珠宝首饰以及银饰工艺品为主导产品的珠宝首饰加工企业。截至2009年底，公司总资产达2亿多元，拥有职工600余人，注册资本1300万元，曾先后被授予“AAA级信用等级企业”、“全省技术改造先进集体”，“山东省管理创新优秀企业”等荣誉称号。

公司成立以来，利用当地丰富的蓝宝石资源，实施产销一条龙的发展模式和产业化、标准化、自我配套化的发展道路。公司积极拓展销售渠道，健全营销服务网络。目前已自建6家自营店、发展1200多家加盟代理商（商场），系列产品畅销全国20多个省、市、自治区，2009年实现销售收入20多亿元。特别是全球金融危机以来，公司的销售收入以25%以上的速度高速增长，在同行业中业绩骄人。

济南齐鲁金店有限公司是一个老字号，它的前身恒大银号，创建于1927年。1984年，经中国人民银行批准，齐鲁金店正式得名。2000年，注册“齐鲁牌”珠宝首饰。现在，齐鲁金店是集珠宝首饰生产、批发、零售、检测于一体的综合性珠宝首饰企业，主店经营面积1000平方米，商品为齐鲁牌珠宝首饰，包括黄金、钻石、翡翠、镶嵌类商品，品种达上万种。齐鲁金店有一条极严的店规，就是“诚信为本，童叟无欺”，这条经营理念和经营风格一直坚持至今。

多年来，齐鲁金店坚持不懈地创新产品特色，被世界黄金协会吸纳为展示黄金饰品合作单位。世界黄金协会每年都在齐鲁金店举办两次黄金饰品展，极大地提高了“齐鲁”牌饰品的知名度和美誉度，为“齐鲁”牌饰品成为真正意义上的驰名品牌奠定了基础。

2008年齐鲁金店单店销售额突破两亿元，实现了企业可持续发展。先后被山东省评为“消费者满意单位”，被山东省国税局评为“纳税信用等级A企业”，被济南市泉城路商业街管委会评为“文明经商示范店”。

青岛鑫玉泰珠宝有限公司创于20世纪80年代初，专营翡翠饰品、和田玉和各种玉雕摆件以及各种珠宝产品的研究开发。公司在山东、辽宁、黑龙江、江苏、河北、新疆等地各大知名商场拥有“鑫玉泰”品牌专柜数十处，销售业绩骄人。通过鑫玉泰人的不懈努力，各项业务不断发展壮大。公司现下属雕刻厂9家、联营公司10家，获得了“中国珠宝首饰业驰名品牌”，“中国珠宝玉石首饰行业放心示范店”等荣誉。

公司以超前的管理方法和经营模式为契机，将中国传统文化与现代玉雕工艺有机结合，融为一体，产品形成独特风格，具有极高的欣赏和收藏价值，引领玉雕珠宝行业的品牌时尚。鑫玉泰人将一如既往，坚定信念，与珠宝玉雕界同仁一道竭诚为客户服务。

潍坊市鑫源金店成立于1995年，是一家以经营黄金、铂金、钻石、珠宝首饰为主的大型专业连锁金店，总经营面积达10,000平方米，是山东省规模最大、档次最高的珠宝首饰连锁企业之一，同时在全国也享有极高的声誉。

2008年在金融危机的形势下，鑫源金店又有两家大型直营店在潍坊市繁华地段开业。2008年底自建了高达15层的钻石大厦，宏伟气派，富丽堂皇，是一座综合性高档建筑。鑫源金店旗舰店坐落在大厦的底部，首饰区营业面积3000平方米。店内装修豪华典雅，柜台设计简洁时尚，环境温馨舒适，并汇集了众多国际珠宝展获奖精品。

十几年来，鑫源金店始终坚持“以顾客为中心，以员工为基础，以创新为灵魂，诚信经营”的理念，凭借强大的竞争实力一步步发展壮大。

招金银楼作为招金集团旗下唯一的终端珠宝品牌，其历史可以追溯到1908年（清光绪三十四年）。历经上百年的历史沿革和变迁，招金银楼已成为当今终端零售市场的知名品牌，展现了强大的生机和活力。

2008年，为突破同质化，坚持“差异化”的经营战略，公司推出了“招金银楼”品牌加盟业务，以准确的市场定位，经营独具优势的“万足金”、“梦幻硬千足金”等主导产品。两年来，招金银楼在合作伙伴和加盟商的支持下，已建立黑龙江、北京、辽宁、河北、安徽、湖北、湖南、江西等省级总代理8家，招金银楼直营店20余个，招金银楼加盟店45个，呈现出了一派蒸蒸日上的发展格局。

2010年，公司将在黑龙江、北京和济南设立3个分公司，专门从事招金银楼的品牌拓展业务，计划将投入1000万元对品牌理念、形象、宣传进行提升和创造。坚持以“做名品、建名店、创名牌”为核心，全面推动招金银楼连锁加盟事业，以优良的业绩和完美的服务打造珠宝零售行业卓越品牌。

天津珠宝街由中钢集团天津地质研究院有限公司创建，总部坐落于天津河西友谊路金融街，是天津市目前规模最大、经营品种最多、专业性最强的黄金珠宝首饰专业卖场，是国际钯金协会指定零售商，有“天津黄金珠宝第一街”的称号。

目前，天津珠宝街已经拥有“珠宝街旗舰店”、“玉翠山庄”、“天津珠宝街河东商城”、“天津珠宝街滨海商城”等大型黄金珠宝专业卖场，同时引进百年老店“老凤祥”等数10家珠宝商进驻珠宝街，进一步拓展珠宝街的各项功能。天津珠宝街拥有“吉奥诺金”、“圣迪尔”、“圣罗蒂”、“石头城”等专业珠宝品牌，集黄金珠宝销售、鉴定、检测、科研和教学等多种服务功能于一体，经营规模和营销实力不断发展壮大，营业总面积近万平方米，年销售额数亿元，被誉为天津珠宝行业的旗舰。

天津珠宝街本着“专业制胜”的经营理念，为繁荣天津市黄金珠宝首饰市场，丰富天津市黄金珠宝首饰市场的品种，提高消费档次、引领消费时尚、倡导首饰文化做出了积极的贡献。

辽宁东祥金店珠宝有限公司成立于1984年，是专业从事黄金生产、加工、批发零售业务的专业金店，经营网店遍及辽宁、吉林、黑龙江三省。1995年，“东祥”商标在全国注册。“东祥”以其诚信和服务树立了金店楷模。

2004年，东祥金店经全方位改造以崭新的形象亮相沈城中街，注册资本达1000万元，固定资产逾1亿元，年销售额达2亿元，全新的商业模式、创新的经营理念、现代化的管理手段、大型连锁加盟的运作使“东祥”自营专卖店及加盟连锁店蓬勃发展，15家自营专卖店和45家加盟店覆盖东三省及内蒙古自治区。

东祥金店为珠宝行业健康发展而不断努力创新，与世界黄金协会、国际铂金协会、DTC国际钻石推广中心紧密合作，成为优秀合作珠宝商。通过不懈的努力赢得了“中国驰名商标”、“中国珠宝玉石首饰行业放心示范店”、“辽宁省著名品牌”等荣誉。

辽宁鑫奉珠宝首饰(集团)有限公司是黄金饰品生产、加工、批发企业，拥有金银饰品进出口权，铂金及首饰相关贵金属原料进口权。先后成立了辽宁鑫奉珠宝首饰有限公司、沈阳华夏珠宝首饰有限公司、辽宁鑫奉钱币有限公司、辽宁静观阁艺术品投资有限公司、辽宁鑫奉铁岭金行、北京嘉比德文物有限公司、调兵山华夏·鑫奉珠宝金行、营口华夏·鑫奉金行。

在沈阳市铁西区商业街拥有1000平方米的综合珠宝艺术品经营卖场——鑫奉珠宝旗舰店；在沈河区中街拥有1000平方米的鑫奉首饰设计中心。同时，鑫奉公司积极进行国内外贵金属矿产业的独立或合作开发，充分合理地利用好贵金属矿产业带来的巨大经济效益和社会效益。

黑龙江六桂福珠宝首饰集团有限责任公司是一家大型的综合性珠宝企业集团，集珠宝生产加工、批发、零售、品牌连锁加盟于一体。六桂福珠宝首饰集团凭借极其雄厚的资本优势，打造了规模强大的珠宝首饰批发中心和珠宝首饰连锁经营体系。目前，六桂福珠宝首饰集团成员为黑龙江六桂福珠宝首饰有限公司、深圳市六桂福珠宝首饰有限公司、黑龙江六桂福投资管理有限公司等数家子公司。

六桂福珠宝首饰集团旗下拥有源自香港的珠宝品牌——六桂福。六桂福秉承“福运中国，尊享人生”的品牌使命，致力于将最顶尖的珠宝首饰呈现给顾客，同时以诚信服务为根本，倾情客户。历经多年努力，终于赢得了广大顾客及同业者的认可，并先后荣获中国人民保险公司“产品质量保证保险”、“3 · 15质量诚信承诺单位”和“中国珠宝首饰业驰名品牌”称号，同时成为人民日报“全国诚信企业”上榜品牌和国际DTC钻石推广中心鼎力支持品牌。

安徽宝瑞源珠宝有限公司成立于1999年4月，注册资本1000万元人民币，主营天然钻石首饰和高档玉器首饰。宝瑞源坚持“以质成品，以量成牌”的质量标准，融合“时尚流行”与“古典传统”精华，倾力打造具有中国特色的高端珠宝品牌。

宝瑞源成立以来，以“传承中国珠宝文化”为己任，坚持以文化为内涵、品质为保障。公司于2002年通过ISO9001:2000国际质量体系认证，并先后荣获“安徽省著名商标”、“中国珠宝首饰业驰名品牌”、“安徽名牌产品”等诸多称号。截至目前，宝瑞源在安徽90%以上的大中型城市设有50余家直营店及加盟店。

历经多年诚信经营的沉淀，安徽珠宝品牌“宝瑞源”已经获得众多合作伙伴的信赖和消费者的认同。宝瑞源将继续奉献至美的珠宝，为使民族品牌走向世界贡献自己的力量。

亨得利，意为“万事亨通得利”。南昌亨得利股份有限公司始创于清朝光绪末年。

南昌亨得利分号创建于1918年，以经营钟表、眼镜、钢笔、唱机、银器首饰兼营钟表修理而著名。1992年公司增设了黄金珠宝业务。近30年来，公司在坚持传统经营特色的基础上以改革求发展，企业的规模和效益同步增长。公司总资产由改革前的30万元增加到现在的2.3亿元，零售门点扩展到十多个，营业面积共4000平方米。2008年全年商品销售近3亿元，人均创利税列全省商业系统首位。

2001年底公司和香港周大福强强联手，开设了南昌亨得利周大福珠宝行。2008年珠宝金饰品销售额达2.2亿元。近几年，公司的营业面积持续扩大，企业进一步做大做强。

“字号老，信誉好”。“生意与信誉同领，商品与人品共纯”的南昌亨得利先后获得“江西省著名商标”、“江西名牌产品”、全国“五一”劳动奖状、全国“百城万店无假货”活动示范店、“中国珠宝首饰业驰名品牌”等殊荣。

合肥金豪珠宝有限公司于2005年6月8日正式挂牌。作为一家股份制企业，公司注册资金1000万元，主要从事自主拥有的香港金豪珠宝品牌的运营及开发。各类首饰品种达到数十万件。

公司拥有专业技术人员80人，汇集了研发，品牌推广，销售等一系列服务团队。公司自成立以来，以优质、务实的服务体系，提供精诚而完美的品牌服务理念，赢得了消费者的信任和认可。

2005年，公司在安徽省首个实现了钻石镶嵌的现货经营模式，大量的现货货源为省内外广大客户与消费者提供了方便与快捷，不必为长时间下单而等待。2006年，公司开阔思路，配合现下时尚女性对美的要求，从意大利、香港引进18K彩金系列。2007年开始引进及开发了普通百姓所喜爱的千足金镶嵌系列、千足金镶玉系列。2009年公司推出的炫彩钻系列、旋爱系列获得了广大消费者的喜爱，销售收入逐年稳步上升。

河南金星首饰有限公司始创于1992年，经过多年的发展，目前已拥有多家专营店和商场专柜，成为河南省内最大的珠宝连锁企业之一。

金星首饰在发展过程中始终坚持至诚至信、创名品名企，引领新潮时尚，创永恒魅力的理念，倾力弘扬首饰文化，以良好的信誉和完善的售后服务赢得了广大消费者的信任和支持，荣获省、市级“诚信先进示范单位”、“消费者信得过单位”、“中国珠宝首饰业驰名品牌”等称号。

在过去的17年里，金星首饰响应国家提倡的新农村建设号召，经常开展对老人福利院、贫困乡村中学、贫困生资助活动。这些举动取得了良好的社会效益，同时也让更多的人了解了金星、走进了金星。公司秉承科学的管理、卓越的产品品质，促进品牌在国内市场的推广和珠宝文化的传播。

安徽晶元珠宝有限公司是由香港新马国际集团公司控股的集科研、设计、生产、销售于一体的品牌连锁集团公司，创建于1992年。2000年在国家工商局申请了“晶元”商标专利，2006年被安徽省工商局认定为“安徽省著名商标”，2007年建立了标准为ISO9001：2000—GB/T19001-2000质量管理体系并获得中国质量认证中心颁发的质量管理体系认证证书，2008年被评为“中国珠宝首饰业驰名品牌”。

公司总部坐落于合肥繁华的市中心地带，占地面积为1000平方米，注册资本300万元，拥有员工260余人。晶元珠宝将市场营销管理、品牌整合传播作为中心工作来抓，在东北、华北、华东20多个城市设立了30多个品牌专柜和专卖店，产品深受消费者的喜爱。晶元品牌在沈阳、呼和浩特、太原、石家庄、济南、烟台、潍坊、保定、邯郸、南京、扬州、徐州、泰州、合肥、芜湖等地有着很高的知名度和美誉度。

三星地质宝石有限公司创始时间为1994年，业务涉及钻石、有色宝石、玉器、黄铂金、工艺品、商务礼品等产品的设计、生产和销售，并为顾客提供独特高级的珠宝定制服务。

公司积极参与世界各地的珠宝矿产资源分配，将来自南非、比利时、印度、缅甸等地的优质矿产作为首选，在“中国珠宝之都”——深圳，指定专门代工单位，保证每一件三星地质的珠宝首饰从设计制造、品质控制，到售前咨询、售后服务，始终体现地质科技所带来的专业水准。目前，三星地质的流通范围遍及省内各地市，营销网点不断壮大，品牌的知名度和美誉度日益增加。迄今，三星地质珠宝已为超过一百万的顾客提供满意服务和卓越产品。

三星地质以深厚的企业历史文化和坚韧的地质专业背景为依托，秉承“时间成就经典，专业铸就永恒”的品牌理念，将铸造“中国专业珠宝品牌”作为发展远景而不懈努力着。

山西得盛福珠宝有限公司成立于1998年，经过几年短暂而迅猛的发展，已成为山西省集开发、设计、生产、销售于一体的大型珠宝镶嵌饰品供应商和最大的制造商。自2003年开始，全力塑造“尚韵”珠宝品牌，全面开发极具市场竞争的产品，逐渐成为山西珠宝界龙头企业，在山西省拥有76家经销商，4个加盟店，8个自营店。

尚韵珠宝严格按照企标及国标的规定，完善工艺流程，从生产的每一个环节加强质量管理。 尚韵珠宝秉承“成为顾客首选，成为钻石专家”的企业使命，坚持“顾客至上”的价值观，积极倡导“诚实守信、优质服务”的企业文化，强调在保证产品质量的前提下，以优质的售后服务树立良好的企业形象。

尚韵秉承“成功源于品质，品牌源于诚信”的经营理念，努力将公司建成体制优越、机制灵活、管理先进、业绩优良的珠宝企业。

世纪情珠宝

CENTURY LOVE JEWELRY

世纪情珠宝是长沙世纪情百货有限公司旗下的著名珠宝品牌，获有“中国珠宝首饰业驰名品牌”的称号。世纪情珠宝成立于2002年5月1日，位于长沙交通便利的黄兴中路，濒临繁华的五一商圈。营业面积现已达到3000平方米，人员400多人，是一家集加工、设计、检测、销售、服务为一体的大型连锁珠宝首饰专业卖场。

卖场经营的饰品有3000余款，包括铂金、黄金、K金、钻石、珍珠、翡翠及新疆和田玉等。世纪情本着正规化的管理，优雅的购物环境，专业、细致、周到的售前、售中、售后服务受到了有关部门及广大消费者的支持与喜爱。并且被省质量技术监督局授予“购物放心店”称号，被长沙市消费者协会评为“消费者信得过单位”。

银星金店®

以质量、信誉、品牌而盛名的大同银星金店，是一家经营黄、铂、钯、K金和宝玉石、钻石、白银饰品、金银纪念币、中外名表、旅游工艺品等11大系列商品的股份公司。自1988年诞生至今，在晋商第五代传人——苏裕田董事长的掌舵下，秉承晋商“诚信、笃实、严谨、创新、立业、报国”的经商之道，勇于开拓创新谋发展。

现已拥有总资产3.7亿元，营业面积1万多平方米，注册资金12,328万元，从业人员300余名。年营销额5亿多元，销售辐射晋、冀、内蒙古三省区周边县市。同时投资组建证券业、典当业、黄金交易业、房地产开发、文物业、养殖业等，成为商品营销与资本运作等一专多翼型企业。

大同银星是山西省同业和大同市工商企业中唯一一家被国家工商行政管理局认定的“中国驰名商标”企业，同时还荣获“全国诚信维权单位”、“中国珠宝首饰业驰名品牌”、“中国珠宝玉石首饰行业优秀放心示范店”等140多项荣誉，成为全省乃至全国业界的品牌名店。

英特纳珠宝有限公司于1998年成立，1999年在国家商标总局注册商标“英特纳”，经营黄金、铂金、钻石等八大类品种。2000年在香港注册成立了意大利英特纳珠宝有限公司，2001年在深圳建立了“英特纳”品牌推广中心，2003年在深圳水贝工业区建立了加工厂，是集珠宝设计、生产加工、批发零售为一体的综合性珠宝企业集团。

公司成立10年来，发展迅速，现拥有大型自营店10余家，联营和加盟店100余家，在东北、北京、河北、河南、湖北、湖南、甘肃、宁夏、山东、山西等地区市场已经形成了独具特色的英特纳销售网络。公司总营业面积已达2万平方米，拥有员工近4000人，成为河南、河北地区规模最大的无租赁柜台黄金珠宝品牌专营机构。在无银行贷款及负债的情况下，公司资产总额已达3.2亿元，营业额收入达到8.8亿元。

英特纳人始终坚持“顾客至上、诚信经营”的经营理念，在经营过程中坚持“一切为了顾客满意”的宗旨，全心全意追求每一位顾客的满意。

台湾玉顺行珠宝公司创立于20世纪，主要经营新疆和田玉、缅甸翡翠，其公司LOGO设计“鱼”与“玉”谐音。在中国，鱼一直被认为是吉祥、灵性的动物，被认为是集天地之精气而成的吉祥之物，代表着中国人民对美好生活的期许和希望。

台湾玉顺行以领先的技术与工艺，造就出的产品独具优势。在内地市场受到广泛地信赖和推崇，目前在上海、江苏、山西、河南、安徽等地设有分店，独具匠心地推出货真价实、精品专营、文化传播、精品收购、保值回购、鉴定评估六大特色服务，秉承“以玉会友、诚信交易”与六大特色服务赢得了海内外客户的好评。2009年被评为“中国珠宝首饰业驰名品牌”，并获得“中国珠宝玉石首饰行业放心示范店”等荣誉称号。

“做每个人都戴得起的玉器”，将天然和艺术完美结合，台湾玉顺行不仅秉承了玉的传统经典文化内涵，更创新丰富了玉石语言，赢得市场更多消费者的认同与赞誉。

XIGO星光珠寶

XIGO星光珠宝于1999年9月成立于素有“中国商贸名城”之称的安徽阜阳，同年第一家专卖店在阜阳市最繁华的商业中心人民中路开业。

星光珠宝阜阳店坚持“以德经商，创百年名牌老店”的经营理念，赢得“安徽珠宝第一店”的美誉。2004年4月在安徽亳州市开设专卖店，迈开了连锁发展的步伐；2004年7月深圳钻至尊珠宝有限公司成立，星光开始了自有产品品牌的建设之路；2004年12月淮北百大连锁店开业，开创了在商场内开办连锁店的商场连锁之路。

2009年星光合肥总部正式全面运营，滁州店、宿州店相继开业，开始了“立足安徽、面向全国”的快速发展之路。璀璨星光，辉煌十年，星光珠宝经过十年稳步发展，培养了一支专业、忠诚、勤奋、高效的管理团队，创立了“多品牌经营珠宝专营店”的销售模式，建立了长期稳定、和谐共赢的厂商关系，积累了丰富的管理经验和进一步快速发展的物质基础。星光珠宝正在冉冉升起。

西安市天世源实业发展有限公司，是一家集珠宝首饰的设计研发、生产加工、批发零售为一体的综合型企业，天世源公司拥有广泛的市场以及成熟的业务网络，长期担当西南、西北地区珠宝市场的主要供货企业。下设零售事业部、西安展厅、成都展厅、深圳配货中心等分支机构，现有直营店20余家，品牌加盟店200余家。公司销售总额连年增长，2009年销售黄金1800余千克，白金珠宝及其他品类6000余万元，销售总额4.8亿元。

天世源公司坚持产业报国、诚信经营的方针，得到了社会各界的认可，先后获得“中国珠宝玉石首饰行业放心示范店”、西安市工商行政管理局“守合同、重信用”企业、西安市消费者协会“诚信单位”等荣誉。天世源公司同仁深知汗水之于荣誉的濡养，在未来的时期里要更加拼搏努力，把天世源建铸成为中国西部的明星企业。

成都市天鑫洋金业有限责任公司是一家从事黄金珠宝销售、投资、理财、贵金属加工的民营企业。在不懈的发展中，坚持以雕琢至尊品质为依托，以专立业，以诚立信，不断抓住时机扩展主业，延伸优势产业，整合上下游资源，旗下拥有一家贵金属加工厂，一家贵金属交易公司，一个黄金珠宝批发中心，一座面积达数千平方米的珠宝大楼，并在西部政治经济文化中心成都市最繁华的商业中心春熙路商业圈和四川第二大城市绵阳市设立5家天鑫金店，初步形成了规模化、产业化、集团化的经营格局。

公司作为上海黄金交易所首批会员单位之一，早在2002年末就设立了全国首家专为投资者“炒金”而设立的交易厅，这也是继上海黄金交易所之后的全国第一个二级黄金交易所。其黄金交易量已位居上海交易所128名会员的第16名；提纯铸造能力已达行业前10名的位置；黄金饰品和珠宝饰品的批发零售目前居省内的前5名。“天鑫洋”已成为一个具有明显区位优势和良好口碑的品牌，成为众多消费者信赖的选择，为实现打造百年基业的梦想奠定了坚实的基础。

AILEND
爱恋珠宝

四川爱恋珠宝有限公司在2007～2009年三年内迅速发展，形成以逾百家连锁经营店为主体，以自营、直营、加盟为模式的统一性经营体，经营范围辐射成都、乐山、泸州、重庆、达州等川渝地区的主要城市，员工总数达2000余人。

爱恋珠宝于2009年邀请《我的青春谁做主》女主角赵子琪小姐担任品牌形象代言人，斥资千万元进行第三代形象提升，并成为“2009年亚洲小姐竞选（中国四川赛区）唯一指定珠宝提供商”，广告投放覆盖全西南，投放平台涉及电视、户外、报纸等多种媒体。2009年7月10日成都市总府路爱恋旗舰店隆重开业，标志着“爱恋”连锁模式进一步完善，投资3000多万元，营业面积800平方米。

截至2009年，爱恋珠宝在西南地区分店已逾百家，覆盖成都、绵阳、南充、达州、德阳、重庆等共计51个地区和县市，区域内品牌连锁规模效应基本稳固，企业迈上了一个新的台阶。

新疆恒吉祥和田玉开发有限公司是一家集自主研发生产、店面和网络销售、精品收藏等功能于一体的和田玉企业。其中和田玉金镶玉产品将和田玉与黄金、各种宝石完美地结合起来，体现出佩戴者的高贵气质与风度，款式简约时尚，赢得众多消费者的喜爱。目前，拥有遍布全国各地的多家直营店、加盟店。

公司依托雄厚的资本优势和独特的地缘优势，具有长期稳定的和田玉原料供应渠道，加上先进的加工设备及来自上海、深圳和香港的雕刻、设计大师所组成的玉雕团队，实现了产供销一体化。作品体现了和田玉的温润、质朴、柔和以及高尚的人格精神和中庸和谐的境界。

2009年“恒吉祥”商标荣获“中国珠宝首饰行业驰名品牌”，成为全疆获此殊荣的两家公司之一。公司雕刻的玉器产品，多次获得新疆“国石杯”和田玉玉雕精品展评会重要奖项。公司以诚信、创新、进取的经营理念，为广大客户提供最真诚、最专业的服务。

成都市温江区龙凤珠宝有限公司于1998年创立了“六喜”珠宝品牌，2008年开始实施品牌整合，2009年开始大幅扩张。品牌整合之初恰逢全球金融危机，六喜珠宝不但没有退缩，反将此作为品牌发展的契机，自2009年1月起，先后在四川的都江堰、双流、自贡、宁夏、云南等多个地区县市设立了12家自营店，并计划2010年使自营店达到50家，以每年扩张8至10家自营店的速度持续稳步发展。

与珠宝市场加盟扩张主流模式不同的是，六喜珠宝自创立以来，始终坚持以终端自营方式实现品牌的稳步扩张，秉承“立足川内、辐射西南”的发展策略，目前在中国西部、南部地区已有40余家自营分店，具有相当的知名度与美誉度，获有“中国珠宝首饰业驰名品牌”荣誉。六喜珠宝以10年专业品质、前瞻性的营销眼光、务实求进的开拓精神，在珠宝行业赢得了一席之地。

雲地礦珠寶

云南地矿珠宝有限公司成立于20世纪80年代初期，注册资本2460万元。公司依托云南优良资源，努力发挥企业自主创新能力，抢占市场先机，细分市场。现年生产加工销售翡翠首饰已占云南省的四分之一以上，年销售额达4亿元人民币。

云地矿的经营理念是：以市场为导向，以品牌为中心，以质量求生存。注重品牌建设，获“国家AAA级信用等级企业”、“中国珠宝玉石首饰行业放心示范店”、“中国珠宝首饰业驰名品牌”和“云南名牌”等荣誉称号。

目前公司已在北京、深圳、上海、山东、山西、四川、贵州、重庆等地设有连锁经营专卖店。在未来5年内，公司准备再在国内发展百家翡翠玉石首饰专卖店，开辟国内翡翠生产加工基地、东南亚邻国翡翠生产加工销售基地，努力开辟欧美等发达国家市场。年销售量、销售额、上缴税款增长保持在20%以上。

青海玉玲珑珠宝有限公司成立于1995年，公司凭借着自身独有的地理资源优势，在国家和地方政府的大力扶持下，“玉玲珑”品牌已经发展为专业从事昆仑玉、和田玉等原材料开采、设计、加工、零售、批发及传播推广玉文化的专业玉石珠宝公司，在全国拥有多家专营店。

公司下属的扬州玉器加工厂、苏州玉器加工厂和西宁城东经济开发区加工厂等具有一流的生产加工能力。从原料的选材、设计、雕琢、打磨等工序做到层层把关，生产加工体系实现了标准化和规范化操作。同时公司还吸纳和培养了一批独具匠心的设计大师和经验丰富、技术娴熟的工艺师，打造出既能诠释传统文化古韵又款式新颖、时尚的作品。

公司始终坚持“工艺精湛，质量上乘，价格合理，诚实经营，信誉至上”的经营理念，先后被评为“消费者信得过品牌”、“重合同守信用单位”等。2009年，公司又被青海省人民政府评为“青海省名牌产品”。

昆明怡泰祥珠宝有限公司成立于2002年，是集玉石开采、翡翠毛料加工、珠宝玉器成品销售于一体的规模化企业。公司一直专心致力于“怡泰祥”品牌的运营和服务，经过公司多年的潜心经营及各位员工的共同努力，“怡泰祥”品牌在本地乃至全国消费者中已获得了良好的信誉和口碑，并拥有稳定而忠实的高端顾客群。

目前，公司在昆明巫家坝国际机场设有6个珠宝销售网点，营业面积达300平方米。经营范畴涉及翡翠玉石系列、玛瑙系列，水晶系列等。在货源方面，公司与缅甸玉石矿场、红蓝宝石矿场、广东加工厂商建立了良好的合作伙伴关系，提供了直接的货源保证；在产销方面，公司与大型珠宝供货商常年合作，确保了珠宝的价格优势和品质优势。

未来几年，公司将以昆明为中心，以国内外直营店面为销售网点，同时依托网络营销等多样化渠道开拓市场。

第六篇

行业规范自律

开

阳

一、珠宝行业标准化建设稳步推进

暴 伟

1. 标准建设意义重大

标准化工作在珠宝领域是十分重要的，特别是在当前形势下，国际贸易越来越频繁，在竞争日益激烈的国际珠宝市场中，国际珠宝企业一方面利用标准形成贸易壁垒，限制中国的珠宝首饰出口，另一方面又想尽办法进入中国珠宝市场。因此，完善严谨的珠宝标准体系是珠宝业健康稳定发展的重要保证。

图6－1－1　全国珠宝玉石标准化技术委员会成立大会暨第一次工作会议

近年来，我国珠宝业在国际贸易争端中多次涉及到技术壁垒等问题。2007年美国、英国等国家以铅含量超标为由，全面抵制中国的流行饰品，在全球范围内召回中国生产的流行饰品。我国流行饰品年产值近350亿元人民币，其中70%以上用于出口，由于我国尚没有饰品铅含量的强制性国家标准，其中的风险不言而喻。为此，我国珠宝业紧急呼吁珠宝首饰有害元素含量标准出台，以提高我国流行饰品的环保指标，并保证流行饰品的健康稳定发展。

2008年，在全球经济危机的影响下，全球经济迅速下滑，珠宝产业受到巨大影响。在这种情况下，中国珠宝市场仍保持了良好的发展势头，吸引了国际珠宝企业的目光，他们纷纷把进入中国、占领中国珠宝市场作为企业发展的战略目标。他们利用我国珠宝标准体系不完善，在国际珠宝贸易中对中国产品进行打压，同时又以各种名目将其产品销入中国市场。在未来的国际贸易中，标准的重要性日益突出。对于发展中的中国珠宝业来讲，标准化工作将更加重要。“中国标准”已经成为中国珠宝企业未来竞争成败的关键因素。

2. 标准建设稳步推进

近年来，我国珠宝玉石行业取得巨大的发展和进步，我国珠宝玉石及相关产品的质量水平也

有了明显提高，这主要得益于珠宝玉石鉴定基础标准的建立。我国珠宝首饰行业标准化工作起步于20世纪90年代初期，1993年地矿部宝石监测中心（NGTC前身）制订了DZ/T 0044—92《珠宝玉石鉴定方法》、DZ/T 0045—93《珠宝玉石鉴定标准》和DZ/T 0046—93《钻石分级》三项行业标准，这是我国珠宝玉石行业制订得最早、最科学详尽的标准。这三项标准的建立对刚刚起步的中国珠宝业市场发挥了重大作用，并成为国内所有宝石鉴定人员必不可少的“规范”，也是随后各类宝石鉴定标准制订的重要基础。

1996年，我国颁布了《钻石分级》、《珠宝玉石 名称》、《珠宝玉石 鉴定》三项国家标准。在珠宝玉石进口贸易中，这三项基础性国家标准起到了抵御假冒伪劣珠宝玉石产品进入中国市场的作用，保护了中国新生的珠宝玉石企业，保护了重新起步的中国珠宝玉石行业；在国内贸易中，三项标准起到了保护消费者利益，规范珠宝玉石市场，普及珠宝玉石知识，培养消费者，培育珠宝玉石市场，促进中国珠宝玉石行业发展的作用。

标准化工作在中国珠宝玉石行业的起步和前期发展阶段功不可没。标准化工作是国民经济和社会发展的重要技术基础，是我国社会主义市场经济体制逐步完善的必要条件，是我国经济结构战略性调整、实现科技创新和产业升级的技术支撑，也是我国加入世界贸易组织，应对各种技术性贸易壁垒的重要手段。

在充分认识到标准化工作的重要性后，为了更系统有效地推进行业标准化建设，经过近一年的筹备，全国珠宝玉石标准化技术委员会于2008年3月19日正式成立，由中国珠宝玉石首饰行业协会会长孙文盛先生、常务副会长张蓓莉女士担任名誉主任委员，国土资源部副部长汪民担任主任委员，又在全国征集了珠宝行业内包括加工、经销、科研、检测等各方面的专家代表作为委员会的委员。国土资源部珠宝玉石首饰管理中心作为秘书处承担单位，承担委员会的日常工作，包括根据行业发展需要制订标准制修订的工作方针；对标准的制修订过程中计划的申请、意见征集；标准的审查和宣贯实施等。

经初步统计，截至2009年底，我国珠宝玉石产品及相关产品标准，已经发布的主要的国家标准、行业标准有130余项，其中国家标准83项。在已发布的国家标准中，强制性标准12项，推荐性标准71项。“十五”期间，标准化工作取得了令人瞩目的成绩，对于推动技术进步、调整产业结构、规范市场秩序、提高产业和产品竞争力、促进国际贸易都发挥了重要的作用。

当前，《翡翠分级》国家标准已经正式出版，将在2010年3月正式实施，配合《翡翠分级》国家标准的翡翠分级标准样品已在研制过程中，无色翡翠样品已基本完成，绿色翡翠样品还在制作中，有关翡翠标准的宣贯工作也正在进行。在标准技术委员会秘书处的指导下，《钻石分级》、《珠宝玉石 名称》、《珠宝玉石 鉴定》三项国家标准已在2009年完成了修订并顺利通过审查，报批工作正在积极筹备中。此外，红蓝宝石分级国家标准的制订工作正式启动，为此，

珠宝技术委员会秘书处分别在国内及国际主要红、蓝宝石市场进行了考察调研，收集了国内外珠宝市场中红蓝宝石的品种、品质特征、优化处理方法、价格等资料。考察工作得到了国内珠宝企业的大力支持和帮助，同时也引起了国际珠宝业的广泛重视。国际彩色宝石协会（ICA）、国际珠宝首饰联合会(CIBJO)、泰国珠宝学会（GIT）及泰国宝石协会等有关方面分别就红、蓝宝石分级工作表示高度的关注。

图6－1－2 钻石颜色分级标准样品审查会

表6–1–1 2009年度标准制修订工作进展

1	翡翠分级标准样品	研制中
2	钻石分级	准备报批
3	珠宝玉石 名称	准备报批
4	珠宝玉石 鉴定	准备报批
5	无色透明翡翠（玻璃地）分级	制定中
6	珠宝玉石首饰产品元数据	制定中
7	红宝石分级	制定中

在前不久召开的年度工作会中，针对标委会2010年的工作计划与全国各专家委员进行了讨论，已有多项标准完成了申请立项准备工作，后续工作将会在2010年积极展开。

3．标准建设任重道远

我国珠宝玉石产品的整体水平与国外先进水平相比还有差距，其中一个主要原因在于我国对珠宝玉石技术规范的研究系统性差，另一个主要原因是我国珠宝玉石工业化生产起步较晚，从而影响了珠宝玉石产业技术的改进与创新，核心竞争力的增强以及珠宝玉石产业整体水平的提高。因此，需要建立统一协调的标准化工作组织，促进珠宝玉石业标准制修订、宣贯和实施，加快与国际技术规范接轨的进程，实现我国珠宝玉石产业的跨越式发展。

全国珠宝玉石标准化技术委员会在成立之初，就对未来几年珠宝行业的发展进行了标准体系的规划，针对行业的发展趋势，制订了工作计划，基本涵盖了珠宝行业中的各个方面，也在近两年的工作中得到了很好的执行。

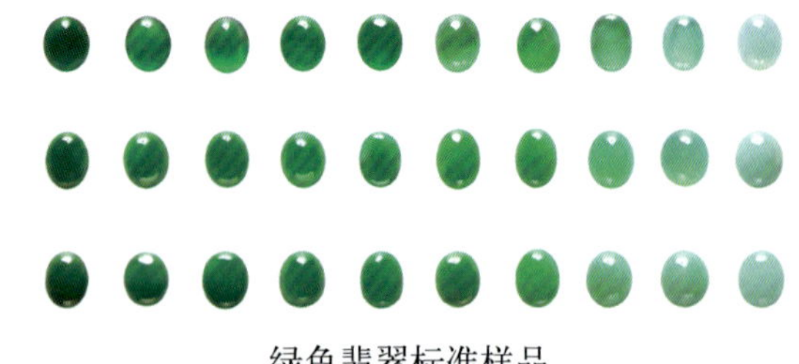

绿色翡翠标准样品

无色翡翠标准样品

图6－1－3 《翡翠分级》国家标准及其标准样品

标准化工作面对的主体是整个珠宝行业，不是仅仅局限于少数人、少数企业，只有提高企业负责人和管理人员的标准化意识，充分发挥企业的积极性和主观能动性，充分合理地利用企业的资源和技术，使珠宝企业成为制修订标准和执行标准的主体，在我国珠宝玉石行业内逐步建立起以企业为主体，市场为导向，产学研相结合的标准化工作的新体系，推动我国珠宝行业标准化工作的进程。

随着标准化工作的不断宣传与推行，越来越多的企业也将目光放到了标准工作上面。“一流企业做标准”已经成为许多企业管理者的经营理念之一。为了更好地推行标准化工作，吸收更多的专家进入标准工作队伍，全国珠宝玉石标准化技术委员会根据行业需要，拟扩大委员会的机构组成，成立五个分技术委员会，分别由在珠宝行业内五个具有代表性的单位作为其秘书处承担单位，负责业内宝石加工工艺、玉石雕刻工艺、人工宝石、珠宝玉石首饰镶嵌工艺、珠宝首饰企业管理五个方面相关标准制的修订工作，发挥行业内骨干企业的积极性，鼓励企业将自主创新技术与标准相结合，提高标准中自主知识产权的含量。通过标准化活动推动产业的健康、有序、快速发展，提升企业的竞争力，最终形成以企业为主体的标准化工作机制。

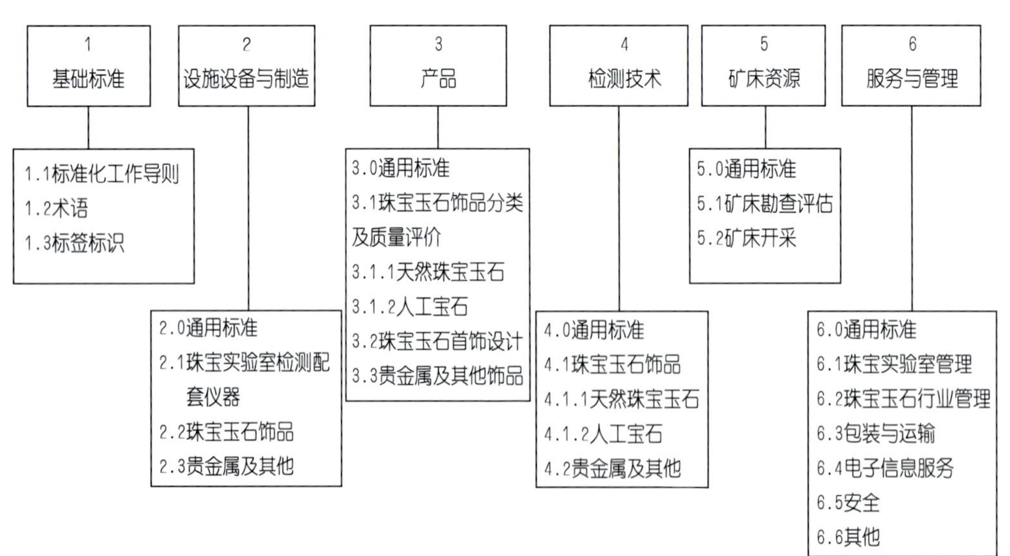

图6－1－4 珠宝玉石标准框架体系表

二、珠宝玉石及其饰品标准

标准号	标准名称	实施日期	主要起草单位
GB/T 16552—2003	珠宝玉石 名称	2003—11—1	国家珠宝玉石质量监督检验中心
GB/T 16553—2003	珠宝玉石 鉴定	2003—11—1	国家珠宝玉石质量监督检验中心
GB/T 16554—2003	钻石分级	2003—11—1	国家珠宝玉石质量监督检验中心
GB/T 18303—2001	钻石分级比色目视评价方法	2001—5—1	青岛京华饰品有限公司
GB/T 18781—2002	养殖珍珠分级	2003—3—1	广西壮族自治区质量技术监督局、国家珠宝玉石质量监督检验中心、浙江省技术监督检测研究院等
DB15/T 325—2007	巴林石	2007—3—1	巴林石协会、巴林石集团、赤峰市质量技术监督局等
DB35/313—1998	寿山石雕石种名称标识规定	1999—3—1	福建省宝玉石协会、福州雕刻工艺品厂
DB35/419—2000	寿山石	2000—1—1	福建省宝玉石协会
DB41/T 435—2006	独山玉	2006—7—8	河南省地质博物馆、河南省宝玉石协会、南阳市独山玉矿等
DB45/T 192—2004	合成立方氧化锆	2004—10—22	梧州市质量技术监督局 梧州市五洲宝石技术培训学校 梧州市产品质量监督检验所等
DB45/T 193—2004	合成红宝石	2004—10—22	梧州市质量技术监督局 梧州市五洲宝石技术培训学校 梧州市产品质量监督检验所等
DB45/T 194—2004	合成蓝宝石	2004—10—22	梧州市质量技术监督局 梧州市五洲宝石技术培训学校 梧州市产品质量监督检验所等
DB45/T 195—2004	合成尖晶石	2004—10—22	梧州市质量技术监督局 梧州市五洲宝石技术培训学校 梧州市产品质量监督检验所 梧州市质量技术监督协会
DB45/T 196—2004	玻璃	2004—10—22	梧州市质量技术监督局 梧州市五洲宝石技术培训学校 梧州市产品质量监督检验所等

续 表

标准号	标准名称	实施日期	主要起草单位
DB53/T 102—2002	翡翠饰品分级	2003—3—1	云南省珠宝玉石饰品质量监督检验所、云南省宝玉石专业委员会、云南省地矿珠宝有限公司等
DB/T 61—264—1998	蓝田玉	1998—7—1	蓝田县技术监督局
QB/LZG 001—2002	昌化鸡血石	2002—11—10	浙江省黄金珠宝饰品质量监督检验站、临安市鸡血石研究会、临安市质量计量监测中心
DB53/T 282—2009	黄龙玉分级	2009—7—1	云南省珠宝玉石饰品质量检验所、龙陵县质量技术监督局、龙陵县国土资源管理局等
DB53/T 302—2009	翡翠饰品质量等级评价	2010—3—1	云南省珠宝玉石质量监督检验研究院、昆明七彩云南股份实业有限公司、昆明百货大楼（集团）珠宝经营有限公司等

图6－1－5 珠宝玉石行业主要基础标准文件

三、贵金属及其饰品标准

标准号	标准名称	实施日期	主要起草单位
GB/T 1423—1996	贵金属及其合金密度的测试方法	1997-4-1	中国有色金属工业总公司昆明贵金属研究所
GB/T 4134—2003	金锭	2004-5-1	江西铜业公司、内蒙古乾坤金银精炼股份有限公司、长城金银精炼厂、株洲冶炼集团有限公司
GB/T 4135—2002	银	2003-4-1	中国有色金属工业标准计量质量研究所、内蒙古乾坤金银精炼股份有限公司、沈阳兴冶工贸科技有限公司、河南豫光金铅股份有限公司
GB/T 9288—2006	金合金首饰　金含量的测定　灰吹法（火试金法）	2006-10-1	国家首饰质量监督检验中心
GB/T 11886—2001	首饰含银量化学分析方法	2002-1-1	国家首饰质量监督检验中心
GB 11887—2002	首饰　贵金属纯度的规定及命名方法	2002-9-1	国家首饰质量监督检验中心
GB 11887—2002	《首饰　贵金属纯度的规定及命名方法》第一号修改单	2004-9-1	国家首饰质量监督检验中心
GB/T 11888—2001	首饰指环尺寸的定义、测量和命名	2002-7-20	国家首饰质量监督检验中心
GB/T 14459—2006	贵金属饰品计数抽样检验规则	2006-10-1	国家首饰质量监督检验中心
GB/T 17362—1998	黄金饰品的扫描电镜X射线能谱分析方法	1998-12-1	中国有色金属工业总公司北京有色金属研究总院、核工业部北京地质研究院、冶金北京钢铁研究总院
GB/T 17363—1998	黄金制品的电子探针定量测定方法	1998-12-1	地矿部矿产综合利用研究所、有色金属总公司矿产地质研究所、中国科学院沈阳金属所

续 表

标准号	标准名称	实施日期	主要起草单位
GB/T 17364—1998	黄金制品中金含量的无损定量分析方法	1998-12-1	上海市计量测试技术研究院、北京石油勘探开发科学研究院、中国商检研究所、中科院地化所、核工业部北京地质研究院、中船总公司725所、中科院上海硅酸盐所、地矿部综合利用研究所等
GB/T 17684—2008	贵金属及其合金术语	2008-9-1	贵研铂业股份有限公司、有研亿金新材料股份有限公司
GB/T 17722—1999	金覆盖层厚度的扫描电镜测量方法	1999-12-1	中国科学院北京科仪研制中心、地矿部矿床地质研究所、北京科技大学材料物理系、上海市测试技术研究院、中船总公司725所
GB/T 17723—1999	黄金制品镀层成分的X射线能谱测量方法	1999-12-1	北京有色金属研究总院、核工业总公司北京地质研究院、北京钢铁研究总院
GB/T 17832—1999	银合金首饰中含银量的测定 溴化钾容量法（电位滴定法）	2000-2-1	国家首饰质量监督检验中心
GB/T 18035—2000	贵金属及其合金牌号表示方法	2000-9-1	北京有色金属研究总院、昆明贵金属研究所、中国有色金属工业标准计量质量研究所
GB/T 18043—2000	贵金属首饰含量的无损检测方法 X射线荧光光谱法	2000-9-1	国家首饰质量监督检验中心
GB/T 19445—2004	贵金属及其合金产品的包装、标志、运输、贮存	2004-7-1	西北有色金属研究院、有研亿金新材料股份有限公司、中国有色金属工业标准质量计量研究所
GB/T 19718—2005	首饰 镍含量的测定 火焰原子吸收光谱法	2005-9-1	国家首饰质量监督检验中心、国家金银制品质量监督检验中心（南京）、国家金银制品质量监督检验中心（上海）
GB/T 19719—2005	首饰 镍释放量的测定 光谱法	2005-9-1	国家首饰质量监督检验中心、国家金银制品质量监督检验中心（南京）、国家金银制品质量监督检验中心（上海）
GB/T 19720—2005	铂合金首饰 铂、钯含量的测定 氯铂酸铵重量法和丁二酮肟重量法	2005-9-1	国家首饰质量监督检验中心
DB41/T 436—2006	珠宝玉石贵金属饰品	2006-7-8	河南省地质博物馆、河南省宝玉石协会、河南省宝协珠宝首饰质量监督检验中心

四、国家有关部门规定及标准

标准号	标准名称	实施日期	主要起草单位
	金银饰品标识管理规定	1999—3—29	国家质量技术监督局
	中华人民共和国实施金铂利进程国际证书制度管理规定	2003—1—1	2002年12月31日国家质量监督检验检疫总局局务会议审议通过
HDB/DZ 001—2004	钻石加工贸易单耗标准		中国珠宝玉石首饰行业协会
HDB/HJ 001—2005	黄金首饰、K（黄）金首饰、K(黄)金镶嵌首饰加工贸易单耗标准	2005—8—1	中国黄金协会、黄金行业、深圳海关等
HDB/HJ 002—2005	铂金首饰、铂金镶嵌首饰加工贸易单耗标准	2005—8—1	中国黄金协会、黄金行业、深圳海关等
HDB/HJ 004—2007	黄金电铸摆件加工贸易单耗标准	2007—12—15	中国黄金协会
HDB/HJ 005—2007	足银、925银、925银镶嵌首饰加工贸易单耗标准	2007—12—15	中国黄金协会

图6－1－6　珠宝玉石首饰检测

一、行业自律助推行业发展

吕海燕

2009年是新中国成立60周年，中国的政治、经济、文化和人民生活都发生了深刻而巨大的变化，改革开放取得了举世瞩目的成就。近10多年来，随着人们物质文化生活水平的不断提高，老百姓对珠宝玉石首饰的消费需求也越来越旺盛。2008年，我国珠宝玉石首饰产品销售总额已达1900多亿元人民币，出口83.41亿美元，其中上海钻石交易所钻石交易总额首次超过13亿美元。我国已成为全球第一大黄金生产国和消费国，2008年黄金首饰消费达326吨，2009年接近400吨。与此同时，国内钻石、红蓝宝石、翡翠、玉石等饰品消费也在持续增长。对于一个经济快速发展的13亿人口大国，中国的珠宝消费潜力是巨大的，珠宝产业的前景是十分广阔的。

随着珠宝产业的发展，珠宝饰品在丰富人民群众精神文化的同时，也把珠宝首饰行业的整体形象展现在消费者面前。竞争的加剧、全球经济一体化的进程以及消费者消费心理与消费行为的日趋成熟，都对珠宝行业的经营行为、诚信理念、服务精神提出了更加切实与明确的要求。行业自律已经成为全社会共同关注的话题。

珠宝首饰行业在改革开放的30年中，行业的主流是健康向上的，绝大多数企业是诚信守法的，也是为国民经济发展做出很大贡献的。特别是我国主流珠宝市场（各大商场专柜、珠宝专卖店、珠宝市场等）的各类产品总体来讲是好的，但个别企业以次充好、价格大战、欺骗消费者的行为时有发生，尤其是在旅游珠宝市场以及部分收藏品市场，产品质量难有保证，不仅损害了消费者的利益，也损害了行业的整体形象。另一方面，随着电子商务的迅猛发展，网上销售、电视购物等新型销售模式下的珠宝首饰产品良莠不齐，鱼龙混杂，以及五花八门的国外鉴定证书的泛滥与无序，都造成了很大的市场隐患。再

图6－2－1 商务部领导为AAA获奖企业颁奖

者，一些鉴定机构受商业利益的驱使，放弃科学、公正的原则，不能严格执行国家标准，甚至随意出具证书，对商家和消费者都造成了极大的利益、声誉损害。面对珠宝首饰行业发展中存在的这些问题，行业协会（商会）要充分发挥好行业自律的管理职能，要在行业规范发展中起到组织和引导的作用。

2007年《国务院办公厅关于加快推进行业协会商会改革和发展的若干意见》中指出："行业协会担负着实施行业自律的重要职责，要围绕规范市场秩序，健全各项自律性管理制度，制订并组织实施行业职业道德准则，大力推动行业诚信建设，建立完善行业自律性管理约束机制，规范会员行为，协调会员关系，维护公平竞争的市场环境。" 正如《意见》中所指出的，中国珠宝玉石首饰行业协会（简称中宝协）自第三届理事会换届以来，始终把行业自律作为一项重要的中心工作来抓。

1．颁布自律公约，规范行业行为

2003年2月中宝协率先在全国召开了"全国珠宝玉石首饰行业自律工作会议"，并联合国家质检、工商行政管理部门就共同维护珠宝行业的健康发展，规范珠宝企业经营行为，向全行业发出倡议，同时制定颁布了《中国珠宝玉石首饰行业自律公约》，指导行业自律工作。会议一致同意将2003年定为行业自律年，自此，珠宝首饰行业自律工作掀开了新的一页，走入了一个新的历史时期。2009年2月，面对迅猛发展的珠宝电子商务，中宝协适时出台了《中国珠宝（钻石）电子商务行业自律公约》，对网上销售珠宝行为提出自律性的行业要求，规范珠宝电子商务行为，增强网民的消费信心。两个《自律公约》的颁布实施，将行业自律工作纳入了制度化、规范化的体系，促进了行业自律工作的整体发展。

2．履行监督职能，净化珠宝市场

自《中国珠宝玉石首饰行业自律公约》颁布以来，7年多的时间，中宝协联合国家质检机构，紧密配合国家工商总局，对全国30多个城市，先后多次开展了珠宝玉石首饰市场质量监督检查工作，并向全行业通报检查结果，教育一批违规企业，表彰一批先进企业，珠宝企业的自律意识得到进一步加强。为抑制北京珠宝市场价格大战所带来的乱打折和竞相压价的经营行为，2005年中宝协联合北京各大商场召开诚信自律会议，并在国内各大媒体上发表诚信经营倡议书，维护"公平竞争、规范经营"的市场秩序，得到了北京各大珠宝商场的一致响应和支持，自此，北京珠宝市场乱打折现象得到一定程度的抑制。2007年7月，在对北京专业珠宝市场进行调研后，针对专业市场中存在经营不规范的问题，中宝协加强了督导监管的职能，联合北京10家专业珠宝市场开展"保真销售"自律联盟，并通过媒体郑重向消费者承诺诚信经营的理念，促进了北京专业珠宝市场的健康发展。

3．注册证明商标，保障消费信心

为让消费者买到真正放心、称心的珠宝，保障消费信心并规范企业经营行为，中宝协先后向国家工商行政管理局申请注册了“中国珍珠真品标志”与“天然翡翠”两个证明商标。2003年“中国珍珠真品标志”投入使用，通过授权珍珠企业使用该证明商标，越来越多的消费者通过网上查询，认识和了解该真品标志的作用，中国珍珠市场得到进一步的规范。2008年，“天然翡翠”证明商标开始正式在行业内推广使用，已有13家企业被授权使用。该证明商标成为“天然翡翠”最具说服力的身份证明，给消费者提供了最简明的认知途径，进一步规范了翡翠经营行为。这两个证明商标的出台，对保证产品质量，维护消费者利益，促进行业规范发展，都起到了积极的推动作用。

4．促进品牌建设，提升行业形象

品牌建设立足长远。一个品牌就是知名度、信任度、美誉度的统一体，是企业诚实、守信、顾客满意、信赖的品牌文化影响力的真实体现。中宝协从推动整个行业发展的高度入手，大力实施品牌战略，如今品牌培育方面已经取得了丰硕的成果。已有百余家企业获得了“中国珠宝首饰业驰名品牌”荣誉，有47家企业获得了61个“中国名牌”产品称号，以及30多个“中国驰名商标”的荣誉。这些优秀企业涵盖了中国珠宝玉石首饰行业从生产、加工到批发、零售的各个环节，他们自律自强，以科学的经营管理方式和先进的企业文化理念，成为中国珠宝首饰业的标杆和旗帜。他们凭借顽强的奋斗精神，带动整个珠宝首饰业迈入一个新的台阶，提升了行业的整体形象，加深了中国珠宝首饰业“朝阳产业”的文化内涵。

5．推进放心示范店工程，促进购销和谐

为引导和规范终端零售市场，切实保障消费者权益，2002年中宝协正式启动了“中国珠宝玉石首饰行业放心示范店”工程，对在全国范围内和区域内有影响的珠宝专卖店进行推荐、评选、培育、考核、宣传，授予“放心示范店”称号，积极向消费者推荐。放心示范店工程实施7年来，全国26个省市区的300多家零售企业被授予放心示范店称号，在行业产生了巨大的影响力。不但为消费者提供了诚信、优雅、专业的购物环境和优质的服务，也为促进行业自律起到了不可估量的推动作用。

6．开展信用评价，深化自律意识

行业信用体系是行业自律性管理的一项重要工作。当前，在经济领域存在制售假冒伪劣产品、侵犯知识产权、恶意拖欠货款、商业欺诈、低价竞销、恶性竞争等违法违规的失信现象，不仅破坏了市场经济的正常秩序，也严重损害了行业的整体利益和形象。实行行业自律，开展行业信用建设是规范市场经济秩序，建立社会信用体系的重要内容。2008年，中宝协正式在行业内开

展信用评价专项服务，如今，已有30家企业获得了AAA级信用等级评价结果。这些企业以良好的信用和诚信规范的经营方式，赢得了业界和消费者的普遍赞誉。珠宝企业信用评价工作的开展，从一个侧面，进一步加深了珠宝企业自律规范的意识，同时引导行业向着更加健康、科学的发展道路迈进。

行业自律是一个永恒的话题。只要行业存在，市场存在，竞争就不会停止，行业自律就必须时时坚持，一刻也不能放松。值得欣慰的是，在行业协会（商会）的组织、倡导、监督和实施下，在珠宝企业和检测鉴定机构的共同努力和推动下，珠宝玉石首饰行业自律工作取得了长足的发展，珠宝市场经营秩序明显得到改善，行业诚信度得到明显提高。伴随珠宝行业的持续发展，越来越多的企业坚持品牌化、科学化的发展道路，秉承“诚信经营，质量为先”的经营理念，展现“珠宝”稀有而珍贵的品质，相信会有更多像菜百、周大生、七彩云南、千禧之星这样优秀的珠宝企业诞生，中国珠宝首饰业经营环境必将进一步改善，消费者将会获得更加优质的服务，中国珠宝首饰业的明天一定会更加美好！

图6－2－2　中国名牌产品颁奖

二、中国珠宝玉石首饰行业自律公约

中国珠宝玉石首饰行业协会

第一章　总则

第一条 为了进一步规范珠宝玉石首饰市场，提高企业自身的竞争力，引导企业争创名牌，督促企业提高产品质量，规范我国珠宝玉石首饰从业者的行为。在国土资源部及国家有关部委的指导下，根据国家有关的法律法规，以及本行业的实际情况，制定本公约。

第二条 本公约所称珠宝玉石首饰行业是指从事珠宝玉石首饰设计、加工、批发、零售、设备制造、首饰包装以及与珠宝玉石首饰有关的科研、教育、检测鉴定等活动的企事业单位的总称。

第三条 珠宝玉石首饰行业自律公约的基本原则是爱国、守法、公平、诚信。

第四条 凡是中国宝玉石协会的会员将视为自动加入本公约。倡议全行业从业者自觉加入本公约，从维护国家和全行业利益的高度出发，积极推进和创造本行业自身良好环境。

第五条 中国宝玉石协会作为本公约的执行机构，负责组织实施本公约。

第二章　自律条款

第六条 自觉遵守有关珠宝玉石首饰行业发展和管理的法律、法规和政策，积极推进本行业的职业道德规范的建设。

第七条 鼓励、支持开展公平、公正、合法、有序的行业竞争，反对采用不正当手段进行行业内竞争。

第八条 自觉维护消费者合法权益，不得利用任何方式和手段侵犯消费者的合法权益。

第九条 珠宝玉石首饰行业从业者应自觉遵守国家对珠宝玉石首饰行业制定的各项规定，自觉履行珠宝玉石首饰行业的自律义务：

（1）自觉维护本行业的市场秩序，严格遵守《中华人民共和国产品质量法》、《中华人民共和国价格法》、《中华人民共和国反不正当法竞争法》、《中华人民共和国计量法》、《中华人民共和国消费者权益保护法》、《中华人民共和国标准化法》等有关的法律、法规，政策和标准。

（2）不虚假打折、不低价倾销、不搞恶性价格竞争，严格遵守国家计委颁布的《禁止价格欺诈行为的规定》。

（3）不采用任何方式、在任何地方做有损于本行业形象的行为，并支持、配合各地方本行业协会的有关活动。

（4）企业在经营过程中，认真履行对消费者的承诺。

（5）生产企业在加工生产的各个环节要加强管理，重视质量。做到商品质量与鉴定证书相符。凡是不合格的产品、产品质量与鉴定证书不相符的产品，保证做到不出工厂（自销产品）。

（6）经销企业在购进商品时要严格把握商品的质量关，以及商品鉴定证书的质量关，对商品质量与证书不符的商品杜绝流通、上市销售。

（7）经销和加工企业在检测鉴定工作中自觉抵制假证书，并积极检举、揭发假证书制作者。在市场检查中如发现假证书，经销和加工企业承担相应责任。

（8）检测鉴定机构要加强业务、技术管理，提高工作人员素质和责任心，建立自我约束机制，提高工作的科学性、公正性。

（9）检测鉴定机构应以国家颁布的各项标准为依据做好检测鉴定工作，自觉抵制某些经销、加工企业的不合理要求；不得以提高产品鉴定证书的质量级别等手段招揽客户；在与经销、加工企业签订检测鉴定合作协议时，不得有影响检测鉴定机构独立与公正性，以及对检测鉴定质量等级有任何不正当要求的条款。发现有检测鉴定机构出具的错误鉴定证书，检测鉴定机构承担相应责任。

第十条 加强沟通协作，研究、探讨我国珠宝玉石首饰行业发展战略，对我国珠宝玉石首饰行业的建设、发展和管理提出政策和立法建议。

第十一条 支持和采取各种有效方式，开展珠宝玉石首饰行业设计、生产及科研等领域的协作，鼓励开发具有中华民族特色的珠宝玉石首饰款式等，共同创造良好的行业发展环境。

第十二条 积极参与国际合作和交流。

第十三条 自觉接受社会各界对本行业的监督和批评，共同抵制和纠正行业不正之风。

第三章　公约的执行

第十四条 中国宝玉石协会及时向政府有关部门反映行业内企事业单位的意愿和要求，维护行业内企事业单位的正当利益，组织实施珠宝玉石首饰行业自律公约，并对行业内企事业单位遵守本公约的情况进行监督检查。

第十五条 行业内有关企事业单位违反公约，任何其他单位均有权及时向公约执行机构进行检举，要求公约执行机构进行调解，维护行业团结，维护行业整体利益。

第十六条 行业内企事业单位违反公约并造成不良影响、严重影响或极坏影响，经查证属实的，由公约执行机构视不同情况给予在行业内部批评、通报批评、媒体曝光等处理，或交由国家有关执法部门处理。

第十七条 行业内企事业单位模范执行本公约的或在监督检查中没有发现任何问题的，给予表扬、通报表扬、优先推荐为“中国珠宝首饰业驰名品牌”、“放心示范店”及“优秀质检机构”等。并向国家有关行政部门推荐为免检产品。

第十八条 中国宝玉石协会接受行业内对违反公约行为的投诉以及消费者的投诉，并设立专门的投诉电话。

第十九条 中国宝玉石协会对本公约拥有最终解释权。

第二十条 本公约经全国珠宝玉石首饰行业自律工作会议讨论通过，自2003年4月1日起生效。

三、中国珠宝（钻石）电子商务行业自律公约

中国珠宝玉石首饰行业协会

第一章 总 则

第一条 为保障消费者利益，规范从业者行为，促进珠宝玉石首饰行业电子商务向着健康安全、规范有序、管理高效、注重信用的方向发展，营造公平竞争的良好环境，建立规范、高效的网络销售市场体系，根据国家有关法律法规，结合行业的实际情况，制定本公约。

第二条 本公约所称珠宝（钻石）电子商务是指利用移动通信和互联网（含无线网络）等技术服务设施，在中华人民共和国境内从事珠宝（钻石）首饰商品网络营销和服务的行为（活动）的总称。

第三条 珠宝（钻石）电子商务行业自律以守法、公平、诚信等为基本原则。

第四条 本公约为行业自律性公约。凡中国珠宝玉石首饰行业协会会员将自动加入本公约。倡议全行业电子商务（包括境外企业或组织）从业者自愿加入本公约。

第五条 中国珠宝玉石首饰行业协会作为本公约的执行机构，负责组织实施本公约。

第二章 自律条款

第六条 鼓励、支持开展公平、公正、合法、有序的珠宝（钻石）电子商务，反对采用不正当手段进行行业内竞争。

第七条 维护消费者合法权益，不得利用任何方式和手段侵犯消费者的合法权益。

第八条 珠宝（钻石）电子商务的从业者应自觉遵守有关珠宝玉石首饰行业发展与管理的法律、法规和政策，积极推进电子商务的诚信建设和职业道德规范建设。自觉履行珠宝玉石首饰行业的自律义务：

1．从事网上交易的企业必须提供并公布真实的企业资料，不得捏造、虚构企业名称、经营地址、联系方式，不得夸大注册资金、经营范围、经营规模、经营能力，不得捏造、虚构各类评审等级，不得捏造、虚构与知名企业或机构等的合作；

2．珠宝（钻石）电子商务经营者在网络或其他媒体上禁止发布以下信息：（1）虚假广告或对商品和服务做误导消费的表述；（2）国家相关部门明令禁止生产、销售的产品或服务的供求信息；（3）冒用他人商标，擅自使用他人企业名称或者商号，伪造或者冒用认证标志、名优标志等质量标识；

3．珠宝（钻石）电子商务营销过程中，应认真履行对消费者的承诺；在实现或完成营销行为后，应主动告知消费者交易信息及售后服务内容，并积极接受咨询、核实和投诉；

4．自觉规范珠宝（钻石）电子商务商品的标价行为，禁止价格作弊，不得以低于成本定价、掠夺性定价、不正当联合定价、价格欺诈等定价方式进行恶意竞争；

5．珠宝（钻石）电子商务所发布的信息或服务，应详细注明商品的名称、材质、评价要素、级别、价格等信息，使用的证书必须是经国家产品质量监督检验机构计量认证、授权认可的鉴定机构出具的产品检测证书；

6．禁止以折扣、优惠、团购等促销方式为由拒绝为消费者开具发票；

7．应严格管理会员的账号和密码，不将会员资料及其隐私提供给第三方；

8．电子商务经营者应尊重竞争对手的人格和合法权益，禁止故意诋毁、贬低竞争对手的企业信誉和产品信誉的行为，禁止盗用他人商标、专利及图片、样式或款式、商品系列名称、产品个性化描述等侵害他人知识产权的行为；

9．电子商务经营者应努力提高其所聘用的从业人员的专业素质和职业道德，共同维护本行业内技术和管理人才的正常流动秩序，在聘用业内其他单位人员为本单位服务时，不得侵犯其原单位的知识产权、泄露其商业秘密。

第三章　公约的执行

第九条 中国珠宝玉石首饰行业协会组织实施珠宝（钻石）电子商务行业自律公约，并对行业内企事业单位遵守本公约的情况进行监督检查。

第十条 签约单位应在其网站首页的显著位置标注“本网站接受中国珠宝玉石首饰行业协会的监督”，其中从事B2B 、B2C、 F2C珠宝电子商务并属中国珠宝玉石首饰行业协会会员的珠宝（钻石）电子商务经营者，还应标注：本网站提供所售商品的正式发票。

第十一条 中国珠宝玉石首饰行业协会接受行业内以及消费者对违反公约行为的投诉，并设立专门的投诉电话和网上在线投诉。投诉电话为：010－58276084。网址为：www.chinajeweler.com。

第十二条 任何机构和个人均可向公约监督执行机构举报违反自律公约的行为，公约执行机构有权进行调查与调解，维护行业团结，维护行业整体利益。 公约监督执行机构也可主动监督检查公约成员的执行情况。

第十三条 对违反自律公约的电子商务交易行为，公约监督执行机构督促其限期整改，逾期未予整改的，将予以通报曝光或移交有关主管部门查处。

第十四条 中国珠宝玉石首饰行业协会对本公约拥有最终解释权。

第十五条 本公约2009年2月16日起施行。

四、放心示范店工程

“打造驰名品牌，共谋行业发展”是中国珠宝玉石首饰行业协会第三届理事会换届以来的战略目标，而放心示范店工程的启动，则是这个战略目标的具体实施。中国珠宝玉石首饰行业协会自2002年开始启动“中国珠宝玉石首饰行业放心示范店”工程，并本着“诚信经营理念明确，产品质量合格规范，设计理念时尚领先，购物环境专业高雅，带动地方经济繁荣发展”及高标准、严要求、宁缺毋滥的评选原则，制定了《中国珠宝玉石首饰行业放心示范店管理办法》和《中国珠宝玉石首饰行业放心示范店评选条件》，组织成立了“中国珠宝玉石首饰行业放心示范店评审委员会”。“放心示范店工程”得到了珠宝零售企业的积极响应和各省市行业组织的大力支持，7年来共在全国27个省、市、区、县授予放心示范店360家。

中宝协实施“放心示范店”工程就是要引导广大会员企业树立以人为本的经营理念，将诚信经营作为市场竞争的重要资源，同时倡导会员企业注重企业的社会责任，对消费者负责，对行业的整体形象和利益负责，牢固树立诚信兴商理念，为消费者提供优质的产品和服务，以及更优雅、更专业的购物环境，进而取得更加良好的经济效益和社会效益。

“放心示范店”工程在业内及消费者中产生了巨大的影响力，得到了广大消费者的认可，对促进中国珠宝玉石首饰行业的自律规范、诚信经营，珠宝市场的和谐繁荣，及维护消费者利益均起到了不可估量的作用。

我们希望并坚信，放心示范店企业一定会以科学发展观为指导思想，不断进行科技创新和产品创新，不断提高企业管理水平和市场竞争能力，进一步维护和提升“放心示范店”这一品牌形象，不断丰富和完善“放心示范店”的品质和内涵，为中国珠宝玉石首饰行业的发展和繁荣贡献力量。

图6-2-3 “放心示范店”总结表彰大会

中国珠宝玉石首饰行业放心示范店

公司名称	地 址	电 话
北京		
北京般若宝玉石有限公司	海淀区西直门北大街甲1号依都阁	010—62277130
北京菜市口百货股份有限公司	北京市宣武区广安门内大街306号	010—83520468
北京蒂恩伟业钻饰珠宝有限公司	北京市西城区新街口北大街57号万特珠宝交易中心1031号	010—82200158
北京东方千鹤珠宝有限公司	北京市朝阳区东三环中路39号建外SOHU16号楼805室	010—58696682
北京富通官园珠宝城有限公司	北京市西城区车公庄大街乙1号富通大厦丙楼301室	010—88377977
北京国华商场有限责任公司	北京市宣武区宣武门西大街18号楼	010—63021353
北京和玉缘和田玉宝玉石有限公司	北京市海淀区中关村东路89号恒兴大厦7D室	010—62634127
北京恒昌玉都贸易有限公司	北京市东城区东直门大街9号华普花园B座2001—2003号	010—84094677
北京恒信玺利经贸有限责任公司	北京市朝阳区光华路8号和乔大厦B座109	010—65835608
北京华福新阳珠宝饰品市场	北京市西城区新街口大街48号	010—66132847
北京汇仁力达科贸有限公司	朝阳区曙光西里甲1号第三置业大厦B座2302	010—58220586
北京健兴利商业有限公司	北京市东城区东安门大街55号王府世纪大厦一层健兴利珠宝	010—65221558
北京金玉翠福珠宝有限公司	北京市朝阳区华威里3号楼3A室	010—87731533
北京世纪铭人珠宝有限公司	北京市西城区金融街金宸国际公寓2栋A701室	010—66210096
北京廷赞玉石林珠宝有限公司	北京市王府井大街176号丹耀大厦805室	010—85112289
北京希福新阳珠宝饰品中心	北京市西城区新街口大街48号	010—66132847
北京兴百轩黄金珠宝有限责任公司	北京市宣武区骡马市大街临41—1号	010—63038051
北京兴龙马珠宝有限公司	北京西城区新街口南大街48号（华福市场一楼）	010—63577617
北京媛媛金源珠宝行	北京市海淀区远大路1号—1004K	0577—88211588
北京媛媛京华珠宝行	北京市海淀区远大路1号金源购物中心一层北1116—1118号	0577—88211588
北京正东三宝玉器商行	北京市崇文区广渠门内大街90—1号	010—67211888
骏业珠宝有限责任公司	朝阳区和平街10区11号楼	010—64225465
香港八心八箭钻石珠宝（集团）有限公司	北京市西城区西四南大街12号	010—52606368

续　表

公司名称	地　址	电　话
天津		
天津地矿珠宝公司	天津市和平区营口道237号612	022—27819338
天津翰林艺雕珠宝（国际）有限公司	天津市和平区新世界花园8号楼3门1301	022—27264233
天津开发区金辉珠宝有限公司	天津市河西区越秀路68号银河大厦1206室	022—58376300
天津市华龙时尚珠宝金饰有限公司	天津市宁河县芦台镇光明路42号（邮政大楼东）	0315—2252860
天津市金天尊珠宝首饰有限公司	天津市河西区友谊路42号	022—28358980
天津市千禧福临珠宝有限公司	天津市大港区胜利街619号	022—63377788
天津市中天金麒麟金饰有限公司	天津市南开区三马路175号华都大厦1002室	022—87310177
河北		
河北曼都珊珠宝首饰有限公司	河北省石家庄市广安大街24号财富大厦B—1506室	0311—85265999
河北省三河恒业珠宝首饰有限公司	河北省三河市富达购物广场西侧恒业金行	0316—3119980
廊坊万隆珠宝商行	廊坊市新华路26号	0316—2016679
深圳市龙凤祥珠宝有限公司保定分公司	保定市裕华西路侨升大厦401室	0312—2021539
唐山市黄金珠宝总汇	唐山市路北区华岩路20号	0315—2822413
唐山市五洲金行有限公司	唐山市路北区学院路98号	0315—5909091
张家口市桥东东方珠宝首饰经销部	河北省张家口市桥东区宣化路28号	0313—8880508
山西		
长治市金威黄金珠宝有限公司	长治市东大街60号金威商城一楼东侧	0355—2047320
大同金泰金银珠宝有限责任公司	大同市大南街18号	0352—5357510
大同银星金店	大同市大东街8号	0352—2047160
汾阳市金鑫实业有限公司金鑫金店	山西省汾阳市西大街南侧10号楼	0358—7222393
霍州市宏利金店	霍州市东大街135号	0357—5623998
稷山县城镇关公金店	山西省稷山县稷王路	0359—5527858
绛县银泽黄金珠宝有限责任公司	山西省绛县振兴街种子公司楼下	0359—6529458
晋中洁珲珠宝有限责任公司	山西晋中市榆次顺城街君豪外围北	0354—3290826
晋中市宏鑫珠宝首饰有限公司	晋中市榆次元购物中心有限公司一层（中都路2号）	0354—2026078

续 表

公司名称	地 址	电 话
临汾市金泽珠宝有限公司	临汾市尧都区鼓楼东大街109号	0357—2034480
清徐县金玉珠宝首饰有限公司	山西省清徐县美锦大街18号	0351—5735188
山西宏艺首饰股份有限公司	太原市新建路115号	0351—5628883
山西吉隆斯商贸股份有限公司（家家利珠宝广场）	山西省介休市裕华路1号家家利购物广场	0354—7211720
山西省临猗县百货大楼金店	临猗县城南大街9号百货大楼	0359—4028666
山西省运城银鹰金店有限公司	运城市河东东街2号	0359—2061562
山西文水金银珠宝有限责任公司	山西省文水县城大陵西街文水金店	0358—3020168
山西五一亚秀黄金珠宝有限公司	山西省太原市迎泽区柳南小区北片6号楼	0351—4033888
山西银河金银珠宝有限责任公司	太原市迎泽大街121号	0351—4069842
山西真玉坊首饰有限公司	太原市长治路103号阳光国际商务中心	0351—7882929
太谷县银苑首饰有限责任公司	太谷县新建路134号	0354—6228188
太原市得盛福贸易有限公司	太原市并州北路91号金港国际商务中心B座701室	0351—4728756
太原市皓鑫珠宝有限公司	太原市迎泽区巷铜锣湾步行街中段C03.C12	0351—5689000
太原市基点商贸有限公司	太原市平阳路189号飞云国际公寓6层	0351—5602855
夏县大鹏金店有限公司（平陆县城镇大鹏金店）	山西省夏县新建南路新华书店楼下东风西街广电局东	0359—8534668
乡宁县龙凤祥珠宝行	山西省乡宁县粮贸大厦一层	0357—6823950
襄汾县华亿金店	襄汾县东富安广场华亿超市	0357—3620899
孝义市金银珠宝有限责任公司	孝义市府前街336号	0358—5560269
忻州国力金银珠宝首饰有限公司	山西省忻州市新建南路国力金店	0350—2118666
新绛县鑫玉金店有限公司	新绛县龙兴路117号	0359—7531598
阳泉市银鹰金店有限公司	山西省阳泉市滨河世纪城欧洲街6号楼	0353—2936586
翼城县鑫媛黄金钻石宫殿	翼城县红旗街府前广场	0357—4927229
垣曲县凯旋珠宝有限公司	山西省垣曲县新城大街三八路口	0359—6061208
原平市银通金店有限公司	原平市前进西街135号	0350—8220999
左权县如意珠宝行	山西省左权县辽山路新世纪购物中心如意珠宝行	0354—8631888
内蒙古		
包头金店有限责任公司	包头市昆区钢铁大街26号2—110	0472—2513555

续　表

公司名称	地　址	电　话
多伦县玛瑙工艺品厂	多伦县淖尔镇多伦大街73号 多伦玛瑙工艺品厂展销厅	0479—4526815
内蒙古乾坤金店有限责任公司	内蒙古呼和浩特回民道南路1号	0471—6957366
内蒙古锡林浩特金店	内蒙古锡林浩特市宝昌路5号	0479—8225269
乌海市乌海金店有限责任公司	内蒙古乌海市新华西街4号	0473—5822729
牙克石市联鑫首饰店	内蒙古牙克石市林城南路129号	0470—3940096
辽宁		
辽宁东祥金店珠宝有限公司	辽宁省沈阳市沈河区中街路6号	024—24848199
辽宁兴隆百货集团有限公司	辽宁省盘锦市兴隆台区中兴路103号	0427—2816770
盘锦慧明天龙珠宝有限公司	辽宁省盘锦市双台子区建设街 胜利群委检法局一楼	0427—3812166
沈阳萃华金银珠宝股份有限公司	沈阳市大东区北顺城路翠华巷/2号	024—88569999
沈阳荟华楼金店	沈阳市沈河区中街路钟楼北巷19号	024—24842422
沈阳商业城股份有限公司	沈阳市沈河区中街路212号	024—24848876
沈阳铁西百货大楼有限公司	沈阳市铁西区兴华南街16号	024—25849248
中兴-沈阳商业大厦（集团） 股份有限公司	沈阳市和平区太原北街86号中兴金店	024—23838888
吉林		
吉林省金银珠宝城有限责任公司	长春市人民大街2171号	0431—88949773
四平市欧瑞佳珠宝有限公司	吉林省四平市南仁兴街170号	0434—5084077
黑龙江		
黑龙江金里昂珠宝首饰有限公司	哈尔滨市道里区经纬街42号二楼	0451—84638378
黑龙江银鑫经贸有限公司	绥化市中兴东大街248号银鑫珠宝行	0455—8328708
上海		
上海昌里老庙黄金有限公司	上海市浦东新区昌里路132号	021—58830762
上海长河珠宝廊有限公司	上海市陕西北路66号文锦大厦707室	021—51160660
上海城隍庙第一购物中心有限公司	上海市丽水路88号	021—63557545
上海城隍庙第一购物中心有限公司城隍珠宝梅陇店	上海市闵行区沪闵路7388号	021—63557545

续 表

公司名称	地 址	电 话
上海城隍庙第一购物中心有限公司城隍珠宝彭浦店	上海市闸北区临汾路806号	021－63557545
上海川南老庙黄金有限公司	上海市浦东新区川沙路4837号	021－58980175
上海东华美钻金店有限公司	上海市静安区南京西路1207号－1209号	021－63937647
上海东华美钻金饰广场有限公司	上海市黄埔区丽水路81号一楼	021－63937647
上海东华钻石饰品有限公司	上海市四川北路838号7层	021－63937647
上海奉贤老庙黄金银楼有限公司	上海市奉贤区南桥镇人民中路173号	021－57426101
上海嘉定老庙黄金有限公司	上海市嘉定区清河路21号	021－59918161
上海今亚珠宝有限公司	上海市淮海中路1006号	021－54670755
上海金盈泰盛珠宝有限公司	上海市陕西北路66号文锦大厦707室	021－51160660
上海九州黄金总汇钻石楼	上海市虹口区四川北路860号	021－63246551
上海九洲黄金有限公司	上海市四川北路1288号	021－63933999
上海老凤祥奉贤银楼有限公司	上海市奉贤区南桥镇人民中路165号	021－57181540
上海老凤祥虹口银楼	上海市虹口区四川北路1942号	021－56969702
上海老凤祥南汇银楼有限公司	上海市南汇区惠南镇东门大街131号	021－58022867
上海老凤祥首饰研究所有限公司老凤祥银楼昌里分号	上海市浦东新区上南路1071号	021－68582531
上海老凤祥首饰研究所有限公司老凤祥银楼青浦分号	上海市青浦区城中北路一号	021－59729172
上海老凤祥银楼旗舰店	上海市黄埔区福佑路239号	021－63112607
上海老凤祥银楼有限公司	上海市漕溪路260号	021－64833388
上海老凤祥银楼有限公司宝山分号	上海市宝山区牡丹江路1721号	021－56607928
上海老凤祥银楼有限公司崇明分号	上海市崇明县城桥镇八一路191号	021－64833388
上海老凤祥银楼有限公司松江分号	上海市松江人民北路1－3号	021－57722501
上海老凤祥银楼有限公司徐家汇分号	上海市徐汇区肇嘉浜路998号	021－64269164
上海老凤祥珠宝首饰有限公司老凤祥银楼川沙分号	上海市浦东新区川沙路4942号	021－58921911
上海老凤祥珠宝首饰有限公司老凤祥银楼嘉定分号	上海市嘉定区清河路36号	021－59922437
上海老庙黄金宝山店	上海市宝山区友谊路201号	021－56602138

续　表

公司名称	地　址	电　话
上海老庙黄金市南银楼有限公司	上海市南京东路462号	021－63527772
上海老庙黄金松江店	上海市松江区中山中路318号	021－57725999
上海老庙黄金有限公司	上海市南京东路462号5楼	021－63612226
上海明牌银楼有限公司	上海市黄埔区南京东路388－398号	021－63504790
上海耐爱思实业发展有限公司	上海市黄浦区重庆北路318弄2号14A座	021－63590880
上海南汇老庙黄金有限公司	上海市南汇区惠南镇南门大街89号	021－58023657
上海七宝老庙黄金有限公司	上海市闵行区七宝镇佳宝一村一号底楼	021－59545407
上海青浦老庙黄金店有限公司	上海市青浦区城中西路12号	021－59729526
上海溯天珠宝贸易有限公司钻石小鸟上海体验中心	上海市黄浦区南京东路299号宏伊国际广场805、806	021－56909050
上海溯天珠宝贸易有限公司钻石小鸟体验中心	上海市黄浦区南京东路299号宏伊国际广场805、806	021－56909050
上海泰基珠宝饰品有限公司	上海市延安西路300号10楼	021－62495555
上海五角场黄金珠宝城实业发展有限公司	上海市丽水路88号409室	021－55057109
上海亚一昌里金店有限公司	上海市浦东新区昌里路149号	021－50873235
上海亚一成泰金店有限公司	上海市青浦区青松路1号	021－63732828
上海亚一嘉定金店有限公司	上海市嘉定区清河路101号	021－59531697
上海亚一金店有限公司	上海市福佑路288号	021－63735566
上海亚一市西金店有限公司	上海市长宁区虹桥路1号港汇广场242、243铺位	021－64070155
上海瀛岛老庙黄金有限公司	上海市崇明城内人民路118号	021－59624309
上海中宝首饰有限公司	上海市漕溪路190号4楼（华林大楼）	021－51196968
上海朱泾老庙黄金有限公司	上海市金山区朱泾镇万安路662号	021－57317031
江苏		
常州金店有限公司	江苏省常州市钟楼区北大街17－6号中亚大厦南六楼	0519－86809676
江苏东海县华宇实业有限公司	江苏省连云港市新浦区浦南开发区珠江路9号	0518－7815128
江苏省灌南金店有限公司	连云港市灌南县人民东路10号	0518－83232999
江阴今瑞隆珠宝有限公司	江阴桐岐桐前路12号	0510－86558898

续 表

公司名称	地　址	电　话
江阴市澄北玉生源珠宝商行	江苏省江阴市暨阳路226号	0510-86832800
江阴市瑞峰珠宝有限公司	江阴市桐岐桐前路12-1号	0510-86551358
江阴市要塞天灵珠宝商行	江阴市河北街371号	0510-86270131
南京宝庆首饰总公司	南京市太平南路107号	025-84537959
南京宝祥金店	南京市夫子庙贡院西街35号	025-52211033
南京地质人珠宝有限公司	南京太平南路85号	025-84417328
南京和氏珠宝有限公司	南京市中山北路166号3楼	025-83620079
苏州市龙凤金店有限责任公司	苏州市平江区观前街204号	0512-67774999
苏州市渭塘华东珠宝工艺厂	苏州市相城区渭塘镇珍珠湖路88号市场内4号	0512-65404372
苏州中国珍珠宝石城有限公司	江苏省苏州市相城区渭塘镇珍珠湖路88号	0512-65905888
苏州子冈玉坊手工艺品有限公司	苏州市光福镇邓尉中路1号	010-66560664
泰州市开发区蔡万宝银楼	兴化市英武路15号	0523-83223599
泰州市天孚珠宝银楼有限公司	泰州市东进路193号	0523-6230466
无锡翠欣缘珠宝首饰有限公司	无锡市南禅寺妙光街237号	0510-82827798
无锡蓝忆珠宝有限公司	无锡市中山路333号华光大厦3D-1	0510-82736666
无锡罗宁珠宝有限公司	无锡中山路240-5# 无锡保利广场一楼、二楼	0510-82711172
无锡市翠玉堂工艺品商行	江苏省无锡市南禅寺妙光街84A	0510-82829582
无锡市华辉珠宝行	无锡市南禅寺商城28号1-3	0510-82826068
无锡市旭日珠宝首饰有限公司	无锡市南禅寺妙光街13号	0510-82828671
无锡市伊莲珠宝有限公司	江苏省无锡市中山路199号605室	0510-82718120
无锡市银楼经贸有限公司	无锡市中山路71号 锡金大厦9楼	0510-82758999
无锡市悦灵工艺品有限责任公司	无锡市中山路71号 锡金大厦10楼	0510-82769951
无锡钻石家族珠宝有限公司	无锡市中山路89号一楼	0510-82737777
香港宝灵珠宝（国际）集团有限公司	江苏省江阴市人民中路126号	0510-86882628
扬州金店有限公司	扬州市汶河路116号	0514-7346314
浙江		
杭州金汇珠宝有限公司	杭州市中河北路83号茂泰世纪大楼17FA1	0571-85779201
湖州市浙北大厦有限责任公司购物中心	湖州市观凤路158号	0572-2029122

续 表

公司名称	地　址	电　话
宁波御金第珠宝首饰有限公司	浙江省宁波市中山东路310号	0574—87704700
台州市金银楼珠宝钟表有限公司	台州市路桥区邮电路钟楼底层	0576—82435805
温州市鹿城区鼓楼金元珠宝加盟商行	浙江省温州市海坦山庄B幢110号	0577—88195388
温州市鹿城区 江滨媛媛西蒂爱莎翡翠行	浙江省温州市新城大道152号	0577—89881256
温州市银河珠宝金行	温州市五马街56号	0577—88286588
余姚市凤祥金楼有限公司	浙江省余姚市南雷路44号	0574—62712183
浙江嘉瑞珠宝连锁有限公司	浙江省绍兴县柯桥群贤路1955号蓝天商务楼L层	0575—85581979
浙江金兄弟珠宝名表有限公司	台州路桥区邮电路252—258	0576—82921818
浙江美地亚珠宝有限公司	杭州市下城区庆春路276号	0571—87659250
浙江省浙地珠宝有限公司	杭州市体育场路498号	0571—56363291
浙江天地润珍珠有限公司	浙江省诸暨市山下湖工业区	0575—87688808
浙江万汇商贸有限公司	浙江省杭州凤超大厦南楼308室	0571—87131021
浙江万隆珠宝有限公司	杭州萧山区城厢街道体育路38号	0571—82823666
浙江越王珠宝有限公司	绍兴市解放北路378号	0575—85115556

安徽

公司名称	地　址	电　话
安徽宝瑞源珠宝有限公司	安徽合肥芜湖路239号宝瑞源大厦一楼	0551—7124806
安徽星光珠宝有限公司	安徽阜阳市颍泉区人民中路54号	0558—3398726
阜阳国贸珠宝首饰有限公司	安徽省阜阳市人民东路1号国贸商城1楼	0558—2238068

福建

公司名称	地　址	电　话
城厢区卡仑帝珠宝经营部	福建省莆田市城厢区梅园路中段北侧12栋	0594—2555858
福州市鼓楼区金玉满堂珠宝行	福州市八一七北路89号贤南商厦一楼	0591—87550688
莆田市华昌首饰有限公司	福建省莆田市涵江区白塘街1998号	0594—3889999
石狮市港联珠宝有限公司	福建省石狮市群英北路125号	0595—88878788

江西

公司名称	地　址	电　话
赣州市天福金银珠宝有限公司	江西省赣州市文清路6—3号天福钻金店	0797—8289999
吉安市吉信金行有限公司	江西省吉安市吉外区文山路84号	0796—8228431
江西省新万寿珠宝有限责任公司	江西省南昌市北京西路160号（万寿珠宝城）	0791—6351299

续　表

公司名称	地　址	电　话
江西裕泰福投资有限公司	江西省南昌市胜利路32号	0791—6627463
南昌亨得利有限责任公司	南昌市胜利路46—48号	0791—6616375
鹰潭市永福珠宝金行	江西省鹰潭市胜利东路1号	0701—6231318
樟树市药都金店	江西省樟树市药都路1号	0795—7347678
山东		
滨州福人楼珠宝金行有限责任公司	山东省滨州市渤海七路580号	0543—3329444
临沂市万福珠宝金行有限公司	临沂市解放路68号兰田步行街1号楼	0539—8228290
青岛市鑫玉泰珠宝有限公司	青岛市漳州市二路19号2号楼1002室	0532—88850318
青岛万宝金楼首饰有限公司	青岛市威海路227号	0532—83629819
山东滨州鲁滨首饰有限公司	滨州市渤海七路599号	0543—3223733
山东光大黄金首饰有限公司	山东省青州市尧王山东路168号光大金行	0532—86889055
山东招金卢金匠有限公司	山东省招远市开发区金都缘珠宝企业园16号楼	0535—8198099
潍坊市鑫源金店	山东省潍坊市奎文区钻石大厦	0536—8310787
烟台市芝罘区福慧得珠宝行	烟台市芝罘区青年路13—32号	0535—6667880
烟台真优美金店有限公司	山东省烟台市南大街211号248室	0535—6653308
枣庄市银河珠宝店	枣庄市中区解放北路130号	0632—3306133
河南		
河南金鑫国际珠宝有限公司	郑州市德化街68号金鑫珠宝城	0371—66936634
深圳市英特纳珠宝有限公司	河南省新乡市平原路81号豫北大厦1层	0373—2060830
新乡市罗曼黄金珠宝有限公司	河南省新乡市平原路42号新大新商厦一层	0373—2060888
湖北		
武汉明牌首饰有限公司	武汉市中山大道561号	027—82817969
湖南		
长沙世纪情百货有限公司	长沙市黄兴中路九号	0731—2503778
广东		
广州市天姿珠宝饰品有限公司	广州市机场路9号怡乐大厦十楼	020—86374062
深圳市爱迪尔珠宝股份有限公司	深圳市罗湖区东晓路1005号北楼二楼	0755—25798219

续 表

公司名称	地 址	电 话
深圳市百爵实业发展有限公司	深圳市罗湖区田贝四路42号万山珠宝园二栋	0755-25638897
深圳市海漫尼实业发展有限公司	深圳市罗湖区贝丽北路水贝工业区18栋6楼	0755-25626699
深圳市皇室太古实业有限公司-杭州百货大楼	深圳市罗湖区莲塘港莲路5号包深工业大厦5楼	0755-25818018
深圳市皇室太古实业有限公司-杭州大厦	深圳市罗湖区莲塘港莲路5号包深工业大厦5楼	0755-25818018
深圳市皇室太古实业有限公司-沈阳中兴商业大厦	深圳市罗湖区莲塘港莲路5号包深工业大厦5楼	0755-25818018
深圳市金嘉福珠宝有限公司	深圳市罗湖区翠竹北路17栋1-3楼	0755-25628123
深圳市卡蒂尼实业有限公司	深圳市福田区八卦一路617栋505室	0755-82448580
深圳市欧宝丽珠宝有限公司	深圳市罗湖区水贝二路新新酒店4楼	0755-83936666
深圳市千禧之星实业发展有限公司	深圳市罗湖区水贝二路工业区19栋4层	0755-25635587
深圳市粤豪珠宝有限公司	深圳市罗湖区水贝二路28号新地酒店2-3楼	0755-25229705
深圳市真牌珠宝金行有限公司	深圳市罗湖区田贝四路42号（万山珠宝园）2号综合楼四层南	0755-25539988
深圳市周大生钻石首饰有限公司	深圳市福田区深南中路1002号新闻大厦2908室	0755-82861111
周大福珠宝金行（深圳）有限公司	深圳市盐田区深盐路黄金珠宝大厦12楼C座	0755-25261395
广西		
桂林至尊珠宝实业有限责任公司	桂林市中山中路43号至尊珠宝	0771-5595555
四川		
成都市天鑫洋金业有限责任公司	成都市青羊区下南大街2号5楼	028-85575995
邛崃市欣鑫珠宝首饰有限公司	四川省邛崃市临邛镇西街9号	028-88795183
四川爱心（集团）有限公司	成都市锦江区北新街58号世都大厦五楼	028-86736339
四川省合江县融发金饰有限公司	四川省合江县合江镇少岷路146号	0830-5261588
四川天王珠宝有限责任公司	四川省成都市锦江区下东大街66号	028-86667462
云南		
昆明百货大楼珠宝经营公司	昆明市东风西路99号	0871-3613478
昆明景兰珠宝有限公司	昆明市关上关兴路239号	0871-7158555
昆明七彩云南实业股份有限公司	昆明市石安公路12公里处（呈贡水海子旁）	0871-7426853

续 表

公司名称	地 址	电 话
昆明世代景星珠宝城	昆明市东风西路96号	0871—8043669
昆明五华区瑞华珠宝行	昆明景星街世代景星珠宝城一层34—37号	0871—8150019
昆明怡泰祥珠宝有限公司	云南省昆明市拓东路50号4楼	0871—3166999
瑞丽市敬宝翡翠文化传播有限公司	云南省瑞丽市华丰市场D3栋5—7—9号	0692—4151366
瑞丽市万丽珠宝有限责任公司	瑞丽市珠宝街	0692—4142966
腾冲县丝路碧玉工贸有限责任公司	腾冲县腾越古镇内118号	0875—5198555
云南地矿珠宝有限公司	昆明市东风东路东风巷87号地矿大厦二楼	0871—3122890
云南联贸珠宝玉器有限公司	云南省昆明市北京路102号联贸大厦一楼办公室	0871—3540638
云南泰丽宫珠宝有限公司	昆明市春城路264号泰丽宫珠宝城	0871—8090809
陕西		
澄城县聚丰黄金首饰有限公司	陕西省澄城县中心街七路南人民银行	0913—6717390
大荔禧庆祥珠宝首饰有限公司	陕西省渭南市大荔县中心广场工商银行营业楼下	0913—3221224
靖边县聚成珠宝贸易有限公司	陕西省靖边县明乐园广场亮馨花园	0912—4614369
陕西博金商贸有限公司	西安市北大街1号宏府嘉会B座9003室	029—87400576
陕西家瑞经贸有限公司	陕西省西安市东大街221号黄金宾馆五楼	029—82056569
陕西省军区军人服务社	陕西省西安市小寨西路2号	029—85254526
神木新世纪钻石黄金珠宝城	陕西省榆林市神木县东兴街中段新世纪广场一楼	0912—8011280
渭南老字号金店有限责任公司	陕西省渭南市东风大街东段83号	0913—8198169
西安皇爵至尊珠宝有限公司	西安市雁塔区太白南路269号中天国际D1—802室	029—88233825
西安市碑林区天世源珠宝首饰商店	西安市东大街兴正元1号	029—87656118
西安市阎良区凯利金店	西安市阎良区胜利路南段鸿泰大厦一层	029—86865198
咸阳澳发金行	陕西省咸阳市乐育南路红旗商场一层	029—33230081
榆林市瑞福源珠宝有限责任公司	榆林市榆阳区新建北路89号	0912—3288255
甘肃		
兰州国芳百盛购物广场有限责任公司	兰州市城关区东方红广场东侧1号 国芳百货9楼总经办	0931—8890292

续 表

公司名称	地 址	电 话
青海		
格尔木白玉商贸有限责任公司	青海省格尔木昆仑中路118号	0979-8410338
新疆		
库尔勒宏达玉器工艺品有限责任公司	新疆库尔勒市建国南路23号	0006-2040929
乌鲁木齐东方中港珠宝有限公司	乌鲁木齐市新华北路38号 红山新世纪购物广场708室	0991-8801056
乌鲁木齐恒久钻石有限公司	乌鲁木齐中山路338号华鑫大厦恒久钻石	0991-2823115
乌鲁木齐市瑞玉德实业有限公司	乌鲁木齐市西北路610号	0991-2606028
乌鲁木齐中金天宝珠宝有限公司	乌鲁木齐天山区新华北路38号 红山新世纪购物广场7楼708室	0991-8808513
新疆白玉城民族玉雕工艺品开发有限公司	乌鲁木齐市黑龙江路327号	0991-4508532
新疆地矿真珍珠宝商城	新疆乌鲁木齐市友好北路484号	0991-4812270
新疆和阗玉开发有限公司	乌鲁木齐市和平北路36号	0991-2301155
新疆民玉贸易有限公司	乌鲁木齐市北京南路895号豪威大厦2405室	0991-3673311
新疆泰和龙工贸发展有限公司	乌鲁木齐市揽秀园西街30号	0991-7716266

（排名不分先后）

五、信用评价体系工程

中国珠宝玉石首饰行业协会在商务部和国资委统一领导和指导下，作为开展我国珠宝玉石首饰行业企业信用等级评价的实施和试点单位，2008年正式启动企业信用评价工作，2009年经过严格的初审、公示、复审、备案等程序，共评价出AAA级信用企业30家。

企业信用等级评价是中宝协开展行业信用建设的一项重要工作，是国家信用体系建设的重要步骤和重要组成部分。通过中宝协对评价结果在行业及全社会的公示和公布，取得了良好的社会反响，对推动和促进行业自律、服务会员企业、提高企业信用水平和企业信用风险防范能力、保障行业健康发展具有重要作用。评价是对企业在履行经济契约及社会责任等方面进行全面综合的考察和评估，属于国家级的综合性的评价。

中宝协遵循企业自愿申报的原则组织开展评价工作，并将评价结果推荐给相关政府部门，作为其实行信用分类监管或其他行政管理工作的参考依据。通过评价的申报企业获得由商务部、国务院国资委统一规格、样式、编号的信用等级证书和标牌。通过对评价结果的使用和推广，将进一步实现守信企业的经济价值和社会价值，使企业降低交易成本，获得更多的市场机会，取得更大的社会认可，发挥信用资源对企业发展的促进作用，同时为会员企业市场开拓、市场竞争及持续发展起到重要的服务作用。

图6-2-4 中宝协领导为获AAA信用企业授牌

AAA级信用企业名录

企业名称	地址　电话
昆明七彩云南实业股份有限公司	云南省昆明市安石公路（0871）7426853
深圳市甘露珠宝首饰有限公司	深圳市罗湖区水贝一路4号水贝工业区20栋4楼5楼 （0755）25624888
深圳市粤豪珠宝有限公司	深圳市沙头角沙盐路太平洋工业区1栋3楼西 （0755）25621111
浙江山下湖珍珠集团股份有限公司	浙江省诸暨市山下湖镇郑家湖村（0575）87160891
深圳市百泰珠宝首饰有限公司	深圳市盐田区北山工业区综合楼3F1－F8及展销厅 （0755）25506666
深圳市千禧之星实业发展有限公司	深圳市罗湖区水贝二路工业区19栋4－5层 （0755）25627999
深圳市雅诺信珠宝首饰有限公司	深圳市罗湖区水贝工业区4栋2层东4－6层 （0755）25685268
深圳市吉盟首饰有限公司	深圳市罗湖区水贝二路水贝二街2栋5楼 （0755）25639999
深圳市翠绿珠宝首饰有限公司	深圳市罗湖区水贝二路二街3号（0755）25609999
深圳市宝福珠宝首饰有限公司	深圳市龙岗区南湾街道布澜路南侧宝福李朗珠宝文化产业园 （0755）28718999
昆明百货大楼(集团)珠宝经营有限公司	云南省昆明市东风西路99号（0871）3613478
北京恒信玺利经贸有限责任公司	北京市平谷区林荫北街13号信息大厦903室 （010）65836969
沈阳萃华金银珠宝股份有限公司	沈阳市大东区北顺城路翠华巷72号(024）88569999
深圳市行行行实业有限公司	深圳市罗湖区太白路3077号中深石化大厦A栋1－2楼 （0755）25519636
深圳市缘与美实业有限公司	深圳市罗湖区东盛路68号大院03厂房4－6楼 （0755）25177780
深圳市星光达珠宝首饰实业有限公司	深圳市罗湖区水贝二路一街四号厂房三、四楼 （0755）25600366
沈阳荟华楼金店	辽宁省沈阳市沈河区中街路178号(024）24841818
深圳市雅福珠宝首饰有限公司	深圳市罗湖区贝丽北路特力工业区1栋五楼 （0755）25639222
深圳市福麒珠宝首饰有限公司	深圳市罗湖区翠竹北路石化工业区1栋4－6层 （0755）25801888

续 表

企业名称	地址 电话
深圳市海漫尼实业发展有限公司	深圳市罗湖区翠竹北路水贝工业区18栋6楼 （0755）25605000
三亚海润珠宝有限公司	海南省三亚市荔枝沟科技工业园区海润路33号 （0898）88665888
山东梦金园珠宝首饰有限公司	山东省昌乐县经济技术开发区（0536）6280079
云南地矿珠宝有限公司	云南省昆明市东风东路东风巷87号地矿大厦七楼 （0871）3122890
莆田市华昌首饰有限公司	福建省莆田市涵江区白塘镇白塘街1998号 （0594）3889999
深圳市鹤麟珠宝首饰有限公司	深圳市罗湖区水贝工业区贝丽北路20号一汽公司六楼 （0755）25605296
深圳市爱迪尔珠宝股份有限公司	深圳市罗湖区东晓路1005号北楼二（限办公）、三楼 （0755）25635988
深圳市钻之韵珠宝首饰有限公司	深圳市罗湖区翠竹北路水贝工业区21幢一层 （0755）25638598
新疆国玉和田玉股份有限公司	新疆乌鲁木齐市沙依巴克区西北路458号科学大厦二楼225室 （0991）6990999
武汉金凰珠宝股份有限公司	武汉市江岸区黄浦科技园特15号（027）65660703
深圳市金大福珠宝有限公司	深圳市罗湖区南湖路国贸商业大厦28楼 （0755）25195222

（排名不分先后）

六、天然翡翠证明商标

图6－2－5 天然翡翠证明商标

中国珠宝玉石首饰行业协会始终把行业自律作为协会的重要工作之一，为规范翡翠行业的发展，经过多年申请，2007年天然翡翠证明商标正式获批。天然翡翠证明商标的成功注册及推广使用，为天然翡翠经营企业提供了一个诚信的行业平台，也为消费者提供了简明、直观的判别方法。借助天然翡翠证明商标防伪标识，消费者可以直观、明了地区分翡翠与翡翠（处理）或仿翡翠产品，最大限度保护自己的合法权益。该证明商标的推广和管理，一是为使用单位提供统一格式的防伪标识；二是与权威机构合作开通了网络和短信查询系统，为消费者提供查询和咨询的平台，消费者可在第一时间确认自己所购买产品的品质。

此项诚信工程得到了翡翠企业的大力支持，大家一致认为打造诚信、和谐的翡翠消费环境是业界同仁义不容辞的责任，并积极申请使用该证明商标。经过严格审核，目前国内著名翡翠零售企业菜百等13家公司先后获得了天然翡翠证明商标的使用权。

湖北东方金钰股份有限公司
昭仪新天地（北京）珠宝有限公司
浙江越王珠宝有限公司
深圳市甘露珠宝首饰有限公司
深圳市粤豪珠宝有限公司
北京健兴利商业有限公司
沈阳荟华楼黄金珠宝首饰有限公司
上海老凤祥有限公司
昆明百货大楼（集团）珠宝经营有限公司
上海城隍珠宝有限公司
江苏通灵翠钻有限公司
昆明七彩云南（国际）翡翠珠宝有限公司
北京菜市口百货股份有限公司

七、中国珍珠真品标志

中国珍珠真品标志是中国珠宝玉石首饰行业协会在国家工商行政管理总局商标局注册的、用于珍珠饰品的证明商标，受法律保护，是消费者利益得到切实保障的凭证。

中国珍珠真品标志在产品上具体以防伪标识的方式应用。中国珠宝玉石首饰行业协会提供权威网站和短信查询平台，消费者购买配有防伪标识的珍珠产品后，刮开防伪标识涂层，可直接输入编码进行网络和短信查询。

1. 中国珍珠真品标志说明

珍珠源于江、河、湖、海，而龙的造型既是古代中国海上神权的象征，又是中国古老文化底蕴的代表符号。标志将龙的造型抽象化，将珍珠巧妙地与龙身融为一体，在神似与形似，抽象与具体中获得极佳的艺术效果，充分体现了中国浓厚的文化艺术气息和珍珠庄严、华贵的品质。标志简洁的设计风格，突出了珠宝的天然性与其独特的工艺造型这一主题，中国传统的红色与亚金色搭配，交相辉映，突出了珍珠真品的主题。标志整体设计大气，视觉识别性强。

图6－2－6 中国珍珠真品标志

2. 中国珍珠真品标志向消费者证明

2.1 使用中国珍珠真品标志的珍珠是天然优质的蚌、贝类动物在受到异物侵入软体内部时，外套膜分泌出珍珠质将异物一层一层包裹起来形成的天然产物。

2.2 使用中国珍珠真品标志的企业具有规范的管理制度、严格的质量标准、完善的营销策略、合理的价格体系、周到的售后服务。

3. 授权使用单位

北京芳华珠宝有限责任公司
北京市崇文门外大街11号新城文化大厦B座920
010–67089006

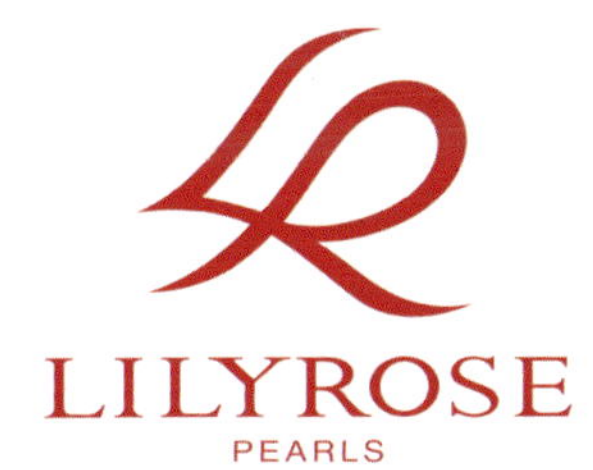

北京伊丽罗氏珠宝有限责任公司
北京市崇文门外大街11号新城文化大厦B座920
010–67089006

浙江欧诗漫集团珠宝有限公司
浙江德清武康镇中兴北路518号
0572–8082337

三亚海润珠宝有限公司
三亚市荔枝沟科技工业园区海润大道
0898–88665888

浙江天地润珍珠有限公司
浙江省诸暨市山下湖镇珍珠工业园区
0575–87688808

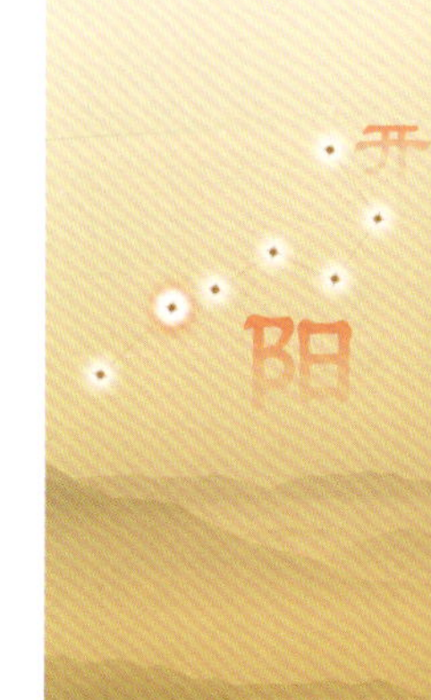

一、珠宝质检规范行业发展

沈美冬　魏　然

珠宝质量监督检验机构作为一类特殊的服务性组织，在整个珠宝产业链中拥有极为重要的地位。全国各级珠宝质检机构以特有的服务方式和服务产品，在市场经济领域，在消费者和珠宝首饰行业之间发挥着独特的作用，对促进市场朝规范化、有序化方向发展，对促进整个行业健康向上发展都具有不可替代的作用，珠宝质检行业的发展影响着珠宝行业的整体发展。

1．中国珠宝质检行业现状

1.1 珠宝质检行业已初具规模

珠宝首饰行业发展初期，经营秩序不规范，竞争机制不健全，在短短几年内涌现出大量从事珠宝首饰加工销售的个人、公司和企业，不正当竞争、恶性竞争的现象普遍存在。更有一些不法厂商缺乏应有的商业道德，为了追求高额利润，采取以假充真、以次充好、偷工减料、伪造产地、虚假打折等手段，严重地损害了消费者的利益，对整个珠宝行业造成沉重打击，珠宝市场一度陷入低潮，许多合法经营的珠宝公司步履维艰。

图6－3－1　经染色漂白充填处理的翡翠

为保护消费者利益，促进我国珠宝市场逐渐规范化、合理化，20世纪80年代末期，在原国家质量技术监督检验总局的统一部署下，全国各省、市、自治区、直辖市先后建立了各级珠宝首饰质量监督检验站。经过近20年的发展，据不完全统计，全国各地取得认证的鉴定机构约163家。包括国家级、省级、省会市级、地市级，部委、大专院校、行业协会等珠宝检测机构在内的全国珠宝首饰鉴定检验网络已然形成，各地珠宝质检机构逐渐形成一个相对完整的体系。部分鉴定机构还在其他城市设有分支机构，如上海、深圳等大城市有超过10家以上的珠宝质检机构同时开展业务。

1.2 行业整体水平逐渐提高

由于各级政府的大力支持，珠宝质检行业的整体水平获得大幅度提升。北京、上海、广东、江苏、天津、浙江等发达城市和地区的国家中心、省级质检机构，在检验能力、仪器设备、管理水平、人员技术水平等方面较为完善，个别机构的综合实力已经达到国际先进水平，基本具备了和国外先进珠宝质检机构竞争的条件。但地市级和甘肃、宁夏等部分珠宝行业不发达地区的质检

机构在检验能力、技术水平等方面较为薄弱，自我发展能力一般。

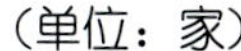

（单位：家）

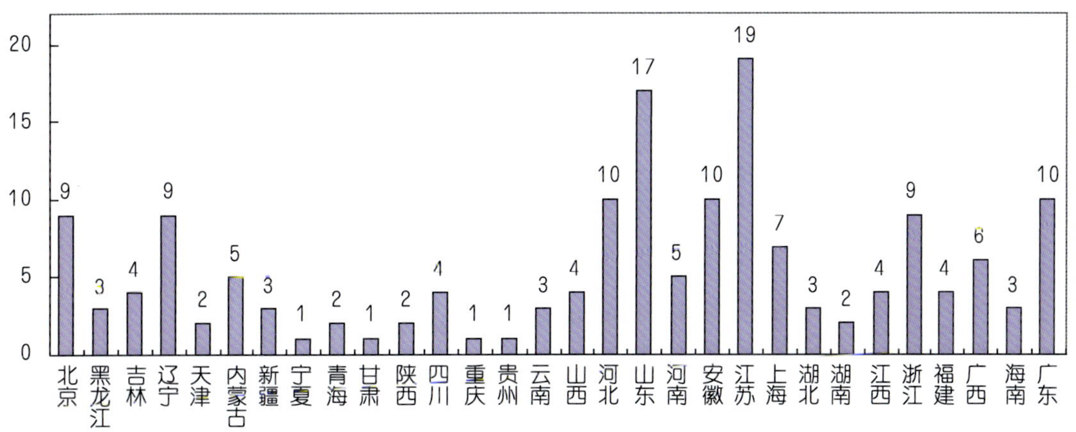

图6－3－2　全国163家珠宝质检机构地区分布图

（单位：家）

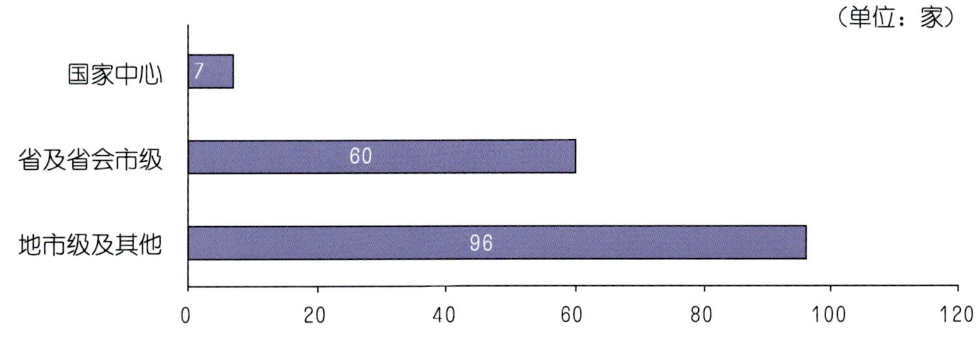

图6－3－3　珠宝质检机构授权情况

图6－3－4　NGTC技术人员使用拉曼光谱进行研究

1.3 与境外质检机构的差距

尽管近几年我国珠宝质检行业发展较快，但在管理水平、资本、技术研发、人才引进、市场形象等方面与国外珠宝质检机构相比仍存在一定差距。

国外珠宝质检机构一般都有几十年的发展历史，积累了丰富的管理经验和市场运作经验，在资金运转方面也比较灵活，对于研制开发尖端检测设备及技术，特别是在人才的引进和培养等方面具有不言而喻的优势。部分机构还在其他国家和地区建立了分支机构，全球知名度较高。而国内珠宝质检机构尚没有形成品牌的优势，在市场营销、开拓市场等方面也欠缺经验。

2．质检机构是行业发展的保障

随着经济实力的增强和人民收入水平的提高，中国已成为世界上少数几个珠宝首饰饰品年消费额超过100亿美元的国家之一，并始终保持年均10%以上的增长势头。珠宝首饰正逐渐成为继住房、汽车之后的第三大消费热点。作为贵重高值商品，珠宝首饰的质量受到社会各界的广泛关注。

珠宝质检机构作为第三方产品检测机构，其主要职责是为广大消费者及珠宝首饰行业提供产品鉴定及咨询等方面的服务。目前，国内大中型商场中出售的珠宝成品基本上均具有质检机构出具的鉴定证书。质检机构正是通过鉴定证书的形式，为珠宝企业把住了质量关，也为消费者购买珠宝首饰产品提供了质量保证，并通过广泛的咨询活动普及珠宝知识，加深普通消费者对珠宝行业的了解，增进消费者、企业、鉴定机构之间的相互理解，逐步培养消费者的购买信心，使珠宝行业得以健康快速地发展。

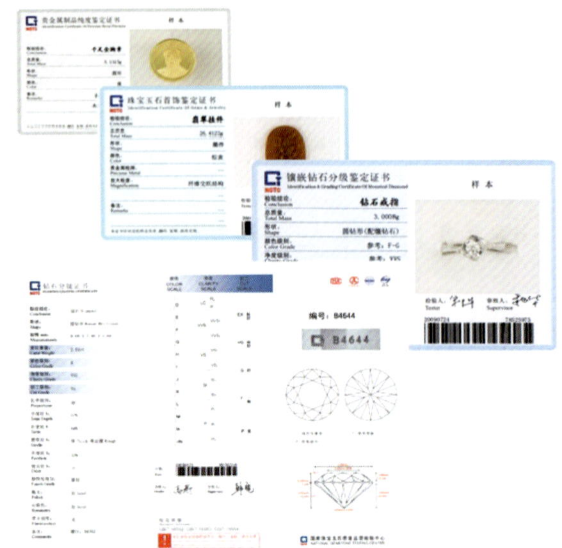

图6－3－5　满足不同需求的鉴定证书

随着中国加入WTO、关税下调、贸易的自由化以及中外珠宝首饰行业间交流合作的深入，到2010年，中国完全有希望成为全球最具竞争力的珠宝首饰加工中心和消费中心。而检测鉴定机构在这一过程中必将扮演着越来越重要的角色。

3．珠宝质检行业发展趋势

全球经济一体化时期，质检机构发展的趋势将是市场化、国际化和越来越激烈的竞争。我国质检行业经过20年的发展，已基本形成以国家中心为龙头、行业中心和省级检验院所为重点、县市级检验机构为基础的较为完善的产品质量检验检测体系。国内已经建立了国家级产品质量监督

中心近300家，为政府主管部门的行政执法和管理服务提供了有效的技术支撑。同时，带动了各级质检机构积极加强自身建设、提高检测能力、开展科技创新活动。以国家中心为旗帜，各级质检机构在引导和服务各地企业健全质量保证体系、技术标准体系、提高质量保证水平等方面也做了大量工作，对国民经济的发展做出了积极的贡献。

图6－3－6　3·15免费检测新闻发布会

确立国家级珠宝质检中心的地位，检测工作集团化，建立质检机构的权威品牌是行业发展的关键，也是行业发展的方向。国家级的珠宝质检中心作为珠宝质检行业的领头羊，是我国珠宝质检行业的核心力量，在技术水平、仪器设备配备、管理水平、检测能力等方面代表着我国珠宝检测的最高水平，承担着对珠宝首饰产品进行质量监督和检验的工作，也为政府主管部门提供技术保障。部分国家级珠宝质检中心经过十几年的发展，已经达到一定规模，技术实力较强，在行业内具有相当的影响力，并顺利地完成了与市场经济的接轨，初步具备了在市场经济的大环境下自我生存的能力。

图6－3－7　3·15免费检测现场

面对国际市场及境外珠宝检测机构的压力和挑战，加大国家中心的扶持力度，加强各级质检机构自身建设、交流合作，努力提高专业人员素质，培养专业队伍，是国内珠宝质检机构得以生存、有效地参与市场竞争的有效手段，也是关系到中国珠宝质检行业发展的核心问题。

我国加入WTO时曾承诺2005年后允许外资、独资企业进入中国的检验市场，国内的珠宝质检行业面临新的机遇和挑战。检测市场将出现竞争国际化、检测机构集约化、市场多元化的新格局。在这种形势下，政府主管部门应因势利导，进一步巩固和加强国家中心在行业内的主导地位，力争在较短的时间内，树立我国权威的机构品牌，使国家中心的技术优势能够得到最有效的发挥，这是关系到我国珠宝质检行业发展的重中之重。这需要我们转变观念，加快国家中心的建设发展，通过开设分支机构、横向联合、整合部分机构等有效的形式，团结珠宝行业内技术业务较为先进的检测站或实验室，形成技术力量强大、经营管理规范的检测实体，树立权威的质检品牌，增强国内珠宝质检机构的竞争能力，保证我国珠宝质检行业的健康发展。

4. 行业发展存在的问题

4.1 不同检验机构水平的差异性

珠宝质检行业技术含量较高，除需要配备专用的检测设备以外，对实验室环境，人员的技术水平等方面均有较高的要求。而目前各地珠宝质检机构在管理水平、检验能力、仪器设备、技术水平、人员素质等方面参差不齐。部分检验机构的仪器设备、检验条件达不到要求。检验人员的素质不够，对检验方法、检验标准的理解和执行不够到位。检验机构管理水平不高，在工作程序、样品管理、检验报告等方面不够规范。同时由于珠宝鉴定的主观性较强，每个检测人员掌握的尺度不同，造成对相同产品的鉴定结论存在着一定的差异，使得重复鉴定的现象相当普遍，这在一定程度上也增加了企业和消费者的负担。

图6－3－8　国际珠宝展NGTC现场检测及咨询活动

一些地市级珠宝质检机构以及经过实验室的认证认可的商业实验室，在实验室规模、人员配备、仪器配备、管理水平等方面与国家级、省级、省市级质检机构相比存在一定差距，在执行监管任务或检测工作时不够专业，在执行方法和标准的理解上也存在一定的偏差，有可能会导致错误的判断。主管部门应考虑通过合理的资源分配，对部分实验室进行整合，以提高这类实验室的检测能

力，使其真正能够促进行业发展，维护消费者利益，有效地为市场经济服务。

4.2 个别检验机构的管理不规范，甚至存在严重的不合法现象

个别检测单位不具备足够的工作经验，人员配备不齐，有的甚至仅有2～3名人员，也没有配备必须的检测设备，难以保证检测数据的准确性，工作质量的可信程度差。有些机构甚至未经过任何实验室的认证认可，仪器设备也没有进行定期检定，出具的数据和检验结论不具真实性和有效性。但这种无效的检测证书却在许多地域存在，这种现象的存在也使法律法规的公正性、严肃性大受损害。此外，个别检测机构，因工作疏忽出现错误鉴定或是出于种种原因为商家出具人情报告，故意提高鉴定商品的等级，损害消费者的利益，也降低了消费者对鉴定机构的信任度，影响了鉴定机构独立、公正的形象。

有些经过认证或认可的实验室，没有将自身正确地定位在社会公益型的技术机构，而是以经济利益为目的，到处私设异地检测点，其检测点在人员、环境、设备各方面未经过任何认证认可，有的甚至承包给当地公司或个人，使检测工作变成家庭作坊，随意降低检测标准，造成检测结果错误百出，严重损害了消费者和生产经营企业的利益，扰乱了市场秩序。

4.3 竞争机制有待于完善

国家中心与国家中心之间、各地国家中心与地方质检机构之间、地方质检机构相互之间的竞争普遍存在。由于缺乏统一的战略、规划和强有力的协调，造成无序竞争的现象普遍存在。特别是个别地区的质检机构重复建设，造成在区域资源基本饱和的情况下，部分质检机构在利益驱动下，通过暗中拆台、降低收费、出具虚假报告等手段抢夺市场，扰乱了市场竞争的秩序，损害了质检机构的公信力和第三方地位，制约了质检机构的长远发展。

4.4 境外质检机构的竞争压力

20世纪90年代，美国宝石学院（GIA）、比利时钻石高阶层议会（HRD）等国际著名的珠宝检测机构，以珠宝培训为先导，有计划、有步骤地进入我国珠宝首饰行业。上述机构的年检量都在几十万件以上，它们一旦进入中国市场，必将对国内的珠宝质检行业带来巨大的影响。虽然我国的珠宝质检行业经过10多年的发展已形成了一个相对完善的体系，但面对这些有着几十年历史的境外机构，仍缺乏相当的竞争力。

二、珠宝首饰商品质检抽查

张钧　董靖

1. 监督抽查是规范市场的重要手段

国家监督抽查是由国务院产品质量监督部门依法组织有关省级质量技术监督部门和产品质量检验机构对生产、销售的产品，依据有关规定进行抽样、检验，并对抽查结果依法公告和处理的活动，是国家对产品质量进行监督检查的主要方式之一。

珠宝首饰作为一种特殊的贵重消费品，其质量状况始终是消费者关注的焦点。而监督抽查这一手段，既体现了我国的当前珠宝首饰市场发展现状和整体发展趋势，又反映出了尚需解决的一些问题。它为监督珠宝首饰市场中的产品质量，普及珠宝首饰国家、行业、地方标准和相关法规，规范珠宝首饰企业的经营活动起到了重要作用。通过多次对珠宝首饰的监督抽查，珠宝市场逐步健全，初步实现了优胜劣汰的市场竞争机制，以及公平、有序的珠宝市场竞争环境，珠宝行业的整体产品质量得到了很大的提高。但仍存在珠宝玉石首饰产品名称不规范、定名错误、钻石分级定级不准确等方面质量隐患，同时也反映出珠宝企业及部分质检机构存在产品质量把关不严、对标准理解不够、技术水平不足等方面的问题。

2. 2009年工商珠宝首饰监测抽检情况

国家珠宝玉石质量监督检验中心根据国家工商行政管理总局2009年流通领域珠宝首饰商品质量监测抽样检验工作委托书（2009）国工商监委字第007号的规定，抽查了全国6个重点城市（包括天津、沈阳、山西、武汉、重庆、杭州）流通领域的珠宝首饰商品。

监测抽样检查共计抽检41家企业，全部抽检样品合格的企业21家，抽检企业合格率为51.2%。

共检查2478件珠宝首饰商品，其中抽样检查75件样品。涉及钻石1948件（包括裸钻、镶钻石首饰），彩色宝石400件（包括珍珠、海蓝宝石、托帕石、合成立方氧化锆、染色石英岩、玻璃等），纯贵金属饰品130件。

在抽样检查的75件样品中，检验合格样品49件，占所抽检样品的65.3%；检验不合格样品26件，占所抽检样品的34.7%。本次监测总体合格率为98.95%，不合格率为1.05%。

在所抽检的75件样品中，包括60件钻石分级样品、11件珠宝玉石鉴定样品、4件纯贵金属饰品。60件钻石分级样品中，44件合格，占钻石数量的73.3%，16件不合格，占钻石数量的26.7%；

11件珠宝玉石鉴定样品中，4件合格，占珠宝玉石数量的36.4%，7件不合格，占珠宝玉石数量的63.6%；4件纯贵金属饰品中，1件合格，占纯贵金属数量的25.0%，3件不合格，占纯贵金属数量的75.0%。

在检测过程中，钻石分级样品不合格主要表现在所标示的颜色级别、净度级别与国家标准不符，珠宝玉石鉴定样品不合格主要表现为定名错误，贵金属样品不合格主要表现为缺少材料名称印记、厂家代号印记。

3. 综合分析

检查结果表明，国内珠宝市场商品质量的总体情况比较好，知名品牌企业十分重视商品的质量和企业的形象，大部分企业内部质量管理有序，比较慎重地选择了第三方质量担保机构，经销商品的质量能够得到较好控制。但是，部分珠宝企业的商品仍存在质量隐患。

3.1 珠宝企业所销售的商品存在的问题

（1）珠宝定名错误。如：“托帕石”标示为“水晶”。

（2）珠宝定名不规范。如：“染色石英岩”标示为“马来玉”。

（3）贵金属印记不完整。如：此次抽检的一些样品，贵金属缺失材料名称印记、厂家代号印记。

（4）钻石级别不合格。如：颜色级别“H”色标示为“G”色，净度级别“SI”标示为“VS”。

3.2 质检机构存在的问题

绝大部分国内珠宝质检机构内部质量管理有序，检测结果科学、公正、准确。但国外检测机构的鉴定证书存在较大问题。本次抽查的60件钻石分级样品中，16件不合格，其中在16件不合格的钻石中，配有国外证书的有14件，占不合格钻石的87.5%。

主要原因及其对市场的影响：

首先，国外检测机构基本上属于商业性实验室，其检测尺度随市场的变化而不断改变。随着我国经济的深入发展、日益增多的国际贸易，国外检测机构出具的检验证书随着钻石大量涌入国内珠宝市场。这些在中国境内销售的钻石并不执行国家检测标准，且多家国外检测机构所依据的技术规则更是参差不齐，与国家标准相差很大。这些国外检测机构针对国内销售的小于1克拉的钻石出具的检验证书普遍存在虚高的情况。这对国内逐步完善的国家钻石分级体系是一个很大冲击。

其次，这类标有虚高的颜色级别或净度级别的国外证书，特别受到部分企业的欢迎。销售企业以“国际证书”作为销售的卖点及促销手段，这类标有虚高的颜色级别或净度级别的钻石同时

意味着更高的销售价格，从而严重损害了消费者的利益。

再次，国外检测机构以虚高级别的“国际证书”为优势，争取到部分企业与他们合作。这种不正当的竞争严重损害了严格执行国家标准的企业及国内检测机构的合法利益。

综上所述，这些在中国销售但却不执行我国国家标准的国外证书在中国市场的大量流通，会严重影响、损害我国珠宝市场的健康有序发展。

4．几点建议

4.1 加强政府、行业协会对企业的监管

（1）着力于向企业宣传计量法、产品质量法、标准化法、消费者权益保护法等法律法规，使企业做到依法经营。

（2）组织企业的管理人员及技术人员认真学习珠宝玉石首饰相关标准，敦促企业持续加强对员工的专业培训，不断地提高从业人员素质，使企业加强对产品质量的控制，准确标注产品标签和印记或其他质量证明文件，避免不标、漏标、错标、甚至是虚标的现象，保证以准确的产品质量标识进入市场，进而避免不必要的产品质量风险和纠纷，切实地保护消费者的权利和利益，保障和维护珠宝首饰市场的稳定、健康发展。

（3）增大对珠宝企业的管理力度，通过定期监督检查、评选优秀企业等形式强化企业的质量意识，不断推动企业提高产品质量。

4.2 规范市场

加紧制定、完善珠宝首饰商品的标识管理规定，并通过相关的管理规定避免企业肆意放松商品技术标准，进一步规范、净化珠宝市场。

4.3 提高国内珠宝质检机构素质

提高国内珠宝质检机构的技术水平及职业道德修养，为我国珠宝业的健康有序发展保驾护航。

4.4 发挥政府、行业协会的优势，清理、整顿国内检测证书市场

（1）建议政府主管部门制定相应的法律法规，严格要求在国内市场销售的珠宝首饰，必须配备执行中国国家标准的检验证书。

（2）建议政府主管部门增强对珠宝市场的监管力度，通过定期监督检查，清理、整顿国内检测证书市场。以此确实保护消费者的根本利益，保障和维护珠宝首饰市场的稳定、健康发展。

（3）利用各种媒体手段（电视、网络等），广泛地向消费者宣传国家标准与国内优秀的实验室，而不是盲目迷信国外实验室及国外证书。

三、国家珠宝玉石质量监督检验中心

魏 然

1. 机构概况

国家珠宝玉石质量监督检验中心（简称NGTC）作为中国珠宝鉴定机构的典型代表，是由国家质量监督检验检疫总局依法授权的国家级珠宝玉石专业质检机构。经过近20年的发展，中心从仅有10余人的研究室发展成拥有近300名员工的国家级质检中心，并在北京、深圳、上海、番禺、香港等地设立了一流的实验室，在国内率先实现全面的网络化管理，在管理体系、技术力量等方面均达到国际领先水平。

中心的主要任务是承担国家指令性的市场监督抽查、仲裁检验和进出口商品检验，并为珠宝企业、消费者提供委托检验服务。中心占有较大的市场份额，累计完成数百万件商品的鉴定工作，在广大消费者心目中树立了科学、公正的良好形象，并在很大程度上限制了假冒伪劣产品的泛滥，维护了市场的正常秩序。

图6－3－9 国家珠宝玉石质量监督检验中心实验室检测场景

2. 发展方向

目前是珠宝检测行业发展的重要时期，也是NGTC加快事业发展的关键时期。NGTC始终把为社会服务、为行业服务、为市场服务、为经济服务作为首要目标。坚持实施科技兴检、人才强检战略，加强检验能力、提高品牌知名度、增强市场竞争力，是NGTC发展的方向。

2.1 加大基础设施建设，加强仪器设备投资力度

国家珠宝玉石质量监督检验中心是国内最早从事珠宝检测的实验室，也是首家引进红外光

谱、拉曼光谱、X荧光能谱仪等大型仪器设备用于珠宝首饰检测及科研的实验室。NGTC在北京、上海、深圳、番禺、香港实验室均配备有最先进的检测设备，以保证数据的科学性和准确性。

2.2 改善用人机制，确保“人才强检”战略的实施

充分利用现有条件，合理调配各类人员，采取各种措施，在加快高素质人才引进的同时，重视现有人员在专业知识和技术方面的再充电，保证知识结构的及时更新，培养高水平的检验人员，全面提升检验能力。已培养出一批具有创新精神的中青年专家、技术带头人以及高级实验室管理人员，技术人员持证上岗率达到95%以上，国家注册珠宝质检师达到60%。

图6－3－10 NGTC与美国国际有色宝石协会(ICA)讨论相关技术问题

2.3 实施科技兴检，提高自主创新能力

随着科技的发展，宝石人工合成和优化处理的方法和技术日新月异，正确地鉴定和鉴别这些品种是珠宝质检机构所面临的严峻考验。为充分发挥珠宝质检机构为行业保驾护航的作用，突破国际技术壁垒对我国珠宝首饰行业出口贸易的障碍，争取最大限度地保证国内珠宝企业和广大消费者的利益。NGTC不断加大科研的投入力度，提高自主创新能力，开展新技术、标准、规程等的制（修）订研究，逐渐从技术型机构向技术创新型、研发型机构转化。

2.4 实施科学管理，树立权威检测机构形象

通过与国内外珠宝检测机构之间的合作交流，引进国外先进的管理经验和鉴定方法，逐步完善检测方法，逐步打造我国管理严格、技术精湛、服务经济、服务社会的珠宝首饰检验机构品牌，为我国珠宝首饰行业提供强有力的技术支撑。

四、实验室能力验证

田 晶

1. 能力验证简述

能力验证（Proficiency Testing）是指利用实验室间比对确定实验室的校准、检测能力或检查机构检测能力的活动，实验室和检查机构等可以通过能力验证，识别与同行机构之间的差异，补充其内部质量控制技术，为自身的持续改进和质量管理提供信息。实验室的用户、监督和管理机构、评价机构等可通过利用CNAS能力验证结果，判断实验室和检查机构等是否具有从事校准、检测活动的能力，以及监控他们能力的持续状况。

随着对实验室检测和校准结果准确性的要求越来越严格，能力验证已成为评定和监督实验室和检测机构技术能力的重要手段，也是认可机构加入和维持国际相互承认协议（MRA）的必要条件之一。我国自2001年开始进行实验室能力验证活动，并于2004年和2005年进行了针对珠宝检测实验室的能力验证。2009年的《CNAS T0438 大颗粒钻石分级及红宝石鉴定》能力验证计划由CNAS组织（《关于公布 CNAS 2009 年度第二批能力验证计划的通知》（认可委（秘）（2009）28号）），国家珠宝玉石质量监督检验中心负责具体实施。

2. 本次计划的目的和意义

（1）加强各珠宝检测实验室横向联系，规范珠宝玉石检测行业。

（2）统一钻石分级检测尺度，避免各质检机构钻石分级结果差异。

（3）统一各珠宝检测机构对新规格的钻石颜色分级标准样品掌握的尺度，维护全国范围内钻石分级检测技术水平的稳定。

（4）统一各珠宝检测机构对充填处理红宝石判定的尺度。

3. 参加验证的实验室条件

此次能力验证计划依据CNAS-RL02《能力验证规则》要求组织实施，计划本着科学、真实、客观的原则，采用统一样品、统一要求、统一记录格式、统一汇总分析、统一结果通知等方式，依据国家标准GB/T 16554-2003 《钻石分级》，进行裸钻分级比对活动，依据国家标准GB/T 16552-2003 《珠宝玉石 名称》、GB/T 16553-2003 《珠宝玉石 鉴定》，对红宝石样品进行宝石鉴定工作，满足条件的珠宝实验室自愿报名参加。条件包括：

（1）实验室应遵守CNAS能力验证的政策和程序。

（2）实验室应具备GB/T 16554—2003《钻石分级》国家标准中规定的钻石分级检测所需环境要求。

（3）实验室具备宝石鉴定所需仪器设备。

（4）实验室需配备至少2～3名取得国家注册珠宝质检师资格，从事钻石分级及宝石检测工作2年以上技术人员。

4．参加验证的实验室范围

截至2009年5月20日，国家珠宝玉石质量监督检验中心共收到报名表63份，其中62家实验室参加了此次能力验证计划（表1），并提交了能力验证结果。参加本次能力验证的实验室涉及全国22个省及直辖市，其中大部分获得国家实验室认可，占参加比例的88.7%，其余实验室也获得相应的计量认证等资质证明。

5．能力验证结果及分析

本次能力验证选取的样品为5粒未镶嵌钻石样品，进行钻石分级；5粒未镶嵌红宝石样品，进行宝石鉴定。要求各实验室按正常钻石分级及宝石鉴定程序进行比对工作，并在24小时内完成全部样品的检测工作，所出结果代表本实验室日常工作水平。本次能力验证结果表明，出现有问题的实验室绝大部分为检测结果低于指定值（即判定过于严格），极少虚高标注结果的情况。全部为满意结果的实验室共计50家，出现有问题结果实验室共计12家。

本次能力验证结果出现有问题及不满意结果主要集中在红宝石样品（编号CNAS T0438—10）的充填处理上，12家出现有问题的实验室中9家判定该样品结果有问题。另有4家实验室在钻石颜色级别判定中出现低标结果，2家实验室在钻石净度级别中出现有问题结果。

钻石样品（编号CNAS T0438—02），颜色级别公议值为E色，由于现在的珠宝市场中销售的钻石饰品颜色级别多为G色至K色之间，D、E、F色的高色级钻石较少，实验室检测人员日常检测中对高色级钻石训练较少，加之一些实验室的钻石颜色分级标准样品只有关键颜色，不包含高色级部分，导致实验室对高色级钻石颜色判定上过于谨慎，本次能力验证中有四家实验室将该样品的颜色级别定为G色，出现低标现象。

红宝石样品（编号CNAS T0438—06），其特性为在10倍放大检查下充填现象不可见，而在超过10倍放大检查下可见轻微充填处理。根据GB/T 16553—2003《珠宝玉石 鉴定》规定："红宝石充填处理为10×放大检查可见裂隙或表面空洞中的玻璃状充填物或残留气泡"，其命名应该判定为红宝石，而不是红宝石（充填处理）。但是根据本次提交的结果来看，大多数实验室还是把其判断为红宝石（充填处理），我们认为是不妥的。所以样品CNAS T0438—06的结果不列入本次计划的能力评价范围，结果仅供实验室参考。但需要指出的是，实验室代码为T0438—31的实

验室，在CNAS T0438-06上将其定名为合成红宝石，我们认为是属于比较严重的错误，希望该实验室认真分析原因，找出不足，进行改进。

红宝石样品（编号CNAS T0438-10）是未经过充填处理的红宝石，但由于实验室在对待能力验证样品的结果判定上过于严格谨慎，导致将没有经过处理的红宝石定为经过充填处理的红宝石，甚至定为经过染色处理的红宝石。

表6-3-1 全国部分珠宝首饰质检机构名录

地区	实验室名称	实验室地址	联系电话
北京	国家珠宝玉石质量监督检验中心	北三环东路36号环球贸易中心C栋22层	010-58276000
	国家首饰质量监督检验中心	北京市朝阳区大屯路甲2号	010-64871971
	北京地大宝石检测中心	北京市海淀区学院路29号中国地质大学南翼楼201A	010-82323039
	北京北大兴华宝石鉴定中心	北京市北京大学新地学楼3303	010-62759084
	北京协宝珠宝检测中心	北京市西城区前公用胡同14号	010-66156164
辽宁	辽宁省宝玉石质量监督检验站	沈阳市北陵大街26号甲-3	024-26220125
	辽宁省产品质量监督检验院金银珠宝检验中心	辽宁省沈河区西顺城街75号	024-24849018
	大连市产品质量监督检验所	辽宁省大连市沙河口区万岁街68-2号	0411-84604116
天津	天津市产品质量监督检测技术研究院	天津市华苑产业区开华道26号	022-23078631
新疆	国土资源部乌鲁木齐矿产资源监督检测中心	新疆维吾尔自治区乌鲁木齐市克拉玛依西路2号	0991-4845461
	新疆维吾尔自治区产品质量监督检验研究院	新疆维吾尔自治区乌鲁木齐市新华南路167号	0991-2333260
甘肃	甘肃省金银贵金属珠宝玉石饰品质量监督检验站	甘肃省兰州市兰工坪南街190号	0931-2756625
陕西	西安地质矿产研究所实验测试中心	陕西省西安市友谊东路438号	029-87821964
	陕西省宝玉石金银首饰质量监督检验站	西安市雁塔北路100号	029-87851483
	西安宝石鉴定中心	西安市文艺北路甲字1号	029-87850200
四川	重庆市计量质量检测研究院	重庆市江北区建北三村17号	023-89232152
	四川省产品质量监督检验检测院	成都市东门街2号	028-86262955
	成都市产品质量监督检验院	成都市永丰路16号	028-85182806
贵州	贵州省矿产品黄金宝石制品质量检验站	中国贵州省贵阳市北京路205号	0851-6461312

续 表

地区	实验室名称	实验室地址	联系电话
云南	云南省珠宝玉石饰品质量监督检验所	昆明市东风东路76号质监大楼11楼	0871－3197204
山西	山西省珠宝玉石首饰产品质量监督检验站	太原市并州北路27号	0351－4042742
	山西省分析测试中心	山西省太原市平阳路北园街17号	0351－5281251
河北	唐山市宝玉石产品质量监督检验站	唐山市北新西道99号	0315－2326102
河北	燕山大学珠宝玉石鉴定研究中心	河北省秦皇岛市燕山大学西校区材料学院	0335－8074543
	河北省产品质量监督检验院	河北省石家庄市工农路368号	0311－83050615
	河北省地矿中心实验室金银宝玉饰品质检站	河北省保定市百花东路156号	0312－3026931
山东	国家黄金钻石制品质量监督检验中心	山东省济南千佛山东路28号	0531－82962721
河南	河南省产品质量监督检验院	河南省郑州市东明路北17号	0371－63318907
	河南省金银珠宝饰品质量监督检验站	郑州市金水路28号	0371－63935194
安徽	安徽省金银饰品宝玉石产品质量监督检验站	安徽省合肥市宿州路76号宏图大厦718室	0551－2638062
江苏	南京珠宝研究检测中心	南京市中山东路534号	025－84499255
	国家金银制品质量监督检验中心(南京)	南京市红山路168号	025－85420717
	江苏省黄金珠宝检测中心	南京市中山东路534号	025－84609708
	江苏省质量技术监督珠宝首饰产品质量检验站	江苏省南京市珠江路700号	025－84804418
	江苏省质量技术监督南京大学珠宝产品质量检验站	南京市江口路22号	025－83593789
	南通市计量检定测试所	江苏省南通市濠东路15号	0513－85128110
	无锡石地黄金珠宝首饰检测中心有限公司	江苏省无锡市北大街11号－4	0510－82695070
上海	国家珠宝玉石质量监督检验中心上海实验室	上海市浦东新区世纪大道1707号钻石大厦	021－52835118
	华东理工大学宝石检测中心	上海市梅陇路130号395信箱	021－64250882
	上海市计量测试技术研究院	上海市宜山路716号	021－64839409
湖北	中国地质大学（武汉）珠宝检测中心	湖北省武汉市鲁磨路388号	027－87841007

续 表

地区	实验室名称	实验室地址	联系电话
浙江	浙江省质量技术监督检测研究院	杭州天目山路222号方圆检测大楼	0571—85027049
	浙江省地质矿产研究所	杭州体育场路508＃浙江省地矿研究所718室	0571—85116795
	杭州市质量技术监督检验院	浙江省杭州市体育场路407号宏都商务楼307	0571—85372617
	宁波市产品质量监督检验所	宁波市江东区王隘路28号	0574—87835083
	温州市质量技术监督检测院	浙江省温州市汤家桥路质检大楼	0577—88915059
福建	福建省莆田市贵重金属和珠宝玉石产品质量监督检验中心	福建省莆田市荔城区东圳东路三亭路口	0594—2686170
广西	广西壮族自治区产品质量监督检验院	广西南宁市新竹路12号	0771—5852391
	桂林市产品质量监督检验所	桂林市南环路15号	0773—2825466
海南	海南省产品质量监督检验所	海南省海口市蓝天路46号	0898—65342497
广东	广东省汕头市质量计量监督检测所	广东省汕头市东厦北路155号	0754—88393735
	广东省揭阳市质量计量监督检测所	广东省揭阳市东山区莲花大道东侧	0663—8260834
	广东省珠宝玉石及贵金属检测中心	广州市东风东路751号	020—87621592
	广州出入境检验检疫局综合技术服务中心珠宝鉴定实验室	广州市珠江新城花城大道66号B0312室	020—38290919
	广东省金银珠宝检测中心	广州市农林下路81号之三隧局大厦夹层	020—87301500
	广东省珠海市质量计量监督检测所	广东省珠海市人民东路240号	0756—8268138
	国家珠宝玉石质量监督检验中心深圳实验室	深圳市福田中心区深南大道4009号投资大厦4层	0755—83883411
	国家首饰质量监督检验中心深圳实验室	深圳市罗湖区贝丽北路71号二楼E区	0755—25633295
	深圳市珠宝首饰检测中心	深圳市罗湖区田贝四路万山工业区5号楼7层	0755—25501200
	深圳出入境检验检疫局工业品检测技术中心	深圳市福田区福强路1011号中国检验检疫大厦	0755—83886232
	北京地大宝石检测中心（深圳实验室）	深圳市罗湖区水贝二路泊林花园6栋4楼3AD	0755—22311197

一、珠宝首饰评估的现状

陈　华

随着我国经济的发展和人们生活水平的提高，中国已成为世界上最大的珠宝消费国之一。在珠宝产业的快速发展下，在资产评估行业逐步规范的过程中，我国珠宝评估业应运而生。虽然发展仅10年的时间，但由于珠宝评估专业性强、服务对象众多、服务领域广泛，已成为联系珠宝行业与其他行业和部门以及大众的重要纽带，小到家庭财产分配、珠宝产品定价，大到司法刑律，以及企业融资、银行抵押贷款、资产清算、保险、税收、拍卖、典当、收藏、捐赠等，珠宝评估正在诸多经济行为中发挥越来越重要的作用。

1. 珠宝评估行业正在逐步走向规范

珠宝评估作为资产评估的六大系列之一，具有独特的专业特性。在国土资源部和财政部的积极支持下，在国土资源部珠宝玉石首饰管理中心、中国资产评估协会、中国珠宝玉石首饰行业协会的共同努力下，经过多年来的不断探索，建立了适合其专业特性的管理模式，已初步建立了我国珠宝首饰艺术品评估体系，包括注册资产评估师（珠宝）执业资格考试制度、专业技术标准、培训教育体系、人员和机构管理体系等，为珠宝首饰艺术品评估事业健康发展打下了良好基础。

1.1 建立了珠宝评估专业管理机构

国土资源部珠宝玉石首饰管理中心和中国资产评估协会于2001年共同发起成立了中国资产评估协会珠宝首饰艺术品评估专业委员会（以下简称“珠宝评估专委会”），委员会由来自珠宝界和评估界的30名委员组成。该专业委员会是将珠宝行业和资产评估行业相融合的专业团体，创新地构建了珠宝评估的组织管理体系。珠宝评估专委会成立以来，依托国土资源部珠宝玉石首饰管理中心的技术支持，在珠宝评估理论和政策研究、珠宝评估师执业资

图6－4－1　中评协珠宝评估专委会编辑的论坛文集和参与起草的评估准则

格考试、珠宝评估技术标准、培训、交流和宣传等方面做了大量工作，对推动我国珠宝首饰艺术品评估事业的发展发挥了重要作用。

1.2 建立了注册资产评估师（珠宝）执业资格准入制度和注册制度

人事部和财政部于2003年联合发文，在注册资产评估师执业资格中增设了珠宝评估专业，建立了注册资产评估师（珠宝）执业资格准入制度（简称“注册珠宝评估师”）。2004年举行了首次全国统一考试。截至2008年底，全国共有63人获得注册资产评估师（珠宝）执业资格。通过认定和考试合格获得注册资产评估师（珠宝）资格并通过注册的人员方可从事珠宝首饰艺术品评估工作。

图6－4－2 注册珠宝评估师实践考试考场

1.3 建立了珠宝评估管理制度

财政部于2002年批准成立了首家专门从事珠宝首饰艺术品评估业务的评估机构——中恒誉资产评估公司，树立起了珠宝专业评估的市场标志。珠宝评估从无到有，逐步走向成熟和规范。

针对珠宝首饰评估的特点，2007年财政部下发了《关于规范珠宝首饰艺术品评估管理有关问题的通知》（财企[2007]141号），该文件对珠宝评估管理有关问题进行了明确和规范。资产评估机构出具的珠宝首饰艺术品评估报告，应当由具备注册资产评估师（珠宝）资格的合伙人（股东）复核，由2名注册资产评估师（珠宝）签字。

图6－4－3 中恒誉资产评估有限公司参加珠宝展

1.4 珠宝评估理论和技术标准不断完善

我国第一本系统介绍国内外珠宝首饰评估理论与方法的专著——《珠宝首饰评估》于2000年出版，该书是注册珠宝评估师的考试培训教材。2009年珠宝评估专委会正在组织专家对该书进行修订补充，计划于2010年出版。在对珠宝评估专业术语研究的基础上，2007年出版了《珠宝首饰评估词典》。

《珠宝首饰评估指导意见》2003年由中国资产评估协会颁布实施，该指导意见是我国资产评估准则体系的重要组成部分。经过5年多的实践，2009年《珠宝首饰评估指导意见》经修订上升为准则，即《资产评估准则——珠宝首饰》，将于2010年7月起正式执行。我国珠宝评估行业统一的珠宝评估标准的建立，促进了珠宝评估理论和实践的发展。

图6－4－4　珠宝评估理论与准则研讨会

1.5 珠宝评估培训教育形式多样

（1）开展国际合作，培训种子选手。国土资源部珠宝首饰管理中心和中国资产评估协会联合与美国评估师协会（ASA）合作，在1999年、2001年和2003年分别举办了三期国际珠宝评估高级培训班，聘请美国资深珠宝评估师来华执教，在国内首次引进了国外最先进的珠宝评估理论体系，为我国培养了一批珠宝评估的骨干力量。

（2）开展注册资产评估师（珠宝）执业资格（简称CPVG）考试考前培训。自注册资产评估师（珠宝）执业资格考试制度设立以来，国检珠宝培训中心承担了CPVG考前培训任务，取得了良好的培训效果。

（3）注册资产评估师（珠宝）岗前和后续教育培训。自2005年起，珠宝评估专委会每年举办注册资产评估师（珠宝）岗前培训班和后续教育培训班，提高了注册珠宝评估师的业务素质。

（4）国土资源部珠宝玉石首饰管理中心、中国资产评估协会、中国珠宝玉石首饰行业协会于2007年12月联合举办了“中国珠宝企业资本运营高峰研修班”，20多名大型珠宝企业负责人参加了研讨班的学习。推动珠宝企业试水资本市场，加强了资产评估行业与珠宝行业的合作。

（5）近几年，中国地质大学（武汉）珠宝学院和中国地质大学（北京）珠宝学院等珠宝院校陆续开设了珠宝首饰评估课程，培养珠宝评估方向的硕士研究生。

1.6 积极开展交流与合作，提升珠宝评估的社会影响力

（1）国土资源部珠宝玉石首饰管理中心、中国资产评估协会、中国珠宝玉石首饰行业协会于

图6－4－5　ASA国际珠宝首饰评估高级培训班

图6－4－6　CPVG考前培训班

2005年和2007年联合举办了两届“中国珠宝首饰艺术品鉴定评估高层论坛”，珠宝、资产评估、银行、保险、拍卖、典当、收藏等业界的国内外著名专家、学者、著名企业家出席了会议，进一步加强了珠宝界与资产评估等业界的交流与合作。

图6－4－7　首届中国珠宝首饰艺术品鉴定评估高层论坛

（2）建立了珠宝评估专委会网站（珠宝首饰评估网，网址：http//www.cas-gjac.org），及时发布相关资讯，使网站成为反映珠宝评估行业动态的“窗口”。

2．珠宝评估行业的发展，人才是关键

珠宝评估行业是智力型专业服务行业，除加强行业管理外，人才是珠宝评估行业的安身立命之本。

目前我国专职从事珠宝首饰评估的人员很少，获得国家注册珠宝评估师执业资格的更是凤毛麟角。要提供社会需要的合格的专业珠宝评估人才，无论作为需求方的评估机构，还是供给方的学科院校，以及作为自律监管组织的行业协会，都应加强合作，密切联系，共同努力实现珠宝评估人才的培养战略。

评估行业协会要逐步完善珠宝评估行业人才培训体系，即逐步形成“学历教育、准入教育、继续教育”三个阶段，“学科院校、评估机构、评估协会”三个层次的培训体系，建立“管理人员、执业人员、高端人才”三支队伍。

珠宝评估专委会作为珠宝评估行业的专业组织机构，可以通过发挥其自身专家团队优势，组织和推动珠宝评估行业培训的系统规划和工作指导，完善培训制度，加强远程教育网络建设，推动课程开发、教材编写和师资队伍建设，重点组织和指导行业高层次人才的培养，以实现珠宝评估行业人才培养的宏观战略。争取在5到10年内，培养一批恪守职业道德、具有专业胜任能力、兢兢业业做业务的“良师”，有社会形象和诚信声誉的“名师”，引领珠宝评估行业专业技术创新和代表先进文化的“大师”。

二、珠宝评估与行业发展俱进

郭 涛

随着我国改革开放和珠宝行业的发展，专业技术性很强的珠宝评估服务的重要性也愈发突出。

1. 珠宝首饰评估产生的背景

随着我国珠宝行业的发展，早在20世纪90年代初期，就自发出现了珠宝首饰的评估行为。当时，一些专家学者应邀参加企业的评估活动，根据企业的要求在评估证书上签字。评估证书往往对待估珠宝进行描述并列出鉴定数据后，综合其社会价值、收藏价值、教育价值、艺术价值等，得出货币化价值结论。为了增加说服力，突出评估对象的特点，评估证书会在某些方面进行强调，比如评估一块红刚玉原料，证书会称之为“世界罕见的巨型红宝石原料”；评估一块玉石原料或玉石雕刻品，证书会解释“神仙难断寸玉”，并拿钻石的克拉单价做参考；评估“夜明珠”，证书会引经据典，将慈禧太后陵墓中被盗之宝与之作对比……评估结论往往动辄以“亿”为单位。一时之间，这种评估证书颇有泛滥之势。一些善良的专家被利用，行业声望受损，第三方利益受损。

与此同时，服务于国有企业改制的资产评估公司、会计师事务所等，为了满足委托方在产品宣传、产品交易、企业验资等方面的要求，也相继为珠宝首饰饰品等出具评估报告。这些评估报告的专业质量明显存在技术瑕疵，特别是因评估对比物的选择不合理，从而导致价值结论不合理的现象时有发生。由于这些评估机构具有一定的法律地位，其出具的评估证书具有一定的法律效力，导致了一系列社会和经济问题，比如会计师事务所依据评估报告的价值结论进行企业登记验资、进行账目查验等。

这些评估报告由于缺乏责任主体、缺乏专业性，相关管理机构陆续接到了社会各方面关于证书合法性、参与评估人员可靠性的咨证函，并要求对珠宝首饰评估行为进行规范化管理。

2. 专业珠宝评估的诞生

为了更好地维护珠宝市场秩序，保护经济主体各方的合法权益，1998年，国土资源部珠宝首饰管理中心会同财政部、人事部、中国资产评估协会，开始构建中国珠宝首饰评估体系。此体系的构建一方面从人员的培养着手，建立中国的珠宝评估师资格考试和注册管理制度；另一方面从机构的管理和行为准则上着手，规范行为，明确责任。

图6－4－8　首批注册资产评估师（珠宝）

为了更好地组建评估师队伍，人事部、财政部2003年下发了《关于在注册资产评估师执业资格中增设珠宝评估专业有关问题的通知》（人发[2003]19号），中国资产评估协会下发了《注册资产评估师（珠宝）执业资格考试实施办法》（中评协[2003]3号），并于2005年正式认定了第一批共15名注册资产评估师（珠宝）。通过随后的资格考试和注册管理，珠宝评估师队伍逐渐壮大。

根据国家规定，资产评估师必须经过后续培训，统一注册管理，遵守行为规范，方可合法执业。为了进一步规范珠宝首饰评估行为，2007年，财政部下发了《财政部关于规范珠宝首饰艺术品评估管理有关问题的通知》（财企[2007]141号），2009年，在《珠宝首饰评估指导意见》的实践基础上，中国资产评估协会制定了《珠宝首饰评估准则》，并纳入中国资产评估准则体系。

至此，珠宝评估随社会需要和行业发展逐渐专业化、规范化。

3．评估服务对象随行业发展而演变

珠宝首饰资产大多为非国有财产，珠宝评估实践的市场化程度很高，服务对象涉及社会方方面面，评估任务在不同时期，随行业发展而具有不同的特点。

3.1　解决珠宝不良资产、经济纠纷等问题

20世纪90年代，一些企业将珠宝首饰作为质押物，进行银行贷款。四大资产管理公司从四大国有银行分离出来后，珠宝首饰质押品被戴上了不良资产的帽子，划归资产管理公司处置变现。而未划拨的银行在收不回贷款的情况下，则通过法院追讨债务。珠宝首饰的处置，以及涉及珠宝首饰的经济纠纷等案件，都需要对其现实经济价值进行合法评估。因此，规范化珠

图6－4－9　财政部副部长给中恒誉资产评估有限公司颁发中国资产评估协会团体会员证

宝评估业务一经开展，便立即有针对性地宣传专业珠宝评估的重要性，经过招投标，用高质量的评估服务协助资产管理公司、法院等解决问题。

3.2 随行业对社会多角度渗透而发展

在中国经济持续、快速发展的大背景下，中国的珠宝首饰行业也成长迅速。目前已拥有5万多家珠宝企业，300多万从业人员，年零售额近300亿美元，年出口额80多亿美元。2008年以前的十几年，中国珠宝国内销售总额和出口总额的年均增长率都在10%以上。

在微观零售市场上，高档珠宝首饰的消费者、经营者对专业服务也提出了更高的要求：在真伪鉴定的基础上，对价值进行评估。比如以"北京菜市口百货股份有限公司"为代表的知名品牌企业，为了增强消费者信心，提高品牌信誉度，对高档珠宝首饰进行"鉴定评估证书"带证销售。

此外，随行业对社会多角度渗透，珠宝评估开始服务于各种经济行为，如资产转让，公司设立等。与此同时，海关、保险公司、基金公司、慈善机构、珠宝玉石收藏机构等也因为各种原因会涉及珠宝首饰，进而对合法的、专业的珠宝评估服务产生需求。中国综合国力的强大、中国玉石文化的深入人心，集中体现在2008北京奥运会的成功举办和奥运金镶玉奖牌的设计上。在奥运会、残奥会奖牌的制作、议定过程中，奥组委特别委托专业珠宝评估公司对金、银、铜牌用玉进行价值评估。

3.3 为珠宝企业的规模化、现代化转变服务

随着相关黄金、钻石交易规则的规范、税收政策的调整，珠宝首饰企业的现代化管理速度逐渐加快，渐次融入资本市场，并相继酝酿进行企业改制、资产重组，进入IPO（首次公开发行股票）行列。珠宝首饰也因其性质稳定、单体含金量高等特点，成为一些上市公司的重要资产，或成为一些风险投资公司的关注对象。

然而，由于珠宝首饰有其独特性，致使一些珠宝企业的融资行为被延缓甚至受阻。一些投资方和管理方在以下方面或存疑虑：

（1）珠宝首饰资产，特别是宝玉石原料和雕刻品，由于种类繁多、品质各异，因此即使外观相似，其价值却可能相差极大。若无专业协助，不经专业评估，很难作出正确判断和决策。例如某退市的珠宝上市公司，就曾将CZ（立方氧化锆）当作钻石进行抵押融资。

（2）珠宝首饰资产，特别是近期，价值波动极大。近几年，国际经济形势动荡不安，珠宝首饰资产，特别是铂金、黄金、玉石、钻石等的市场价格也出现了较大的波动。以铂金为例，2008年内上摸 532元/克，下探183元/克，波幅近300 %。经济危机对钻石业的猛烈冲击、宝玉石产出国（如缅甸等）的政治稳定性等，也都直接或间接地影响着中国的珠宝首饰市场，致使珠宝首饰资产价值的时效性十分突出，财务会计、审计、监管人员很难及时掌握企业资产的真实状况，难以对经营情况进行合理判断和预测。

为了有效地加强监管力度，预示风险，保护广大投资者特别是中小投资者的合法权益。2009年11月，中国证券监督管理委员会表示，“上市公司、拟上市公司在涉及珠宝类相关资产的交易活动中，应当聘请符合要求的珠宝类资产评估机构进行评估。”证监会的这种态度明确传达出多层次的信息：珠宝首饰资产的重要性日渐突出，珠宝首饰价值需要专业评估，珠宝企业上市、重组进程已步入快车道。

珠宝首饰评估是我国资产评估规范化管理的一部分，是资产评估向专业化纵深发展的标志之一，在规范珠宝首饰资产运作、维护珠宝行业经济秩序、促进珠宝行业发展等方面具有重要的作用。随着珠宝首饰行业的快速发展，珠宝首饰评估的业务领域和服务对象也不断扩大，已成为珠宝行业建设中不可缺少的重要组成部分，成为联系政府监管部门和企业、企业和消费者之间的桥梁和纽带。

中国国际珠宝展是由中国珠宝玉石首饰行业协会和国土资源部珠宝玉石首饰管理中心共同主办。作为国内三大珠宝展之一的中国国际珠宝展，汇聚了来自世界各地和国内各省市的珠宝制造商、批发商、零售商和加盟商，展位逾2000个，展出面积达40000平方米。中国国际珠宝展是珠宝品牌推广的舞台，是商贸洽谈、交易的最佳场所，更是珠宝企业家、设计师、鉴定师、业内专业人士共话趋势、寻求合作与发展的平台。

2010上海国际珠宝首饰展览会由中国珠宝玉石首饰行业协会、国土资源部珠宝玉石首饰管理中心、上海黄金交易所、上海钻石交易所、上海黄金饰品行业协会、深圳市黄金珠宝首饰行业协会、上海宝玉石协会等七大中国权威的珠宝行业机构联合主办。届时将有来自20多个国家和地区的珠宝商参加，展位逾1100个，展出面积达23000平方米，是上海规模最大、规格最高的珠宝展会，更是华东地区最具影响的珠宝首饰盛会。

第七篇 科教宣传展览

瑶光

一、珠宝教育任重道远

杨立信

中国的珠宝教育伴随珠宝行业的发展在过去近30年的时间里，经过珠宝教育工作者的辛勤劳动和共同努力，珠宝教育为中国珠宝行业人才的培养和发展做出了重要的贡献，为中国珠宝行业从业人员素质的整体提高，为行业向着良性和健康的轨道发展起到了积极和保障性的作用。珠宝教育的模式也从最初宝石学理论教学的单一模式逐渐向行业化、实战性、市场性和大众化的多元化模式发展，从而体现了教育工作服务于行业、服务于市场和服务于社会的教育宗旨。

1. 职业珠宝教育逐渐建立起以实战为目的的教育目标

职业教育开辟了中国珠宝教育的先河。20世纪80年代中期，在对英国、日本和美国等国家珠宝教育考察调研后，中国地质博物馆宝石研究室和中国地质大学（武汉）率先开展了珠宝的职业教育。宝石研究室以开展短期的宝石鉴定培训班为主，武汉珠宝学院引进了英国FGA教育体系，开始了中国的珠宝教育。之后职业教育的培训内容不断拓宽，以满足行业和企业发展的需求为目的开设了一系列课程，并对大众和普通消费者及珠宝收藏爱好者设立了专门的课程。迄今为止，职业教育已经形成一个涵盖宝石原料鉴定、宝石切磨加工、贵金属材料检测、宝石钻石鉴定和分级、珠宝首饰评估、珠宝首饰加工、首饰设计、珠宝营销、珠宝企业管理和策划等贯穿整个珠宝行业产业链的完整的教育体系。目前，国检珠宝培训中心是国内专门从事职业教育的机构，此外一些大专院校和省市珠宝质监站也开展部分职业教育工作。

经过几十年的努力和改革，目前国内职业教育已发展成具备课程设置的灵活性、教学效果的实战性、教学形式的多样化、教学时间的可调性、教学内容与市场的针对性、教学地点的移动性和培训对象人数无限制性等优势，为珠宝行业和企业培养了大量急需的人才。特别是职业教育课程的内容，可根据企业经营特点和岗位的不同，针对企业在发展过程中出现的新问题和新需求进行设置，从而能在较短的时间内为企业培养出所需人才，解决企业的实际问题。同时，由于职业教育的实战性，经职业教育培训的学员能很快地进入工作角色，切实解决工作岗位上的实际问题，从而能立竿见影地提高企业的工作和经济效益。另外，由于职业教育具有很强的实战性，从而又成为学历教育的一个很好的补充，往往经过正规学历教育毕业的学生，在上岗和工作过程中，都需要再次进行相应岗位的职业培训。再者，由于职业教育对入学学员没有在学历背景和工作经验的先决要求，这样不同学历背景、文化程度和不同行业的大众都能进行职业教育的培训，从而为在业人员、珠宝爱好和收藏者以及消费者都提供了接受珠宝教育的机会。这些无疑对从业人员素质的提高，繁荣珠宝市场、提高费者的消费素质和对珠宝行业消费信心的增强起到了积极的推动作用。职业教育日趋成熟，已经成为珠宝教育的中流砥柱。

2. 形成了完整的学历教育体系

在国内，桂林工程学院于1989年首先设置了珠宝本科专业，1992年中国地质大学（武汉）珠宝学院成立，从此珠宝专业开始正式纳入了中国的学历教育。之后，上海同济大学、中国地质大学（北京）珠宝学院、广州中山大学、天津职业大学、石家庄经济学院、天津商学院等也相继开设了珠宝专业。同时珠宝学历教育也开始在中等技术学校开设，如深圳高级技工学校、深圳市博伦职业技术学校、深圳高等职业技术学院、番禺职业技术学院、海南职业技术学院、辽宁地质工程职业学院等。据不完全统计，全国大约有80多个大中专院校开办有与珠宝相关的专业。专业学科包括宝石学、宝石材料与工艺学、珠宝首饰营销与商贸、首饰设计、首饰加工等领域，经过短短十多年的发展，逐步建立了一套完整的职高、中专、大专、本科、硕士、博士研究生人才培养体系。

中国是目前唯一一个把珠宝专业纳入学历教育的国家。由于早期珠宝专业大都开设于有地质学专业的院校，从而使我国的珠宝学历教育具有扎实和系统的矿床学、岩石学和矿物学基础。从珠宝专业学科的建设上，中国的珠宝学历教育更具有系统性，它不仅包括地质学、宝石学和材料学系统的专业学习，而且也接受了包括数理化外语政治等基础学科的高等教育，同时经济学、商贸、市场学也是学生的必修课程。经国内珠宝学历教育培养的学生在国际上是独一无二的。具有珠宝学历教育背景的从业人员是最有发展潜力的群体。他们中的许多人已经成为珠宝企业的中坚力量，部分已经成为有相当成就的珠宝商人。同时学历教育的人才也是我国珠宝科研队伍的主力军和珠宝检测机构的技术骨干，他们更是我国珠宝行业发展未来的影响者、推动者和主流群体。

3. 建立了珠宝行业从业人员职/执业资格制度体系

中国珠宝职/执业资格制度的建设也是国际珠宝业界的一个创举，这对我国珠宝从业人员岗位职责的实现和整体素质的提高起到了极其重要的作用。一个行业的健康发展需要一个规范良好的市场环境,从业人员的专业素质,经营、管理能力,职业道德和消费者对珠宝产品和行业的了解更是至关重要。

3.1 珠宝实验室技术人员执业资格制度——CGC

1997年，国家珠宝玉石质量监督检验中心在国家质量监督检验检疫总局和人事部的指导下，建立了国家珠宝玉石质量检验师执业资格制度（CGC—Certified Gemologist of China）。国家珠宝玉石质量监督检验中心并组织相关专家编写和制定了《系统宝石学》CGC考前培训的专用教材和考试大纲。国家注册珠宝玉石质量检验师（CGC）的考试每两年举办一次，考试科目共四科，其中，理论考试两科：“宝石学基础理论及有关法律法规”和“宝石学专业知识”；实践考试两科：“宝石鉴定”和“钻石分级”。全国设立了三个考前培训站：北京站（国检珠宝培训中心）、武汉站（中国地质大学（武汉）珠宝学院）和上海站。自1997年起，已举办了7次全国考试，考试地点设在北京。截至2008年底，全国共培养出1082名国家注册珠宝玉石质量检验师（CGC）。凡是在珠宝实验室工作的技术人员，必须具备CGC资格才能签发鉴定证书。国家珠宝玉石质量检验师执业资格制度的建立确保了中国珠宝实验室检测的整体质量和水准，促进了国家珠宝首饰行业国家标准在全国的统一推广和采纳。

图7-1-1　NGTC珠宝首饰营业员课程

3.2 珠宝首饰评估师执业资格制度——CPVG

2003年，国家珠宝玉石质量监督检验中心在人事部、财政部和中国资产评估协会的指导下，创建了珠宝资产评估师执业资格制度(CPVG—Certified Public Valuer of Gem）。国家珠宝玉石质量监督检验中心并组织相关专家编写和制定了《珠宝首饰评估》CPVG考前培训的专用教材和考试大纲。国家注册珠宝资产评估师（CPVG）执业资格考试由五个考试科目组成：“珠宝鉴定与分级”、“资产评估”、“经济法”、“珠宝评估理论与方法”、“珠宝评估案例分析”。其中“珠宝鉴定与分级”纳入CGC资格考试；“资产评估”和“经济法”为全国社会统考科目；“珠宝评估理论与方法”、“珠宝评估案例分析”每两年举行一次考试，全国唯一的CPVG考前培训机构由国检珠宝培训中心承担。自2003年已举办了三次全国考试，考试地点设在北京。只有具备CPVG资格的人员才能合法从事珠宝评估工作。目前中国已培养珠宝资产评估师（CPVG）63名。珠宝资产评估师执业资格制度的建立为珠宝首饰进入拍卖、资产重组、信贷和司法等领域提供了可靠的专业人才保障。

3.3 珠宝企业从业人员职业资格制度

随着原劳动和社会保障部职业资格制度的推行，在珠宝行业也建立了一系列珠宝首饰行业的职业工种和职业资格制度。

原国家劳动和社会保障部实行的职业资格制度一般分为五级职业资格，即：初级技能（职业资格五级）、中级技能（职业资格四级）、高级技能（职业资格三级）、技师（职业资格二级）、高级技师（职业资格一级）。2001年国家珠宝玉石质量监督检验中心率先组织专家制订了珠宝首饰营业员职业资格制度，并建立了相应的职业资格标准和《珠宝首饰营业员》专用培训教材。2002年劳动部设立了“珠宝首饰职业技能鉴定指导中心”，挂靠在国土资源部珠宝玉石首饰管理中心，并在全国各地成立了23个珠宝首饰职业技能鉴定站。目前珠宝首饰行业已开展鉴定的工种有：贵金属检验员、钻石检验员、宝玉石检验员、珠宝首饰营业员、贵金属首饰手工制作工、贵金属首饰机制工和宝石琢磨工等工种。到目前为止，经珠宝首饰职业技能鉴定指导中心鉴定，已取得职业技能证书的人员已达到11,500多名。

上述职业资格体系和培训系统的建立，作为中国珠宝行业所有从业人员，采用国家统一的职业资格标准进行培训和资质认定，在国际任何一个国家都是空白。它对中国从业人员整体素质的提高提供了可靠的保障。中国珠宝首饰行业职业资格制度的建立很好地维护了中国珠宝业规范健康的发展，保证了珠宝行业和消费者之间规范专业的交流，提高了中国消费者对珠宝行业产品的消费信心。

4. 百花齐放的证书教育和教育形式

中国珠宝教育的初期，借鉴了许多国外知名珠宝科研教育机构的经验和模式，为中国珠宝教育的起步起到了重要的作用，至今国外的一些教育通过合作的方式仍对我国珠宝业的发展起着积极的作用。 同时国内的教育机构结合中国珠宝市场的特点和中国珠宝行业发展需要，也创立了自己的证书教育体系。

最早引入我国的国外证书教育是英国皇家宝石协会，1988年在武汉与中国地质大学合作开设FGA（宝石课程），后来又开设DGA（钻石课程）证书课程，目前一共培养500多名具有FGA和DGA资格的专业技术人员。其他国外培训机构如GIA（美国宝石学院）、HRD（比利时钻石高阶层议会）、GII（美国国际宝玉石学院）、IGI（国际宝石学院）、ASA（美国评估师协会）等分别也在国内开展了相关培训。1999年起GIA在大陆和国检珠宝培训中心合作，开设彩色宝石科目、钻石科目、珠宝营销科目、珍珠分

图7-1-2　NGTC珠宝首饰营销环境设计课程

级科目等课程，到目前为止，已培训学员400多名。

20世纪90年代，武汉珠宝学院创建了GIC证书教育，涉及宝石鉴定、钻石鉴定分级、翡翠鉴定、首饰设计和首饰制作等内容。同期，国检珠宝培训中创建了NGTC证书教育体系，包括宝石鉴定与评价证书课程、钻石鉴定分级证书课程、珠宝首饰营业员证书课程、珠宝营销与管理证书课程、珠宝首饰店面管理证书课程、珠宝首饰营销环境设计证书课程、首饰设计证书课程、珠宝评估证书课程、珠宝鉴赏证书课程、翡翠和软玉鉴定与商贸证书课程、珠宝首饰制作证书课程、珠宝消费专家顾问证书课程。之后中国珠宝玉石首饰行业协会创建了GAC证书教育，主要涉及宝石鉴定技术等内容。

另外，近几年越来越多的企业，也根据自己企业的发展战略和经营状况，开展各种各样的内训，这样更加切合自己企业发展的需求，培养的人才更具及时性。网络教育也是近一两年发展起来的一个新的教育形式，尽管此类形式的培训需要进一步的完善，但对人才的培养也起到了一定的积极作用，并有很大的发展空间。函授教育也是其他教育非常有效的补充形式。

因此可以说，国内的证书教育和教育形式是百花齐放，具很强的实用和灵活性。

5. 目前珠宝教育中存在的问题及努力方向

珠宝教育20多年来取得的丰硕成果和对珠宝业的贡献有目共睹，特别是作为专业性很强、商品种类特殊和经营管理方式独特的珠宝行业，其教育和人才的培养更显得极为重要和必需。应该说珠宝教育工作任重而道远。以下几个方面是值得我们在今后一个时期内需要改善和努力的。

5.1 珠宝教育需要更强的科研工作作为基础

教育和科研是密不可分的，科研是教育的基础，多年来珠宝行业最为薄弱的环节就是科研工作。只有针对珠宝行业各个产业链环节存在的问题，立项进行科学研究，才能真正地为行业服务，促进行业的发展。

就目前行业发展现状和发展战略来看，我们需要进行科学研究的环节很多。首先是在珠宝鉴定技术和品质评价体系方面，要进行深入可行的研究，为市场规范打下更好的标准基础；第二是珠宝行业经营管理模式的研究，由于珠宝行业的特殊性，其经营、策划和管理体系和运作方式必然不同于其他行业，应该通过科研建立和摸索出一套适合珠宝业发展的营销模式；再者，作为珠宝首饰的制作大国，新的首饰加工工艺的研究和探索是我国珠宝制造业进入国际市场的基础。新型材料的研究和新的加工设备和检测设备的研制也极为重要。

科研工作是整个行业发展的源动力，需要行业给予充分的重视。国家对珠宝行业的投入是十分有限的，需要集中行业企业的力量，与相应的科研院所和教育机构加强合作来完成。

5.2 企业品牌和企业文化的建设教育

品牌和企业文化是目前珠宝行业薄弱的环节之一。确切地讲，中国还没有一个真正的品牌企业建立起来，企业文化的建设更为欠缺。许多发展较好的企业开始有了这方面的思想意识，但大都停留在口号和表面上，没有真正下大力气来深入进行这方面的工作。这需要教育机构和企业共同努力来完成。

5.3 珠宝教育普遍存在重视理论教学，欠缺实战教学

珠宝教育一直以来的问题就是重视理论教学，缺乏实战实操教学。尽管近几年来教育工作者在这方面在进行着改革的努力，但仍然是今后相当一段时间内改进的方向。这需要企业和教育机构密切的合作，采取走出去和请进来的教育方针，企业要毫无保留地提出行业的问题和弊病，教育机构应该虚心向企业学习，聘请高级管理人员和高级技术人员走进教育的讲堂，从而才能走出珠宝教育和行业发展的瓶颈。

5.4 加强首饰设计大师和首饰制作大师的培养

珠宝首饰产品是企业品牌和文化理念的载体，是企业文化和品牌给消费者最直接的呈现。首饰设计理念的创新和制作工艺的提高是企业发展的根本和生命线。目前面临的重要问题是设计和制造严重脱节，设计缺乏创意性和系列化，商业设计和概念设计融合不够，设计思路和企业产品发展战略不匹配，更缺乏设计大师和制作大师的培养。珠宝首饰设计课程构架需要调整，设计和制作需要并行，不是单打独斗。只有这样才能真正提高珠宝首饰产品的附加值，走出材料成本决定商品价格的误区。

5.5 复合型人才的培养

珠宝行业从业人员既需要专业性，又需要管理营销能力，是专业和市场密切相关的行业。所以人才的培养不只是简单和单一的专业技术教育和培养，更需要我们培养出来的人才是既掌握专业知识又具有市场、营销、管理、策划能力和实战经验的复合型人才，特别是学历教育过程，是培养学生思维和思维意识的重要时期，在接受正规教育阶段，如果把学生的思维固化，在进入行业和市场后，就很难扭转这种人才的天然缺陷，这需要在学科建设上予以改进。

5.6 教育与行业密不可分

教育始终是为社会和行业培养人才的途径和手段。因此教育和人才培养绝不是教育机构本身的事情，教育的目的是为行业服务，行业是教育人才的使用和接收方。要想使我们培养的人才、科研活动及成果能真正满足行业发展的需求，就需要行业和教育机构紧密合作。需要行业在其企业人才需求、企业发展需求和企业经营经验上给教育机构足够的支持和帮助，需要建立一个企业、教育合作共建的珠宝教育的全新的模式。

二、珠宝专业教育现状

郭　颖

教育乃国之根本，一个行业是否能健康、持续地发展，专业人才培养与人才梯队的建设是至关重要的，而这一切仅依靠从业人员的再教育或职业培训显然是不够的，更深层次的需要是人才的专业化。

1. 大专院校珠宝专业总体概况

珠宝的学历教育随着珠宝市场的火热及带来的对从业人员综合素质与专业技能的要求，全国各地的多层次珠宝教学体系正在逐渐形成，而且呈现出了较强的针对性。

1.1 办学体多种多样

珠宝专业的办学体现了与时俱进的多元化，既有国家办学，又有民办学；既有教育部直属高校，也有二级学院，还有成人教育、网络教育等多种方式；既有本科及以上知识型的高等教育，也有高职、高专的技能型中等教育；几乎全面覆盖了中、高级学历教育的各个阶段。

全国目前有近80余家高校或高职、高专开设有珠宝鉴定、首饰设计方面的课程，其中最著名的有中国地质大学（北京）、中国地质大学（武汉）两家的珠宝学院，具有完备的教学培养计划、课程体系、各课程教学大纲等，在多年的教学过程中积累了丰富的教学经验。基于二者基础的两所高校的二级学院长城学院与江城学院也分别开设了珠宝鉴定等专业。

珠宝教学单位遍及全国，坐落的城市以经济发达、珠宝首饰业发达、高等教育发达等为特点，集中分布于北京、广东、上海等地，如北京的中国地质大学（北京）、北京服装学院、北京城市学院、北京市商业学校等近10家单位，又如广州的中山大学、广州番禺职业技术学院珠宝学院、深圳职业技术学院艺术设计学院、深圳高级技工学校等近10家单位。

1.2 学生情况

珠宝专业的就读学生仍以本科（一本、二本、三本）和专科为主体，包括一部分的硕士研究生和少数的博士研究生，同时也有不少高职、高专、中专的学生。据不完全统计，每年的招生规模总计几千人之多。

毕业生的就业情况整体较好，方向也比较多。中专、高职、高专的就业多以销售一线为主，各大公司、门店等每年都有很大的缺口；本科生除少数出国深造外，有相当一部分加入了考研大军，如中国地质大学（北京）的宝石及材料工艺学的本科生每年近50%的学生直接考取硕士研究生，同时还有一部分进入社会，如行业管理机构、鉴定部门、业内企业、行业媒体、典当行、拍卖行等很多方向，并有少部分同学直接自主创业，也取得了可喜的成果，为珠宝行业带来了不少生机；研究生的就业多以做老师、进入行业协会等管理机构或科研机构、进入企业的管理层等多方面，也有少部分自主创业或改行从事其他行业。

截至目前，很多科班毕业的珠宝专业学生都已成为行业中的生力军。

2. 2008及2009年中国珠宝专业教育现状

这两年是珠宝业蓄势腾飞的两年，国内珠宝教育自然也方兴未艾。珠宝专业在夯实专业教育基础、素质教育的同时，更多地将目光投向了国内人才需要的平台，着手打造动手能力强的创新型人才。

中国地质大学（北京）自2008年起，多次举办校内的“鉴定能手”大赛，根据不同的学期分为“宝石鉴定”与“钻石分级”不同主题，至今已连续举办4个学期。不少专业功底扎实、勤于学习的同学脱颖而出，并在随后参加的FGA等国际证书的培训中纷纷取得了好成绩。

动手型人才的培养在高等教育中主要基于校内实验室的建设与校外实习基地、见习基地的建设。经过多年努力，很多高校目前都已经有了能够接待学生实习的若干实习基地，从检测机构、科研单位、企业、行业媒体等多个角度，旨在为学生打造接触行业的平台，使他们提前适应进入社会后的快节奏与强竞争。同时，2009年，团中央遵照党中央解决的就业难的工作方针，开始着手了各高校见习基地的建设，根据高校所在地、办学规模、专业设置等诸多因素的综合，将于2009年底推出首批大学生见习基地。同步要求见习单位在接受学生（以本科生为主）见习的过程中，应适当予以补助，以求学生在获得实战经验的同时，也能略有收入以维持校外见习的费用。

实习基地与见习基地的启用，为珠宝专业大学生拉近了与行业间的距离，帮助他们定位4年的大学学习。

3. 大专院校珠宝专业特点和人才培养方向

大专院校以学历教育为主，但在培养学生的层次上目标明确，既有分工又有合作。

3.1 专业特色鲜明

根据珠宝行业的迅速发展以及对各方面新型人才的需要，各办学单位不断地调整自己的办学定位与方向，珠宝专业的设置也从最初的宝石鉴定和首饰设计逐步扩展为现在的10个不同但又相互联系的专业，如加强了营销方面的珠宝鉴定与营销专业，强调了管理方面的珠宝企划与经济管理专业，甚至也有了艺术品收藏与投资等专业的设置，可以说是丰富了珠宝专业的适应面。

课程设置以基本的《宝石鉴定仪器原理与方法》、《有色宝石学》、《钻石学》、《玉器》、《宝石加工》、《珠宝商贸》等课程作为核心课程，然后根据具体专业的不同，加强各个有关方向的内容，如艺术设计专业的三大《构成》课、《设计软件应用》、《首饰表现技法》、《首饰雕蜡》、《首饰金工制作》等，营销专业的《市场营销学》、《珠宝首饰评估》、《推销技巧与商务谈判》等课程，综合了设计方向宝石及材料工艺学的《首饰加工工艺学》和《设计学和设计美学》等。总体而言，是在大的宝石材质方面的学习后，向各个方向延伸发展。

3.2 专业层次分明

因为办学层次与办学宗旨的不同，珠宝专业学生也从博士生、硕士生、本科生、专科生到高职生、技校生呈现出了多层次化且强针对性的现状。

一般来讲，研究生的培养目标以科研为主，本科以强调具有较高职业技能的全面素质的提升为主，专科则强调一定基础上的技能的训练，而高职与技校等则更多地要求同学们掌握鉴定、营销的实战能力。不同层次的培养方案是充分考虑了各单位的办学特点、学生的接受能力以及今后的择业、就业等多方面的问题，整体形成了相对独立又相互融合的珠宝学历教学体系。

4. 部分开设珠宝专业院校介绍

全国多家开设珠宝专业的院校，虽然分布在全国各地，但也大多继承了地质岩矿专业的基底，有着很深的理工科基础。

4.1 珠宝学院

（1）中国地质大学（北京）珠宝学院

中国地质大学（北京）珠宝学院成立于1995年9月，是我国最早开展宝石学教育和开办宝石学专业的高等学府之一。目前学院有宝石教研室、艺术设计教研室以及珠宝首饰设计与鉴定实验室三个教学部门。教学实验室为北京市合格实验室，由宝石鉴定室、钻石分级室、宝石加工室、计算机房、首饰镶嵌与制作室、首饰抛光室、雕蜡室等组成。此外还有天光画室、设计专业教室、作品展示室等。

目前，珠宝学院具有宝石与材料工艺学、艺术设计两个本科专业，宝石学博士点1个，宝石学和艺术设计学两个硕士点。现在校全日制学生共500余名，其中本科生400余名（含留学生10余名），研究生60余名。学院现有教职工31人，其中专任教师23人。教师中具有研究生学历的占83%，具有高级职称的教师占44%；有5位老师获得国家注册珠宝玉石质量检验师资格证书。学院教师队伍的学历、专业和年龄结构更趋合理化。

自1988年该校招收宝石学专业学生以来，已培养了宝石类和艺术类等专业技术人员2000多人，培养博士、硕士研究生近百名，为我国珠宝行业输送了大批宝石学各个层次的专门人才。

（2）中国地质大学（武汉）珠宝学院

中国地质大学（武汉）珠宝学院是一所以珠宝教育为中心任务的教学和科研单位。

1989年珠宝学院通过与英国宝石协会合作，开设了英国宝石协会宝石证书课程，是我国最早引进国际上先进的宝石学教育体系的学院，从而大大加快了我国宝石教育发展的步伐。在学习国际现代宝石学理论和技能的基础上，珠宝学院开设了自主的宝石和钻石课程，创立了GIC品牌，为我国的珠宝首饰业培训了大量的专业人才。

截至目前，已有5千多人次获得FGA、DGA、GIC宝石学和钻石分级学等各类证书。同时，学院还是国家指定的三个国家珠宝玉石质量检验师考前培训站之一。

学院从1994年起承担宝石学方向本科生教育任务。2000年经教育部正式批准，设立了面向市场、面向未来的宝石及材料工艺学本科专业，现招收宝石及材料工艺学方向和珠宝首饰设计方向本科生，同时还培养更高层次的宝石学硕士生和博士生。此外，还通过成人教育和网络教育方式培养珠宝专业学生。构成了多层次的珠宝教育体系。

学院有多位在珠宝界颇具影响的著名专家，现有专兼职教师中具有教授、副教授等高级职称的教师占77.8%，具有硕士及以上学位的占61%，其中取得博士学位的占22%，构成一支业务素质精、学术水平高、敬业爱岗的师资队伍。

4.2 宝石及材料工艺学专业

石家庄经济学院、昆明理工大学、天津商业大学、上海建桥学院、桂林理工大学等院校设有宝石及材料工艺学专业或宝石研究中心。根据院校特点结合自身的优势，开设相应的课程，培养了一批珠宝专业人才。

三、珠宝首饰设计现状分析

王晨旭

据史料记载，首饰的历史可以追溯到一万八千年前，在经历了时代的变迁后，从图腾崇拜到身份象征，从功能性、保值性再到装饰性，首饰在人类的生活中扮演着不同的角色，发挥着不同的作用。现如今首饰是一种艺术载体，是视觉艺术中一种独特的表现形式。现代人对于首饰的关注度除了体现在它本身的价值上，更多的是在关注它的创意文化内涵。在这样一个时代，对于首饰而言，设计显得尤为重要。那么，随着企业创建自主品牌意识的增强，以及珠宝消费个性化、多元化的发展，珠宝设计将成为珠宝企业乃至整个珠宝行业发展的原动力。

1. 中国珠宝首饰行业的设计水平

1.1 从单调到繁华，珠宝首饰设计水平在模仿中不断创新

中国的珠宝首饰设计经历了几个阶段，从模仿阶段到盲目创新，再到高级模仿到自主创新。十几年来中国珠宝首饰设计在模仿中不断提高，促使行业呈螺旋式上升的趋势发展。目前我国首饰设计力量主要集中在以深圳、广州等地为主的南方地区一些比较有实力的生产加工企业，可以这样说，生产企业的设计能力决定着国内首饰设计的水平。近年来，业内对于首饰设计的重视程度也大有提高，年轻设计师群体正在迅速地扩大和成长，并成为首饰设计界中的中坚力量。从近期国内外展会和零售市场的产品风貌中我们都可以看出这种可喜的变化。

（1）设计领先是企业和行业发展的重中之重

随着国外珠宝品牌纷纷进入我国，国内珠宝市场的竞争日趋激烈。在这样的大环境下，国内珠宝企业越来越意识到品牌建设的重要性，作为珠宝首饰的灵魂——设计，也越来越发挥着它的巨大作用。很多国内的ODM企业就将产品设计放在头等重要的位置，在设计创新上加大投入，

发展企业的原创设计能力。目前，我国很多大型珠宝加工企业设计研发力量雄厚，其中很多企业的产品设计部门拥有超过百名的设计师。正是这些比较有实力的生产加工企业，为我国珠宝市场源源不断地输入着新鲜血液，创造高附加值产品，也正是他们一直肩负着振兴中国珠宝行业的责任，努力实现首饰设计由中国制造向中国创造的转变。

（2）中国的珠宝首饰设计实力在增强

近年来，国内的珠宝设计水平进步很快。一些进驻内地市场的香港老板这样评价内地的珠宝首饰设计："当我们刚刚进入内地市场时，这里的工人可以用'一窍不通'来形容。而现在改观很大，熟练的设计人员已慢慢多起来。"我们也可以看到，在很多诸如由世界黄金协会、HRD、DTC等行业机构举办的珠宝首饰设计大赛上，都有中国设计师获奖。深圳珠宝企业TTF作为第三十三届世界钻石大会GalaDinner展赞助商，以富于中国传统文化特色的珠宝设计盛装亮相大会晚宴，引得众多参展商惊叹不已，主办方HRD的CEO弗雷迪先生的一句"中国珠宝的设计水平很高"，道出了世界对中国珠宝首饰设计的印象。这些都证明着中国的珠宝首饰设计的实力在增强。

1.2 繁华背后，珠宝首饰设计水平有待提高

（1）产品同质化严重，需要建立健全首饰设计知识产权维权体系

随着中国厂商进入国际市场步伐的加快，很多优秀的国内珠宝企业也纷纷亮相大型国际珠宝展。与此同时，国内首饰产品的同质化严重、缺乏自主创新、互相抄袭等现象也暴露在国际舞台上。这不单影响企业个体的信誉，更会影响整个国家珠宝行业的品牌与形象。由此，中国珠宝企业的知识产权问题也越来越受到关注。而对于努力发展自己的设计力量、迫切希望能够通过设计获取更高的产品附加值的企业来说，也十分关注设计与工艺的知识产权问题。但是在国内，知识产权可谓是产业的一大软肋。过高的注册成本与漫长的注册过程，抑制了珠宝界知识产权注册制度在国内的普及。目前，在国内为一款新产品的设计申请知识产权，往往要半年时间。而珠宝产品生产的特点就是每款样式的生产量都不大，而且款式更迭非常快，如果不厌其烦地为其进行款式注册，往往当注册成功之时，该款首饰已经下架或售罄。这样

一来，大部分珠宝商往往会主动放弃知识产权注册的权利。因此，建立健全珠宝首饰设计维权体系，降低维权成本，缩短维权周期，显得尤为迫切。

（2）多重因素影响核心部门发挥核心作用

设计部门在企业中起着重要的作用，它不仅可以通过设计来引导企业生产，同时还是连接市场与工艺技术的核心部门。但现阶段企业的设计部门无法真正地发挥核心作用，一方面设计部门会受到来自行业、企业多种因素的制约和影响。例如，设计部门要服从企业产品的市场定位，遵守某些企业所谓的“低价策略”；还有一些一线销售人员处于吹糠见米的高压之下，更加不愿接受陌生的产品设计，认为“已销即是适销”，保守采购屏蔽了相当一部分潜在市场意愿。另一方面，由于我国大部分的首饰设计能力集中在一些大的生产加工型企业中，而这些设计师缺乏与终端消费者面对面交流的机会，对珠宝首饰多停留在“关门设计”阶段，设计师之间缺乏沟通与交流，对市场的把握不是很透彻，更多的是依靠零售客户甚至是二级批发商的反馈信息来更新产品设计，这样的产品不具备市场导向性，也无法满足部分消费者对时尚创意等方面的需求。

（3）过于迎合市场，品牌之间缺乏独特的设计风格

与国外珠宝企业首饰设计水平相比差距较大，主要表现为国内品牌之间缺乏自己的设计风格。设计师更多的是迎合市场，迎合消费者，无论款式与材料都表现得颇为单一。导致这一现象的因素有很多，主要原因是与国外相比，消费者对首饰设计的附加值没有得到充分认可。因为在国内，消费者更注重材质的价值本身，因此材料上局限在黄金、白银、铂金、钻石等贵金属和贵重宝石范围内，大大限制了设计师的发挥。另外，国内首饰市场呈现流行的单一性，流行哪类样式，市场就全面铺开哪类样式，款式雷同过于严重，设计思路不够开阔，企业之间产品缺乏自己的风格。而国际珠宝首饰设计呈现出与我国完全不同的特点，它们一般拥有实力雄厚的设计队伍，设计师们思想活跃，不仅有大珠宝公司的设计人员，也有非常活跃的个体设计者，他们的设计能引领潮流，引领产品的走向，引导消费市场的走向，成为流行时尚的前奏。在国外，首饰品牌意识强烈，每个品牌都有自己明显的设计风格，可以说产品的设计是区分各品牌的主要标志。

2. 中国珠宝首饰设计队伍现状

2.1 当前国内珠宝首饰设计师的构成情况

珠宝首饰设计经过了十几年的发展与壮大，在行业、企业、学校等机构的共同努力下，已经培养了一大批珠宝首饰设计人才，他们的构成情况大致可以分为以下几类。

（1）早期的工艺美术师

20世纪80年代末至90年代初一部分从事工艺美术品设计工作的人才，转入珠宝首饰设计这个新兴产业的，早期主要从事黄金产品的设计和工艺研究，他们之中有些还被评为了中国工艺美术大师，是国内珠宝首饰设计的“拓荒者”。

（2）非专业型人才

在珠宝行业中，传统的师徒制至今仍在延续，这类人才的产生源于珠宝行业这种特有的制度。在珠宝首饰设计发展之初，人才严重缺乏、门槛较低，非专业型人才没有受过专门的美学教育，但是他们对生产工艺十分了解，对珠宝首饰设计、加工的整体运作都较为熟悉。他们是珠宝首饰设计的“中坚力量”。

（3）专业人才

专业的珠宝设计人才，毕业于大专院校的珠宝首饰设计专业，具有良好的美术基础，思维开阔，系统地学习过珠宝专业知识，了解珠宝首饰的工艺及生产原理，但缺乏实践能力，尤其是刚毕业不久的设计人员，需要一个由学校到企业、由艺术化到商业化的适应过程。这些专业人才是国内珠宝首饰设计十多年来取得的“成果”，也是未来中国珠宝首饰设计发展的希望。

2.2 珠宝首饰设计的人才现状

中国珠宝玉石首饰行业协会孙凤民秘书长在2009中国首饰设计师研讨会上的发言中谈道：“我国珠宝企业与国外同行相比，在技术、人才、自主研发、企业综合实力等方面都有相当的差距。而在这所有的差距当中，最根本的还是人才的差距。这其中一个重要的方面就是要重视设计人才的培养，促进设计水平的提高。”他还提到培养设计人才既需要各专业院校和专业培训机构的努力，也需要行业、企业创造和提供适宜设计人才成长的良好环境。不仅要尊重设计人才、还要让优秀的设计师逐渐走向前台，让公众了解他们、认识他们，让他们成为珠宝行业中的明星。

（1）珠宝首饰设计的人才培养存在弊端

中国珠宝首饰设计师队伍正在迅速地发展壮大，据不完全统计，目前我国开设有珠宝首饰设计专业的院校有40多所。近年来，各类珠宝首饰设计专业的毕业生已超过4000人，而且这个队伍还在不断地发展壮大。而这些受过珠宝设计专业教育的毕业生，最后真正选择从事珠宝首饰设计工作的人都不及总人数的十分之一。目前的状况是：一方面企业急需大量设计人才，另一方面刚走出学校的毕业生却找不到合适的工作岗位。珠宝行业在首饰设计人才上出现了供需危机。

分析珠宝首饰行业的人才现状，其根本问题是人才的培养不能适应珠宝产业的快速发展。一方面是人才培育的速度跟不上市场吸纳的速度，另一方面是人才培养与市场需求脱节。国内一些高校虽然已开设了珠宝首饰等专业，但是规模有限、周期过长，培训模式、内容和国际标准及国内市场的需求存在一定的差距。最重要的是培养一个珠宝首饰设计师并非一蹴而就，除了要求他要有较高的艺术和文化修养，坚实的美术基础，还需要在市场中长时间的磨炼。因此，就珠宝首饰设计人才培养而言，想要满足市场需求，无论是质还是量，对于刚刚有十几年发展历程的中国珠宝首饰设计行业都是有难度的。

（2）设计师队伍的建设得到普遍重视

值得欣喜的是，虽然目前我国在珠宝首饰设计环节上比较薄弱，但是越来越多的珠宝首饰企业意识到了这个问题，并且在这方面有所行动。他们开始注重设计人才的培养和引进，加大科班出身设计师的聘用比例。这些设计师在企业的大力培养和扶持下，不断推出自己的作品，尝试着去引导市场，改变国内珠宝首饰同质化的现象。然而由于行业发展迅速，市场竞争激烈，导致不少企业心态浮躁，缺少长远的目光，在人才培养方面做得还不够耐心，他们往往不愿花费更多的时间去培养新人，认为如果投入大量的精力、财力培养出优秀的设计师后，他们可能会抬高价码或跳槽。因此，这也需要企业在培养设计师能力的同时，还要培养他们对企业的忠诚度。只有企业敢于担当责任，承担风险，为设计人才提供适宜他们成长的良好环境，形成创新的良好氛围，不断推动首饰设计行业的进步，才能实现行业健康有序的发展。

2.3 行业组织为珠宝首饰设计工作搭建平台

2007年中国珠宝玉石首饰行业协会第一届首饰设计委员会在北京正式成立。组成该委员会的委员是来自北京、上海、南京、深圳等地的中国首饰设计界的优秀学者和先进代表。首饰设计委员会的宗旨就是要团结珠宝首饰设计领域的专业人士，弘扬和创新本民族珠宝首饰文化，引导和造就一批具有鲜明个性和时代创新精神的优秀设计人才，共同推动中国珠宝行业设计水平的不断提高。在首饰设计委员会成立以后，多次召开首饰设计研讨会和专题报告会，并且为行业内设计大赛的组织和评审做了大量的工作。2008年，在首饰设计委员会和业内各界的共同努力下，有78位来自全国各地的珠宝首饰设计师获得了首批中国珠宝玉石首饰行业协会审核通过的“珠宝首饰设计师”资格认证。这为我国珠宝首饰设计人才的储备打下基础，也让设计师开始走向前台，让公众了解他们、认识他们，使珠宝首饰设计师职业正规化。随着中国珠宝设计师队伍的不断壮大，中国珠宝产业的快速发展，中国珠宝首饰设计界必将开创出一条符合自己发展规律的道路。

3. 珠宝首饰设计比赛概述

3.1 设计比赛对于珠宝首饰设计发展的作用

珠宝首饰设计比赛是珠宝首饰设计师们展现才华的舞台，通过比赛涌现出大批优秀的珠宝首

饰设计人才，充实着我国珠宝首饰设计师队伍。设计大赛也是连接珠宝企业与设计师之间的桥梁与纽带，为企业输送了一批又一批的优秀设计师。通过大赛也弘扬了我国的珠宝文化，为推广中国设计，推动中国珠宝产业的转型以及促进中国珠宝品牌建设发挥积极的作用，为中国珠宝首饰行业的发展及中国珠宝首饰设计与国际接轨做出了巨大的贡献。另一方面，很多设计大赛中的原创设计作品，对加工工艺也提出了新的要求，这无疑也是对我国珠宝加工工艺的一个考验。对我国珠宝首饰的加工工艺的提高有一定的促进作用。珠宝设计大赛像一面镜子，它映射着我国珠宝首饰设计的发展历程，真实地反映了各个时期珠宝首饰的设计水平与工艺水平。

3.2 目前国内珠宝首饰设计大赛的发展状况

（1）影响力不断扩大

在中国珠宝首饰行业发展过程中，应运而生了各种各样的首饰设计大赛，每一个大赛都寄托着主办单位的希望，也凝聚着参与企业、院校和设计师们对珠宝首饰设计事业的热爱与奉献。如由中国珠宝玉石首饰行业协会和国土资源部珠宝玉石首饰管理中心主办、《中国宝石》杂志社承办的中国珠宝首饰设计大奖赛经历了“潮宏基杯”、“通灵翠钻杯”、“周大生杯”到如今的“昭仪杯”，整整历经十年的时间，目前已经发展成为国内最具规模和影响力的专业赛事之一。以2008年启动的“昭仪杯”为例，共收到国内外的参赛稿件1600多份，其中国内大专院校作品700多份，出自国内珠宝企业设计师之手的有400多份，共有55家企业派代表参加了本次大奖赛，国外参赛作品近300份。而深圳珠宝企业TTF举办的2008 CHINA国际珠宝设计大赛，有16个国家和地区的选手参赛，共有1300多人参加了大赛颁奖典礼，创造了首饰设计大赛颁奖典礼规模之最。说明中国首饰设计大赛在国内和国际上的影响力不断增加，中国原创珠宝首饰设计也越来越受到国际珠宝设计行业的关注和肯定。

（2）设计主题具有文化内涵

设计大赛的主题是原创设计作品创作的中心思想，它对作品的文化内涵具有引导作用，一定程度上决定着设计作品的创作灵魂。例如2009“生命珠宝”珍珠首饰及工艺礼品设计（佳丽杯）大赛是以“生命、生活、人生”为主题，通过围绕主题创作，延伸珍珠首饰文化的生命，缔造属于中国淡水珍珠的原创首饰。使每一款设计作品都是文化的凝聚，传递给受众的不仅仅是设计作品本身，更是一种设计理念和对珍珠文化的挖掘与诠释。

我们知道，国际知名品牌的珠宝之所以能够吸引人，除了做工精细，设计巧妙外，其实最根本的还是它们具有丰富的人文精神内涵和浓郁的本民族文化特色。从这个角度出发，第六届中国珠宝首饰设计“昭仪杯”大奖赛的主题定为“华饰风尚”，是希望首饰设计师们对中国文化进行挖掘，通过本次大赛设计出具有国际水准的富含中国文化气息的“中国原创”首饰设计作品。

（3）设计大赛成果有待后期开发

珠宝首饰设计大赛在一定程度上反映了国内设计师的原创水平。这些好的原创设计也应该得到充分的开发和利用，而目前国内的设计大赛在这方面做得还不够成熟，使设计大赛变成了华而不实的东西，没有很好地去应用大赛的成果。自2007年起世界“黄金畅想”金饰设计大赛走入中国，便开始了对中国珠宝首饰设计大赛原创作品的后期商业价值的开发利用。世界黄金协会还发布了2009年唯有金纯金精品“黄金畅想”系列，他们或重现“手工之美”，或展示“简约之美”，或表达“时尚之美”，将第二届“黄金畅想”（中国）金饰设计大赛的原创设计充分地开发利用，并成功推向市场。这一举动使得获奖的设计作品和设计大赛的成果更具有实效性。

4．让“中国珠宝首饰设计”走向世界

4.1 产品“基因”决定品牌的成败

对于珠宝企业来说，销量永远是大家最关心的问题。而珠宝首饰的营销应从起点开始，起点决定“基因”，在起点阶段就应寻找到产品的创新点，寻找到自己的“与众不同”。珠宝营销中的起点是什么？基因是什么？是产品的设计和工艺。有了好的“起点”和好的“基因”，产品就会有灵魂，这样的产品放在柜台上，即使静静躺在那里，没有额外的广告或推广，它也能吸引消费者的眼球。

品牌营销的核心是产品的品质，其中最关键的问题是产品的艺术性和工艺性。产品的材质由鉴定机构给以确定，而款式设计是吸引消费者的关键，是打动消费者的一张美丽面孔。营销界常说“决胜终端”，而对于珠宝首饰的营销应该是“决胜开端”。如果一件首饰设计独特新颖，即使没有营销策略，没有广告宣传，也是一样会受到消费者的青睐。相反，一件很糟的产品，倘若只注重营销而忽视了设计，即使销售者说得天花乱坠也无济于事。珠宝首饰是一件艺术作品，随着消费者消费层次的不断提高，设计与工艺将成为衡量品牌价值高低最有分量的标准。

4.2 “文化性”让中国珠宝首饰设计更具竞争力

如今的首饰设计，应该材料多样、风格多元、色彩丰富、工艺创新，在吸收传统艺术特色的同时符合时代潮流，具有独特的设计风格。我国现阶段的首饰款式单一、同质化现象严重，这使国内的首饰很难在“起点”上取胜。现在国内一些企业已经意识到目前首饰设计面临的瓶颈，开始在设计上追求创新，吸取多种艺术精华，并以多种形式运用到现代首饰设计中，取得了一定成果，在产品设计中不断地提升自己的品牌文化内涵。如广东潮宏基珠宝一直在策划具有国际水准的“中国原创”珠宝首饰设计作品，并于2006年将带有中国文化元素的系列作品亮相第三十四届巴塞尔国际钟表和珠宝展。此后，潮宏基的“中国风”一直持续下来了，又先后推出了“鼓韵”、“京剧之声”等多个系列。使东方原创珠宝在世界舞台上取得了空前的轰动。但个体的改

变不能改变中国珠宝首饰行业的现状。我们应该倡导更多国内珠宝品牌在现代首饰设计中运用传统艺术和文化，设计出真正的具有中国韵味、体现中国文化的现代中国首饰，走出首饰“同质化”的误区，这才是中国珠宝首饰设计的发展方向。

著名国画家石鲁在创作时曾讲过：“一手伸向生活，一手伸向传统。”这里的“生活”是指广大的宇宙、人生、社会和历史，“传统”是指古今中外各种有益的文化艺术。我国博大精深的传统艺术在首饰设计中有很广泛的应用空间，首饰的工艺、材质、图案、造型、色彩等各方面都能反映出传统艺术特色。将中国五千年历史传承下来的东方文化运用到现代首饰设计中，不但可以丰富首饰类型，使现代首饰更加多元化，体现出更多的“中国特色”，使人对现代首饰过目不忘，而且也是对民族文化的推广。

现代人都在追求自己的个性，没有个性就没有生命力，对首饰来说，没有个性就是致命的弱点。当国外首饰公司设计出中国特色的首饰在中国或者国际市场上叫座的时候，我们是不是该觉醒了。我们是不是应该放下我们好高骛远的心态，好好翻一翻祖先们留给我们的东西。把急功近利的心态收起来，潜心研究一下民族艺术，想想让我们的中国首饰真正“活起来”的办法。

几年前就曾有人说过“什么时候中国把首饰设计提到议事日程上来，我们的珠宝首饰行业就真正发展到一定水平了”。在我国，珠宝首饰款式同质化严重，并不是偶然的。世界上任何一个产业的形成都要经历从无到有的过程。第六届中国珠宝首饰设计“昭仪杯”大奖赛的外籍评委、日本设计师 光夫先生，在看到2009年的设计大赛作品时感叹到：日本珠宝首饰设计走过了五十年的时间，而中国只经历了短短的十几年，能够取得这些成绩，进步是惊人的。如今我们可以看到，中国珠宝首饰设计已被提到日程上来，有人在做、有企业在做、有行业协会在做，相信在大家的共同努力下，中国珠宝品牌和中国珠宝首饰设计必将在世界珠宝产业中崛起。

四、玉石雕刻人才的培育

郑 青

近年来中国玉石雕刻行业随着中国经济的持续发展，呈现出蒸蒸日上的可喜局面，可以说当今玉石雕刻行业正处在历史上最辉煌的时期。不论是工艺、用料，还是题材、创意都代表着中国玉器最高的成就和水平。

随着改革开放成就的逐渐显现，中国有越来越多的人开始步入小康，解决了温饱的人们开始关注起个人的兴趣爱好，不同门类的收藏逐渐升温，具有悠久历史和广泛民间基础的玉石收藏成为众多藏家和爱好者的目标。市场的繁荣进一步刺激了生产加工领域的发展，而这种高度个性化的艺术产品最需要解决的就是专业人才的问题。

作为中国传统手工艺代表之一的玉石雕刻有着很久远的历史，承载了厚重的文化内涵。但玉石雕刻人才同其他手工业艺人一样，在历史上并没有得到应有的尊重。

一个行业要得以传承、发展，最关键的因素是要有一批承上启下的人才，传统手工艺行业尤其是这样。

中华人民共和国成立后国家曾为在工艺美术领域取得重大成就的人士命名为“老艺人”这一荣誉称号。中国工艺美术大师的评选则始于1979年，每4年举办一次，至1995年第四届评选后中断了9年。2007年，国家发展改革委员会会同九大部委举行第五届中国工艺美术大师的评选活动，把工艺美术分成11类进行了评选。1979年以来，共授予365人“中国工艺美术大师”荣誉称号，由此奠定了对工艺美术人才的激励机制。这其中包括玉石雕刻方面的大师55名。

1．创办中国玉石雕刻大师评定的背景和评定工作的效果

20世纪80年代后期，从一批原国营玉石雕刻工厂的技术人员走入社会自行创业开始，玉石雕刻几乎成为完全意义上的“个体经营”和“私营企业”。随之而来的是这部分从业人员没有了“国家正式职工”的身份和待遇，也没有了与之相应的管理部门和组织。“各自为战”的发展状态不能适应社会对这个行业的要求，对行业的规范和引导成为当时迫切需要的工作之一，而政府主管部门的职能缺位造成了珍贵玉石原料的大量浪费和人才发展的不均衡状态。正是在这样的背景下，中宝协以行业发展的长远目标为依据，从抓人才抓作品入手，对行业发展加以引导，分别于2002年和2004年创立了“中国玉雕、石雕作品天工奖”评选和“中国玉石雕刻大师”评定两项工作。

行业协会作为政府与企业和从业者之间的桥梁和纽带，没有上下级的领导权力，更没有政府的行政职能，所以引导是最为有效的工作方式，但这对行业协会在自身建设、考虑问题的出发点和高度、专业人才的组织和执行力等方面有很高的要求。几年来，协会在工作中积累经验，不断完善提高，从已经举办的八届“天工奖”评选和三届“中国玉石雕刻大师”评定的结果和社会效果看，依靠树立榜样和标杆这种做法，只要过程和结果公平、公正就能发挥其应有的社会作用。在中国玉石雕刻大师评定工作开展之后，各地及其他相关行业组织也纷纷出台了相关的评定措施。由此可见，中宝协创办的这一活动是适时、有效和成功的，得到了业内的广泛认同和积极响应，同时在社会上起到了宣传行业、推介人才的作用。

玉石雕刻大师的评定还在大师所在地从业人员中激发起学习技术、提高个人素质的主动行动，成为带动整体人员素质提高的促进因素之一。

玉石雕刻大师是引导玉石雕刻消费的推动力。从产业上讲，市场消费决定了玉石雕刻的规模和发展，收藏市场对大师的追捧进一步强化了大师的成长与发展，从而形成双向互动的促进关系。

可喜的是在其他众多传统手工艺行业面临人才短缺、后继无人的严峻形势下，玉石雕刻行业近年来的发展正好形成了鲜明的对照。老一代大师宝刀不老，中青年大师脱颖而出，形成了今天玉石雕刻行业不断发展的喜人局面。

2. 中国玉石雕刻大师评定的原则和程序

评定目的：扶植玉石雕刻人才成长，鼓励优秀玉石雕刻人才不断进取，促进具有时代特色的玉石雕刻文化的发展。

评定标准：重人品重技能，强调艺德和技艺兼备，不论资排辈，以个人实际能力和在行业内的影响力为主要依据。

评定方式：推荐和自荐并举，减少人为设卡的可能性，统一评定标准，由评委会评审，入围名单向社会公示，征询社会反馈，报经协会批准后最终确定当选者。

3. 玉石雕刻人才激励机制存在的问题

虽然中国玉石雕刻大师的评定在业内和社会上得到了广泛的认同，但该项荣誉称号还无法和大师们的劳动报酬挂钩，在技术评级和职称评定中也没有得到应有的肯定。一是因为这一荣誉称号是由一个行业协会而不是政府部门评定的，原有的评定体系和利益相关部门不愿分散自身的利益；二是用人企业对人才使用和报酬方面的考虑。另外对大师事迹和成就的宣传还有很多工作需要展开，以此激励更多的专业人员见贤思齐。

现行评定制度在后续管理和督促方面还存在不足，特别是大师们自身素质的提高，完全依靠大师个人的自觉，缺乏可行的督促办法。

4. 今后工作的重点

手工艺人才的培养自古就是以师徒传授的方式代代相袭，这固然有其发展的必然因素，但已很难适应现在社会对人才培养的需要。树立“大师”的榜样群体，有利于高尚艺德的示范传承，使更多从业者在艺术风格上开阔眼界，在工艺技巧上互相借鉴。基于这种考虑，今后在大师评定中应该更加侧重艺德和个人风格的认定。

进一步发挥大师们的作用，举办具有针对性的专题培训，解决新人在设计、加工中遇到的实际问题。

温家宝总理曾指示，对从事工艺美术事业的工作者：要按照全面贯彻落实科学发展观的要求，尊重知识人才，鼓励继承与创新，激发创作热情，完善政策法规，优化发展环境，推动产业化经营，促进我国传统工艺美术事业繁荣与发展。

在政策环境上，协会将继续向政府主管部门介绍玉石雕刻行业的发展及人才培养的特殊性，建议政府在制定政策时把尊重知识人才的理念进一步落到实处，逐步减少行业发展的制约因素，使得玉石雕刻行业能够规范有序、持续健康地发展。

图7-1-3　孙文盛会长为“天工奖”获奖者颁奖

历届中国工艺美术大师中与玉石雕刻相关的大师名单（共计55人）

王树森　夏长馨　林如奎　郭功森　周寿海　戴清升　高　祥　周百琦　周宝庭　李博生

蔚长海　黄永顺　张东才　黎　铿　萧海春　王仲元　宋世义　郭石林　顾永骏　张爱廷

倪东方　林亨云　杨世昌　冯道明　常世琪　袁嘉骐　王耀堂　江春源　冯久和　章永桐

张志平　崔奇铭　姜文斌　王希伟　杨根连　袁广如　刘忠荣　吴德升　临福照　林汉立

周金甫　高毅进　薛春梅　郭懋介　林发述　林　飞　宋建国　吴元全　仵应文　杨克全

张玉珍　包英志　刘林阁　姜栓兰　牛克思

历届中国玉石雕刻大师名单（共计115人）

郭功森　冯久和　林亨云　张爱廷　倪东方　郭祥忍　郭懋介　林发述　王祖光　周金甫

林　东　林　飞　林观博　牛克思　张爱光　林福照　林伯正　钱高潮　刘林阁　宋世义

郭石林　张志平　王耀堂　冯道明　李博生　蔚长海　袁嘉骐　常世琪　高　祥　顾永骏

江春源　杨世昌　崔奇铭　王希伟　姜文斌　宋建国　仵应文　孟庆东　魏玉中　王　平

刘忠荣　吴德升　高义进　易少勇　倪伟滨　施禀谋　张伟良　马学武　张玉珍　华　萍

沈建元　汪德海　薛春梅　林如奎　王俊懿　张铁成　苏　然　胡　毓　董毓庆　谢　华

王一帆　陈敬祥　翁伟民　黄　鸿　连青云　宋鸣放　翁祝红　杨　曦　蒋　喜　杨克全

邵景兴　车绍国　李矛矛　于　泾　尤志光　沈德盛　颜桂明　姜栓兰　马进贵　郭海军

陈小甫　叶品勇　裘良军　张海政　林爱平　刘国兰　刘宝玮　张红哲　张保国　李海奇

李铁光　李福生　李　德　杨传烈　邵城鑫　邹小林　陈　江　陈国良　卓乃枢　周雁明

林金波　洪新华　赵　琦　陶　虎　陶　巍　崔　磊　黄罕勇　喻朝光　翟念卫　樊军民

潘成松　潘锡存　瞿惠中　张春明　赵国安

（以上排名不分先后）

五、珠宝行业学术交流活动

鲍　雪

2009年对中国珠宝产业科技发展是一个值得庆贺和欣喜的一年。第13届国际有色宝石协会年会首次在中国番禺举行，使世界了解了中国彩色宝石市场的现状及发展前景，以及彩色宝石行业所面临的各类挑战和希望。我国代表在迪拜世界珍珠论坛上所作的有关中国养殖淡水珍珠的现状和未来以及中国淡水珍珠分级标准的报告，使世界同行认识到中国在规范珍珠市场、引导行业健康发展方面所做出的成就。2009年中国珠宝首饰学术交流会的成功召开，使人们看到了中国珠宝产业科技发展的全貌和希望，加深体会到这种定期学术交流会的实际效果。国家珠宝玉石质量监督检验中心参与开发和研究的珠宝无损观察检测新方法，为解决珠宝鉴定难题、找出微细鉴定特征提供了新的手段和途径。“和田玉天然色皮与假皮鉴定特征研究”项目的正式启动，显示了我国研究机构解决市场上面临的重点技术难题的信心，开启了我国珠宝界科学研究“研企合作”的新模式。佳丽珍珠研制的珍珠自动化分选设备，展示了我国珠宝界在利用高科技自动化技术管理产品品质所做的新成果。我国珠宝学院、地质院系、首饰设计专业等教学和科研单位2009年举行了各类学术研讨会、专题讨论会、鉴定和操作技能竞赛、设计理论和作品讨论和评比等科研活动，丰富多彩，参与者众多，显示了关注珠宝界科技发展的人越来越多，科技人才和队伍正在快速成长。

1．“2009中国珠宝首饰学术交流会”在北京举办

为了研究中国珠宝产业发展中的技术和学术问题，探讨全球金融危机对中国珠宝首饰产业的影响及应对策略，促进中国珠宝首饰产业的可持续发展。“2009中国珠宝首饰学术交流会”于11月3日在北京环球贸易中心C座21层多功能厅隆重举行。

图7－1－4　2009中国珠宝首饰学术交流会

本次学术交流会是由国家珠宝玉石质量监督检验中心（暨国土资源部珠宝玉石首饰管理中心）、中国珠宝玉石首饰行业协会联合主办，中国地质大学北京珠宝学院和武汉珠宝学院协办，会议得到了DTC（上海）赞助。国土资源部珠宝玉石首饰管理中心孙凤民副主任、柯捷副主任、毕立君副主任出席了学术会议并作发言。来自瑞士、日本、英国、美国等国家以及香港、台湾和各省市的珠宝质检机构、珠宝院校、珠宝企业和珠宝评估机构以及相关单位的专家学者和业界人士近300人参加了会议。

本次学术交流会以探讨国内外珠宝首饰行业的热点和难点问题为主题，围绕珠宝玉石的检测鉴定、价值评估，以及珠宝玉石的人工优化处理、人工宝石合成、生产加工、设计制造等方面的技术方法和最新研究成果进行探讨和交流。会议还邀请了11位国内外知名专家学者作了学术报告。其中国家珠宝玉石质量监督检验中心的专家介绍了无损检测新方法在珠宝鉴定中的应用；国外专家介绍了近年来新发现的彩色宝石及其产地特征、彩色钻石及其优化处理品的鉴别；与会专家还就翡翠品种、田黄、和田玉等珠宝市场上出现的鉴定热门话题以及珠宝价值评估等话题作了报告并进行了交流。此次“2009中国珠宝首饰学术交流会论文集”共收录论文77篇，内容涵盖了珠宝玉石的检测鉴定、价值评估，以及珠宝玉石的人工优化处理、人工宝石合成、生产加工、设计制造等方面的技术方法和最新研究成果。

本次学术交流会是我国珠宝界的学术盛会，加强了国内外珠宝业界的交流与合作，不仅提供了学术观点交流的平台，也将成为推动我国珠宝玉石首饰研究和学术交流的一个新起点，推动我国珠宝行业的健康发展。

2. “2009第13届国际彩色宝石协会年会”首次在中国举办

2009年5月5～10日，由中国珠宝玉石首饰行业协会（GAC）、国际有色宝石协会（ICA）、广州市番禺区人民政府联合举办的第13届国际彩色宝石协会年会（13th ICA Congress 2009）在广州番禺举行。

图7－1－5　2009第13届国际彩色宝石协会年会

本届年会旨在向ICA会员介绍中国彩色宝石市场的现状及发展前景，从而深刻理解中国内地的文化，并就世界范围内的宝石业贸易、创新思路及市场发展等相关议题进行讨论，加

深业界间的交流，有利于未来在中国内地制订适合的彩宝推广策略。来自澳大利亚、比利时、巴西、加拿大、法国、德国、香港、印度、以色列、日本、肯尼亚、巴基斯坦、俄罗斯、新加坡、南非、韩国、斯里兰卡、瑞士、瑞典、中国台湾、泰国、阿联酋、英国、美国、越南等约40个国家和地区共400多名外商，加上内宾以及各界朋友、新闻工作者等，共约1000人参加了大会。年会期间，28个主题演讲和2个大型的现场辩论为行业提供了一个全面而充分的交流机会。其中“中国珠宝玉石首饰行业的标准化建设”和“中国进出口管理政策”等演讲让世界更充分了解中国，有利于未来在中国内地制订适合的彩宝推广策略，对中国产生更坚定的市场信心，并有效引导国内企业积极开拓国内市场，培育和保持更强劲的国际综合竞争力。代表们还就世界范围内的宝石业贸易、创新思路及市场发展等相关议题进行了讨论。

3. 中国代表参加了首届(迪拜)世界珍珠论坛

世界珍珠论坛于2009年2月17～18日在迪拜举行。作为迪拜珍珠交易所的战略计划，世界珍珠论坛是引导珍珠产业未来的一个重要项目。来自20个国家近200名业界人士参加了大会。发言人包括珍珠制造地的代表、国家珍珠组织、行业认证机构、市场专家和本地和国际珠宝组织代表。我国佳丽珍珠公司代表作了中国淡水养殖珍珠的现状和未来展望的主题报告；国家珠宝玉石质量监督检验中心代表作了中国淡水珍珠的质量鉴别和评价的主题报告，并参加了珍珠的认证和标准化的小组讨论，对我国养殖珍珠分级标准和淡水珍珠的标准样品进行了系统的科学的介绍，对中心开发的光学相干层析法(OCT)珍珠珠层厚度测量仪进行了讲解。中国代表从多个层次上展示了我国在规范珍珠市场，进一步提升珍珠质量，重树中国珍珠好口碑所进行的不懈努力。其中部分成果已领先世界同行并且已开始产生积极的影响，同时也进一步加大了世界同行对中国的期望，希望在全球金融危机下中国对珍珠业未来的发展积极参与和贡献。

4. 其他学术交流活动

中国地质大学（武汉）珠宝学院、中国地质大学（北京）珠宝学院、石家庄经济学院宝石与材料工艺学院、北京大学宝石中心、同济大学宝石中心等国内珠宝院系开展了多种规模不等、形式各异的科研学术交流活动。

中国地质大学（武汉）珠宝学院举办的“中国2009珠宝学术交流年会暨爱迪尔珠宝商业论坛”的主题较之往年有所不同，主要偏重于珠宝商贸的发展研究，因此吸引了较多珠宝厂商的参与。论坛上与珠宝产业有关的报告主要介绍了我国宝玉石资源和珠宝专业市场的概况与发展。

中国地质大学（北京）珠宝学院举办第二届珠宝鉴定能手大赛，鼓励珠宝鉴定技术人员科学、准确地鉴定各类天然、合成和处理珠宝。其他珠宝院系及中心结合所在地具体情况开展了一些小型学术探讨交流活动和科技论文报告会。

六、珠宝行业科研工作进展

陆太进

为加快提升珠宝行业科研的整体实力，保证科研工作持续和协调发展，充分发挥科学研究在推动行业发展方面的作用，结合本行业科研工作发展实际情况，我们提出了一些科研发展规划的设想，以明确发展的目标、方向和重点，促进科研工作长期、持续、稳定地发展。

1. 行业科研发展规划

1.1 科研发展规划的基本原则

科研发展的基本原则是：“强化创新、突出特色、发挥优势、整体推进、服务行业”，以技术创新为动力，以科研投入为保障，以成果奖励为导向，树立成果意识，推动科研工作的持续、协调发展。

1.2 科研发展规划的主要目标

科研发展规划的主要目标是推进我国科研工作的全面发展。

（1）加强基础理论研究。对我国特有资源及主要市场的珠宝玉石进行详细、系统的基础矿物学、岩石学、宝石学研究，争取在基础理论研究上有所创新和突破，在实际鉴定、评级及生产上找出明确、科学的实用方法和指标。对国际上主要宝石的研究和鉴定，在基础研究方面力争快速赶上国际顶级研究机构水平，在应用研究上积极创新，达到先进水平。

（2）加强应用研究。加强“产、学、研”相结合，解决珠宝企业、珠宝检测中面临的疑难技术问题。

（3）加强科研人员和队伍建设。建立一支基础研究和应用研究相结合、老中青相结合、以解决行业内实际问题为主要任务的科研队伍，对具我国国情的重点科研难题进行攻关研究。

（4）加强科技交流与合作。定期或不定期举办全国性和国际性学术交流会、专题研讨会，采用“请进来”和“走出去”的方法，加强科研人员之间，特别是年轻科研人员与国际同行交流的机会。

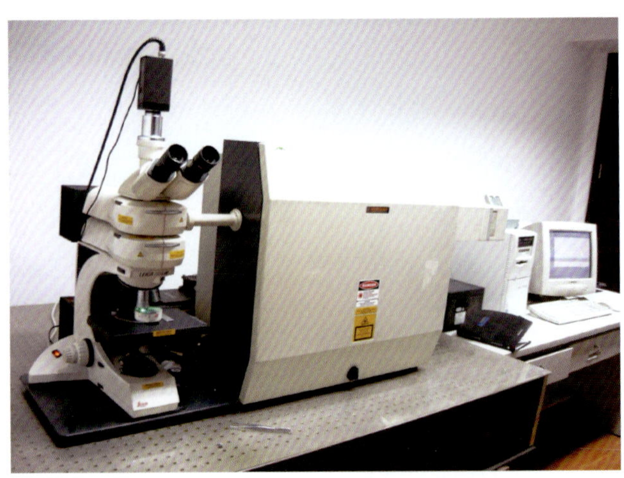

图7-1-6　激光拉曼显微镜检测钻石

2. 宝玉石专项研究

2.1 钻石研究

2008年全球金融危机使钻石的销售在美国、日本、欧洲等国急剧下降，钻石鉴定等相关研究也几乎停滞不前。与此相反，由于中国等东方市场的经济保持增长，钻石的需求稳定，西方钻石商家纷纷积极在中国推销钻石产品，并推出了一些面向中国钻石消费者的产品和行销策划。鉴于中国钻石消费者对钻石的知识、特别是对各类处理及使用高科技技术处理、优化、或标志的钻石认识欠缺，国家珠宝玉石质量监督检验中心开展了对高温高压处理钻石、辐照处理钻石、高科技新型镀膜处理钻石以及钻石表面各类人工印记的详细研究并取得了可喜的阶段性成果。部分成果发表在国内相关专业杂志和学术论文集中。

考虑到国际钻石分级的趋势和发展，配合《钻石分级》国家标准的修订工作，国家珠宝玉石质量监督检验中心和中国地质大学（武汉）珠宝学院近年来开展了对钻石切工质量定量评价的研究。对国际流行的钻石全面切工质量分级系统进行了详细的比较分析和计算。对钻石切割对称性及美学等也进行了基础研究。其部分成果为《钻石分级》国家标准的修订提供了技术支持。

近年来一些钻石首饰中遇到混杂合成碳化硅或合成钻石的情况，国家珠宝玉石质量监督检验中心和广东省珠宝玉石及贵金属检测中心等开展了鉴定研究，并及时将研究成果向国内外同行介绍和信息交流。

国土资源部珠宝玉石首饰管理中心和中山大学地球科学系共同申请的国家公益性行业科研项目“金伯利进程框架下钻石产地来源及其指纹特征研究”2008年底获得批准，2009年已全面展开研究工作。

2.2 彩色宝石研究

（1）红蓝宝石研究

目前，我国红蓝宝石的年消费额仅占珠宝消费总额的1%～2%，而在红蓝宝石市场发展成熟的欧美国家，红蓝宝石的市场份额能占到珠宝消费总额的5%～10%，这说明中国的红蓝宝石市场还有巨大的发展潜力。但现在的情况是，市场中红蓝宝石品质良莠不齐，价格差异较大，消费者对红蓝宝石市场信心不足。我国的红蓝宝石分级国家标准已完成立项申请工作，国家珠宝玉石质量监督检验中心对泰国红蓝宝石分级标准进行了考察和分析，与泰国宝石学院进行了互访交流，获得了有关红蓝宝石的大量宝贵资料。深圳市兴中泰宝石有限公司对红宝石质量评价的企业标准进行了研制，参与了与国内外有关鉴定单位和学者的讨论。国家珠宝玉石质量监督检验中心还就红蓝宝石的产地特征鉴定等与瑞士古柏林宝石实验室进行了详细交流和探讨。目前正在收集产地明确的各类红蓝宝石样品以逐步建立不同产地成因红蓝宝石宝石学特征数据库。实验室鉴定方面，与热处理、铍扩散高温热处理、各类充填处理红蓝宝石的鉴定特征研究正在进行中，红宝石裂隙充填物的发光特征研究取得部分成果。

（2）红色长石的研究

近二三年来，在国内外珠宝市场上出现了一种红色透明长石，其天然成因引起了广泛的争议。对内蒙古固阳中长石及市场上出现的红色长石是否是天然成因这一问题，国检中心实验室、中国地质大学、同济大学等单位对内蒙古固阳中长石的宝石学特征及各类红色长石的形态学、“岩石学”和宝石学特征进行了详细研究。

通过详细分析该长石的化学成分、微量元素、各类光谱学特征以及长石外表残留物等宏观和微观特征，认为该红色长石样品属于中长石；与黄色长石样品相比，其化学成分中Cu的质量分数远远高于黄色长石中的同类含量，而其他微量元素的质量分数则无明显的差别，故认为Cu可能与其呈红色有关；紫外–可见吸收光谱结果显示，该红色长石样品在可见光区的吸收带主要位于566纳米处，推测其可能与Cu对可见光的吸收有关。

应用传统的岩石学研究方法，通过对长石原生围岩及其残留物（矿物）的研究，发现其围岩的原岩为中酸性侵入岩，围岩中含有玻璃和气孔，围岩和长石表面的残留物中含有大量的铜元素和铁元素。研究表明：围岩是经过了后期人为的高温烧结作用，部分暗色矿物和外来物质（助溶剂）在烧结过程形成为玻璃，并产生大量的气泡。进一步测试揭示了部分所收集的红色长石原石标本是经过高温扩散处理过程。虽然碳酸盐岩中的红色长石具岩石学上天然次生成因的一些特征，但需要进行详细的实地地质调研等进一步工作，以确认是否存在天然红色的长石。

（3）碧玺充填研究

碧玺以其艳丽的颜色和丰富的色彩受到越来越多人的欢迎，价格也逐步上升，因此，碧玺的仿制品也逐渐多了起来。近期，市场上发现了一种新型的碧玺仿制品，即一种含有Er和Pb元素的稀土玻璃，其外观颜色与天然碧玺的极其相似，还发现多种裂隙充填处理的碧玺。为此珠宝检测单位正在开展找出鉴定特征的研究，且取得部分成果。

（4）祖母绿的研究

目前市场上绝大部分的祖母绿都经过了净度改善，人们已逐渐接受这种处理方法，但都认为应该有合适的方式进行揭示。有关祖母绿充填物的讨论向来是珠宝学术界和祖母绿贸易中的课题和难题，能否准确区分各种充填物是最核心的问题。有关祖母绿充填物的性质特征以及充填祖母绿的耐久性测试国外已做过较详细的研究，但实际鉴定中仍面临很多来自技术原因等多方面的挑战。结合目前祖母绿市场现状，国检中心实验室正对祖母绿充填物的分类和鉴定特征进行系统分析研究，寻求更可行有效的鉴定方法。研究总结了目前市场上常见的祖母绿充填物，进行分类并提供有效的实验室鉴定方法。最新成果发现除“闪光”效应和红外光谱特征外，发光特征对于区分祖母绿充填物、研究充填物的分布情况和充填程度也是一种有效的检测方法。结合放大检查和红外光谱能确定绝大部分的祖母绿充填物类型。但当充填物红外光谱峰值不明显时，需结合发光特征，显微观察充填物特征进行综合判断。目前这项工作正在积极进行中。另外，国内学者也继续对云南产祖母绿的地质学、矿物学、宝石学特征进行研究。

2.3 玉石研究

（1）翡翠的研究

翡翠的研究一直是珠宝科研中的热点。岩石学家、矿物学家、宝石学家和珠宝评估专家等对翡翠的化学矿物组成、结构特征、颜色成因、品质分级、评估等进行了详细研究。在前几年研究基础上，我国香港翡翠专家欧阳秋眉女士对三种黑色翡翠（乌鸡种硬玉质、墨翠绿辉石质翡翠、钠铬辉石质翡翠）从化学分析、矿物组成、薄片观察、微量元素、岩石结构特征、宝石学特征等方面进行了研究并讨论了可能的归属问题。中国地质大学（北京）珠宝学院、北京大学的学者对翡翠的结构特征开展了进一步工作。依据其形成阶段及岩相学特征将缅甸硬玉岩的结构分为三大类：原生结构、变形变质结构及后生充填结构。依据各大类结构的具体特征作了进一步分类，对每一结构进行了详细的描述，并对每种结构的宝石学意义进行了讨论。变形变质作用是翡翠形成必不可少的条件，指出多期、多阶段性和变形机制因硬玉岩所处的位置不同而出现明显差异，从而导致翡翠具有独特的场口特征。

近几年来，国家珠宝玉石质量监督检验中心一直致力于《翡翠分级》国家标准的研究工作。2009年6月，国家标准《翡翠分级》（GB/T23885—2009）的已颁布实施。翡翠分级实物标准样品正在研制过程中。

多年来，我国珠宝科研人员不断地对合成翡翠进行实验探索，为解析翡翠的成矿条件提供依据，但进展不大。

图7—1—7　和田玉科研项目合作签约仪式

（2）和田玉真假皮色研究项目

近年来和田玉天然色皮遭遇各种各样仿真处理技术的严峻挑战。面对市场上出现的各种各样、以假乱真的假皮，如何快速准确鉴定，不仅是珠宝企业进货时面临的难题，也是鉴定机构面临的技术难题。因此，研究和田玉天然色皮的矿物学特征及其形成机理，找出和田玉天然色皮与假皮诊断性特征和技术指标，是珠宝业界急需解决的研究课题。为此，2009年8月，国检中心与和玉缘公司进行科研合作，启动了和田玉真假皮色鉴定特征的研究项目，也开启了我国珠宝界“研企合作”的新模式。

（3）田黄的研究

多年来，我国珠宝科研人员对真假田黄鉴定特征的研究做了不少工作。近年， 中国地质大学及北京大学学者采用X射线粉末衍射仪、扫描电子显微镜(配能谱仪)、红外光谱仪分别对产自福建省寿山溪流域的田黄样品的基体、“萝卜丝纹”、风化皮部分的矿物组成及其微形貌特征进行了初步研究。结果发现,田黄样品主要由高岭石族矿物中的地开石与珍珠陶石组成,有的样品中还含有少量的伊利石与石英,其中在基体与“萝卜丝纹”部分中未发现高岭石的存在,而在风化皮中则发现有高岭石。田黄基体中高岭石族矿物的晶体颗粒大小不等,结晶程度不同。有的“萝卜丝纹”与基体的交界处存在一定界限。风化皮中的高岭石族矿物由于水岩反应以及外力作用已失去了具体晶形,但在其表面凹坑中高岭石族矿物仍保持完好的结晶形态。田黄的基础矿物学研究还有待进一步加强，真假田黄的鉴定研究仍是一个继续的课题。

（4）“黄龙玉”的调研

在中国云南省西部边陲与缅甸接壤的保山市龙陵县龙新乡一带，于2004年人们发现了一种玉石品种——黄色石英质岩石。以前，人们称这种玉石为“龙心石”，现因其颜色与产地而俗称为“黄龙玉”。2009年 11月，国家珠宝玉石质量监督检验中心应邀与云南省质检等单位组成联合调研组，先后到“黄龙玉”矿山及成品和毛料交易市场进行了实地调研。

图7-1-8　云南龙陵产黄色石英质岩石（俗称“黄龙玉”）

龙陵县人民政府负责人表示将积极配合国检中心做好黄龙玉基础性研究工作，全面做好人才培训工作，为龙陵县黄龙玉产业的发展提供技术人才，并希望“黄龙玉”作为一种新的天然玉石列入国家标准。

2.4 琥珀鉴定的研究

琥珀是一种成分复杂的天然有机物混合物，而且不同地区、不同树种、不同年代的琥珀在成分上也会有很大程度的差别。近年来，各式各样的天然、优化及处理的琥珀在市场上出现给鉴定

提出了新的挑战。如在琥珀的加工过程中经常会引入一些外来物质，如抛光表面亮光膜、黏合剂等，这些都会使琥珀的常规鉴定参数发生偏移。用高压釜多过程热处理而成的“绿色琥珀”的鉴定，用传统显微镜或者常规仪器检测的方法时，其准确度非常低。为此国家珠宝玉石质量监督检验中心对各类琥珀的红外吸收光谱进行了系统检测，走访了从事琥珀处理的厂商，在样品的采集及测试方法上也进行了研究，找出了用红外吸收光谱来鉴定处理琥珀的指标。同时，为解析琥珀处理前后的分子结构可能发生的变化，与国内外有关专家进行了技术交流和探讨，部分成果需进一步验证以便推广。

3. 检测技术方法研究

珠宝的检测技术主要为各类图像及光谱无损检测方法。近几年，国外在珠宝检测方法上的研究主要局限于仪器的自动化改良上，而在基本原理方法等研究上进展很少。最近几年，我国在积极利用和学习先进的大型无损检测仪器的同时，积极开发自主创新用于珠宝界的新型仪器和设备。其中，珍珠自动化分选设备的成功研制、光学相干层析技术（OCT）观察测量珍珠层厚度和缺陷仪器的开发成功，标志着我国在图像类珠宝无损检测仪器领域取得了领先成果。

3.1 珍珠自动化分选设备的成功研制

2009年1月17日，东方神州集团举办“珍珠自动化分选设备研制成功、万亩珍珠立体化生态养殖基地建成新闻发布会”，宣布自动化分选设备研制成功。

珍珠自动化分选设备是经过该公司三年努力自主研发的，一组针对6～12毫米规格淡水珍珠的不同光洁度、形状、光泽度、颜色等指标进行自动分选的设备，自动分选速度达到1颗/秒，第二阶段指标分选准确率不低于95%。每次设备故障处理时间不大于4小时（采用备件制）。并且整机要求用电脑自动化控制，分选层次可人工分段设定，操作简便，性能稳定可靠，使用寿命达到5年以上。

以9毫米珍珠分选为例。每小时加工量4.06千克，8小时工作分选32.48千克，年生产300天单班生产可分选10吨。这将改变以往珍珠行业人工密集型状况，大大减少企业的用工成本，提高工作效率。

珍珠自动化分选设备的成功研制，将使我国珍珠加工进入机械化时代，是珍珠业具有里程碑意义的现代化产业革命。另一方面，机械化分选检测的标准印证了国家珍珠实物标样出台的意义，结束了国内、国际珍珠终端消费领域无法评判质量价值的历史。

3.2 光学相干层析无损成像仪（OCT）的成功研制

光学相干层析成像仪（OCT）最初应用在生物医学领域，是一种新型的诊断病变的无损图像技术。2006年初，国家珠宝玉石质量监督检验中心、清华大学深圳研究生院、深圳莫廷影像技术有限公司开始合作，率先将OCT引入珠宝领域，并开发出全世界第一台近红外珍珠无损成像检测仪。经过4代样机的发展，2009年生产的OSG－1000I、II型光学相干层析仪，分辨力达到0.015毫米，理论测量范围分别为0.06～2.5毫米和0.06～5.5毫米。但根据所测宝石品种的不同，实际测量深度不等。

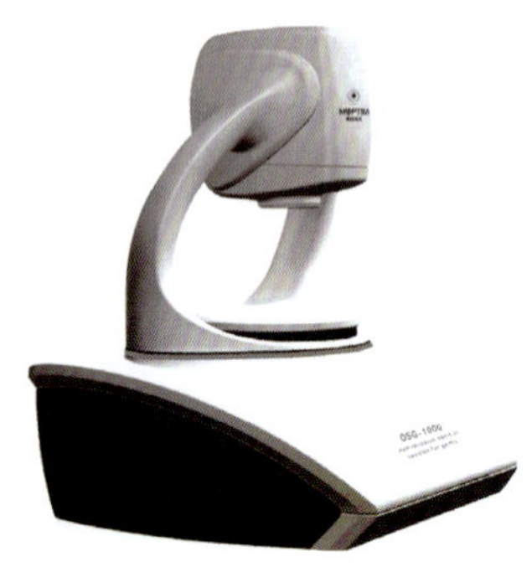

图7－1－9　OSG－1000II珍珠分级仪器

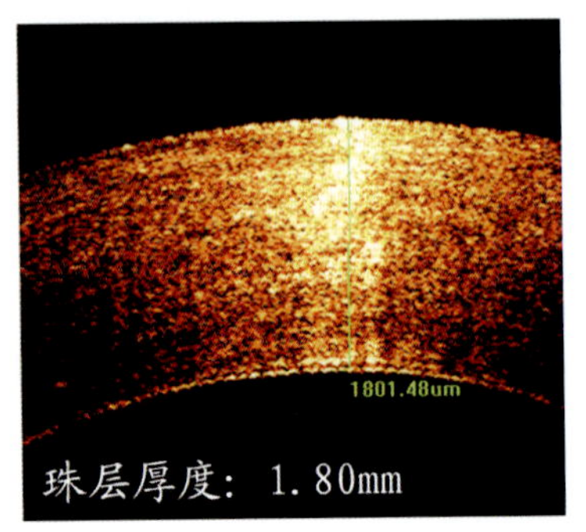

图7－1－10　OCT用于珍珠珠层测厚的成像图

与其他珠层测厚方法相比，光学相干层析技术具有图像清晰直观，无辐射，测量珠层厚度快速、准确、无损、安全等优势。光学相干层析成像技术（OCT）是一种对物体进行层析成像的新技术。作为一种高分辨率成像的无损检测手段，OCT可用来鉴别真假珍珠、区别海水有核珍珠与淡水无核珍珠、测定珍珠层厚度，并可用于探讨珍珠生长动力学规律，具有较广阔的应用前景。

3.3 其他无损图像类技术的开发和应用

近年来，国内外珠宝玉石市场上出现了多种表面处理或优化过的商品，如多层表面镀膜、无机染色、离子注入改色、人工印记等。传统的宝石显微镜由于其放大倍率及分辨力的局限已不能有效地观察到此类局部经处理过的珠宝材料表面的微细鉴定特征。为此，我国珠宝科技工作者正积极开拓高倍率、高分辨力显微镜在珠宝检测中的应用。 如使用微分干涉显微镜观测天然和合成珠宝表面生长、溶蚀、变形的微观形貌特征，找出切磨宝石表面覆膜、染色等处理特征；观察切磨宝石各类表面脉理和人工印记特征等。高倍率、高分辨力显微镜在珠宝研究和鉴定中的应用研究将有利于我们解决珠宝鉴定中的一些难题。

另外，辽宁丹东市宝协正试图将成熟的X射线检测技术应用到珠宝检测领域，开发的X射线珠宝鉴别仪使大型无损检测仪器小型化、智能化。国内珠宝检测机构近年来对一些操作便利的光谱类仪器，如光纤光谱仪、携带式红外光谱、拉曼散乱光谱仪进行了开发性应用研究，取得了一些实效性成果。在贵金属首饰检测中，国家首饰质量监督检验中心开展了铂钌合金标样的研制等研究。国检中心开展了中低档贵金属首饰中可能存在的有害元素如何检测的探讨研究。

一、珠宝文化推广十年随笔

毕立君

中国的珠宝首饰文化建设是伴随着品牌意识的觉醒而前进的，在中国珠宝首饰经济架构中占主体力量的首饰制造业和大型珠宝首饰零售商场，是带领珠宝文化革命的先锋，尤其是集生产、设计、系列包装和市场推广等几重竞争压力于一身的珠宝首饰制造企业，与珠宝文化如影随形近十年，正在或已经走向了文化产业的道路。

1．“中国玉文化推广展·菜百典藏·施禀谋玉石画展”开启中国玉文化推广的窗口

中国玉文化历史源远流长，经过数千年的岁月洗礼，玉文化已成为中华文化的重要组成部分。为弘扬中国玉文化，由中国珠宝玉石首饰行业协会、国家珠宝玉石质量监督检验中心、北京菜市口百货股份有限公司主办的“中国玉文化推广展·菜百典藏·施禀谋玉石画展”于2009年11月4～8日在北京中华世纪坛世界艺术馆如期举办。

活动得到了中华人民共和国文化部、北京市政府等部门的高度重视与大力支持。2009年11月4日上午，中华人民共和国文化部部长蔡武，中国珠宝玉石首饰行业协会会长孙文盛，北京市副市长蔡赴朝，全国政协教科文卫体委员会副主任、凤凰卫视董事局主席兼行政总裁、太平绅士刘长乐，中国人民解放军总政歌舞团国家一级演员、著名青年歌唱家蔡国庆，国土资源部珠宝玉石首饰管理中心副主任、中国珠宝玉石首饰行业协会副会长兼秘书长孙凤民，国土资源部珠宝玉石首饰管理中心副主任、国家珠宝玉石质量监督检验中心主任毕立君，北京菜市口百货股份有限公司董事长赵志良等领导、嘉宾、主办方代表及业界同仁共同出席了由著名节目主持人杨澜女士主持的开幕仪式。

图7-2-1　孙文盛会长等领导为“中国玉文化推广展·菜百典藏·施禀谋玉石画展”开幕式剪彩

中国珠宝玉石首饰行业协会会长孙文盛、北京市副市长蔡赴朝在开幕仪式上为此次向社会进行的玉石文化推广的文化举措作了致辞，肯定和鼓励活动主办方和企业的魄力与勇气。国土资源部珠宝玉石首饰管理中心副主任、国家珠宝玉石质量监督检验中心主任毕立君在讲话中指出，中国的玉文化博大精深，由中国珠宝玉石首饰行业协会、国家珠宝玉石质量监督检验中心、北京菜市口百货股份有限公司三方共同主办的"中国玉文化推广展·菜百典藏·施禀谋玉石画展"是中国玉文化推广展的系列之一，此后有机会还将陆续推出其他各类中国玉文化推广展，全面促进中国珠宝玉石产业的繁荣。

新华通讯社、中央电视台、凤凰卫视、北京电视台、北京日报、北京晨报、新华航空、新浪网等50多家广播、电视、报纸、杂志、网站出席并报道了开幕式。

"中国玉文化推广展·菜百典藏·施禀谋玉石画展"展出的200多幅施禀谋大师玉石画作品，大多由质地反差很大的玉石、紫檀、油彩等材质结合而成，不完全等同于传统意义上的玉雕作品，创作者采取了一种全新的形式来表现当代玉文化：作品融东西方文化艺术为一体，将中国的传统文化思想、历史典故、玉雕技艺与西方绘画的表现形式相结合，形成了一种独有的艺术视觉效果。在展览期间，主办方还先后为现场观众提供了诸多进行中国玉文化交流互动的机会。中国人民解放军总政歌舞团国家一级演员、著名青年歌唱家蔡国庆在展厅与现场观众交流了翡翠鉴赏与收藏的心得。国家大剧院艺术品部部长、2008北京奥运会奥运礼品部专家顾问曾辉来到展厅举办了《当代创新艺术品的特点》的讲座。故宫博物院古器物部研究员张广文举办了《中国玉文化》讲座，与在场观众共同探讨了中国玉文化的渊源与发展。

为期五天的玉石画展，通过形式多样的活动和精心布置的展品，不仅很好地宣传了中国玉文化，还从不同的侧面反映出我国珠宝玉石首饰行业的发展变迁。

2. 历经十二载的中国珠宝首饰设计大奖赛：助推产品设计水平的提升

2.1 第一届中国珠宝首饰设计（潮宏基杯）大奖赛

中国珠宝首饰设计大奖赛自1998年至今已成为国内外最具影响力的珠宝首饰设计赛事。第一届中国珠宝首饰设计（潮宏基杯）大奖赛由中国珠宝玉石首饰行业协会（原中国宝玉石协会）、中国工艺美术学会、潮宏基有限公司主办，中国地质大学珠宝学院、中央工艺美术学院、北京市工艺美术学校、深圳市高等职业技术学院协办，中国宝石杂志社承办。大赛自1998年下半年启动，比赛共分钻石饰品、黄金饰品、珍珠饰品、有色宝石饰品4个组别，共收集到1200多份参赛作品。1999年7月12日，评委们遵循"有较高艺术性、有一定适佩性、有较强引领潮流性、有突出的设计突破性"的原则，评出了每个组别的一、二、三等奖和最佳制作奖。大赛于1998年9月8日在北京东安市场寰宇庭举行颁奖典礼。第一届中国珠宝首饰设计（潮宏基杯）大奖赛颁奖典礼由中

央电视台、北京电视台、香港凤凰卫视中文台以及各大报刊、杂志报道，引起了业内外和社会人士的广泛关注。

中国珠宝首饰设计大奖赛正式拉开了首饰行业与艺术设计领域对于中国珠宝首饰原创设计的关注，首次在中国乃至于世界提出了“中国原创设计”的理念，并将设计与制作融合为一体共同纳入到首饰设计的理念之中。自此每两年一届的中国珠宝首饰设计大奖赛拉开序幕，对挖掘我国首饰设计人才，推动中国首饰走向个性化，弘扬中国传统文化底蕴和手工制作工艺，并与国际前卫首饰设计思想接轨，具有深远的影响。

2.2 第二至第五届中国珠宝首饰设计大奖赛

2001年第二届中国珠宝首饰设计（潮宏基杯）大奖赛，在内地首次提出首饰与服装的时尚融和，借助成熟的品牌服装、高贵的名模气质来演绎首饰文化。风格迥异的首饰、顶级名模和国际驰名的服装品牌的华美晚装，一流的舞台音响展示出设计独特的首饰的灵动与激情，营造出多人的时尚效果，传达出首饰设计潮流趋势：回归、对比、环保、科技。

2003年第三届中国珠宝首饰设计（通灵翠钻杯）大奖赛，以中国传统的珠宝文化和国际前卫的首饰设计思想的碰撞与融和内容，展示中国原创首饰设计的高品位、高档次和高水平，使中国的首饰设计更加贴近现代时尚潮流、引导大众的审美情趣，弘扬了具有中国特色的现代首饰观念。

2005年第四届中国珠宝首饰设计（潮宏基杯）大奖赛，打破了材料对设计师在设计时的限制，进一步激发了设计师的创作灵感。大奖赛组委会特邀请了韩国、日本、中国香港、中国台湾、中国内地的知名设计师组成评审团。颁奖典礼向业内外传递“品牌、设计、时尚”的声音，是不断实现自我超越的中国珠宝行业向社会的自信展示。赛事全面提升，社会影响空前。

2006年“紫气东来”东方首饰秀震惊瑞士，向国际珠宝业界展示了第一至第四届大赛的优秀作品，凸显了东方优秀首饰的设计元素。神秘古老的中国文化元素和独特的原创设计震撼了整个巴塞尔世界展览会，使世界看到了一个崭新的、崛起的中国珠宝业的发展潜力，也使世界对中国珠宝首饰制造业有了全新的认识，首饰行业从“中国制造”正在走向“中国创造”。

2006年第五届中国珠宝首饰设计“周大生杯”大奖赛，以“魅力东方 韵自中国”为主题。大赛同期推出业界首个摄影方面的专业赛事，吸引了首饰企业、独立摄影工作室、新闻单位摄影记者、艺术院校摄影专业师生与摄影爱好者的广泛参与，摄影作品很好地体现了首饰与佩戴者的关系，既突出了作为主角的首饰，又与人物、环境、布景做到完美与和谐的统一。

2.3 “华饰风尚2009”第六届中国珠宝首饰设计“昭仪杯”大奖赛：走在红地毯上的时尚中国

2009年12月9日，由昭仪新天地（北京）珠宝有限公司冠名的——“华饰风尚2009”第六届中国珠宝首饰设计“昭仪杯”大奖赛暨第二届中国珠宝首饰摄影大奖赛正式启动。

图7-2-2 第六届中国珠宝首饰设计“昭仪杯”大奖赛初评评审团

本届设计大赛的前期策划就紧贴现代时尚潮流，将首饰与服装、佩戴场合紧密结合起来，改变了以往设计大赛传统的分类方法，这不仅仅是划分组别的不同，更是设计大赛组委会考虑到现代珠宝首饰设计发展的特点，将珠宝首饰设计与周边诸多元素结合考虑的结果。

本届设计大赛共收到1600多份国内外参赛作品，其中国内珠宝院校学生的参赛作品有700多份，约占参赛作品的44%；国内珠宝企业参赛的共有55家，参赛作品有400多份，约占参赛作品总数的25%。

从组别上分为：晚宴装、运动装、派对装、职场装、休闲装，将宝石与佩戴者的气质、服装、佩戴场合相结合，为设计师的创作发挥开辟了又一条思路，使设计大赛的设计作品呈现出另外一种风貌，将首饰与诸多的时尚元素结合在一起是本次设计大赛的一次创新、一次突破。当今国际性的设计大赛，往往是给设计师一个设计主题、一个设计的灵感方向、一个引领思路的意境，而本次中国珠宝首饰设计大赛将首饰与佩戴场合相结合是巧妙地为设计师设置设计意境的创举。

3. 首届全国珠宝首饰制作技能竞赛：“精工产业 领先·中国”

2008年，珠宝首饰行业的首个国家级赛事——首届全国珠宝首饰制作技能竞赛成功举办，竞赛设个人组与团体组两个组别。珠宝企业积极参与本届赛事，据大赛组委会统计，深圳、番禺、

青岛、义乌、北京、沈阳、上海、山西、四川等地区的近百家企业的上千位选手、上百家品牌企业的研发团队报名参加竞赛两个组别的比赛。

个人组比赛经过初赛、复赛严格选拔，最终进入决赛的60位选手分雕蜡、起版、镶嵌三个组别，于2008年10月31日～11月1日，在深圳技师学院进行了决赛。11月2日，由国家级裁判员组成的评审委员会对选手的比赛作品进行了评判，深圳市缘与美实业有限公司梁福林等24位选手分获个人组比赛的一、二、三等奖。深圳市宝怡珠宝首饰有限公司获得团体组首饰制作工艺大奖、深圳市星光达珠宝首饰实业有限公司等企业分别获得最佳工艺创新奖等奖项。首届全国珠宝首饰制造技能竞赛是国家二级赛事，也是劳动和社会保障部组织开展的“全国职业技能竞赛系列活动”首次纳入珠宝首饰制作职业技能类的竞赛。人力资源与社会保障部对本届赛事给予了政策上的支持，人力资源和社会保障部将对个人组一等奖的获奖选手授予“全国技术能手”称号，颁发相应证书、奖章，晋升为技师职业资格，对已有技师资格的，晋升为高级技师；对获得个人组二等奖及三等奖的每个工种的前两名获奖选手将晋升为高级工职业资格，对已有高级工职业资格的，晋升为技师职业资格；对获得每个工种三等奖的后三名获奖选手将晋升中级工职业资格，这些政策极大地鼓舞了行业各界的参与热情。

通过首届全国珠宝首饰制作技能竞赛的成功举办，将唤起全行业对珠宝首饰加工工艺的重视、对高水平技能型人才培养与选拔的重视，相信通过大家共同的努力，我们珠宝首饰制造产业必将迎来更加美好的明天。

4. 天然彩石原创设计的第一步：首届中国天然彩石饰品设计“名石杯”风尚大赛

首届中国天然彩石饰品设计“名石杯”风尚大赛由中国珠宝玉石首饰行业协会与国土资源部珠宝玉石首饰管理中心主办、中国宝石杂志社承办，广州极美珠宝石饰有限公司冠名的首届中国天然彩石饰品设计“名石杯”风尚大赛评选结果于2007年10月22日揭晓，五件作品脱颖而出，分获五个最佳奖；随后所有入围作品在新浪网进行两周公示，经网民投票，其中一件作品获得最受网友欢迎奖。

本次大赛共收到作品512件，经过2007年8月16日的图稿初评，共有39件作品入围角逐最终七

个奖项。评委们认为，入围的实物作品体现了天然彩石饰品材质多样、装饰性强的特点，可圈可点。历时两周的网络评选，得到众多新浪网友的关注。

5. 模特演绎名家设计艳惊诸暨

2008年4月19日在第六届中国（国际）珍珠节期间，召开第四届中国淡水珍珠首饰设计大赛颁奖典礼暨中国高校珍珠艺术设计联盟成立仪式，并发表《诸暨宣言》，为这一赛事增添了新的内容，并为珠宝首饰行业的校企合作开辟了新的模式。

本次活动由中国珠宝玉石首饰行业协会、国土资源部珠宝玉石首饰管理中心支持，浙江省诸暨市人民政府主办，中国宝石杂志社、中国珠宝首饰行业协会珍珠分会、浙江省珍珠行业协会、诸暨市山下湖镇人民政府承办。

中国珍珠首饰设计大赛已成功举办了四届，诸暨市委市政府对大赛高度关注，人们欣喜地看到诸暨珍珠饰品开始了由仿制向创新设计的转变，首饰设计及制造水平不断提高，一批优秀的首饰设计师脱颖而出，他们将珍珠首饰的国际时尚元素与中国的民族文化有机地结合起来，创作出了许多优秀作品。大赛本身也提高了首饰制造业对淡水珍珠的关注度，更有效拉近了淡水珍珠首饰与消费者之间的距离。

6. 品牌资源共享　打造文化产业荣誉名品

2010年始，国家珠宝玉石质量监督检验中心将携手众多行业机构和知名品牌，共同推动珠宝文化的社会传播，借助网络、电视、杂志、报纸、电台等多样传播工具和多种类型的社会推广活动，从不同角度接近消费者，缩短和社会的沟通距离，社会上有句流行语说得好：“金杯银杯不如老百姓的口碑”，真正的荣誉来自于消费者忠诚的信赖，因此，围绕着珠宝文化而开发的宣传册、光盘、证书包装卡等各种各样适用于不同营销类型企业的宣传品，将呈现在社会消费者面前。同时，将充分利用自身媒体、业外媒体结合明星和活动宣传珠宝文化，促进民族珠宝品牌建设，通过整合行业资源让中国珠宝业的推广和宣传进入一个新的历史时期。

国家珠宝玉石质量监督检验中心将提升和延展现有宣传平台，充分发挥业内、业外的媒体优势，整合

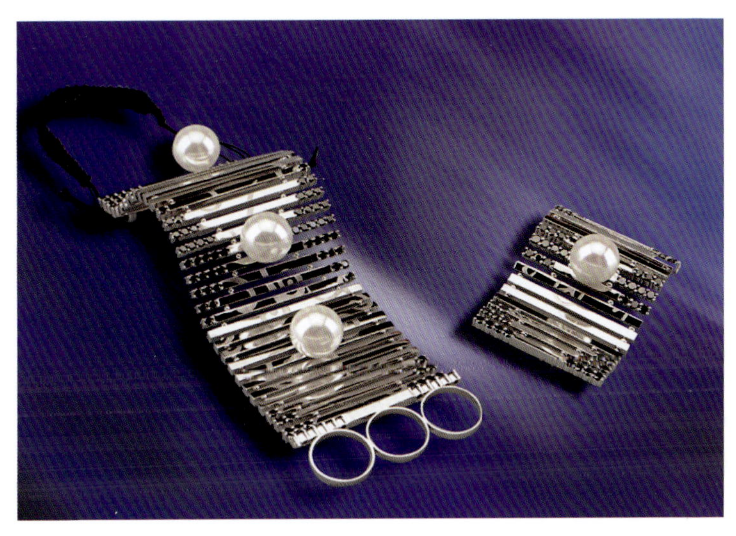

社会媒体资源，全面推动行业品牌的珠宝文化风貌。

如果说中国的珠宝首饰产业规模化的形成大致经历了二十年，那么珠宝文化的全面建设应该是有十年的时间，自1998年启动珠宝首饰的设计比赛开始，注重创意，注重文化内涵，注重品牌形象成为珠宝企业品牌化发展的助推器，他们已经通过首饰产品的款式研发和市场推广等工作，充分认识到文化在珠宝首饰产品当中的核心作用，但是，文化毕竟是我们生活中看不见、摸不着的东西，然而它却像空气一样弥漫在我们四周，甚至是我们最易忽略却不可或缺的精神氧气，尤其是中华民族数千年、多民族的聚散离合，本身就成就了贯穿儒释道思想的宝玉石文化,这些从来就是西方世界梦想拥有却从来未曾真正得到的宝藏，西行东渐的钻石文化令我们折服于玩百年文化于股掌之间的西方商业智者，因为仅仅是数百年的文化史，反倒可以吃透它、用透它。而我们数千年纵横交错的文化，沉甸甸的，一双手，托不起，一个人的肩膀，甚至一代人的肩膀，也未必扛得起。

然而，责任，更是逃避不起的，珠宝首饰是文化的载体，缺失了文化，就失去了存在的意义，一味追随西方文化进行商业复制，这一代的珠宝产业就不能够称其为“中国”的珠宝首饰行业，把珠宝首饰产业的文化建设当作荣耀的责任吧，我们身处这个产业，伸出热情的手，奉献出端正的肩膀，我们扛起的将是下一代珠宝人的希望。

二、行业媒体推动产业发展

潘沐闲

随着社会经济的迅猛发展，大众媒体传播已经不能满足行业和企业的宣传需要，一种专业的以服务行业和企业为己任的媒体——行业媒体出现在公众面前，成为行业和企业宣传的重要载体，这是社会经济发展的必然。

随着珠宝首饰行业的快速发展，珠宝行业媒体也应运而生，它们是珠宝圈内信息交流的平台。行业媒体的信息及时、准确、专业、有深度，是珠宝首饰企业在建立分销网络、树立企业品牌形象和知名度的最佳选择。对行业信息的传递起到了很好的沟通交流作用，为行业文化发展奠定了基础。

1. 珠宝行业媒体的发展阶段

1.1 雏形和兴起阶段

改革开放以来，珠宝行业迅猛发展，珠宝首饰企业在生产、销售和产品市场上有很多信息需要沟通，急需专业媒体来引导宣传行业，这就催生了建立在珠宝首饰行业基础之上的媒体。媒体只立足珠宝首饰行业，专门报道这个行业的生产发展、新工艺、新设计、新产品、销售价格、市场需求等信息，形成早期的珠宝行业媒体。如《中国宝玉石》、《中国黄金报》、《中国宝石》、《宝玉石周刊》就是在这情况下出现的，它们为推动珠宝首饰行业的发展起了重要的作用。

1.2 专业化发展阶段

20世纪90年代末到2006年之间，珠宝行业发展到另一个高峰期，这样导致从生产商到经销商之间，从经销商到消费者之间，都有庞大的信息需要传递，现有的媒体已经不能满足企业和行业机构宣传的需要了。这就促使《凤凰珠宝》、《深圳珠宝》、《时尚珠宝》、《财富珠宝》、21世纪珠宝网、中国黄金资讯网等兴起。这些媒体增加了一些行业新闻和产品信息，专业性、技术性更强；行业媒体开始了网络信息化的资讯平台的建设，都开始注重打造自己的优势地位。

1.3 纵深多元化发展阶段

2006年后至今，一方面网络信息的快速发展，另一方面纸质报刊杂志成本高，而且发行覆盖面总是有局限性。加上其他方面资本的不断涌入，仅仅靠广告收入来维持经营变得艰难，这就促使各行业媒体不断地向多方面发展。

有些资深的广告媒体公司注重行业数据库的建立和积累，注重广告信息发布的平台效应，并且开始建立珠宝网站平台，为行业客户提供新的服务方式，公司媒体形成了，如中港珠宝网、国际珠宝网、中国玉石网等，还有一些珠宝公司， 如七彩云南、东方晓鸣、海润珍珠等都办起了企业刊物，这对宣扬企业文化、树立企业形象具有非常重大的作用。

这个时候具有行业特色的中国珠宝玉石首饰行业网、深圳珠宝网、中国珠宝玉石首饰行业协会网及各省市珠宝协会网站等协会机构网络平台纷纷建立，中国珠宝玉石首饰行业协会的珠宝通讯、省级珠宝协会主办的相应的珠宝杂志等应运而生，它们的出现在某种程度上成为行业信息交流的最主要的平台。

为了突破受众狭窄、发行量低、满足大众消费者的市场经济需求，中国珠宝玉石首饰行业协会和中国最具实力的时尚传媒集团共同创办了《芭莎珠宝》，作为中国杂志市场第一本国际化高级珠宝时尚杂志，它将珠宝与时尚、服装相结合，创造了珠宝的时尚风潮，它开启了珠宝的行业媒体新时代。

2. 珠宝行业媒体在行业发展过程中发挥的作用

行业媒体和行业的关系，是一个相辅相成、互相影响和促进的关系。行业媒体依附于行业而发展，行业发展有赖于行业媒体的传播和启蒙功能，行业发展催化着行业媒体的作用。到现在为止，珠宝专业媒体、时尚媒体、协会媒体、公司媒体的多元化发展为行业的全面发展、信息的及时沟通起到了很好的作用。它们为推动中国珠宝首饰行业的发展，促进国内外交流，引导珠宝首饰的消费，繁荣中国珠宝市场都发挥了极为重要的作用。

2.1 直击珠宝行业问题，平衡报道

针对行业内所发生的问题进行平衡报道，具有准确把握行业舆论，正确引导消费者的作用。

2.2 重大事件背景下的专业化报道

作为以珠宝首饰行业为报道中心的行业媒体，有一项重要职责，就是要凸显珠宝首饰行业价值，促进珠宝首饰行业的健康、良性发展；对珠宝行业每年所发生重大事件，如珠宝首饰展览会、珠宝专业论坛、首饰设计大赛等进行专业化的全方位的报道。

2.3 为珠宝首饰行业发展积极谏言

通过新闻评论为珠宝首饰行业发展谏言，从而起到促进行业发展甚至影响相关决策的作用。

2.4 为企业提供广告的平台

珠宝行业媒体在珠宝产品向珠宝文化产品的转型当中起到了很好的作用。珠宝企业在行业媒体打广告，是为了树立企业形象，在行业能有好的形象，就会降低对外合作、人才集纳成本。另外，珠宝企业在行业内的形象与影响力，是其树立大众形象和影响力的基础。

3．珠宝行业媒体存在的问题

3.1 杂志本末倒置，内容反而变成了其次

对于靠版面费和广告费生存的行业媒体来说，采写新闻和访问变为一个可有可无的东西。广告页面越来越多，深度报道越来越少。

3.2 遵循单一的版面模式：“广告——论文——广告”的版面模式

偶尔登篇新闻，距离真实发布日期大概已经半个多月了，新闻也成了旧闻。厂商的平面广告拼命地在触犯广告法的边缘，拐弯抹角地标榜自己是“行业第一”。内容版面创新不足，可读性不强。

3.3 定位模糊

某些珠宝杂志并没有完全找清楚自己的定位，在专业和时尚之间徘徊，让专业人士觉得轻浮，消费者觉得缺少时尚。更有杂志为了完成广告任务，将其他行业的广告也牵强附会地排在珠宝杂志里面。

3.4 缺少专业的采编队伍

中国是珠宝产业大国，每年珠宝首饰出口数量非常大。但是，中国境内的珠宝英文媒体却很少。

4．珠宝行业媒体的发展前景，要突出特色，打造行业媒体的权威性

随着市场经济的不断发展，珠宝企业应对媒体已经理性化、成熟化。珠宝行业媒体能否指导、服务好行业和企业，需要看其是否有全方位的指导、优质的服务和良好的素养，能否真正成为行业的喉舌。在创新中增强引导力，在竞争中把握先机，在策划中彰显个性，对行业媒体提升价值、扩大影响、打造权威性至关重要。

一要站在珠宝首饰行业的高度和广度去挖掘报道行业，即要站得高、看得远。在当前激烈的媒体竞争中，要想在市场上占有一席之地，每个媒体都应该有自己的特点，没有差异化的媒体，肯定举步维艰。在宣传报道上，要以世界的角度、以国际眼光看问题，注重国内市场与国际市场的联系、局部市场与市场全局的联系、不同行业产业部门之间的联系，从而在联系比较中来观察、判断问题，才能把握世界珠宝首饰行业的发展趋势。

二要建设一支具有相当水准的采编队伍。媒体没有高水准的采编队伍，就如同打仗没有精良的部队一样。要培养记者对珠宝首饰行业的敏感度，快速、准确地捕捉国家政策和行业发展动向。

三要重视服务，为珠宝首饰企业提供优质的服务。媒体要有全新的宣传机制和运作方式，努力使媒体成为政策和信息上传下达的渠道。

四要打造行业媒体优势，提升珠宝首饰行业形象。举例说，以“打造第一本国际化高级珠宝时尚杂志”为宗旨的《芭莎珠宝》，立足高端、品牌、品位、思想、文化、奢华、高贵、时尚，通过一年的酝酿创新，办出了自己的特色。专注于经营管理、营销技巧、研究理论等的《中国宝石》，也为许多业内人士所喜爱。《21世纪珠宝网》、《中国黄金报》则建立起信息、资讯平台，发挥着自身的优势。作为行业信息化快速平台的《中国珠宝玉石首饰行业网》、《中国黄金资讯网》等行业主流网站，发挥着平面媒体所发挥不到的作用。

五要不断创新，在管理机制、用人机制上不断创新，把业务范围拓展得更广、更稳健，全面打造行业媒体优势，把媒体办得生机勃勃、富有活力，争取创造更好的社会效益和经济效益。

六要在扩大受众量方面多做一些改进，为消费者提供更多的服务。只有吸引住更多的受众群体，赢得消费者的欢迎，媒体才会有更广阔的发展前景。

经济全球化时代的到来，在很大程度上改变着行业的生存状态和发展模式，也强化着行业媒体和行业之间的关系。作为珠宝行业媒体，从某种程度上代表着珠宝首饰行业的形象，展示着整个行业的精神。

行业和行业媒体的发展是互动的，行业的发展需要良好的环境，行业舆论引导正确，行业的发展就有一定的保证。反过来，舆论环境不宽松，甚至出现误导，行业发展就会受到明显的影响。行业的发展是媒体生存和发展的基础和源泉，行业媒体只有从行业发展中吸取营养，强身健体，积极为行业发展服务，才能体现出行业媒体的真正价值。

图7-2-3　2009年珠宝行业宣传工作研讨会

三、珠宝行业平面媒体

《中国宝石》

中文版杂志创刊于1992年5月，为季刊。由中国珠宝玉石首饰行业协会、国土资源部珠宝玉石首饰管理中心共同主办。读者可以从杂志中了解：珠宝首饰业的方针、政策，宝玉石资源的分布特点和新发现，珠宝首饰市场的变化和新动向，国内外珠宝首饰的新产品、新款式和新工艺，先进的经营管理理念和销售技巧等。内容丰富，信息量大，可读性强。

《芭莎珠宝》

由中国珠宝玉石首饰行业协会、国土资源部珠宝玉石首饰管理中心与时尚杂志社联合主办，《时尚芭莎》旗下单独上市的双月刊杂志。它是中国第一本国际化高级珠宝时尚杂志。运用强大的国际版权支持，以新鲜的本土资讯和高品位国际视角，为读者呈现出一个殿堂级世界珠宝的华美天地。

《深圳珠宝》

杂志涉及黄金珠宝首饰业多个方面，和深圳珠宝网资源共享，全面互动合作，及时传达政府产业政策，跟踪行业动态，普及珠宝知识，弘扬珠宝首饰文化，是一本综合性的行业内部资讯。以每两个月为一编辑周期，逢单月出版，覆盖面广，信息齐全。

《凤凰周刊·珠宝》

出版三年来，配合目标消费群的阅读和生活习惯，以“零售+订阅+直投赠阅”相结合的模式发行，致力于打造以珠宝为主线的全方位生活手册，从珠宝的角度，诠释时尚生活态度。2010年《凤凰周刊·珠宝》将全新改版，力求给读者及客户带来全新的感受。

《中国宝玉石》

杂志于1984年创刊，国内外公开发行，双月刊。内容涉及珠宝首饰品牌建设、经营管理、新潮设计及珠宝知识等多方面内容与信息。2003年荣获陕西省新闻出版局期刊优秀奖，1998～2006年连续九年荣获国家新闻出版署出版印刷优质产品奖，是中国精品文化期刊文献库等收录期刊。

《时尚珠宝》

时尚元素 JEWELRY 珠宝

珠 宝 行 业 高 尚 区 域 定 向 发 行

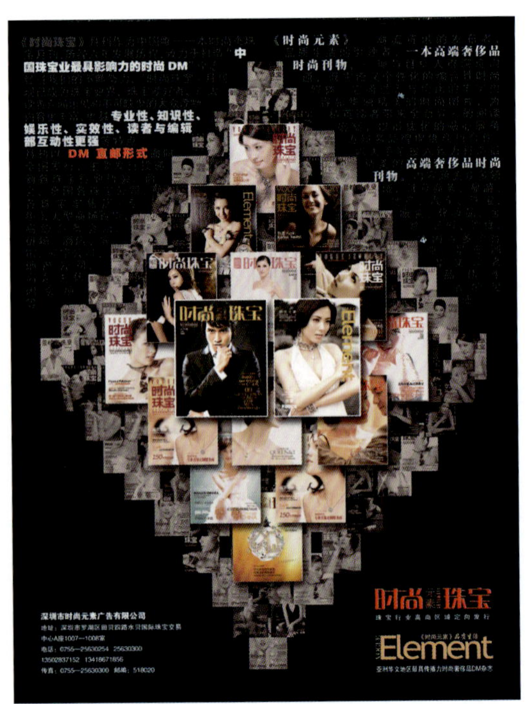

月刊以DM直邮形式面向全国发行，主要发行渠道为各珠宝行业协会、商会、全国各珠宝公司、各珠宝零售店（专柜）等。它是中国一本时尚类珠宝月刊，内容丰富，具有专业性、知识性、娱乐性、实效性、互动性等特点。致力于打造“中国珠宝业最具影响力的时尚DM杂志”。

《中国黄金报》

中国黄金报社出版和经营三个媒体：《中国黄金报》是国内黄金等贵金属行业、珠宝首饰行业公开发行的报纸，每周出版两期，内容主要分黄金矿山、黄金珠宝和黄金市场三大板块，为读者提供黄金矿山、珠宝首饰、贵金属投资领域的独家新闻和金融等相关行业重要信息；《中国黄金珠宝》是黄金珠宝设计、生产和销售等环节的品牌指导手册，双月刊，逢单月10日出版；中国黄金网是从事互联网新闻信息服务的黄金、首饰、贵金属投资的行业网站，以黄金市场、黄金矿业、珠宝首饰等相关行业为报道领域，并开辟了全球贵金属实时行情手机短信服务，为客户提供及时准确的国际、国内黄金等贵金属实时行情及走势分析。

《财富珠宝》周刊

创刊于1999年，每周三出版，内容包括市场资讯、科技文化、名企名店、翡翠玉石、综合新闻、风格设计等。主要面对珠宝加工生产企业及配套产品产销企业、大中型商场、专业市场、营销商、珠宝设计工艺专业人员，相关行业组织和科研、质检人员、相关院校师生及广大消费者。

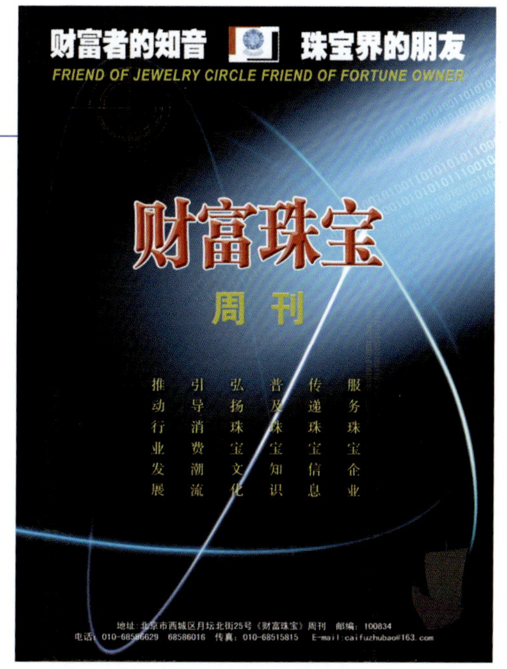

《宝玉石周刊》

《宝玉石周刊》创刊于1994年，致力于珠宝玉石首饰行业的宣传，传递珠宝市场行情，普及珠宝科教知识，在全国部分城市或珠宝首饰店、珠宝交易中心设立了“阅读网点”。

发现资源

发现资源是领先业界的贸易传媒公司，致力于提供最佳行业贸易沟通渠道。

发现资源成立于2001年，总部设在深圳，员工人数600余人，在全国有8个分支机构，50个发行推广办事处。经过8年多的高速发展，以独特的经营管理和完善、专业推广模式，现已成为中国最大的平面贸易传媒之一。

四、珠宝行业网络媒体

中国珠宝玉石首饰行业网

中国珠宝玉石首饰行业网，由国土资源部珠宝玉石首饰管理中心和中国珠宝玉石首饰行业协会共同主办，是中国珠宝玉石首饰行业的综合信息门户网站，同时也是针对全行业互动的、开放式的、具有强大商业服务功能的网络平台。行业网站在全行业的高度，为各个业内企业、机构的发展提供宣传和服务，更为消费者提供珠宝选购、鉴别珠宝首饰的咨询服务。

中国珠宝玉石首饰行业协会网站

中国珠宝玉石首饰行业协会网站作为珠宝行业专业、权威的咨询性网站，以服务企业、规范行业、发展产业的协会宗旨为己任，报道行业最新动态，宣传协会各项工作，并免费为会员企业发布各类信息，是珠宝行业面向大众、面向企业、面向国际的一扇重要窗口。

深圳珠宝网

深圳珠宝网植根珠宝产业，以网络为服务平台。目前开办有行业信息专区、珠宝市场、企业品牌、时尚佩饰、珠宝学苑、综合服务等频道，旨在构建打造国际化、专业化的珠宝资讯与信息交流平台，为珠宝首饰产业提供高层次、高效率服务，进一步推动深圳及全国珠宝首饰市场经济的繁荣和发展。

21世纪珠宝网

21世纪珠宝网成立于1999年，集专业性和市场性为一体，是中国珠宝首饰行业的综合商情网站，也是较早开通网络钻石销售的专业珠宝机构。现已成为具有影响力的中文珠宝网络传媒和资讯平台，并在B2C钻石直销领域取得良好的销售业绩和市场公信度。

中国黄金资讯网

2004年9月正式上线的中国黄金资讯网，是黄金资讯及财经类门户网站， 24小时持续更新发布黄金珠宝、黄金交易及相关金融、外汇、证券、能源的行情信息和行业动态报道，与新浪财经、网易财经、凤凰网、中金在线、中国经济网等建立合作关系，为众多黄金行业组织机构及投资者提供了及时探讨、交流互动的资讯平台。

中港珠宝网

中港珠宝网自2003年8月创建以来，始终坚持“做中国最实用的珠宝网”，数据库功能强大，栏目贴近实际，内容丰富多彩。网站联合其他网站为珠宝行业提供真正实用的珠宝资讯、珠宝商务、珠宝视频、电子杂志、珠宝论坛、人才招聘、人才培训、专业书籍等配套服务。

一、备受关注的专业珠宝展

韦光明

从20世纪90年代以来，中国珠宝首饰行业遇到难得的发展机遇，发展势头迅猛。从20世纪末以企业数量剧增为特征的规模化发展阶段，到21世纪以塑造企业形象为特征的品牌化发展阶段，中国珠宝首饰行业有了长足的进步。由于产业发展环境的不断改善，中国珠宝首饰业保持了健康、持续、稳定发展的良好态势。在此过程中，珠宝展起到了非常重要的推动作用。

1. 珠宝展在行业发展中的作用

1.1 对企业而言

（1）便于企业寻求合作。珠宝展参展企业众多，涵盖了整个行业的上游、中游、下游，包括立足产业链的各个环节；上市公司、中国名牌企业以及特色鲜明的小商户等大小企业；大家普遍关注的钻石、贵金属、有色宝石、珍珠、玉石、翡翠、水晶等诸多门类的形式各样的产品，在这些产品中有原石、半成品、成品，种类齐全，甚至一些业内刚刚兴起的特色产品都齐聚一堂，云集于此，为企业寻求合作奠定了很好的基础。

（2）展会环境宽松。在好的珠宝展现场，展会布局科学，展品分区明显，展品种类齐全，企业负责人悉数到场，咖啡厅、休息区环境舒适等，创造了十分宽松而紧凑的洽谈环境，使得企业很容易找到合作目标并成功实现合作。

（3）便于企业进行新产品推介。在珠宝展，每家参展企业均携带凸显自身产品特色优势、文化优势、服务优势、价格优势的展品来参展。参展企业一方面要使别人知道自己有新的、好的产品；另一方面要学习别人的产品、设计理念及设计工艺。利用组委会提供的专业平台，参展企业可以组织一系列的新品发布会、企业文化展示、名家讲座等公关活动，将企业的整体形象集中展示给同行公司、广大的业内外消费者、大量的媒体记者朋友等群体，将企业品牌推向新的高度，将企业的影响力推到最大化。

1.2 对行业而言

（1）好的展会，不仅为企业提供交流、合作、发展的机会，同时也展示出行业发展的态势及整体面貌。展会作为经济发展状况的一个缩影，能够很好地体现出经济发展的现状，透过珠宝展，则可以看清珠宝行业的概况和未来发展趋势，能洞悉整个珠宝行业的竞争力。好的展会，不仅能体现出时代的珠宝文化特征、体现出珠宝产品的时尚潮流，也能体现出珠宝首饰设计、创新发展的实力。通过展会能进一步提升珠宝文化的创新、传播，让更多的消费者认知、认可珠宝首

饰产品和理念，进而带动市场的发展。

（2）行业在珠宝展上的面貌能体现出整体经济发展的状况。珠宝展火爆，则经济繁荣，“盛世藏玉”。珠宝展发展良好，在体现了社会文明进步的同时，也浓缩了经济景象。

（3）好的展会提升了珠宝行业在国际上的竞争力。大品牌、大企业的参展代表了首饰设计的工艺、时尚。通过展会，让世界认识我们珠宝行业发展的态势，为打造“中国创造”奠定了基础。

1.3 对地方而言

珠宝展不仅得到了展会举办地政府的关注和支持，同时珠宝特色产业基地也花费很大的力气发展珠宝展，参与珠宝展。

展览作为新型的、无污染、可持续发展的行业，能够带动办展地其他产业的发展。据专家估算，展览业的带动系数为1:9，效果显著。正因为如此，无论是中央还是地方政府，对展览都十分重视，积极组织展览活动。珠宝展就是在这样的环境中，在各级地方政府支持下发展起来，同时珠宝展也给地方发展带来了很多的实惠。

（1）地方政府支持展会，对地方旅游文化推广、宣传有重要的作用，进而促进整个地方经济的科学发展。

（2）特色产业基地利用品牌展会打造区域品牌。随着珠宝展影响力的加大，国内越来越多的产业基地加入到珠宝展的行列中来。通过展会将自身的特色整体包装展示给业内外人士，成功地实现了“走出去”的战略。同时，在展会上不断地学习和引进先进的技术、管理经验和资金，并融合到自己的特色珠宝产业中，将“引进来”的战略发挥得淋漓尽致。与此同时还能起到拉动区域特色产业经济发展的作用。在中国珠宝玉石首饰行业协会（以下简称协会）主办的珠宝展上，“阜新”、“东海”、“四会”等基地均取得了很好的效果。

1.4 对消费者而言

在展会上，消费者可以看到很多日常生活中看不到的珠宝产品，增长了见识，提升了鉴赏能力，同时也能买到心仪的产品。

好的展会，展商固定参展率高，信誉度高，那么消费者光顾的次数就多，回头率高。国家珠宝玉石首饰监督检验中心（以下简称国检）这一权威机构的现场服务使得消费者买起产品更加省心、放心。近几年，由协会主办、每年11月份在北京开幕的中国国际珠宝展，在国检免费检测区，参与检测的消费者都排起了长队，检测的产品主要是价值较高、专业性很强的玉石、翡翠类产品。

因此，消费者在好的展会上受益匪浅。

2. 珠宝展发展现状

2.1 珠宝展场次多、档次低

（1）目前在国内大小展会有20个之多，平均每月至少有一次珠宝展开幕。频繁的珠宝展使得企业面临着很难的抉择，给企业带来疑虑：不参展则失去了机会，参展则作用不大，进退两难。

（2）一些地方政府或企业看到了展会所带来的好处，未经过科学的判断便立项开展，一定程度上服务了当地的珠宝企业，丰富了珠宝产品种类，满足了消费需求，但由于此类展会本身就有的“展期确定性不强”、“区域影响力有限”的特点，使得参展企业资质、展品质量很难保证，展会档次较低、信誉度较差，挫伤了正规企业的参展积极性，给消费者带来一些不必要的损失。

展会多、小、乱总体上讲弊大于利。我们应在规范中、竞争中发展，优胜劣汰。

2.2 国际化程度低

国际化程度是衡量展览发展水平的重要条件。目前瑞士巴塞尔珠宝展（展会规模11.52万平方米，45个国家的1952个参展商，10万国际买家）、美国拉斯维加斯珠宝展（展会规模6万平方米，参展商2700余家，来自世界40多个国家和地区，专业观众达6万人，来自100多个国家地区。）等的展览的国际化程度很高，是年度国际珠宝产业的盛会，受到诸多国内外珠宝企业的重视。

相比较而言，国内展览国际化程度略低，但有着客观原因。关税、海关运输等的限制使得国外珠宝企业进驻中国市场的步伐较慢，但中国经济发展已被世界瞩目，中国巨大的消费潜力为国外珠宝商所期待，他们渴望开拓中国市场。在政策上尚需完善，才能使得国际化程度提高。随着改革开放的不断深入，中国珠宝展的国际化进程必将飞速发展。

2.3 展会服务有待全面升级

目前国内珠宝展在展商服务方面较以前有了长足的进步，提供了一定的服务，这些服务更多的是经验，主办方在办展的过程中积累起来的经验。另一方面，参展商在不断的参展过程中，也根据本公司的实际情况，走出一条适合自身企业的参展模式。但还有很大的上升空间，很多创新性的服务有待于发掘，整个珠宝展览业的服务需要升级。

（1）展会平台要搭建的更大，加大力度增加展位面积、展商数量，邀请国内外买家来参观。整体上促进展商、买家的数量和质量，加大展会的影响力。买家作为展览中十分重要的组成部分，它的质量的高低直接影响着参展商的参展积极性。巴塞尔珠宝展上的10万业内买家是一笔十分丰厚的财富，正是由于庞大的、有实力的买家的存在，才有近两千家企业的参展。因此，展会的主办方要加大力度邀请国内外的买家，不断地提升展会的买家服务体系，为买家创造良好的选购环境。

（2）提升个性化服务。很多企业在珠宝展需要安排各种活动、攻关项目。在展会数万平米

的场地上云集近千家参展商，展商的密集度大。每个展商都想在这样的平台上展现出自己实力及特色，每个企业都会结合自己的特点，融合展会的资源，设计出独特的攻关项目，近千家企业至少数百个项目在同一时间、空间运作，这就要求组委会有能力根据展商的需要，为展商提供切实的、行之有效的个性化服务。目前国内珠宝展组委会很难给企业提供全面、完整的个性化服务。个性化服务有待升级，专业的展览人才需要进一步培养。

3. 珠宝展未来发展的设想

3.1 必须使珠宝展品牌化

经过十年打造，深圳、北京、上海三大珠宝展已成为国内最具影响力、感召力、号召力的展会，在国际上也有一定的知名度。体现在参展的大企业多了，品牌企业多了。以中国国际珠宝展为例，大企业的展览总面积占展览总面积的71.7%，国内珠宝展的品牌化进程是近几年才开始的，虽然在展商的品牌化，买家的数量、质量上都有了显著的增加，但与国际上大的珠宝展还有很大的差距，要想提高展会的影响力，必须坚持走品牌化之路。

（1）展会服务企业、服务社会、服务媒体。品牌化的展会，服务质量提高，企业交易量增大，消费者愿意来买产品。这样的展会才会不断地发展、壮大，才会得到国内外珠宝业的关注和参与。

（2）使珠宝展成为首饰行业发展的风向标。企业、社会通过珠宝展可以看到珠宝行业发展现状，看到产品设计、工艺的先进程度。珠宝展集中了国内大部分的大型珠宝企业，这些企业在展会上的势头可以比较好地体现出珠宝行业发展的概况；同时珠宝展将业内外关注珠宝行业的人集中到了一起，组委会连同企业可以充分利用这样的机会，打造珠宝界的“来年流行榜”、“婚庆流行榜”、“未来新品发布周”等一系列的活动，引导消费者消费观念、珠宝审美观念等的改变及进步，引导未来珠宝行业发展的方向。

3.2 实物展网络展相互补充

随着网络技术的不断进步，网络媒体愈加发达，网络的作用变得愈发强大，成为未来经济发展很重要的一支力量，珠宝展应充分利用。国外的珠宝展在此方面有很好的效果。网络展览能够很好地做到“提前传播，事后管理”，将珠宝展服务延伸。

我国的珠宝展可以利用网络无可比拟的渗透性和广泛性，借助网络赢得后发优势，凭借网上展览开拓发展空间、凝聚新的竞争力。但即使在相当完美的网络时期，网上展览和交易也不会完全取代传统的展览和交易。二者只有相互补充和优化配置，才能取得更好的效果。

3.3 展览进一步走向国际化

国际化进程是珠宝展发展的必然趋势，也是珠宝产业发展的需要。为了加快国内珠宝展的国

际化速度，中国珠宝玉石首饰行业协会采取了诸多的措施。

（1）加强与各国使馆的合作。中国的各国使馆代表本国家在中国进行各方面的工作。为了加强与国家间的合作，就要充分利用各国在华使馆。协会在这方面做了很充分的工作，与很多国家的使馆建立了联系，取得了互信，达成了共识，有效地进行了合作。例如，中国国际珠宝展，俄罗斯、泰国、斯里兰卡等数十个国家的大使、参赞参加了珠宝展的开幕式，场面壮观，由于空间限制，很多国家使馆的贵宾只能站在开幕式舞台前，组委会在来年的珠宝展开幕式现场力求解决这一问题。

（2）加强与国际大机构合作。目前，协会已经和国际铂金协会、世界黄金协会、泰国珠宝协会、韩国首饰设计师协会、国际彩色宝石协会等机构合作，不断地加深了解，深化合作，为国家间的珠宝产业走向国际铺平了道路，取得了成效。在此基础上，还要进一步创造合作条件，拓展更多的国际合作，将国内的企业通过各大国际机构的平台推向国际市场。

（3）加强与国际大企业合作。国际大企业的影响力是巨大的，它不仅仅影响所涵盖的目标客户，还影响了很多其他国际珠宝企业。加强与它们的合作，势必会带来更多的国际珠宝企业的参与。在北京、上海展，我们成功地引进了瑞士钟表展团，反响强烈，效果很好。瑞士其他的不少钟表企业打电话垂询参展事宜。

3.4 加大宣传力度

珠宝展的宣传很重要。只有宣传到位，企业才能积极参展，买家才能进来。在宣传方面，要实现：

（1）立体化。充分利用平面、网络、电台、电视台等全方位、立体式的宣传媒介，要有策划、有重点，与企业的推广相结合，深层次地挖掘展览会的亮点，全面地进行宣传工作。中国国际珠宝展、上海国际珠宝展的开幕情况在中央电视台新闻联播、中央二套财经频道的朝闻天下、新华网、北京电视台、上海电视台、搜狐、新浪等国内近百家媒体均有大篇幅相关报道，宣传效果明显。与此同时，很多的媒体为珠宝展开辟了专栏，对珠宝展的情况进行专题跟踪，对重要人物进行专访等。

（2）长期化。展览的宣传要贯穿于展前、展中、展后。展前宣传，重点将展会概况、展会特点等基本信息以及往年的展后报告传达给各个企业；展中宣传将展会现场的动态、亮点、重点、各项活动等报道出去，吸引更多的企业、消费者及媒体的关注、参与；展后宣传将本届展览的总结、效果评估、买家情况等进行通报，并对参展企业进行感谢，为来年的展会做准备。

3.5 充分利用本土优势

无论是举办国际性的大展还是地方区域性的小规模珠宝展，都要做好“地利”，充分利用本土的优势，整合本土的各种有效资源，为珠宝展服务。

（1）举办地本土优势。如北京、上海、深圳各自都有自己的优势。北京作为首都，是政治、经济、文化中心，上海作为国际化大都市有着很强的吸引力，深圳作为中国珠宝产业基地、中国珠宝集散中心集中了珠宝产值的70%。这些举办地要充分利用自身的优势，整合各种资源，对珠宝展进行有效的推广、宣传。

（2）文化优势。中国以玉石、珍珠、黄金为民族传统文化特征，在展会中不可或缺。同时，积极抓好钻石、铂金、钯金、有色金属等，充分利用展会进行推广、宣传。作为消费者最具消费潜力的产品，要下力气做好民族特色产品的推介。如国内最具影响力的玉石雕刻类奖项“天工奖”，协会花费很大的力气，经过近十年的培养，已经为业内外所熟知，天工奖的参评作品年年递增，获奖作品得到了诸多的收藏家的追捧。

珠宝展依存于珠宝行业，珠宝展的发展取决于珠宝行业的发展。同时，珠宝展又促进了行业的发展，二者相互促进，共同进步。随着市场经济的不断深化和发展，人民生活水平的不断提高，珠宝行业的前景势必更好，珠宝展在发挥其作用的同时必然得到更大规模的发展和提高。但由于珠宝展发展的时间短，与行业相切合的程度还有待提高，珠宝企业的展览意识还需加强，专业珠宝展人才的培养还需时日。我们要认真分析展会经济发展动态，仔细研究专业珠宝展服务企业、服务行业发展的功能，提升展会品牌的影响力，将珠宝展这样的朝阳行业引向更加健康发展的轨道上，努力完善和提高珠宝展在珠宝行业发展中的作用。

图7－3－1　孙文盛会长等领导视察2009中国国际珠宝展

二、珠宝企业如何利用好珠宝展

高山　李永利

根据统计报告显示，参加展览会已经成为企业最重要的营销手段之一。企业以参加展览会的形式开拓市场不但成本比其他形式的营销活动节约40%以上，而且还大大地缩短了推广的时间，提高了效率。而面对纷至沓来的展览会邀请，珠宝企业对于是否参加展览会、如何选择性地参加展览会、如何充分利用展览会宣传自己、如何在展览会上与竞争对手同台竞技等一系列问题都需要认真思考。

1. 珠宝企业参加展会的目的

珠宝企业参加展览会的目的是多种多样的，不同业务性质的企业对于参加展览会的目的性也是大相径庭，但总体来说可以分为以下四个方面。

1.1 营销产品

对于以产品生产批发为主要销售形式的企业来讲，参加展览会的目的是在与会期间依靠自己良好的工艺以及相对低廉的价格吸引批发商、代理商、二级分销商和大批量采购人员，从而完成企业参展前的预期目标。而对于以产品零售为主要销售形式的企业来讲，参加展览会的目的则在于展会期间可以依靠自己精良的产品、独特的设计工艺来吸引买家，从而完成企业参展的目的。

1.2 建立营销网络，寻找合作伙伴

对于以加盟为主要营销形式的珠宝企业来说，展览会本身就是一个大的推广平台，全国各地来参观展览会的加盟商都有机会成为其最忠实的客户。而那些拥有原材料的公司在展览会上可以找到合作伙伴，那些拥有优秀工艺以及相对低廉加工费的制作工厂可以让自己的原材料变成一件件熠熠生辉的艺术品。

1.3 品牌推广

对于很多企业来说，精美的展台设计搭建、极具特点的展期活动以及展场广告，不但可以全方位地提高企业在行业内的影响力，还可以把企业文化经由展会这个企业云集的平台上发布给整个行业。

1.4 发布新品

展览会对于业内外媒体来说都是一个行业的缩影，在最短的时间内就可以观摩到整个行业一段时间内的动态及潮流变化，所以关注度也就相对较高。很多企业借由展会发布新品，不但可以吸引媒体的关注，还可以向业内展示自己企业的创造力，以便更好地找到合作伙伴。

2. 参展企业实现事半功倍

珠宝展作为行业盛会，汇集了众多的参展企业。而作为每一个参展企业都应该充分利用好这个平台，让自己达到事半功倍的效果。因此，展览会可以为企业提供什么样的平台构架就显得尤为重要。

2.1 选择面广

对于参展企业来说，展会上面对数量众多的商家本来就是一个机会，这在平时的业务往来中是很难实现的，但是在展会上可以自由选择有兴趣的商家和产品进行业务往来，无论是价格或者工艺都可以通过精挑细选后再下订单。

2.2 成功率高

无论是业务洽谈或者产品采购，几乎所有的人都会以看到实物为基础才可以进行下去，而展览会就提供了这样的一个平台。所有的商家都会把自己最好的产品带来供其他展商和买家选择，这就大大地提高了业务的成功率。

2.3 平等互利

作为洽谈业务的两个参展企业来讲，展会就是主办方提供的一个公平合作的平台，在这里可以主办方的信誉作为依托进行业务往来，而且北京、上海、深圳三个展会都是由中国珠宝玉石首饰行业协会主办，参展的企业大多数都是协会的会员，就更能增进双方互相信任，为全方位的合作打下良好的基础。

2.4 品牌展会对企业影响力提高帮助大

一个好的品牌的展览会对于参展企业来说是一次极大地提高其自身影响力的机会。因为一个成熟的品牌展览会会充分利用一切平面媒体以及电视、广播、网络及户外广告等宣传渠道对参展企业进行全方位的宣传，无论是在展会上发布新品或者举办活动都可以成为一段时期内行业的焦点，对于想提升品牌知名度的企业来说，展会也是一个最节约成本的宣传平台。

2.5 低成本接触合作客户

公司要接触合格的客户，参加展会是最有效的方式。根据展览调查公司的一项研究统计，展览会上的每个参观者被接触到平均成本为177美元，而通过销售电话接触一个客户平均成本达到295美元。

2.6 工作量小质量高

在展览会上接触到合格的客户后，后续工作量较小。展览调查显示，展会上接触到一个合格的客户后，平均只需要给对方打0.8个电话就可以做成买卖。相比较之下，平时的典型业务销售方式却需要3.7个电话才能完成。

2.7 潜在客户

展览调查公司的研究显示，以一家展商摊位上的平均访问量为基数，只有12%的人在展前12个月内接到该公司销售人员的电话，88%为新的潜在客户，而且展览会还可以为参展商带来高层次的访问者。

2.8 节省时间

在短短的展览时间里，参展商可以接触到的潜在客户比销售人员3个月里能接触到的总人数还要多，面对面地会见潜在客户是快速建立客户关系的手段。

2.9 维系老客户

每个参展的企业都会在展会当地有一些长期合作的客户，展览会正是提供这样一个平台，让曾经只在电话里联系过业务的客户可以与展商进行近距离的面对面的沟通。

3. 参展企业如何利用好展会

珠宝展是一项极为复杂的系统工程，受制因素很多。从参展企业来讲，从制定计划、市场调研、展位选择、展品准备、报关运输、客户邀请、展场布置、广告宣传、组织成交直至展品回运，形成了一个互相影响互相制约的有机整体，任何一个环节的失误，都会直接影响展览活动的效果。 所以，珠宝企业要想在珠宝展中达到更理想的效果，必须做到以下几点。

3.1 了解展览特性

珠宝企业若要充分利用珠宝展会，必须首先了解展会的主办是谁，展会举办的地区有什么特殊性、展会的规模档次怎么样。珠宝展有别于其他营销方式的是，它是唯一可以充分利用人体感官的营销活动，人们可以通过展览会对产品实物进行全方位的认知和感受。同时，珠宝展又是一个可以使所有展商平等的平台，这种环境易使人产生独立感，从而以积极、平等的态度进行谈判。这种高度竞争且充分自由的氛围，正是企业在开拓市场时最需要的。

珠宝企业在参展之前也一定要先了解不同地区的展览特色。因为深圳集中了国内70%的生产加工企业、批发企业和零售企业，所以深圳国际珠宝首饰展览会主要是以零售商订货为主。而上海国际珠宝首饰展览会则是以上海为纽带，辐射华东地区的零售中心。中国（北京）国际珠宝展览会则是国内目前档次最高的行业展览会，北京汇集了国内90%的媒体，是企业品牌形象推广的最佳舞台。北京、上海、深圳作为国内最大的城市，在带动潮流趋势方面一直有着超前性和指向性。而作为潮流的推动者，媒体也一直将注意力聚集在这里，根据展会报道出什么款式的首饰销路好，什么样的宝石更受消费者青睐，什么样的贵金属更有收藏价值，引导着大量消费者的消费理念。

3.2 明确目标，展开工作

企业的参展目标通常有以下几种：树立、维护公司形象；开发市场和寻找新客户；介绍新产

品或服务；物色代理商、批发商或合资伙伴；销售成效；研究当地市场、开发新产品等。无论是什么营销方式的参展企业都要做到展会期间老板或者有决定权的人在展位里决定业务，有熟悉业务的员工在场帮咨询者解答，有整洁的柜台带给参观者良好的心情，有精良的展品供买家挑选。

（1）希望宣传品牌的就要做好展会搭建和宣传，在展会上通过各种活动扩大影响力，也可以与主办方沟通，通过展前的新闻发布会和展会期间的活动宣传新产品和新工艺。

（2）做加盟业务的就要印制好宣传资料，在展会上尽量多地走访其他参展企业，推广自己的品牌。

（3）希望在展会上销售产品的就要准备丰富和适销的展品，通过包装和展品本身体现出的文化来吸引买家。

3.3 展前宣传

根据展览会的策划，要使参展效果最大化，必须调动各种手段邀请更多客户来展览会参观。除展览会主办者和承办者必须在多种媒体上宣传展览信息外，作为参展者也应充分利用各种方法向客户介绍展览会的动态。首先每年初要在企业网站上将公司全年参展计划告诉客户，并在展会临近前从网站滚动信息窗上再次将详细的开幕时间、展位号、参展工作人员、参展产品等情况告诉客户。还可以在相关专业杂志广告中发布展览会情况，让该专业的客户及潜在客户了解公司的展览会动态。当然，采用向老客户发请柬、发资料，或登门拜访，也是展前应进行的工作。

3.4 展会期间宣传

中宝协主办的每一个展览会都相应地举办一些新产品发布会和新技术讲座之类的会议。如果珠宝企业能抓住这个机会，派一些专业人员到会将公司的新产品、新技术同时给客户介绍或演示一下，那将起到事半功倍的作用。同时企业还应该学会制造焦点来提高企业知名度。比如有些企业会在展会上等待领导刚好走到展位边上时候举行展位的一个小型剪彩仪式，既让领导很欣然地参与其中，又成为整场的焦点。希望表现企业文化的可以举办一些现场的珠宝演奏会，这些都能提高企业的知名度，让媒体的聚光灯汇集于此。

3.5 展会期间组织工作

展览会举办期间的工作是一个参展单位的重头戏，必须充分利用展期有限时间做好收集信息、扩大宣传、接待客户、重点攻关等一系列工作。收集同行以及与本企业可能有关的新技术、新材料、新工艺的信息，是应该认真做好的工作。认真对待每一个光临客户是接待人员的根本工作，给重点客户详尽介绍其感兴趣的产品，对有潜在需求的客户相互沟通，交换通讯资料，并在会下重点拜访。展会期间与组展单位多沟通，了解展览会的活动安排计划和现场服务，方便企业展会期间的活动规划。与主办方加强联系还可以了解展会期间哪些产品是销路最好的，以便决定下届展会所带的展品，以及展位的搭建形式。

3.6 展后总结

展览会闭幕，不是这次展览活动的结束，而是整个商业活动的开始。参展人员回公司后应认真将展览会上收集到的信息汇总，再分别拜访、跟踪。同时及时将客户在会上索取的资料寄出去。给客户进一步加强印象，对于特别客户最好专门写信和打电话表示感谢。将本次参展情况进行一次全面总结，从展品到展具，从布展形式到接待方式，从宣传资料到宣传手段，全面与其他参展企业比较找出差距，以便在今后的展览上借鉴和改进，不断改进工作，提高参展水平，以充分发挥参展的成效。及时将展览会上了解的同行业产品发展动向和趋势信息，专业性行业需求产品的信息，向公司的技术开发部门反馈，帮助他们了解市场动向，调整产品开发方向以适应市场需求。展会后将本次展会的基本情况和参展客户共性的问题，以及某些新产品、新技术再次在公司网站上向那些没有参观的客户进行介绍，加强与各方面的客户在网上的沟通。与主办方进行沟通，收集展会期间的资料，力争为下次参展打下良好的基础。

图7–3–2　2009中国国际珠宝展场馆外景

三、上海国际珠宝首饰展览会

易 晓

1. 展览会概况

上海国际珠宝首饰展览会由中国珠宝玉石首饰行业协会、国土资源部珠宝玉石首饰管理中心、上海黄金交易所、上海钻石交易所、上海黄金饰品行业协会、深圳市黄金珠宝首饰行业协会、上海宝玉石行业协会等七大权威机构联合主办，已被评为“2008年度上海市国际展览会优秀展”。

图7−3−3　2009上海国际珠宝首饰展览会开幕式

2009上海国际珠宝首饰展览会于5月13～16日在上海新国际博览中心隆重举办，展览规模21,563平方米（同比增长18%），所设展位1072个（同比增长15%），共有来自22个国家和地区的425家企业参展（参展商数量同比增长8%），其中境外参展商159家（同比增长10%），参观买家统计数据为29518人次（同比增长25%）。

该届展会是中宝协在上海举办的第四届珠宝展，在展览规模和面积、参展商数量、境外参展商数量、参观买家人数、论坛场次等数据指标方面均创历届之最；且在活动内容和服务水平上均有所提高；在买家邀请、宣传推广等许多方面做了改进和一系列卓有成效的尝试；为国内外参展商和买家寻找合作伙伴及合适的产品、为珠宝企业下半年货品准备和产品定位等方面提供良好机会和参考，是一次成功、圆满的珠宝展会。

2. 展览会综述

2.1 2009上海国际珠宝首饰展览会亮点回顾

（1）品牌企业以产品创新彰显品牌实力

企业充分认识到危与机是并存的，要在危机中求生存、求发展。参展企业根据市场需求进行技术创新，设计制造了2000余种不同凡响的创新产品吸引了买家和媒体的关注。

老凤祥、老庙黄金、亚一金店、城隍珠宝、张铁军翡翠、周大生珠宝、千禧之星、百泰、爱得康、粤豪、吉盟、钻之韵、星光达、缘与美、TTF、华昌、卢金匠、瑞麒、意大隆、兴中泰、仙路、山下湖珍珠、佳丽珍珠、阮仕珍珠、丰沛、翠之宝、灵云翠轩、善源水晶等国内知名企业展示的各种经典时尚珠宝玉石首饰广受业内外好评。此外，随着网络信息全球化，电子商务已成为消费者购物的新渠道，钻石小鸟、九钻和钻界等电子商务企业组成的国内首次珠宝展电子商务展区，面积达400多平方米。

（2）世界钻石供应商齐聚上海，成就国内最大钻石展区

受金融危机影响，欧美市场钻石需求锐减，使中国等钻石消费新兴市场的重要性凸显，而中国政府“拉动内需，刺激消费”的政策让全世界钻石商人的目光都投向了中国。

上海钻石交易所（SDE）组织钻利、百利贸易、美晶、京华、Tache等27家会员企业参展，展览面积达3000平方米，近100个展位；世界精湛钻石加工中心——安特卫普（AWDC）再度组团参展，展览面积400平方米，展位近30个。

主办方将所有经营钻石的企业规划在同一区域，展位搭建以“钻石馆”的形象统一标示，形成了馆内最大的钻石展区。各种大小、净度、颜色和切工的钻石裸石为前来采购的批发商和零售商提供了丰富的选择余地，上海珠宝展的“钻石馆”为企业寻找钻石供应商、开展国际合作、拓展业务平台提供便利条件。

（3）国际化程度最高的珠宝展

2009上海国际珠宝首饰展览会共吸引了来自瑞士、美国、比利时、以色列、韩国、印度、日本、斯里兰卡等22个国家和地区的159家境外展商。

上海优越的环境、便捷的交通和国际经济、金融、贸易和航运中心的地位，为上海国际珠宝首饰展览会的国际化进程奠定了坚实的基础。上海黄金交易所、上海钻石交易所、国际铂金协会和国际钯金协会等国内外重要行业机构均将总部（或中国区总部）设在上海，更为上海国际珠宝首饰展览会的国际化发展提供了便利条件。总的来讲，上海国际珠宝首饰展览会是目前中国大陆国际化程度最高的专业珠宝展。

（4）展览外延首次扩展到钟表行业

中国已成为全球奢侈品消费的焦点，国际一线品牌开始探索“中国路径”。瑞士天龙集团组织的以Louis Erard 路易爱德、AeroWatch 爱罗、Claude Bemard 歌贝纳、Cover 卡瓦尔、Richeleu 丽人、Swiss Military瑞士军表和Aigner 爱格纳为代表的10多家瑞士钟表品牌首次以展

览形式亮相国内市场。

（5）各省、市珠宝特色产业基地及珠宝市场积极组团参展

番禺展团、水贝展团、华林展团、苏州渭塘珍珠展团、诸暨珍珠展团、东海水晶展团齐聚上海珠宝展，优势突出、效果明显。番禺珠宝企业素以做外单为主，在款式设计和工艺上有一定特色，款款具有国际时尚元素的精美首饰，受到买家青睐，现场交易活跃，提高了参展商开拓国内市场的信心。

2.2 突出宣传推广，加强专业买家邀请

（1）深入细致做好宣传工作

为了扩大展会影响，吸引更多的专业买家和观众参观，主办方深入细致地做好媒体宣传工作。主办方提前三个月与参展企业反复沟通，征集并归纳整理有关新技术、新工艺、新设计等创新产品的资料，加以提炼和升华，为媒体提供了公正、翔实和新颖的新闻素材。

主办方提前与媒体深入交流探讨，认真组织召开新闻发布会，并充分做好展会现场媒体接待服务，共邀请媒体70家，并在26家专业报刊和网络上投放硬广告，共计发布新闻报道和宣传软文近500篇，得到了参展商的大力支持和好评。中央电视台早新闻、新闻联播、新闻专题、凤凰卫视、上海电视台、东方卫视新闻中心、时尚生活、第一财经、PPlive、台湾年代新闻等媒体对上海珠宝展进行了广泛报道；其他重点宣传媒体还包括：新民晚报、新闻晨报、文汇报、解放日报、申江服务导报、人民日报市场报、第一财经日报、I时代报、上海证券报、上海日报，上海日报英文版、金融时报等平面媒体，完全生活手册、时尚芭莎、周末画报、芭莎珠宝等周刊或期刊杂志，搜狐、新浪、网易、新华网、腾讯网、贵人网、雅虎等各大门户网站及KDS和篱笆网等重要论坛。

（2）加强专业买家邀请

2009年主办方在专业买家邀请方面做了大量的工作，除了常规邀请工作外，还有针对性地进行专业买家邀请，通过为各省宝协领导、质检站站长及300个零售商提供免费住宿和往返展场班车等多项服务，提高了买家数量和质量，受到了参展商及业内人士的一致好评，取得了明显效果。

2.3 相关活动丰富多彩，受到业界好评

为了有效拓展国内市场、规范行业，主办方在展会期间举办了丰富、务实的商贸洽谈会和专业论坛等活动。上海珠宝展期间主要专业论坛和活动达11场，是历年举办各类活动最多的一次，主要包括：

- 华东地区大型珠宝企业以及部分参展商、参观商代表座谈会
- “培育市场，扩大内需”——珍珠商贸洽谈会
- “培育市场，扩大内需”——钻石商贸洽谈会

- (钻石)电子商务高峰论坛
- NCTC钻石分级论坛
- 全国首饰标准化技术委员会：国家标准 GB11887宣贯会
- HRD 和钻石小鸟共同组织的钻石推广活动
- 芭莎珠宝杂志的时尚之夜
- 印度珠宝贸易促进会的钻石商贸见面会
- 中国饰品行业发展论坛
- 台湾馆主办的台湾故宫博物院珠宝讲座

3. 2010上海国际珠宝首饰展览会总体规划

2010上海国际珠宝首饰展览会定于2010年4月9～12日在上海新国际博览中心举行，展览面积23,000平方米，所设展位1100个。

2010年上海将举办“世界博览会”，主题为“城市，让生活更美好” 的上海世博会吸引总投资达450亿人民币，这对2010上海国际珠宝首饰展览会既是机遇也是挑战。如何在机遇和挑战中谋求发展，主办方将着力思考并就2010上海国际珠宝首饰展览会提出了以下几点规划和重点工作方向。

3.1 注重展览整体规划，提升展览效用

上海国际珠宝首饰展览会由中宝协参与主办并承办后，已经近五年的历史。展会的规模稳步扩大、展览档次逐步提高，得到了珠宝业界的广泛认可，业已成为国内公认的三大珠宝展之一。

由于上海珠宝展发展时间较短、方方面面的复杂因素较多，所以对整个展览的规划和布局还不够完善。除“钻石馆”、“台湾馆”、“水贝馆”和“番禺馆”基本形成规模效应以外，其他的参展商划分和展品分区还有待讨论和开展进一步组织工作。因此，“创新”便成为摆在我们面前亟待思考的问题。2010上海国际珠宝首饰展览会，我们在协助“钻石馆”、“台湾馆”、“水贝馆”和“番禺馆”的各组团方合理规划和组织的基础上，还将着力丰富“钻石馆”的内涵、扩展“钻石馆”的外延，逐步形成上海钻石交易所、比利时安特卫普钻石交易中心和印度钻石展区“三驾马车”并驾齐驱的局面。此外，以泰国和斯里兰卡为主，包含哥伦比亚、中国台湾及深圳和番禺等地参展企业的“有色宝石展区”也将集中亮相上海珠宝展。

3.2 加大宣传力度，提高展览影响

加大展览的宣传力度，是扩大展览影响力的必要途径。展览前期，我们将加大在业内媒体的宣传力度，继续扩大上海珠宝展在行业内的影响力。同时，我们还会在上海及周边省市的大众媒体上加大广告投放的力度，采取电视、广播、网络、平面、户外等立体交叉的形式，分阶段地来

宣传上海珠宝展的亮点。

3.3 丰富论坛内容，增加交流机会

在2010上海国际珠宝首饰展览会上，将举办以下专项论坛、峰会或研讨会，增加珠宝行业相关人士的沟通、交流机会。

（1）2010年钻石行业的发展趋势论坛

主要针对钻石裸石批发商、成品钻石首饰批发商、钻石镶嵌企业、钻石零售企业展开，共同讨论钻石行业的贸易模式、首饰设计、商业推广等发展趋势。

（2）2010年彩色宝石发展趋势论坛

主要针对彩色宝石批发商、彩色宝石首饰批发商、彩色宝石镶嵌企业、彩色宝石零售企业展开，共同讨论彩色宝石行业的贸易模式、首饰设计、商业推广等发展趋势。

（3）2010上海首饰设计师论坛及展区

设立珠宝首饰设计及首饰设计师展区，开展首饰设计专业研讨，拟邀请台湾、韩国、日本等东亚国家或地区的首饰设计师参与。

3.4 增强国际推广，推动展览国际化进程

上海是国际经济中心、金融中心、贸易中心和航运中心，也是我国国际化程度最高的城市之一。159家境外参展商的数字表明，我们已经奠定了加速上海国际珠宝首饰展览会国际化进程的良好而坚实的基础和有利条件。2010年，我们将继续增强国际推广力度，加大对外宣传，向着国际化、高标准的专业珠宝展方向稳步迈进。

在各主办单位的大力支持和业内各相关机构、组织及媒体的鼎力协助下，以及各位珠宝企业家一如既往的支持与参与，我们将本着“打造驰名品牌，共谋行业发展”的服务宗旨，发扬开拓进取、勇于创新的精神，认认真真、踏踏实实做好相关工作，切实搭建好上海珠宝展这一贸易平台、信息交流平台、品牌推广平台和国际合作平台，努力把上海国际珠宝首饰展览会越办越好。

四、深圳国际珠宝展

郭晓飞

1. 深圳国际珠宝展览会展会概况

深圳——中国珠宝之都，中国珠宝制造中心、交易中心。

品牌荟萃，万商云集，精彩纷呈，无限商机。

从2000年举办第一届至今，“深圳国际珠宝展”伴随着深圳及中国珠宝产业的发展走过了十个春秋，十年风雨，十年发展，十年壮大， 取得了令人瞩目的成就。展会晋升世界最重要珠宝展之列，并继续保持着中国以至亚洲最具规模、最具影响力珠宝专业展会的荣誉。

2009深圳国际珠宝展览会于9月13～17日在深圳会展中心举行，展览会有超过25个国家与地区的约1000多家国内外参展商参展，展览面积52,500平方米，展位约2500个，全球超过53个国家与地区的逾4万名专业买家莅临参观、洽谈和交易，其中海外买家7418名。整个展会期间，进场参观人次超过15万，海外买家来自印度、美国、英国、意大利、加拿大等53个国家和地区。展品种类包括：黄金、铂金、白银、钯金等首饰，珍珠、钻石、宝石等时尚首饰，宝玉石原料及半成品、工艺品、生产加工机械设备、金表及其他黄金制品，包装及陈列品及珠宝玉石书刊等。

2. 2009深圳国际珠宝展览会展会综述

深圳珠宝有着良好的地理优势，比邻香港、华南海岸，使得珠宝企业能够在第一时间接触到世界顶尖珠宝首饰产品的精髓，长时间的耳濡目染，让深圳珠宝在工艺技术方面有了长足的进步，其加工制造的首饰产品无不以品质优良、创意独特而著称，这也成为深圳珠宝奠定国内龙头地位的重要因素。随着时间的推移和产业的升级，目前深圳的一些珠宝企业甚至具备了与世界顶尖珠宝品牌相抗衡的实力，超前的思维、时尚的理念、精工的技艺相比国外珠宝企业也毫不逊色。基础条件的初步具备，使国内珠宝企业有了更高的要求，即进军国外、扬国产之威名。

2.1 珠宝产品传递企业文化理念

以珠宝首饰产品来传达企业自身的概念，达到宣传推广、提升人气的目的，是深圳珠宝展中普遍也是重要的组成部分，这些企业的共同点即是在工艺技术方面有着一定的心得，在这些企业的展位上，最引人注目的便是它们摆放出来的珠宝首饰产品，或是整套系列，或是奢华大件，无一不是令人难以移开目光的上乘佳作，通常这些展位也会汇聚众多的参观者，成为展馆中最醒目的展位。

图7-3-4　2009深圳国际珠宝展览会现场

国际铂金协会在展会中的首饰展示也是不凡的亮点之一。不同于企业单独展示自身的产品，铂金馆汇集了与协会深入合作生产商最新发布的首饰系列，多家协会指定生产商设计制作的铂金作品齐聚铂金馆，共同演绎稀有、纯净，其中全球第四款以AQUA(水)为主题的印度作品IRAJA，给来宾留下了深刻的印象。

值得一提的是，还有很多珠宝企业同样以首饰产品为核心进行展示，只是它们并不拘泥于单纯的首饰展示，或多或少辅助以其他手段，例如模特的动、静态展示等等。百泰首饰的“鼠年连登”、吉盟首饰的“中国符号”、萃华金店的黄金内衣都是其中代表，它们为展会特别制作了以上多款奢华经典的珠宝首饰，辅以名模来加以演绎，又是另一种别样的艺术风情。

2.2 动态品牌活动构建立体展会

近年来，随着珠宝产业的飞速进步，与国外珠宝同行沟通的密切，珠宝展已经不再单单只是 “看珠宝”，模特走秀、明星助阵、音乐舞蹈等等一起亮相珠宝展，把展会装点得分外热闹，各参展企业不遗余力的举办大量丰富多彩的活动，吸收来自国内绝大多数有实力的珠宝买家。例如中国黄金、百泰、萃华、福麒、千禧之星、粤豪、金叶等企业举办的各类新品发布、推介、论坛、开业等活动，分别吸引到各自的加盟商、珠宝零售商、贸易商约6000人，而萃华精品首饰公司和首饰研发中心在深圳珠宝集聚基地的建立，则邀请到东北地区加盟商、客户300余家以及沈阳市政府珠宝展参展团，为珠宝展添光不少，也促使了展会上黄金饰品、铂金饰品、镶嵌饰品成交量的大幅增加。

2.3 国际时尚潮流看台

作为珠宝业一年一度最大规模的盛会，深圳国际珠宝展览会处处皆是潮流新风向。金凰推出了百鸟朝凤灯、十二生肖黄金兽首；行行行新品之主题产品“珍馐佳肴”倾情打造出一道珠宝大餐；福麒推出黄金套装“恋人絮语”主打中国传统风，而黄金精品“八仙过海”、“至尊红颜”和镶嵌精品“贵妃领”、“贵妃镯”是福麒取得重大突破的又一震撼之作；百泰则推出和合盘深蕴中华民族五千年文化智慧；宝亨达精工制作的四千克重铂金帆船“启航”；选用老坑翡翠、质地细腻、价值超千万的翠绿极品翡翠珠链“天韵”奢华亮相；吉盟2009年全新设计的结婚钻戒“爱·闪耀”系列，与吉盟首创的彩色贵金属首饰新品种——彩钯闪耀登场；仙路彩宝“色色新娘”、“我行我色”系列流光溢彩；意大隆全新升级80C系列更赢得了业界人士交口称赞；星光达最新的“E-gold freedom”系列、炫耀系列以及获奖的作品系列，与独特的展厅设计让品牌魅力尽情展现；爱得康 “第一桶金”系列、09秋冬K-gold“甜馨”潮流新品“甜漾女孩”系列，“钯星”系列，世界民族风情文化首饰“图腾”系列，以及金钻 传奇系列，完美铂金Pt999新品和高端翡翠品牌——玉龙山庄，无愧于珠宝“品类航母”……特别值得一提的是，本次展会星光耀眼，更与珠宝首饰交相辉映，林志玲、孙红雷、曾黎、田启文、金叶国际影视新星、时尚小姐及国内外顶级模特的到场，让本次珠宝展潮流无限，时尚无处不在。

3. 2010深圳国际珠宝展览会展会总体规划

2010深圳国际珠宝展览会秉承前10年的佳绩，将以更强大的参展阵容，更多的专业买家群体，注重品牌宣传展示，创意文化博览，交易订单的主旋律，更加注重继续拓展展会的现场采购功能。

2010深圳国际珠宝展总体规划：参展商超过1000家，展览面积60000平方米，展位超过2500个，吸收海内外专业买家超过4万名，加大招商力度，注重海外的宣传推广力度，借助和九月香港展同期的优势，至少吸引海外买家超过75个国家与地区，人数超过1万名。同时，加大泛珠江流域的招展推广力度，增加展会现场采购的数量。

一路有你，才有深圳国际珠宝展十年的成功!

我们同行，才有深圳国际珠宝展未来的辉煌!

2010深圳国际珠宝展览会将于2010年9月15～19日在深圳会展中心举行!

五、中国国际珠宝展

朱艳艳

1．2009中国国际珠宝展概况

中国国际珠宝展由中国珠宝玉石首饰行业协会和国土资源部珠宝玉石首饰管理中心共同主办，至今已走过了19个春秋。从民族文化宫到北京展览馆，再到中国国际展览中心；从几十家零星展商到几百家国内外知名品牌及大型专业展团；从几百平方米的展销会到几万平米集展览展示、宣传推介、研讨于一身的国内最高档次的品牌展会，目前已跃居为国内三大珠宝展之一。2009中国国际珠宝展于2009年11月5～9日在北京中国国际展览中心举行，汇聚了来自15个国家和地区的近600家制造商、批发商、零售商踊跃参展，展览面积30000平方米，共设立1500个标准展位。展览内容包括黄金、铂金、白金、白银首饰及饰品，珠宝玉石镶嵌首饰，钻石、红珊瑚、琥珀首饰，宝玉石原料及半成品，玉石雕作品，珍珠，工艺品，生产加工机械设备，包装道具、宝玉石书刊杂志等。

图7-3-5　孙文盛会长等领导为2009中国国际珠宝展开幕式剪彩

2. 2009中国国际珠宝展特点

展览的档次较2008年有了很大的提高，展览的国际化程度较2008年提高了23%。由于美元走弱、通货膨胀等因素。另外婚庆珠宝展示区、翡翠玉石展区、珍珠展区、台湾展团、香港展团的亮点更是让人目不暇接。

图7-3-6　孙文盛会长为2009中国国际珠宝展开幕式致词

2.1 亚洲最大的玉石雕刻艺术展

玉石文化是中华民族形成最早的文化，历史悠久，影响深远。作为文化传承的载体，玉石作品的传播、展示发挥着重要的作用。2009年的翡翠玉石展区集260多家企业，展览面积超过11000平方米，不仅为每家企业展示各具特色的产品和独特的企业文化提供了舞台，也为每个到场的买家提供最丰富的选择机会和最广阔的购买平台。

“君子比德于玉”，玉是君子的化身，这也是中国人爱玉、佩玉的精神基础。近几年，协会一直致力于玉文化的推动，“天工奖”即是其中之一。天工奖是中国珠宝玉石首饰行业协会于2002年创立的一项玉石雕刻界的专业评比活动，已连续举办8年，是一项持续时间长、参加人数多、材料范围广、社会影响大的专项大奖。几年来，该展区一直是展会的最大亮点之一，不仅有著名玉石雕刻大师的新品展，而且新人、新题材、新技术等作品迭出。

第一，人气旺。天工奖借助协会举办国际展的先天优势，吸引业内外观众，形成参观人潮。

第二，专题展区面积大、效果突出。天工奖独辟270平方米的专项展区，集中展示获奖作品，成为推介作者、展示作品的有效平台。

第三，品种多。获奖的作品种类包含翡翠、白玉、水晶等，不仅有大件的精美摆件也有设计精巧的小件作品。

近年来，以地区或玉种组团参展的形式被广泛采用，如新疆展团、云南展团、华林展团、四会展团、东海水晶、三联水晶等独立展区都收到很好的宣传效果。

2.2 黄金品牌企业云集，工艺创新，款式时尚化

金融危机虽然使股市一再疲软，但给黄金市场提供了一个新的发展机遇，黄金首饰经营企业抓住这一有利时机，在产品升级上下工夫，打破传统的技术和设计理念，使产品更加时尚化。2009年，黄金是备受关注、发展最快的品种，许多人将黄金作为具有货币属性的投资类产品，如金条、金币、工艺品、摆件及饰品等。许多有实力的企业充分利用展会的平台，进行品牌、文化的宣传推广，现场销售分外火爆。2009年经营黄金的参展企业达20多家，有北京菜百、上海老凤祥、上海老庙、中国黄金、国道黄金、百泰首饰、翠绿首饰、同心首饰、深圳金叶、北京同晖、福建华昌、湖北金兰、武汉金凰、山东卢金匠、山东蓝天、深圳凯恩特、国华、典藏等。

2.3 首次设立“婚庆珠宝展区”

本届珠宝展上，主办方打破以往格局，首次规划设立了“婚庆珠宝展区”，目的是为消费者提供贴心、顺心的服务，并为新人送上祝福。该展区集中展示了婚庆系列首饰及饰品，品种齐全，黄金、K金、钻石、红蓝宝石、珍珠等应有尽有，款式多样，为即将步入婚姻殿堂的新人提供了更多更好的婚饰选择。参加本次“婚庆珠宝展示区”展示的公司共九家，有北京菜市口百货股份有限公司，周大生珠宝有限公司，深圳市兴中泰宝石有限公司，深圳市百泰珠宝首饰有限公司，深圳市星光达珠宝首饰实业有限公司，深圳市六六福珠宝首饰有限公司，武汉金凰珠宝股份有限公司，金象珠宝（集团）有限公司和深圳市千禧之星实业发展有限公司，预示着每对新人的婚姻都能够长长久久，幸福美满。为了增加该展区的人气、与观众的互动及各界媒体的关注，主办方组织了“您最喜欢的珠宝首饰” 投票抽奖活动，凡参与投票的观众都会获得精美礼品。整个活动有3名幸运观众获得由北京市同晖珠宝首饰有限公司提供的黄金摆件，380名幸运观众获得由深圳市世纪光阳科技发展有限公司提供的玖玖金叶、玖玖金松果。活动引起观众热烈反响，并获得了“婚庆珠宝展示区”商家的一致好评。

2.4 设计新颖的珍珠首饰

我国是产珠大国，淡水珍珠产量占世界总产量的95%，过去一直以外销为主，如今珍珠消费热潮开始在全国弥漫开来。山下湖、阮仕、佳丽、丰沛等经营珍珠的公司都非常重视参展展品设计理念的创新和加工技术的提高，打破了市场上以串珠珍珠为主的设计思路，带来了设计新颖、别具一格的珍珠镶嵌首饰，并借助珠宝展这个平台来进行宣传推广。

2.5 国际展区规模不断扩大

在全球经济不景气的形势下，由于国家出台的一系列刺激内需消费的政策，使我国的珠宝市场一直保持较好的发展势头，成为国内外珠宝厂商的必争之地。2009年除台湾展团、香港展团、泰国展团、韩国展团等展团继续参展外，又有斯里兰卡、瑞士钟表等展团加入到参展的行列，使2009年的国际展区的比例提高了23%。其中瑞士钟表是首次组团亮相北京展览，带来了1000多款腕表。斯里兰卡盛产优质红、蓝宝石，2009年首次由斯里兰卡驻华大使馆组织了22家珠宝公司集中展示，它们带来了很多优质红宝石、蓝宝石，现场人潮迭起。

2.6 展览档次更上一个台阶

2009中国国际珠宝展的整体形象有了历史性的突破，特装展台占总展览面积的73%以上，展场的包装、户外墙体广告更是在视觉上给人一种震撼的感觉。展览现场服务水平的高低也是衡量展会是否成功的重要标志，从观众预登记、展商报到、买家指南、服务设施等方面都有了明显的提升，得到了业内外人士的一致好评和充分认可。

2.7 国内外媒体的鼎力支撑

北京是中国的政治、文化、经济中心，国内90%的媒体都聚集在北京，国外的重要媒体也都在北京设立了分支机构，所以北京的中国国际珠宝展有着独特而强大的媒体优势。展览前于10月中旬在中央电视台、北京电视台、北京交通台、环球时报、金融时报、北京晚报等30余家媒体大规模地集中广告宣传，形成了一个展前的宣传高潮。另一方面广泛和媒体合作，在展前、展中不断将展会的亮点、企业展品及活动亮点在媒体上进行宣传和报道，在使参展企业得到超值服务的同时，也使广大专业买家和普通观众对展会的主要活动、企业的亮点有一个基本了解，从而吸引更多的人来展会参观购物。本届展会吸引了117家境内外媒体到展会采访报道，其中包括东京电视台、美联社、路透社、伊朗电视台、俄罗斯电视台、法国时尚频道等6家境外媒体。境内110家媒体多数是大的主流媒体，其中，中央电视台在CCTV-1、CCTV-2、CCTV-4频道报道信息达11次。北京电视台财经频道报道信息达8次。新华网制作专题从展会前一个月开始报道展会及企业展品亮点，在展中又做了跟踪报道。在搜狐、腾讯、新浪、雅虎、千龙等大型门户网站上发布展会新闻，并且在以北京为主的250家网络论坛上发布600多篇展会信息。

“逛珠宝展，摘金叶”活动是本届展览宣传策划的一大创新。在网上报名参观展览的观众将获得展商赞助的礼品。短短一个星期的时间，就有1700名网友报名参加活动。

2.8 扎实有效的买家邀请

2009年主办方在买家邀请方面除了通过电话、传真、邮件、信件、短信等传统的邀请渠道和方法之外，还通过各省市宝协及质检站重点对国内边远地区的批发商、零售商做了特殊邀请，并为其提供了免费住宿和往返展场班车等多项服务，此次共邀请200多名来自宁夏、甘肃、云南、青海、新疆、内蒙古、西藏等地区的优秀珠宝企业。此次中宝协特地邀请他们到北京，参加此次研讨会，希望通过此次活动，能够帮助大家提高管理水平，进一步推进珠宝行业在全国的发展，真正给会员做实事、做好事。另外，为感谢广大观众对展会的支持，主办方还组织了 “参展观众登记抽奖活动”，凡在展会期间持有效身份证件，在观众登记处认真填写“观众登记表”并取得“买家证”者将有机会获得价值1000～8000元的珍珠项链一条。在展会结束后15天之内随机抽出100名幸运观众，获奖名单在中宝协的网站上公布。诸多活动不仅提高了买家数量和质量，还受到

了参展商及业内人士的一致好评，取得了明显效果。

2.9 丰富多彩的配套活动

“以展带会、以会促展”是展览会体现创新性和时效性的重要手段。展会期间举办各种专业讲座、推介会、研讨会、洽谈会等活动，可以有效吸引各方面的买家。2009年珠宝展期间举行的活动有：珠宝企业管理研讨会、2009会长办公会议、北京七彩云南的“七彩云南 翠韵华夏”、健兴利珠宝的“健兴利皇家翡翠探秘之旅”、 东方晓鸣珠宝有限公司“玉文化专场活动”、 新疆和合玉器有限公司的“和田金镶玉模特秀”、 深圳市凯恩特珠宝首饰有限公司的“凯恩特珠宝首饰模特秀、赵子琪新品代言发布会”、“第二届 · 大玩家——中国玉石雕刻大师 · 作品拍卖会”、韩国首饰设计师委员会的“彩色宝石分级论坛”、东海县人民政府举办的“东海水晶推介会、模特秀”、国际宝石学院“面对您的未来客户和网络时代，您准备好了么？”专业讲座等。

最值得一提的是11月5日晚在国家会议中心举行的2009’北京珠宝之夜晚宴，有来自香港、台湾、泰国、瑞士、斯里兰卡及全国各地的1000余名珠宝界同仁齐聚一堂，共叙友情。本次晚宴由中国珠宝玉石首饰行业协会主办，周大生珠宝有限公司、粤豪珠宝有限公司、恒信钻石机构、中国黄金集团公司联合承办。期间，商务部市场秩序司副司长温再兴、中国珠宝玉石首饰行业协会副会长兼秘书长孙凤民分别为获得AAA级信用等级的企业代表颁发了荣誉证书和铜牌；四家承办企业为到场嘉宾奉上了美轮美奂的珠宝新品秀和精彩绝伦的节目；神秘嘉宾——Lan珠宝创始人、文化名人杨澜女士的到场更为本次晚宴增添了一抹亮色。

3. 2010中国国际珠宝展计划

2010中国国际珠宝展定于2010年11月11～15日在北京 · 中国国际展览中心1号馆、8号馆举行，展览面积40,000平方米，展位数量约2000个。展览内容包括黄金、铂金、白金、白银首饰及饰品，珠宝玉石镶嵌首饰，钻石、琥珀首饰，宝玉石原料及半成品，玉石雕作品，珍珠，工艺品，生产加工机械设备，包装道具、宝玉石书刊杂志、网络等。

根据2009年展览的情况，主办方经过认真考虑， 将以下几个方面作为2010年的重点工作。

3.1 扩大展览面积，细化展区划分

2006～2009年北京珠宝展的展览面积一直保持在30,000平方米，1500个展位，没有扩大的原因是要通过提高买家质量、现场服务、整体形象等方面来充实、提升展会的内涵，使展览更加国际化、专业化。随着展览的发展，2009年展位供不应求的现象十分突出，有很多大的品牌企业未能参展，62个公司近200个展位未能安排。为了促进行业发展、满足业界同仁的愿望，中宝协秘书处决定，2010年展览面积扩大1万平方米，展位要做更细致的划分，如以参展目的、展品种类、业务性质、区域特点等方面来进行划分，让展商和观众都能以最快的速度找到自己的目标客户。

3.2 全面提升展会形象及服务水平

展会的档次与展会的形象及服务水平有着息息相关的联系。没有好的服务，何来展会的形象；没有好的形象，何来展会的档次。主办方计划在2009年的基础之上，进一步提高展会的整体形象及展前、展中、展后的服务水平。如将网上预登记更加简单，将展商报到便捷化，将处理问题效率化等。

3.3 扩大宣传，加强买家邀请力度

展览的宣传工作在筹展过程中居于举足轻重的地位，它决定了参展商的数量和质量以及专业观众的多少，进而决定展商展出的效果。尤其是经过这几年的良好发展，宣传和买家邀请工作的重要性远远超过了招商工作，主办方更要在宣传的对象上做筛选，在宣传的内容上下工夫，在合作媒体的选择上有甄别。总之，要选择更有效、更适合的方式做好宣传及买家邀请工作。

3.4 将安保工作作为重点之重

展览的安全保卫工作是整个展会筹备环节中最重要的工作之一。尤其是珠宝展，其展品具有体积小、价值高、易被偷盗调包的特点，安全方面更应万无一失。做好展会安全工作，保护参展商的利益是我们展会组织者需要认真解决的问题。2010年主办方将从增加警力及巡逻次数和密度、提高展商及观众的防范意识、加强监管及处罚力度等方面，切实做好安全保卫工作，争取做到零报案。

在生存中求发展，在平稳中求创新，为了珠宝行业的发展及世界各地珠宝制造商、批发商、零售商和加盟商，我们有信心将北京·中国国际珠宝展打造成为推广品牌、商贸洽谈、交易的最佳场所，成为珠宝企业家、设计师、鉴定师、业内专业人士共话趋势、寻求合作与发展的有效平台。总之，我们将继续秉承“打造驰名品牌，共谋行业发展”的办展宗旨，将中国国际珠宝展推向更高、更专业的国际轨道。

最后，引用孙文盛会长在2009北京珠宝之夜晚宴上致辞中的一段话：“一年一度的中国国际珠宝展，是我国珠宝行业最具影响力的年度盛会，记录了我国珠宝行业发展的光辉历程，展现了中外业界合作的一系列成果。本届展会适逢新中国成立六十周年，同时也是我国珠宝行业发展的一次成就展。面对金融危机的影响，我国内地珠宝市场产销两旺，发展态势良好。加之十七届四中全会的胜利召开和国家一系列重要部署，更加坚定了我们对国家未来发展的信心，对珠宝产业发展美好前景的期待。”

北斗七星自古为指引方向之星，折射着无限的东方智慧。七星分别为天枢、天璇、天玑、天权、玉衡、开阳和瑶光，对应本书七篇，希望给读者更多的思考和启迪。

【后 记】

新年伊始，《2009中国珠宝玉石首饰年鉴》（以下简称《年鉴》）正式出版了。这是《年鉴》编委会全体成员奉献给中国珠宝人的一份新年礼物。她记录了2009年中国珠宝业的众多精彩篇章，也饱含着对中国珠宝业未来发展的无限期待。

2009年，对中国珠宝业来说，是具有特殊意义的一年。2009年是中华人民共和国成立60周年。60年来，我国经济社会发展取得了举世瞩目的成就，为我国珠宝业的迅速成长提供了坚实的物质基础和良好的环境。

2009年，对中国珠宝业来说，也是很不平凡的一年。2009年，受金融危机影响，欧美日等国经济陷入停滞甚至衰退，我国经济增长速度也有所放缓。但是，面对不利的经济环境，我们珠宝业界群策群力，积极应对考验，取得了骄人业绩。

第一，各级政府为珠宝业创造了有利的制度和政策环境，如提高部分产品的出口退税率，为企业提供融资支持等等；第二，各级行业协会加强服务创新，广泛开展市场调研，为政府、企业提供各种咨询，组织多种形式的商贸洽谈会、论坛和展会、节会，帮助企业搭建合作和交流平台；第三，企业更是将危机转化为机遇，加快转型升级，提升管理能力，提高设计和工艺水平，拓展、丰富市场渠道。外向型珠宝企业在努力开辟新的国际市场渠道的同时，也加快了从外向内的转身，着力拓展内地市场。

正因如此，我国内地珠宝市场呈现产销两旺的局面，销售总额同比增长超过10%，达2200多亿元。出口市场也转暖回升，第三、第四季度出口已与去年同期持平。

这是大家共同的智慧和努力的结果，也是中国全体珠宝人的骄傲。在此情况下，中国珠宝玉石首饰行业协会组织编辑出版《年鉴》一书，希望以文字记录下2009年我国珠宝玉石首饰行业的这些辉煌，为中国珠宝业的历史留下值得纪念的一页。这是企业的希望，行业的要求，也是我们的一个责任。

《年鉴》共分七篇，从宏观到微观，从源头到终端，资料翔实，数据权威，全方位，多角度，力图对2009年中国珠宝业进行一次全景式的展示，为业内外人士提供一个洞悉中国珠宝业的窗口。

《年鉴》揭示了2008至2009年中国珠宝玉石首饰产业的发展状貌，梳理了这两年我国珠宝产业发展脉络，分析了我国珠宝产业发展的趋势。同时，本书精选了在产业链各个环节表现优异的部分企业，以具体的实例描绘出2009年中国珠宝业丰富而具体的图景。

《年鉴》的出版，得到了特色产业基地地方政府以及上海黄金交易所、上海钻石交易所、世界黄金协会、国际铂金协会、国际钯金协会、Forever mark公司等单位的大力支持，还有企业、媒体等方方面面的积极配合，在此，我要代表《年鉴》编辑部的全体同仁向他们表示衷心的感谢。同时，我还要感谢参与编辑出版工作的全体人员所付出的辛勤劳动，他们牺牲了很多休息时间，才得以将本书及时地呈现给读者。

由于稿件征集和编纂工作时间非常仓促，《年鉴》在内容和编排上难免有疏漏和不当甚至是错误之处，在此也敬请大家谅解并指正。

党的十七届四中全会指出：“我国正处在进一步发展的重要战略机遇期，在新的历史起点上向前迈进。”因此，我们有理由相信，中国珠宝业的发展基础会更加深厚，中国珠宝业的明天会更加美好。

祝福中国的珠宝业，祝福所有的珠宝人。

二〇一〇年一月七日

图书在版编目（CIP）数据

2009中国珠宝玉石首饰年鉴／中国珠宝玉石首饰行业协会编．—北京：地质出版社，2010.1

ISBN 978-7-116-06483-6

Ⅰ．①2… Ⅱ．①中… Ⅲ．①宝石－中国－2009－年鉴②首饰－中国－2009－年鉴 Ⅳ．①F426.89-54

中国版本图书馆CIP数据核字（2010）第003257号

责任编辑：郑长胜
责任校对：田建茹
出版发行：地质出版社
社址邮编：北京海淀区学院路31号，100083
咨询电话：(010) 82324575（编辑室）
网　　址：http://www.gph.com.cn
电子邮箱：zbs@gph.com.cn
传　　真：(010) 82310749
印　　刷：北京地大彩印厂
开　　本：889mm×1194mm　1/16
印　　张：31.75
字　　数：600千字
版　　次：2010年1月北京第1版·第1次印刷
定　　价：365.00元
书　　号：ISBN 978-7-116-06483-6